CLC 예배학 시리즈 19

예배와 성찬식의 역사

그리스도인들은 어떻게
성찬식을 행하여왔는가?

에드워드 폴리 지음 | 최 승 근 옮김

CLC

기독교문서선교회(Christian Literature Center: 약칭 CLC)는 1941년 영국 콜체스터에서 켄 아담스에 의해 시작되었으며 국제 본부는 미국의 필라델피아에 있습니다.

국제 CLC는 59개 나라에서 180개의 본부를 두고, 약 650여 명의 선교사들이 이동도서차량 40대를 이용하여 문서 보급에 힘쓰고 있으며 이메일 주문을 통해 130여 국으로 책을 공급하고 있습니다.

한국 CLC는 청교도적 복음주의 신학과 신앙서적을 출판하는 문서선교 기관으로서, 한 영혼이라도 구원되길 소망하면서 주님이 오시는 그날까지 최선을 다할 것입니다.

From Age to Age

How Christians Have Celebrated the Eucharist

Written by
Edward Foley

Translated by
Seungkeun Choi

Copyright © 2008 by Order of Saint Benedict, Collegeville, Minnesota.
Originally published in English under the title as
From Age to Age: How Christians Have Celebrated the Eucharist
by Liturgical Press
Translated and used by the permission of
Liturgical Press, Saint John's Abbey, P.O. Box 7500,
Collegeville, Minnesota 56321-7500.

All rights reserved

Korean Edition
Copyright © 2017 by Christian Literature Center
Seoul, Korea

.... 추천사 1

김상구 박사
백석대학교 실천신학 교수

『예배와 성찬식의 역사』(From Age to Age)는 북미예전학회(North American Academy of Liturgy)의 회장을 역임한 바 있는 미국의 저명한 예배학자인 에드워드 폴리(Edward Foley)의 역작이다. 『예배와 성찬식의 역사』(From Age to Age)의 초판은 1991년에 출판되었고, 이번에 번역된 본서는 2008년에 나온 개정증보판이다. 본서는 초판이 출간된 이래로 많은 신학교의 예배학 관련 과목에서 주요 교재로 사용되고 책이다.

폴리는 본서에서 교회의 역사를 크게 일곱 시대(1세기, 100-313년, 313-750년, 750-1073년, 1073-1517년, 1517-1903년, 그리고 1903년 이후)로 나누어 예배를 논하고 있다. 각 시대의 예배를 논할 때, 먼저 그 시대의 역사적 배경에 대해 간략하게 설명하면서 그 시대의 예배를 이해하는데 도움이 되는 배경 지식을 흥미롭게 제공한다. 그 후 건축, 음악, 책, 그릇, 성찬신학이라는 다섯 개의 영역에서 각 시대의 예배에 대해서 자세하고 풍부한 정보를 제공한다. 각 영역에서 예배에 대해 논할 때 많은 양의 인용문과 그림을 사용하고 있기 때문에, 보다 생생한 정보를 얻을 수 있으리라 생각된다.

본서가 예배의 역사를 다룬 다른 책들과 크게 다른 점은 '책'과 '그릇'의 영역에서도 예배를 다루었다는 점이다. 건축이나 음악의 관점에서 예배를 논한 책들은 꽤 있지만 책과 그릇의 관점에서 예배를 살펴본 책은 그리 많지 않다.

다른 책에서 접하기 어려웠던 예배에서 사용된 책과 그릇의 발전 과정을 알게 되는 것도 본서를 읽는 즐거움 중 하나다. 또한 폴리가 성찬신학에 대한 각 시대의 신학적 특징과 발전 과정에 대해서 논한 점도 본서의 또 다른 특징이다. 본서의 성찬신학 부분만 읽어도 기독교 예배에서 매우 중요한 성찬이 어떻게 발전되어왔는지에 대한 기본적인 정보를 얻을 수 있을 것이다.

폴리는 가톨릭 전통에 속한 학자이지만, 광범위한 시각과 중립적인 입장에서 예배의 역사를 서술하고자 노력했다. 그럼에도 불구하고, 저자 자신이 인정하듯이, 그가 속한 전통의 선입견을 보여주기도 한다. 그러나 그가 제공하는 연구는 개신교에 속해 있는 우리에게도 필요한 예배에 대한 많은 양의 정보를 제공하고 있다고 생각한다. 사실 개신교에 속해 있기 때문에, 때론 중세 시대의 역사, 특히 예배에 대해서 알게 모르게 소홀히 할 때가 있는 것은 사실이다.

본서를 읽으면, 우리에게도 중요하지만 그 동안 잘 알지 못했던 예배의 역사를 좀 더 흥미롭고 재미있게 접할 수 있으리라 생각한다. 개신교 전통의 학자가 쓴 예배의 역사에 관련된 책과 더불어 본서를 함께 읽게 되면, 우리가 속해 있는 서방 교회의 예배의 역사를 잘 정리할 수 있을 것이라 생각된다.

아울러 신진 예배학자로서 최승근 박사가 본서를 번역한다는 소식을 듣고 너무나도 반가웠다.

본서는 낯선 용어들로 인하여 번역의 어려움이 있음에도 불구하고 간결하면서도 가독성을 돋보이게 한 번역자의 수고가 묻어 있다. 예배학을 공부하는 이들과 예배에 관심을 갖고 있는 이들에게 본서를 적극적으로 추천하며, 본서를 통해서 예배에 대한 풍성한 지식과 통찰력을 얻기를 기대한다.

·· 추천사 2

김경진 박사
장로회신학대학교 실천신학 교수

　서구에서 예배학을 공부한 사람이라면 에드워드 폴리(Edward Foley)의 기념비적 저작인 『예배와 성찬식의 역사』(*From Age to Age*)를 모르는 사람은 없을 것이다. 1991년 그가 초판을 발간하였을 때만 하더라도 본서는 평신도들이 성찬과 기독교 예배의 역사에 대해 쉽게 이해할 수 있도록 저술한 입문서의 성격이 짙었다. 하지만 어찌된 일인지 본서는 저자의 의도를 넘어서 사람들의 엄청난 반향을 불러 일으켰다. 단순히 교양이나 입문서의 차원을 넘어 예배학 연구의 교재로까지 사용될 정도로 그 위력이 대단하였다.

　본서가 이토록 예배학 전반에 큰 호응을 받게 된 데에는 그의 독특한 저술의 방식이 일조를 하였을 것이다. 그는 본서를 통해서 성찬식이 있었던 당시의 그 숨결을 독자들이 느낄 수 있기를 바랐던 것 같다. 일반적으로 예배사(History of Worship)의 저술은 예배신학을 중심으로 다루어지거나 시대별로 특징되는 이슈들로 채워지거나 예배와 관련된 역사적 저작물들의 발굴과 분석을 통해 이어져왔다고 할 수 있다.

　그런데 폴리 박사는 이러한 닫힌 구조가 아니라 시대를 따라 다양한 장소에서 기독교인들이 경험했던 성찬식의 흐름과 느낌을 생생하게 전달하고자 했다. 그는 예배의 역사를 일곱 시대로 나누고 각각의 시대별로 성찬식이 거행되었던 장소의 분위기, 그리고 그곳에 있었던 기구들과 그릇, 그들이 사용하거나 낭독하였을 책들, 그리고 그들이 불렀을 노래의 가락들을 오늘 우리들에게도 보여주고 들려주고자 하였다. 아마도 이러한 이유로 폴리 박사의 『예배와 성찬식의 역사』(*From Age to Age*)는 오랫동안 많은 사람들의 끊임없는 사랑을 받아왔을 것이다.

2008년 그가 개정판을 출판하였을 때 사람들은 또 다시 놀라움을 금치 못하였는데, 그의 『예배와 성찬식의 역사』(*From Age to Age*)가 무려 200페이지가 넘는 내용과 자료의 보강으로 새롭게 등장하였기 때문이었다. 초판이 206페이지이었던 반면에 개정판은 405페이지나 되었으니 거의 새로운 책을 만든 것이나 다름이 없었다. 폴리 박사는 개정판을 내면서 본서가 예배학 전문가들에게까지도 널리 읽히는 책임을 인식한 듯, 보다 전문적이고 자세한 자료들을 추가하여 보다 입체적인 성찬의 역사를 전달하고자 하였다. 보강된 자료들은 그의 주장을 보다 강력하게 뒷받침해주고 독자들로 하여금 성찬의 역사를 잘 이해하도록 만들어 주었다.

성만찬과 관련하여 당시에 사용되었던 다양한 상징들과 아이콘, 교회의 건축 양식, 성찬에 사용된 도구들, 음악 악보들, 지도와 사진, 그림 자료들은 마치 독자들을 당시의 성찬의 자리로 끌고 들어가는 느낌을 주게 될 것이다. 중간 중간에 쉬어가는 이야기처럼 구성된 단편들은 당시의 사람들이 경험하였을 성찬의 분위기를 마치 증언을 하듯 이야기체로 독자들에게 알려준다. 이런 과정을 통해서 독자들은 오래전에 먼 곳에서 있었던 성찬의 현장을 경험하고 이해하게 된다.

폴리 박사의 본서는 그래서 언뜻 보면 마치 자료집인 것 같은 착각을 불러일으키기도 한다. 하지만 본서를 정독한 사람이라면 그 가치를 충분히 이해하고 남을 것이다. 2008년 개정판이 나왔을 때 많은 사람들이 본서를 번역하고 싶어했지만 방대한 분량과 자료들에 대한 전문적인 지식의 부족으로 감히 번역을 해내는 이가 없었다. 이제 10여년이 지나가는 시점에서 본서가 웨스트민스터신학대학원대학교 최승근 박사의 번역으로 새롭게 태어나게 된 것은 여간 기쁜 일이 아닐 수 없다.

한국의 신학생들에게 그리고 예배의 역사를 연구하는 사람들에게 분명 값진 선물임에 틀림이 없을 것이다. 폴리 박사가 가톨릭 학자라는 점과 예배의 역사적 흐름이 20세기 초에서 멈추고 있다는 점이 개신교 학자들에게는 조금 아쉬운 일이기는 하지만, 예배와 성찬의 역사에 생명을 불어 넣어 준 본서를 기쁜 마음으로 추천한다.

개정판을 위한 서문

에드워드 폴리(Edward Foley) 박사
카푸친 수도사(Capuchin)

『예배와 성찬식의 역사』(*From Ages to Ages*)의 초판이 출판된 이후 16년 간, 필자는 본서에 대한 많은 의견을 받았었다. 그 중 일부는 본서의 장점을 긍정하고 개선을 위한 제안을 제시하는 서평 형태로 된 의견들이었는데, 매우 도움이 되었다. 그러나 대부분의 의견들은 학생들과 선생들, 평신도들과 예배학자들이 보낸 것들로, 그들이 읽은 부분이나 책의 사용에 대한 견해를 밝힌 것들이었다. 이러한 서평들, 의견들, 그리고 구성 방식과 접근법의 분명한 가치 때문에, 그리고 우리 전통의 문화와 환경, 다양한 형태성의 사안들에 대한 내 자신의 보다 함축적인 자각 때문에, 필자는 지난 몇 년간 개정판을 내야 될 것 같다는 생각을 갈수록 더하게 되었다.

이번 개정판이 특정한 형태를 갖고 증보되도록 만든 한 가지 이유는, 비록 필자가 원래 기대했던 바는 아니었지만, 본서가 놀랍게도 많은 곳에서 평생교육과정, 학부과정, 그리고 심지어는 대학원과정의 예전, 교회사, 그리고 성찬 과목의 교과서로 채택되어 왔다는 것이다.

필자의 본래 의도는, 평신도들이 성찬의 풍성한 역사를 쉽게 이해할 수 있도록 설명하는 책을 저술하는 것이었다. 필자는 본래 의도한, 그리고 매우 중요한 청중을 계속해서 존중하면서, 본서의 범위와 내용을 강화하고자 노력했다. 그래서 대학원 수준에서도 보다 유용한 교과서로 사용될 수 있기를 바랐다. 따라서 독자들은 본서에서 영어 외에도 다른 언어로 쓰인 전문 용어들과 단어들을 많이 접하게 될 것이다. 필자는 독자들을 위해 본서에서 그러한 단어들이 처음 등장할 때마다 설명하고 번역하는데 심혈을 기울였다. 또한 성찬의 역사와 실제에 대한 보다 폭 넓은 관점을 제시하기 위해 그림과 인용의 분량을 크게 늘렸다. 그러나 본서는 여전히 필자 자신의 서구 및 로마가톨릭적인 성향에 집중되고 얽매여있다는 사실을 인정한다.

메리 바바라 애그뉴(Mary Barbara Agnew)의 매우 통찰력 있는 논평으로 시작된 많은 이의 격려 속에서, 필자는 각 시대의 성찬신학을 보다 명확하게 다루기 위해 심사숙고하여 각 장에 새로운 부분을 추가했다. 그래서 각 장의 도입 부분도 확장해야 했는데, 이는 각 장의 (추가된) 마지막 부분에서 다루어지는 신학적 고찰이 보다 분명한 상황적 틀(contextual frame) 안에서 이루어질 수 있을 것이기 때문이다.

이번 개정판의 목적은 서방의 성찬 전례에 대한 포괄적인 개요를 제공하는 것이 아니다. 늘어난 참고문헌이 입증하듯이, 필자는 그러한 비전을 제공하는 다른 많은 전문적이고 포괄적인 연구에 의존한다. 그러나 각 장에서 추가된 새로운 부분이 입문하는 학생들이나 비전문가에게 우리가 성찬이라고 부르는 복잡한 프락시스와 이론에 대한 보다 완전한 그림을 제시하길 소망한다.

필자에게 있어 초판 집필은 중요한 배움의 경험이었다. 이 개정판을 쓰면서도 마찬가지였는데, 주된 이유는 개정판 집필과 출판의 과정에서 필자에게 도움을 준 많은 뛰어난 동료들 때문이었다. 게이브 혁(Gabe Huck)은 리터지 트레이닝(Liturgy Training)출판사에 재직할 당시에 본 개정판의 출판 프로젝트를 착수시켰다.

필자는 이 프로젝트에 대한 그의 지속적인 통찰력과 열정적인 후원에 감사하고 있다. 개정 과정의 초기 단계에, 일곱 명의 동료 학자에게 각각 초판의 한 장(chapter) 또는 두 장(chapters)을 읽고 그에 대한 비평이나 의견을 제시해 달라고 부탁했다. 그들의 분석은 협력 학습(collaborative learning)의 사례 연구가 되었다. 필자는 그 개정 과정에서 귀한 연구를 제공하고 협력적인 반응을 보여준 그들에게 깊은 감사를 표한다. 일곱 명의 동료학자들은 다음과 같다.

1장은 '프란시스코회'(OFM)의 '성모마리아 승천 관구'(Assumption Province BVM)의 관구장인 레슬리 호프(Leslie Hoppe)이다.

2장은 '성심수녀회'(RSCJ)에 소속된, 브라이트신학교(Brite Divinity School)의 캐롤린 오지크(Carolyn Osiek)이다.

3장은 '예수회'(SJ)에 소속된, 웨스톤신학교(the Weston School of Theology)의 존 발도

빈(John Baldovin)이다.

4장은 가톨릭연합신학교(Catholic Theological Union)의 리처드 맥캐런(Richard McCarron)이다.

5장은 하버드대학교(Harvard University)의 케빈 마디간(Kevin Madigan)이다.

6장은 예전에 노트르담대학교(University of Notre Dame)에 재직할 당시 필자의 선생이셨던 제임스 화이트(James White, 2004년 사망)이다.

7장은 '예수회'(SJ)에 소속된, 그레고리안대학교(Gregorian University)와 산트 안셀모(Sant Anselmo)의 키이스 펙클러스(Keith Pecklers)와 제임스 화이트(James White)이다.

이들 외에도, 필자는 가톨릭연합신학교의 동료들인 아만다 크반츠(Amanda Quantz)와 리처드 프라고메니(Richard Fragomeni)로부터 큰 도움을 받았다. 그들은 본 개정판을 세심하게 읽었으며, 크반츠는 처음 몇 장을 교정해 주었고, 프라고메니는 새롭게 추가된 신학적 부분을 검토해 주었다.

보다 일반적으로는, 필자는 가톨릭연합신학교에서 함께 가르치고 배우는 동료들, 학생들, 그리고 교수들에게 깊은 감사를 표한다. 그들은 필자가 생각하고 배우고 가르치고 예배하는 방식에 중요한 영향력을 끼쳤다. 여러 분야에 있는 협력자들의 도움을 받으면서, 필자는 몇몇 실수를 바로잡았고, 성찬의 이야기에 대한 시야를 확장시켰고, 성찬의 이론과 실제에 대한 설명을 보다 풍성하게 제공하는데 도움을 받았다. 여전히 오류가 있을 수도 있지만, 그것은 전적으로 필자의 책임이지 그들 때문이 아니다.

마지막으로, 전체적으로 통일성 있게 글과 그림을 효과적으로 잘 맞춰 준 리터지트레이닝출판사의 교정 및 디자인팀에게 감사한다. 동시에 이번 개정 프로젝트에 정성을 다해 참여한 리터지출판사(Liturgy Press)의 오랜 친구들에게도 다시금 감사와 존경을 표한다.

특히 본 개정판을 기꺼이 출판해 준 피터 드와이어(Peter Dwyer), 본서를 전문적으로 잘 교정해 준 수잔 싱크(Susan Sink)와 메리 스토메스(Mary Stommes), 그리고 출판에 이르기까지 본 프로젝트를 훌륭하게 잘 이끌어준 콜린 스틸러(Colleen Stiller)에게 감사를 표한다. 그리고 새로운 색인표를 공들여 만들어 준 사만다 우드슨(Samantha Woodson)에게 감사의 마음을 전한다.

필자는 『예배와 성찬식의 역사』(*From Age to Age*)의 초판을 OP(설교자회-도미니크회) 소속인 닐스 크로그 라스무센(Niels Krogh Rasmussen)과 랄프 키퍼(Ralph Keifer)에게 헌정했었다. 두 분 모두 노트르담대학교에서 필자를 가르치셨다. 닐은 중세 전례 역사에 대한 연구인 필자의 박사학위 논문을 지도해 주셨고, 랄프는 초기 교회의 전례 신학에 대해 썼던 필자의 석사학위 논문을 지도해 주셨다. 그분들의 스무 번째 추모일을 기념하는 올해에 필자는 그분들의 학문과 지도, 우정을 감사한 마음으로 다시금 상기하고 그들을 기억하면서, 이 지속되는 연구를 그분들에게 다시 헌정한다.

2007년 12월 13일, 성 루시(St. Lucy) 축일에

FROM AGE TO AGE
How Christians Have Celebrated The Eucharist

·· 역자 서문

최승근 박사
웨스트민스터신학대학원대학교 실천신학교수

영향력 있는 예배학 학자인 에드워드 폴리(Edward Foley) 박사의 『예배와 성찬식의 역사』(*From Age to Age*)는 개인적으로 역자에게 의미있는 책이다. 2007년 수강한 과목의 필독 도서들 중 하나였던 『예배와 성찬식의 역사』 초판을 구입해서 읽었다. 그런데 얼마 지나지 않아 개정판이 출간된 것이다. 은사이신 토드 E. 존슨(Todd E. Johnson) 박사께 역자가 이미 초판을 갖고 있는데 개정판을 구입할 필요가 있는지 여쭤봤다. 초판과 그리 차이나지 않는 개정판도 많지 않은가?

역자의 질문에 존슨 박사는 개정판에는 초판에는 포함되어 있지 않은 많은 내용이 들어있기 때문에 갖고 있는 것이 앞으로의 연구에 도움이 될 것이라고 말씀하셨다. 그리고 이틀 후, 당시 존슨 박사의 한국 목회자를 위한 수업을 통역하고 있던 역자에게 『예배와 성찬식의 역사』 개정판을 선물로 주셨다. 역자가 토드 박사로부터 선물 받은 첫 번째 책이었다. 그래서 역자에게 『예배와 성찬식의 역사』는 저자인 폴리 박사에게는 미안하지만, 폴리 박사보다는 역자를 성심으로 가르치며 늘 위해서 기도해 주셨던 존슨 박사를 먼저 생각나게 하는 책이다.

아쉽게도 에드워드 폴리 박사의 강의를 직접 들을 수 있는 기회는 얻을 수 없었다. 하지만 저자의 여러 저서를 통해 예배에 대해 많은 것을 배웠다. 특히 두 권의 책으로부터 많은 것을 배웠는데, 그 중 하나는 폴리 박사가 허버트 앤더슨(Herbert Anderson) 박사와 공저한 『예배와 목회상담』(*Mighty Stories, Dangerous Rituals*)이라는 제목으로 번역되어 출

판된 책(학지사 刊, 2012)이다. 다른 하나가 바로 역자가 번역한 『예배와 성찬식의 역사』 (*From Age to Age*)이다.

이 두 권의 책만 읽어도 에드워드 폴리 박사가 얼마나 통찰력 있고 훌륭한 학자인지를 알 수 있을 것이다. 특히 『예배와 성찬식의 역사』(*From Age to Age*)는 2009년에 Catholic Press Association Award를 수상한 탁월한 책이다. 지금도 미국의 많은 신학교의 예배 관련 과목에서 주요 교재로 사용되고 있고, 예배학을 공부하는 사람이라면 반드시 읽고 소장해야 하는 책 중의 하나로 간주되는 좋은 책이다.

본서에서 폴리 박사는 기독교의 역사를 일곱 시대로 나눈다. 그리고 각 시대별로, 다른 예배 관련 책들과는 다르게, 건축(architecture), 음악(music), 책(books), 그릇(vessels), 그리고 성찬신학(eucharistic theology)의 관점에서 예배의 역사적 배경 및 신학과 실천을 논한다. 폴리 박사의 탁월한 점은 이 다섯 가지를 토대로 예배를 논함에 있어서, 굉장히 다양하고 풍성한 문헌을 참고하면서 그 다섯 가지가 어떻게 서로 연결되어 한 시대의 예배를 형성하고 특징지었는지를 통합적으로 잘 보여줬다는데 있다.

이에 더해 폴리 박사가 제공하는 많은 인용문과 그림은 각 시대의 예배를 보다 생생하게 이해하는데 큰 도움을 준다. 폴리 박사는 한 장이 끝날 때마다 각 시대의 평범한 그리스도인들에 대한 짧은 이야기를 제공한다. 폴리 박사는 그 짧은 이야기들을 통해 우리와 같은 각 시대의 평범한 그리스도인들이 어떻게 예배했는지를 감동적으로 그리면서, 각 시대의 예배를 요약한다. 많은 독자가 좋아할 부분이라고 생각한다.

에드워드 폴리 박사는 가톨릭 사제이다. 비록 학자적인 중립성을 유지하고자 애쓰고는 있지만, 스스로 인정하듯이, 저자가 속한 가톨릭 전통의 성향을 완전히 배제하고 있지는 못하다. 그럼에도 불구하고, 역자는 폴리 박사의 『예배와 성찬식의 역사』가 개신교에 속한 우리에게도 도움이 되는 예배에 관한 많은 지식을 제공하고 있다고 생각한다. 개신교의 전통에 속한 이들은 폴리 박사의 『예배와 성찬식의 역사』와 더불어, 폴리 박사의 스승이기도 한 개신교 예배학자인 제임스 F. 화이트(James F. White) 박사의 『기독교 예배학 개론』(*Introduction to Christian Worship*)이라는 제목으로 번역 출판된 (CLC 刊) 책을 함께 읽는다면, 서방 교회의 예배 역사와 신학에 대한 기본적인 정보는 충분히 얻을 수 있다고 생각한다. 아무쪼록 본서를 통해 많은 독자가 우리 기독교의 예배에 대한 보다 풍성한 지식을 얻기를 바란다.

누군가가 그랬듯이, 한국에서 예배에 관련된 책은 잘 팔리지 않는 것 같다. 특히 학문적인 책은 더욱 그런 것 같다. 예배학을 전공한 이로서 안타깝게 생각하는 부분이다. 그럼에도 불구하고, 본서의 번역과 출판을 허락해 주신 기독교문서선교회(CLC)의 박영호 목사님께 깊은 감사를 드린다. 본서를 번역할 수 있도록 CLC와 역자를 연결시켜 주신 김상구 박사님께도 감사를 표한다. 또한 판권 구입에서부터 출판에 이르는 긴 과정 속에서 귀한 도움을 주신 조광수 과장님과 동역자분들께도 감사드린다. 마지막으로 책을 번역하는 과정에서 원서와 초역 일부를 읽고 보다 적절한 번역과 표현에 대해 아낌없는 조언을 해 준 역자의 사랑하는 아내 선영이에게도 감사를 표한다.

2017년 8월 1일
웨스트민스터신학대학원대학교 연구실에서

FROM AGE TO AGE
How Christians Have Celebrated The Eucharist

목차

추천사 1 _ 김상구 박사(백석대학교 실천신학 교수) 5
추천사 2 _ 김경진 박사(장로회신학대학교 실천신학 교수) 7
개정판을 위한 서문 9
역자 서문 13

제1장 신흥 기독교: 1세기

1. 건축 23
   1) 성전 24
   2) 회당 26
   3) 집 29
   4) 요약 31

2. 음악 33
   1) 성전 33
   2) 회당 37
   3) 집 39
   4) 요약 41

3. 책 42
   1) 성전 45
   2) 회당 47
   3) 신흥 기독교 50
   4) 요약 52

4. 그릇(용기) 52
   1) 빵과 빵 그릇 53
   2) 포도주와 포도주 용기 55
   3) 요약 57

5. 성찬신학 58
   1) (희생)제사 58
   2) 강복, 송축, 축복 60
   3) 언약의 기념 61
   4) 화해의 사랑 63
   5) 요약 65

제2장 가정 교회: 100–313년

1. 건축 75
   1) 가정 교회 76
   2) 홀 교회 79
   3) 언어의 변화 81
   4) 카타콤 83
   5) 요약 85

2. 음악 87
   1) 기도와 낭독 88
   2) 성경적 시편과 비성경적 시편 90
   3) 찬미가 92
   4) 요약 95

3. 책 95
   1) 신약성경 97
   2) 교전집 99

3) 코덱스(사본) 101　　　　　　4) 요약 102
4. 그릇(용기) 103
　　1) 빵과 빵 그릇 103　　　　　　2) 포도주와 포도주 용기 106
　　3) 요약 108
5. 성찬신학 109
　　1) 모형론과 유비 111　　　　　　2) 철학으로의 전환 113
　　3) 라틴어와 사크라멘툼 115　　　 4) 영성화 118
　　5) 요약 119

제3장 로마 교회의 발흥: 313-750년

1. 건축 126
　　1) 바실리카 127　　　　　　　　 2) 세례당과 순교자 기념교회 134
　　3) 장방형 대 중앙 집중형 136　　 4) 요약 138
2. 음악 140
　　1) 기도와 낭독 140　　　　　　　2) 성경 및 비성경적 예전 성가 143
　　3) 미사 "통상문"의 출현 144　　　4) 찬미송 146
　　5) 음악가들과 그들의 음악 148　　6) 성가의 종류 150
　　7) 요약 152
3. 책 153
　　1) 전례서의 유형들 154　　　　　 2) 책에 대한 공경 163
　　3) 내용과 언어의 표준화 164　　　4) 요약 165
4. 그릇(용기) 166
　　1) 빵과 빵 그릇 166　　　　　　 2) 포도주와 포도주 용기 173
　　3) 요약 175
5. 성찬신학 175
　　1) 성령과 말씀 177　　　　　　　2) 신비교리교육에서 유아세례까지 180
　　3) 자격 없음과 신성함 182　　　　4) 요약 186

제4장 예전의 게르만화: 750-1073년

1. 건축 196
　　1) 중앙 제대 203　　　　　　　　2) 부제대 204
　　3) 성가대 구역 208　　　　　　　4) 중복도 210
　　4) 요약 211
2. 음악 211
　　1) '스콜라' 213　　　　　　　　　2) 평신도 218

3) 사제 220　　　　　　　　4) 요약 221
3. 책 222
　　1) 미사 교송집과 층계송집 224　　2) 성서정과 225
　　3) 미사경본 226　　　　　　4) 주교 예식서 227
　　5) 성사집 229　　　　　　　6) 요약 230
4. 그릇(용기) 232
　　1) 빵과 빵 그릇 232　　　　2) 포도주와 포도주 그릇 236
　　3) 요약 239
5. 성찬신학 239
　　1) 무엇이 진짜인가? 240　　2) 신성한 것들 246
　　3) 성례신학 250　　　　　　4) 요약 253

제5장 개혁의 서곡으로서의 종합과 대립: 1073-1517년

1. 건축 265
　　1) 고딕 양식의 탄생 265　　2) 이탈리아 르네상스 양식 270
　　3) 공간의 분리 273　　　　　4) 요약 278
2. 음악 278
　　1) 성부의 첨가 279　　　　　2) 텍스트의 변화 282
　　3) 자국어 노래 284　　　　　4) 요약 288
3. 책 289
　　1) 미사경본 292　　　　　　2) 상용전례서 293
　　3) 평신도용 기도서 295　　　4) 요약 298
4. 그릇(용기) 299
　　1) 빵과 빵 그릇 301　　　　2) 포도주와 포도주 용기 307
　　3) 요약 311
5. 성찬신학 311
　　1) 성체 현존: 학문적 논쟁 312　　2) 그리스도의 성체에 대한 민간 신앙 316
　　3) 그리스도 현존의 영향 320　　　4) 요약 323

제6장 종교개혁과 반종교개혁: 1517-1903년

1. 건축 336
　　1) 로마의 성 베드로(주교좌 성당) 337　　2) 일 제수와 바로크 양식 339
　　3) 로마 가톨릭교회의 일반적인 전례 배열 340　　4) 개혁교회 343
　　5) 요약 348

2. 음악 349
- 1) 종교개혁 노래 350
- 2) 로마 가톨릭의 반응 352
- 3) 정교화, 개혁, 경건주의 355
- 4) 요약 359

3. 책 360
- 1) 개신교의 책 361
- 2) 로마 가톨릭교회의 책 365
- 3) 요약 367

4. 그릇(용기) 368
- 1) 로마 가톨릭의 그릇 368
- 2) 개신교의 그릇 372
- 3) 요약 376

5. 성찬신학 377
- 1) 현존 378
- 2) 희생 제사와 사제직 382
- 3) 문화화 387
- 4) 신스콜라주의와 매뉴얼(편람) 신학 389
- 5) 요약 392

제7장 갱신과 반작용, 그리고 펼쳐지는 비전: 1903년부터 그 이후

1. 건축 404
- 1) 세속적 발전 404
- 2) 기능주의 406
- 3) 교회적 건축 410
- 4) 요약 418

2. 음악 420
- 1) 세속적 발전들 421
- 2) 제2차 바티칸 공의회 이전의 교회 음악 426
- 3) 전례 운동과 제2차 바티칸 공의회 430
- 4) 요약 434

3. 책 435
- 1) 제2차 바티칸 공의회 이전의 전례서들 435
- 2) 제2차 바티칸 공의회 이후의 전례서들 440
- 3) 요약 449

4. 그릇(용기) 450
- 1) 양식 변화 450
- 2) 기능주의 451
- 3) 대량 생산 452
- 4) 상징적 혁명 453
- 5) 빵과 빵 그릇 454
- 6) 포도주와 포도주 용기 455
- 7) 그릇의 재료 457
- 8) 요약 458

5. 성찬신학 459
- 1) 지역적 ↔ 보편적 460
- 2) 내재적 ↔ 초월적 462
- 3) 윤리 ↔ 성결 465
- 4) 요약 468

참고 문헌 473
색인 490

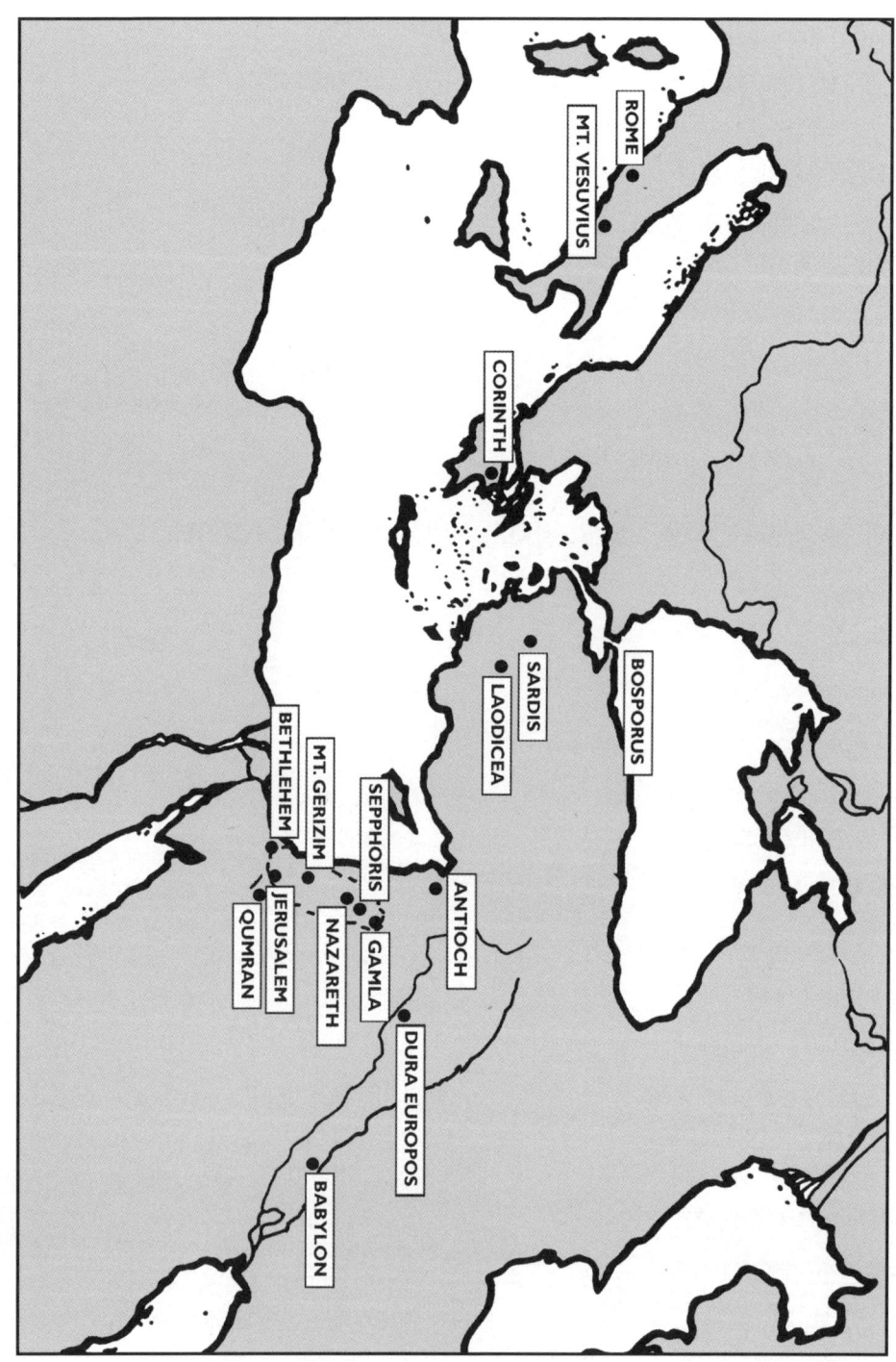

그림 1. 1장을 위한 지도

제1장
신흥 기독교:
1세기

"모든 그리스도인은 영적으로 유대인이 되어야 한다." 교황 피우스 11세(Pius XI, 1939년 사망)가 했던 말이다. 우리는 그의 말에 동의하지 않을 수 있다. 그러나 그 안에 담긴 통찰력을 묵살하기는 쉽지 않다. 기독교는 유대라는 환경에서 시작됐고, 지금까지도 영향을 받는다. 그리스도인들은 예수께서, 인간이자 신으로서 구원의 역사에서 매우 특별한 존재였다고 믿는다. 그가 새 언약을 세우시고,[1] 인류를 향한 하나님의 완전한 자기-소통(self-communication)의 방편으로 자신을 드러내셨기 때문이다.

예수는 유대인이셨다. 예수께서 유대인이셨다는 것은 그분의 사명과 사역에 분명히 영향을 끼쳤다. 따라서 그분의 특별한 메시지는 특정한 시간과 장소, 문화와 관련된다. 물론 특정한 시간과 장소, 문화에 국한되지는 않지만 말이다. 예수의 메시지와 그 메시지를 받아들인 사람들로부터 시작된 기독교는 유대 문화의 맥락 속에서만 이해될 수 있다.

그러나 기독교가 유대 환경에서 발원했다는 사실을 아는 것만으로 충분치 않다. 1세기 팔레스타인은 헬레니즘의 영향을 크게 받았다. 그리스도가 탄생하시기 약 4세

그림 2. 알렉산더 대왕

---

[1] 새 계명을 너희에게 주노니 서로 사랑하라 내가 너희를 사랑한 것 같이 너희도 서로 사랑하라(요 13:34).

기 전에 알렉산더 대왕(Alexander the Great, 주전 323년 사망)[그림 2]은 팔레스타인을 포함한 지중해 동부지역 전역을 정복했다. 탁월한 군사전략가 이상의 존재였던 알렉산더는 그리스 문화를 장려하면서 근동과 종국에는 서구 문명까지 변화시켰다.[2] 그는 그의 군대를 정복지에 정착시켜 그 지역의 사람들과 결혼시키는 방법으로 그리스 문화를 퍼뜨렸다. 더 나아가 그는 그리스 언어와 문화를 익힌 이들을 정치 및 문화적으로 우대했다.

팔레스타인에서 유대와 그리스 문화는 비교적 평화롭게 통합되는 긴 과정 속에서 뒤얽혀졌다. 그러나 주전 167년에 시리아의 셀류키드(Seleucid) 왕조의 안티오쿠스 4세(Antiochus IV, 주전 164년 사망)는 성전을 훼손하고 토라를 준수하지 못하게 했다. 게다가 예루살렘에서 그리스 신들을 숭배하도록 했다. 마카비(Maccabean) 또는 하스몬(Hasmonean) 가의 제사장 왕조 마타디아스(Mattathias)는 여러 아들과 함께 봉기를 일으켜 안티오쿠스를 예루살렘에서 몰아냈다. 그들은 성공적으로 예루살렘을 수복하고 성전을 정화시켰다.

그림 3. 셀류키드 왕조로부터 정치적으로 완전히 독립했다는 표시로, 하스몬 왕조의 히르카누스가 발행한 주화

그리고 그들의 여러 계승자는 마침내 유대인의 독립 국가를 세웠다[그림 3]. 정치적으로 독립한 유대인들은 헬레니즘 문화로부터도 독립하고자 애썼다. 그 노력은 오래 지속되지 못했고 결국 실패로 끝났다. 그러나 하스몬 왕조는 주전 63년에 로마에 정복되어 속국이 되기 전부터 그들의 선조가 거부했던 헬레니즘 문화를 받아들이는 역설적인 모습을 보였다. 헬레니즘화의 과정은 매우 성공적이었다. 사실상 1세기 로마 제국의 팔레스타인에서 헬레니즘화되지 않은 유대인을 찾기는 어려웠다. 따라서 기독교는 그리스-로마의 정치 및 문화의 영향력을 받은 유대 환경에서 생겨났다고 말할 수 있다.

---

2 [알렉산더는] 식민지화의 거대한 파도 속에서 헬레니즘을 근동 지역 전역으로 확산시켰다. 정치적으로는 까지는 아니더라도, 최소한 경제 및 문화적으로-공동의 문명과 코이네 헬라어라는 공용어를 가지고-지브롤터(Gibraltar)에서 펀자브(Punjab)까지 아우르는 하나의 세계를 만들었다(Walbank, "Alexander," p. 473).

역사적 예수는 신흥 기독교에 끼친 유대와 헬레니즘의 상호적인 영향력을 잘 보여준다. 나사렛(주민이 400명 정도 되었던 작은 마을) 출신인 예수는 셉포리스(Sepphoris)의 영향권에서 성장하셨다.[3] 셉포리스는 헤롯 안티파스가 자신의 수도로 삼기 위해 건설한 도시로, 고대 팔레스타인의 활기 넘치는 교역로를 끼고 있었다. 대략 3만 명의 인구가 살던 셉포리스의 주위에는 많은 위성 마을들이 있었다. 나사렛도 그 중 하나였다.

예수는 헬라어가 아니라 아람어를 주로 사용하는 작은 마을에 사셨던 것 같다. 그러나 셉포리스와 같은 큰 도시에 만연한 헬레니즘의 영향을 받지 않은 나사렛 사람은 있을 수 없었다. 예수는 공생애 후반부에 조그마한 도시들에서 사역하셨고, 갈릴리의 여러 마을을 다니셨다. 그러나 그러한 곳들이 그 지방을 좌우한 큰 도시들로부터 멀리 떨어져 있던 것은 아니었다.

앤드류 오버맨(Andrew Overman)은 남부 갈릴리가 로마 제국 내에서 인구가 가장 밀접했던 지역 중 하나였다고 생각한다. 그곳에서의 삶은 그리스-로마 세계의 다른 곳처럼 도시화된 도시풍의 삶이었다. 바로 이러한 환경에서 나사렛 예수의 추종자들은 처음으로 그리스도인이라 불렸다.[4]

1. 건축

예수 당시의 유대인들은 한 장소나 건물에서만 예배하지 않았다. 경건한 유대인이라면 특정한 공간이나 건물에서만이 아니라 어떤 곳에서라도 온종일 기도해야 했다.[5] 유대인은 어느 곳에 있든지 온종일 쉬지 않고 하나님을 송축해야 했다. 떡을 떼고, 번

---

[3] 갈릴리를 동서로 관통하는 주도로는 지중해 지역의 프톨레마이스에서 시작하여 셉포리스를 거쳐 갈릴리 바닷가의 티베리아스로 이어졌다. 프톨레마이스는 지중해의 해안선을 따라 (남북으로) 이어지는 해안도로(Via Maris)상에 위치했다. 이 해안도로는 고대 팔레스타인에서 가장 오래된 국제 교역과 정복전쟁의 경로였다. 셉포리스와 그 주변 지역은 이 해안도로를 통해 바깥세상의 영향을 받았다. 셉포리스는 예루살렘으로부터 시작된 남북 산간도로의 마지막 지점이기도 했다. 그러므로 나사렛이라는 작은 마을이 동떨어진 곳에 위치했던 것은 사실이지만, 서로 매우 다른 유형의 영향력을 끼치고 있었을 이 두 개의 도로가 셉포리스에서 합쳐졌기 때문에 사람들이 자주 왕래하지 못할 정도는 아니었다. 따라서 나사렛을 이해하기 위해서는 시골의 측면 뿐 아니라 셉포리스라는 속주 수도(provincial capital)와의 관계적인 측면도 살펴봐야 한다 (Crossan, *The Historical Jesus*, p. 18).

[4] 제자들이 안디옥에서 비로소 그리스도인이라 일컬음을 받게 되었더라(행 11:26).

[5] 그가 나귀를 타고 있다면, [기도하기 위해] 내려와야 한다. 그러나 내려올 수 없으면, 얼굴을 [동쪽을 향해] 돌려야 한다. 얼굴을 돌릴 수 없다면, 마음을 지성소를 향하도록 해야 한다. 배나 뗏목을 타고 여행을 하고 있다면, 마음을 지성소로 향하도록 해야 한다(*Mishnah*, Berakhot 4:5-6).

개가 치는 것을 보고, 그릇을 구입하고, 일몰을 보는 순간은 모두 하나님을 송축할 수 있는 기회였다. 유대인은 특정한 곳에서만 기도하지 않았다. 그럼에도 어떤 유형의 기도나 의례는 특정한 장소에서만 해야 했다. 그러한 장소들 중에서 성전과 회당, (가정) 집이 가장 중요했다.

1) 성전

솔로몬(주전 922년경 사망)은 아버지인 다윗 왕(주전 962년경 사망)이 말한 대로 예루살렘에 첫 번째 성전을 세웠다.[6] 작지만 화려했던 이 건축물은 이스라엘에서 중요한 종교적 중심지가 되었고, 결국에는 나라 안에 있는 다른 모든 신성한 장소를 시시하게 보이도록 했다. 예루살렘 성전은 이스라엘을 침략한 바벨론 군대에 의해 주전 587년경에 파괴되었다. 그리고 포로기 중인 주전 515년경에 재건축되었다. 긴 세월과 여러 전쟁을 겪은 이 두 번째 성전은 주전 1세기쯤에 상당히 황폐되어 있었다. 주전 20년경에 헤롯 대왕(Herod the Great, 주전 4년 사망)은 이 두 번째 성전을 철거한 후, 이를 대신하는 장엄한 건물을 세우는 공사를 시작했다. 공사는 64년에 끝났다.

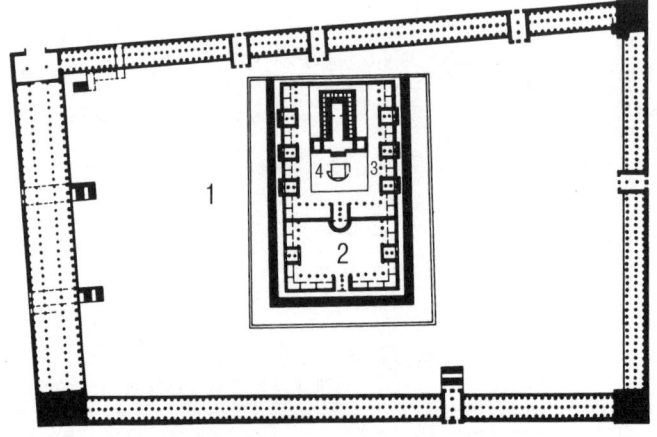

1. 이방인의 뜰
2. 여인의 뜰
3. 이스라엘의 뜰
4. 제사장의 뜰

그림 4. 헤롯 성전의 도면(Vincent-Steve. Perrin-Duling, p. xx에서 인용)

---

6 다윗이 그의 아들 솔로몬을 불러 이스라엘 하나님 여호와를 위하여 성전 건축하기를 부탁하여 다윗이 솔로몬에게 이르되 내 아들아 나는 내 하나님 여호와의 이름을 위하여 성전을 건축할 마음이 있었으나 여호와의 말씀이 내게 임하여 이르시되 너는 피를 심히 많이 흘렸고 크게 전쟁하였느니라 네가 내 앞에서 땅에 피를 많이 흘렸은즉 내 이름을 위하여 성전을 건축하지 못하리라(대상 22:6-8).

이전의 두 성전처럼, 새로운 성전은 기드론 계곡을 내려다보는 높은 언덕에 세워졌다. 규모는 솔로몬의 성전과 비슷했다. 그러나 일련의 벽과 뜰로 구획되었기 때문에 좀 더 장엄하게 보였다[그림 4]. 그림에서 볼 수 있듯이, 가장 바깥쪽에 있는 이방인의 뜰에는 모든 사람이 들어갈 수 있다. 여인의 뜰은 모든 유대인에게 개방된다. 이스라엘의 뜰은 남성 유대인만 들어갈 수 있다. 가장 안쪽에 있는 제사장의 뜰은 제사장만 들어갈 수 있다. 이스라엘의 뜰 안에는 매일 제사를 위한 제단과 제물을 씻을 때 사용되는 물통인 "놋바다," 그리고 받침대 위에 놓인 작은 물두멍이 여럿 있었다.

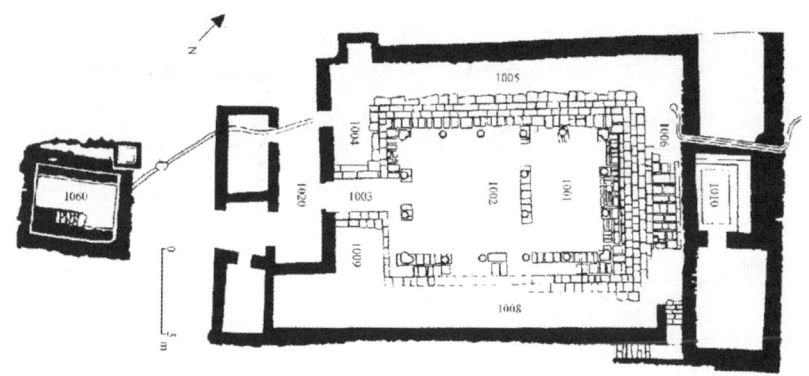

그림 5. 감라, 1세기 회당

유대인들은 한때 이스라엘 전역에서 제사를 드렸었다. 그러나 예루살렘 성전이 유대인들이 제사를 드리는 유일한 장소가 되었다. 사마리아인들은 예외였다. 그들은 그리심산에 세운 성전에서 제사를 드렸다. 유대인들이 로마 제국에 대항하여 70년에 봉기를 일으켰을 때, 예루살렘 성전이 파괴되었다. 유대인의 제사가 사실상 끝이 난 순간이었다. 그러나 사마리아인은 지금까지도 유월절 행사의 일부로 그리심산에서 양을 바친다.

어린 시절에 예수는 유월절을 맞이하여 예루살렘 성전으로 올라가셨다(눅 2:41-50). 공관복음은 예수께서 돌아가시기 며칠 전에 성전에 계셨다고 기록한다. 요한복음은 특히 예수께서 공생애 동안에 성전을 자주 방문하셨다고 말한다. 그러나 예수께서 성전에서 기도하시고, 가르치시고, 치유하시고, 당시 종교지도자들과 논쟁하셨다는 데에는 모든 복음서가 동의하는 것 같다.[7] 예수께서 부활하신 후에는 제자들도 성전에서

---

[7] 예수께서 성전에 들어가사 성전 안에서 매매하는 모든 사람들을 내쫓으시며 돈 바꾸는 사람들의 상과 비둘기 파는 사람들의 의자를 둘러 엎으시고…맹인과 저는 자들이 성전에서 예수께 나아오매 고쳐주시니 (마 21:12, 14).

지속적으로 예배하고 전도했다. 초창기 유대 그리스도인들이 유대인과 구별되고자 하면서부터, 성전은 긴장감이 감도는 장소가 되었다. 그러나 유대 그리스도인들은 성전과 성전 예배를 완전히 배척하지는 않았다[8].

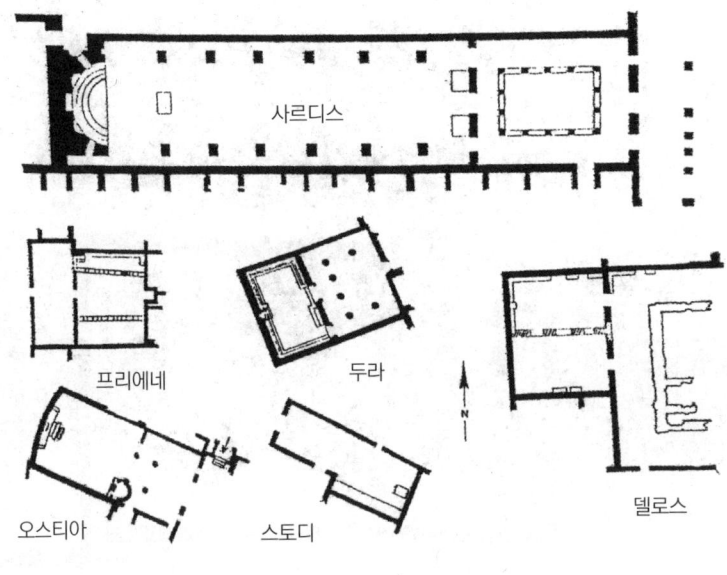

그림 6. 디아스포라 회당들

2) 회당

성전과는 달리 유대 회당은 그 기원이 불분명하다. 조셉 구트만(Joseph Gutmann)은 회당의 기원을 설명하는 세 가지 전통적인 이론을 요약한다.

첫째, 많은 사람은 회당이 바벨론 포로기 때 생겼다고 믿는다(주전 597-538년).
둘째, 다른 이들은 신명기적 기원 이론, 즉 요시아 왕이 통치하던 기간에 회당이 만들어졌다는 이론을 지지한다(주전 640-609년).
셋째, 소수의 사람은 회당이 헬레니즘 시대에 시작되었다고 주장한다(주전 3세기).

---

8 제 구 시 기도 시간에 베드로와 요한이 성전에 올라갈새(행 3:1).

세 이론 모두가 안고 있는 문제는 구체적인 증거가 부족하다는 것이다. 회당에 대한 분명한 문헌 증거는 1세기 이후부터 존재한다.[9] 일부 고고학자들이 회당일 수 있다고 주장하는 1세기 팔레스타인 건축물은 네 개뿐이다[그림 5]. 그래서 구트만은 2세기나 되어서야 회당 건물이 등장했다고 주장한다.

초기에 사용되었던 "교회"(헬라어, **에클레시아**[ekklesia])를 의미하는 용어처럼, 회당이라는 단어(헬라어, **시나고그**[συναγόγ]="집회 또는 회중[assembly]"; 히브리어, **베트 하-크네세트** [bet ha-keneset]="모임의 집")는 여러 사람이 모이는 집회와 건물 모두를 뜻할 수 있다. 기독교에서 집회는 영구적인 예배당을 갖기 전부터 존재했다. 유대교도 마찬가지였다. 회당은 집회에 참여하는 많은 유대인의 다양한 필요와 물리적 환경, 경제적 수단을 고려하면서 다양한 형태와 크기로 발전했다. 따라서 1세기 회당의 형태를 일반화하기는 어렵다[그림 6].

현 시점에서 회당이라고 간주될 수 있는 최초의 건물들은 단순한 구조로 되어있다. 부분적으로는 예배를 비롯한 다양한 목적으로 사용되었기 때문인 것 같다. 회당 의례가 진화되면서 의례 장소인 건물도 진화되었다.[10]

예를 들어, 성경 낭독이 회당 예배에서 점점 더 중요해지면서 토라 보관함(Torah shrine)도 진화되었다. 원래는 가지고 다닐 수 있었던 토라 보관함이 나중에는 한 곳에 고정되어 화려하게 꾸며졌다[그림 7].

예수는 나사렛에서 자라시면서 회당 예배에 참석하셨을 것이다. 예수는 공생애 초기부터 기도하러 회당에 가셨다. 그리고 그곳에서 귀신을 내쫓으셨고, 가르치셨으며, 설교 사역을 시작하셨다. 고향인

그림 7. 두라 에우로포스 회당(245년경)의 예루살렘을 향한 벽에 있는 벽감(niche)으로, 토라 두루마리를 보관했던 장소로 여겨진다

---

9 다음날은 안식일이어서 유대인들이 회당에 모여들었다. 그 때 가이사랴 출신의 한 성질 고약한 사람이 회당 입구 쪽에 항아리를 엎어 세워놓고 새를 제물로 바쳤다. 이를 본 유대인들은 몹시 분노했다. 왜냐하면 그런 행위는 그들의 율법을 모욕하고 그 장소를 더럽히는 것이기 때문이었다(Josephus, *The Jewish Wars*, 2.289).

10 현존하는 최초의 회당들은 복잡하게 설계되지 않았던 단순한 건축물이다. 나중의 것들은 보다 특수화되고 매우 차별화된 경향이 있다. 이것은... 아마도 서로 다른 장소에서 서로 다른 속도로 발전되었던.. 의례와 전례에 대한 관심이 서서히 커져갔기 때문인 것 같다(Seager "Ancient Synagogue Architecture," p. 43).

나사렛 회당에서 예수는 이사야서의 예언 부분을 읽으신 후, 자신이 그 말씀을 성취했다고 선포하셨다.[11] 그분을 따라 제자들도 회당에서 지속적으로 설교했다. 사도행전은 바울, 실라, 바나바 등이 회당에서 설교했다고 여러 차례 말한다. 예수께서 회당에서 제일 먼저 설교하셨던 것처럼, 바울도 제일 먼저 회당에서 설교했다.[12]

집회와 건물을 모두 뜻하는 회당에서 예수와 제자들은 설교했다. 따라서 많은 유대인은 회당에서 새로운 도를 믿게 되었다. 처음에 유대인 제자들은 유대교를 거부하지 않았고, 당연히 회당의 교육 훈련과 기도 역시 거부하지 않았다. 결론적으로 1세기에는 예수의 유대인 제자들 대부분이 계속해서 회당에 출입했다. 따라서 예를 들어, 레이몬드 E. 브라운(Raymond E. Brown)은 야고보서의 앞부분이 회당에 모이는 여러 그리스도인을 수신인으로 전제하고 있다고 생각한다(Brown, 『사도들이 남긴 교회들』[The Churches the Apostles Left Behind], p. 26).[13]

그러나 종국에 예수의 제자들은 유대교 내의 개혁자들이라기보다는 별도의 집단으로 여겨지게 되었다. 80년경에 유대인들은 매일 예식에서 하는 중요한 여러 기도들 중 하나에 그리스도인에 대한 저주를 삽입했다.[14] 회당 예배에서 이러한 기도를 중요하게 여겼다는 사실은, 예수를 믿는 유대인 제자들이 다른 유대인들과 심한 갈등을 겪으면서 회당으로부터 멀어지고 있었음을 시사한다. 예수의 유대인 제자들이 유대교의 회당을 떠나기는 했지만, 회당의 기도 방식까지 포기하지는 않았다. 많은 유대그리스도인들이 살았던 예루살렘과 같은 곳에서는 늦어도 2세기에 그들만의 회당을 갖고 있었던 것 같다.

따라서 하임 페를뮈테르(Hayim Perelmuter) 같은 학자들은 신흥 기독교와 랍비 유대교 모두가 제2성전 유대교를 특징짓는 소요 속에서 탄생했기 때문에, 둘을 "형제나 자

---

11 예수께서 성령의 능력으로 갈릴리에 돌아가시니 그 소문이 사방에 퍼졌고 친히 그 여러 회당에서 가르치시매 뭇 사람에게 칭송을 받으시더라 예수께서 그 자라나신 곳 나사렛에 이르사 안식일에 늘 하시던 대로 회당에 들어가사 성경을 읽으려고 서시매(눅 4:14-16).

12 사울이 다메섹에 있는 제자들과 함께 며칠 있을새 즉시로 각 회당에서 예수가 하나님의 아들이심을 전파하니(행 9:19-20).

13 만일 너희 회당에 금 가락지를 끼고 아름다운 옷을 입은 사람이 들어오고 또 남루한 옷을 입은 가난한 사람이 들어올 때에 너희가 아름다운 옷을 입은 자를 눈여겨 보고 말하되 여기 좋은 자리에 앉으소서 하고 또 가난한 자에게 말하되 너는 거기 서 있든지 내 발등상 아래에 앉으라 하면 너희끼리 서로 차별하며 악한 생각으로 판단하는 자가 되는 것이 아니냐(약 2:2-4).

14 배교자들에게는 소망이 없게 하시고, 오만한 왕국을 근절시켜 주소서. 나사렛인들과 이단들이 곧 멸망되기를 바라나이다. 그들을 생명책에서 지워 의인들과 함께 기록되지 않게 하시옵소서(Petuchowski and Brocke, "Malediction," in *The Lord's Prayer and Jewish Liturgy*, p. 29).

매"로 여길 수 있다고 말한다.[15] 두 형제 또는 자매의 사이가 멀어지는 과정은 길고 평탄치 않았다. 4세기에 활동한 콘스탄티노플의 주교, 요한 크리소스톰(John Chrysostom, 407년 사망)이 회당 예배에 계속해서 참석하던 안디옥의 그리스도인들을 책망할 정도였다.[16]

3) 집

성전이 제사를 위한 장소이고 회당이 학습과 모임의 장소였다면, 집은 축복과 기도, 식사 의례를 위한 장소였다. 회당 예배에서 중요한 요소가 된 **쉐마**(*Shema*)나 "이스라엘아 들으라"와 같은 기도는 원래 집에서 하던 기도였다.[17] 신흥 기독교에서 집은 특히 중요했다. 식사라고 하는 가족 및 사회적 관습에서 중요한 장소였기 때문이다. 유대인에게 모든 식사는 거룩한 행위였다. 무엇보다 식사와 식사를 위한 축복기도는 하나님의 신실하고 관대하심을 기억하도록 했다. 식사는 하나님이 확증하신 언약의 살아있는 표징이었다. 절기 식사(festival meals)는 특별한 기도의 내용과 의례 행위를 포함했다. 그 중 유월절 식사 같은 것은 정성을 다해 소중히 지키는 전통이 되었다.

예수는 틀림없이 나사렛 집에서 가족과 식사하시면서 기도하는 법을 배우셨을 것이다. 예수는 가족과 식사하시면서 이스라엘과의 언약을 확증하시고 지키시는 하나님의 놀라운 이야기를 들으셨다. 예수는 절기 식사 전과 후에 하는 전통적인 기도의 방식을 배우셔야 했다. 그런 식사 때 하는 송축과 축복의 기도는 기독교의 성찬기도가 발전하는데 영향을 끼쳤다.[18] 아이를 위해 식탁에서 행해지던 학습 방식은 성인을 위한 식탁

---

15 제2장 각주 1번을 보라.

16 성전을 보기 원하는가? 회당으로 가지 말라. 네 자신이 성전이 되도록 하라. 하나님은 예루살렘에서 하나의 성전을 파괴하셨지만, 그 성전보다 훨씬 더 존귀한 성전들을 많이 세우셨다. 바울이 말했다. "너는 살아계신 하나님의 성전이다. 그 성전을 아름답게 하고, 모든 악한 생각을 물리쳐라. 그러면 너는 그리스도의 귀한 지체, 성령의 성전이 될 수도 있다. 그리고 너처럼 다른 이들을 성전으로 세워라. 가난한 자를 볼 때, 그들을 쉽게 지나칠 수는 없을 것이다. 회당으로 뛰어가는 그리스도인을 보게 될 때, 못 본척하지 말라. 그를 교회로 돌아오도록 하는데 고삐로 사용할 수 있는 어떤 논거를 찾아라. 이런 유형의 자선이 가난한 자들에게 베푸는 자선보다 훨씬 귀하다. 그리고 그로 인한 유익은 일만 달란트보다 더욱 가치 있을 것이다"(*Eight Homilies against the Jews* VI, 7.7, trans. C. Mervyn Maxwell).

17 이스라엘아 들으라 우리 하나님 여호와는 오직 유일한 여호와이시니 너는 마음을 다하고 뜻을 다하고 힘을 다하여 네 하나님 여호와를 사랑하라 오늘 내가 네게 명하는 이 말씀을 너는 마음에 새기고 네 자녀에게 부지런히 가르치며 집에 앉았을 때에든지 길을 갈 때에든지 누워 있을 때에든지 일어날 때에든지 이 말씀을 강론할 것이며... 또 네 집 문설주와 바깥 문에 기록할지니라(신 6:4-7, 9).

18 그리고 이삭도 야곱의 손을 빌려 아브라함에게-아브라함이 먹거나 마실 수도 있는-가장 좋은 감사-예물을 보냈다. 그리고 아브라함은 먹고 마셨고, 가장 높으신 하나님을 송축했다. 하나님은 하늘과 땅을 창조하

사역의 모델이 되었다. 예수는 사회에서 버림받은 사람이나 고위 관리의 집에서 함께 식사하는 사역을 반복하셨다.[19] 예수는 성전과 회당에서 하셨던 사역을 그들의 집과 다락방에서도 계속 하셨다. 예수는 기도하셨고, 가르치셨고, 병자를 고치셨고, 죄인들을 용서하셨다.

그림 8. 다층 공동주택 건물을 재현한 것(Gardner, p. 186)

예수께서 부활하신 후, 제자들은 공공 건물의 빌린 방에서, 그리고 신자들의 집이나 공동 주택에서 계속해서 모였다[그림 8]. 예수는 빌린 방에서 제자들과 마지막 만찬을 하셨다. 그리고 부활하신 후에는 그곳에 있던 제자들에게 나타나셨다. 초기 공동체는 1세기 내내 빌린 방을 계속해서 사용했다. 그들은 동굴에서도 모였던 것 같다. 예를 들어, 베들레헴이나 겟세마네에 있는 동굴에서는 비잔틴 이전 시대의 그리스도인들이 행했던 예배의 흔적이 남아있다. 그곳에서 좋은 소식이 선포되었고, 가르침이 주어졌고, 화해가 제시되었다. 초기 공동체는 이러한 다양한 공간에 떡을 떼기 위해 모였다.

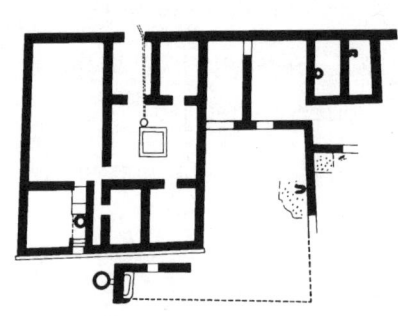

그림 9. 고린도에서 발굴된 바울 당시의 로마 빌라(Murphy-O'Connor, p. 157) (Gardner, p. 186)

기독교 공동체가 1세기 로마 제국의 중심지에서 성장함에 따라, 부유한 신자의 넓은 집이나 저택이 모임을 위한 중요한 장소가 되었다. 1세기 로마 제국의 주택 양식을 일반화하기는 어렵다.[20] 그러나 부유한 신자가 사는 집은 대개 크고 사면으로 된 건축물로, 넓은 식당이 있어서 성찬식을 거행하기에 적당했고, 아트리움(atrium-안뜰)에는 수조(pool)가 있어서 세례를 주기에 좋았다[그림 9]. 잘 알려

시어 사람의 자녀들에게 주셨다. 그래서 그들은 먹고 마실 수 있게 되었고, 창조주를 송축할 수 있게 되었다(Charles, *The Blessing after a Meal from The Book of Jubilees*, [주전 100년경]).

19 레위가 예수를 위하여 자기 집에서 큰 잔치를 하니 세리와 다른 사람이 많이 함께 앉아 있는지라(눅 5:29).
20 제국 전역에서 주택 양식들은 매우 다양했다. 이탈리아의 빌라, 그리스의 페리스틸, 헬레니즘-오리엔탈 복층 인술라에, 아파트 등은 독특한 전통적인 양식 전통을 가지고 있었다. 따라서 우리는 반드시... 각 셀 집단의 지역 상황에 따라 장소마다 상당한 다양성이 존재했었다고 예상해야 한다(L. Michael White, *Building God's House in the Roman World*, p. 107).

진 대로 고린도전서에는 성찬식에 대한 바울의 책망어린 가르침이 기록되어 있는데, 아마도 이러한 형태의 집이 그 배경이었을 것이다.[21]

제롬 머피-오코너(Jerome Murphy-O'Connor)는 그러한 집에서 가장 공적인 공간(식당과 아트리움)이 예배를 위한 장소로 사용되었을 것이라고 말한다. 집에 모였던 초기 역사에서, 예배 공동체는 다른 가족의 거주 공간을 침해하지 않도록 노력했을 것이다. 영구적으로 바꾸는 것은 적절치 않았을 것이다. 따라서 성찬식을 위해 여러 개의 식탁을 준비하고, 예배를 주재하는 집주인이나 주교를 위한 의자를 마련하는 등, 예배에 적합한 공간을 만들기 위해 가구들을 재배치하는 선에서 그치지 않았을까 싶다. 최근에 고린도에서 발굴된 바울 당시의 로마 주택에는, 비록 벽면에 따라 놓인 기다란 의자들 때문에 바닥 면적이 줄기는 했지만, 폭 18피트(5.5m)에 길이 24피트(7.5m) 정도의 식당이 있었다. 이 정도 크기의 공간이라면, 구성원이 40명에서 50명 정도 되었던 것으로 여겨지는 고린도교회의 공동체에게는 비좁았을 것 같다.

따라서 집주인의 친구나 중요한 손님은 성찬과 관련된 식당에서 편안하게 식사하도록 초대되었을 것이다. 그러나 집주인에게 그리 중요하지 않거나, 일을 더 오래해야 해서 늦게 도착할 수밖에 없는 가난한 교인들은 옥외의 아트리움으로 밀려났을 것이다. 아트리움은 불편한 공간이었을 뿐 아니라 특히 날씨가 나쁘면 음식과 음료로부터도 멀리 떨어져 있었다. 분명히 어떤 사람은 식사를 제대로 대접받지 못했을 것이다. 바울이 왜 성찬을 위해 모이기 전에 각자의 집에서 식사를 하고 오라고 했는지 알 수 있을 것 같다. 신흥 기독교의 관습에서 꽤 이른 시기에 생긴 성찬과 식사의 분리 이후에도, 가정집은 계속해서 중요한 예배 장소였다.

4) 요약

초창기 기독교 공동체는 건물을 소유하지 않았다. 대신 유대교의 여러 예배 장소, 즉 70년에 파괴되기 전까지의 성전, 회당, 집을 계속해서 사용했다. 기독교라는 종교

---

21 먼저 너희가 교회에 모일 때에 너희 중에 분쟁이 있다 함을 듣고 어느 정도 믿거니와... 그런즉 너희가 함께 모여서 주의 만찬을 먹을 수 없으니 이는 먹을 때에 각각 자기의 만찬을 먼저 갖다 먹으므로 어떤 사람은 시장하고 어떤 사람은 취함이라 너희가 먹고 마실 집이 없느냐 너희가 하나님의 교회를 업신여기고 빈궁한 자들을 부끄럽게 하느냐 내가 너희에게 무슨 말을 하랴 너희를 칭찬하랴 이것으로 칭찬하지 않노라 (고전 11:18, 20-22).

운동이 헬레니즘화된 여러 큰 도시에서 많은 이방인을 전도하게 되면서, 부유한 신자의 집은 중요한 모임 장소가 되었다. 집이라는 환경은 기독교 의례가 독특해지도록 하는데 영향을 끼쳤다.

기독교 예배에서 가정집이 가졌던 중요성은 남녀에 대한 흥미로운 질문을 제기한다. 성전은 분명히 남성의 영역이었다. 여자는 제사가 드려지는 중앙 뜰에 출입할 수 없었다. 회당은 남녀의 문제에 대해 뒤섞인 입장을 보였다. 여자도 중요한 기도에 좀 더 적극적으로 참여할 수 있었고, 물론 이례적이기는 하지만 리더십도 가질 수 있었다.

그러나 그리스-로마 세계에서 집은 "여자들의 공간"이었다. 따라서 집에서는 여성의 참여는 물론이고 여성의 리더십까지도 당연시 되곤 했다.[22] 그러나 여자들은 결국 기독교 예배에서 말을 금하게 될 것이었다. 테레사 버거(Teresa Berger)는 "예배에서 침묵" 해야 하는 여성의 모습이 신약에 이미 나타난다고 말한다. 그럼에도 불구하고, 신흥 기독교 공동체가 예배했던 가정집이라는 공간은, 가부장적인 고정관념을 넘어서는 예배의 형태와 정신(ethos) 속에서 여성의 역할에 대해 생각해 볼 필요가 있다고 제안한다.

그러나 예배의 장소로 집이 점점 더 선호되기는 했지만, 초기 그리스도인들은 하나님은 장소에 제한되지 않으신다는 유대인의 관점을 공유했던 것 같다. 기도는 어느 곳에서나 드려질 수 있고 그래야만 했다. 그런 까닭에 예배를 위한 특별한 설계나 공간 배치가 그리 발전되지 않았다. 따라서 공동체가 식탁 주위에 함께 모여 성찬식을 할 수만 있다면, 빌린 방, 가난한 신자의 집, 동굴이라도 괜찮았다. 1세대 신자들이 사용하는 언어는 의심할 여지없이 공간보다는 사람이 중요하다고 강조했다.

진짜 성전은 건물이 아니라 회중(assembly)이다.[23] 마찬가지로 "교회"로 번역되곤 하는 헬라어 단어인 **에클레시아**(ekklesia)는 건물이 아니라 무엇보다도 신자들을 뜻했다. 1세기에 유일한 기독교 건축물은 산 돌(living stones)이었다. 벽돌이나 모르타르(mortar)가 아니었다. 기독교는 이러한 이상과 함께 초기 몇 세기 동안 발전했다.

---

22 최초의 교회 공간, 즉 예배 공간은 여성들의 공간이었다.... 그 공간은 여성이 능동적으로 참여하고 리더십을 발휘하기에 좋은 환경이었다. 여성들은 자신들의 가정에서 새로운 교회를 만들었고, 그렇게 만들어진 가정 교회에서 책임자로서 역할을 감당했다(Berger, *Women's Ways of Worship*, p. 33).

23 너희도 산 돌 같이 신령한 집으로 세워지고 예수 그리스도로 말미암아 하나님이 기쁘게 받으실 신령한 제사를 드릴 거룩한 제사장이 될지니라(벧전 2:5).

2. 음악

"교회는 노래에서 태어났다."

랄프 마틴(Ralph Martin)이 했던 말이다. 신흥 기독교의 특징을 적절하게 묘사한 표현이다. 그러나 문제를 안고 있는 표현이기도 하다. 모든 사람이 항상 "음악"과 "노래"의 보편적인 개념을 갖고 있는 것은 아니기 때문이다. 서구의 산업화된 국가에서 사는 대다수의 사람은 노래하는 것과 말하는 것을 쉽게 구분한다. 그러나 고대 유대교와 같은 문화에서는 그 둘 사이에 분명한 경계가 없었다.[24] 특히 공적인 행사에서는 더욱 그러했다.

예를 들어, 많은 예배자 앞에서 신성한 책을 읽을 때면, 역동적이고, 리드미컬하고, 선율적으로 낭독하면서 말과 노래의 경계를 자연스럽게 넘나들었다. 공적인 설교와 가르침 역시 오늘날 서구의 분류법으로는 적절하게 정의될 수는 없지만, 음악성(degrees of musicality)이라고 불릴 수도 있는 것이 드러나는, 운율에 보조를 맞춘 영창 비슷한 것으로 여겨졌다.

고대 세계의 많은 종교에는 특별히 훈련받은 가수들과 무용수들, 기악 연주자들 있었다. 그러나 의례 음악이 그들에게만 국한된 것은 아니었다. 유대교와 신흥 기독교의 예배는 들리는(audible) 예배, 서정적인(lyrical) 예배였다.[25] 게다가 예배 리더십과 음악 리더십은 분리되지 않았었다. 이스라엘 세계에서 공적 기도를 인도하는 모든 사람은 그 기도를 "음악적"으로 만들었다. 기독교 예배와 리더십은 매우 청각적인 환경(auditory environment)에서 발생했다.

1) 성전

헤롯 성전의 건축적인 화려함은 성전 음악에도 분명하게 반영되었다. 예수 당시의

---

[24] 음악과 다른 상징 형태들의 경계를 연속해서 살펴보면, "음악"이라는 개념의 표면적인 의미가 문화에 따라 달라진다는 것을 알게 된다. 이것은 "음악"이라는 단어가 존재하지 않는 사회에서 더욱 분명하게 나타난다(Nattiez, *Music and Discourse*, p. 54).

[25] 히브리어와 헬라어에는 음악을 뜻하는 단어가 따로 존재하지 않는다. 노래와 말의 경계는 매우 불분명했다. 시로 된 말, 또는 공적인 장소나 예식에서 하는 말에는 오늘날에 음악적(musical), 또는 최소한 전음악적(premusical)이라고 분류될 수 있는 리드미컬하고 운율적인 특성이 포함되어 있었다(Gelineau, "Music and Singing in the Liturgy," p. 448).

성전에는 레위 지파 출신의, 거의 300명에 가까운 전문적인 음악가들이 고용되어 있었다. 성경에 따르면, 음악가였던 다윗 왕은 레위인 중에서 특정한 이들을 음악가로 구별하여 세웠다.[26] 그러나 이 기록은 그 사건이 실제로 일어나고 몇 세기가 지난 후에 쓰여졌다.

성경이 성전에 대해 최초로 언급한 부분(예를 들어, 삼하 6장)에는 다윗 이후 시대의 발전으로 여겨지는 전문적인 음악가들에 대한 기록이 나오지 않는다. 제2성전 시대에 레위인들은 분명한 역할을 담당하고 있었다.

그림 10. 소파르

그림 11. 소파르 신호. (Werner, 2:12)

그림 12. 바르 코흐바(Bar Cochba) 혁명 당시의 동전에 묘사된 킨노(kinnor). 시편 150:3에 언급되며 대개 "비파"로 번역된다. 동전에 새겨진 글은 "예루살렘의 자유를 위하여"이다.

---

26 다윗이 군대 지휘관들과 더불어 아삽과 헤만과 여두둔의 자손 중에서 구별하여 섬기게 하되 수금과 비파와 제금을 잡아 신령한 노래를 하게 하였으니(대상 25:1).

그러나 솔로몬 성전에서 그들이 어떤 역할을 했었는지 확실치 않다. 신뢰할 수 있는 자세한 설명이 부족하기는 하지만, 다윗이 음악에 깊은 관심을 가졌고, 레위인들이 성전 음악에 관여했었다고 여기는 것은 타당하다고 생각한다.

예수 당시에는 엄격한 훈련을 받은 전문적인 기악 연주자들과 가수들이 성전에서 일했다. 기악은 헤롯 성전의 예배에서 중요한 요소였다. 성경에서 언급되는 여러 악기들 중에서 나팔과 **소파르**(*shofar*)[그림 10과 그림 11] 같은 것은 제사장의 입장과 같은 중요한 의례의 순간을 알릴 때 주로 사용되었다. 다른 관악기들과 현악기들은 성가대가 노래할 때 사용되었다[그림 12]. 에릭 워너(Eric Werner)는 이러한 악기들이 약간의 장식음과 함께 가수들의 성악 선율을 재현했었을 것이라고 믿는다.

특별한 행사 때, 하나님께 합당한 찬양을 올리기 위해 확장된 성가대가 타악기 포함된 많은 악기들의 연주에 맞춰 노래했다.[27] 적어도 성인 남성 12명으로 구성된 성가대는 한정되지 않은 수의 성인 남자와 레위 지파의 남자 아이가 추가됨으로써 확장될 수 있었다. 역시 기악 연주자의 수도 12명이 이상적이었던 것 같은데, 필요에 따라 다른 기악 연주자가 더해졌다. 가수와 기악 연주자를 합친 수가 50명을 넘는 때도 있었다.

시편은 성전 레퍼토리(repertoire)에서 중요했다. 특정한 행사나 절기를 위한 시편들도 정해졌다. 예배자의 마음을 살피는 시편 15편은 예배를 준비할 때 사용되었다. 3대 순례 절기인 유월절과 오순절, 초막절에는 시편 113-118편을 노래했다. 레위인들은 시편 외에도 성경에 나온 다양한 찬송(canticles)과 여러 시적인 텍스트를 노래했다. 예를 들어, 미쉬나(Mishnah)는 성전 예배에서 모세의 노래(출 15:1-8)가 불렸다는 인상을 준다.[28] 성전 예배에서는 성경에 나오지 않는 텍스트도 노래되었을 수 있다.

전문적인 가수들과 기악 연주자들이 성전 예배의 초기 역사에 주된 음악적 집단이 되긴 했지만, 사람들이 의례적인 노래에서 완전히 배제된 것은 아니었다. 예를 들어, 시편 44편을 분석한 캐럴 스튤뮬러(Carroll Stuhlmueller)는 가수 개개인과 성가대와 전체 회중이 어떻게 이 시편을 함께 노래할 수 있었는지에 대한 의견을 제시한다[그림 13].

---

27 나팔 소리로 찬양하며 비파와 수금으로 찬양할지어다 소고 치며 춤 추어 찬양하며 현악과 퉁소로 찬양할지어다 큰 소리 나는 제금으로 찬양하며 높은 소리 나는 제금으로 찬양할지어다(시 150:3-5).

28 그 날에, 랍비 아키바(R. Aquiba)는 다음과 같이 자세하게 설명했다. "그 후 모세와 이스라엘 자손이 노래했고, 말했다(saying). 여기서 성경이 '말했다'는 표현을 추가할 필요는 거의 없었다. 그런데 왜 성경은 '말했다'라고 기록하는가? 그렇게 함으로써 성경은, 할렐 시편을 읽을 때 하는 것처럼, 이스라엘 백성이 모세가 하는 말을 그대로 따라하며 응답했다는 것을 가르쳤다. 따라서 '말했다'는 이러한 문맥에서 쓰인다(*Mishnah*, Sotah 5:4).

찬송의 도입부: 1-8절

1-2절: 모든 사람이 함께하는 찬양으로의 부름
　　하나님이여 주께서 우리 조상들의 날 곧 옛날에 행하신 일을 그들이 우리에게 일러 주매 우리가 우리 귀로 들었나이다.
　　주께서 주의 손으로 뭇 백성을 내쫓으시고 우리 조상들을 이 땅에 뿌리 박게 하시며 주께서 다른 민족들은 고달프게 하시고 우리 조상들은 번성하게 하셨나이다.

3절: 성가대의 동기 부여
　　그들이 자기 칼로 땅을 얻어 차지함이 아니요 그들의 팔이 그들을 구원함도 아니라 오직 주의 오른손과 주의 팔과 주의 얼굴의 빛으로 하셨으니 주께서 그들을 기뻐하신 까닭이니이다.

4, 6절: 선창자 또는 특별 성가대
　　하나님이여 주는 나의 왕이시니 야곱에게 구원을 베푸소서.
　　나는 내 활을 의지하지 아니할 것이라 내 칼이 나를 구원하지 못하리이다.

7절: 신뢰
　　오직 주께서 우리를 우리 원수들에게서 구원하시고 우리를 미워하는 자로 수치를 당하게 하셨나이다.

8절: 모든 사람이 하는 후렴구
　　우리가 종일 하나님을 자랑하였나이다 우리는 하나님의 이름에 영원히 감사하리이다(셀라).

공동체 애가: 9-22절

15절: 선창자 또는 성가대
　　나의 능욕이 종일 내 앞에 있으며 수치가 내 얼굴을 덮었으니

17-22절: 다른 성가대가 이야기하는 내용을 묵상.

하나님께(17-19절)
　　이 모든 일이 우리에게 임하였으나 우리가 주를 잊지 아니하며 주의 언약을 어기지 아니하였나이다.
　　우리의 마음은 위축되지 아니하고 우리 걸음도 주의 길을 떠나지 아니하였으나
　　주께서 우리를 승냥이의 처소에 밀어 넣으시고 우리를 사망의 그늘로 덮으셨나이다.

하나님에 대해(20-21절)
　　우리가 우리 하나님의 이름을 잊어버렸거나 우리 손을 이방 신에게 향하여 폈더면
　　하나님이 이를 알아내지 아니하셨으리이까 무릇 주는 마음의 비밀을 아시나이다.

하나님께(22절)
　　우리가 종일 주를 위하여 죽임을 당하게 되며 도살할 양 같이 여김을 받았나이다.

간구의 기도: 23-26절

　　주여 깨소서 어찌하여 주무시나이까 일어나시고 우리를 영원히 버리지 마소서.
　　어찌하여 주의 얼굴을 가리시고 우리의 고난과 압제를 잊으시나이까.
　　우리 영혼은 진토 속에 파묻히고 우리 몸은 땅에 붙었나이다.
　　일어나 우리를 도우소서 주의 인자하심으로 말미암아 우리를 구원하소서.

그림 13. Cyriaci(키리아키)

시편 136편은 회중이 따라 불렀을 것 같은 연속적인 후렴구(refrain)로 구성되어 있고, 시편 146-150편은 회중이 계속해서 외치는 "할렐루야"로 강조된다. 그러나 회중이 후렴구를 함께 부르거나 시편 전체를 외웠다고 하더라도, 성전 예배의 음악을 주도했던 이들은 분명히 전문적인 음악가들이었다.

2) 회당

서로 크게 달랐던 성전 예배와 회당 예배는 서로 다른 형태의 음악을 만들어냈다. 이스라엘에는 하나의 성전만이 존재했다. 그러나 회당은 유대인들이 있는 곳이라면 어디든 있었다. 성전 예배는 제사였지만, 회당은 학습과 기도를 위한 모임이었다. 성인 남성 유대인만이 성전의 안뜰까지 출입할 수 있었다. 그러나 회당 모임은 일반적으로 여자들과 남자들, 아이들로 구성되었다. 다수의 전문 사역자가 성전에서 일했지만, 회당과 회당 예배는 제사장을 필요로 하지 않았고, 제사장이 나설 곳도 아니었다. 마을 사람들(남자와 여자 모두)이 회당을 이끌었다.[29]

그러나 70년에 예루살렘 성전이 파괴된 후 변화가 일어났다. 70년 이후의 유대교를 재정립해야 하는 의무를 떠맡게 된 회당에 안정성이 필요하게 되었다. 또한 성전에서 일했던 전문 사역자들이 회당으로 유입되었다. 그 결과, 회당에서 좀 더 형식을 갖춘 사역들이 발전하게 되었다.

회당에서 음악과 공적 연설을 구분하기는 힘들었다. 성전 예배에서는 중요한 음악 요소들이 성가대와 관현악단의 존재로 쉽게 확인될 수 있었다. 그러나 회당은 기악이나 성가대가 있을 장소는 아니었다. 회당은 기본적으로 학습과 기도와 말씀을 위한 장소였다. 회당의 말 중심 예배는 오늘날 말과 노래라고 불리는 것들 사이를 계속해서 넘나들면서 진행되었다.

형태도 다양하고 기록된 자료도 부족하지만, 1세기 회당 예식들에서 공통적으로 식별되는 기본적인 요소가 적어도 두 가지가 있다.

첫째, 가장 오래된 요소는 **쉐마** 낭송이었다.[30] 예루살렘 성전이 파괴되고 몇 세기가

---

29 고대 회당에서의 여성 참여를 좀 더 넓은 맥락에서 살펴보면, 기능적인 면에서 [리더십] 직분을 갖지 못할 이유는 없다. 또한 여성 회당장이나 장로가, 남성 회당장이나 장로와는 전혀 다른 기능을 했다고 추정할 이유도 없다(Brooten, *Women Leaders in the Ancient Synagogue*, p. 149).

30 제1장 각주 18번을 보라.

흐른 후에, **쉐마**를 중심으로 다양한 송축 및 축복기도가 표준화되고 의무화되었다.

둘째, 다음 요소는 18축복기도였는데, 일어서서 했던 기도였기 때문에 **아미다**(*Amidah*) 또는 "기립기도"로도 불렸다.[31] 성경 낭독도 일부 회당 예식에서는 필수적인 요소였다.[32] 당시 안식일 아침 예배에서는 토라의 본문과 하프토라(Haftorah) 또는 선지서의 본문을 낭독했던 것 같다. 장날이었던 월요일과 목요일에도 토라가 낭독되었던 것 같다. 이러한 다양한 요소들에는 음악성이 어느 정도 포함되어 있었다.

모든 유대인은 **쉐마**를 외웠기 때문에, 전체 회중은 예배하는 동안에 **쉐마**를 제창으로 영창할 수 있었다. 기도를 인도하는 사람이 **쉐마**의 첫 번째 줄을 낭송하면 회중은 두 번째 줄로 응답하는 방식으로, 기도 전부를 하는 곳도 있었다. 어떤 방식이건 간에, 회중이 함께 영창할 수 있도록 비교적 단순한 음악 가락이 요구되었다.

그에 반해, **아마다**는 회중 전체가 영창했던 것 같지는 않다. 부분적으로는 1세기 당시에 **아마다**가 아직 표준화되지 않았기 때문이었다. 예수 당시에 **아마다**의 대략적인 윤곽이 잡히기는 했지만, 실제로 기도될 때는 즉흥적으로 말을 덧붙여야 했다. 한 사람에 의해 기도될 수도 있었지만, 회중이 기도의 중간이나 끝 부분에서 송축 및 축복이나 확언의 표현을 덧붙이기도 했다.

성전 예배에서 일부 시편이 노래되었다는 증거는 분명하다. 그러나 새로이 등장한 회당 예배에서 시편이 노래되었다는 증거는 없다. 초기 회당에서 시편은 노래집이 아니었다. 당시 회당에서 시편이 사용되었다면, 낭독을 위한 책으로 사용되었다. 따라서 회당 예배에서 시편은 공적으로 낭독되는 성경의 다른 책과 유사한 방식으로 영창되었을 것이다.[33]

---

31 오, 우리 주 하나님, 우리 선조의 하나님, 아브라함의 하나님, 이삭의 하나님, 야곱의 하나님, 위대하시고, 전능하시고, 경외심을 갖게 하시는 하나님, 우주의 주권자이시고, 하늘과 땅의 창조주시이며, 우리와 우리 선조의 방패이시고, 우리 모든 세대가 의지하는 하나님, 당신을 송축합니다. 오, 주님, 아브라함의 방패이신 당신을 찬양합니다(바빌로니아에서 기원한 아슈케나지[Ashkenazi] 최신판에 있는 18 축복 기도[Eighteen Benedictions]의 처음 부분. Petuchowski and Brocke, *The Lord's Prayer and Jewish Liturgy*, pp. 30-31).

32 예수께서 그 자라나신 곳 나사렛에 이르사 안식일에 늘 하시던 대로 회당에 들어가사 성경을 읽으려고 서시매 선지자 이사야의 글을 드리거늘 책을 펴서 이렇게 기록된 데를 찾으시니 곧 주의 성령이 내게 임하셨으니 이는 가난한 자에게 복음을 전하게 하시려고 내게 기름을 부으시고(눅 4:16-18a).

33 모세오경을 곡조 없이 낭독하는 것은 모세오경을 무시하는 것이다(*Babylonian Talmud*, Megilla 32a).

그림 14. 시리아 관례에 따라 연주하는, 고대 유대 음악의 기보 표기 일부(Davison and Apel, 1:8)

쉐마와 **아미다**를 노래하도록 돕는 음악적인 구성 요소는 성경을 영창하기 위해 발전된 성가 레퍼토리(repertoire of chants)에서 나온 것 같다. 영창(cantillation)은 일련의 일정한 선율을 사용하여 읊조리는 방식이다. 영창할 때 사용되는 두루마리에는 적절한 방식으로 영창할 수 있도록 돕는 기호나 악센트가 표시되어 있다[그림 14].

실제로 할 때에는 많은 변화를 주기도 했지만, 영창은 일반적으로 낭독되어야 하는 성경 본문의 구조와 의미를 존중한다. 쉽게 말해, 오늘날 시편의 어조와 비슷하다. 음악적으로 낭독한 이유는 말씀에 도움이 되고 말씀을 분명하게 선포하기 위함이었다. 따라서 너무 화려하거나 산만한 예술적 기교는 대개 사용할 수 없었다[그림 15].

그림 15. 시리아 관례에 따라 모세오경을 낭독할 때 사용되는 인토네이션 패턴(intonation pattern) (Davidson and Apel, 1:8)

3) 집

성전 예배는 거의 모두가 유대인이었던 예수의 초기 제자들의 종교적 상상력에 분명한 영향력을 끼쳤다. 그러나 음악적인 측면에서 볼 때, 성전 예식들이 신흥 기독교의 예배에 주목할 만한 영향력을 행사하지는 못했던 것 같다. 기독교 예배의 청각적인 환경이 형성되는 데에는 회당 예배와 집 의례가 훨씬 큰 영향력을 끼쳤다. 특히 가정에서 하는 기도의 서정적인 성격은 식탁에서 강화되었다. 그러한 서정성에 대한 유대 문화의 영향력은 식사 전후에 영창되는 여러 송축과 축복의 기도뿐 아니라, 절기 식사 때 관례적으로 영창되는 시편과 다른 노래에서도 기인했다. 심포지엄 식사를 광범위한 영향을 미친 헬레니즘의 산물들 중 하나로 보는 것도 가능하다.

플라톤이 저술한 『심포지엄』(Symposium)과 같은 유명한 그리스 문학작품을 통해 알려지게 된 심포지엄 식사는 잘 계획된 사교 모임(대개 부자들을 위한)으로, 식사와 식사 후 토의 또는 연회로 구성되었다. 예수의 제자들은 이 전통이 가진 고상하지 못한 측면은 거부했을 것이다. 그러나 헬레니즘의 심포지엄이 예수의 식사 모습을 기록한 복음서의 이야기에 영향을 끼쳤던 것은 분명하다.[34]

헬레니즘 세계의 사교 모임에 전제된 음악적인 요소들 역시 신흥 기독교의 성찬식, 특히 부유한 이방인 회심자의 집에서 거행된 성찬식의 청각적인 환경을 고조시키는데 기여했을 수 있다. 교회 공동체가 예수에 대한 기억과 모범을 토대로 한 기도를 고쳐 만들기 시작하면서, 유대인과 그리스도인의 노래와 송시의 변주(variation)가 개발되었다. 변주는 이후 몇 세기 동안의 기독교 음악의 전례(antecedents)였던 독특한 음악 텍스트와 형태, 선율로 대체되었다.

신약성경은 선율과 리듬, 그 외의 여러 음악적인 정보에 대해서 기록하지 않는다. 그러나 신흥 기독교 음악의 내용과 실행에 대한 정보는 어느 정도 제공한다. 예를 들어, 신약성경은 예수께서 탄생하셨을 때 천사들이 불렀던 송영(doxology, 눅 2:14)과 같은 짧고 서정적인 찬양을 꽤 많이 담고 있다. 신약성경에 나타나는 이러한 음악적인 단편들이 예배에서 실제로 사용되었는가를 증명하기는 쉽지 않다. 그러나 일부 형태의 송영은 구송기도(vocal prayer)나 설교를 마무리할 때 사용되었을 수 있다. 그러한 송영은 유대교 모델을 토대로 기독론적 송영으로 발전하게 된다.[35]

신약성경은 유대교에서 가져오기는 했지만 기독교식으로 독특하게 표현한 서정적인 요소도 꽤 많이 담고 있다.[36] 그리스도에 대한 찬미와 서정적인 다른 표현들도 기존의 유대교 모델을 토대로 했다.[37] 서정적인 텍스트와 그 텍스트에 붙인 곡이 동일하지

---

34 누가복음에 나오는 다섯 번의 식사, 즉 레위의 집에서의 잔치(5:27-39)와 바리새인의 집에서의 세 번의 저녁 식사(7:36-50; 11:37-54; 14:1-35), 최후의 만찬은 헬레니즘의 심포지엄적인 측면들을 분명하게 반영한다(LaVerdiere, *Dining in the Kingdom of God*, p. 18).
35 지혜로우신 하나님께 예수 그리스도로 말미암아 영광이 세세무궁하도록 있을지어다 아멘(롬 16:27).
36 **아멘**(갈 6:18), **할렐루야**(계 19:1), **호산나**(막 11:9), **마라나타**(고전 16:22).
37 [예수 그리스도는 보이지 아니하는 하나님의 형상이시요 모든 피조물보다 먼저 나신 이시니 만물이 그에게서 창조되되 하늘과 땅에서 보이는 것들과 보이지 않는 것들과 혹은 왕권들이나 주권들이나 통치자들이나 권세들이나 만물이 다 그로 말미암고 그를 위하여 창조되었고 또한 그가 만물보다 먼저 계시고 만물이 그 안에 함께 섰느니라 그는 몸인 교회의 머리시라 그가 근본이시요 죽은 자들 가운데서 먼저 나신 이시니 이는 친히 만물의 으뜸이 되려 하심이요 아버지께서는 모든 충만으로 예수 안에 거하게 하시고 그의 십자가의 피로 화평을 이루사 만물 곧 땅에 있는 것들이나 하늘에 있는 것들이 그로 말미암아 자기와 화목

는 않다. 즉, 신약성경과 같은 문학 매체에 등장한다는 이유만으로, 그 텍스트가 예배에서 실제로 노래되었다는 것을 증명할 수는 없다. 다른 한편으로, 신약성경의 도처에서 그러한 텍스트가 지속적으로 나타난다는 사실은, 헬레니즘화 된 유대 문화의 서정적인 유산을 예수의 제자들이 받아들였다는 사실을 확인시켜 주는 것 같다. 더 나아가 예수의 제자들은 좋은 소식에 대한 열정을 그들의 형제 종교가 했던 것보다 훨씬 더 강렬하게 청각적인 특성으로 전환시킬 수 있었다.

공적 예배에 대한 바울의 교훈은 초창기 기독교 예배의 서정적인 형태와 양식을 이해하는데 도움이 된다.[38] 바울이 예배에서 혼자서 표현하는 경우(예를 들어, 방언의 은사)도 있다고 인정하기는 하지만, 그의 최우선 관심사는 공동체 전체의 참여와 기도이다. 바울은 모든 은사가 공동의 선을 이루는데 도움이 되어야 한다고 강조하는데, 여기에는 예배의 음악적인 요소도 포함된다. 즉 예배에서 독백보다는 대화에 가까운 응창 형식이 독창 형식보다 선호되고, 공동체의 "아멘"이 늘 존중된다는 것을 암시한다.

바울의 가르침은 또한, 성전보다는 회당에서 발견되는 유형의 예배음악 리더십이 더 낫다는 것을 암시한다. 물론 재능이 넘치는 음악가들이 그들의 은사로 초기 공동체를 분명히 아름답게 만들었겠지만, 그들의 독창이 1세기 예배의 서정성을 좌우하지는 않았다. 초기 공동체는 예배에서 구성원 모두가 한목소리(single-voice)로 찬양하는 것을 이상적으로 여겼다.

4) 요약

유대인이 예배하던 각 장소는 이스라엘의 음악을 독특하게 만드는데 기여했고, 차용한 자료의 변주로 구성된 초기 기독교 노래에도 영향을 끼쳤다. 특히 회당과 집은 신흥 기독교의 청각적인 환경에 지대한 영향력을 끼쳤다. 회당과 집에서 사용되던 예전음악 형식은 말씀을 선포하고 공동체 구성원 모두가 예배에 참여토록 하는데 도움

하게 되기를 기뻐하심이라(골 1:15-20).

38 그러므로 방언을 말하는 자는 통역하기를 기도할지니 내가 만일 방언으로 기도하면 나의 영이 기도하거니와 나의 마음은 열매를 맺지 못하리라 그러면 어떻게 할까 내가 영으로 기도하고 또 마음으로 기도하며 내가 영으로 찬송하고 또 마음으로 찬송하리라 그렇지 아니하면 네가 영으로 축복할 때에 알지 못하는 처지에 있는 자가 네가 무슨 말을 하는지 알지 못하고 네 감사에 어찌 아멘 하리요 너는 감사를 잘하였으나 그러나 다른 사람은 덕 세움을 받지 못하리라 내가 너희 모든 사람보다 방언을 더 말하므로 하나님께 감사하노라 그러나 교회에서 네가 남을 가르치기 위하여 깨달은 마음으로 다섯 마디 말을 하는 것이 일만 마디 방언으로 말하는 것보다 나으니라(고전 14:13-19).

이 되었다. 이 모델은 특히 이후 3세기 동안 기독교 음악이 발전하는데 많은 영향을 끼쳤다.

3. 책

토라는 유대교에서 매우 중요하다. "토라"는 대개 성경의 처음 다섯 권의 책들을 뜻하는데, "율법"이라고 칭해지기도 한다. 고대 신앙에 따르면, 하나님이 시내산에서 모세에게 율법을 계시하셨고, 모세는 그 계시된 율법을 다섯 권의 책에 기록했다.[39] 이미 예수 당시에 이 신앙은 하나님이 모세에게 성문 율법에 더해 구전 율법도 계시하셨고, 그 계시된 구전 율법이 결국엔 바리새인의 특별 조항이 되었다고 믿는 데까지 발전했다.[40]

구전 율법에 대한 이러한 신앙은 예수와 바리새인이 갈등을 일으키는 원인이 되곤 했다. 예수는 성문 토라를 따르셨지만, 구전 율법은 준수하지 않으셨다. 예수는 구전 율법은 성문 토라의 명령을 무시하도록 만든 인간의 전통에 지나지 않는다고 일축하셨다.[41] 미쉬나는 200년경에 구전 율법을 처음으로 성문화시켰다[그림 16]. 미쉬나와 게마라(Gemara)라고 알려진 미쉬나에 관한 일련의 아람어 주석이 합쳐져서 탈무드라는 위대한 모음집을 구성한다[그림 17]. 탈무드 한 판은 400년경에 팔레스타인에서, 다른 판은 500년경에 바빌로니아에서 편집되었다.

---

39 모세가 와서 여호와의 모든 말씀과 그의 모든 율례를 백성에게 전하매 그들이 한 소리로 응답하여 이르되 여호와께서 말씀하신 모든 것을 우리가 준행하리이다 모세가 여호와의 모든 말씀을 기록하고(출 24:3-4a).

40 모세는 시내산에서 토라를 받아 여호수아에게, 여호수아는 장로들에게, 장로들은 선지자들에게 넘겨주었다. 그리고 선지자들은 회중에 속한 이들에게 토라를 넘겨주었다(*Mishnah*, Abot 1:1).

41 그 때에 바리새인과 서기관들이 예루살렘으로부터 예수께 나아와 이르되 당신의 제자들이 어찌하여 장로들의 전통을 범하나이까 떡 먹을 때에 손을 씻지 아니하나이다 대답하여 이르시되 너희는 어찌하여 너희의 전통으로 하나님의 계명을 범하느냐 하나님이 이르셨으되 네 부모를 공경하라 하시고 또 아버지나 어머니를 비방하는 자는 반드시 죽임을 당하리라 하셨거늘 너희는 이르되 누구든지 아버지에게나 어머니에게 말하기를 내가 드려 유익하게 할 것이 하나님께 드림이 되었다고 하기만 하면 그 부모를 공경할 것이 없다 하여 너희의 전통으로 하나님의 말씀을 폐하는도다(마 15:1-6).

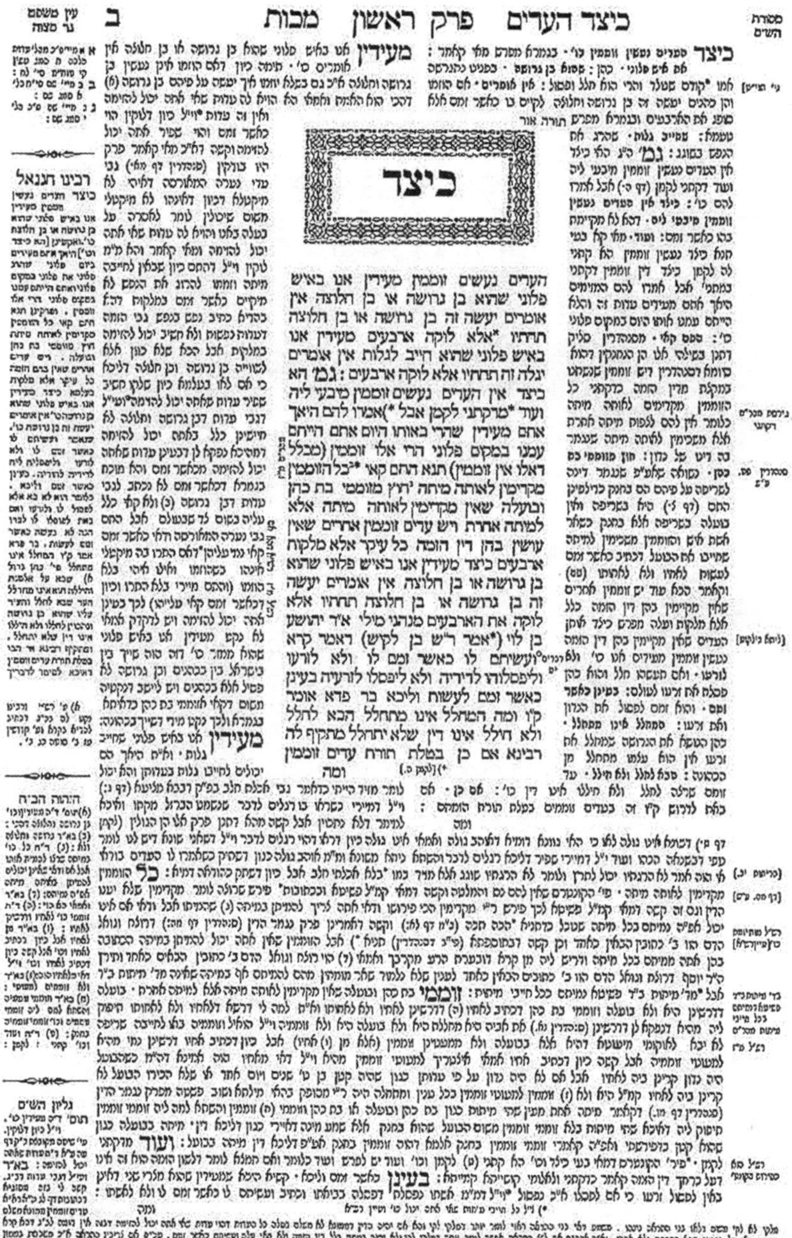
ביצד העדים פרק ראשון מכות ב

ביצד

העדים נעשים זוממין מעידין אנו באיש פלוני שהוא בן גרושה או בן חלוצה אין אומרים יעשה זה בן גרושה או בן חלוצה תחתיו *אלא לוקה ארבעים מעידין אנו באיש פלוני שהוא חייב לגלות אין אומרים יגלה זה תחתיו אלא לוקה ארבעים: גמ׳ הא כיצד אין העדים נעשים זוממין מיבעי ליה ועוד *מדקתני לקמן אבל *)אמרו להם היאך אתם מעידין שהרי באותו היום אתם הייתם עמנו במקום פלוני הרי אלו זוממין (מכלל דאלו אין זוממין) תנא התם קאי *בכל הזוממין מקדימין לאותה מיתה ׳חוץ מזוממי בת כהן ובועלה שאין מקדימין לאותה מיתה אלא למיתה אחרת ויש עדים זוממין אחרים שאין עושין בהן דין הזמה כל עיקר אלא מלקות ארבעים כיצד מעידין אנו באיש פלוני שהוא בן גרושה או בן חלוצה אין אומרים יעשה זה בן גרושה או בן חלוצה תחתיו אלא לוקה את הארבעים מנהני מילי א״ר יהושע בן לוי (*אמר ר״ש בן לקיש) דאמר קרא ועשיתם לו כאשר זמם לו ולא לזרעו וליפסלוהו לדידיה ולא ליפסלו לזרעיה בעינן כאשר זמם לעשות וליכא בר פדא אומר ק״ו ומה המחלל אינו מתחלל הבא לחלל ולא חילל אינו דין שלא יתחלל מתקיף לה רבינא אם כן בטלת תורת עדים זוממין ומה

그림 16. 미쉬나의 표준 인쇄 페이지

그림 17. 탈무드의 표준 인쇄 페이지

기독교는 이러한 유동적인 토라 전통에서 탄생했다. 토라 전통이라는 풍성한 유산이 가진 영향력은 중요하고 복합적이다. 그리스도인들은 당연히 히브리 성경을 하나님의 말씀으로 받아들였다. 뿐만 아니라 하나님의 말씀을 경외하고, 선포하고, 심지어 공부하는 것도 예배의 행위라고 믿었다. 그들은 송축 및 축복기도와 노래를 하는 가운데 하나님의 말씀을 공적으로 선포하는 유대교의 전통을 계속해서 따랐다. 마지막으로, 그리스도인들은 유대인들처럼 구전 전통을 문서로 만들어 하나님의 말씀으로 여겼다.

1) 성전

성경 낭독이 예루살렘 성전 예배에서 통상적인 요소였음을 제시하는 직접적인 증거는 거의 없다. 앞에서 언급됐듯이, 성전 예배는 다양한 형태의 제사를 지향했다. 그러나 이와 동시에, 성전 예배에서 성경 낭독을 완전히 배제할 수 없게 만드는 중요한 정황상의 증거도 있다.

첫번째 증거로 시편은 이미 예루살렘 성전에서 음악 레퍼토리의 중요한 요소들 중 하나로 인정받았다. 시편은 회당에서도 사용되었다. 그러나 노래집이라기보다는 히브리 성경에 포함되는 책들 중 하나로서 사용되었을 것이다. 모순적이지는 않더라도 최소한 기이했던 이 활용법(성전에서는 노래 텍스트로 사용되었지만, 회당에서는 그렇지 않았던)은 읽는 것과 노래하는 것 사이에서의 유동성을 다시금 보여준다. 예루살렘 성전에서 시편을 "노래하는 것"은 대체로 하나님의 말씀을 공적으로 선포하는 하나의 방식으로 이해될 수 있었다.

만약 시편과 드보라의 노래[42] 같은 히브리 성경의 서정적인 부분이 성전 예배에서 사용될 수 있었다면, 하나님과 그분의 선택된 백성 사이에 세워진 언약에 대해 이야기하는 다른 위대한 텍스트들은 왜 사용될 수 없었겠는가?

두 번째 증거는 바벨론 포로기(주전 587-516년) 이후에 예루살렘에서 회복된 예배에 대해 기록한 기사에서 단편적으로 발견된다. 성전은 주전 515년쯤에 재건되었다. 그

---

[42] 이 날에 드보라와 아비노암의 아들 바락이 노래하여 이르되 이스라엘의 영솔자들이 영솔하였고 백성이 즐거이 헌신하였으니 여호와를 찬송하라 너희 왕들아 들으라 통치자들아 귀를 기울이라 나 곧 내가 여호와를 노래할 것이요 이스라엘의 하나님 여호와를 찬송하리로다(삿 5:1-3).

러나 예루살렘의 정치 및 종교적 상황은 성전 재건 후 최소 70년 동안 매우 혼란스러웠던 것으로 보인다. 제사장이자 서기관이었던 에스라는 주전 5세기 중반에 예루살렘의 종교개혁을 이끈 중요한 인물 중 하나였다. 에스라는 개혁의 일환으로 많은 회중 앞에서 "모세의 율법"을 선포했다.[43]

많은 학자에 따르면, 에스라에게는 단순히 과거의 사건을 상기시키기보다는, 평범한 신자가 쉽게 이해할 수 있도록 말씀을 선포하고 해석하는 일을 활성화시킬 책임이 있었다.[44] 그 당시에 예루살렘에는 회당이 없었던 것 같지만, 포로기 이후의 예배에서 제2성전이 가졌던 중요성을 고려할 때, 토라가 성전에서(최소한 가끔이라도) 선포되지 않았다고 상상하기는 쉽지 않다.

세번째 요소로 제2성전 시대에 토라 학습이 강화되었다고 제시하는 증거가 있다. 제2성전 시대는 많은 토라 두루마리가 필사되고 해석된 시기이기도 했다. 그리고 에스라의 정신을 따라 평범한 사람도 이해할 수 있도록 설명된 시기였다. 스테판 레이프(Stefan Rief)는 이처럼 전통적인 텍스트를 보존하고 장려하는데 관심을 쏟게 만든 부분적인 원인은 유대교와 헬레니즘 문명의 충돌이었다고 주장한다. 레이프는 또한 성경이 이같이 강조되었기 때문에 성경 말씀은 분명히 공적으로 낭독되었을 것이라고 추측한다.[45]

제2성전 시대에 예루살렘 성전은 매우 중요했고 팔레스타인에 회당이 존재하지 않았다는 사실을 고려할 때, 예루살렘 성전에서 토라가 공적으로 낭독되지 않았을 것이라고 상상하기는 어렵다. 반면에 제2성전 예배에서 성경이 어떤 규칙적인 방식으로 사용되었는지를 파악하다는 것은 불가능하다.

---

43 이와 같이 제사장들과 레위 사람들과 문지기들과 노래하는 자들과 백성 몇 명과 느디님 사람들과 온 이스라엘 자손이 다 자기들의 성읍에 거주하였느니라 이스라엘 자손이 자기들의 성읍에 거주하였더니 일곱째 달에 이르러 모든 백성이 일제히 수문 앞 광장에 모여 학사 에스라에게 여호와께서 이스라엘에게 명령하신 모세의 율법책을 가져오기를 청하매 일곱째 달 초하루에 제사장 에스라가 율법책을 가지고 회중 앞 곧 남자나 여자나 알아들을 만한 모든 사람 앞에 이르러 수문 앞 광장에서 새벽부터 정오까지 남자나 여자나 알아들을 만한 모든 사람 앞에서 읽으매 뭇 백성이 그 율법책에 귀를 기울였는데(느 7:73-8:3).

44 [에스라와 레위 사람들이] 하나님의 율법책을 낭독하고 그 뜻을 해석하여 백성에게 그 낭독하는 것을 다 깨닫게 하니(느 8:8).

45 유대인 공동체 활동에서 통상적으로 수반되는 특징인 낭송을 보지 않고, 성경 텍스트들이 그처럼 중요하고 광범위하게 사용되는 경우를 상상한다는 것은 거의 불가능하다. 그러한 통상성의 기원이 에스라 당시까지 거슬러 올라가든지 그렇지 않든지 간에, 탈무드 전통의 기원처럼, 확실치는 않다. 그러나 분명한 사실은 그리스와 로마 시대의 많은 유대인에게 성경 낭독은 잘 알려져 있었다는 것이다(Rief, *Judaism and Hebrew Prayer*, p. 63).

2) 회당

수 세기 동안 회당은 토라에 대한 공경(reverence)을 표현했다. 그러나 성경 낭독이 언제부터 회당 예식에서 중요한 요소가 되었는지는 불분명하다. 회당이 주전 2세기에 등장했다고 하더라도, 토라를 공적으로 선포하는 것이 회당 예배에서 처음부터 중요한 요소였는지는 분명치 않다.

누가복음의 유명한 본문은 예수께서 안식일에 나사렛 회당에서 성경을 읽으셨다고 기록한다. 이 사건에 대해 누가는 다음과 같은 연출로 이야기한다.

① 예수께서 두루마리를 받으시고
② 두루마리를 펴 구절을 찾으시고
③ 서서 읽으시고
④ 책을 덮으시고
⑤ 그 두루마리를 맡은 자에게 건네시고
⑥ 앉아 설교하셨다.[46]

일반적으로 인정되듯이, 누가복음은 예루살렘 성전이 파괴된 후, 아마도 80년에서 85년 사이에 기록되었다. 성전이 파괴된 후에, 회당은 유대교 제례를 위한 장소로서 그 중요성이 더해졌다. 유대인은 회당 의례를 공들여 만들었고 종국에는 표준화시켰다. 누가의 이야기는 아마도 회당의 초창기 예식을 어느 정도 반영하면서, 일부 회당에서는 공적 낭독의 행위를 중심으로 한 의례 양식들(ritual patterns)이 이미 존재했었음을 암시한다. 또한 사도행전에서 누가는 안디옥 회당에서 최소한 한번은 일어났던 일에 대해 이야기한다. 그곳에서는 율법과 선지자의 글을 낭독한 다음에 설교했다.[47] 누가는 안식일마다 모든 회당에서 토라를 읽었다는 사도 야고보의 말도 기록한다.[48] 회

---

[46] 선지자 이사야의 글을 드리거늘 책을 펴서 이렇게 기록된 데를 찾으시니 곧 주의 성령이 내게 임하셨으니… 책을 덮어 그 맡은 자에게 주시고 앉으시니 회당에 있는 자들이 다 주목하여 보더라 이에 예수께서 그들에게 말씀하시되 이 글이 오늘 너희 귀에 응하였느니라 하시니(눅 4:17-21).

[47] 안디옥에 이르러 안식일에 [바울과 바나바는] 회당에 들어가 앉으니라 율법과 선지자의 글을 읽은 후에 회당장들이 사람을 보내어 물어 이르되 형제들아 만일 백성을 권할 말이 있거든 말하라 하니 바울이 일어나 (행 13:14b-16a).

[48] 이는 예로부터 각 성에서 모세를 전하는 자가 있어 안식일마다 회당에서 그 글을 읽음이라 하더라 (행 15:21).

당의 성경 낭독 의례에 대한 단서가 충분치 않기 때문에, 예수 당시에 회당에서 무엇이 읽혔는지, 어느 정도 일관성을 가지고 읽혔는지를 정확히 아는 것은 불가능하다.[49] 그러나 1세기가 끝나기 전에 상황은 바뀌게 될 것이었다. 미쉬나는 공적 예배에서 누가 성경을 낭독할 수 있고, 여러 절기와 날에 어떤 순서로 낭독되어야 하고, 어떤 방식으로 낭독해야 의무를 다하게 되는지를 광범위하게 설명한다.[50]

그림 18. 시편 50편의 일부가 기록된 파피루스 조각

회당에서 영창되고 학습된 텍스트는 오늘날 우리가 책이라고 부르는 형태로 되어있지 않았다. 본래 이런 텍스트는 파피루스 종이(동일한 이름을 가진 하천 식물로부터 만든 종이의 일종)[그림 18]나 동물 가죽에 쓰여졌다.

둘둘 말 수 있는 두루마리 형태로 만들기 위해 파피루스 종이는 접착제로 붙여졌고, 동물 가죽은 꿰매졌다. 두루마리는 대개 길이 25-30피트(7.6-9.2m)에 높이가 10인치(25cm)였다. 텍스트는 보통 폭이 5인치(12cm)나 6인치(15cm) 정도 되는 단(column) 안에 쓰여졌다. 단은 두루마리가 오른쪽에서 왼쪽으로 펼쳐질 때 나타났다[그림 19].

그림 19. 27피트(8.23m) 길이의 동물 가죽에 쓰여 진 (주전에서 서력기원으로의) 전환기 당시의 에세네파 필사본으로, 텍스트의 세로단이 최소한 66개 포함한다

예수는 나사렛 회당에서 이사야서의 말씀을 읽으실 때 이러한 두루마리를 사용하셨

---

49 1세기 유대인들은 성경을 낭독하고 연구하기 위해 함께 모였다. 그러나 우리가 갖고 있는 증거로는 어떤 본문이 언제 낭독되었는지를 분명하게 알 수 없다. 낭독되는 본문이 기념되어야 할 특정한 때의 관습과 연관되었을 것이라고 추측할 뿐이다. 따라서 축일이나 금식일과 그 전 안식일에 낭독되어야 하는 본문들은 미리 준비되어야만 했다(Rief, *Judaism and Hebrew Prayer*, p. 8).

50 귀 먹은 사람이나 저능한 사람, 어린 아이를 제외한 모든 사람이 두루마리를 낭독할 수 있다(*Mishnah*, Megillah 2:4). 두루마리를 낭독하는 사람은 일어서거나 앉을 수 있다. 한 사람이 낭독하거나, 두 사람이 낭독하면, 그들은 책임을 다한 것이다(*Mishnah*, Megillah 4:1). 그들은 제사장의 규율에서 유월절에는 "정해진 절기들" 부분을, 유월절에 "칠칠절" 부분을, 새해에는 "일곱째 달 첫째 날" 부분을, 그리고 속죄일에는 "죽음 후에" 부분을 낭독한다(*Mishnah*, Megillah 3:5).

다.[51] 성경 낭독이 회당 예배에서 점점 더 중요해지면서, 성경 두루마리를 보관하는 곳도 중요해졌다. 예를 들면, 선반이나 단순한 벽장이 특별한 벽감이나 매우 정성들여 만든 감실로 대체되었다[그림 7]. 어떤 두루마리들은 아름답게 장식되어 회당의 보배가 되었다.

고대 이스라엘은 율법과 선지서의 두루마리들 외에 기도를 위한 다른 표준화된 책을 갖고 있지 않았다. 쿰란에서 발굴된 것들 중에 시편 두루마리 단편이 많이 있었던 것은 사실이다. 대부분의 두루마리는 성경을 기록하는데 사용되었다. 그러나 시편을 당시의 유대인을 위한 별도의 기도서로 간주하기는 힘들 것이다. 차라리 선지서 또는 하프토라의 일부로 분류하는 것이 더 낫다. 쿰란 공동체와 기타 여러 공동체는 시편을 모방한 찬송시[52]도 만들었다[그림 20].

그림 20. '안식일 제사의 노래'의 단편

이러한 지역적인 책들 중에는 간혹 해당 지역 밖에서 사용되는 것들도 있었다. 하지만 신흥 유대교에서 그 어떤 책도 "기도서"의 위치를 획득하지는 못했다. 다른 여러 책처럼, 미쉬나와 탈무드도 송축 및 축복의 기도와 다른 기도의 모범들을 담고 있기는

---

51 제1장 각주 46번을 보라.

52 안식일 희생 제사의 노래
  30. 가르치는 자를 위하여, 일곱 번째 안식일, 곧 그 달 열여섯 번째 날의 희생 제사를 드릴 때 부르는 노래. 지극히 높으신 하나님을 찬양하라. 모든 지식의 신들 중에서 높임 받는 자들아.
  31. 하나님의 거룩한 자들이 영광의 왕을 찬미하기를 원하노라. 그분 자신의 모든 거룩한 자들을 거룩함으로 거룩케 하시는 분이다. 너희 모든 신과 같은 존재들의 찬양을 주도하는 우두머리들이여,
  32. 크게 [찬양 받으시기에 합당한 하나님을 찬양하라. 이는 영광의 찬양 속에 그분의 나라의 영광이 있기 때문이다. 그것을 통하여 모든 신과 같은 존재들의 찬양들이 [나온다.]
  33. [그분의] 모든 찬란한 위[엄]과 더불어. [그리고] 가장 신과 같은 존재들인 높임 받은 너희는 그분의 고귀하심을 하늘 높이 찬양하고, 모든 높임 받는 존재를 위에 계신 그분이 영광의 하나님이심을 [찬양하여라.]
  34. 왜냐하면 그분[은] 모든 높은 곳에 있는 [신들 중의 신이시오.] 모든 영원한 회의들에서 [왕들] 중의 왕이시기 때문이다. [그분의 지식의 뜻으로]
  35. 그분의 입의 말씀에 의하여 모[든 존귀한 천사들이] 존재하고, 그분의 입술의 말씀으로 모든 영원한 영들이 존재한다. 그분의 지식의 뜻[으로] 모든 피조물들은
  36. 그 목적에 맞게 존재한다. [그분의 지식을] 즐기는 너희는 놀라운 신과 같은 존재들 중에서 즐거워하며 노래하라. 지식을 선포하는 모든 자들의 혀로 그분의 영광을 선포하고, 그분의 놀라운 기쁨의 노래들을 (불러라.)
  37. [그분을] 노래하는 모든 자들의 입으로. [왜냐하면 그분은] 영원토록 [지식을] 노래하는 모든 자들의 하나님이시고, 모든 명철의 영들을 권능으로 다스리시는 심판자이시기 때문이다(Harvard Semitic Museum의 허락 하에 재인쇄된 Carol Newsom의 필사와 번역).

하지만, 암람 가온(Amram Gaon, 871년경 사망)이 편찬하기 전까지는 그 어떤 유대인 기도서나 **시두르**(*siddur*, 히브리어, "기도서")가 존재하지 않았다.

시두르가 뒤늦게 발전되었던 이유는, 유대인 공동체가 기도를 문자 형태로 제한하는 것을 꺼려했기 때문이다. 로렌스 호프만(Lawrence Hoffman)은 또한 공동 기도서의 느리고 점진적인 변화는, 기원 후 첫 번째 천년기의 대부분을 통해서 회당 예배에 큰 변화가 일어나지 않았었다는 사실을 증명하다고 제시한다. **게오님**(*geonim*)이라고 불렸던 8세기와 9세기의 특별한 천재 학자들만이 **시두르**의 출현을 가능케 했다.

과거 세대의 학자들과는 달리, 그들은 예배에 대한 여러 질문에 명확하고 결정적인 답들을 제시할 준비가 되어 있었다. **게오님**이 제시한 답들은 의례에서 그 어떤 변화도 허락하지 않았기 때문에 결국 규정된 기도서를 만들 수 있었다. 그러나 **게오님** 시대가 오기 전까지 유대인 공동체는 기도를 문자로 기록하는 일을 거부했고, 즉흥적이었던 기도의 모범을 다음 세대에 구전으로 물려주는 방식을 선호했다.

3) 신흥 기독교

예수의 초기 제자들은 회당에서 사용되던 것과 상당히 비슷한 두루마리를 사용했던 것 같다. 예수의 유대인 제자들은 그들의 모임에서 율법과 선지서를 공적으로 영창하는 전통을 이어갔다. 1세기 말과 2세기 초의 기독교 회당에서는 말씀을 서정적으로 선포하는 옛 관습도 여전히 지속되었던 것 같다. 율법과 선지서의 말씀을 공적으로 낭독하는 것은 이방인 공동체에서도 80년이 되기 전에 예배의 일부가 되었을 수도 있다.

신약성경 이곳저곳에서 인용되는 구약성경의 많은 말씀은, 신흥 기독교 공동체가 고대 텍스트를 매우 익숙하고 가치있게 여겼다는 것을 보여준다. 프레드릭 크로우(Frederick Crowe)가 언급한 바에 따르면, 예수께서 부활하신 후에 제자들은 유대교 성경이 예수를 특별한 방식으로 가리키고 있었다고 믿기 시작했다.

예를 들어, 바울은 로마에 있는 대부분 이방인들로 구성된 공동체에 보낸 편지에서, 유대교의 성경이 예수의 새로운 복음을 기대하고 있었다고 선포했다.[53] 역시 이방인을

---

53 예수 그리스도의 종 바울은 사도로 부르심을 받아 하나님의 복음을 위하여 택정함을 입었으니 이 복음은 하나님이 선지자들을 통하여 그의 아들에 관하여 성경에 미리 약속하신 것이라 그의 아들에 관하여 말하면 육신으로는 다윗의 혈통에서 나셨고(롬 1:1-3).

위해 기록된 누가복음도 그러한 관점을 갖고 계셨던 예수를 묘사한다.[54] 누가복음에 반영된 율법과 선지서에 대한 통찰력은 성경을 공부하는 유대교 전통을 계속해서 지키던 유대 그리스도인 공동체로부터 나왔을 것이다. 이러한 관점은 바울과 같은 인물을 통해 여러 이방인 공동체에게도 전해졌고, 이방인 공동체는 이처럼 풍성한 말씀의 유산을 가치있게 여기며 받아들였다. 1세기 말에 기록된 디모데전서는 이방인과 유대인으로 구성된 기독교 집회에서 유대교 성경을 선포하는 전통을 반영한 것처럼 보인다.[55]

유대교 성경의 의례적 낭독과 학습 외에도, 앞으로 신약성경이라고 불리게 될 부분 역시 신자들의 모임에서 낭독되었던 것 같다[그림 21]. 기독교적 메시지를 "하나님의 말씀"과 동등하게 여기는 신약성경의 일부 구절들이 이 주장을 뒷받침한다.[56] 어떤 형식으로든 "하나님의 말씀"이 공적으로 낭독되는 전통이 기독교 집회에 존재했다면, 예수의 메시지도 "하나님의 말씀"으로서 선포되었을 것이다.

그러나 예수의 말씀이 선포되었다고 해서, 그 말씀이 모든 곳에서 기록된 형태로 존재했었다고 전제할 수는 없다. 복음은 처음부터 글이 아니라 말로 전달되는 설교 사건이었다. 예수의 말씀과 이야기를 모은 책이 일찍부터 존재하기는 했지만, 글로 표현된 형태의 복음서는 1세기 말이 되어서야 등장한다.

그림 21. 3세기의 요한복음 단편

초기 공동체를 위해 쓰여진 기독교 메시지의 여러 표현 형식들 중 하나는 편지였다. 갈라디아교회나 에베소교회와 같은 특정한 공동체만을 염두에 두고 쓰여진 편지들 중에는, 예배 중에 낭독되도록 다른 교회에도 전달되었던 것들이 꽤 있었다.[57]

---

54 이에 모세와 모든 선지자의 글로 시작하여 모든 성경에 쓴 바 자기에 관한 것을 자세히 설명하시니라 (눅 24:27).

55 내가 이를 때까지 읽는 것과 권하는 것과 가르치는 것에 전념하라(딤전 4:13).

56 이러므로 우리가 하나님께 끊임없이 감사함은 너희가 우리에게 들은 바 하나님의 말씀을 받을 때에 사람의 말로 받지 아니하고 하나님의 말씀으로 받음이니 진실로 그러하도다 이 말씀이 또한 너희 믿는 자 가운데에서 역사하느니라(살전 2:13).

57 라오디게아에 있는 형제들과 눔바와 그 여자의 집에 있는 교회에 문안하고 이 편지를 너희에게서 읽은 후에 라오디게아인의 교회에서도 읽게 하고 또 라오디게아로부터 오는 편지를 너희도 읽으라(골 4:15-16).

4) 요약

하나님의 말씀, 특히 율법과 선지서에 담긴 하나님의 말씀에 대한 유대 공동체의 신앙은 기독교에 큰 영향을 끼쳤다. 신흥 기독교 공동체는 이 전통에서 나왔다. 그리고 곧 이 전통을 그리스도의 메시지로까지 확대 적용시켰다. 이 말씀도 하나님의 말씀으로 경외되었고, 설교된 메시지 중에 어떤 것들은 종국에 문자로 기록된 형태를 취하게 되었다. 그러나 기독교 두루마리나 책이 하루아침에 만들어진 것은 아니었다. 기독교 두루마리나 책이 등장하자마자 그 즉시 유대인의 성문 토라나 기독교 공동체의 설교 사건을 대체하면서 새로운 기독교 토라가 된 것도 아니었다.

이러한 글로 쓰여 진 형태들의 원래 목적은 공동체들에게 설교되어지는 그리스도의 좋은 소식을 잘 들을 수 있도록 그들을 준비시키는 것이었을 수도 있다. 아니면 설교하는 이들에게 도움을 주기 위해서였을 수도 있다. 그러나 공동체가 시공간적으로 예수의 삶의 사건으로부터 점점 멀어지게 되면서, 문자로 기록된 형태는 공동체의 삶과 의례 속에서 더욱더 중요해졌다. 그러나 이러한 형성 단계에서 "말씀"은 두루마리나 책이라기보다는 신자들 가운데서 울려 퍼지는 청각적인 사건을 의미했다.

4. 그릇(용기)

초창기 기독교 예배에서 사용되던 음악과 건축과 책에 가장 큰 영향력을 끼쳤던 유대교 기관(Jewish institution)은 성전이 아니었다. 제기(ritual vessels)의 경우도 마찬가지다. 성전에는 귀금속으로 정교하게 제작된 잔과 다른 도구가 많았다. 그러나 대부분은 이스라엘을 침략했던 여러 군대에 의해 약탈당했다가 후에 반환되었다.[58] 성전에서 가장 유명한 "용기"(vessel)는 율법판과 아론의 지팡이, 광야의 만나를 보관하던 언약궤였다[그림 22].

후기 성경적 전통(late biblical tradition)에 따르면, 주전 587년에 예루살렘 성전이 바

---

[58] 벨사살 왕이 그의 귀족 천 명을 위하여 큰 잔치를 베풀고 그 천 명 앞에서 술을 마시니라 벨사살이 술을 마실 때에 명하여 그의 부친 느부갓네살이 예루살렘 성전에서 탈취하여 온 금, 은 그릇을 가져오라고 명하였으니 이는 왕과 귀족들과 왕후들과 후궁들이 다 그것으로 마시려 함이었더라(단 5:1-2).

벨론에 의해 파괴될 당시에 언약궤는 한 동굴에 숨겨졌다.[59] 신흥 기독교 공동체가 예배에 사용했던 그릇 중에 성전 그릇을 본떠서 만든 것은 전혀 없었다.

시간이 많이 흐른 후에야 기독교는 성전의 장엄함을 예술에 일부 반영하기 시작했다. 회당도 기독교 예배에서 사용되던 그릇에 아무런 영향을 끼치지 못했다.

레슬리 호프(Leslie Hoppe)가 지적하듯이, 어떤 회당들은 유대인 여행자를 위한 숙소로 사용되었다. 그리고 안식일이나 절기와 관련된 특별한 식사를 제공

그림 22. 언약궤

하기도 했다. 그러나 회당 예배에는 일반적으로 음식이나 음료가 포함되지 않았다. 회당에는 의례 음식과 음료를 위한 그릇이 없었다.

예수 당시의 유대인들이 의례 식사(ritual meal)를 즐겼던 곳은 집이었고, 초기 그리스도인들이 의례 식사를 위해 사용했던 그릇은 집에서 흔히 볼 수 있는 것이었다. 가장 중요했던 그릇은 빵과 포도주를 담는 그릇이었다. 유대인 가정에서 흔히 먹고 마시던 빵과 포도주의 종류를 알게 되면, 그것들을 담는 그릇을 이해하는데 도움이 될 것이다.

1) 빵과 빵 그릇

헬레니즘 세계에서 매일 먹던 양식은 둥근 덩어리로 구워진 빵이었다. 그러한 빵의 예를 잘 보여주는 것이, 79년에 베수피우스산(Mount Vesuvius)의 화산 폭발로 파괴된 폼페이의 유적에서 보존되다가 지금은 나폴리 고고학 박물관에서 전시되고 있는 빵 덩어리이다. 밀을 발효시켜 만든 이 빵의 지름은 8인치(20cm) 정도 되었고, 무게는 거의 1파운드(450g)에 달했다[그림 23]. 지중해 연안에서는 지금도 비슷한 빵이 만들어지고 있다.

---

[59] 같은 문헌에 이러한 이야기도 있다. 예레미야 예언자는 신탁을 받고 나서 사람들에게 천막과 언약궤를 들고 자기를 따라오라고 명령하였다. 그리고 모세가 올라가 하나님의 상속 재산을 본 그 산으로 갔다. 거기에 가서 예레미야는 동굴 집을 발견하고 천막과 언약궤와 분향 제단을 그곳에 안치하고 나서 입구를 막아 버렸다. 그를 따라간 몇 사람이 길을 표시해 두려고 다가갔지만 그곳을 찾을 수가 없었다. 예레미야가 그것을 알고 그들을 꾸짖고 나서 이렇게 말했다. "그 장소는 하나님께서 백성을 다시 한데 모으시어 자비를 보이실 때까지 알려지지 않은 채로 남아 있어야 한다. 그때에 가서야 주님께서는 저 물건들을 드러내실 것이다. 그리고 모세 위에 나타났듯이, 솔로몬이 그 장소가 특별히 성화되도록 청하였을 때에 나타났듯이, 주님의 영광과 구름도 나타날 것이다"(2마카 2:4-8).

그림 23. 폼페이에서 나온 탄화된 빵

보리는 유대인이 빵을 만들 때 주로 사용했던 곡물이었지만, 성전에서는 사용할 수 없었다. 무교병 또는 **맛짜**(*matzah*)가 종교 예식을 위해 준비되었다. 소제라고 알려진 의례는 ("고운") 밀가루와 기름, 향료로 만든 무교병을 필요로 했다.[60] 매주 성전의 성소에 준비되며 제사장이 먹던 전설병도 무교병이었다.[61]

해마다 보리 추수의 시작을 알리는 무교절에 무교병은 중요한 역할을 했다. 이 봄의 절기에는, 밀가루와 누룩, 또는 이전 해의 어떤 재료도 섞지 않고 오롯이 햇곡식으로만 만든 빵을 먹는 것이 전통이었다. 7일간의 절기 기간에는 납작하게 만든 보리빵을 먹었다. 유월절은 이 옛 절기와 이보다 더 오래된 유목민의 축제가 결합된 절기였다. 유목민의 축제에는 어린 양을 제물로 바친 다음에 먹는 것이 포함되었는데, 아마도 앞으로 한 해 동안 좋은 목초지를 기대하며 행했던 의례였던 것 같다.

이렇게 결합된 유월절 절기는 양떼를 한계 지역(marginal areas)에서 경작지로 이동시켜 보리 추수 후에 남은 그루터기를 먹일 수 있게 된 것을 기념했다. 이때 어린 양 한 마리를 함께 나누는 것은 농부의 땅에서 잘 지내기를 원했던 목자의 표현 방식이었을 것이다.

신약성경 저자들은 모두 예수의 최후의 만찬이 유월절을 배경으로 일어났다고 본다. 공관복음 저자들은 유월절 첫날에 만찬이 있었다고 말하지만,[62] 요한은 유월절 축제 전날 저녁에 있었다고 기록한다. 유월절의 의례적인 요구 사항과 지난해에 먹다 남은 빵과 음식을 집안에서 다 치워버리는 전통을 고려할 때, 예수와 제자들이 최후의 만찬 때 함께 먹었던 유월절 음식은 납작한 보리 빵이었을 것이다.

신약성경은 무교병을 사용하는 일에 아무런 의미를 부여하지 않는다. 그리고 초기 공동체가 성찬식 때 무교병을 사용했다는 증거도 거의 없다. 아마도 식사 때 매일 먹

---

60 누구든지 소제의 예물을 여호와께 드리려거든 고운 가루로 예물을 삼아 그 위에 기름을 붓고 또 그 위에 유향을 놓아(레 2:1).

61 너는 고운 가루를 가져다가 떡 열두 개를 굽되.... 여호와 앞 순결한 상 위에 두 줄로 한 줄에 여섯씩 진설하고(레 24:5-6).

62 무교절의 첫날 곧 유월절 양 잡는 날에 제자들이 예수께 여짜오되 우리가 어디로 가서 선생님께서 유월절 음식을 잡수시게 준비하기를 원하시나이까 하매(막 14:12).

던 보리빵이 성찬식에서도 주요 음식이었을 것 같다.

그림 24. 1세기에서 3세기에 사용된 청동 사발

그림 25. 주전 1세기에서 서기 1세기에 사용된 쿰란의 도기 접시들

성전[63]과 유대인들의 집[64]에서 빵은 대개 바구니에 담겨 있었다. 음식을 요리하고 차리는데 쓰인 청동 사발은 그리스-로마 제국에서는 흔한 것이었다[그림 24]. 도기 접시들도 음식을 차려낼 때 많이 사용됐다[그림 25]. 1세기 자료들은 성찬식에서 빵을 뗀 후 남은 조각들이 보관되었다는 증거를 거의 제시하지 않는다. 이후의 자료들은 성찬식 때 사용됐던 빵을 성찬식에 참여하지 못한 이들에게 보냈다고 말한다.[65] 천 조각에서 여러 일반 가정용 용기에 이르기까지, 가능한 모든 것들이 성찬식에 참여하지 못한 이들에게 빵을 가져다 줄 때 사용되었다.

2) 포도주와 포도주 용기

예수 당시의 유대인에게 물은 늘 마시는 음료였지만, 포도주는 결혼식 피로연, 안식일 만찬, 유월절 등과 같은 여러 절기 때 제공되는 음료였다. 포도주는 그러한 행사를

---

63 네가 그들에게 나를 섬길 제사장 직분을 위임하여 그들을 거룩하게 할 일은 이러하니 곧 어린 수소 하나와 흠 없는 숫양 둘을 택하고 무교병과 기름 섞인 무교 과자와 기름 바른 무교 전병을 모두 고운 밀가루로 만들고 그것들을 한 광주리에 담고 그것을 광주리에 담은 채 그 송아지와 두 양과 함께 가져오라(출 29:1-3).

64 빵 바구니는 빵 덩어리로 크기를 잰다. 갈대를 아래위로 엮어 튼튼하게 만든 파피루스 바구니는 정결하다. [만약] 어떤 종류이건 바구니 손잡이를 만들었다면, 그 바구니는 부정하다(*Mishnah*, Kelim 17:3).

65 그리고 주재자가 축사하고 모든 사람이 동의했을 때, 우리가 부제라고 부르는 이들이 축사된 빵과 포도주와 물을 참석자 모두에게 나누어 준다. 그리고 참석하지 않은 사람에게 가져다준다(Justin Martyr, *First Apology*, 65.5, in Jasper and Cuming, *Prayers of the Eucharist*).

위해서 뿐만 아니라 약으로 사용하기 위해 집에서도 보관되곤 했다.[66] 팔레스타인에서는 다양한 포도주가 있었지만, 적포도주가 선호되었던 것 같다. 포도주는 대개 물로 묽게 만들었는데, 희석시키지 않고 마시기에는 너무 독했기 때문이다.

그림 26. 손잡이가 달린 1세기의 테라코타 항아리(jug)

포도주는 뚜껑이 있는 주전자나 항아리에 보관되곤 했다[그림 26]. 작은 주전자는 식탁이나 선반 위에 올려놓았고, 크고 옮기기 힘든 용기는 바닥에 놓았다. 이러한 용기들은 대개 도기로 만들어졌지만, 돌로 제작된 것도 있었고, 드물기는 하지만 금속으로 만들어진 것도 있었다. 휴대 가능한 용기는 염소 가죽으로 만들어졌는데,[67] 도기 그릇이 등장하기 전부터 사용되었고 지금도 여전히 사용된다.

식사 때 가족이나 손님 수에 맞게 개인 잔이 준비되지 못한 경우가 대부분이었지만, 개인용 음료 용기는 유대 사회에서 흔한 물건이었다. 공용 잔이 자주 사용되었다[그림 27]. 포도주와 다른 음료를 마실 때 사용되는 용기는 다양한 재료로 제작되었다. 일상적으로 사용하는 잔은 점토로 만들어진 것이었지만, 부자들은 청동 잔이나 심지어는 귀금속으로 제작된 고블릿(goblet-손잡이 없이 받침이 달린 주발 모양의 잔)을 사용했다.

1세기 헬레니즘 세계에서 잔을 제작할 때 흔히 사용하던 재료는 유리였다. 단순한 유리 비커(beaker-아가리가 넓은 컵)[그림 28]와 받침이 달렸거나 달리지 않은 사발이 음료를 마실 때 사용되었다. 잔과 받침 사이에 손잡이대(stem)나 마디(node)가 있는 것은 매우 드물었다.

예수께서 최후의 만찬을 포함한 여러 의례 식사에서 주로 사용하셨던 용기는 아마도 단순한 유리 잔이었을 것이다. 최후의 만찬 기사는 예수께서 자신의 잔을 제자들에게 건네주셨다고 말한다.[68] 예수께서 자신의 잔을 제자들에게 건네주셨던 일을 계속 강조하는 것은, 그 행위의 중요성을 강조하려고 한 것 같고, 식탁에 다른 잔도 있었다

---

66 "나는 포도주를 마시지 않겠다. 위에 좋지 않기 때문이다"라고 그가 말했고, [그래서] 그들이 그에게 "하지만 오래된 포도주는 위에 좋지 않습니까?" 말했다면, 그는 오래된 포도주를 마셔도 된다. 그러나 오래된 포도주뿐만 허락되는 것은 아니다. 모든 포도주가 [허락된다](*Mishnah*, Nedarim 9:8).

67 새 포도주를 낡은 가죽 부대에 넣는 자가 없나니 만일 그렇게 하면 새 포도주가 부대를 터뜨려 포도주와 부대를 버리게 되리라 오직 새 포도주는 새 부대에 넣느니라 하시니라(막 2:22).

68 또 잔을 가지사 감사 기도 하시고 그들에게 주시며 이르시되 너희가 다 이것을 마시라 이것은 죄 사함을 얻게 하려고 많은 사람을 위하여 흘리는 바 나의 피 곧 언약의 피니라(마 26:27-28).

는 것을 암시한다. 따라서 예수께서 자신의 잔을 제자들에게 주신 것은 의도적이고 중요한 행위였다고 여겨진다.

이미 언급한대로, 초기 공동체는 식사 교제를 위해 집에 모일 때도 있었다. 이러한 모임에는 대개 식사와 함께하는 성찬식이 포함되었다. 식사를 하는 동안에는 여러 잔을 사용했겠지만, 성찬식을 할 때에는 보통 하나의 공동 잔을 사용한 것 같다. 바울은 성찬에 대한 논의에서 하나의 잔이 사용된다고 암시하는 것 같다. 성찬에 대한 바울의 담화에서 나타나는 특징은, 함께 빵을 먹고 잔을 나눌 때 하나됨을 강조한데 있다.[69]

그림 27. 로마 시대의 청동 잔

그림 28. 커트 유리 잔

3) 요약

건축, 음악, 책보다 그릇을 살펴보게 되면, 유대인 가정의 문화가 1세기 기독교에 끼친 영향력을 알게 된다. 사실 기독교는 가정의 식탁에서 탄생했다. 이스라엘의 식사 전통과 빵을 나눌 때 항상 하나님을 송축하는 본능이라는 배경 속에서 기독교 특유의 의례가 탄생했다. 유대 문화의 식사 관습을 빌려와 변화시킨 것은 한 전통을 차용하여 변화시키는 기독교의 특성도 보여준다. 유대인 가정에서 신성하게 여겨지는 그릇은 거의 없었다.

마찬가지로, 1세기 기독교의 의례에서 사용된 그릇들은 분명히 본질적으로는 신성한 것들이 아니었다. 잔, 주전자, 바구니, 또는 사발은 빵과 포도주를 담기 위해 사용되었다. 그리고 빵과 포도주는 공동체의 하나됨을 위해 사용되었다. 이 시대에서 가장 중요한 것은 물질이 아니라(심지어는 빵과 포도주도 아니라) 공동체의 행위였다. 그리스

---

69 우리가 축복하는 바 축복의 잔은 그리스도의 피에 참여함이 아니며 우리가 떼는 떡은 그리스도의 몸에 참여함이 아니냐 떡이 하나요 많은 우리가 한 몸이니 이는 우리가 다 한 떡에 참여함이라(고전 10:16-17).

도인들은 그 어떤 음식보다도 분명한 그리스도의 몸이었다.

5. 성찬신학

신약성경에서 성찬신학을 말하기에는 다소 문제가 있다. 그렇다고 신약성경의 저자들이 그들의 성찬 관습에 대해 신학적으로 숙고하지 않았다는 뜻은 아니다. 예를 들어, 바울이 고린도 공동체에 보낸 편지를 보면, 그들이 성찬에 대해 신학적으로 숙고했었음을 알 수 있다.[70]

그러나 몇 세기가 흐른 후에나 사용될 방식처럼, 바울이 예배나 의례에만 초점을 맞추면서 성찬을 숙고했던 것은 아니다. 바울은 대신 그리스도의 삶에 대한 성찰을 제시하고, 그리스도인의 삶 전체에서 예배와 성찬을 함께 붙여놓는 신약성경의 근본적인 관점을 강조한다. 삶과 예배 사이의 이러한 연결성은 신약성경의 언어에 반영되어 있다.

신약성경은 기독교 예배를 말할 때 제례 언어(cultic terminology)를 사용하지 않는다. 예를 들어, 전례나 예전을 뜻하는 헬라어 단어 **레이투르기아**(*leitourgia*)는 단지 예배만이 아니라, 전도와 헌금을 걷는 일, 심지어는 국가 공무원의 직무까지도 의미하는 용어였다.[71] 신약성경에 별개의 "성찬신학"은 없다. 그러나 신흥 기독교의 성찬을 이해하는데 도움을 주는 몇 가지 중요한 개념은 나타난다.

1) (희생)제사(Sacrifice)

신약성경에는 "제사"라는 단어가 자주 등장한다. 특히 히브리서와 요한계시록에 많이 나온다. 주님의 죽음 바로 전에 있었던 최후의 만찬 뿐 아니라, 주님의 죽음 자체가 제사의 용어로 기억된다는 사실은 분명하다. 게다가 신약성경의 다른 중요한 본문들도 제사의 이미지를 많이 포함하고 있다. 예를 들어, 요한복음의 유명한 "생명의 떡

---

70 제1장 각주 69번을 보라.
71 용어상의 증거는, 기독교 예배를 제례적으로 이해하는 것이 당연할 뿐 아니라, 예배를 위한 모임과 그리스도인의 세상에서의 섬김이 원론적으로는 더 이상 구분되지 않는다는 사실을 의미한다(Hahn, *The Worship of the Early Church*, p. 38).

말씀은 희생 제사를 암시하는 표현으로 가득 차 있다.[72]

제사 언어에 익숙했던 신약성경 저자들이 그렇다고 문자주의자였던 것은 아니다. 그들은 예수의 죽음이 성전이나 유월절 제물과 동등하다고 여기지 않았다. 또한 그리스도인들의 식탁 교제와 유대교의 제사 사이에 어떤 연속성이 있다는 느낌도 주지 않았다. 그들은 대신에 제사에 대한 올바른 영적 이해를 일깨우고 세우고자 했다.

구약성경은 성전 예배에서 매우 중요했던 제사의 물질적인 측면에 대해 아주 명확한 지침을 제공한다. 그러나 유대교 신학에서 물질적인 측면, 즉 제사에서 제물을 바치는 일이 가장 중요했던 것은 아니다. 제사에서 가장 중요했던 것은 제물을 바치는 자의 마음가짐이었다. 많은 선지자가 특별히 강조했던 부분이다.

예를 들어, 선지자 아모스는 제물은 바치지만 하나님의 말씀을 듣고 순종하지 않는 이들을 조롱한다.[73] 아모스는 시편 저자처럼, 진정한 제사란 제사의 규정을 정확히 따르는 것이 아니라 회개하는 마음이라는 사실을 알았다(시 51:17).

아브라함의 번제 이야기는 이러한 "제사의 영성"(sacrificial spirituality)을 잘 보여준다. 아브라함은 그의 아들인 이삭을 번제로 바치려고 했고 이삭은 기꺼이 제물이 되고자 했다. 그러나 이삭이 실제로 바쳐지지는 않았다. 로버트 달리(Robert Daly)는 이 번제를 구약성경에서 가장 탁월한 제사라고 칭하면서, 아브라함의 번제 이미지를 빼고서는 신약성경에 나오는 제사의 이미지를 충분히 이해할 수는 없다고 믿는다.[74] 예루살렘 성전이 파괴되어 희생 제사를 더 이상 드리지 못하게 됐을 때, 이러한 내면에 대한 강조는 유대인의 기도 정신을 지속시키는 중요한 영적 자산이 되었다.

초기 기독교 공동체가 성찬에 대해서 생각할 때 사용했던 신학적 렌즈 중 하나는 (희생)제사였다. 그러나 주님의 만찬을 문자적이거나 물질적으로 이해하면서 (희생)제사로 여기는 것이 (희생)제사의 관점은 아니다. 이 관점은 주님의 삶과 죽음을, 그리고 식사 교제에서 요약되는 그분의 삶과 죽음을 근본적인 자기주심(self-giving)으로 이해한다.

---

72 내가 줄 떡은 곧 세상의 생명을 위한 내 살이니라 하시니라(요 6:51).
73 너희는 벧엘에 가서 범죄하며 길갈에 가서 죄를 더하며 아침마다 너희 희생을, 삼일마다 너희 십일조를 드리며(암 4:4).
74 성인이 된 이삭이 동의했던 희생 제사는 실제로는 완성된 것처럼 간주되었다. 이스라엘의 역사 속에서, 하나님이 첫 번째 유월절 구원과 은총의 다른 순간들에 이스라엘을 구원하고 복 주셨던 이유는 [이 희생 제사를] 기억하셨기 때문이다. 좀 더 명확하게 말하면, 제물을 바치는 제례는 효과적이라고 생각되었다. 왜냐하면 [이 희생 제사가], 탁월한 희생 제사의 하나님을 상기시켰기 때문이다(Daly, *The Origins of the Christian Doctrine of Sacrifice*, p. 52).

초기 공동체의 식사 모임은 성육신한 말씀의 완전한 자기주심의 모습을 기렸고, 예수의 제자들은 빵을 함께 먹고 잔을 나누면서 그러한 모습을 갖도록 예행연습을 했다. 예수의 제자들에게 있어 아브라함의 번제가 보여줬던 사심 없는 순종은 주님의 자기희생적인 삶과 죽음에서 완성되었다.

2) 강복, 송축, 축복

앞에서 언급되었듯이, 경건한 유대인은 온종일 하나님을 쉬지 않고 송축해야 했다. 복(blessing, 히브리어, **베라카**[*berakah*])은 구약성경에서 중요한 개념으로, 영어 단어 "블레싱"(blessing)이 일반적으로 의미하는 것보다 훨씬 더 풍성한 의미를 갖고 있다.

첫째, **베라카**는 먼저 하나님이 온 창조물과 모든 생물에게 주시는 복을 가리킨다. 사실, 모든 피조물은 하나님만이 주도적으로 주실 수 있는 하나님의 복이다.[75] 다른 모든 것에서와 마찬가지로, 하나님은 늘 먼저 행동하시는 강복의 주역이다. 이러한 하나님의 주도하심을 인정한 사람만이 하나님의 행동에 대한 사람의 반응을 의미하는 적절한 명칭인 **베라카**를 말할 수 있다.

둘째, **베라카**는 기도의 형태라기보다는 태도이다. 즉, 하나님의 무한한 관대하심을 송축과 찬양으로 감사하는 태도이다. 결국엔 **베라카** 기도 양식이 등장하게 된다. 제일 먼저 구약성경에서, 그 후엔 미쉬나에서, 마지막으로 탈무드에 등장한다. 그러나 신흥 기독교 성찬에 영향을 끼친 **베라카**의 개념은 기도의 양식이 아니었다. "**베라카** 영성"이라고 불릴 수 있는 것이었다.

예수의 초기 제자들에게 예수는 유대교 **베라카**의 성취로 이해되었을 수 있다. 본래의 창조 이야기와 유사하게, 예수 역시 요한복음에서 육신이 된 말씀이라고 선포된 하나님의 "좋은 말씀"이셨다(요 1:14). 예수는 하나님의 은혜의 선물이셨고, 인류를 향한 궁극적인 복이셨다.[76] 또한 신약성경에 따르면, 예수는 스스로를 하나님께 전적으로

---

[75] 성경의 권두, 즉 창세기 1장에서 우리는 하나님의 창조의 말씀을 듣는다. 창조 기사의 중요한 순간에 우리는 계속해서 반복되는 말씀을 듣는다. "그리고 하나님이 말씀하셨다...." 그리고 그 말씀의 성취와 동의하는 말씀이 수반되었다. "그리고 좋았다." 남자와 여자를 창조되었을 때, 하나님이 말씀하셨다. "매우 좋았다." 따라서 하나님의 첫 번째 말씀은 복(blessing)의 말씀이었다. 라틴어는 복을 축복(benediction)으로 번역하면서, 이러한 의미를 잘 담아낸다. 축복(benediction)의 동사 형태인 **베네-디케레**(*bene-dicere*)의 문자적인 의미는 "좋은 말을 하다"이다(Malit, "From Berakah to Misa Ng Bayang Pilipino," p. 17).

[76] 찬송하리로다 하나님 곧 우리 주 예수 그리스도의 아버지께서 그리스도 안에서 하늘에 속한 모든 신령한 복을 우리에게 주시되(엡 1:3).

의존하는 존재로 이해하셨고, 하나님은 예수께 모든 선한 것을 주셨다. 예수는 하나님을 계시의 원천이자 자기 생명의 근원으로 인정하시면서, **베라카**의 영성으로 사셨고 기도하셨다.[77]

베라카의 태도와 목적은 예수의 식탁 교제에서 매우 중요했다. 그리고 기독교 성찬이 출현하는데 결정적인 역할을 했다. 신약성경은 식사를 배경으로 "축사하시거나" "감사를 드리신" 예수의 모습을 자주 이야기한다. 두 표현은 모두 **베라카**의 언어와 영성에서 발견된다.

예수는 또한 제자들에게 동일한 일을 하라고 요구하신다. 이 말은, 예수의 제자들이 빵과 포도주 잔을 갖고 그분의 행동을 반복할 뿐 아니라, 복의 정신으로 계속해서 살아야 했다는 것도 의미한다. **베라카**는 특히 예수의 죽음과 부활 안에서의 하나님의 주도하심을 은혜로 받는 정신이다. 바로 그 정신에서 성찬이 나왔고 발전했다.

3) 언약의 기념(covenant memorial)

성경에 여러 번 반복해서 나타나는 기념의 개념은 **베라카** 영성과 연결된다. 기념의 개념은 예수의 식사 이야기, 특히 최후의 만찬을 이해하는데 중요한 틀이다. 풍성한 의미를 담고 있는 이 개념의 역학을 완전히 이해하기 위해서는 영어 단어 "메모리얼"(memorial)의 일반적인 정의 그 이상을 "블레싱"(blessing)의 경우처럼 생각하는 것이 중요하다.

유대인이 이해하는 기념이나 기억(히브리어, **지카론**[zikkaron])은 역동적인 개념으로, 과거의 역사를 잠시 기억하는 것 그 이상을 함의한다. **베라카**와 같이 유대인이 이해하는 기념은 하나님의 주도권을 주장한다. 특히 하나님은 이스라엘을 언약 안으로 들어오라고 계속해서 부르시는 분으로 기억된다. 이스라엘은 살아있는 그 기억 안에 신실하게 거하라는 초대를 받는다. 따라서 기념은 단순히 과거의 사건에 대한 것만은 아니다. 과거에도 인간의 역사에 개입하셨던 하나님 때문에, 현재를 살아가고, 그래서 미래를 소망하는 것이다.

---

77 그 때에 예수께서 성령으로 기뻐하시며 이르시되 천지의 주재이신 아버지여 이것을 지혜롭고 슬기 있는 자들에게는 숨기시고 어린 아이들에게는 나타내심을 감사하나이다 옳소이다 이렇게 된 것이 아버지의 뜻이니이다 내 아버지께서 모든 것을 내게 주셨으니(눅 10:21-22a).

구약성경은 많은 점에서 이 언약의 기억을 소중히 간직하고 있는 텍스트로 여겨져 왔다. 예를 들어, 창세기는 하나님이 노아와 그의 가족과 맺으신 언약(9:8-17)과 아브라함과 사라와 그들의 자손들과 맺으신 언약(12:1-3)에 대한 기억을 담고 있다. 출애굽기는 하나님이 시내산에서 이스라엘 백성과 맺으신 매우 중요한 언약과 그들을 선민으로 만드신 일을 이야기한다.[78] 여호수아서(24:1-28), 열왕기하(23:1-3), 그리고 느헤미야서(8:1-11)는 그 언약의 갱신들에 대해 말한다. 선지자들은 종종 선민인 이스라엘을 부정한 배우자로 묘사하면서, 언약을 깨뜨린 이스라엘을 꾸짖는다(겔 16:15). 언약대로 살아가는 것은 이스라엘의 약속이고 미래이다.

구약성경이 이 언약의 기억을 소중히 간직하고 있는 텍스트라면, 유월절 식사는 그 기억을 담고 있는 중요한 의례이다. 특히 이 식사는 이스라엘 백성이 이집트에서 해방된 사건, 즉 시내산 언약을 예비하기 위해 개입하신 하나님의 이야기를 기억한다.[79] 이 의례는 기억이 과거의 행위나 오래 전에 단번에 맺은 언약에 대한 것이 아니라고 강조한다. 이 식사의 기억과 식사에 수반되는 텍스트는 구원의 경험을 바로 지금 자신의 것으로 만들라고 공동체를 초청한다.[80]

공관복음과 요한복음의 연대순 배열이 다르기는 하지만, 모든 복음서는 유월절을 배경으로 최후의 만찬을 기록한다. 신흥 기독교 공동체는 예수님의 마지막 식사와 죽음을 유월절 식사의 렌즈로 해석했다.[81] 유월절을 기반으로 하여, 하나님의 주도하심

---

78 모세가 하나님 앞에 올라가니 여호와께서 산에서 그를 불러 말씀하시되 너는 이같이 야곱의 집에 말하고 이스라엘 자손들에게 말하라 내가 애굽 사람에게 어떻게 행하였음과 내가 어떻게 독수리 날개로 너희를 업어 내게로 인도하였음을 너희가 보았느니라 세계가 다 내게 속하였나니 너희가 내 말을 잘 듣고 내 언약을 지키면 너희는 모든 민족 중에서 내 소유가 되겠고 너희가 내게 대하여 제사장 나라가 되며 거룩한 백성이 되리라 너는 이 말을 이스라엘 자손에게 전할지니라(출 19:3-6).

79 너희는 이 일을 규례로 삼아 너희와 너희 자손이 영원히 지킬 것이니... 이 후에 너희의 자녀가 묻기를 이 예식이 무슨 뜻이냐 하거든 너희는 이르기를 이는 여호와의 유월절 제사라 여호와께서 애굽 사람에게 재앙을 내리실 때에 애굽에 있는 이스라엘 자손의 집을 넘으사 우리의 집을 구원하셨느니라 하라 하매 백성이 머리 숙여 경배하니라(출 12:24, 26-27).

80 모든 세대에서, 마치 자기 자신이 이집트로부터 직접 나온 것처럼 여기게 만드는 일은 남자의 의무이다 (Birnbaum, *The Passover Haggadah*, p. 47).

81 예수께서 그분 자신이 죽고 하나님으로부터 버림받는다는 비극을 앞두고 유월절과 언약의 기억과 약속을 재해석하실 때, 전체 식사는 예언의 순간으로 간주될 수 있다. 예수는 이스라엘의 언약을 충실히 지키시고, 사랑의 두 계명으로 그 언약의 가장 깊은 의미를 일깨우시면서, 하나님의 왕국이 도래했음을 설교하셨다. 예수의 말씀은 거부되었다. 그분은 하나님을 모독한 자로 심판받으셨다. 그분이 아바라고 부르셨던 분에 의해 죽음으로 넘겨지셨다. 이러한 거절에도 불구하고, 절망에 빠지는 대신에, 그분의 말씀과 행위는 구원의 의미와 약속을 재해석하고 그 의미와 약속을 죽음 그 자체에서 찾는다. 따라서 예수의 말씀은, 그분 자신이 기억되어야 하는 이러한 예언의 예식 안에서 기억되어야 한다. 초기 그리스도인들이 예수의 부활을 온전히 믿고 그분의 죽음을 기념했을 때, 그들은 그분의 다가오는 죽음에 대한 말씀 속에서 부활의 약속을 목격할 수 있었다. 그리스도인들은 또한, 바울의 성찬에 대한 이해에서 나타나듯이, 예수의 다시 오심을 기대할 수 있었다. 따라서 그들 자신의 기억은 부활하신 주님의 죽음을 되돌아보고 그분의

과 구원, 살아있는 언약에 대한 여러 이미지는 예수에 대한 생생한 기억 속에서 지속적으로 갖는 공동체의 식사를 해석하는데 특별하고 강력한 프리즘을 제공했다.

유대인 선조들처럼, 예수의 제자들도 살아있는 기억을 함께 만들어가도록 그들을 초대하는 의례 식사(ritual meal)를 했다. 그들은 이러한 역동적인 기억을 만들었고, 죽음에서 생명으로 옮기신 예수 그리스도 안에서 확증된 이 새로운 언약이 그들의 삶 속에서 선포되도록 했다.

4) 화해의 사랑

유대인이 다수의 종교 예식을 갖고 있었지만(그 중 일부는 자세히 규정되었다) 예식을 통해 표현되고 유지되는 언약은 결국 마음의 문제였다. 외적인 의례는 하나님에 대한 헌신의 내적인 태도와 표징이 되어야 했다. 따라서 이스라엘 백성을 위한 종교는 특정한 예식을 지키는 것이 아니라, 하나님과의 관계와 서로 간의 관계를 유지하는 것이었다. 일반적으로, 구약성경은 하나님과 언약의 관계를 함께 맺은 동료 이스라엘인을 사랑하라고 강조한다.[82]

그러나 구약성경은 이스라엘 백성 간의 강한 연대감 외에도, 외부인을 보살피고 존중하라고 가르친다. 이스라엘 백성은 타국 땅에서 외부인으로 살았던 때를 기억하면서, 자신들과 함께 사는 거류민을 환대하고 사랑해야 했다.[83]

이스라엘 백성이 상호 간의 사랑 개념을 발전시켜 그 사랑을 다른 계명과 동일하게 강조했다면, 기독교는 이웃 사랑과 하나님 사랑을 동등하게 여기면서 복음의 핵심에 놓았다. 이 새로운 사랑의 언약은 예수의 식탁 사역에서 기억될 수 있는 방식으로 상징화되었다.

예수는 궁극의 외부인들인 죄인들과 함께 먹고 마셨을 뿐 아니라 포용하신 분으로 기

자기-주심을 선물로 받게 할 뿐만이 아니라, 예수의 유월절에 의해 가능케 된 종말론적 기대의 빛 가운데서 오늘의 역사를 계속해서 해석하게 할 것이다(Power, *The Eucharistic Mystery*, p. 50).

[82] 너는 네 형제를 마음으로 미워하지 말며 네 이웃을 반드시 견책하라 그러면 네가 그에 대하여 죄를 담당하지 아니하리라 원수를 갚지 말며 동포를 원망하지 말며 네 이웃 사랑하기를 네 자신과 같이 사랑하라 나는 여호와이니라(레 19:17-18).

[83] 거류민이 너희의 땅에 거류하여 함께 있거든 너희는 그를 학대하지 말고 너희와 함께 있는 거류민을 너희 중에서 낳은 자 같이 여기며 자기 같이 사랑하라 너희도 애굽 땅에서 거류민이 되었었느니라 나는 너희의 하나님 여호와이니라(레 19:33-34).

억된다.[84] 이 예수는 사마리아 여인, 세리, 온갖 종류의 버림받은 사람에게도 다가가셨다. 결국엔 그분 자신이 외부인으로 취급되어 동족에게 배척당해 범죄자로서 처형당하셨다. 누가복음은 역설적인 전개를 통해 엠마오로 가던 제자들에게 낯선 사람으로 비춰진 예수를 보여준다. 그 이야기에서 가장 놀라운 부분은, 만약 제자들이 미처 알아보지 못했던 예수를 함께 식사하자고 초대하지 않았다면, 그들이 식사 중에 예수를 알아보는 일은 일어나지 않았을 것이라는 점이다. 낯선 사람이 없으면 성찬도 없다.

예수의 식탁 사역은 식사를 함께 하는 것이 예수의 모든 경험처럼, 환대와 용서의 행위라는 사실을 나타냈다. 식탁 사역은 또한 예수의 모든 제자가 보여야 하는 삶의 특징인 화해의 개방성(reconciling openness)을 상징했다. 식탁 교제와 공동의 삶은 예배와 삶을 구분하지 않는 화합을 중요하게 여겼다. 사랑과 화해의 윤리는 예배와 삶 모두에 중요했다.

예수는 제자들과 함께 최후의 만찬을 하시면서 그들의 하나됨을 위해 기도하셨다.[85] '하나됨'(unity)과 '개방됨'(openness)의 역설이 예수의 제자들에게 쉽지만은 않았기 때문에, 그들의 공동 식사는 때때로 서로 간의 사랑보다는 분열을 반영하기도 했다.[86] 그러나 분열이 생겼을 때, 예수의 이름과 기억 속에서 함께 나누는 식사는 화해를 위한 공동체의 근간이었다.

---

84 아시아인들은... 예수께서 식탁 교제를 함께 할 수 있도록 버림받은 자들을 받아주셨던 것이, 죄를 인정하는 죄인들에게 구원을 제시하고 용서를 확증한다는 의미였다는 것을 바로 알 수 있었을 것이다. 따라서 경건한 자들은 오직 의인들하고만 식탁 교제를 할 수 있다고 생각했던 바리새인들은 격렬하게 항의했다. 바리새인들은, 예수께서 버림받은 자들과 함께 식사하신 목적이 그들을 하나님 앞에서 가치 있는 자들로 여기고자 했던 것이라고 이해했다. 바리새인들은 예수께서 죄인들을 의인들과 동등하게 대하시는 것에 항의했다(Joachim Jeremias, *The Eucharistic Words of Jesus*, pp. 204-5).

85 내가 비옵는 것은 이 사람들만 위함이 아니요 또 그들의 말로 말미암아 나를 믿는 사람들도 위함이니 아버지여, 아버지께서 내 안에, 내가 아버지 안에 있는 것 같이 그들도 다 하나가 되어 우리 안에 있게 하사 세상으로 아버지께서 나를 보내신 것을 믿게 하옵소서 내게 주신 영광을 내가 그들에게 주었사오니 이는 우리가 하나가 된 것 같이 그들도 하나가 되게 하려 함이니이다 곧 내가 그들 안에 있고 아버지께서 내 안에 계시어 그들로 온전함을 이루어 하나가 되게 하려 함은 아버지께서 나를 보내신 것과 또 나를 사랑하심 같이 그들도 사랑하신 것을 세상으로 알게 하려 함이로소이다(요 17:20-23).

86 제1장 각주 21번을 보라.

5) 요약

신약성경은 다양한 신학적 관점을 담고 있다. 그래서 신약성경이라는 자료로부터 성찬에 대한 체계적인 신학을 제시하기는 쉽지 않다. 게다가 신약성경의 저자들은 독립적이거나 체계적인 성찬신학을 만드는데 관심이 없었다. 그러나 (희생) 제사, **베라카**, 언약 기념, 화해의 사랑이라는 주제들은 신약성경에서 성찬을 신학적으로 생각하는데 귀중한 기초가 된다. 특히 새로이 만들어진 성찬 예식과 예수의 제자들이 이 땅에서 살아가는 방식은 밀접하게 연결되었다는 사실을 보여준다.

하나님의 주도하심으로 인해 예수의 제자들은 자기주심에 망설임이 없으신 예수 앞에서 놀라운 선물을 받았다. 예수는 성육신한 하나님의 환대로 용서받기를 원하는 모든 죄인을 포용하셨다. 예수의 제자들의 식탁 예식은 화해의 환대에 대한 살아있는 기억, 어떤 대가를 치루더라고 살아내고자 했던 그 기억을 제공했다.

야곱(Jacob)과 루벤(Ruben)

야곱은 얼굴에 물을 끼얹고, 그의 겉옷에 묻은 먼지를 털어냈다. 그리고 손님들을 맞이하기 위해 서둘러 집으로 갔다. 그는 좀 더 일찍 집으로 갔으면 했다. 그러나 낙타 거래는 예측할 수 없는 사업이었다. 단골 손님 중 하나와 작은 단봉 낙타 두 마리의 가격을 놓고 실랑이를 벌이는 바람에 시간이 지체되었다.

마침내 받아들일 수 있는 가격에 도달한 후에 (야곱보다는 손님에게 더 좋은 가격이었지만, 좋은 고객을 유지하기 위해선 그렇게 해야 한다) 야곱은 양해를 구하며 자리를 떠나 시장 밖으로 급히 나갔다. 그리고 여리고 뒷길을 빨리 달리면서, 루벤과 다른 사람들보다 먼저 집에 도착하기를 기도했다.

루벤은 위대한 설교자인 다소 출신 바울의 매제였다. 루벤도 바울처럼 여러 도시를 여행하면서 나사렛 예수에 관한 이야기를 들려주었다. 루벤은 때때로 길에서 설교하기도 했지만, 대개는 지역 회당으로 가서 "좋은 소식"을 선포했다. 야곱이 루벤을 처음으로 만난 곳도 여리고의 회당이었다.

루벤은 에스겔서를 읽고 짧게 말해달라는 회당장의 요청을 받았다. 루벤은 예수께서 모든 예언을 성취하신 유일하고 진정한 메시아라고 알리면서 설교를 시작했다. 그 즉시 회당에는 거룩한 소동이 일어났다. 루벤이 계속 말하도록 하라고 소리치는 사람들도 있었지만, 대부분은 그 이단을 저지하기 위해 달려들었다.

회중이 성난 폭도로 변해가자, 야곱은 빨리 행동하지 않으면 물러나지 않고 있는 루벤이 다치거나 죽을 수도 있겠다고 생각했다. 인파를 헤치며 나아가는 방법을 알고 있던 건장한 체격의 야곱은, 그 환영받지 못하고 있는 선지자에게 재빨리 다가가서 그의 겉옷 뒷부분을 움켜잡았다. 그리고 말을 듣지 않는 낙타를 다루듯이, 루벤을 그 혼란 속에서 끄집어냈다. 회당 밖으로 나오자마자, 야곱은 뒷길로 조용히 루벤을 이동시키면서 자신의 집으로 데리고 갔다.

루벤은 그의 메시지를 설교하고, 비방자들의 이의에 대응하면서, 이러한 증언을 통해 고난을 겪을 수도 있는 기회를 거부당한 것에 대해 분노했다. 부분적으로는 루벤을 진정시키기 위해, 그리고 부분적으로는 자신의 호기심을 채우기 위해, 야곱은 루벤에게 자신의 가족과 저녁 식사를 같이 하면서 이야기를 들려달라고 청했다.

야곱은 저녁 식사를 준비하면서, 자신의 아이들이 루벤에게 엄청난 도전거리가 될 것이라고 생각했다. 야곱은 자녀들을 진심으로 사랑했지만, 그들이 걸핏하면 싸우려 드는 아이들이라는 사실도 알고 있었다. 특히 쌍둥이의 무례한 행동은 손님이 있을 때면 더욱 심해졌다.

아브라함도 이삭을 키우면서 이렇게 힘들었을까?

야곱은 손님들이 이런 시끌벅적한 아이들로 인해 곤란을 겪지 않도록, 대개는 손님들과 따로 식사를 하도록 하곤 했다. 그러나 오늘밤에 야곱은 그의 아내에게 열 명의 자녀 모두를 식탁으로 데려오라고 말하면서, 아이들이 식사 시간 동안에 루벤을 붙잡아 두기를 바랐다.

놀랍게도 야곱의 손님은 아이들의 마음을 완전히 사로잡았다. 루벤이 몸이 마비된 소년을 치유하시고, 서로 다투는 형제들의 관계를 회복시키시고, 빵과 물고기를 증식시켜 수 천 명을 먹이시고, 가장 친한 친구들과 마지막 식사를 함께 하신 예수의 이야기를 들려줄 때, 아이들이 얼마나 조용히 있던지!

루벤이 재판을 받으시고, 십자가에서 처형당하시고, 장사 되신 예수의 이야기를 속삭일 때, 아이들은 꼼짝도 하지 않고 앉아 있었다. 그 다음에 삼일 째 되던 날의 사건이 있었는데, 그들에게 가장 놀랍기는 했지만 꽤 그럴듯했다. 야곱이 품었던 의심은 그의 혈육들이 보였던 단순한 동의의 표현으로 인해 사그라졌다.

그 후 루벤은 전혀 예상하지 못했던 무언가를 행했다. 그는 빵을 가지고 예수를 기념하면서 축복기도를 했다. 그리고 아이들과 빵을 나누면서 말했다.

"너희가 이 빵을 먹으면, 너희도 그 이야기의 일부가 된단다. 왜냐하면 이 빵이 바로 예수의 몸이거든."

야곱의 막내딸이 눈을 크게 뜬 채 그 빵을 조용히 식사하던 자신의 아빠에게 건넸다. 그 다음에 루벤은 잔을 들고 좀 더 긴 축복기도를 했다. 그리고 그 잔을 아이들에게 주면서 말했다.

"너희가 이 잔을 마시면, 우리를 살리시기 위해 죽으셨던 예수를 진정으로 마시게 되는 거란다. 왜냐하면 이 잔은 그분의 피로 인 치신 새 언약으로의 초청이기 때문이지."

바로 17년 전에 일어난 일이었다. 그 동안 야곱의 낙타 사업은 번창했고, 그의 자녀들은 야곱에게 손주들을 안겨주었다. 루벤은 그들을 종종 방문하곤 하는 반가운 손님이 되었다.

처음 몇 년 동안은, 아이들이 물러가면 루벤은 야곱과 함께 여러 긴 밤을 보내면서 예수의 이야기를 탐구했다. 야곱은 빵과 포도주로 하는 간단한 의례로 마치는 긴 저녁 식사에 소수의 선택된 친구를 초대하기 시작했다. 해가 거듭될수록 그 모임은 커져갔다. 루벤이 도시로 올 때면, 야곱의 장성한 자녀들도 집으로 오곤 했다. 그들의 자녀들과 친구들도 이제 계속 늘어가는 모임의 일부가 되었다.

야곱은 저녁 식사에 누가 참석하게 될지 전혀 모른다. 루벤이 함께 하지 않을 때조차도, 이 새로운 도를 따르는 이들은 야곱이 반복해서 들려주고 행하는 이야기와 초청과 의례를 듣고 참여하기 위해 식탁 주위로 모일 것이다. 야곱은 몇 번이고 축복기도를 반복하고, 루벤이 전해 준 기억을 떠올리면서, 그의 가족과 친구들과 함께 빵을 떼었다. 그러나 오늘밤에 야곱은 빵을 떼면서 예수를 다시금 인정하게 될 옛 선지자 친구와 새로 사귄 친구들을 맞이하고 섬기는 주인 노릇만 할 것이다.

FROM AGE TO AGE
How Christians Have Celebrated The Eucharist

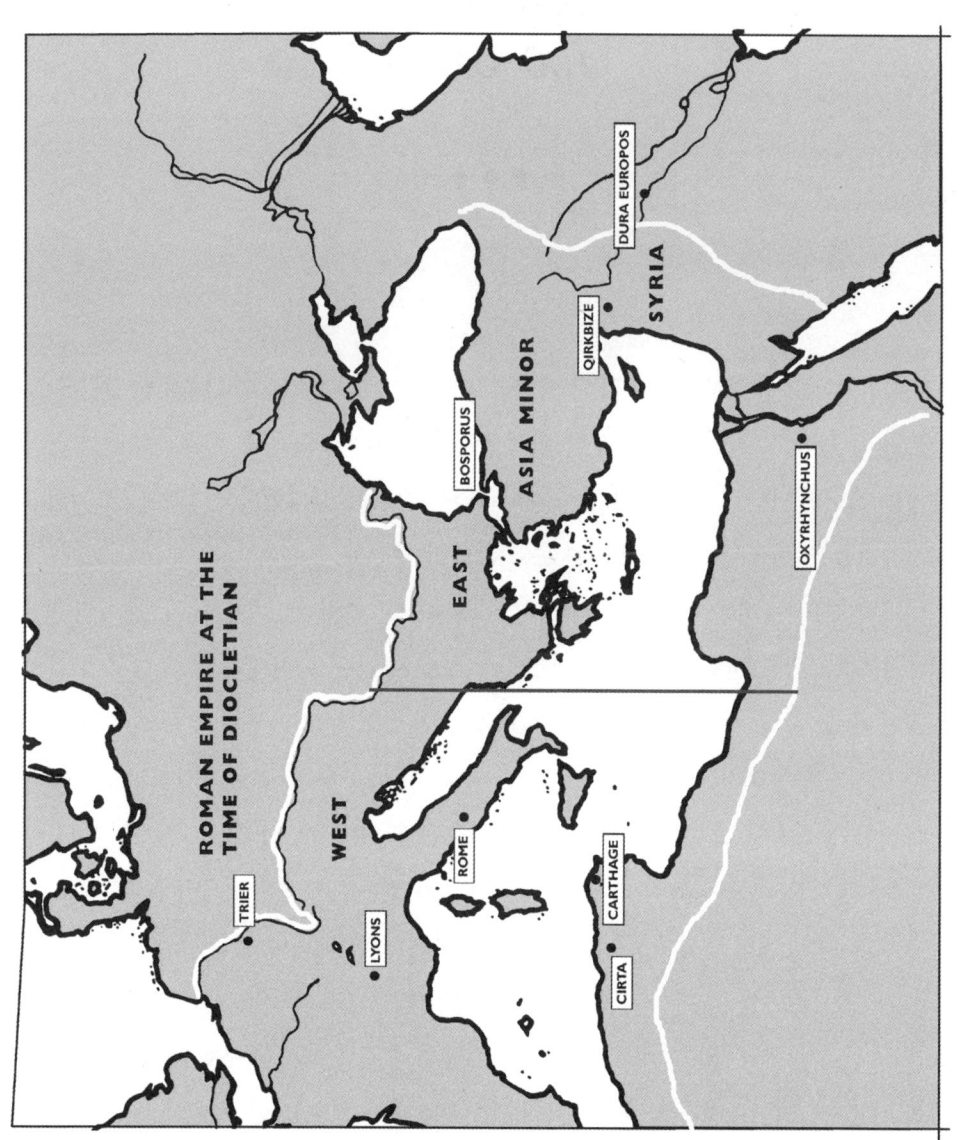

그림 29. 2장을 위한 지도

제2장
가정 교회:
100-313년

1세기 기독교는 유대교와 구분된 별개의 종교라기보다는, 유대교 내의 한 운동으로 간주될 수 있었다. 한 작가는 예루살렘 성전이 파괴된 이후의 신흥 기독교와 유대교의 관계를 결국엔 남남이 되어버린 형제나 자매라는 은유로 설명했다.[1] 그러나 2세기와 3세기에 기독교는 뚜렷하게 구별되는 종교로 자리 잡았다.

이러한 분리는 점진적이었고, 지역마다 그 속도도 달랐다. 예를 들어, 동시리아의 에데사(Edessa)는 214년까지 로마 제국에 속해 있지 않은 도시였다. 예루살렘 성전이 파괴된 후에, 이 도시는 기독교가 급성장하는 중심지가 되었다. 또한 많은 유대인 유랑자가 모여드는 목적지도 되었다.

그러한 장소에서 "형제나 자매"는 로마와 같은 도시에서보다 훨씬 더 가깝게 지냈다. 로마와 같은 곳에서 그리스도인들은 유대교와 멀어져야 한다는 압박을 더 크게 받았다. 그러나 앞에서 언급했듯이, 로마가 시리아의 지방 수도로 삼았던 안디옥과 같은 도시에서는 4세기가 될 때까지 회당에 자주 출입하는 그리스도인도 있었다.[2]

그러나 로마 제국에서 기독교는 하나의 독립된 종교로 서서히 부상했다. 로마 당국과의 갈등, 새로운 관리 구조 등장, (특히 예수에 대한) 구별되는 신학, 특색있는 종교 예식들, 그리고 새로운 거룩한 텍스트들(sacred texts)의 발달은 기독교가 독립된 종교라는

---

[1] 나는 유대교가 부모 종교이고 기독교는 자녀 종교라는 통념적인 시각을 거부했다. 유대 왕국이 멸망된 이후의 역사에 영향을 끼쳤던 랍비 유대교는 사실 생존을 위해 만들어진 돌연변이였다... 랍비 유대교와 초창기 기독교는, 유대교와 유대인들에게 작용하는 메시아적 영향력을 달리 해석하면서 그들의 기초적인 형태들을 만들어갔다. 따라서 유대교와 기독교는 형제자매로 이해될 수 있다(Perelmuter, *Siblings*, 2).

[2] 제1장 각주 16번을 보라.

사실을 나타냈다.

1장에서 언급했듯이, 1세기에는 그리스도인들을 회당에서 내쫓으려 했던 유대인 공동체도 있었다.³ 결국엔 기독교 공동체도 유대교를 멀리하고자 했다. 이러한 분리의 뿌리는 두 집단이 갖고 있던 예수에 대한 상이한 관점이었다. 기독교는 예수께서 메시아라고 확신했고, 유대교는 그 주장을 부인했다.

신앙의 문제에서 나타난 점진적이지만 의도적인 분리는 차이점을 보이는, 때로는 경쟁하는 종교 예식에서 분명히 표현되었다. 예를 들어, 초기 기독교 문서는 그리스도인들이 유대인의 금식일에 의도적으로 금식하지 않았다고 말한다.⁴

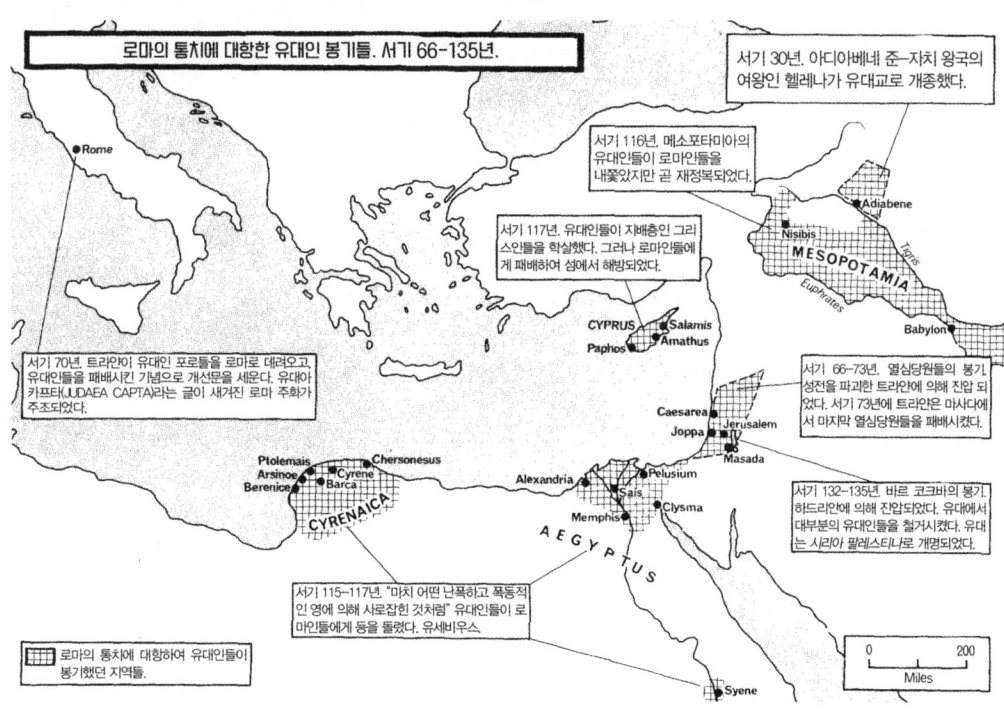

그림 30. 유대인 봉기

이와 비슷하게, 그리스도인들은 공적 예배를 드리는 가장 중요한 날로 안식일이 아니라 일요일을 지키게 되었다.⁵

---

3 제1장 각주 14번을 보라.

4 위선자들과 같은 날에 금식하지 마십시오. 그들은 월요일과 목요일에 금식하니, 여러분은 수요일과 금요일에 금식하십시오(Audet, *La Didachè*, 8 [2세기 초]).

5 ...옛 관습을 따랐던 그들은 새로운 소망에 도달했습니다. 그들은 더 이상 안식일을 위해 살지 않고 주의 날을 위해 살았습니다. 주의 날에 그분과 그분의 죽음을 통해-비록 그분을 부인하는 이들도 있지만-우리의

서로 분리된 그리스도인들과 유대인들은 몇몇 상황 속에서 서로에게 더욱더 적대적이 되었다. 반유대주의(anti-semitism)를 분명하게 드러내는 기독교 문헌들도 있었다. 이 중 일부는 로마 제국에서 점점 평이 나빠지던 유대인과 구별되기를 원하는 그리스도인들이 사용했던 생존 전략이었을 수 있다.

유대인들은 로마에 대항하여 66-70년과 132-135년에 각각 첫 번째와 두 번째 봉기를 일으켰고, 로마 제국에서 큰 멸시를 받게 되었다[그림 30]. 기독교가 지중해 전역으로 확산되는 가운데, 그리스도인들은 이 사건들로 인해 유대인들과 구별되고자 했다.

1세기 동안에 제자들은 팔레스타인에서 시작하여 오늘날의 시리아, 터키, 그리스, 이탈리아까지 복음을 전했다. 분명히 바울은 그 중에서 가장 유명한 선교사였다[그림 31]. 그러나 무명의 많은 여자와 남자가 힘을 합쳐 노력했기 때문에 기독교가 확산될 수 있었다. 여러 속주와 주요 도시를 연결한 로마 제국의 도로망 시스템은 기독교가 확산되는데 유용하게 사용되었다[그림 32].

2세기경에 북아프리카 연안과 소아시아 전역, 북쪽의 트리어(Trier)와 동쪽의 리옹(Lyons)에는 많은 기독교 공동체가 있었다. 3세기쯤에는 그 경계가 인도에서 브리튼 제도(British Isles)까지 이어졌다. 소수의 제자들로 시작된 기독교가 1세기가 끝날 무렵에는 약 2만 명의 신자들, 그리고 300년경에는 5백만에서 7백만의 신자를 갖게 될 정도로 성장했다. 당시 로마 제국의 인구수가 5천만 또는 6천만 명 정도였다는 것을 감안할 때, 기독교는 무시할 수 없는 소수 집단이었다.

생명이 싹텄습니다. 그리고 이 신비로 인해 우리는 신앙을 갖게 되었고, 이런 이유 때문에, 우리는 유일한 스승이신 예수 그리스도의 제자들로 인정받을 수 있게 고난도 받습니다(Ignatius of Antioch [106년 사망], Letter to the Magnesians, 9.1, in *The Apostolic Fathers*, p. 205).

제2장 가정교회: 100–313년   73

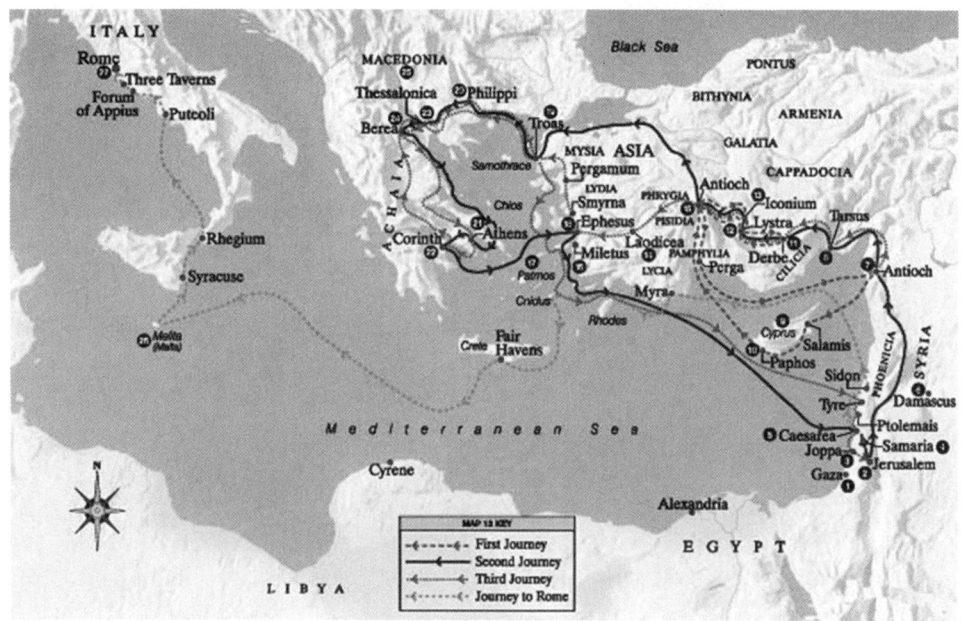

그림 31. 바울의 여행

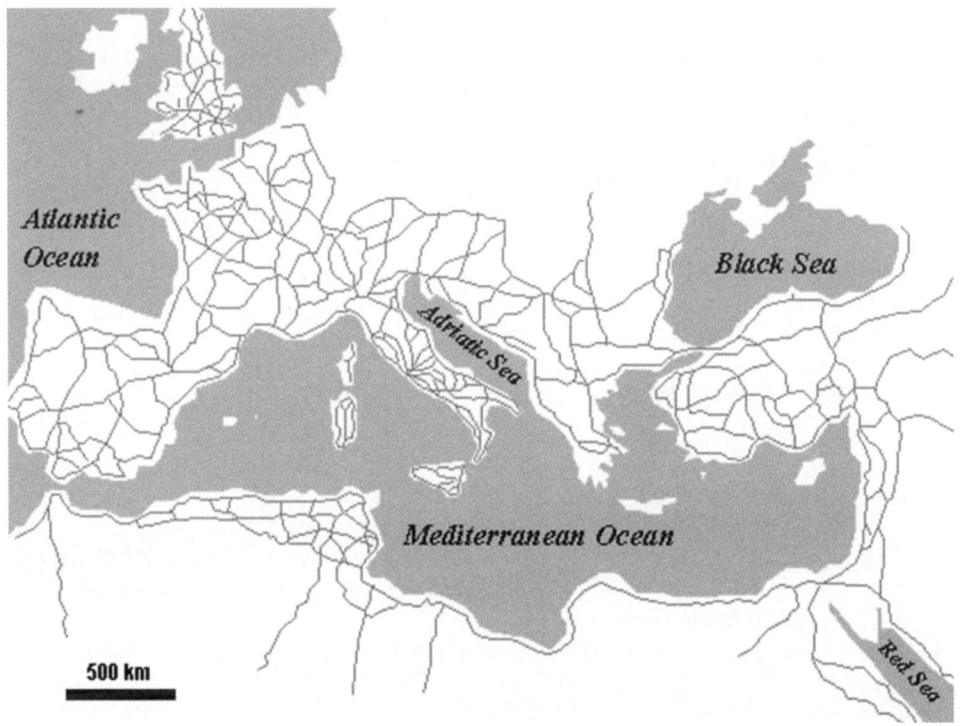

그림 32. 로마 제국의 도로들

이러한 기독교의 확장은 로마 당국과의 갈등이 커지는 계기를 마련했다. 이 갈등이 때로는 박해로 분출되었다.

첫 번째 기독교 박해는 로마시에 국한되긴 했지만 네로(Nero, 68년 사망) 황제가 통치하던 64년에 일어났다. 로마 대화재의 희생양을 찾던 네로는(사람들은 네로가 범인이라고 생각했지만) 그리스도인들에게 그 책임을 지웠다.[6] 도미티안(Domitian, 96년 사망) 황제 때는 로마에서, 트라얀(Trajan, 117년 사망) 황제 때는 소아시아에서, 그리고 마르쿠스 아우렐리우스(Marcus Aurelius, 180년 사망) 황제 때는 리옹에서 그리스도인들이 짧은 기간 동안 박해를 받았다.

데시우스(Decius, 251년 사망) 황제는 기독교가 국가에 위협이 된다고 믿어 제국 전역에서 그리스도인들을 박해했다.[7] 이 짧은 박해는 그 가혹함에 있어서 이보다는 좀 더 길게 지속되었던 디오클레티안(Diocletian, 305년 사망) 황제 때의 박해와 비슷했다. 이러한 여러 박해는 비록 산발적이고, 특정한 지역에 국한되었고, 길었던 평화의 시기 사이사이에 일어났기는 했지만, 로마 제국에서 기독교의 존재가 점점 더 가시적이 되었음을 보여준다.

이러한 성장의 외적인 징후와 함께, 교회는 내적으로도 발전했다. 100년에서 313년 사이에 다수의 기초적인 교회 체계와 예배 형태, 신조가 등장했다. 이 기간에 교회는 주교와 부제의 역할, 다른 많은 사역을 묘사했다. 그리스도인들은 여전히 2세기 중반에 만들어진 성찬식의 개요를 따랐다.[8] 이 기간 동안에 기독교 신학을 위해 그리스 철학이 처음으로 사용되었고, 그리스도의 신성이 규정되는 과정에 있었다. 신약성경의 최종 목록이 결정된 때는 4세기이지만, 이 기간은 정경 성경의 승인 작업에 있어 매우 중요한 시기였다.

요약하면, 이 기간은 사람들이 교회를 인식할 수 있게 된 시기였다. 교회는 대개 도

---

6 황제는 자신이 화재를 일으켰다는 의혹을 불식시키기 위해, 악행으로 미움을 받던 그리스도인들에게 의혹의 눈초리를 돌리게 했다(Tacitus [120년 사망], *Annals*, 14.44).

7 데시우스(Decius)가 7년을 통치한 필립(Philip)의 뒤를 황제가 되었다. 데시우스는 필립을 증오했기 때문에 교회를 박해하기 시작했다. 그 박해로 인해 파비안(Fabian)이 로마에서 순교했다(Eusebius of Caesarea [340년 경 사망], *The History of the Church*, 6.39.1).

8 사도들의 기록이나 선지자들의 글들이 시간이 허락할 때까지 읽힙니다. 낭독자가 읽기를 마치면, 주재자는 설교에서 이러한 좋은 것들을 모방하라고 [우리를] 권면합니다. 그 다음, 우리는 모두 함께 일어나 기도합니다. 그리고 전에 말했듯이, 우리가 기도를 마칠 때, 빵과 포도주와 물을 가져오고, 주재자는 있는 힘껏 기도와 감사를 드립니다. 그리고 사람들은 아멘이라는 말로 동의를 표합니다. 축성된 [빵과 포도주와 물]이 분배되고, 모든 사람이 받습니다. 그리고 부제들이 참석하지 못한 이들에게 그것들을 가져다줍니다(Justin Martyr [165년경 사망] *First Apology*, 67:3-5, in Jasper and Cuming, *Prayers of the Eucharist*).

시에 있었고, 이방인 그리스도인들이 많아지고 헬레니즘화되어갔다. 특색있는 의식을 행했고, 공유된 신앙을 갖고 있었다.

그러나 이 시대의 교회는 중앙 집중적인 체제를 제대로 갖추지는 못했다. 따라서 후세의 보편 교회(universal church)라기보다는, 서로 교감하는 지역 공동체들이라고 보는 것이 더 맞을 것 같다. 교회들은 단지 "교감하는 사이"였기 때문에 매우 다양한 신앙 체계와 예배 형식을 갖고 있었다. 구조와 실제 면에서도 조직적이라기보다는 가족적이었다. 따라서 100-313년은 가정 교회의 시대라고 적절하게 불러왔다.

1. 건축

이 기간의 초반부에 교회는 빌린 공간에서 모였다. 다양한 형태의 공간을 빌려 모였지만, 가장 중요했던 장소는 신자들의 집이었다.[9] 그러나 기독교 공동체가 예배를 위해 주택을 매입하기 시작했던 때도 이 시기이다. 이러한 발전은 언어의 변화에 반영될 것이다.

그리스도인들이 죽은 신자를 매장했던 카타콤도 기독교 예배의 발전에 중요한 장소였다. 그리스도인들이 "기독교 회당들"을 가지고 있었다는 증거도 있다. 그러나 표준화된 회당 건물은 없었기 때문에, 건축학적인 영향력은 끼치지 못했다. 신흥 기독교에 의례적으로 영향력을 끼친 것은 회당 예식들이었다.

마지막으로, 기독교 공동체는 이 시대가 끝날 무렵엔 빌린 방이나 개조한 주택 외에도, 크고 튼튼한 장방형의 건물들을 짓기 시작했다. L. 마이클 화이트(L. Michael White)는 그러한 건물에 **아울라 에클레시에**(*aula ecclesiae*, 라틴어, "홀 교회"[hall of the church])라는 이름을 붙였다. 그 다음은 기독교 바실리카로, 일반적으로 콘스탄틴이 황제가 된 이후에 등장했다고 여겨진다. 바실리카는 3장에서 다루도록 하겠다.

---

9 갈리아로부터 [온] 누가와 달마티아로부터 온 디도는 로마에서 바울을 기다렸다. 바울은 그들을 보고 크게 기뻐했고 [로마] 도시 외곽에 창고를 빌렸다. 그곳에서 바울은 형제들과 진리의 말씀을 가르쳤다(The Acts of Paul II: I, ca, 190, in L. Michael White, II: 48).

1) 가정 교회

앞에서 언급되었듯이, 빌린 방과 신자들의 집은 1세기 기독교 공동체가 모이던 중요한 장소들이었다. 예루살렘 성전이 파괴되고, 제국의 많은 지역에 있던 회당과 점점 더 거리를 두게 되면서, 기독교 공동체는 가정 교회에서 주로 모임을 갖게 되었다. 이러한 가정적인 환경은, 예수의 공생애를 특징지은 그분의 식탁 사역과 특별한 연관성을 갖고 있다. 따라서 이러한 가정적인 환경은 실제적인 동시에 매우 상징적이고, 매우 신학적이었으며, 전통적이기까지 했다. 기독교에는 "모 교회"(mother church)가 없었지만, 가정집의 식탁은 의심할 여지가 없는 신앙의 중요한 원천이었다.

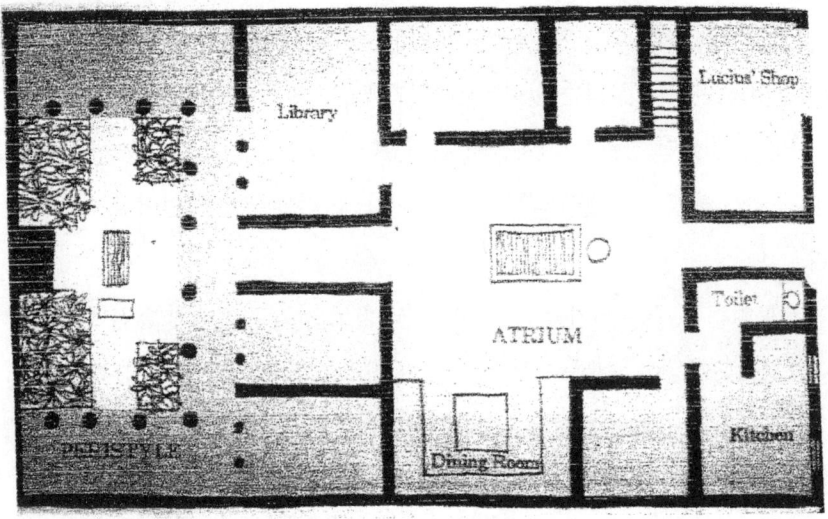

그림 33. 로마 주택의 평면도

당시 로마 제국에서 주택을 짓는 것은 건축학적으로 중요한 관심사였다. 우리는 이미 이 기간 동안에 로마 제국에 있었던 주택 유형을 일반화하는 일이 얼마나 어려운지를 살펴봤다.[10] 그러나 하나의 일반적인 건물 유형이 제국의 많은 도심지에서 발견되는데, 바로 부자들이 살던 사면 구조의 주택이었다[그림 33]. 벽으로 막혀있는 내부는 거리의 소란을 피할 수 있는 공간을 제공했다. 또한 기독교에 대한 이웃이나 당국의 시선이 못마땅했을 경우엔 공동체가 은밀하게 의식을 행할 수 있는 환경도 제공했다.

---

10 제2장 각주 21번을 보라.

그러나 그 당시에 유력 인사의 주택 현관문은, 특히 식사 시간에 늘 열려 있었다는 증거도 있다. 이 관습은 **디서플리나 아르카니**(*disciplina arcani*, 라틴어, "비밀 규범"[discipline of the secret])라는 개념에서 발전된 신화에 이의를 제기한다. 그 신화는 초기 그리스도인들이 교리나 의례 예식에 대한 중요한 정보를 숨기기 위해 고대 신비 종교들의 비밀주의 관습을 모방했다고 주장한다.

넓은 단층 주택 외에도, 한 가족이 주거하는 다층 주택들이 초창기 공동체가 성찬을 위해 모이는 공간으로 사용될 수 있었다.

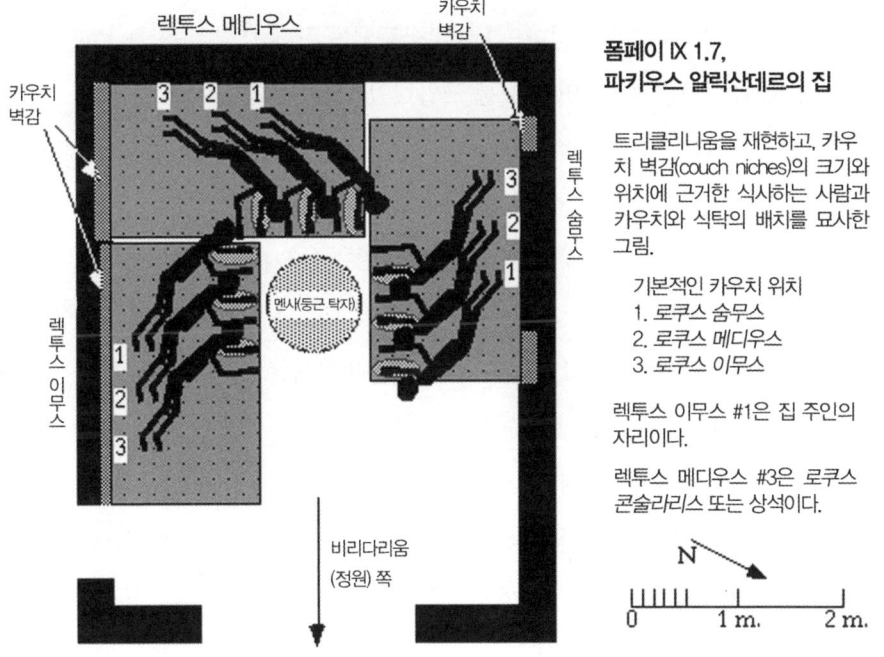

그림 1.27. 파키우스 알렉산데르의 집, IX. 1.7의 트리클리니움에서 기대어 식사하는 사람들이 기본적인 자리 순서를 재현한 그림. 각 카우치에 3명의 식사하는 사람(검은색 스틱피겨)이 보인다. 그들은 왼쪽 팔꿈치로 몸을 지탱하며 기대고 있다. 팔꿈치 밑에는 쿠션을 나타내는 타원체가 놓여 있다.

그림 34. 트리클리니움(Triclinium – 세 개의 긴 의자)

리처드 크라우다이머(Richard Krautheimer)에 따르면, 이러한 건물들은 제국의 동쪽 속주들에서 흔히 볼 수 있는 것들이었다. 그 건물에서 가장 높은 공간은 맨 위층에 있는 식당이었다. 크라우다이머는 사도행전에 기록된 드로아 사건(바울이 설교하는 도중에 잠들었던 젊은 청년이 창에서 떨어졌다)이 일어났을 때 공동체가 모였던 곳이 바로 이

러한 다층 주택의 맨 위층 식당이었을 것이라고 생각된다.[11]

최초의 가정 교회들은 가족이 주거하는 주택에서 모였기 때문에, 예배 공동체는 공간적으로 제한될 수밖에 없었다. 주택 구조를 영구적으로 변화시키게 되면 가족의 삶은 방해되었을 것이다. 따라서 공동체는 예배를 위한 공간을 마련하는데 있어 작은 가구들을 옮기는 선에서만 공간을 변경했을 것이다.

예를 들어, 식당에서 집주인이나 집전자는 트리클리니움(triclinium)[그림 34]에서 예배를 인도하고, 다른 사람들은 식당 바깥으로 접해 있는 아트리움(atrium)이나 페리스틸(peristyle)에 적당히 앉아 예배했을 것이다. 공동체의 크기가 커지면서 평범한 방들에서는 더 이상 모일 수 없게 되었다. 그래서 공동체는 함께 모일 수 있는 보다 넓은 집을 찾거나, 예배를 위한 영구적인 장소를 구입했었을 것 같다.

L. 마이클 화이트(L. Michael White)는 건물의 건축 개조를 위한 첫 번째 단계가 그리스도인들이 모이는데 이미 익숙해진 건물에서 시작되었다고 설득력 있게 주장한다. 그는 그러한 가정 교회의 단계적 또는 부분적 개조가 3세기경에 이미 로마 같은 장소에서 발견된다고 믿는다(I: 114). 화이트는 초창기의 개조하지 않은 "가정 교회"와 영구적으로 변화시킨 공간인 집 교회 또는 **도무스 에클레시에**(*domus ecclesiae*, 초기 기독교 문헌에는 등장하지는 않은, 화이트가 직접 만든 명칭)를 구분한다.

일부 자료(그 중 다수는 세속 자료)는 기독교 공동체가 소유한 **도무스 에클레시에**에 대해 기록한다. 예를 들어, 동시리아의 법원 역사는 201년에 에데사의 수도를 유린했던 홍수에 대해 기록한다. 피해 목록에는 "기독교 회중의 거룩한 장소"가 포함되어 있다. 화이트는 이것이 그리스도인들이 정기적으로 모인 장소로 대중에게 알려지게 된 건물이나 개조된 **도무스 에클레시에**를 가리킨 것이라고 생각한다(I: 118). 세속 역사가의 또 다른 기록은, 로마 황제가 선술집으로 개조될 수 있었던 건물을 그리스도인에게 팔아 예배 장소로 사용할 수 있도록 했다고 말한다.[12]

---

11 그 주간의 첫날에 우리가 떡을 떼려 하여 모였더니 바울이 이튿날 떠나고자 하여 그들에게 강론할새 말을 밤중까지 계속하매 우리가 모인 윗다락에 등불을 많이 켰는데 유두고라 하는 청년이 창에 걸터 앉아 있다가 깊이 졸더니 바울이 강론하기를 더 오래 하매 졸음을 이기지 못하여 삼 층에서 떨어지거늘 일으켜보니 죽었는지라 바울이 내려가서 그 위에 엎드려 그 몸을 안고 말하되 떠들지 말라 생명이 그에게 있다 하고 올라가 떡을 떼어 먹고 오랫동안 곧 날이 새기까지 이야기하고 떠나니라 사람들이 살아난 청년을 데리고 가서 적지 않게 위로를 받았더라(행 20:7-12).

12 이전에 공공물이던 어떤 장소를 그리스도인들이 소유하게 되었는데, 식당 관리인들은 그 장소가 자신들 것이라고 계속 주장했다. 알렉산더는 그 장소가 식당 관리인들에게 넘어가는 것보다는, 그곳에서 어떤 신이라도 예배되는 것이 더 나을 것이라고 결정했다(Magie, *Scriptores Historiae Augustae [The Writers of Augustan History]*: Severus Alexander [235년 사망] 49:6).

개조된 **다무스 에클레시에**의 가장 유명한 건축적인 흔적은 동시리아 두라 에우로푸스(Dura Europus)의 고대 요새 도시에 있다. 약 200년에 지어진 이 건물은 옥외 뜰을 네 면으로 둘러싼 주택으로, 232년경에 크게 개조되었다[그림 35]. 나란히 붙어있는 두 방 사이의 벽을 허물어 공동체가 성찬식을 하기에 충분한 크기의 공간(폭 16½피트[5m]에 길이가 43피트[13m] 정도)을 만들었다.

다른 방에는 덮개가 있는 큰 물웅덩이를 만들었다. 그 방에 있는 벽화들(예를 들어, 예수께서 물 위를 걸으시는 그림)은 그 공간이 세례를 위해 사용되었다는 것을 암시한다. 비록 이 시대의 몇몇 다른 사례도 두라 에우로포스에 있는 집만큼 잘 보존되어 있기는 하지만, 배열에 있어서 특별하다고 간주되지는 않는다.

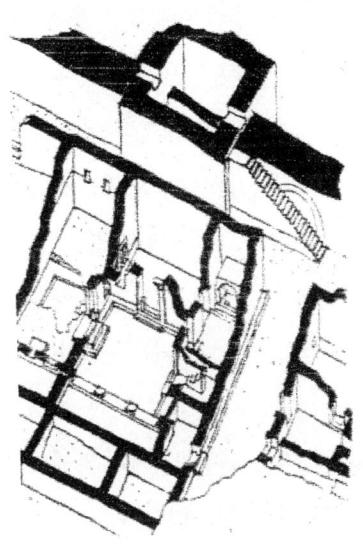

그림 35. '도무스 에클레시에'

화이트는 후원자의 기부를 통해 이 건물이 **도무스 에클레시에**로 개조했을 것이라고 추측한다. 화이트는 더 나아가, 일반적으로 후원과 기부를 통해 재산을 증대시키는 일이 개조되지 않은 "가정 교회"를 일시적으로 사용했던 것에서 "집 교회"를 구입하고 개조하는 것으로 바뀌는데 있어 본질적인 요소였을 것이라고 추정한다.

2) 홀 교회(the Hall of the Church)

대부분의 사람들은 콘스탄틴이 황제가 된 이후에(313-337년), 그리스도인들이 바실리카를 예배 공간으로 사용하기 시작했다고 본다. 따라서 우리는 바실리카를 3장에서 다루도록 하겠다. 그러나 두라 에우로포스에 있는 것과 같은 도무스 에클레시에와 구성 베드로(Old St. Peter's)[그림 68] 같은 바실리카의 건축학적인 차이를 고려할 때, 우리는 이 두 가지 형태의 기독교 건축 사이에 어떤 발전들이 일어났었는지를 생각해 봐야 한다.

콘스탄틴 황제가 통치하기 전부터 그리스도인들이 크고 인상적인 건물들을 짓고 있었다는 사실을 보여주는 문헌과 고고학적 증거는 모두 있다. 예를 들어, 철학자 포르피리오스(Porphyry)는 기독교를 반박하는 논문 『기독교 반박론』(*Adversus Christianos*)을

3세기 후반부에 저술했다. 그 논문은 일부분만 남아있지만, 그 중 한 단락은 그리스도인들이 큰 건물을 세웠다고 비난한다.[13] 기독교 저자들도 3세기 말에 그리스도인들을 위한 새로운 유형의 예배 공간이 등장했다는 증거를 제시한다.

예를 들어, 교회 역사가인 가이사랴의 유세비우스(Eusebius of Caesarea)는 갈리에누스(Gallieunus, 253-268년) 황제의 통치 기간 후와 디오클레티안(Diocletian, 284-305년) 황제의 박해 전 사이의 평화로운 시기에 많은 교회 건물이 세워졌다고 기록할 뿐 아니라 그러한 건물들의 크기에 대해서도 언급한다.[14]

L. 마이클 화이트는 이러한 증거 자료가 2세기 중엽의 영구적으로 개조된 집 교회(**도무스 에클레시에**)와 4세기에 등장한 바실리카 양식의 교회 사이의 중요한 연관성을 보여준다고 믿는다. 화이트는 이 중간기의 교회 건물에 "홀 교회"(아울라 에클레시에 [*aula ecclesiae*])라는 명칭을 만들어 붙였다. 화이트는 "홀 교회"가 **도무스 에클레시에**에서 자연스럽게 진화되었다고 믿는다. 이 진화는 주거 공간을 지속적으로 개조하거나, 아니면 새로운 건물을 짓는 과정을 통해 일어났을 수 있다. "홀 교회"를 특징짓는 것은 크기가 아니다. 앱스(apse-후진)나 측면 아일(side aisle-회랑)이 없는 정방형으로 된 구조이다. 일부 홀 교회는 비교적 큰 건축물이었던 것 같다. 그러나 다른 것들은 그리 크지 않았다.

화이트는 기존의 건물을 개조하지 않고 새로이 건축했던 평범한 건축물의 한 예로, 시리아 키르크비제(Qirqbize)에 있는 교회를 든다[그림 36]. 4세기 초반부에 건축된 이 건물의 길이는 48½피트

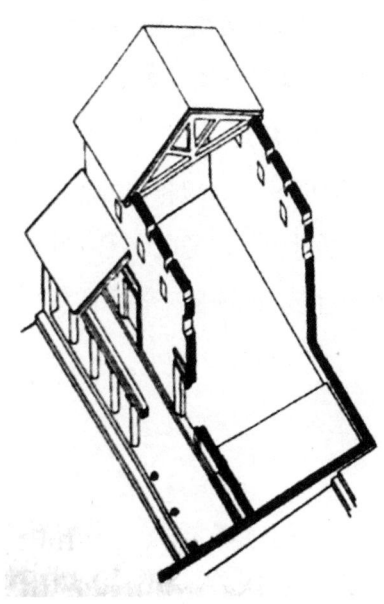

그림 36. 시리아의 키르크비제(Qirqbize)에 있는 교회(L. Michael White, 2:137)

---

13 그러나 그리스도인들은 신전 건축을 모방하여 그들이 함께 모여 기도할 수 있는 큰 건물을 세웠다. 그렇다고 그들이 가정집에 모여 기도하는 일을 멈춰야 했던 것은 아니다. 당연한 말이겠지만, 그리스도인들이 섬기는 신은 어느 곳에서라도 그들의 기도를 들으시기 때문이다(Porphyry, *Adversus Christianos*, frag. 76, in L. Michael White, II: 104).

14 대형 집회들과 모든 도시의 많은 모임, 예배의 장소들에 있는 수많은 신자들을 어떻게 묘사할 수 있을까? 옛 건물들로 더 이상 만족하지 못하게 된 그들은 모든 도시에서 거대한 교회 건물들을 기초부터 세우기 시작했다. 이러한 교회 건축 사업들은 잘 진행되었고, 나날이 확장되었다. 하나님과 하나님의 손길이 그분의 백성을 귀히 여기시며 지키시고 보호하시는 한, 어떤 악의도 그 사업들을 멈추지 못했고, 어떤 더러운 영도 방해할 수 없었으며, 인간의 계획으로 막을 수도 없었다(Eusebius [340년경 사망], *The History of the Church*, 8.1).

(14.75m), 폭은 21피트(6.4m), 높이는 21½피트(6.6m) 정도 되었다. 이 건물은 일련의 연속되는 개조를 통해 분명한 예배 공간으로 만들어져 갔는데, 가장 초기 단계에서는 단순한(바실리카 교회의 특징인 앱스와 아일이 없는) 홀 교회였던 것 같다. 밖에서 보면 이 건물은 주위에 있는 빌라(대저택)와 비슷하게 보였다. 그러나 내부는 일반 집과는 달리 내부 분리가 되어 있지 않았거나, 동쪽 끝에 놓인 연단 외에는 특별히 표시된 곳이 없던, 하나의 집회실과 같았다(White I: 129).

3) 언어의 변화

이러한 건축학적인 변화와 병행하여, 공동체의 모임 공간에 대한 언어도 변화했다. 이전 시대에서 헬라어 단어인 **에클레시아**(*ekklesia*) 또는 "회중"(assembly)은 일반적으로 예수의 제자들을 가리키는 용어였다. 이 용어는 한 장소에 모이는 특정한 공동체를 뜻하기도 했고(예를 들어, 고전 11:18), 아니면 예수의 보다 보편적인 제자들을 의미하기도 했다(예를 들어, 마 16:18).

그러나 이미 3세기 초기에 공동체가 모이는 장소에 회중의 이름이 사용되고, 더 나아가 공동체의 신성(holiness)이 다소 반영되기 시작했다는 증거가 있다. 예를 들어, 알렉산드리아의 클레멘트(Clement of Alexandria, 215년경 사망)는 선민(the elect)이 모이는 장소에 교회라는 명칭을 사용하지 않고, 선민을 "교회"라고 부르겠다고 주장하면서, 전자가 이미 일어나고 있다는 증거를 제시한다.[15] 클레멘트가 이러한 언어의 변화를 초래한 것 같지는 않지만, 그가 속한 공동체에서 이미 진행 중에 있던 점진적인 변화는 보여주고 있다.

3세기 중엽의 다른 텍스트들(기독교 텍스트와 비기독교 텍스트 모두)은 이러한 언어의 점진적인 변화를 입증한다. 예를 들어, 카르타고의 주교 키프리안(Cyprian, 258년 사망)은 "**교회의** 설교단 또는 설교자석"에 대해 언급한다.[16] 295년경에 실시된 옥시

---

15 만약 "신성한 존재"(the sacred)가 두 가지 방식, 즉 하나님 자체로서, 그리고 하나님을 높이기 위해 지어진 건축물로 이해된다면, 하나님을 경외하는 지식을 통해 세워져 하나님께 바쳐진 교회를 어떻게 올바르게 부르지 않을 수 있겠는가? 교회는 기계 기술로 건축되거나 떠돌이 사제의 손으로 꾸며지지 않았다. 하나님의 뜻으로 성전이 되었다. 그래서 나는 건물이 아니라 택함 받은 회중을 교회[ecclesia]라고 부른다. 회중은 하나님의 위엄을 받아들이기에 더 좋은 성전이다(Clement of Alexandria, *Stromata* 7.5, in L. Michael White, II: 52).

16 제2장 각주 63번을 보라. **강조**가 추가됨.

링쿠스(Oxyrhynchus) 시의 시정부 조사는 "북교회 길"(North-Church street)과 "남교회 길"(South-Church street)이라고 알려진 두 개의 길이 존재했다고 언급한다(White, II: 166). 그 두 길가에서 가장 눈에 띄는 건물들이 교회였기 때문에 이러한 명칭이 붙여졌다.

3세기 기독교 공동체는 회중(에클레시아[ekklesia])을 의미하는 헬라어 단어의 변이들(variations) 외에도 다른 헬라어 용어들과 라틴어 용어들을 사용했다. 이는 당시 그리스도인들이 예배를 위해 영구적으로 지정된 공간에 대해 말할 때 사용되는 언어를 공들여 만들고 있었다는 사실을 보여준다.

그러한 용어들 중에 헬라어 단어인 큐리아콘(kuriakon)은 영향력이 있었다. 문자적으로 큐리아콘은 "주께 속한 [것]"으로 번역된다. 이미 알렉산드리아의 클레멘트의 저서에서 이 단어가 사용되지만, 거기서는 보다 일반적인 의미로 어떤 주교의 "가재"(household)를 가리키는 것 같다. 그러나 도무스 에클레시에로 영구적으로 개조될 수 있도록 기독교 공동체에 재산을 기부했던 이들 중에는 주교들도 있었다. 따라서 화이트는 그러한 "가재"(household)가 예배를 위한 장소였을 수도 있다고 믿는다.

4세기 초의 세속적인 문서는 교회당(큐리아콘)에 갔다는 이유로 문을 잠가 아내를 집으로 들어가지 못하게 한 남편과 그런 남편을 신고한 그리스도인 아내 사이의 부부 갈등에 대해 말한다.[17] 영어 단어 "church"(처치, 스코틀랜드어로는 kirk, 독일어로는 Kirche)는 바로 이 헬라어 단어에서 비롯되었다. 반면에 교회를 의미하는 현대 프랑스어(eglise)와 이탈리아어(chiesa), 스페인어(iglesia) 단어는 **에클레시아**를 기초로 한다.

예배를 위해 영구히 개조된 장소들이나 새로이 건축된 장소들에 대한 용어들을 개발하던 당시의 공동체들 안에서 언어의 진화가 일어나는 동안에, 신자들은 이러한 건물들이 중요하고 심지어는 거룩하다고까지 여기게 되었다. 그러나 그리스도의 몸의 가장 중요하고 근본적인 표현과 진정한 에클레시아로 간주되었던 것은 바로 공동체였다.

---

17 그러나 이 합의와 서약을 한 후에, 그는 나 몰래 열쇠를 다시 숨겼다. 그리고 내가 안식일에 교회당에 갔다 왔더니, 나를 집에 들어가지 못하게 하려고 바깥문을 잠그고 말했다. "왜 교회당에 갔었어?"(L. Michael White, II: 171).

4) 카타콤

고대 기독교 세계에서 카타콤만큼 흥미를 끌던 장소도 없다. 서사 영화나 역사 소설에서 카타콤은 지속적으로 박해를 받던 그리스도인들이 예배하기 위해 모였던 지하 은신처로 묘사되곤 한다. 이러한 시나리오는 사실이기보다는 허구에 가깝다. 우리는 앞에서 박해는 산발적으로 일어났었다고 언급했다. 따라서 초기 공동체의 예배 장소는 박해로 인한 영향을 지속적으로 받지 않았다. 그리스도인의 예배 장소는 지상에 있었을 뿐 아니라, 대개 잘 알려져 있었다.[18] 박해가 있었을 때, 당국은 대개 그리스도인들이 어떤 건물에서 예배하는지를 정확히 알고 있었다.[19]

그림 37. 성 칼리스투스(Callistus)의 카타콤

그림 38. 때로 교황들의 묘실(crypt)로 불리는, 칼리스투스의 로마 카타콤에 있는 작은 예배당(chapel)이 1854년에 발견되었을 당시의 모습

카타콤은 서로 연결된 지하 무덤으로, 이미 2세기 때부터 제국의 많은 도시에 존재했었다. 그리스도인들만 카타콤을 갖고 있었던 것은 아니다. 유대인들과 다른 집단도

---

18 제2장 각주 98번을 보라.

19 그리스도인들이 [예배하러] 모인 장소에 그가 왔을 때, [키르타(Cirta) 식민지의] 대사제이자 행정집행관인 플렉스(Flex)가 주교인 바울에게 말했다. "명령받은 대로, 율법서와 여기에 있는 다른 모든 것을 내놓으시오. 그러면 [그] 명령을 지킬 수 있을 것이오." 바울이 말했다. "성경은 낭독자(렉토르)가 가지고 있습니다. 그러나 여기에 있는 모든 것을 당신에게 드리겠습니다. 금 성작 2개, 은 성작 6개, 은 항아리 6개, 은 접시 1개, 은 램프 7개, 횃불 2개, 짧은 놋 촛대와 초 11개, 놋 램프와 램프 줄 11개..." 그 후에 도서관에 있는 책 보관함[아르마리아(armaria)]을 보니 그 안에 아무것도 없었다(Gesta apud Zenophilim [Acts of Zenophilus]에서 재인용된 Acts of Munatus Felix [303년 5월 19일]에서).

카타콤을 갖고 있었다. 로마 성벽 밖에는 40개가 넘는 곳에 카타콤이 있었다. 로마법은 카타콤에 시체를 매장하도록 요구했다. 카타콤은 종종 3-4층의 통로로 이루어져 있었고, 통로의 길이는 매우 길었다. 로마에 있는 카타콤들의 총 길이는 350마일(563km)이 넘었다. 바닥과 천장을 잇는 벽면에 벽감을 파서 시체를 안치했다[그림 37].

때때로 통로들은 예배당이나 중요한 인물의 묘실로 연결되었다[그림 38]. 그러나 많은 수의 예배자를 수용할 정도는 아니었다. 이는 카타콤이 기독교 성찬식을 위한 일상적인 모임 장소는 아니었다는 사실을 보여준다.

로마의 많은 카타콤은 수만 명의 그리스도인들이 매장된 곳이었다. 그 중에서 성 칼리스투스(Calistus), 도미틸라(Domitilla), 판크라스(Pancras), 프리실라(Priscilla)의 카타콤들이 중요했다. 로마에서 박해 시대가 끝난 후에, 이러한 카타콤들과 다른 카타콤들은 성인들과 가까운 곳에 매장되기를 원하는 그리스도인들이 선호하는 장소가 되었다. 많은 이들이 그러한 영광을 누릴 수 있었다. 왜냐하면 과거에 벽감이나 감실에 매장되었던 사람들의 시체가 시간이 흐르면서 썩었고, 그들이 매장되었던 장소가 일련의 매장을 위해 다시 사용되곤 했기 때문이다.

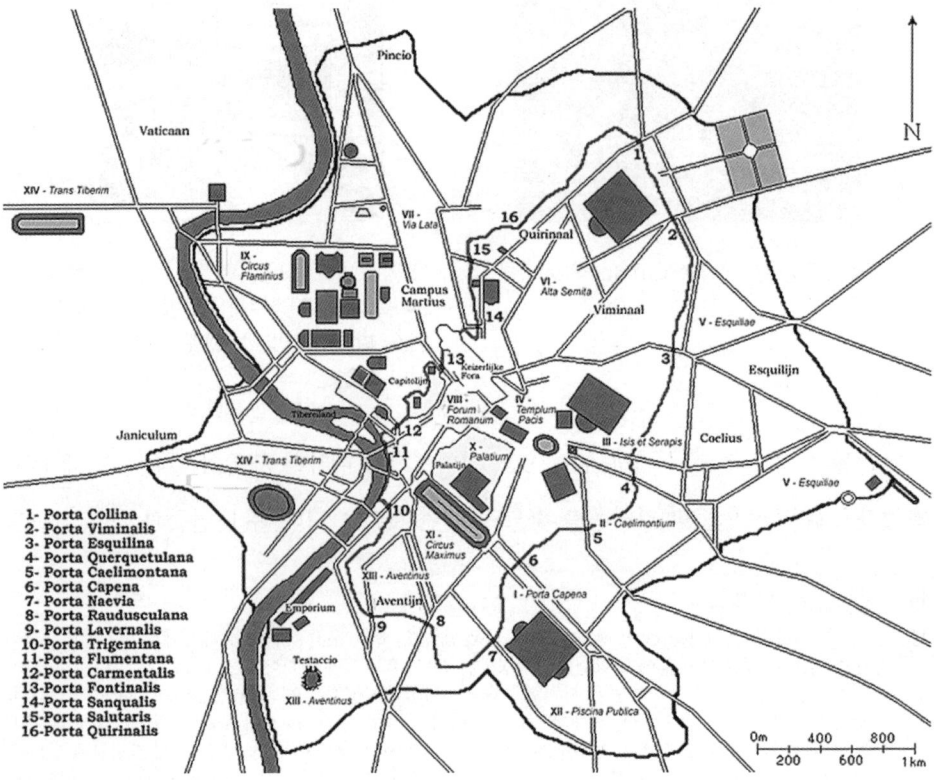

그림 39. 로마의 성곽 도시

5세기에 제국의 동쪽 지역이 붕괴된 후에, 로마의 거주민들은 구도시의 성벽 안으로 도망쳤다[그림 39]. 이제 다수 집단이 된 그리스도인들은 카타콤에서 성인들의 시체를 가져다가 도시 내에 있는 교회들 안에 안치했다. 많은 성인의 시체가 옮겨졌기 때문에 카타콤은 6세기에 매장지로서 버려졌고, 중세 시대에는 완전히 잊혀졌다. 카타콤은 1578년에 우연히 재발견되었다.

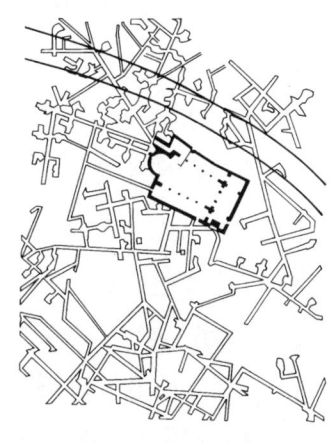

그림 40. 200년 이래로 기독교 묘지로 사용된 (Via Ardeatina에서 떨어진 도시의 남쪽에 있는) 로마의 도미틸라(Domitilla)의 카타콤; 비아 델레 세테 케세(via delle sette chiese)로 불리는 현대식 도로에 따른 구획 지도. 다마수스(Damasus-384년 사망) 교황이 성 네레우스(Nereus)와 아킬레우스(Achileus)의 무덤 위에 작은 예배당을 세웠다. 524년에는 이보다 큰 교회가 세워졌다(Kostof, p. 249).

카타콤의 건축 양식이 기독교 예배의 발전에 영향을 끼치지는 않았지만, 성인의 시체를 둘러싼 종교적 예식은 영향을 끼쳤다. 성인의 지하 무덤들은 큰 존경(reverence)과 숭배(veneration)의 장소가 되었고, 성지 순례의 중심지가 되었다. 그로 인해 지하 무덤 바로 위의 지상에 교회의 건물들이 세워지게 되었다. 이 교회들은 그리스도인들이 도시 성벽 안으로 도피하기 전에 자주 출입하던 곳이었다[그림 40].

성인들을 숭배하는 예식이 결국에는 그들이 원래 매장되었던 무덤으로부터 분리되었다. 그리고 그들의 성유물(relics)은 나뉘어 기독교 왕국(Christendom) 도처로 흩뜨려졌다. 우리가 앞으로 살펴보겠지만, 중세 시대에 성유물의 확산과 그것에 대한 막대한 관심은 기독교 제의, 성찬신학, 교회의 형태에 엄청난 영향을 끼칠 것이다. 그러나 처음에는 사실, 성유물을 소유하는 것에 관심이 없었다. 카타콤은 죽은 자를 매장하고 숭배하기 위한 훼손되지 않은 아름다움을 지닌 장소였다.

5) 요약

가정 교회는 2세기와 3세기 교회의 매우 중요한 건축적 상징이었다. 이 시대의 일부 공동체의 예배와 예배 공간이 매우 잘 규정되어 있기는 했지만,[20] 공간 자체는 대개 극

---

20 당신들의 집회와 거룩한 교회에서 모든 선한 모범에 따라 모임을 형성한 후에, 형제자매들을 위한 자리를 신중하고 진지하게 배정하십시오. 집의 동편 가운데에 장로들을 위한 자리를 마련하십시오. 그리고 그

제적인 조직(international organization)보다는 확대 가족에 가까웠던 교회를 상징했다. 이러한 공간들(기독교 예배를 위해 더욱더 개조되던)이 공동체에서 점점 더 두드러지게 되면서 그리스도인의 자각 속에서 새로운 중요성을 갖게 되었다.

빌려 쓰던 예배 장소에서 개조하고 영구적인 예배 건물로 옮겨가면서 초래된 결과 중 하나는, 전통적으로 교회에게 주어졌던 명칭인 **에클레시아**(*ekklesia*)가 건물 자체를 뜻하게 되었다는 것이다. 이렇게 용어가 변화했다고 해서 공동체 자체가 더 이상 참된 **에클레시아** 또는 산 돌들의 기초로 여겨지지 않았다는 뜻은 아니다. 그러나 신자들이 그러한 자각을 잃게 될 때가 곧 오리라는 것을 예상하게 했다. 결국 대부분의 그리스도인에게 "교회"는 공동체보다는 건물을 뜻하는 용어가 되고 말았다.

이 시대에 나타났던 또 다른, 하지만 좀 더 미묘한 변화는 임시적인 공간에서 영구적인 공간으로의 이동에서 상징되는 여성들의 약해진 영향력과 관련된다. 1장에서 우리는 그리스-로마 세계에서 집이 "여자들의 장소"로 간주되고, 그 공간에서의 예배는 여성들의 보다 동등한 참여와 심지어는 그녀들의 리더십으로 특징지어 질 수 있었음을 언급했다.

그러나 가정집에서 행해졌던 예배가 공적 건물에서 행해지게 되면서, 여성들의 영향력은 줄어들었다.[21] 공간의 변화가 수 세기에 걸쳐 진행될 여성들의 주변화(marginalization)를 초래한 유일한 요인은 아니었다. 그러나 그 씨앗은 그리스도인들이 예배를 위해 별도의 공공 건물을 매입했던 이 시대에 이미 심겨졌다.

가운데에 주교를 위한 좌석을 놓으십시오. 장로들이 주교와 함께 앉도록 하십시오. 그러나 집의 동편 나머지 부분에는 평신도들도 앉게 하십시오. 이를 위해서 장로들은 주교들과 함께 집의 동편에 앉고, 그 후에 평신도들이, 그 다음에 여성들이 앉도록 해야 합니다. 서서 기도할 때는 주교가 먼저 일어서고, 그 다음에 평신도들이, 그리고 그 다음에 여성들이 동쪽을 향해 일어서야 합니다. 당신들도 알듯이 성경에 기록된 대로 기도해야 합니다. "동쪽을 향해, 하늘들의 하늘을 타신 하나님을 찬양하라"(Connolly, *Didascalia Apostolorum* [3세기 초], 12).

21 기독교와 기독교의 예배는... 여성들이 좌우하는 활동 영역인 집에서 처음으로 성장했다. 기독교는 4세기에 대규모로 "공적"(public)이 되면서, 여성을 소외시키는 이전과는 다른 보다 큰 문화의 영역으로 들어갔다. 따라서 공적 예전은 거의 불가피하게 기독교 예배에서 여성을 다소 소외시키는 결과를 가져왔다. (Berger, *Women's Ways of Worship*, p. 47).

2. 음악

가정 교회라는 환경에서 특색 있는 기독교 의식이 시작된 것처럼, 특색 있는 기독교 노래도 발생했다. 이 시대의 예배에 대한 단편적인 정보는, 어떤 의례적인 요소들이 노래되었는지, 어떻게 그것들이 노래되었는지, 누가 노래했는지에 대한 대략적인 윤곽만을 보여줄 뿐이다. 어느 정도 확신을 갖고 말할 수 있는 것은 당시 기독교 노래가 대개 무반주로 불렸다는 사실이다. 1세기 그리스도의 제자들이 예배에서 사용했던 유일한 악기들(**소파르**[*shofar*]를 제외하고)은 성전 예식에서 사용되었던 것들이었다. 그러나 성전이 파괴되면서, 유대교에서 기악은 사라졌고, 형제(자매)인 기독교도 수세기 동안 기악을 사용하지 않았다.

기악이 아닌 성악을 수용한 이유는 복잡하다. 한 가지 분명한 이유는 기독교의 전도와 예배에서 핵심적 위치에 있는 말씀-사건(word-event)에 있었다. 예수는 성육신한 말씀이셨고, 그분의 제자들은 그 말씀을 따르고 선포하라는 사명을 받았다. 그렇기 때문에 설교와 이야기를 들려주는 일은 기독교를 탄생시키는 토대가 되었다. 예수의 첫 번째 제자들은 기악이 예루살렘 성전과 밀접하게 연관된다고도 생각했다.

그림 41. 탬버린을 묘사한 고대 로마 벽화

기독교 공동체는 성전의 리더십 유형과 성전에서 행하여지던 의식들로부터 의도적으로 멀어지고자 했기 때문에, 성전에서 실행되던 전문적인 기악 역시 사용하지 않아야 했다. 그러나 다른 이유들도 있었던 것이 틀림없다. 왜냐하면 이방인들이 기독교를 좌우하게 되었을 때, 그들 역시 제국 전역에서 널리 사용되던 악기들을 교회로 들여오지 않았기 때문이다[그림 41]. 악기들이 어떤 이교도 제례들과 밀접하게 연관되어 있었기 때문에, 이방인들이 악기들을 기독교 예배에 도입하지 않았을 수도 있다.

그러나 근본적인 이유는 기독교 예배의 성악(vocal music)과 공동체의 하나됨 사이의 연관성에 있었던 것이 틀림없다. 초기 공동체는 성찬 예식을 통해 하나됨을 기념하고 초청했다. 음악적으로 이러한 하나됨은 많은 목소리가 찬양의 노래를 함께 부를 때 상징적으로 표현되었다.

요하네스 콰스텐(Johannes Quasten)은 기악의 연주 방식이 초창기 그리스도인이 생각한 하나됨과 교제에 어떻게 분명하게 대조되는지를 지적한다. 따라서 성찬의 이상을 구현하고 일종의 "청각적인 교회론"(auditory ecclesiology)에 봉사한 것은 바로 성악이었다.[22]

1) 기도와 낭독

이 기간에 예배에서 노래하기와 말하기를 분명하게 구분하는 것은 사실상 불가능하다. 공적 기도와 심지어는 낭독도 어느 정도 음악적인 소리를 냈다. 당시의 예배에서 서정성의 정도는 달랐었지만, 모든 공적 낭독은 오늘날 서구에서 음악적이라고 불릴 수 있는 것을 향해 이동했다.

초기 성찬기도를 포함한 모든 기도는 대개 기존의 양식에 따라 어느 정도까지는 인도자에 의해 즉흥적으로 드려졌다. 즉흥적인 회당기도처럼, 그러한 기도는 공동체의 구성원들이 "아멘"을 더하여 그들 자신의 기도로 만들 수 있는 방식으로 드려졌다.[23] 즉흥적인 회당기도처럼, 그 기도들은 공동체의 구성원들이 "아멘"을 더하여 그들 자신의 것으로 만들 수 있는 방식으로 드려졌다.

그 기도들은 영창되었던 것 같다. 식사 후 감사기도를 할 때 사용되었던 유대인의 영창 방식들은, 이 위대한 감사를 노래하기 위한 초기 모델들이 되었던 것 같다. 기독교 기도가 유대교적인 선례와는 전혀 다른 독자성을 발전시켰던 것처럼, 영창도 그렇게 했을 것이다.

공적 낭독의 전통은 이미 1세기 자료에서 발견된다. 신약성경은 공적 낭독을 암시한다.[24] 2세기경에 공적 낭독은 기독교 예배를 구성하는 요소가 되었다. 순교자 저스

---

22 그러므로 여러분의 화합과 화목한 사랑으로 예수 그리스도가 노래됩니다. 이제 여러분 각자가 이 성가대에 들어와서 화목하게 화합되면, 제창하는 가운데 열쇠를 받을 수 있을 것입니다. 그리고 예수 그리스도를 통해 한 목소리로 아버지를 노래하면, 하나님은 여러분을 들으실 것이고, 여러분의 착한 행실을 통해서 여러분이 그분의 아들의 지체들임을 인정하실 것입니다. 그러므로 여러분이 하나님과 늘 교제하길 원한다면, 하나가 되는데 있어 부족함이 없도록 하십시오(Ignatius, "Letter to the Ephesians" 4:1 in *The Apostolic Fathers*, p. 177).

23 제2장 각주 94번을 보라.

24 이 예언의 말씀을 읽는 자와 듣는 자와 그 가운데 기록한 것을 지키는 자는 복이 있나니 때가 가까움이라(계 1:3).

틴은 기독교 집회에서 낭독이 차지하는 중심적인 역할을 언급한다.[25] 더 나아가, 위대한 북아프리카 라틴 저자인 터툴리안(Tertullian, 225년 사망)은 이단인 그노시스주의를 반박하는 글을 썼다. 그는 그 글에서 직무를 맞바꾸는 그노시스주의 사역자들의 불규칙적인 방식을 조롱하면서, 낭독자(lector)라고 불릴 수 있는 "직급"의 존재를 언급한다.[26] 히폴리투스(Hippolytus, 346년경 사망)가 저술했다고 오랫동안 여겨졌던 『사도전승』(*Apostolic Tradition*)의 한 유명한 단락은 기독교 예배를 위해 임명되고 세워지는 낭독자에 관한 정보를 제공한다.[27]

그러나 최근 학자들은 『사도 전승』의 기원과 날짜, 저자에 대해 많은 의문을 제기한다. 그들은 『사도 전승』을 3세기 로마 예식들에 대한 신뢰할 수 있는 증거로 받아들이기는 어렵다고 말한다.

다른 한편으로, 우리는 코르넬리우스(Cornelius)의 서신에서 신뢰할 수 있는 정보를 얻는다. 코르넬리우스는 그 서신에 자신이 주교로 있었던 동안에 로마에서 봉직했던 성직자 중의 하나로 낭독자들을 언급한다.[28] 따라서 낭독자들이 어떤 식으로 임명되었는지에 대해서는 명확하게 알 수 없지만, 그들이 당시 로마교회에서 사역자로 인정받고 있었다는 사실은 분명하다.

---

25 제2장의 각주 18번을 보라.

26 한 사람이 오늘 주교가 되면, 내일은 다른 사람이 주교가 된다. 오늘 부제인 사람이 내일은 낭독자로 될 것이다. 오늘 사제인 자가 내일엔 평신도가 된다. 심지어 평신도에게 사제의 의무들도 부여된다(Tertullian [225년경 사망], *The Prescription against Heretics*, 41:6).

27 낭독자는 주교가 그에게 책을 넘겨줌으로써 세워진다. 왜냐하면 그에게는 안수를 하지 않기 때문이다 (Hippolytus [236년경 사망], *Apostolic Tradition*, 11, In Jasper and Cuming, *Prayers of Eucharist*).

28 장로가 46명, 부제가 7명, 차부제가 7명, 복사가 24명, 구마품자(exorcist)와 독경품자(reader), 수문품자 (doorkeeper)가 52명 있다(Letter of Cornelius of Rome [252년], in Eusebius, *The History of the Church*, 6:43).

그림 42. 바빌로니아 유대인의 양식에 따른 출애굽기 18:1-2의 영창(A. Z. Idelsohn의 편곡, p. 40)

처음에 낭독은 회당에서 했던 것과 비슷한 방식으로 영창되었던 것 같다[그림 42]. 이방인의 영향력이 커지고 기독교가 유대교와 멀어지면서, 낭독의 서정적인 표현방식은 지역 문화의 음악으로부터 영향을 받으면서 상이하고 독특하게 발전했다.

2) 성경적 시편과 비성경적 시편

전통적으로 시편을 기독교의 기도서(prayer book)라고 말하기는 하지만, 1세기 그리스도인들이 예배에서 시편을 노래했다는 증거는 거의 없다. 시편을 노래하라는 바울의 권고는,[29] 다윗의 시편이 초기 기독교 예배의 일부였다는 증거가 되지 못한다. 이 문맥에서 "시편"(psalms)은 단순히 기독교 노래를 뜻한다. 바울이 언급한 세 종류의 노래를 정확히 구분하기는 어렵다. 1장에서 언급했듯이, 성경의 시편이 사용되었을 경우에는 음악 작품이나 노래라기보다는 성경 낭독 부분으로 다루어졌던 것 같다.

---

29 그리스도의 말씀이 너희 속에 풍성히 거하여 모든 지혜로 피차 가르치며 권면하고 시와 찬송과 신령한 노래를 부르며 감사하는 마음으로 하나님을 찬양하고(골 3:16).

190년경에 기록된 외경인 『바울행전』(*Acts of Paul*)은 그리스도인들이 예배에서 다윗의 시편을 노래한다고 분명하게 언급했던 최초의 문헌이다.[30] 얼마 지나지 않아 터툴리안은 시편이 말씀 예전의 일부로 노래되었다고 말한다.[31]

그러나 터툴리안은 개인적이고 무아지경의 예언을 강조하는 이단 분파(몬타누스주의)에 속해 있을 때 이런 관찰을 했기 때문에, 여기서 시편은 다윗의 시편이 아니라 개인적으로 작시된 것을 의미했을 수 있다. 따라서 제임스 맥킨논(James McKinnon)은 당시에 다윗의 시편이 사용되었다는 것을 예전 음악의 독립된 행위가 아니라 성경 낭독의 일부로 이해하는 편이 가장 좋다고 결론짓는다.

성경적 시편(biblical psalms) 외에, 시편을 모방한 많은 작품이 창작되었다. 그러한 모방 시편이나 **프살미 이디오티키**(*psalmi idiotici*, 무학자 시편)를 예배 현장에서 즉흥적으로 만드는 정통적인 기독교 공동체나 몬타누스파 같은 이단 공동체도 있었다.[32] 주를 향한 새 노래들을 모으고 기록하는 공동체도 있었다. 그러한 모음집들 중 하나가 1세기 또는 2세기에 쓰여진 『솔로몬의 송시』(*Odes of Solomon*)이다[그림 43]. 제임스 찰스워스(James Charlesworth)와 같은 학자는 이 모음집을 최초의 기독교 찬송가집으로 여긴다.

오늘날의 예배에서처럼, 고대 교회에서는 대개 하나의 목소리가 기도하고 낭독했다. 그러나 비성경적 시편(nonbiblical psalms)은 다양한 방식으로 표현되었다. 성경 낭독으로 사용되던 다윗의 시편도 다양한 방식으로 표현되었다.[33] 성경의 다른 책들을

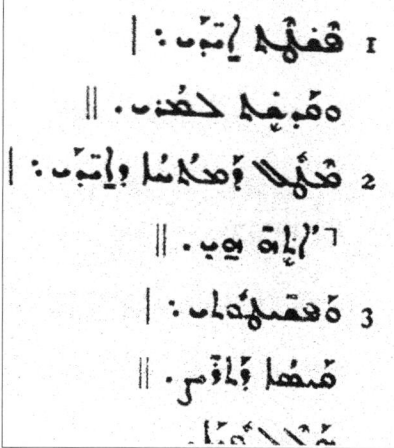

1. 거룩하신 나의 주여, 나는 손을 펼칩니다.
2. 나의 손을 펴는 것은 그분의 표지이기 때문입니다.
3. 나의 손을 펼치는 것은 바로 세운 십자가입니다. 할렐루야.

그림 43. 『솔로몬의 송시』 27편의 시리아 텍스트와 제임스 찰스워스(James Charlesworth)의 번역

---

30 그리고 각자 빵을 나눴고, 다윗의 시편과 찬송에 맞춰... 그들은 즐겁게 식사했다(*Acta Pauli* [*Acts of Paul*] 7.10).

31 성경이 낭독되고, 시편이 노래된다. 설교가 전달되고, 기도가 드려진다(Tertullian [225년경 사망], *On the Soul*, 9.4).

32 물로 씻고 불을 밝히는 의식 후에, 각 사람은 할 수 있는 대로, 일어서서 하나님을 노래하라고-성경의 내용이나 자신이 직접 만든 내용으로-초대된다(Tertullian [225년경 사망], *Apologeticum*, 38.18).

33 우리는 시편집을 "낭독"하는 것이 그 방식에 있어서-다른 성경 본문을 낭독할 때 사용했던 방식에서부터, 시편에 내재적인 서정성에 완전히 맞춰 했던 방식에 이르기까지-매우 다양했을 것이라고 쉽게 상상할 수 있다. 시편집을 낭독하는 방식은, 낭독자의 기질과 회중의 예배적인 특성에 좌우되었을 것이다

낭독할 때처럼 시편은 한 사람이 전부를 영창할 수 있었다.[34] 시편은 또한 예배에서 낭독자의 낭독 부분과 회중의 낭독 부분으로 나뉠 수도 있었다.[35]

공동체는 "아멘"으로 기도에 참여하는 일에 지속적인 관심을 가졌는데, 이를 통해 우리는 응창 형식이 선호되었다는 사실을 알 수 있다. 바울은 알지 못하는 처지에 있는 자(outside visitor)조차도 아멘에 동참할 수 있어야 한다고 강조했다.[36] 회중의 중요성을 강조하는 2세기와 3세기의 근원적인 메시지와 모든 사역은 공동체의 필요에 부합해야 한다는 사명은 응창 형식을 더욱 선호하게 만들었다.

3) 찬미가

하나님과 그리스도에 대한 "찬미송"(hymns)을 담고 있는 신약성경은 기독교가 앞으로 특유의 찬미가(hymnody)를 발전시킬 것임을 예상하게 했다.[37] 하나의 실례가 되는 2세기 초의 텍스트는 기독교 공동체가 그리스도에 대한 찬미를 계속해서 노래했다는 사실을 인정한다.[38]

그러나 찬미송이라고 분명하게 정의될 수 작품은 2세기 중반이 되어서야 발견된다. 찬미송으로 정의되기 위해서는 두 가지 특징을 보여야 한다.

첫째, 텍스트적인 특징이다.

둘째, 음악적인 특징이다.

텍스트적으로 이러한 초기 기독교 찬미송은 성경의 산문을 모방하지 않고 그리스-로마 세계의 시를 모델로 한 새로운 운문시(metric poetry) 작품이다. 텍스트는 2행(lines) 이상 되는 여러 연들(stanzas)로 구성된다. 각 연은 동일한 운율과 압운 형식, 행

(McKinnon, *The Advent Project*, pp. 33-34).

34 제2장 각주 29번을 보라.

35 그들이 시편을 외울 때에, 모든 이는 "알렐루야"라고 응답할지어다(Hippolytus [236년경 사망], *Apostolic Tradition*, 25, in Jasper and Cuming, *Prayers of the Eucharist*).

36 제1장 각주 38번을 보라.

37 제1장 각주 37번을 보라.

38 그들은 어떤 특정한 날을 정해놓고 해가 뜨기 전에 함께 모여, 그리스도를 신으로 높이는 찬송가를 교대로 불렀습니다. 그 다음엔 함께 엄숙한 "맹세"(*sacramentum*)를 했는데, 이는 어떤 범죄를 행하자고 하는 맹세가 아니라, 모든 절도, 강도나 간음, 거짓말을 하지 않고, 신의를 절대로 저버리지 않겠다는 맹세였습니다. 그 후 헤어졌다가 다시 모여 음식을 나누는 게 그들의 관례였는데, 그 음식은 흔하고 평범한 것이었습니다(Pliny, "Letter to the Emperor Trajan," [112년경]).

의 수를 사용한다. 첫 번째 연을 위해 곡이 만들어지고, 다음 연들이 동일한 곡으로 불린다. 이것이 바로 진정한 찬미송이다.

이에 반해, 시편은 연들이나 비슷한 운율과 운, 길이로 구성되지 않는다. 시편에서 음악은 다양한 운율과 텍스트의 강세에 맞게 각 행에서 약간씩 변화한다. 『솔로몬의 송시』처럼 시편을 모방하여 쓴 새로운 기독교 산문 작품도 마찬가지다. 따라서 『솔로몬의 송시』와 다른 모방 시편들은 "찬미송"이라기보다는 "찬미 시편"(hymnodic psalmody)으로 이해되는 것이 더 맞다.

최초의 기독교 운문 찬미송은 2세기 영지주의자 문인들에 의해 쓰여진 것이 분명하다. 그들은 자신들의 비정통적인 신학을 알리기 위한 수단으로 고전 그리스시의 양식을 빌렸다. 이러한 잘못된 신학을 반박하기 위해서, 알렉산드리아의 클레멘트(215년경 사망)는 그리스도 구세주(Christ the Savior)를 향한 찬송가를 쓰기 위해 동일한 운율 시 양식을 사용했다.[39] 이러한 "이교도" 양식을 사용하여 복음을 알리는 방식에 대한 반대도 있었지만, 결국 그리스-로마 세계의 시는 4세기에 기독교 찬송가가 번성케 되는 기반이 되었다.

당시의 음악 단편(musical fragment) 하나가 아직까지 남아있다. "옥시링쿠스 찬미송"(Oxyrhynchus hymn)은 19세기 말에 수천 개의 문서가 발견된 이집트의 고고학 유적지에서 그 이름을 따왔다. 발견된 문서 중의 하나인 파피루스 1786은 헬라어와 고대 기보법으로 기록된 기독교 찬송가의 마지막 가사와 악보를 담고 있다[그림 44]. 그러나 충분치 않은 이 한 가지 사례를 가지고, 옥시링쿠스 찬미송이 예배에 실제로 사용되었는지 그렇지 않은지를 포함한 어떤 결론을 내리기는 쉽지 않다.

---

39 성도들의 왕, 아버지의 전능한 말씀, 가장 높으신 주, 지혜의 머리이자 우두머리, 모든 슬픔의 위로이시고, 모든 시간과 장소의 주님이시며, 우리 인류의 구원자이신 예수(Clement of Alexandria [215년경 사망], *Hymn to Christ*, in Ante-Nicene Fathers, p. 296).

잠잠케 하라
밝게 빛나는 별들을 빛나지 않게 하라,
바람과 모든 강들이 잦아들게 하라;
그리고 우리가 성부와 성자와 성령을 찬미하듯이,
모든 권세가 "아멘, 아멘"하게 하라.
제국이여, 항상 찬양하라, 하나님께 영광을 돌리라,
좋은 것들을 주시는 이에게, 아멘, 아멘.

그림 44. 3세기가 끝날 무렵의 것으로 여겨지는 옥시링쿠스 파피루스 1786로, 그리스 성악용 기보법으로 쓰인 찬송시의 마지막 부분을 보여준다(*New Groves Dictionary of Music and Musicians*, 4:368. *Musik in Geschichte und Gegenwart*, s.v. "Fruchchristliche Musik"에 나와 있는 H. Stuart Jones의 현대식 편곡)

찬미송은 독창자나 소그룹에 의해 불릴 수 있었다. 또한 인도자가 각 행을 부르고, 회중이 그 행을 반복하는 응창 형식으로도 불릴 수 있었다. 그러나 찬미송이 익숙해지면 회중 전체가 노래하게 되었을 것이다. 당시 찬미송은 시와 선율 단위가 반복되는 구조로 되어 있었기 때문에 회중 전체가 함께 부를 수 있었다. 함께 찬미송을 부르는 방식은 앞에서 언급했던 공동체의 하나됨에 대한 강조와도 부합한다.

여기서 하나됨은 그리스도인들의 하나됨만을 뜻하지 않는다. 그리스도인들과 그리스도와의 하나됨도 의미한다. 한 목소리로 노래하는 것은 이러한 하나됨을 표현하고 만들어가는 특별한 방식이다.

4) 요약

2세기와 3세기에 기독교 음악은 인식이 가능할 정도로 발전했다. 텍스트와 음색이 점차 독특해져 갔음에도 불구하고, 기독교 음악은 여전히 1세기의 서정적인 환경(lyrical environment)과 밀접하게 관련되어 있었다. 기독교 음악은 또한 공동체의 하나됨에 기여했을 뿐 아니라, 그 하나됨이 의례 속에 통합되도록 하는데도 영향을 끼쳤다.

따라서 음악을 기독교 예배에서 독립된 요소로 간주하기는 쉽지 않았다. 음악은 오히려 예배의 청각적인 측면이었다. 더 나아가 당시에 가수, 시편 영창자(psalmist), 선창자(cantor)에 대한 특별한 언급이 없었다는 사실도 기도와 노래 사이의 매우 밀접한 관계를 반영한다. 예배 음악가도 따로 없었다. 예배 전체가 음악적이었다. 예배는 전체 회중에게 속해 있었다. 따라서 음악도 전체 회중에 속해 있었다.

3. 책

교회의 모든 공식적인 예식들을 몇 권의 합본으로 압축하는 일이 궁극적으로는 가능하게 되겠지만, 2세기와 3세기의 예배는 책으로 하는 기도가 아니었다. 오히려 당시의 예배는, 회당 예배와 비슷하게, 매우 즉흥적이고 청각적인 사건이었다. 즉흥적인 것이 무계획적인 것을 뜻하지는 않는다. 이 시기에는 성찬 예배의 양식이 명확하게 확립되었다.[40] 공동체 뿐 아니라 기도 인도자는 이러한 양식을 알고 따랐다. 그리고 즉흥성과 비형식성을 계속해서 나타내는 예배를 만들기 위한 틀로 사용했다.

---

40 제2장 각주 8번을 보라.

나사렛인들의 복음(The Gospel of the Nazareans)	도마의 복음(The Gospel of Thomas)
에비온인들의 복음(The Gospel of the Ebionites)	논쟁자 도마의 책(The Book of Thomas the Athlete)
히브리인들의 복음(The Gospel of Hebrews)	맛디아에 의한 복음(The Gospel of Matthias)
이집트인들의 복음(The Gospel of Egyptians)	유다의 복음(The Gospel of Judas)
베드로의 복음(The Gospel of Peter)	요한의 비록(The Apocryphon of John)
네 천국의 복음(The Gospel of the Four Heavenly Regions)	야고보의 비록(The Apocryphon of James)
완전의 복음(The Gospel of Perfection)	바돌로매 복음(The Gospel of Martholomew)
진리의 복음(The Gospel of Truth)	마리아의 질문들(The Questions of Mary)
예수 그리스도의 지혜(The Sophia Jesu Christi)	마리아의 가계(The Genna Marias)
구세주의 대화(The Dialogue of the Redeemer)	케린투스의 복음(The Gospel of Cerinthus)
믿음의 지혜(The Pistis Sophia)	바실리데스(The Gospel of Basilides)
예우의 두 책(The Two Books of Jeu)	마르키온의 복음(The Gospel of Marcion)
열 두 사도의 복음(The Gospel of the Twelve Apostles)	아펠레스의 복음(The Gospel of the Apelles)
열 두 제자의 복음(The Gospel of the Twelve)	바르데사네스(The Gospel of Bardesanes)
사도들의 서간(The Memoria Apostolorum)	마니의 복음(The Gospel of Mani)
열 두 사도의 (마니교적인) 복음(The [Manichean] Gospel of the Twelve Apostles)	야고보의 원복음(The Protoevangelium of James)
	도마의 유년 이야기(The Infancy Story of Thomas)
칠십 인의 복음(The Gospel of the Seventy)	니고데모의 복음(The Gospel of Nicodemus)
빌립의 복음(The Gospel of Philip)	

그림 45. 헤네케(Hennecke)와 슈네멜허(Schneemelcher)에 따른 신약성경 외경의 일부 목록

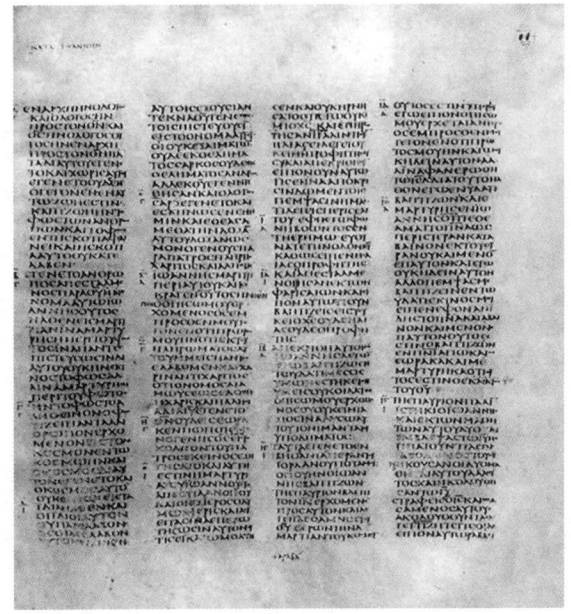

그림 46. 코덱스 시나이티쿠스

그리스도인들은 그들의 예배에 적절한 특색 있는 건축 양식과 음악 양식을 발전시키기 시작했던 것처럼, 그들만의 책들도 발전시키기 시작했다. 그 중 첫 번째는 신약성경으로, 구약성경과 함께 기독교의 성경이 되었다. 예배에서 낭독되는 성경 외에, 예배를 준비하기 위해 사용되었던 책들도 등장했다.

이러한 보조 전례서들은 기독교 예배의 역사 속에서 다양한 형태로 재등장한다. 초기의 예들은 때때로 교전집(church orders)이라고 불린다. 서구 문명에서 기독교는 두루마리가 코덱스로 전환되는데 기여했다. 따라서 이러한 책들의 예배에서의 사용뿐 아니라 책의 내용과 외형도 살펴보겠다.

1) 신약성경

성경은 초기 기독교 예배에서 필수적이었다. 유대교의 율법과 선지서에 바울 서신서들이 더해졌다. 여기에 복음서라고 불리게 될 것과 다른 서신서와 이야기가 합쳐졌다. 본래는 오늘날 교회가 신약성경의 분책(part)으로 생각하는 27권의 책보다 더 많은 책이 있었다. 오늘날에는 외경으로 간주되는 많은 책이 기독교 공동체에서 공적으로 낭독되고 공경되었다(revered)[그림 45]. 현재 "사도 교부"(Apostolic Fathers, 정통 초기 기독교 문헌집)라고 알려진 다른 책들도 성경처럼 공경되었다. 예를 들어, 『헤르마스의 목자』(The Shepherd of Hermas)는 4세기 중엽의 코덱스 시니티구스(Codex Siniticus)라고 알려진 최초의 완전한 신약성경 필사본에 포함되었다[그림 46].

2세기 중엽에 새로운 종교의 정경을 정하고자 하는 움직임이 있었다. 복음서 4권과 바울이 썼다고 여겨지는 13개의 서신서가 중심이었고, 여기에 다른 서신서들과 책들이 최종적으로 더해졌다. 발견자인 로도비코 A. 무라토리(Ludovico A. Muratori, 1750년 사망)의 이름을 따 무라토리안 목록이라고 불리는 3세기 후반의 단편적인 목록은, 신약성경 정경에 관해 정통 교회들이 일반적으로 합의했던 내용을 보여준다.

이 목록은 1546년에 트렌트 공의회가 공포한 목록과 비슷하다. 비록 교회가 최종적으로 받아들인 최초의 완전한 목록은 아타나시우스(Athanasius, 373년 사망)의 글에 등장했지만, 2세기와 3세기는 신약성경의 정경을 결정하는데 중추적인 시기였다.

이미 우리는 이 기간에 공적 낭독과 종국에는 독경자나 낭독자의 사역이 어떻게 중요하게 여겨지게 되었는지에 대해서 살펴봤다. 이러한 사역의 발전은 그 자체로 새로 생긴 기독교 공동체에게 성경이 얼마나 중요했었는지를 보여준다. 성경이 낭독되지 않을 때도 그리스도인들은 성경을 공경하게 되었다. 유대교는 이에 대한 선례를 보여준다. 토라 두루마리가 사용되지 않을 때, 그 두루마리는 회당에서 매우 중요한 장소에 보관되었다[그림 7]. 그리고 특별히 임명된 사람들이 관리했다.[41] 이와 비슷하게, 그리스도인들도 그들의 성경을 보관하는 특별한 장소를 지정하곤 했다.

예를 들어, 카르타고의 주교 키프리안이 250년경에 쓴 편지는 어떤 사람을 낭독자로 임명했다고 말하고, 성경 낭독을 위한 높은 "설교단"(pulpit)에 대해 언급한다.[42] 앞에서 언급된 박해를 받던 북아프리카의 교회에 대한 보고서는,[43] 성경이 가정 교회의 서재에 있는 특별한 상자(**아르마리아**[armaria])에 보관되었다고 기록한다. 그 보고서에 따르면, 성경은 관리들이 오기 전에 상자에서 꺼내져 안전한 곳으로 옮겨졌다. 더 나아가 그 기록은, 성경을 관리하는 일을 맡은 특별한 사람들이 있었다는 사실을 확증한다.

이교도 관리들에게 성경을 넘겨주기를 거부했기 때문에 순교 당한 낭독자들에 대한 이야기들도 많다. 그러한 이야기들은 성경이 기독교의 가장 분명한 상징 중 하나가 되었고, 그래서 기독교 박해자들에 의해 없애버려야 할 것으로 지정되곤 했다는 사실도 강조한다.[44]

---

41 [예수께서] 책을 덮어 그 맡은 자에게 주시고 앉으시니 회당에 있는 자들이 다 주목하여 보더라(눅 4:20).

42 사랑하는 형제들이여. 핍박했던 사람들의 간증과 경탄을 통해서도 존경을 받은 그가 우리에게 왔을 때, 교회의 설교단 말고 그가 있어야 할 곳이 어디겠습니까? 설교단은 교회의 법관석입니다. 그래서 가장 높게 세워져있고, 그래서 모든 회중에게 잘 보입니다. 그곳에서 그는 그러한 용기와 믿음으로 따랐던 주님의 율법이나 복음서를 읽을 수도 있습니다(*Epistle*, 39, 4.1, in L. Michael White, II:69).

43 제2장 각주 31번을 보라.

44 디오클레티안(Diocletian)이 통치한 지 19년째 되던 해의 디스트로스(Dystrus)달, 즉 로마인들이 3월이라고 부르는 달이었고, 주님의 수난절이 다가오고 있을 때였다. 황제의 칙령이 모든 곳에 공포되었는데, 교회 건물을 완전히 파괴하고 성경을 불로 태우라는 명령이었다(Eusebius, *The History of the Church*, 8.2.3).

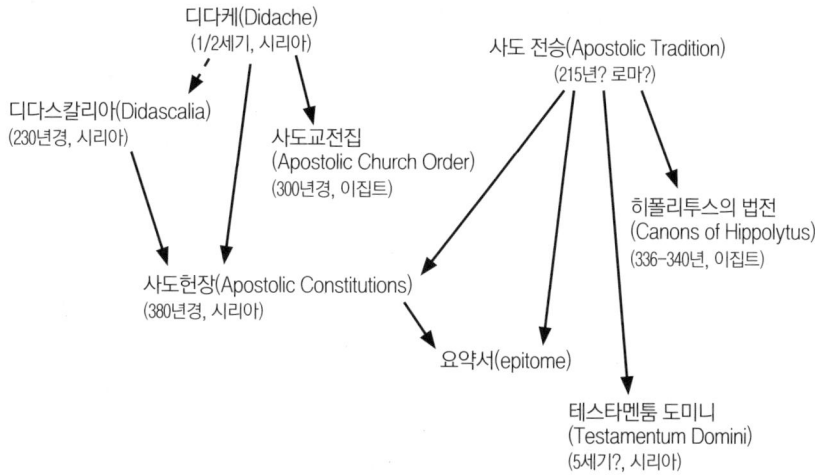

그림 47. 교전집들(church orders) 간의 관계도(Bradshaw, "Ancient Church Orders," p. 7)

2) 교전집(church orders)

이 기간에는 예배를 위한 보조 서적들도 등장했다. 이러한 목회 편람들(pastoral handbooks)의 일부는 지금까지 남아있다. 비록 예배만을 위해 쓰여진 책들은 아니었지만, 대개 공동체 기도의 다양한 측면에 대한 여러 지침은 포함했다. 『디다케』(Didache) 또는 "열두 사도를 통해 이방인들에게 준 주님의 교훈"은 2세기 초엽에 저술되었다고 여겨지는 교훈과 규율에 대한 개요서다.

이 책은 금식[45]과 세례, 주기도문, 그리고 성찬기도의 가장 초기 모델이라고 할 수 있는 것에 대한 정보를 담고 있다. 『디다스칼리아』(Didascalia Apostolorum) 또는 "우리 구주의 열두 사도들과 거룩한 제자들의 보편적 가르침"이 3세기 초반에 쓰여졌다. 『디다케』보다 발전된 이 교전집은 주교 축성, 세례 예식, 기도 모임을 위한 장소와 방식에 대한 예전적인 지침들을 담고 있다.[46]

『디다케』와 『디다스칼리아』는 초기 교회들 전체에 보급되던 다양한 편람과 안내서, 교전집의 두 가지 예일 뿐이다. 특정한 공동체에 의해 제작되기는 했지만, 대부분은 다른 교회들과 공유되었다. 특정한 공동체에서 만들어지기는 했지만, 대부분의 교전집은 다른 공동체들과 공유되었다. 특정 교회를 대상으로 쓰여졌지만 다른 지역 교회

---

45 제2장 각주 2번을 보라.
46 제2장 각주 20번을 보라.

들에게도 보내졌던 바울의 서신들과 크게 다르지 않았다.

　일부 교전집들은 다른 것들보다 더 큰 영향력을 끼쳤는데, 특히 『디다케』와 『디다스칼리아』는 예배에 대한 지침을 제공했을 뿐 아니라 다른 목회 편람들의 모델이 되기도 했다[그림 47]. 이러한 텍스트들이 모든 곳에서 사용되었던 것은 아니고, 초기 기독교 예배에 대한 몇 안 되는 퍼즐 조각에 지나지 않지만, 예배의 공통적인 양식들이 어떻게 확산되고 있었는지는 잘 보여준다.

　교전집들은 중세 시대에 등장하게 되는, 예전에 대한 자세한 지침과 규정을 포함한, 보조 전례서들의 전신이었다. 궁극적으로 이러한 교전집은 기도서 모음집과 합쳐지면서 기도문과 붉은 글자 지시문(rubrics)이 혼합된 오늘날의 전형적인 전례서를 만들어냈다. 이 결합은 텍스트에 갈수록 더욱 규제되고 의존했던 예배의 형식을 반영하고 만들게 될 것이었다. 그러나 가정 교회의 시대에서 기독교 예배는 유대교의 예배처럼 용인된 양식에 따른 즉흥적인 예배였다. 교전집 같은 보조 서적은 결코 즉흥성을 없애려고 하지 않았다. 단지 그러한 즉흥성의 전통적인 양식을 지키고자 했을 뿐이다.

그림 48. 로마식 철필(Roman stylus)과 왁스를 바른 서판을 복원한 것

3) 코덱스(사본)

기독교가 탄생하기 전까지, 로마 제국에서는 두루마리가 책의 일반적인 형태였다. 두루마리는 접합한 파피루스 종이나 끝과 끝을 꿰맨 동물 가죽으로 만들어져 한 묶음으로 둘둘 말 수 있었다[그림 19]. 파피루스는 가격이 비쌌기 때문에, 오랫동안 보존할 필요가 없는 글을 쓸 때는 대개 왁스를 바른 서판을 사용했다[그림 48].

결국 로마인은 왁스를 바른 서판을 비슷하게 생긴 양피지로 대체했다. 코덱스의 전신이 된 혁신이었다. 코덱스 역시 파피루스 종이나 동물 가죽을 한쪽으로 묶어, 한쪽 면에만 쓰여진 정보가 보다 쉽게 드러날 수 있게 제작될 수 있었다[그림 49]. 그리스도인들이 코덱스를 발명하지는 않았다. 그러나 잘 활용했다. 2세기와 3세기 당시에 대부분의 필사본은 두루마리였지만, 기독교의 필사본은 거의가 다 코덱스였다.

유대인은 오늘날에도 여전히 토라 두루마리를 사용하고 있지만 5세기경부터 다양한 목적으로 코덱스를 사용하기 시작했다. 기독교는 순전히 기능적인 이유로 코덱스를 선호했을 수 있다. 두루마리로 성경의 권을 하나 이상 갖고 있게 되면 부피가 너무 커졌기 때문이다. 열왕기서와 같은 성경의 일부 권들은 두 권으로 나뉘어졌다. 하나의 두루마리에 다 담을 수 없었기 때문이다. 사 복음서를 함께 묶기 위해 그리스도인들이 코덱스를 사용했을 수도 있다고 추측하는 학자들이 있다.

그리스도인들이 성경을 유대인의 거룩한 책과 그리스-로마 제국의 일반적인 서적과 구분하려고 코덱스를 사용했을 가능성을 간과하지 않는 학자들도 있다. 어떤 이유이든 간에, 그리스도인들은 4세기경에 제국의 표준이 될 책들과, 비록 예측하지는 못했지만 앞으로 엄청난 영향을 끼치게 될 책을 코덱스 형태로 보존했다[그림 50].

그림 49. 라베나의 산비탈레 성단소에 있는, 복음서 저자인 마태와, 코덱스와 필기도구, 두루마리가 담긴 상자를 묘사한 그림(547년)

그림 50. 3세기 후반에 그려진 것으로 추정되는, 성 베드로와 마르첼리누스(Marcellinus)의 묘실에 있는 책을 들고 있는 젊은이의 이미지

4) 요약

이 기간에 기록된 일부 예전 문서들이 등장하기는 했지만, 2세기와 3세기의 예배는 책에 좌우되는 예배가 아니었다. 오히려 이 시기는 즉흥과 실험, 상당한 자유의 시대였다. 기독교가 성장하면서, 정통과 가르침, 예배를 규정하고 기록하고자 하는 경향이 자연스럽게 커져갔다. 따라서 신약성경 정경이 형태를 갖췄고, 성찬기도의 모델들이 나타났으며, 공동체의 삶과 예배를 위한 목회 편람들이 등장했다.

당대의 건축물과 함께, 이러한 텍스트와 재료의 변화는 인식의 전환에도 기여했다. 공동체와 건물이 모두 "교회"로 칭해지게 된 것처럼, 구어뿐 아니라 기록된 글도 "복음"으로 인정되기 시작했다. 박해 기간에는 그리스도인들이 순교당했을 뿐 아니라, 그들의 건물과 거룩한 책들도 파괴되고 불태워졌다. 이러한 물건과 건물은 공동체가 기도하는데 도움을 주었고, 그것들 자체만의 정체성도 갖기 시작했다.

4. 그릇(용기)

점점 더 규정적이 되어가던 기독교 예배를 위한 독특한 장소들과 음악들, 책들이 발전하고 있던 것처럼, 기독교 특유의 용기들도 발전하고 있었다. 특히 기독교의 중요하고 특별한 의례인 성찬식에서 사용되던 그릇들이 중요했다. 이 시기부터 기독교의 독특한 빵과 포도주 용기들에 대해 말하는 문서와 도해(iconography)가 나타난다. 그러나 그 증거는 빈약하고 단편적이다. 이 기간의 기독교 예배는 대개 집에서 드려졌기 때문에, 예배에서 사용되던 그릇들은 대개 당시의 큰 주택에서 볼 수 있는 것들이었다.

1) 빵과 빵 그릇

당시의 동방과 서방 그리스도인들은 성찬식을 할 때 그들이 집에서 만들어 먹던 것과 같은 빵을 사용했다. 비록 전통은 예수께서 최후의 만찬 때 제자들과 무교병을 나누셨다고 상기시켰지만, 세부 사항이 초기 기독교 성찬에 분명한 영향력을 끼치지는 않았다. 특정한 종류의 빵과 포도주에 대한 기억이 아니라, 빵과 포도주를 통해 자신을 나누셨던 예수에 대한 기억이 이 의례를 만들었다.

그림 51. 로마 시대 이집트의 카라니스(Karanis)에서 발굴된 바구니(Kelsey Museum of Archaeology, University of Michigan)

기독교 성찬 예식이 발전되면서, 공동체를 한정하는 이 의례에서 양질의 재료를 사용하고 싶은 마음이 자연스럽게 들었을 것이다. 그러나 빵과 빵 그릇 같은 것의 질(quality)은 지역적인 기호나 사용법에 따라 결정되었다. 이는 완전히 새로운 무언가를 만들었기보다는 사용할 수 있는 용기들 중에서 가장 좋은 것을 선택하곤 했음을 의미했다.

(1) 성찬식에 사용되는 그릇

1세기와 마찬가지로, 집에서 만든 바구니에 주님의 만찬을 위한 빵을 담은 것 같다[그림 51]. 도기 접시나 사발도 빵을 담는 그릇이었던 것 같다[그림 52]. 놀랍게도 유리 접시나 얕은 유리 사발도 사용되었던 것 같다[그림 53]. 앞에서 언급했듯이, 유리는 지중해 연안에서 매우 흔한 물품이었다. 고대 세계의 중요한 유리 생산지 두 곳(시리아-팔레스타인과 이집트)을 로마 제국이 지배하게 되었을 때(각각 주전 62년과 30년), 유리 제품 및 상품은, 유리를 생산해 본 적이 없었던 로마 제국 전역과 서쪽으로 퍼져나갔다.

6세기 자료는 3세기 로마의 주교였던 제피리누스(Zephyrinus, 217년 사망)가 성찬 빵을 담는 유리 그릇에 대한 지침을 공표했다고 전한다.[47] 동일한 자료는 로마의 또 다른 주교인 우르반 1세(Urban I, 230년 사망)가 여러 교회에 은 성반(patens)을 기증했다고 언급한다.[48] 역사적으로 이 기록이 정확한지는 모르겠지만, 유리, 귀금속, 나무, 도기, 심지어는 뼈까지도 포함하는 다양한 재료가 성찬 빵을 담는 그릇을 만드는데 사용되었다는 것은 틀림없는 사실이다.

그림 52. 1-2세기 로마 시대의 도기

그림 53. 로마 시대의 유리 그릇

(2) 성찬식 밖에서 사용되는 그릇

아주 이른 시기부터, 공동체가 성찬식을 할 때 사용한 빵은 성찬식에 참석하지 못한 교인들에게 보내졌다. 일찍이 순교자 저스틴(Justin Martyr, 165 년 사망)의 글에서 성찬 빵은 부제들을 통해 성찬식에 참여하지 못했던 이들에게 보내졌음을 언급한다.[49] 이러

---

47 [제피리누스는 교회에 관한 법령을 공포했는데, 교회에서 유리 성반들은 성직자들 앞에 〈있어야 했고〉, 사역자들은 〈주교가〉 그의 앞에 있는 사제들과 〈미사를 거행하는 동안에 성반들을 들고 있어야 했다〉](*The Book of Pontiffs*, 16).

48 [우르반은 사역을 위해 축성되는 모든 물건들을 은으로 제작하도록 했다. 그리고 25개의 은 성반을 제공했다(*The Book of Pontiffs*, 18).

49 제2장 각주 8번을 보라.

한 2세기 관습은 (170년경에 융성했던) 리옹의 이레나이우스(Irenaeus of Lyon, 198년 사망)가 로마의 주교인 빅토르(Victor, 198년 사망)에게 보냈던 편지에서도 확인된다. 이 편지는 로마의 교회들이 동일한 날짜에 부활절 예배를 드리지는 않았음에도 불구하고, 어떻게 성찬 빵을 함께 나눴는지에 대해 말한다.⁵⁰

칼리스투스(Callistus)의 카타콤에 있는 벽화는 2세기에 그려진 것으로 추정되는데, 그 그림은 이렇게 빵을 함께 나누기 위해 사용되던 잔가지로 엮은 바구니를 보여준다 [그림 54]. 로마에 있는 베드로와 마르첼리누스(Marcellinus)의 카타콤에 있는 3세기 벽화에는 작은 상자가 그려져 있는데, 아마도 동일한 목적으로 사용되었을 것이다.

이러한 작은 상자들은 때때로 **아르케**(*arcae*, 라틴어, "상자들"] 또는 **피크시스**(*pyxis*, 헬라어, "상자들"]로 불리는데 목에 착용되거나 신자들의 집에 보관되었다. 대개 화장품이나 보석, 다른 귀중품을 담기 위해 만들어진 이 작은 상자들은, 일요일 집회에 참석하지 못한 이들에게 성찬 빵을 가져가고자 할 때 빵을 담는 용기로 쉽게 사용될 수 있었다[그림 55]. 카르타고의 주교 키프리안은 박해 때 신앙을 버린 후 자신의 **아르카**를 열고자 한 여인의 충격적인 결과에 대해 말한다.⁵¹ 6세기의 자료는 복사(acolytes)들이 아마포 자루(linen bag)에 성찬 빵을 담아 옮겼다고 입증한다. 이러한 관습은 기독교 초창기 시대부터 있었던 것 같다.

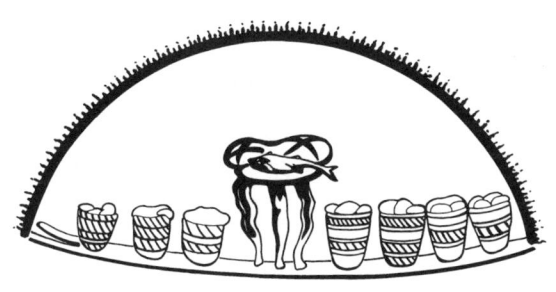

그림 54. 2-3세기의 것으로 여겨지는, 칼리스투스(Callistus) 카타콤에 있던 성찬 빵을 담은 바구니

그림 55. 뼈로 만든 1세기 성합

---

50 .... 당신이 오기 전에 있던 장로들이 그 관습[예. 니산월 14일을 매해 지키는 관습]을 지키지는 않았지만, 그 관습을 지키는 교구들로부터 성체를 받아 그리스도인들에게 보내곤 했습니다(Eusebius, *The History of the Church*, 5.24.18).

51 어떤 여인이 부정한 손으로 주님의 몸이 담겨 있는 자신의 **아르카**(arca)를 열려고 했을 때, 그 아르카에서 확 타오른 불꽃이 그녀를 막았다(Cyprian [258년 사망], *Concerning the Lapsed*, 26).

2) 포도주와 포도주 용기

예수 때부터 그리스도인들은 일반적으로 빵과 포도주로 성찬식을 했다. 빵과 물로 성찬식을 했던 일부 공동체에 대한 증거도 있다. 이러한 "유수파"(aquarians, 라틴어, *aqua*=물)가 물을 사용하는 관습을 따랐던 이유는 가난이나 금욕 때문이었다. 앤드류 맥고완(Andrew McGowan)은 성찬식을 "금욕적으로" 거행하는 방식이 일찍부터 꽤 광범위하게 퍼져있었고, 카르타고와 같은 지역에서는 강한 전통이었다고 믿는다.

그러나 이러한 의례 관습과 그 관습을 행하는 집단들은 비정통적이라고 낙인찍히고 비난받았다. 카르타고의 주교 키프리안은 "유수파" 전통을 잘 알고 있었고 그 전통을 반박했다.[52]

어떠한 음료도 사용하지 않고 빵만으로 성찬식을 거행했다는 증거도 있는데, 특히 외경 자료에서 찾아 볼 수 있다[그림 45]. 대개 영지주의의 관습으로 일축되어 왔지만, 데이비드 파워(David Power)는 그렇지 않다고 말한다(pp. 87-88).

예를 들어, 팔레스타인 그리스도인들(빵에 대한 축복을 강조하는 유대인의 의례적인 맥락에서 살며 기도했던 이들)은 빵에 축복하는 일을 매우 중요하게 여겼다. 빵을 구속(redemption)이라는 선물의 매체로 여겼기 때문이다. 마지막으로, 물을 담은 잔과 유우와 꿀을 섞은 잔을 포도주 잔과 함께 사용하는 경우도 있었는데, 대개 세례식 이후에 성찬식을 거행할 때였다.[53]

『사도 전승』은 이 관습에 관한 가장 유명한 증거를 제시한다. 더 나아가 이 관습을 비난하는 이 시대의 (교회)법적인 가르침은, 적어도 『사도 전승』의 내용이 당시에 실제로 있었던 관습을 반영한다는 점을 입증한다.[54] 가정 교회의 시대가 끝날 무렵의 정통

---

52 그러나 당신은 우리가 경고를 받았다는 사실을 알고 있습니다. 성작 봉헌에서, 그리스도의 전통은 지켜져야 합니다. 그래서 주님이 우리를 위해 처음으로 하셨던 것 외의 것들은 아무것도 행해져서는 안 될 것입니다. 주님을 기념하면서 봉헌되는 성작은 포도주를 섞어서 봉헌됩니다. 왜냐하면 그리스도가 "나는 참 포도나무이다"라고 말씀하실 때, 그리스도의 피는, 참으로, 물이 아니라 포도주이기 때문입니다(Cyprian, *Letter 63 to Caecilius* [253년]).

53 그 때에 부제들이 주교에게 예물을 바치고, 주교는... 그분을 믿는 모든 이들을 위하여 흘려진 피를 상징하는 포도주를 섞은 잔에 감사의 기도를 할 것이다. 그리고 선조들에게 "젖과 꿀이 흐르는 땅"을 주시겠다고 하신 약속이 이루어진 것에 대해 감사의 기도를 할 것이다.... 그리고 내적 인간, 즉 영혼이 육신처럼 동일한 것들을 받을 수도 있게, 씻음을 상징하는 봉헌물인 물에 감사의 기도를 할 것이다(Hippolytus, *Apostolic Tradition*, 21, in Jasper and Cuming, *Prayers of the Eucharist*).

54 만약 주교나 장로가 제대에서 하는 제사에서 주님이 정하신 것 이외의 것들, 즉 포도주 대신에 꿀이나 우유나 독한 맥주를 사용한다면...그를 면직하도록 해라(*Apostolic Canons* [4세기], canon 3, in Funk I:564).

적인 생각은, 성찬식은 빵과 포도주만으로 올바르게 거행되어야 한다는 것이었다.

많은 문헌 자료가 성찬식 때 사용되는 포도주에 대해서 말하고 있다. 터툴리안은 신약성경 이후에 성찬식과 관련하여 잔을 언급하는 최초의 저자 중 하나이다. 그는 "선한 목자"의 이미지로 장식된 성작(chalice)에 대해서도 언급한다.[55] 그러나 이것은 그 문제의 성작이 기독교 예배를 위해 제작되었다는 것을 의미하지는 않는다. 왜냐하면 선한 목자의 이미지는 지중해 연안의 많은 유목 및 농경 사회에서 대중적이었기 때문이다[그림 56]. 터툴리안이 언급한 잔이 기독교용으로 제작된 것은 아닐 수 있지만, 신자들이 예배를 위해 적절하게 사용했을 수 있다.

그림 56. 선한 목자 조각상

터툴리안이 문제의 잔의 재질과 형태에 관해서는 아무런 말도 하지 않았지만, 다른 자료는 이러한 잔을 만드는데 유리, 귀금속, 나무, 뼈, 줄마노(onyx)와 같은 돌이 사용되었다는 사실을 보여준다. 리옹의 이레나이우스는 유리 성작으로 용납할 수 없는 성찬식을 거행했던 마르쿠스를 비난했던 인물로 기억된다.[56] 그러나 유리의 사용과 성찬식의 용납 여부는 관련이 없었던 것 같다.

기독교 의례용 그릇들을 만드는 재료로 귀금속이 사용되는 빈도는 시간이 흐르면서 늘어갔다. 로마교회에 다수의 은그릇과 성반을 선물로 기증한 우르반 1세에 대한 이야기[57]와 4세기 북아프리카교회 박해에 대한 기록에 나오는 용기 목록은 이를 증명한다.[58]

그림 57. 1-3세기 로마 시대의 유리 제품

원래는 다른 목적으로 제작된 그릇들이 기독교 예배에 사용되었다[그림 57]. 중세 시대에도 유리, 돌, 나무, 뼈로 만든 성작이 여전히 사용되기는 했지만, 결국에는 귀한 재료들로 기독교 성찬식을 위해 특별히 고안된 잔들이 제작되었다.

---

55 당신이 성작에 그린 그 목자가 아마도 당신에게 은혜를 베푸실 것입니다(Tertullian, *On Purity*, 10.2).

56 자료들은 유리로 만든 세 개의 성작이, 백포도주가 첨가될 백식초와 함께 준비된다고 보고한다(Epiphanius [403년 사망], *The Panarion*, 34. Irenaeus of Lyon의 보고를 토대로 한 내용임).

57 제2장 각주 48번을 보라.

58 제2장 각주 19번을 보라.

그림 58. 콘스탄틴 이전의 로마 제국에서 사용되었던 양쪽에 손잡이가 달린 일반 잔의 예

성찬식에서 하나의 잔을 사용하는 것이 매우 중요했기 때문에,[59] 잔의 크기는 예배에 모이는 신자들의 수와 비례했다. 보다 큰 가정 교회 중에는 75명이 넘는 사람들이 사용할 수 있는 성작이 필요한 교회도 있었던 반면에, 작은 공동체 중에는 단순하고 손잡이대(stem)가 없는 잔이나 사발까지도 사용할 수 있던 모임도 있었다.

조셉 브라운(Joseph Braun)은 당시에 성찬식에서 양쪽에 손잡이가 달린 잔이 사용되었을 것이라고 믿는다. 비록 그에 대한 구체적인 증거는 남아 있지 않지만, 브라운은 이후 시대에 제작된 양쪽에 손잡이가 달린 잔들과, 콘스탄틴 이전 시대의 가정에서 사용되었던 잔들의 예를 토대로 이 같은 추측을 한다[그림 58]. 브라운은 공동용으로 사용할 때 이러한 유형의 잔이 가진 실용성에 대해서도 언급한다.

3) 요약

이 시대의 가정 교회에서 성찬식을 할 때 사용하던 그릇들은 원래 가정에서 사용하던 그릇들이었다. 대개의 경우 잔가지로 엮은 바구니와 나무로 만든 사발로 충분했을 것이다. 이 기간에 부자들의 대저택은 그리스도인들이 성찬식을 거행하는 장소였기 때문에, 값비싼 고블릿(goblets), 쟁반, 유리 사발, 그리고 그 외의 부잣집에서 사용되는 그릇들이 예배에도 사용되었을 것이다.

공동체의 사역과 예배를 위한 건물을 별도로 매입하게 되면서, 예배에서 사용되는 물건들을 보관하는 특별한 장소도 그릇들과 함께 발전되었다. 예배를 위해 특별히 개조되거나 궁극적으로는 새로이 건축된 건물에서 성찬식을 위해 특별히, 때로는 가장 좋은 재료로 제작된 그릇들을 발견하는 것은 그리 놀랄만한 일이 아니다. 이러한 그릇들은 그것들을 사용한 공동체의 크기, 방식, 필요를 반영한다.

---

59 그러므로 당신이 무엇을 하든지 하나님의 뜻에 따라 할 수 있도록, 하나의 성찬 빵과 포도주(Eucharist)를 사용해야 한다는 사실을 명심하십시오(나의 동료 종들인 사제단과 부제들과 함께 하는 한 명의 주교가 있듯이, 우리 주 예수 그리스도의 한 몸과, 그분의 피와 연합되게 하는 하나의 잔, 하나의 제대가 있기 때문입니다)(Ignatius of Antioch, *Letter to the Philadelphians*, 4, in *The Apostolic Fathers*, p. 243).

5. 성찬신학

이 시대와 신약 시대 사이의 연속성과 불연속성을 사역 구조, 예배 형식, 그리고 새롭게 나타나던 성찬신학들과 같은 것에서 인식할 수 있다.

예를 들어, 이전 시대의 성찬 이해와의 연속성은 주님의 만찬에 대해 제사의 언어가 계속해서 광범위하게 사용되었던 것에서 분명하게 나타난다. 리옹의 이레니우스는 제사 용어로 성찬에 대해 지속적으로 말했던 많은 교회 지도자 중 하나이다.[60] 초기 기독교 저술가들이 제사의 언어와 이미지를 사용했던 다양한 방식이 신약성경과 어느 점에서는 달랐지만, 주로 "영적인 제사"(spiritualized sacrifice)의 뜻으로 제사를 계속해서 언급하는 일반적인 경향은 보인다. 이러한 접근법은 예배자의 마음가짐이 중요하고, 그리스도인의 삶은 그리스도의 삶처럼 그 자체로 찬양의 산 제사(living sacrifice)가 되어야 한다는 사실을 강조한다.

그러나 이 기간에는 제사적 사고(sacrificial thinking)에 분명한 변화도 나타나는데, 특히 히폴리투스의 글에서 잘 드러난다. 히폴리투스에게 있어서 제사는 그리스도인의 삶에 대한 은유(이전 시대에서 우세했던 은유)라기보다는 성찬을 이해하는 적절한 틀이었다.[61] 초기 몇 세기를 좌우하는 경향은 아니었지만, 이러한 전개는 기독교의 후기 단계를 암시한다. 그 단계에서는 그리스도인의 삶에 대한 성찬의 함의들을 언급하지 않으면서 성찬에 대해 광범위하게 말할 수 있게 되었다.

1장의 마지막 부분에서 탐구한 다른 핵심적인 개념들과 관련해서도, 이 시대와 이전 시대의 연속성과 불연속성에 대해 기록할 수 있다. 그리스도 안에서 나타난 하나님의 주도하심을 계속해서 감사하는 공동체의 태도 속에서 "베라카 영성"의 흔적은 여전히 발견된다. 그러나 동시에 그리스도인들은 "감사"(thanksgiving)보다는 "송축"(blessing)의 영성을 점점 더 선호하게 된다.

---

60 그러므로 주님이 전 세계에서 바쳐져야 한다고 가르치신 교회의 성찬 봉헌을, 하나님께서는 순전한 희생제사로 여기시고 기쁘게 받으시는데, 우리가 드리는 제사를 필요로 하시기 때문이 아닙니다. 하나님이 봉헌하는 사람의 예물을 받으시면, 그 사람이 자신이 바치는 것으로 인해 영화롭게 되기 때문입니다 (Irenaeus, *Against Heresies*, 4.18.1).

61 [히폴리투스에게] 기독교 제사에 대한 개념은… 그리스도인의 실제적인 삶이라는 개념에서 교회가 공적으로 거행하는 성찬 예전이라는 개념으로 바뀌기 시작했다. 신약성경에서 두드러지게 나타나는 개념, 즉 그리스도인들의 삶과 행위가 바로 그들이 바치는 제사라는 개념은 히폴리투스의 글에서 언급조차 되지 않는 것 같다. 신약성경에 나타나는 개념이 성찬식을 제사로 여기는 개념으로 완전히 바뀌게 될 것 같다. 이제 성찬식에서 가장 중요한 제사의 행위는, 신적 로고스가 그분의 성육신적인 (그리고 성찬적인) 몸과 피를 하나님에게 바치는 행위이다(Daly, *The Origins of the Christian Doctrine of Sacrifice*, pp. 133-34).

이는 앞으로 다가올 몇 세기에, 하나님의 모든 창조물에 내재되어 있는 거룩함(holiness)을 감사하게 인정하는 것보다는 주로 중보를 하는, 즉 하나님께 무언가를 거룩하게 만들어달라고 요구하는데 좀 더 집중하는 송축(blessing)의 방법에 영향을 끼치게 될 것이었다.

이 기간의 신학 사상은 또한, 성찬이 주님의 죽음과 부활에서 나타난 하나님의 놀라운 언약에 대한 살아있는 기억(living memorial)이라는 사실을 계속해서 강조했다. 이 기억이 2세기와 3세기를 걸쳐 여러 방식으로 진화하기 시작했는데, 그 중 한 가지 방식은 예수의 모든 식탁 사역과 오병이어 이야기를 이 언약의 핵심적인 상징으로 덜 강조하고, 이 기억을 위한 의례의 시금석으로 최후의 만찬을 더 강조한 것이었다. 의례적으로 이 방식은 성찬기도에 제정사(institution narrative)를 삽입하고, 공동체가 성찬 예식을 지속하는 가장 중요한 근거로 예수의 마지막 식사를 명확하게 상기시킴으로써 분명해질 것이었다. 그러나 이러한 의례의 발전은 콘스탄틴이 패권을 차지한 후에나 결실을 맺게 될 것이었다. 4세기 전에는 제정사(institution narrative)를 본질적이며 필수적인 부분을 포함하고 있는 성찬기도는 분명히 존재하지 않았기 때문이다.[62]

화해시키는 사랑을 경험하는 의례로 성찬식을 이해하는 것 역시 이 기간 동안에 발전한 새로운 방식들이었다. 성찬식은 특히 심각한 죄를 지었지만 화해 중에 있던(reconciling) 신자들에게 매우 중요해졌다. 당시에 심각한 죄란 그리스도에 대한 기본적인 가르침을 부인하는 것과 같은, 공동체의 하나됨을 심각하게 훼손시키는 무언가를 행하는 것을 의미했다.

그러한 경우에, 화해되기를 원하던 사람은 일시적으로 식탁 교제에서 배제되었다. 후대의 표현으로 "파문"(excommunication)또는 성찬식에서 제외되었다. 적절한 보속의 시간을 보낸 후에 그 사람은 성찬을 나누는 일에 다시 초대되면서 공동체의 회복된 성찬식을 효과적으로 확립시켰다. 따라서 고해성사가 발전되기 오래전부터, 성찬식은 지속적인 화해에 대한 교회의 원 성례전(original sacrament)으로서 이해되었다.

이 기간에 그리스도인들이 성찬과 성찬 예식에 관해 "무엇"을 말했는지를 생각해보는 것 외에도, 사람들이 성찬에 대해 "어떻게" 생각하거나 가르치고자 했는지를 점검하

---

62 제정사가 포함되어 있는 현존하는 니케아 이전 시대의 성찬 기도문은 하나도 없다. 그리고 오늘날 많은 학자의 주장에 따르면, 대부분의 초기의 본래 성찬 기도문들은 짧았고, 제정사나 에페클레시스(성령청원 기도)가 포함되지 않은 별개의 축복기도들(benedictions)이었다(Taft, p. 493).

는 것도 유익하다. 이 신비를 설명하기 위한 세 가지 접근법은 특히 흥미롭다. 신약성경에서 발견될 수 있는 신학적 성찰 방식이나 교리교육 방식과의 연속성을 어느 정도 보여주기는 했지만, 2세기와 3세기는 성찬신학에 있어 위대한 혁신이 있던 시기였다.

1) 모형론과 유비

모형론적인 접근법은 초기 교회가 성찬의 의미들을 나타내기 위해 가장 흔히 사용했던 접근법이었다. 헬라어 단어 **투포스**(*tupos*)는 눈에 보이는 흔적 또는 충격이나 압력에 의한 자국을 의미했다. 예를 들면 조각가의 끌이 남긴 자국을 **투포스**라고 할 수 있었다. 더 나아가 이 단어는 이미지, 형상, 모범 또는 모델을 의미하게 되었다. 기독교 신학화의 초기 방식은 히브리 성경으로부터 모범이나 모델을 선택하여 그리스도, 교회, 또는 예배에 적용하거나 대조하는 작업을 포함했다. 예를 들어, 그리스도는 "유월절 양"(고전 5:7)으로 그려지고, 예수의 제자들은 "새 언약"으로 부름을 받고(히 8:13), "생명의 떡"(요 6:35)은 "광야의 만나"와 구별된다(요 6:31).

히브리 성경에 이미 존재했던 이러한 신학화의 방식은 가정 교회 시대에 꽤 두드러지게 나타났다. 매우 복잡한 신학화의 유형은 아니었지만(데이비드 파워(David Power)가 언급하듯이, 때때로 성경 본문을 자기주장에 대한 증빙 자료로 사용하는(prooftexting) 정도에 그치고 있지만) 이러한 상상적이고 상징적인 사고방식은 초기 공동체의 중요한 도구였다. 이 방식은 초기 그리스도인들로 하여금 유대교 뿌리와의 유대를 유지하고 구약성경에 계속해서 기반을 두도록 했다. 이와 동시에 그리스도의 제자들로 구분되면서 자신들을 그리스도 안에서 정의하도록 만들었다. 이 방식은 "모형"을 너무 문자적으로 해석할 때 문제가 될 수 있다.

따라서 "다름 속의 유사함"(similarity in difference)은 모형론적인 해석의 특징이자 본질적인 갈등이다. 예를 들어, 구약성경에서 흔히 떠올리게 되는 성찬의 "모형"이나 이미지 중 하나는, 아브라함이 그돌라오멜에게 승리를 거둔 후 멜기세덱이 가져왔던 헌물이다.[63] 카르타고의 키프리안은 한 서신서에서 멜기세덱의 이미지를 사용한다. 그

---

63 살렘 왕 멜기세덱이 떡과 포도주를 가지고 나왔으니 그는 지극히 높으신 하나님의 제사장이었더라 그가 아브람에게 축복하여 이르되 천지의 주재이시요 지극히 높으신 하나님이여 아브람에게 복을 주옵소서 너희 대적을 네 손에 붙이신 지극히 높으신 하나님을 찬송할지로다 하매 아브람이 그 얻은 것에서 십분의 일을 멜기세덱에게 주었더라(창 14:18-20).

서신서에서 키프리안은 멜기세덱의 예물과 그리스도의 예물을 비교하고, 동시에 그리스도의 제사장직과 예물의 독특하고 특별한 본질을 강조한다.[64]

모형론적인 생각과 밀접한 관련이 있는 것은 히브리 성경에서 빌려오지 않은 이미지나 은유를 통한 신학화였다. 유비를 통한 이러한 성찰은 당시에 꽤 흔했던 방식으로, 일상의 이미지들을 성찬의 은유로서 사용했다. 따라서 성찬은 일종의 죄에 대한 약이나 해독제, 여행을 위한 음식, 신의 선물로 그려졌다. 단순하지만 효과적인 이 접근법은 평범한 신자들도 쉽게 이해할 수 있는 일종의 민간 신학화(folk theologizing)였다. 또한 이 접근법은 본능적으로 생각을 상징적으로 하고, 세세하거나 논증적인 설명을 그리 필요로 하지 않았던 신자들에게 꽤 적절했다.

이러한 상징적이고 은유적인 방식의 신학화는 결국에는 서방 신학자들의 관심을 잃게 되지만 평범한 신자들의 상상력에는 지속적으로 영향을 끼쳤다. 따라서 시작부터 매우 상징적이었던 기독교의 도해(iconography)와 조형 미술은 사람들에게 성찬의 신비를 가르치기 위해 지속적으로 사용되었다[그림 59].

그림 59. 라벤나의 클라세(Classe)에 있는 아벨, 멜기세덱과 아브라함, 성 아폴리나레(Apollinare)의 희생 제사 (6세기)

---

64 성경이 "그리고 살렘의 왕 멜기세덱이 빵과 포도주를 가지고 왔다"고 증거하고 말하는 것에 따르면, 우리는 멜기세덱 제사장에게서도 주님의 희생 제사의 성례전이 예시되었던 것을 본다. 여기서 멜기세덱은 지극히 높으신 하나님의 제사장이었고 아브라함을 축복했다. 그리고 성령은 시편에서 멜기세덱이 그리스도의 전형이었다고 선포하신다.… 성부 하나님께 희생 제사를 바치시고, 멜기세덱이 드렸던 것과 동일한 예물인 빵과 포도주, 다시 말해 자신의 몸과 피를 드리셨던 우리 주 예수 그리스도보다 지극히 높으신 하나님의 제사장으로서 합당한 자가 누구인가?… 그러므로 창세기에서 제사장인 멜기세덱이 아브라함에게 빵과 포도주를 가지고 했던 축복, 즉 아마도 적절한 절차에 따라 거행되었을 그리스도의 희생 제사의 표상인 축복은, 주님께서 완성하고 성취하신 빵과 포도주가 섞인 잔으로 바쳐지는 것을 선행한다. 따라서 완전한 진리이신 그분은 예시되었던 상징의 진리를 성취하셨다(Cyprian, *Letter 63 to Caecilius* [253년]).

2) 철학으로의 전환

2세기와 3세기의 그리스도인들이 히브리 성경과 일상의 이미지들을 계속해서 신학적으로 연구했지만, 당시 기독교 신학에서는 매우 상이한 발전도 있었다. 바로 기독교를 설명하고 연구하는 방편으로 당대의 유명한 철학을 사용하기 시작한 것이었다. 기독교 내에서의 이러한 움직임은 로마 제국 전역에서 발견되던 추세와 유사했다.

게리 메이시(Gary Macy)가 요약하듯이, 당시에 교육받은 사람들은 그리스와 로마의 고대 종교로부터 점점 더 멀어지고 있었다. 대신 고대 그리스의 위대한 철학자들의 가르침을 개인적인 신념으로 받아들였다. 그러나 많은 사람이 고대 종교로부터 당대의 철학들로 이동할 때, 순교자 저스틴과 같은 인물들은 인생의 해답을 찾기에는 그러한 철학이 충분치 않다고 여기고 기독교로 돌아섰다.[65] 저스틴은 기독교로 돌아섰을 뿐 아니라, 당대의 철학들과 기독교 신앙 사이의 간극을 의도적으로 잇고자 했던 최초의 그리스도인들 중 하나로 기억된다.

당시 그리스-로마 제국에는 유명한 철학이 많이 있었지만, 저스틴과 같은 기독교 사상가들에게 큰 영향을 끼치게 된 철학은 플라톤(Plato, 주전 347년 사망)과 관련된 사상이었다. 비록 플라톤주의가 일련의 발전 과정을 거치기는 했지만, 그리고 학자들은 플라톤주의, 중기플라톤주의, 신플라톤주의를 구분되지만, 수 세기에 걸쳐 플라톤주의에서 지속적으로 나타나는 철학적 특징들은 신흥 기독교 사상에 상당히 잘 들어맞았다.

기독교 사상가들에게 가장 매혹적이었던 플라톤 철학의 한 양면은 지식에 대한 플라톤의 이론이었다. 플라톤은 감각의 세계와 "이데아"(ideas) 또는 형상(form)의 높은 세계를 명확히 대조한다. 플라톤은 감각을 통해 얻게 되는 지식은 불완전하고 신뢰할 수 없다고 믿었다. 플라톤에 따르면, 참된 지식은 지성(intellect)을 통해서 알게 된다. 왜냐하면 정신(mind)을 통해서만 본질적으로 실재인 것(essentially real)을 이해할 수 있기 때문이다[그림 60].

---

[65] ... 내 영혼에 불길이 타올랐습니다. 그리고 선지자들의 사랑이, 그리스도의 친구들인 사람들의 사랑이 나를 소유했습니다. 그리고 그분의 말씀이 나의 머리에 맴도는 동안에, 나는 이 철학만이 안전하고 유익을 준다는 사실을 알았습니다. 따라서 이런 이유 때문에 나는 철학자입니다. 그리고 모두가 나와 같은 생각을 가졌으면, 즉 구세주의 가르침을 버리지 않았으면 좋겠습니다(Justin Martyr, *First Apology*, 8 in Jasper and Cuming, *Prayers of the Eucharist*).

그림 60. 라펠(Raphael)의 벽화, '아테나 학당'(the Vatican, 1510-1511)의 세부 양식; 왼쪽이 플라톤이고 오른쪽이 아리스토텔레스이다. 플라톤은 하늘을 가리키면서 진리는 감각의 영역 "위" 또는 밖에 있다는 그의 믿음을 나타낸다. 반면 아리스토텔레스는 땅을 향해 손짓을 하면서 감각을 통해 이해될 수 있는 우리 주위의 세상에 대한 그의 관심을 보여준다

참된 지각(perception)은 감각에 대한 것이 아니라 정신에 대한 것이라고 강조하는 플라톤 철학은 비신자에게 기독교 신앙의 영적인 실재를 자세히 설명하는 이미 만들어져 있는(ready-made) 틀을 제공했다. 예를 들어, 성찬의 측면에서 플라톤 철학은 성찬 빵과 포도주가 감각적으로는 빵과 포도주로밖에 보이지 않는데, 어떻게 실제로는 그리스도의 몸과 피가 될 수 있는지를 설명하는데 신뢰할 만한 철학적 틀을 제공했다.

따라서 일반적으로 플라톤 철학의 다양한 유형들은 그리스도인들이 물질 세계와 영적 세계 사이의 타당하고 이해될 수 있는 관계를 결정하도록 하는데 도움이 되었다. 또한 외형과 물질보다 내적 또는 영적인 태도의 중요성을 강조할 때에도 도움이 되었다. 이것은 유대-기독교에서 새로운 싸움(struggle)이 아니었다.

한 예로, 앞에서 우리는 이스라엘의 선지자들이 제사에서 본질적인 것은 물리적 측면이 아니라 제사에 이상적으로 수반되는 내적 태도라는 것을 어떻게 강조했었는지에 대해 살펴보았다.[66] 이제 그리스도인들은 유대교에서 기원된 것이 아니라 제국 전역에서 광범위하게 받아들여지는 철학을 통해서 이러한 이해를 확장하는 수단을 갖고 있었다.

플라톤 철학은 기독교 신학자들이 모형론을 사용하는 방식에도 영향을 끼쳤다. 예를 들어, 알렉산드리아의 클레멘트와 그의 제자인 오리겐(Origen, 254년경 사망)은 신학

---

66 제1장 각주 73번을 보라.

의 중심지인 알렉산드리아에서 모형론에 대한 보다 철학적이고 플라톤적인 접근법을 발전시켰다. 데이비드 파워가 요약하듯이, 이 접근법은 영적인 삶이 가장 중요하고 영은 육체에 의해 제한되고 방해받는다고 이해한다.

따라서 성경에서 말하는 역사적 사건들은 그 자체로는 중요하지 않다. 물론 성경은 문자 그대로의 의미(literal sense)를 갖고 있고 실화들(true stories)을 이야기한다. 그러나 가장 중요하게 여겨질 것은 그것들의 영적인 의미이다.

당대의 세속적인 철학들을 사용하려는 혁신적인 움직임은 서방의 기독교에 효과적이고 궁극적으로는 엄청난 변화를 가져왔다. 예를 들어, 이러한 철학들은 성경 텍스트, 민간 지혜, 또는 인간 관습에 더 이상 기반을 두지 않는 성찬신학의 발판을 마련할 것이다. 성찬신학의 토대는 일련의 추상적 개념과 사상의 체계가 될 것이고, 결국에 평범한 신자들의 사고 과정(thought processes)과는 큰 관련이 없게 될 것이다.

철학은 신학의 "시녀"가 될 것이었고, 기독교 사상의 많은 단계에서 철학을 사용하지 않고 성찬신학을 세우는 일은 불가능하게 될 것이었다. 오늘날까지도 저스틴과 그 시대의 다른 "철학 신학자들"의 전통은 지속되고 있다. 예를 들어, 미국에서 사제 서품(presbyteral ordination)을 받기 원하는 사람은 철학사 학위와 동등한 수준의 철학교육을 받아야 한다.

3) 라틴어와 사크라멘툼(Sacramentum)

이 기간에 새롭게 전개된 또 다른 국면은 라틴어가 기독교 예배와 신학의 언어로 부상한 것이었다. 예수는 헬라어를 어느 정도 하셨을 것이다. 그러나 예수와 제자들의 제1언어는 아람어였다. 아람어는 당시 팔레스타인 유대인의 공용어로, 히브리어와 밀접한 관계에 있는 셈어족에 속한 언어였다. 그러나 로마 제국의 통용어는 헬라어였다. 헬라어는 신흥 기독교에서도 지배적인 언어가 되었다. 신약성경의 모든 책은 헬라어로 기록되었다.

물론 기독교 예배는 헬라어나 아람어, 히브리어에 국한되지 않고, 어떤 언어든 간에 지역 공동체가 사용하는 언어로 진행되었다. 누가가 기록한 사도행전에 나오는 오순절 사건의 이미지는 신흥 기독교의 다문화성을 상징적으로 보여준다.[67] 놀랍게 들릴 수도 있겠지만, 교차-문화(cross-cultural) 신학과 다문화 예배는 20세기 후반에 새롭게 나타난 것이 아니다. 신흥 기독교의 근본 원리였다.

라틴어는 북방 민족이 이탈리아 반도로 가져온 고대 언어였다. 로마 제국의 영향권이 확장되면서 라틴어는 서유럽의 지배적인 언어가 되었다. 그러나 1세기 기독교에는 그 지배력이 미치지 못했다. 라틴어는 팔레스타인에 있는 로마 행정관료들에게도 제1언어였다. 빌라도가 예수의 십자가에 히브리어와 라틴어, 헬라어로 쓴 패를 붙였다는 요한복음의 기록은 이 같은 사실을 증명한다.[68]

1세기 기독교에서 라틴어는 지배적인 언어가 아니었다. 그러나 가정 교회 시대 동안에 중요해졌다. 유명한 라틴어 학자인 크리스틴 모어만(Christine Mohrmann, 1988년 사망)은 그 이유가 부분적으로 그리스도인들이 자신들을 이방인과 유대인과는 완전히 다른 "제3의 종족"으로 여기게 되었기 때문이라고 생각한다. 라틴어 사용은 그리스도인들이 그들 자신을 차별화시키는 중요한 방법이었다(Mohrmann, p. 32). 서방 기독교를 구분되게 하는 수단으로 라틴어를 사용한 일은, 일반적으로는 기독교 신학에, 구체적으로는 성찬신학에 분명하고 지속적인 영향력을 끼치게 되었다.

철학적 틀을 빌려오면서 그 틀이 담고 있는 사상에 영향을 받지 않을 수는 없듯이, 언어를 사용할 때도 그 언어가 끼치는 영향력에서 자유로울 수는 없다. 이러한 "라틴어화"의 과정 속에서 신약성경과 같은 헬라어 텍스트를 변역하고 각색하는 일은 기독교 사상에 영향을 끼치게 될 것이다.

예를 들어, 헬라어 신약성경은 "새크러먼트"(sacrament, 성례전)가 아니라 **"뮈스테리온"**(*musterion*)에 대해서 말한다. 신약성경에서 27번 등장하는 **뮈스테리온**은 번역하기 어려운 단어이다. 이 단어는 그리스 철학과 고대의 신비 종교(ancient mystery cults)에서, 한 신의 추종자들이 그 신의 섭리를 기리고 참여하는 의식을 가리키는 용어로 사용되었다.

---

67 그 때에 경건한 유대인들이 천하 각국으로부터 와서 예루살렘에 머물러 있더니 이 소리가 나매 큰 무리가 모여 각각 자기의 방언으로 제자들이 말하는 것을 듣고 소동하여 다 놀라 신기하게 여겨 이르되 보라 이 말하는 사람들이 다 갈릴리 사람이 아니냐 우리가 우리 각 사람이 난 곳 방언으로 듣게 되는 것이 어찌 됨이냐 우리는 바대인과 메대인과 엘람인과 또 메소보다미아, 유대와 갑바도기아, 본도와 아시아, 브루기아와 밤빌리아, 애굽과 및 구레네에 가까운 리비야 여러 지방에 사는 사람들과 로마로부터 온 나그네 곧 유대인과 유대교에 들어온 사람들과 그레데인과 아라비아인들이라 우리가 다 우리의 각 언어로 하나님의 큰 일을 말함을 듣는도다 하고(행 2:5-11).

68 빌라도가 패를 써서 십자가 위에 붙이니 나사렛 예수 유대인의 왕이라 기록되었더라 예수께서 못 박히신 곳이 성에서 가까운 고로 많은 유대인이 이 패를 읽는데 히브리와 로마와 헬라 말로 기록되었더라(요 19:19-20).

칠십인 역으로 알려진 히브리 성경의 헬라어 역본에는 **뮈스테리온**이 9번 나오는데, 미래에 완전하게 드러나게 되는 과정에 있는 하나님의 비밀이라는 의미를 가진다.[69] 신약성경에서 **뮈스테리온**은 예수께서 비유의 목적을 설명하실 때(예를 들면, 막 4:11), 또는 바울이 그리스도를 "하나님의 비밀"(골 2:2)이라고 말할 때 사용된다. 그러나 예배를 묘사하거나 설명하는데 사용되지는 않았다.

헬라어 단어 **뮈스테리온**(*musterion*)은 라틴어 단어 **사크라멘툼**(*sacramentum*)으로 흔히 번역된다. 로마인이 사용했던 것처럼, **사크라멘툼**이라는 단어는 법과 관련된 다양한 의미를 갖고 있다. 예를 들어, 이 단어는 소송 당사자들이 소송 진행에 앞서 판사에게 내야 하는 공탁금을 의미할 수 있었다. **사크라멘툼**에 함축된 "신성한"(sacred, 라틴어, *sacra*=신성한)이라는 의미는 소송에 진 쪽의 공탁금을 종교적인 목적을 위해 국가에 귀속시키는 관습에서 비롯되었다.

사크라멘툼의 또 다른 일반적인 의미는 맹세이다.[70] 특히 새로 입대한 병사들이 황제에게 하는 충성의 맹세를 뜻한다. 에드워드 말론(Edward Malone)에 따르면, 신병들에게는 일종의 식별 표식(예를 들면, 낙인이나 문신)이 주어지고, 대개 군대에서 새로운 이름을 받았다. 이 세 가지 행위(맹세, 식별 표식, 새로운 이름 등록)는 **사크라멘타 밀리티에**(*sacramenta militiae*)(문자적으로 "군대 성례전")라고 불렸다.

언젠가 이 행위들은 신조를 고백하고, 영혼에 "지울 수 없는 표식"을 받으며, 기독교식 이름이 주어지는 그리스도인의 입교에서 분명한 유사점을 발견하게 될 것이었다. 그러나 터툴리안 같은 라틴 작가들이 사크라멘툼이라는 용어를 차용했던 것이 기독교의 성례전성(sacramentality) 역사에서 더욱 중요했다. 군인의 아들이었던 터툴리안은 사크라멘툼의 법률 및 정치적 의미들을 알고 있었다.

터툴리안은 사크라멘툼을 차용하면서 기독교 예배의 이해에 법률적인 개념을 무의식적으로 삽입시켰는데, 이는 헬라어 단어인 뮈스테리온 안에는 없던 개념이었다. 그 결과, 앞으로 성례전 문제들을 다루는 규범적인 문헌(canonical literature)이 많이 등장하고 발전하게 될 것이다. 이것은 라틴어의 사용과 세속적 용어의 차용이 성찬신학과 성

---

69 다니엘이 왕 앞에 대답하여 이르되 왕이 물으신 바 은밀한 것은 지혜자나 술객이나 박수나 점쟁이가 능히 왕께 보일 수 없으되 오직 은밀한 것을 나타내실 이는 하늘에 계신 하나님이시라 그가 느부갓네살 왕에게 후일에 될 일을 알게 하셨나이다 왕의 꿈 곧 왕이 침상에서 머리 속으로 받은 환상은 이러하니이다 (단 2:27-28).

70 제2장 각주 38번을 보라.

례전 신학에 크게 끼치게 될 영향을 보여주는 한 가지 예이다.

4) 영성화(Spiritualization)

이 시대의 또 다른 신학적 추세는 영성화(spiritualization)라고 불릴 수 있는 것이다. 우리는 앞에서 이 기간에 발전된 제사 개념에 대해 논의할 때 이러한 추세를 언급했다. 성찬과 관련된 제사 개념의 영성화는 성찬 예식의 물질적인 측면보다는 예배자의 마음가짐에 중점을 두었다. 이런 의미에서 성찬은 유대교의 제사 사이의 연속성을 거의 인식할 수 없었음에도 불구하고, 계속해서 제사로서 이해될 수 있었다.

영성화를 향한 추세가 기독교에서만 발전되었던 것은 아니다. 유대교에서도 발전되었다. 이런 점에서 예루살렘 성전이 파괴되었던 70년 이후의 시기는 이스라엘 역사에서 예루살렘이 함락되고, 성전이 더럽혀지고, 희생 제사가 중단되었던 시기(주전 587년)와 다소 유사했다.[71] 두 상황 모두에서 유대교 지도자들은 예배에 대해 다시 생각해야 했다. 그들은 예배에서 율법 또는 규범적 정확성보다는 신자들의 내적인 태도와 개인적인 진실성을 더욱 강조했다. 올바른 마음가짐이나 태도에 대해 강조하는 것은 예배 장소가 성전에서 회당으로 옮겨지고, 희생 제사가 구송기도(spoken prayer)로 대체되던 기원 후 유대교에서도 매우 중요한 방책이었다.[72]

신흥 기독교의 예배신학들은 이와 유사한 방식으로 예식의 물리적인 측면보다 영적인 측면을 분명하게 강조했다. 그 시작부터 기독교 성찬을 특징지었던 것은 지시문에 따라 실행되는 예식이 아니라 올바른 태도였다.[73] 기독교 성찬식에 빵이나 포도주 같

---

71 제사장들은 통과의례로서 보호하거나 안팎으로 안내해야 하는 거룩한 공간을 갖고 있지 않았다. 따라서 그들의 역할과 중요성은 바뀌었다. 보다 중요하게도, 이스라엘인들의 정결법에 따르면, 그들이 살았던 바벨론의 온 땅은 부정했다. 이것은 모든 사람들의 종교적인 상태가 새로운 방식으로 결정되어야 했음을 의미했다.… 아마도 당시는 이스라엘의 종교에서 항상 중요한 요소들이었던 언약에 대한 개인적인 온전함과 충성심이 가장 강조되었던 때였을 것이다. 언약에 대한 개인적인 온전함과 충성심은 하나님의 임재에 들어가는데 반드시 필요한 종교적 정결을 결정하는 기준이 되었다. 이 기준에 대한 적합성은, 집단의 고정된 양식보다는 개인의 자유로운 결정에 따라 판단되었다. 따라서 중요하지만 구속적인 종교적 정결에 대한 기준들은 언약에 충성하는 것에 대한 보다 포괄적인 요구로 대체되었다(Bergant, "Come Let Us Go up to the Mountain of the Lord," p. 24).

72 랍비들과 일반적인 사람들의 영적인 태도는 다음과 같이 묘사될 수 있었다. "우리는 절대적으로 가치가 없는 존재입니다. 그리고 당신의 사랑을 받을 수 있는 구송조차도 빼앗겼습니다. 예전에는 성전이 있어서 우리는 그곳에서 제사를 드릴 수 있었습니다. 그러나 이제 성전은 없습니다. 그래서 우리는 우리의 몸과 피로 제물을 바쳐야만 합니다.… 당신을 향한 사랑과 충성으로 행하는 모든 일 속에서 우리는 거룩하게 됩니다"(Neusner, *There We Sat Down*, pp. 88-89).

73 제2장 각주 21번을 보라.

은 물질적인 것들이 필요하기는 했다. 그러나 초기 기독교 텍스트는 빵과 포도주가 신자들이 영생할 수 있게 영양분을 공급하는 영적인 음식과 음료라는 것을 강조했다.[74]

5) 요약

기독교 예배와 신학들은 하나님의 통치가 중요하고 우리는 이 세상이 아니라 내세를 위해서 살아야 한다는 것을 강조한다. 제임스 러셀(James Russell)의 표현대로 기독교는 근본적으로 "세상을 거부하고" 구원을 지향하는 종교이기 때문에 그리스도인들은 현세의 삶을 초월하는데 집중했다.

이러한 신앙을 가진 신자들은 순교를 기꺼이 받아들였는데, 초기 기독교에서 이는 너무나도 당연한 일이었다. 초기 기독교 공동체는 이와 유사하게 당대를 특징짓던 플라톤주의와 공감되는 대화를 나누게 될 것이었다. 이러한 영적이고 세상을 거부하는 접근법이 성찬신학과 실천의 관점에서는 성찬 예식에서의 윤리와 개인의 진실성을 강조했다. 예배의 순서나 사용되는 물질의 기준에 대해서도 다소 관심을 가졌다. 그러나 영적인 영양분과 기독교 기도와 삶 사이의 연관성을 강조했던 것에 비하면 분명히 부차적인 사안이었다.

초기 시대에도 기독교는 신자들을 입교시켰고 "세상을 거부하기"보다는 "세상을-수용하는" 문화들을 만났다. 이러한 문화들과의 지속적인 만남은 기독교와 기독교 예배를 변화시키게 될 것이었다. 따라서 앞으로 수 세기 동안에 예배의 유형적 측면들에 대한 관심과 규제가 많아질 것이다. 또한 예수의 육체가 빵과 포도주의 형상 아래 임한다는 것을 강조하는 성찬식에서의 그리스도의 현존에 대한 교리도 있을 것이다. 이러한 발전들은 기독교 예배와 삶의 영적, 내세적, 그리고 윤리적 본질을 강조하는 초기 기독교의 본능으로부터 멀어지게 될 것이다.

---

[74] 디다케 10장은 성찬식에 사용되었을 수도 있는 다음의 기도를 제시한다: 거룩하신 아버지, 우리 마음에 머무르게 하신 당신의 거룩한 이름에 대해, 또 당신의 아들 예수를 통해 우리에게 알려 주신 지식과 믿음과 불멸에 대해 우리는 당신께 감사드립니다. 당신께 영광이 영원히. 전능하신 주재자님, 당신은 당신 이름 때문에 만물을 창조하시고, 사람들에게 양식과 음료를 주시어 즐기게 하시고 당신께 감사드리도록 하셨습니다. 그리고 당신 종을 통하여 우리에게 영적 양식과 음료와 영생을 베풀어 주셨습니다. 무엇보다 우리가 당신께 감사드리는 것은, 당신이 능하시기 때문입니다. 당신께 영광이 영원히. 주님, 당신 교회를 기억하시어 악에서 교회를 구하시고 교회를 당신 사랑으로 완전케 하소서. 또한 교회를 사방에서 모으소서. 거룩해진 교회를 그를 위해 마련하신 당신 나라로 모으소서. 권능과 영광이 영원히 당신 것이기 때문입니다(Audet, *La Didache*).

줄리아(Julia)

아트리움에서 들려오는 소리가 깊이 잠든 줄리아를 깨웠다. 처음에 그녀는 창밖의 소란으로 어리둥절했다. 그러나 곧 오늘이 일요일이라는 사실을 기억했다. 오늘 오전에 안디옥에 있는 그녀 부모의 빌라에서는 또 다른 모임이 있을 것이다.

줄리아는 빌라에 많은 사람이 모이는 것에 익숙했다. 줄리아가 아주 어렸을 때, 그녀의 부모는 밤까지 이어지는 연회를 정성들여 베풀곤 했다. 아버지의 중요한 친구들, 시찰 나온 고위 관리들, 그리고 때로는 유명한 전차기수(charioteer)가 몇 시간 동안 만찬을 들면서, 시의회에서 해결되지 않은 사안들에 대해 논쟁하거나, 안디옥의 새로운 시인이 쓴 송시를 들었다.

줄리아는 그녀의 방에서 아트리움을 내려다보면서 많은 사람을 지켜보곤 했다. 그리고 그들이 빨리 집으로 돌아가면 좋겠다고 생각했다. 그래야 잠을 잘 수 있기 때문이었다. 그러나 그녀가 여덟 살이 되었던 해 이후로는, 빌라에서 더 이상 시끄러운 밤 모임이 열리지 않았다. 바로 그녀와 그녀의 부모가 세례를 받았던 해였다. 이제는 많은 사람이 일요일 아침에만 빌라로 온다.

오늘 아침에 줄리아는 침대에 조금 더 누워있고 싶었다. 그러나 이제 그녀는 열두 살이었다. 줄리아의 부모는 그녀가 손님을 맞이하는 것이 중요하다고 생각했다. 줄리아는 머리를 빗으면서, 오늘은 어떤 사람들이 올지 궁금했다. 반갑게 맞아야 하는 오랜 친구들과 환영해야 하는 처음 온 사람들이 항상 있었다. 영향력 있고 부유한 집안 출신의 사람들이 있었고, 매우 가난한 사람들도 있었다. 줄리아의 어머니는 그녀에게 모든 사람들을, 심지어는 그들의 종들까지도 똑같이 대하는 것이 중요하다고 가르쳤다.

오늘 아침의 의례는 익숙한 의례일 것이다. 친구들과 처음 온 사람들을 맞이한 후, 공동체는 그들의 주교인 아니케투스(Anicetus)와 함께 정원에서 모일 것이다. 그 모임은 여러 지역에 있는 다른 신앙 공동체들의 소식을 듣는 것으로 시작된다. 때로는 신앙 때문에 체포되거나 심지어는 죽음에 이르게 된 사람들에 대한 슬픈 소식들이 있고, 놀라운 회심이나 치유의 이야기들도 있다.

아니케투스는 공동체에게 이러한 믿음의 이야기를 전한 후에 함께 기도하자고 요청한다. 그 다음에 그들은 바닥에 앉아 여선지자인 카라(Cara)의 말을 듣는다.

줄리아는 카라가 매우 어렸을 때 어떻게 사도 베드로를 만났었는지에 대한 이야기를 잘 알고 있다. 카라는 태어날 때부터 앞을 보지 못했었다. 많은 이는 베드로가 카라의 시력을 회복시켜 줄 것이라고 생각했다. 그러나 베드로는 카라에게 하나님께 영광을 돌리게 될 것은 그녀의 눈이 아니라 목소리라고 말했다. 그날 이후로, 카라는 예수에 대한 이야기와 예수의 제자들이 쓴 가르침의 편지들을 들었다. 카라는 줄리아 정도의 나이였을 때 모든 이야기와 편지를 외웠다. 줄리아가 좋아하는 편지는 베드로가 쓴 편지다. 그녀는 특히 카라가 항상 노래하는 세례에 대한 중간 부분을 좋아한다.

카라가 메시지를 전한 후에, 아니케투스는 공동체 안에서 가르침을 받은 사람들 중에 세례 받기를 원하는 사람이 있는지를 묻는다. 만일 있으면, 주교는 정원에 있는 수조(pool)로 그들을 데리고 한다. 그리고 그들의 신앙에 대해 질문한다. 만일 거기에 그 사람들의 신앙과 선행에 대해 증언하는 사람들이 충분히 있으면, 아니케투스는 바로 그 자리에서 그들에게 세례를 베풀었다. 다른 사람들은 아직 세례를 받을 준비가 되지 않았다. 주교는 그 사람들을 따뜻하게 안아준다. 그리고 모임에 다시 참여하는 것을 항상 환영하다고 그들에게 확신시켜준다. 그러나 그들은 모임의 나머지 순서에는 참여 할 수 없다.

세례 받지 않은 모든 사람을 정원 밖까지 바래다 준 후, 정문을 잠근다. 그리고 공동체는 어려움에 처한 이들을 위해 기도한다. 이러한 기도 후에 모든 이들은 평화의 입맞춤을 나눈다. 몇몇 남자들이 정원으로 식탁을 가져오면, 줄리아의 어머니는 그 식탁 위에 빵과 포도주를 놓는다. 아니케투스는 앞으로 나가 공동체와 그들의 헌물을 위해 기도한다. 줄리아의 아버지와 어머니는 식탁에서 아니케투스가 참석한 모든 사람들과 함께 빵을 떼고 포도주를 나누는 일을 돕는다.

거룩한 만찬을 마치면, 주교는 오늘 모임에 빠진 사람이 누구인지에 대해 묻는다. 빌립(Philip)과 그의 아내인 로마나(Romana)는 불참한 사람들의 이름을 기록하고, 성별된 빵을 그들에게 가져다주고, 그들의 다른 필요도 채워질 수 있도록 조처한다. 예식이 마칠 때면, 카라는 모인 사람들이 모두 흩어질 때까지 노래를 부르곤 한다.

일요일은 확실히 줄리아가 가장 좋아하는 요일이다.

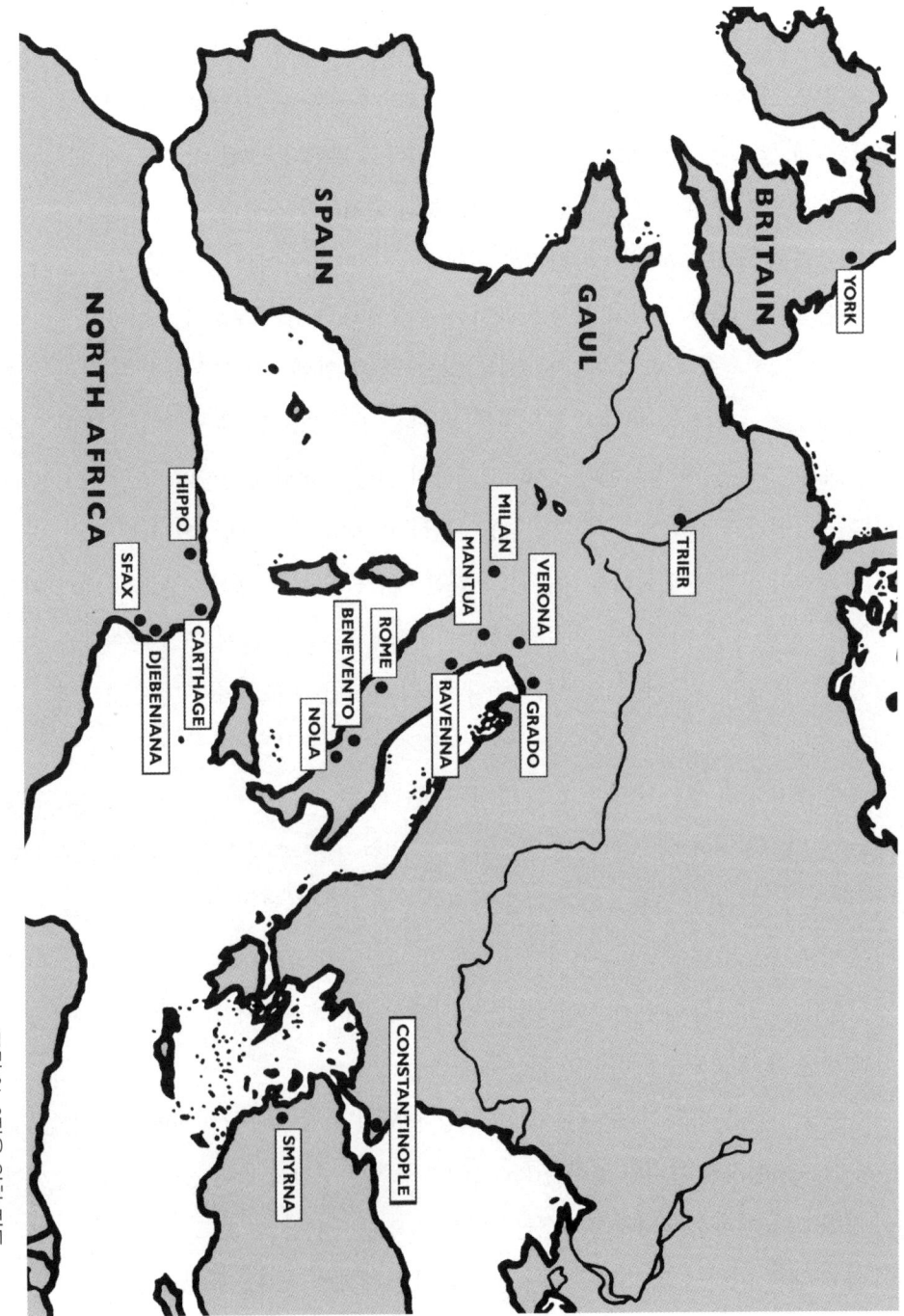

그림 61. 정결 위한 지도

제3장
로마교회의 발흥:
313-750년

초기 기독교 역사에서 로마 제국의 콘스탄틴(Constantine, 337년 사망) 황제만큼 중요하게 생각되는 인물은 거의 없다[그림 62]. 콘스탄티우스(Constantinius, 306년 사망) 황제가 사망한 후, 그의 아들인 콘스탄틴은 두 명의 서방 통치자 중 하나가 되었다. 앞서 293년에 디오클레티안(Diocletian, 313년 사망) 황제는 그의 지배력을 강화하기 위해 로마 제국을 동방과 서방으로 나누었다[그림 29]. 그는 분할된 각 지역에 정제(primary emperor) 또는 "아우구스투스"(Augustus)와 부제(assistant emperor) 또는 "카이사르"(Caesar)를 임명했다.

그림 62. 콘스탄틴의 조각상

콘스탄틴은 312년에 그의 카이사르인 막센티우스(Maxentius)를 물리치고 서방의 단독 황제가 되었다.

역사의 기록에 따르면,[1] 콘스탄틴은 막센티우스와 전투를 벌이기 전에 꾼 꿈에서 군사들의 방패에 기독교 상징을 표시하라는 지시를 받았다[그림 63]. 알려진 대로라면, 그 지시에 따라 승리한 콘스탄틴은 기독교에 대한 헌신을 다짐하게 되었다. 그러나 이러한 헌신의 동기에 대해서는 논쟁이 계속되고 있다. 어떤 사람들은 콘스탄틴의 일차적 동기는 당연히 그리스도에 대한 신앙이었다고 믿는다. 그러나 다른 사람들은 콘스

---

[1] 콘스탄틴은 꿈에서 [그의 군사들의] 방패에 하나님의 거룩한 상징을 표시하고 전투에 임하라는 지시를 받았다. 그는 명령받은 대로, 횡문자(transverse letter) x 의 위 부분을 구부려 그리스도의 상징을 [방패에] 표시했다(Lactantius [320년경 사망], *The Death of the Persecutors*, 44).

그림 63. 콘스탄틴의 후계자인 마르넨티누스(Magnentius) 황제와 기독교의 카이(Chi) 로(Rho) 상징이 그려져 있는 로마 시대의 동전(350년경)

탄틴이 기독교를 중요하게 여긴 까닭은 기독교가 제국에서 갖고 있는 정치적 잠재력과 도덕적 영향력 때문이었다고 생각한다.

313년에 콘스탄틴은 동방의 아우구스투스였던 공동 황제 리키니우스(Lincinius)와 함께 모든 종교에게 존재할 수 있는 권리를 승인해주었다. 그러나 그들이 공표했던 "밀라노 칙령"은 기독교만을 명시적으로 거명한다. 그리고 그리스도인들이 앞으로 용인되고 보호되어야 한다는 이유로 다른 종교들도 용인한다.[2] 밀라노 칙령의 공표는 기독교에게 더욱 많은 특권을 부여하게 될 통치의 시작이었다.

향후 25년간 콘스탄틴은 세례를 받지 않은 상태로 교회의 문제에 깊숙이 관여하고 여러 교리 논쟁에 개입하게 될 것이었다. 325년에는 니케아 공의회를 소집하고 주재하기도 할 것이었다. 337년의 부활절이 지난 후에 콘스탄틴은 마침내 그의 생애가 끝나갈 무렵에 세례를 받았다. 그리고 오순절이 지나고 몇 주 후에 사망했다.

콘스탄틴의 회심의 정도를 논쟁할 수는 있다. 그러나 그가 기독교로 개종하면서 끼친 영향력은 막대하다.

그의 통치 아래에서 순교자들의 교회는 제국 전역을 기독교화(Christianization)시키는 과정을 시작했다. 불법 종교 집단이었던 것이 이제는 소속되면 정치적으로 이로운, 제국에서 우선시되는 종교가 되었다. 이전에 기독교 입교는 믿음을 가진 성인이 어느 정도의 위험을 각오하고 하는 헌신이었다.

그러나 이제는 영아에게 세례명을 지어주는 통상적인 행위가 되었다. 시간이 지나면서 많은 사람에게 그리스도인이라는 정체성은 회심의 결과로 얻는 것이 아니라 태어나면서 자연스럽게 받는 것이 되었다. 교회가 커지고 사회적인 위상이 높아지면서, 교회는 그에 대한 부산물로 제국에서의 새로운 특권을 가시적으로 나타내는 것들을 점진적으로 획득하게 되었다. 주교들에게 다양한 특권이 주어졌다. 그들은 문관의 기장(insignia)도 달게 되었다. 그래서 어떤 사람들은 새로운 특권층이 된 주교들을 비판

---

2 나, 콘스탄틴 정제(Augustus)와 리키니우스 정제가 다행스럽게도 메디오라누름[밀라노] 인근에서 만났을 때... 우리는 먼저 신을 숭배하는 것과 관련된 명확한 법규가 만들어, 그리스도인들과 다른 사람들에게 각자가 원하는 종교를 지킬 수 있는 완전한 권리를 허락해야 한다고 생각했다. 우리는 지금부터 그리스도인의 종교든, 다른 어떤 종교든 상관없이, 모든 사람에게는 자신이 가장 좋다고 여겨지는 종교를 믿고 그 종교의 예배에 자유롭게 참여할 수 있는 기회가 허락되어야 한다고 생각했다. 그러면 아마도 최고의 신은 변함없이 사랑과 자애를 모든 것에 베푸실 것이다(Lactantius, *The Death of the Persecutors*, 48).

했다.[3] 기독교 예배를 위한 인상적인 건축물들이 세워졌고, 그러한 환경 속에 있는 예배 사역자들에 대한 기대도 바뀌어갔다. 이 기간에 로마에서 제국적인(imperial) 형식의 예배가 발전되면서 예배를 책임지는 전문가 집단이 등장하기 시작했다. 이러한 예배는 308년에 데오도시우스(Theodosius, 395년 사망) 황제의 통치하에서 국교가 될 종교에 적합했다.

콘스탄틴은 또한 제국의 수도를 로마에서 보스포루스(Bosporus)의 고대 도시인 비잔티움(Byzantium)으로 옮겼다. 이를 통해 그는 서구 문명, 특히 기독교에 장기적인 영향력을 행사했다. 콘스탄틴은 옛 도시 비잔티움을 인상적으로 재건하고 콘스탄티노플(Constantinople)이라고 명명했다[그림 61]. 콘스탄틴은 그렇게 하면서 제국의 동방에 적절한 수도를 주었다. 콘스탄티노플은 지리적으로 제국의 동방을 통치하는데 좋은 위치에 있었다. 콘스탄티노플의 부상은 5세기에 정치적으로 붕괴할 로마의 전조가 되었다.

교회의 역사에 끼친 콘스탄틴의 영향력이 부정될 수는 없지만 과장되어서는 안된다. 콘스탄틴은 기독교의 발전에 직간접적으로 엄청난 영향력을 끼쳤다. 그가 통치하던 기간에 교회와 예배에 많은 변화가 있었다. 그러나 폴 브래드쇼(Paul Bradshaw)가 강조하듯이, 당시의 모든 발전이 콘스탄틴의 리더십 때문이었다고는 말할 수 없다. 오히려 4세기의 많은 발전은 3세기와 그 이전 시대에도 그 뿌리를 두고 있었다.[4]

콘스탄틴이 337년에 사망한 이후에, 로마 제국은 그의 세 아들(콘스탄틴 2세[Constantine II], 콘스탄스 1세[Constans I], 콘스탄티우스 2세[Constantius II]) 사이에서 분할되었다. 데오도시우스 황제 때 잠시 재통합되었지만 결국 제국의 동방과 서방은 영구적으로 분리되었다. 동방 제국이 커지면서, 서방 제국은 쇠퇴했다. 야만족들이 북쪽으로부터 침략하여 브리튼, 갈리아(Gaul), 스페인, 북아프리카를 황폐하게 만들었다[그림 64]. 서고트족이 이탈리아를 침략했을 때, 절망에 빠진 서로마 제국 호노리우스(Honorius) 황제는 404년에 수도를 로마보다 안전한 도시인 라벤나(Ravenna)로 옮겼다.

로마는 410년에 서고트족에게 약탈당했고, 455년에는 반달족에게 다시 약탈당했다. 마지막 로마 황제인 로물루스 아우구스툴루스(Romulus Augustulus)는 476년에 폐

---

3 [주교들은] 부유하다. 귀부인들의 예물로 부를 쌓기 때문이다. 그들은 매우 아름다운 예복을 입고 마차를 탄다. 그들은 왕들의 연회에 비할만한 호화로운 만찬을 베푼다(Ammianus Marcellinus [330년경 출생], *History*, 27.3.14-15, in van der Meer and Mohrmann, *Atlas of the Early Christian World*).

4 [경우에 따라] 소위 콘스탄틴의 변혁은, 새로운 예전적인 관습들과 태도들의 시작을 알렸다기보다는, 어떤 기존의 관습들이 교회의 변화된 상황에 더 이상 적절하다고 여겨지지 않는 다른 관습들보다 훨씬 더 중요하게 될 수 있는 환경을 조성했다(Bradshaw, *The Search for the origins of Christian Worship*, p. 67).

위되었다. 그리고 게르만족의 족장인 오도아케르(Odoacer)가 오늘날 우리가 이탈리아로 칭하는 지역에서 최초의 야만인(barbarian) 통치자가 되었다.

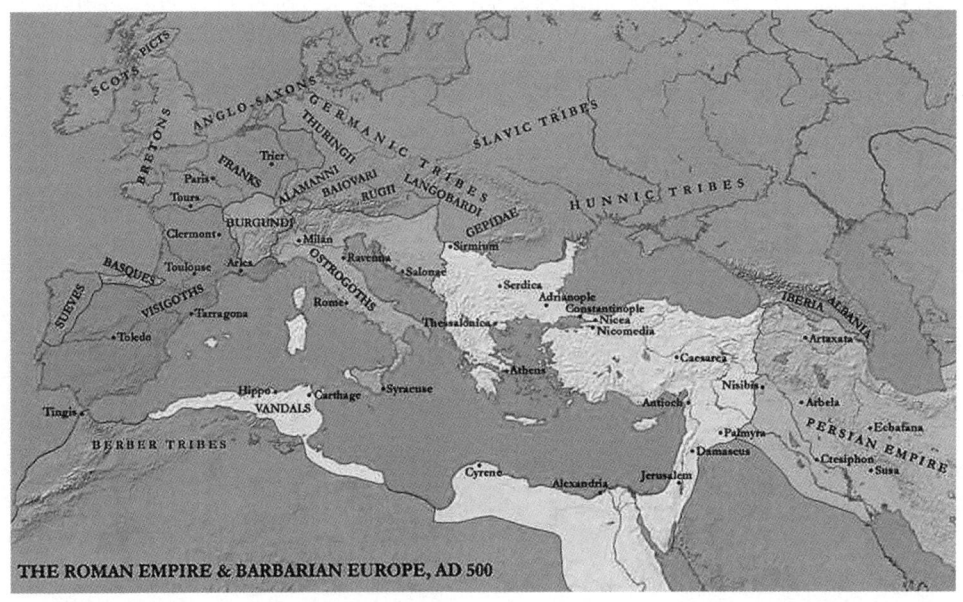

그림 64. 500년 당시의 로마 제국과 야만족 제국

이 기간 동안에 갈수록 불안정해지던 서방 제국과는 달리, 교회는 야만족의 침략 속에서도 성장했으며, 로마에서 신뢰받는 몇 안 되는 기관(institutions) 중 하나가 되었다. 이것은 사회 및 영적으로도 사실이었을 뿐 아니라 정치적으로도 사실이었다.

예를 들어, 452년에 훈족의 왕인 아틸라(Attila)를 만투아(Mantua)에 있던 그의 진영에서 만났던 사람은 로마 황제인 발렌티니안 2세(Valentinian II)가 아니라 교황 대 레오(Leo the Great, 461년 사망)였다. 교황 레오는 공물을 주면서 로마는 그대로 두라고 아틸라를 설득했다. 이 이야기는 로마 제국이 붕괴된 이후에 교회와 교회의 리더십의 영향력이 커지고 있었다는 사실을 강조한다.

1. 건축

순교자들의 교회가 로마 제국의 국교가 된 후에 기독교 예배의 환경은 크게 바뀌었다. 이 기간에 그리스도인들은 예배를 위해 계속해서 다양한 장소를 사용했다. 영구히 개조된 많은 가정 교회는 지중해 주변 지역에서 계속해서 성장했다. 그러나 수적으로 성장하고 위상도 높아진 기독교는 새로운 형태의 예배 공간을, 특히 제국의 대도시에서 필요로 했다.

우리는 이미 이전 시대에 기존 건물이 대형 홀이나 L. 마이클 화이트가 **아울라 에클레시에**라고 명명한 공간으로 개조되고 있었음을 보았다. 이 시대에 지어진 **아울라 에클레시에**도 있다. 그러나 콘스탄틴이 황제가 된 이후에, 넓은 장방형 공간을 선호했던 그리스도인들은 예배 공간의 새로운 패러다임으로 바실리카를 선택하여 사용했다. 세례식을 하고 순교자들을 기리기 위한 별도의 건물들도 이 기간에 등장했다.

1) 바실리카

"바실리카"는 왕을 뜻하는 헬라어 단어 **바실레우스**(*basileus*)에서 유래한다. 이 단어는 결국 "왕의 홀"(hall of the king)이라는 뜻을 갖게 되었다. 로마인들은 이러한 장방형 건물을 집회소(meeting hall)로 건축했다. 바실리카가 건축학적으로 다른 장방형 건물과 구분되는 특징은 최소한 하나의 앱스(apse, 후진)와 종종 일련의 기둥에 의해 본 공간과 분리된 측면-아일(side-aisles)을 가지고 있는 점이다.

바실리카는 대개 법정으로 사용되었지만, 다양한 사업, 행정 및 시민을 위해서도 사용되었다. 부자들 중에는 그리 크지 않은 바실리카를 집으로 삼아 사업적인 업무를 보는 이들도 있었다.

공공 건물로 사용된 엄청나게 큰 바실리카도 있었다. 그러한 바실리카는 로마 제국의 힘을 과시하기 위해 건축되었고, 방문객을 압도하지는 못하더라도 감명은 줄 수 있게끔 설계되었다. 울피아(Ulpia) 바실리카를 한 예로 들 수 있다[그림 65]. 112년경에 건축된 울피아 바실리카는 로마 포룸(Roman Forum)의 북서 사분면에서 가장 컸다. 이 인상적인 건물은 길이(장면)와 폭(단면)이 각각 436피트(130m)와 138피트(42m)였고 엄청난 볼트(vault, 아치형 지붕) 밑으로 에워싸인 매우 넓은 공간을 갖고 있었다[그림 66]. 건물의 두 단면 쪽에 앱스가 하나씩 있었다.

이 다기능적인 건물에는 법정, 관리소(administrative bureaus), 사무소(business offices)가 여럿 있었다. 이 건물에서는 다양한 공식 행사도 열렸다. 로마인들은 고운 화산모래를 섞은 재료를 첨가함으로써 강력한 콘크리트를 만들어 이처럼 넓게 에워싸인 공간을 만들 수 있었기 때문에 울피아 바실리카와 같은 건축물을 세울 수 있었다.

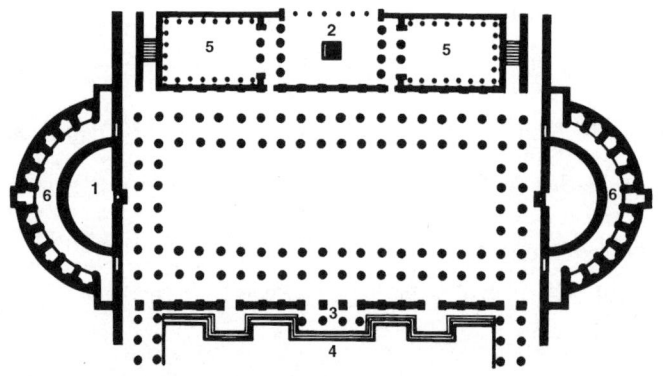

1. 제대
2. 트라얀의 기념비
3. 포럼에서 나오는 출구
4. 트라얀의 포럼
5. 도서관
6. 재판관들과 재판관 보좌역들을 위한 좌석

그림 65. 울피아(Ulpia) 바실리카 (Gardner, p. 190)

그림 66. 울리아 바실리카의 내부를 재현한 그림

그리스도인들은 초기 시대에 주택과 다른 작은 장소들을 빌려 예배 공간으로 사용했던 것처럼, 로마 제국의 건축 양식도 차용했다. 이 기간에 새롭고 공적으로 더 나은 지위를 갖게 된 그리스도인들은 바실리카에 관심을 갖기 시작했다. 콘스탄틴이 승리하고 기독교가 합법화된 이후에, 바실리카는 그리스도인들이 선호하는 기독교 교회 건물의 모델이 되었다. 그리스도인들은 울피아 바실리카처럼 두 개의 앱스를 갖고 있는 바실리카 양식을 사용하는 대신에, 앱스가 하나만 있는 바실리카 양식을 차용했다. 앱스를 하나 갖고 있는 형태의 축소판으로 지어진 주택도 있었다. 황제가 트리어(Trier)에 세운 건물과 같은 대형 공회당(audience hall)도 이러한 설계로 건축되었다[그림 67].

이 설계는 앱스 중 하나를 없애고, 그 대신 그 자리에 중앙 출입구를 만들었다. 그 결과, 건물의 초점인 앱스로 나아가는 매우 기다란 통로가 만들어졌는데, 때때로 통로 양 옆에 기둥들이 세워졌다. 그리스도인들이 개조한 바실리카에 대한 글에서, 리처드 크라우트하이머(Richard Krautheimer)는 다음과 같이 말한다.

"기독교 바실리카는 기능과 설계의 측면에서 볼 때, 익숙한 틀 안에서 새롭게 창조된 건물이다."

그림 67. 트리어(Trier) 바실리카

최초의 위대한 건물 중 하나가 구 성 베드로(Old St. Peter's) 바실리카이다[그림 68]. 구 성 베드로는 사도 베드로의 무덤이라고 알려진 장소 바로 위에 세워졌다. 319년쯤에 짓기 시작된 이 건물은 340년대에 완공되었다. 이 건물의 내부 길이는 390피트(119m)였고 폭은 200피트(61m)가 넘었다. 정방형으로 설계된 구 성 베드로는, 대형 공회당처럼 교회 밖에 사람들

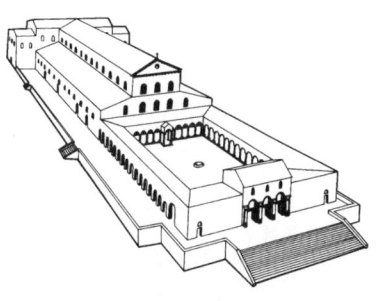

그림 68. 구 성 베드로(Old Saint Peter's) 바실리카 (Gardner, p. 217)

그림 69. 밀라노의 성 암브로스(Ambros-e) 바실리카

이 모일 수 있는 커다란 아트리움을 갖고 있었다. 이러한 에워싸인 아트리움은 대부분 없어졌지만, 밀라노에 있는 성 암브로스(St. Ambrose) 바실리카의 아트리움은 지금까지 남아있다[그림 69]. 구 성 베드로에 대해 주목할만한 또 다른 특징은, 가장 기본적인 십자가 형태를 만드는 네이브(nate) 양 옆에 있는 이중 콜로네이드(colonnade-열주)들과 짧은 트랜셉트(transept-교차랑)들이었다. 크리스천 노르베리-슐츠(Christiain Norberg-Schulz)는 이러한 십자가 형태는 사도들에게 헌정된 교회들을 나타내는 특징일 뿐 아니라 그리스도의 십자가를 제일 먼저 짊어진 사도들을 기억하게 만들었다는 가설을 세운다. 또한 이러한 건축학적인 디자인으로 교회들과 트랜셉트를 가지고 있지 않은 세속적인 바실리카들을 구분했다.

바실리카는 일종의 한 방향으로만 향하는 통로(enclosed path)로서 기능했다. 본래 이러한 교회들의 본당에는 아트리움에서 앱스까지의 이동을 방해하는 것이 거의 없었다. 네이브의 벤치나 장의자(pew)는 후대에 더해진 것들이다. 주교좌는 보통 앱스 중앙에 놓였다. 세속적인 바실리카에서는 문관들이 앉는 자리였다. 주교좌는 기다랗고 낮은 벤치에 앉는 사제단에 의해 에워싸여졌다[그림 70]. 회중은 대개 네이브에서 서 있었는데 (비록 신자들에 네이브에 앉았다고 말하는 자료들도 있긴 하지만) 많은 경우 남자와 여자는 따로 떨어져서 서 있었다.[5]

제대는 독립형 구조물로서 목재로 제작되기도 했지만 대형 바실리카에 있는 제대는 석조로 제작되었다. 제대는 앱스 앞에 놓여 있어서 사람들이 그 주위로 모일 수 있었다.[6] 몇 세기의 시간이 흐르면서, 제대는 앱스로 옮겨져 사람들로부터 더욱 멀어졌고, "성단소"(sanctuary, 라틴어, *sanctuarium*, "거룩한 장소 또는 성지")라 불리게 되었다. 4세기

---

5 무엇보다도 그 건물은 직사각형이어야 한다. 떠오른 태양을 향해야 하고, 동쪽을 향하는 각 면에는 성구보관실들이 있어야 한다. 그래서 그 건물은 배를 닮았다. 주교의 좌석은 가운데에 두고, 사제들은 주교의 양편에 앉도록 한다. 그리고 부제들은 배의 선원들이나 관리들처럼 예복을 단정하게 입고 가까운 곳에 서 있도록 한다. 그들과는 달리, 평신도들은 다른 쪽 끝을 향해 아주 조용히 질서 있게 앉아야 한다. 그리고 여성들은 홀로 앉아야 하고, 역시 조용하게 있어야 한다. 독경자는 가운데에 있는 높은 곳에 서서 모세의 책들을 낭독한다(*Apostolic Constitutions* [4세기 말], 2.57.3-7, in McKinnon, pp. 108-9).

6 따라서 식탁은 샘(fountain)처럼 가운데에 놓인다. 그래서 양떼가 사방에서 샘을 둘러싸 구원의 물이 주는 유익을 즐길 수 있도록 한다(John Chrysostom [407년 사망], *Second Baptismal Instruction*, 2).

경에는 여성들의 성소 출입을 금한 지역들도 있었다.[7] 적어도 5세기경 로마에는 행렬에 참여하는 성직자들과 성가대에게만 성단소와 그 성단소로 향하는 통로가 허락되는 교회도 있었다[그림 70].

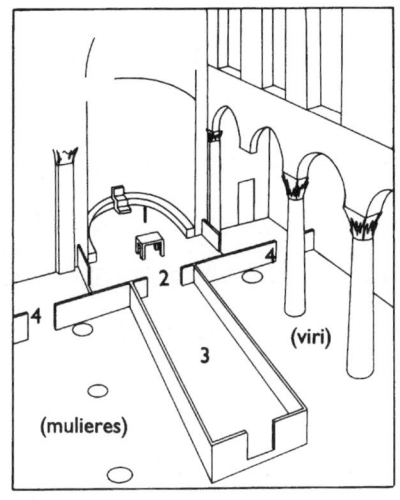

1. 프레스비테리움(Presbyterium-사제단): 앱스에 있는 주교좌와 사제들을 위한 벤치가 있는 자리
2. 산투아리움(Sanctuarium-성단소): 낮은 장벽으로 교회의 중심부와 구분되어 있는, 제대를 위한 장소.
3. 솔레아-스콜라(Solea-scholas): 한 쌍의 낮은 담으로 구획된 행렬 공간. 이 공간은 주로 교황 입당과 퇴당 의식을 위해 사용되었지만, 성경 낭독을 위해서도 사용되었다.
4. 세나토리움(Senatoreum)과 마트로네움(Matroneum): 봉헌 행렬에서 예물을 바칠 때, 그리고 평신도(남성과 여성)가 성찬 빵과 포도주를 받을 때 사용되는, 장벽으로 분리되어 있는 공간.

그림 70. 초기 로마 성단소(chancel) 배치도(Thomas Mathews)

기독교가 나타난 지중해 연안 지역이라는 환경을 고려할 때, 빛과 태양의 이미지가 기독교 예배에서 중요했고 건축 양식에 영향을 끼쳤다는 것은 놀라운 사실이 아니다. 미트라교는 로마 제국의 주요 종교 중 하나였다. 미트라는 고대 페르시아의 빛과 지혜의 신이었다. 콘스탄틴은 태양 숭배자로 알려졌다. 일요일에 법원을 닫도록 한 콘스탄틴의 321년 결정은, 기독교뿐만이 아니라 그의 미트라교적 성향 때문이라는 증거도 있다. 이러한 배경 속에서 세워진 여러 종교의 성전들은 태양과의 관계를 분명하게 나타낼 수 있도록 설계되었다.

예를 들어, 그렇게 설계되었기 때문에 예배하는 자들은 아침 해를 향해 기도할 수 있었다. 그리스도인들은 동쪽을 향해 기도했을 뿐 아니라, 동쪽을 향해 기도하도록 장려되었다는 잘 알려진 3세기의 증거도 있다. 4세기경에는 기독교 교회 건물은 동향으로 건축되어야 한다는 분명한 지시 사항이 있었다. 동방과 서방의 교회들이 태양 쪽을 향해 앱스를 지어졌다는 것을 보여주는 상당한 증거가 있다.

---

[7] 여자들은 제대에 다가가면 안 된다(Council of Laodicea [363년경] canon 44, in Mansi, *Sacrorum Conciliorum*).

그러나 로마의 초기 바실리카들은 그렇지 않았다. 성 요한 라테란(St. John Lateran)과 구 성 로마와 같은 바실리카는 앱스를 서쪽으로 향하게 했다. 대 레오(461년 사망)는 로마에서 지속되었던 태양 숭배에 대한 증거를 제시하며, 더 나아가 서쪽을 향하는 앱스를 가진 교회들도 있었다는 사실을 입증한다. 대 레오는 로마의 주교로 있을 때 했던 설교를 통해서 교회로 오는 도중에 태양을 예배하던 그리스도인들을 꾸짖었다.[8]

콘스탄틴이 세운 구 성 로마는 주교좌 성당(bishop's church)이라기보다는 순교자 기념교회(martyrial church)였다. 따라서 구 성 로마에는 성 요한 라테란에 있는 주교좌 또는 **카테드라**(*cathedra*)가 없었고 대신 **콘페시오**(*confessio*, 라틴어. 문자적으로 "고백"; 확대하면, "신앙의 공표") 또는 성 베드로의 무덤이라고 여겨지는 것이 있었다.[9] 초창기 콘스탄틴 바실리카에 있는 제대의 구조나 위치에 대해서 분명하게 말할 수는 없지만, 아마도 이동식 구조물이었던 것 같다.

토인비(Toynbee)와 퍼킨스(Perkins)는 특별한 절기 때에는 제대가 청동 울타리 내에 있는 성 베드로의 (사당 개념의) 성소(shrine) 앞과 발다키노(baldacchino-닫집) 밑에 놓였을 것이라고 생각한다[그림 71]. 다른 때에는, 예배의 초점이 성소(shrine)로부터 멀어지고, 네이브에 좀 더 집중되었을 것이고, 이동식 제대는 네이브와 제대를 나누는 큰 아치(great arch) 가까운 곳에 놓였을 것이다[그림 72].

---

8 심지어 그리스도인들 중에도, 유일한 살아계시고 진정한 하나님께 바쳐진 복된 사도 베드로의 바실리카에 입당하기 전에, [태양을 예배하는 일을] 매우 타당하게 여기는 이들이 있다. 그들은 높이 올린 연단으로 이어지는 계단을 오를 때, 떠오르는 태양을 향해 돌아서서, 고개를 숙여 빛나는 태양에 경의를 표하며 절한다 (Leo the Great [421년 사망], Sermon 22).

9 앱스의 현(chord)에 서 있는 [이] 기념물은 청동 울타리에 의해 구획되었다. 네 개의 나선형 포도나무 와형 기둥(spiral vine scroll columns)에 얹혀 있는 발다키노는 울타리 위로 솟아 있었다. 다른 두 개의 아키트레이브(architrave) 기둥은 발다키노와 앱스의 가장자리에 연결했다. 앱스가 시작되는 부분은 휘장으로 가려졌다(Krautheimer, *Early Christian and Byzantine Architecture*, p. 56).

그림 71. 콘스탄틴이 세운 제대 닫집(baldachino)의 상상도(Bergere, p. 21).

교황 대그레고리(Gregory the Great, 604년 사망)의 임기 동안에 일어났던 하나의 건축적인 혁신은 신자들을 제대로부터 더욱 멀어지게 하는 의도치 않은 효과를 가져왔다. 그레고리는 성 베드로의 시신 "위에서" 성찬식을 거행하길 원했던 것 같다. 이를 위해서, 토인비와 퍼킨스는 옛 콘스탄틴 양식의 앱스가 원래 바닥 높이보다 6피트(183cm) 정도 높여지면서 새로운, 높이 올린 사제석을 만들어냈다고 계산한다(216).

이제 사제석 아래에 있게 된 무덤-성소(tomb-shrine)에 내려가 볼 수 있을 정도로 충분히 넓은 지하 묘실(crypt)을 만들기 위해, 바닥을 콘스탄틴교회의 평면보다 2피트(60cm)를 더 팠다. 사

그림 72. 오른편 뒤편의 큰 아치와 왼편의 콘페시오(confessio)와 함께 구 성 로마의 트랜셉트를 재현한 그림

제석으로 올라가고 지하묘실로 내려가는 계단을 만들기 위해, 연단(platform)은 네이브 쪽을 향해 트랜셉트까지 거의 20피트(6m) 확장되었다. 이로 인해, 옛 성소(shrine)는 **콘페시오**의 중심부를 제외하고 대부분 파괴되었다. **콘페시오**의 한쪽 면은 두 계단들 사이로 보였다. 옛 성소(shrine)의 윗부분은 새로운 제대와 합쳐져서, 사도의 무덤이라고 여겨지는 곳 바로 위에 놓여졌다[그림 73]. 아마도 나무로 만든 단에서 유래되었을 것

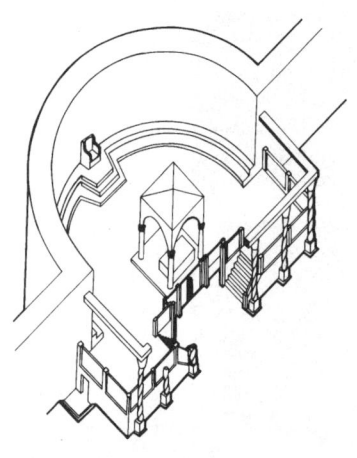

같은 강대(ambo) 역시 성단소(sanctuary) 안으로 옮겨졌다.

이러한 재건축은 성찬과 순교자의 무덤 사이의 강한 연관성을 제공하기 위해였지만, 제대와 집전자를 신자들로부터 더 멀고 높은 곳으로 이동시키고 말았다. 결과적으로, 이 중요한 기독교 성소(shrine)에 있는 제대는 사람들이 더 이상 그 주위로 모일 수 없고, 사람들이 밑에서 구경하는 무대처럼 되어 버렸다.

그림 73. 600년경 로마의 성 베드로 성소로, 성 베드로의 무덤 위에 제대가 올려졌다(J. B. Ward-Perkins. Jones, p. 483에서 인용)

2) 세례당과 순교자 기념교회(martyria)

이 기간에는 기독교 바실리카 외에도, 스피로 코스토프(Spiro Kostof)가 "부속 기념 건물"(occasional buildings)이라고 칭한 건축물들도 등장했다. 그 중에서 특히 세례식을 위한 공간과 순교자들을 기념하는 장소가 중요했다. 로마의 구 성 베드로의 순교자 기념교회처럼, 바실리카의 장방형 유형이 부속 기념 건물로 사용될 수도 있었지만, 부속 기념 건물들은 대개 중앙 집중형으로 지어졌다. 건축학적인 관점에서 볼 때, 중앙 집중형은 무덤이나 세례 수통(baptismal font)과 같은 특별한 물건을 기념하는데 효과적이었다.

"이를 위해, 건축가는 하늘을 상징하는 반구형 덮개를 그 물체 바로 위에 만듦으로써 그 물건이 거룩한 것임을 나타냈다"(Kostof, p. 258).

원형 무덤(mausoleum)[그림 74]을 만드는 로마 전통으로부터 큰 영향을 받은 그리스도인들은 완성(perfection)과 영생(eternal life)을 함축적으로 상징하는 원형 형태로 부속 기념 건물을 건축했다.

그림 74. 지금은 카스텔 산탄젤로(Castel Sant' Angelo)로 알려져 있는 하드리안(Hadrian, 138년 사망)의 원형 무덤(mausoleum)은, 하드리안이 자신과 가족의 무덤으로 건축을 시작한 거대한 원형 건축물로 139년에 완공되었다

예루살렘의 아나스타시스(Anastasis, 헬라어, "부활")는 가장 중요한 기독교 중앙 집중형 건물들 중 하나이다. 오늘날에도 여전히 남아있는 이 건축물은 수 세기에 걸쳐 여러 번 재건축되었다. 아나스타시스는 원래 4세기 중엽(348년과 381년 사이)에 지어졌다[그림 75]. 중심부에는 그리스도의 무덤이라고 여겨지는 것이 있었다.

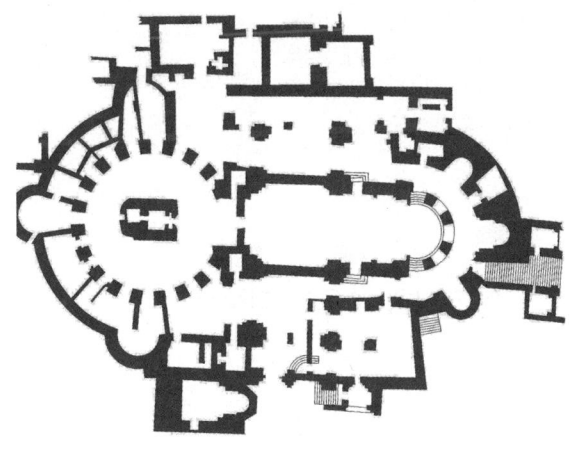

그림 75. 예루살렘 성묘 교회(Holy Sepulchre)의 평면도

콘스탄틴의 건축가들은 골고다 언덕의 동굴 같은 건축물 주위를 평평하게 만든 다음, 그 건축물을 중심으로 원을 이루도록 여러 기둥을 세웠다.[10] 그리스도의 죽음을 본받았기 때문에 존경을 받았던 순교자들은, 종종 그들의 무덤 위에 비슷한 중앙 집중형 건물이 세워지는 영예를 얻었는

---

10 무엇보다도 [황제는], 빛나는 천사들이 구세주를 통해 드러난 모든 인류를 위한 좋은 소식을 전했던 거룩한 동굴을 아름답게 꾸몄다. 대단히 후했던 황제는 이 중요한 장소를 고급 기둥들과 많은 장식물로 꾸몄다. 그는 그 동굴을 아름답게 만들기 위해 예술을 아끼지 않았다(Eusebius [340년경 사망], *Life of Constantine* 3.28, in *The History of the Church*).

데, 그 건물을 순교자 기념교회라고 불렀다. 예루살렘의 유적에는 앞마당(forecourt)과 대형 바실리카도 지어졌다. 그리고 최종적으로는 아나스타시스가 골고다 언덕 위에 있는 기다란 복합 건축물(complex of building)과 뜰(courtyard)의 서쪽 끝을 차지했다. 건물확장으로 인해 원래의 모습은 알기 어렵게 되었지만, 아나스타시스의 중심부는 중앙 집중형 구조물이다.

그림 76. 팔각형 건물인, 그라도(Grado)에 있는 8세기 세례당의 내부로, 안에 있는 여섯면으로 된 세례 수통을 보여준다

그리스도인은 세례를 그리스도의 죽음과 부활에 참여하는 것이라고 믿는다.[11] 이 믿음은 순교자 기념성당과 세례당에 건축학적으로 영향을 끼쳤는데, 특히 세례당을 별도의 중앙 집중형 건물로 지었던 경향에서 잘 드러난다. 이러한 영향력에 대한 역사적인 실례로, 이탈리아 북동부의 고대 도시인 그라도(Grado)에 있었던 세례당을 들 수 있다[그림 76]. 5세기에 건축되어 1925년에 재건축된 팔각형 건물인 이 세례당은 6세기에 세워진 주교좌 성당(cathedral)에 근접해 있다. 팔각형은 기독교 사상에서 부활과 영생을 상징하는 "여덟 번째 날"을 상기시킨다. 팔각형 건물 내부에는 육각형 세례수통이 있는데, 무엇보다도 예수께서 죽임을 당하셨던, 주(week)의 여섯 번째 요일(금요일)을 상징한다.

3) 장방형 대 중앙 집중형

서방교회에서 예배를 위한 장소로 중앙 집중형 건물이 계속해서 건축되기는 했지만, 선호되었던 것은 장방형의 바실리카였다. 그 이유는, 부분적으로 바실리카의 장방형 공간이 당시 예배에서 점점 더 중요해지던 예전 행렬, 즉 입당, 복음서, 성찬 행렬 등-에 도움이 될 수 있었다는데 있었다.[12] 후세에 중앙-집중형은 서방의 바실리카 양식

---

11 그리스도께서 실제로 십자가에 달려 돌아가시고, 무덤에 묻히시고, 다시 살아 나셨듯이... 여러분도 세례를 통해 유사하게, 그분과 함께 십자가에 달리고, 무덤에 묻히고, 다시 살게 될 자격이 있다고 여겨집니다(Cyril of Jerusalem [386년경 사망], Catechetical Sermon, 3.2, in Yarnold, *The Awe-Inspiring Rites of Initiation*).

12 초기 기독교 예배에서 매우 중요했던 행렬은... 우리에게 예술 작품 속에서 묘사된 행렬들을 보다 진지하게 다룰 것을 말해준다. 5세기 후반과 6세기의 예술 작품들 속에는 행렬이 점점 더 많이 등장하고 있는데, 사실 같은 시기에는 대중이 참여하는 행렬이 늘어나고 있었다. 수많은 사람이 줄을 지어 한 방향으로 이동하는 모습은, 기독교 예배자들에게 깊은 공명을 일으키는 시각적인 방법이었다. 초기 기독교 예술이 교

건물에 자주 통합되었다. 이 작업은 십자가 형태나 다른 바실리카 형태의 건물에 중앙 돔(central dome)이 덧붙여지거나[그림 77], 바실리카의 앱스 끝에 중앙 집중형 구조물을 연결함으로써 이루어졌다.

서방의 기독교 건축가들이 바실리카의 장방형 형태를 매우 선호했던 반면에, 동방의 그리스도인들은 중앙 집중형 돔교회(domed church)를 받아들였다.[13] 동방 기독교와 서방 기독교의 건축적인 차이가 커져갔던 데에는 많은 문화 및 역사적 이유도 있지만, 영적 및 신학적 이유도 있다.

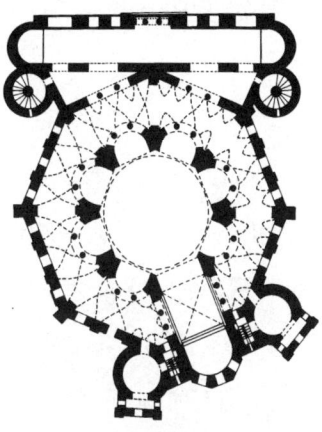

그림 77. 라벤나의 산비탈레
(Gardner, p. 235)

중앙 집중형 교회는 공동체 중심의 교회를 더욱 구현하고, 바실리카 형태는 교회의 위계적인 이미지를 더욱 반영한다고 생각하는 이들이 있다. 그러나 비잔틴 건축과 도해(iconography)는 중앙 집중형 공간에서 개인으로 하여금 마치 천상의 예배에 참여하는 것 같은 경험과 느낌을 갖도록 한다고 말한 로버트 태프트(Robert Taft)의 주장이 더 맞는 것 같다.

예를 들어, 이탈리아 라벤나(Ravenna)의 산 비탈레(San Vitale)에 들어가면 그런 느낌을 갖게 된다. 이 교회는 동고트족으로부터 동고트왕국의 수도를 빼앗아 유스티니안(Justinian)의 비잔틴 제국에 합병시킨 후인 548년경에 완공되었다. 산 비탈레는 두 개의 중앙 집중식 팔각형으로 구성되는데, 안쪽 팔각형에는 돔이 얹혀졌다[그림 77]. 산 비탈레가 최초의 중앙 집중형 비잔틴 양식의 교회는 아니었다.

527년에 짓기 시작한 콘스탄티노플의 성 세르기오스 앤 바쿠스(Ss. Sergius and Bacchus)가 최초이다. 그러나 산 비탈레는 이탈리아에 있지만 비잔틴 제국의 지배를 받는 새로운 중심지인 라벤나에 있는 기념비적인 건물이었고, 비잔틴 제국의 교회 설계에 큰 영향을 끼쳤다. 그 이유는 산 비탈레를 위대한 기독교 유산 중의 하나로 유명하게 만든 숨 막히게 아름다운 모자이크에 상당히 기인한다.

회의 내부를 꾸밀 때 행렬 모습을 토대로 삼아 계획했던 것은 우연이 아니었다(Mathews, *The Clash of Gods*, p. 151).

13 유스티니언(Justinian) 황제 시대부터, 중앙 집중형은 비잔틴 교회 건축술의 독특한 특성이 되었다 (Norberg-Schulz, *Meaning in Western Architecture*, p. 125).

4) 요약

이 시대에는 기독교 건축이 매우 다양하게 발전했다. 또한 공동체는 변화하는 필요에 따라 예배 공간을 유연하게 만들어갔다. 그러나 이러한 다양성과 유연성에서 몇 가지 추세를 발견할 수 있다.

콘스탄틴이 서방의 단독 통치자가 되고 난지 얼마 되지 않아, 기독교 예배는 공적 장소로 옮겨갔다. 25명, 50명, 100명까지 수용할 수 있었던 단순한 방들과 개조된 집들 대신에 넓게 에워싸인 공간에서 예배하게 되었다. 그 중에는 수천 명을 수용할 수 있는 공간도 있었다. 공회당 바실리카 양식으로 지어지는 예배 공간이 많아졌다. 바실리카의 긴 통로는 앱스로 이어졌다. 앱스에는 원래 황제의 왕좌나 권력자들의 좌가 있었는데, 주교좌로 대체되었다. 반면에 부속 건물들은 일반적으로 중앙 집중형으로 설계되었다. 중앙 집중형은 6세기경에 동방 교회에서 선호되는 형태가 되었다.

콘스탄틴 시대 이전에도 홀(hall)과 같은 교회가 등장했지만, 콘스탄틴 이후에 새롭게 지어진 예배 건축물의 특징은 크기와 공공성이었다. 이 시대 이전에 예배를 위해 사용되던 장소들은 대개 비그리스도인들에게 잘 알려져 있었다.[14] 그러나 그 안에서 일어나는 의례를 볼 수 있도록 설계되어 있지는 않아서, 때때로 예배 공동체는 남들의 눈에 잘 띄지 않았다. 그러나 기독교가 제국의 국교로 변화되면서, 제국의 예배와 예배를 위한 건축물들을 차용하기 시작했다. 그래서 신자, 탐구자, 호기심 있는 자, 혹은 비평가까지도 예배를 관찰할 수 있게 되었다.

그림 78. 라벤나의 산비탈레 앱스에 그려진 그리스도

---

14 제3장 각주 12번과 19번을 보라.

건물들과 그 안에서 일어나는 의례들이 보다 널리 알려지게 되면서, 주위의 문화 환경을 좀 더 분명하게 반영하게 되었다. 이는 로마와 같은 제국의 위대한 도시에서 집전자가 점점 더 법정 관리처럼 보이고 행동하기 시작했다는 것을 뜻한다. 이와 비슷하게, 그 건물들을 장식한 도해(iconography)[그림 78]는 그리스도를 선한 목자라기보다는, 황제, 철학자, 마법사, 또는 고대 신들의 경쟁자로 묘사하기 시작했다.[15]

건축물의 내부는 이러한 발전에 부합되도록 만들어졌다. 이로 인한 하나의 결과로 성직자와 다른 관계자들에게만 허용되는 공간이 만들어지게 되었다. 결국 모든 평신도는 성직자의 특별 영역이 된 성단소로부터 배재되었다.

이러한 가운데, 기독교 공동체의 언어와 예배 공간은 계속해서 진화했다. 이전 시대에서 헬라어 용어인 **에클레시아**(ekklesia, 회중)가 공동체와 공동체가 모임을 갖는 영구적으로 개조된 건물 모두를 가리키는데 사용되기 시작했다는 것에 대해 우리는 이미 살펴봤다. 크리스틴 무어만(Christine Mohrmann)은 라틴어 동의어 **에클레시아**(ecclesia) 역시, 4세기 초쯤에 비슷한 변화를 겪었다고 생각한다. 그녀는 또한, 이전 시대에 등장했던 또 다른 헬라어 단어 **큐리아콘**(kuriakón)이 4세기에 중요한 전문 용어가 되어, 그리스도인들이 기도하기 위해 모이는 장소를 가리키기 위해 **에클레시아**(ekklesia)보다 훨씬 더 많이 사용되었다고 여긴다.

라틴어 동의어 **도미니쿰**(dominicum) 역시 4세기에 잘 알려진 용어가 되었다.[16] 그러나 5세기가 지나면서 사라지게 된다. 마지막으로, 4세기에 그리스도인들은 교회 건물이라는 의미로 **바실리카**라는 단어를 차용했다. 기독교 바실리카가 콘스탄틴이 패권을 잡은 이후에 등장하기 시작했다고 주장하는 이들도 있지만, 무어만은 콘스탄틴이 황제

---

15 만일 우리가 그리스도의 이미지를 방해했던 제국적인 해석의 병폐를 제거한다면, 그리스도는 우리가 이전에 믿게 되었던 그리스도보다 훨씬 더 강하고 다재다능하신 분으로 드러나게 되신다. 그리스도가 계셔야 할 자리는 고대 세계의 신들 사이에 있다. 그리스도는 고대의 신들과 사투를 벌이셨고, 그들로부터 가장 강력한 속성들을 빼앗으셨다. 그리스도가 제우스의 왕좌를 차지하신 이후로, 신들의 아버지는 앉을 의자조차 가질 수 없었다. 제우스 상들은 녹여졌고, 법정화폐에 제우스는 다시는 등장하지 않게 되었다. 비슷하게 그리스도가 아셀피우스(Asclepius)의 온화하고 배려하는 모습을 갖게 되셨고, 치유의 신이 주장했던 기적들이 일어나는 모든 곳에 등장하게 되셨을 때, 아셀피우스의 사당들은 유기되었다. 그리스도는 디오니소스나 아폴로의 젊은 아름다움을 취하시고, 그들의 신자들을 그분 자신의 성지와 교회로 오도록 했다. 그리스도는 남녀 양성의 소유자(androgyne)로서, 이분적인 성(sex)을 초월했다. 그리스도는 승리의 신일뿐 아니라 양육의 신이셨다. 그리스도는 신의 후광과 올림피아의 황금 옷을 취하시면서 고대의 모든 신들을 대체하셨다(Mathews, *The Clash of Gods*, p. 179).

16 당신 왼쪽이 주님이 십자가에 달리셨던 골고다 언덕이다. 거기서 아주 가까운 거리에 그들이 주님의 시체를 넣어 두었던 동굴이 있었다. 그리고 그분은 삼일 째 되는 날에 다시 살아나셨다. 콘스탄틴 황제의 명령으로 그곳에 "바실리카," 즉 "주님을 위한 장소"가 세워졌다. 그 옆에 매우 아름다운 수조들(cisterns)이 있었고, 그 수조들 옆에 아이들에게 세례를 베푸는 목욕통(bath)이 있었다(The Pilgrim of Bordeaux [333년], in Wilkinson, *Egeria's Travels*, p. 158).

가 되기 10년 전에 이미 교회 건물의 명칭으로 바실리카가 등장했다고 언급한다. 그녀는 또한 이 단어가 처음에는 그리스도인들에게는 다소 중립적인 용어로, 어떤 확정되거나 고정된 건축 양식을 가리키지는 않았다고 주장한다.

2. 음악

제임스 화이트(James White)는 하나의 교회 건물이 하나의 악기라고 말한 적이 있다. 이 말은 우리로 하여금-모든 악기처럼-예배 공간이 음악에 영향을 주는 동시에 음악으로부터 영향을 받는다는 사실을 이해하는데 도움을 준다. 예배를 위해 사용하는 건물은 시각적인 공간일 뿐 아니라 청각적인 공간이기도 하다. 빌린 장소로부터 영구적으로 개조된 가정 교회로 진화한 기독교 공동체의 예배 장소는 이 시대의 음악을 형성하는데 있어 매우 중요한 요인이었다. 음악을 수용했던 공간처럼, 이 시대 말기의 예배 음악은 이 시대 초기의 음악과는 매우 달라질 것이었다.

1) 기도와 낭독

공적인 선포의 장에서, 4세기 기독교 예식은 이전 시대의 예식과 비슷했다. 즉, 어느 정도 음악적이지 않았던 공적 연설은 없었다. 특히 낭독, 식사(orations), 성찬 기도와 같은 중요한 텍스트를 선포할 때 그러했다. 집전자가 식사와 기도를 특히 매우 널찍한 바실리카에 선포하는 경우 그러한 텍스트는 우리가 연설이라고 부르는 것보다는 노래에 더 가까웠다. 낭독도 마찬가지였다고 말할 수 있다. 예수의 제자들이 회당에서 경험했던 영창으로 낭독하는 전통은 중단되지 않고 지속되었다.

당시에 영창을 정확하게 어떤 방식으로 했는지는 알기 어렵다. 음악 기보법이 늦도록 발전되지 않았기 때문에, 영창 방식을 모든 선율처럼 외워야 했다.[17] 이 시대의 영창에 대한 분명한 기억은 없지만, 후대의 시편 선법(psalmn tones)의 예들을 통해 당시에 어떻게 영창으로 낭독되었는지를 간접적으로 알 수도 있다[그림 79].

---

17 음들(sounds)은 기억되지 않는 한 소멸된다. 왜냐하면 음들은 기록될 수 없기 때문이다(Isidore of Seville [Isidori Hispalensis Episcopi, 636년 사망], *Etymologies*, 3.15).

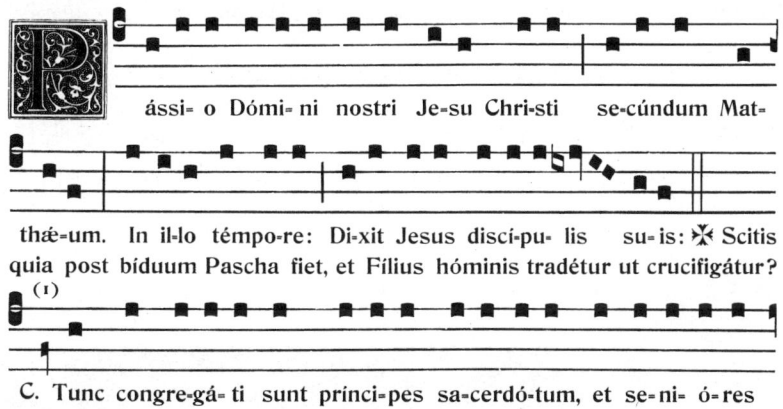

그림 79. 종려주일에 불렸던, 마태복음의 수난 기사에 대한 전통적인 영창

다양한 비음악적인 것들의 발전 역시 당시의 낭독 영창에 대한 정보를 제공한다. 예를 들어, 우리는 낭독자(lector)의 사역(공적 낭독의 행위에만 국한되지 않은)이 3세기 문헌에 잘 기록되어 있다고 언급했다. 4세기경에 낭독자의 사역은 기독교에서 비교적 고정된 사역으로 자리를 잡게 된다. 어떤 이들은 수년간 낭독자로 사역했기 때문에,[18] 자신만의 영창 방식을 개발했을 수도 있다. 특정한 공동체에서 이러한 방식은 한 세대의 낭독자로부터 다음 세대의 낭독자로 전수되었을 것이다.

다른 한편으로, 제임스 맥키넌(James McKinnon)은 돔 진 클레어(Dom Jean Claire)의 **"스콜라"**(schola, 라틴어, "배움의 장소 또는 시스템," "학교") 성가와 **"낭독자"**(렉토르) 성가 구분법을 상기시킨다. 맥키넌의 관점에, 전자는 발전된 레퍼토리와 그 레퍼토리를 유지하는 중요한 조직(organization)으로 특징지어진다. 후자는 개인적이고, 초기 기독교 예배처럼 즉흥적이라는 특징을 나타낸다.[19] 그렇기 때문에, 낭독자(렉토르) 성가의 특정 부분에 대해 말한다는 것은 매우 어려울 수 있다. 신자들로 하여금 선포된 말씀을 듣고 이해하도록 하는데 주된 목적을 둔 영창의 스타일이었다고 생각하는 것이 가장 좋을 것이다.

건축적인 발전은 예배에서 말씀 선포의 중요성을 강조하고, 낭독자의 중요성에 대

---

18 가끔 어린 아이가 이미 낭독자로 지명되었다. 그리고 그가 서른 살이 되었을 경우에만 복사나 차부제의 일이 맡겨졌다.... 만약 성인으로서 시작한다면, 그 사람의 첫 번째 사역은 대개 낭독자나 구마사(exorcist)의 사역이었다. 2년 후에... 그는 복사나 차부제가 될 수 있었다(Osborne, *Priesthood*, p. 197).

19 낭독자 성가는 보다 개인적이면서 수명이 짧았다. 어떤 사람들은 질서와 일치를 요구하는 중세 예배의 특징과 반대되는 초창기 기독교 예배의 카리스마(charisma)와 즉흥성에 연결시키면서, 낭독자 성가가 보다 자유로웠다고 말하기도 한다(McKinnon, *The Advent Project*, p. 63).

한 증거를 뒷받침한다. 최초의 영구적인 예배 장소에는 회중 가운데서 말씀을 선포할 때 사용될 수 있는 장소가 확실하게 마련되어 있었다. 그 후, 교회들은 이 행위를 위한 특별한 구조물인 강대(ambo)를 준비했다. 우리가 이미 살펴보았듯이, 설교단(pulpit)이나 강대(ambo)에 대한 문헌 자료는 3세기에 이미 존재한다.[20] 강대에 대한 [가장 이른] 고고학적 증거는 4세기경의 것이 분명하다. 그 이후의 것으로 추정되는 고고학적인 증거는 굉장히 많다[그림 80].

그림 80. 6세기 베야지트(Beyazit) 바실리카의 강대(Mathews, *Early Churches of Constantinople*, figure 56)

더 나아가 4세기 문헌 자료는 강대와 함께 낭독자뿐만 아니라 새롭게 나타난 시편선창자(psalmist) 또는 선창자(칸토르[cantor])에 대해서도 말한다. 시편선창자와 낭독자를 구분하는 이유는 강대에서 낭독하는 텍스트가 달랐다는 사실에 기초한다.[21] 시편선창자나 성가선창자(칸토르)만이 시편을 선포했다. 2장에서 우리는 다윗의 시편이 초창기 기독교 예배에서 성경 낭독 부분으로 취급되었을 것이고, 그래서 다른 성경 본문을 낭독하는 방식과 별반 다르지 않는 방식으로 읽혔을 수 있다고 언급했다.[22] 그러나

---

20 제2장 각주 33번을 보라.
21 강대(ambo)에 올라가서 양피지에 적힌 것을 영창하는 교회법에 의거한 가수들 외에는 어느 누구도 집회에서 노래할 수 없다(Council of Laodicea [363년경], canon 15, in Mansi, *Sacrorum Conciliorum*).
22 제2장 각주 42번을 보라.

4세기 중엽에, 다른 성경 본문을 읽는 방식과는 매우 다르게 시편을 낭독하는 방식이 발전된 지역도 있었다.

이 방식은 시편(psalmody)에 내재된 서정성에 더욱 집중하고, 처음부터 끝가지 직접 낭독하는 직접적인 접근법보다는 응창으로 하는 형식을 선호했던 것 같다. 낭독자와 시편 선창자 사이의 차이는 "낭독자 성가"와 "스콜라 성가" 뿐 아니라, 낭독자 성가의 자유를 공유하지만 보다 뚜렷한 수준의 음악성을 가진 "시편 선창자 성가"(psalmist chant)도 존재했음을 암시하는 것 같다.

2) 성경 및 비성경적 예전 성가

313년에서 750년 사이에, 성찬 예전은 오늘날에 익숙한 많은 음악적인 요소를 지니게 되었다. 성경의 시편이 가장 중요했다. 시편은 입당 때, 복음서 전에 할렐루야 후렴구와 함께, 그리고 우리가 이전에 봉헌이라고 불렀던 것을 할 때, 그리고 성찬식 때 영창되었다. 전통적인 입장은, 언젠가 "미사 고유문"(proper of the Mass)이라고 알려진 이러한 성경적 시편들이 수 세기에 걸쳐 서서히 발전되었다고 주장했다. 최근에 제임스 맥키넌이 이러한 입장에 이의를 제기했다. 그리고 로마 미사 고유문의 발전에 관한 아주 새로운 시나리오를 제시했다.

그의 역사적 재구성은, 좀 더 개인적이고 자유롭지만 수명이 짧았던 "낭독자 성가"와는 다른 형태로서 "**스콜라 성가**"가 출현했다고 추정한다.[23] 맥키넌에 따르면, **스콜라** 성가는 레퍼토리와 조직(organization)으로 구별되는데, 많은 성가를 창작하고 레퍼토리를 매년 유지했다. 창작하고 유지하는 두 가지 작업은 준전문 음악가들로 구성된 집단에 의해 이루어졌다(McKinnon, *Advent Project*, p. 63).

---

[23] 제3장 각주 53번을 보라.

그림 81. 대림절 입당송(Introit), 『로마 미사 성가집』(Graduale Romanum)(1979년)

로마의 "가수들의 학교"(**스콜라 칸토룸**, schola cantorum 라틴어)가 그러한 집단이었다. 맥키넌은 **스콜라 칸토룸**이 대림절로 시작되는 교회력의 모든 날을 위한 미사 고유문의 완전 주기(complete cycle)를 만들기로 결정했다고 믿는다. 작업은 7세기 말에, 입당송(introits), 층계송(graduals), 봉헌송(offertories), 영성체송(communions)으로 시작되었고, 대림절-성탄절 절기를 위한 거의 완벽에 가까운 일련의 "고유문"이 만들어졌다[그림 81]. 그러나 **스콜라**의 구성원들이 교회력 나머지 부분을 위한 어마어마한 계획을 완수하는 것은 불가능했다. 그들은 입당송과 영성체송만을 간신히 만들어 낼 수 있었다. 그들은 매일을 위한 새로운 층계송과 봉헌송은 만들 수 없었고, 종종 동일한 성가를 다른 날들에도 사용하게끔 했다. 나중에 미사 고유문에 추가된 알렐루야는 720년경이 끝나갈 무렵이 되어서야 만들어졌다.

3) 미사 "통상문"(Ordinary)의 출현

이 기간은 미사 "고유문" 외에도 후대에 미사 "통상문"이라고 불리게 될 것의 출현과 표준화를 목격한 시기이기도 했다. 미사 통상문은 성경적 텍스트와 비성경적 텍스트로 구성되었다. 자비송(**키리에**[Kyrie])은 로마의 황제숭배 종교의 환호송(acclamation)에서 기원했는데, 4세기 동방 기독교 연도(litanies)에 처음으로 등장했다. 자비송(키리에)은 적어도 8세기경에는 미사의 일부가 된다. 자비송(키리에)은 원래 회중이 하는 중요한 응창이었지만, 이미 8세기경 교황 미사에서는 성가대에 의해서만 불리게 되었다. 결국에 평신도는 성찬 예전 동안에 자비송(키리에)을 부르지 못하게 될 것이었다.

영광송(글로리아[Gloria], 라틴어, "영광")은 다윗의 시편을 모방한 것으로, 4세기 말에 동방에서 영광송(글로리아)의 초기 형태가 등장했다.[24] 원래 동방에서 아침기도의 일부로 사용되었던 영광송(글로리아)은, 6세기경에 로마 성찬 예전의 일부가 되었던 것 같다. 성탄절에 처음으로 사용되었고, 그 후 주교가 집전했던 일요일과 순교자 축일(feasts of martyrs)에 사용되었다. 사제들은 부활절 밤과 서품 미사 때에 영광송(글로리아)을 사용할 수 있었다. 그러나 700년대 초, 프랑크 왕국들에서는 누가 집전하든지 상관없이 영광송(글로리아)이 일요일과 축일에 사용되었다. 회중이 영광송(글로리아)을 함께(심지어는 미사 밖에서도) 불렀다는 증거도 있다. 그러나 회중의 목소리를 갈수록 더 포함하지 않게 되었던 성가였다.

삼성송(상투스[Sanctus], 라틴어, "거룩")의 초기 형태는 이미 클레멘트의 『고린도인들에게 보낸 편지』(Epistle to the Corinthians, 96년경)에서 인용된다.[25] 그러나 이 텍스트가 특정하거나 고착된 예전 용법을 지시했다는 증거는 없다. 3세기경, 오리겐(254년경 사망)의 성찬식에 삼성송(상투스)이 사용됐다는 비교적 분명한 언급이 있고, 4세기 동방에서는 더 많은 언급이 나온다. 그러나 서방에서 삼성송(상투스)이 미사의 일부였다는 증거는 400년경에 이탈리아 북부에서 처음으로 나타난다. 삼성송(상투스)이 처음으로 성찬식에 도입될 때에는 모든 사람이 함께 불렀었다. 서방에서 삼성송(상투스)은 이렇게 새로 출현하던 "통상문"의 다른 요소들보다 사람들의 환호송이라는 위치를 더 오래

---

24 지극히 높은 곳에서는 하나님께 영광이요, 땅에서는 선한 사람들에게 평화로다. 위대한 대제사장이시고, 진정한 하나님이시며, 유일하고 영원하시며, 큰 영광 때문에 다가갈 수 없는 당신을 통해, 우리는 당신을 찬양하고, 우리는 당신을 찬송하고, 우리는 당신을 송축하고, 당신을 찬미하고, 당신을 흠모하나이다. 하늘의 왕, 전능하신 주, 성부 하나님. 세상의 모든 죄를 없애신, 흠 없는 어린양 그리스도의 주, 성부 하나님. 천사를 다스리시는 당신께, 우리의 기도를 드리오니 받아주시옵소서. 당신만이 거룩하시고, 당신만이 주시고, 당신만이 예수 그리스도의 주, 성부 하나님이시나이다. 창조된 세상의 하나님이시고, 우리의 왕이신 예수 그리스도를 통해 영광과 존귀와 경배를 받으시옵소서(*Gloria* from Apostolic Constitutions 7.47, in Funk, *Didascalia et Constitutiones Apostolorum*).

25 그분이 우리의 자랑과 우리 믿음의 근원이 되시도록 합시다. 그분의 뜻에 순종합시다. 그분의 수많은 천사를 생각하고, 그들의 그분의 뜻을 받들기 위해 어떻게 준비하는지 봅시다. 성경은 말합니다. "그분 앞에 서 모셔선 만만의 천사들과, 그분을 섬기는 자는 천천의 천사들이 외쳤다. '거룩하다, 거룩하다, 거룩하다, 만군의 주시여. 그분의 영광이 모든 만물에 충만하도다'"(*I Clement* 34:5-6, in *The Epistles of St. Clement of Rome and St. Lgnatius of Antioch*).

유지했다. 어떤 지역들에서는 12세기에도 사람들이 미사에서 삼성송(**상투스**)을 불렀다는 사실을 보여주는 증거도 있다.

그림 82. 교황 세르기우스 1세(Sergius I)

이 기간에 출현한 통상문의 마지막 요소는 **아뉴스 데이**(*Agnus Dei*, 라틴어, "하나님의 어린 양")이다. 하나님의 어린양(**아뉴스 데이**)이라는 이 연도는 일반적으로, 교황 세르지우스 1세(Sergius I, 701년 사망)에 의해 로마에 도입되었다고 여겨진다[그림 82]. 세르지우스는 팔레르모(Palermo)에서 안티오크(안디옥) 출신의 시리아 가정에서 태어났다. 동방의 교회들에서 하나님의 어린양(**아뉴스 데이**)에 관한 정확한 선례를 찾기는 어렵다.

그럼에도 불구하고, 세르지우스에게 친숙했던 이 교회들의 예전 예식과 상징주의는, 그로 하여금 하나님의 어린 양(**아뉴스 데이**)을 직접적으로 도입하거나, 아니면 로마교회에 맞게 좀 더 창의적으로 만들도록 하는 원인을 제공했다. 이러한 상징론의 한 예는 축성된 빵을 "양"으로 언급하는 많은 동방 문헌에 나타나는 전통이다. 하나님의 어린 양(**아뉴스 데이**)을 언급하는 가장 초기의 문서들은, 이 연도가 빵을 떼는 일을 마칠 때까지 반복되었다고 말한다.[26] 짧은 구의 계속되는 반복은, 하나님의 어린 양(**아뉴스 데이**)이 예전에 도입되었을 때부터 회중이 함께 노래했다는 사실을 암시한다.

4) 찬미송(Hymns)

콘스탄틴이 교회를 승인한 이후에 도래한 평화의 기간 동안에 기독교 찬미가가 꽃을 피웠다. 그 이유는, 최소한 부분적으로, 당시의 찬미가가 회중이 참여하는 계기가 되고, 비교적 대중적인 작곡 방식을 사용한데 있다. 푸아티에의 힐러리(Hilary of Poitiers, 367년 사망)는 한 세기에 걸쳐 발전해왔던 동방의 운율 찬미가(metrical

---

[26] 부제들이 빵을 떼어 성반 위에 놓는 동안에, 대부제는 스콜라에게 고개를 끄떡이며 **아뉴스 데이**(하나님의 어린양)를 시작하라는 표시를 한다. 그러면 스콜라는 빵을 떼는 예식이 끄쳐질 때까지 노래를 계속한다 (*Roman Ordo*, 3:2 [700년경], in Andrieu, *Les Ordines Romani*).

hymnody)를 서방에 도입하는데 중요한 역할을 했다.

밀라노의 암브로스(387년 사망)는 라틴어로 된 운율 찬송가를 대중화시켰다. 그는 때때로 서방 교회 찬미가의 아버지로 불린다. 암브로스는 찬미송의 흡인력과 접근성을 이해했다.[27] 그는 찬미송 텍스트를 짧은 연(stanza)으로 나눠, 각 연이 앞의 연과 동일한 패턴(예를 들면, 행수와 운율, 압운 형식)을 따르도록 했다[그림 83]. 이를 통해, 암브로스는 수 세기 동안 지속되었던 찬미송 작사의 기초적인 원리를 만들었다. 암브로스의 찬미송 곡은 현재 남아있지 않지만, 리처드 호핀(Richard Hoppin)은 아마도 잘 알려진 세속적인 곡에 맞춰 불렸을 수 있다고 생각한다. 이것이 사실이든 그렇지 않든 간에, 그 곡 텍스트(가사)처럼 이해하기 쉽고 매력적이었기 때문에, 진정한 "민간"(folk) 음악의 한 형태로 간주되었다.

그림 83. 밀라노의 암브로스가 만든 찬미송 Aeterne rerum conditor (라틴어, "모든 만물의 영원한 창조주")를 위한 세 개의 선율

대중적인 라틴어 찬미가는 서방 교회의 회중이 예배에 직접 참여하고 예전의 언어를 이해했던 기간에 탄생했다. 그러나 다음 수 세기 동안에 라틴어 찬미가는 꽃을 피웠지만, 성찬 예전에서 회중의 직접적인 참여는 느리지만 꾸준히 줄어들게 되었다. 따라서 사람들이 미사 때 부르는 찬미송도 있었지만, 그러한 찬미송은 미사의 구조에 영향을 끼치지 못했거나 미사의 구성 요소는 되지 못했다. 라틴어 찬미가가 점점 더 발전하면 할수록, 성찬식에서는 점점 덜 중요하게 되어갔다. 신자들의 행위가 사제나 다른 사역자들의 행위에 비해 중요하지 않게 된 것과 비슷하다. 예전에서 비성경적 찬미송을 금지하고자 했던 공식적인 시도[28]는 찬미송의 대중성에 영향을 거의 끼치지 못했

---

27 그들은 또한 사람들이 나의 찬송가에 매혹되어 엇나가게 되었다고 말한다. 물론, 나는 그 사실을 부인하지 않는다(Ambrose of Milan [387년 사망], Sermon against Auxentius 24, in McKinnon).
28 시편이나 구약성경과 신약성경의 정경에 속하는 다른 부분들을 제외하고, 그 어떤 시적인 작품들은 교회에서 노래되어서는 안 된다고 결정되었다(First Council of Braga [563년], canon 12, in Mansi, *Sacrorum*

다. 많은 라틴어 찬미송은 결국 시과전례(Liturgy of Hours)에 통합되었거나 대중 신심(popular devotions) 때 사용되었다.

5) 음악가들과 그들의 음악

전문 음악가들, 또는 오늘날의 "전문적인 음악가"와 비슷하게 여겨질 수 있는 고대의 음악가들은 이 기간에 그 수와 유형이 늘어났다. 혼자서 성가를 인도하는 특별히 임명된 가수(singer)에 관한 최초의 증거는 4세기 후반부에 동방에서 등장한다.[29] 또한 당시에 전례 독경자(liturgical reader)와 가수가 처음으로 분명하게 구분되었다는 사실에 대한 증거도 마찬가지로 동방에서 나온다.[30] 이 기간에 동방과 서방 모두에서 성가대가 존재했었다는 증거가 있지만, 교황 대그레고리(604년 사망)가 로마에 성가대학교(**스콜라 칸토룸**)를 세웠다는 유명한 전설을 뒷받침하는 증거는 거의 없다. 그러나 그레고리는 차부제나 다른 하급 성직자들만 시편을 영창하고 성경의 다른 책을 낭독할 수 있게 제한했다.[31]

점점 더 많아지는 전문가들은 음악적인 리더십을 특히 주교가 집전하는 예전에서 발휘했다. 그러나 주목할 점은, 당시에는 사제들이 집전하는 예배도 있었는데 그 예배는 주교 예배(episcopal worship)와는 상이한 방식과 분위기를 갖고 있었다는 사실이다. 로마는 크기와 제국에서의 중요성에 있어 특별한 도시였다. 추정치는 각기 다르지만, 대개 트라얀(Trajan-117년 사망) 황제가 통치했을 때라고 여겨지는 제국의 절정기에 로마에는 약 백만 명에 가까운 주민들이 살고 있었다. 인구수와 문화적 다양성 때문에, 로마에서는 특정한 여러 이웃과 문화적 집단의 필요를 채워주는 가정 교회가 많이 생겨났다.

Conciliorum).

29 제3장 각주 55번을 보라.

30 독경자들(readers)과 가수들은 영대(스톨)를 걸치거나, 제의를 입고 낭독하거나 노래할 수 있는 자격이 없다(The Council of Laodicea [363년경], canon 23, in Mansi, *Sacrorum Conciliorum*).

31 나는, 다른 성경 낭독들에 앞서, 차부제들이나, 필요한 경우 다른 하급 성직자들이 시편을 노래해야 한다고 명한다. 이 주교좌에서 명한다. 거룩한 제대를 섬기는 이들은[예. 부제들] 낭독자(cantor)의 역할을 해서는 안 된다. 미사에서 그들이 하는 유일한 직무는, 복음서의 독서 부분을 선포하는 것이다(Gregory the Great [604년 사망], Roman Synod of 595, in Mansi, *Sacrorum Conciliorum*).

그림 84. 로마의 티툴라(titular) 교회들의 지도

1. 성 시스토(S. Sisto)
2. 성 조반니 에 파올로(SS. Giovanni e Paolo)
3. 성 콰트로 코로나티(SS. Quattro Coronati)
4. 성 클레멘테(S. Clemente)
5. 성 마르셀루스 데 피에토(SS. Marcello e Pieto)
6. 성 피에트로 인 빈콜리(S. Pietro in Vincoli)
7. 성 마르티노 아이 몬티(S. Martino ai Monti)
8. 성 프라에세다(S. Praesseda)
9. 성 유세피우스(S. Eusebio)
10. 성 푸덴지아(S. Pudenzia)
11. 성 비탈레(S. Vitale)
12. 성 수산나(S. Sussana)
13. Cyriaci(키리아키)
14. 성 마르셀로(S. Marcello)
15. 성 로렌초 인 루키나(S. Lorenzo in Lucina)
16. 성 로렌초 인 다마소(S. Lorenzo in Damaso)
17. 성 마르코(S. Marco)
18. 성 아나스타시아(S. Anastasia)
19. 성 네레이 에트 아킬레이(SS. Nerei et Achillei)
20. 성 발비나(S. Balbina)
21. 성 사비나(S. Sabina)
22. 성 프리스카(S. Prisca)
23. 성 마리아 인 트라스테베레(S. Maria in Trastevere)
24. 성 체칠리아(S. Cecilia)
25. 성 크리소고노(S. Chrysogono)

영구적인 예배 장소를 세우게 됨으로써, 구 성 베드로 성당(shrine church)와 성 요한 라테란 주교좌 성당(4세기 초)과 같은 대형 바실리카 뿐 아니라, 근린교회 시스템(system of neighborhood churches) 또는 **티툴리**(*tituli*, 라틴어, 문자적으로 "명의"[title])-5세기경에 **티툴리**의 수는 25개-가 나타나게 되었다[그림 84]. 로마의 주교가 이미 4세기부터 성찬식을 거행하기 위해 교회에서 교회로 정기적으로 이동했다(라틴어, *statio*, "장소[station]")는 증거가 있다. 특별 가수들은 이러한 "순회"(stational) 전례에 주교와 함께 했다. 사람들이 다수의 응답송(responses)과 후렴구(refrain)를 함께 노래하기는 했지만, 주

교와 함께 하는 미사에서는 특별 가수가 보다 중요한 역할을 했고, 사람들의 목소리는 점점 작아졌다. 다른 한편으로, **티툴리**에서 사제가 집전하는 예배에서 노래할 때에는 사람들의 역할이 더욱 중요했을 것이다.

로마 전례, 특히 주교가 거행하는 전례가 서방 기독교의 예배 모델로 중요해지면서, 성찬 예전을 거행할 때 사람들의 목소리는 작아졌다. 특히 라틴어가 일반 신자들의 언어가 아닌 지역에 로마 전례가 전해졌을 때는 더욱 그랬다. 이것은 점진적인 과정이었다. 그래서 사람들이 보다 중심적이며 들리도록 하는 역할을 유지했던 장소도 있었다.

그러나 결국에는 모든 곳에서 사람들은 예전 행위의 중심부로부터 물리적으로도 멀어지고, 음악적으로도 멀어지게 되었다. 이 시기에 주목할만한 점은 예배에서 여자들과 소녀들에 대한 제한이 많아졌다는 사실이다. 성단소의 출입을 금지당했던 첫 번째 사람들이었던 것처럼, 여성들은 음악에서 리더십의 역할을 맡지 못하게 되었다. 이러한 제한들은 동방에서 먼저 시작되었고,[32] 서방으로 퍼져나갔다.

6) 성가의 종류(families of chant)

이 시대의 음악이 어떤 소리를 냈는지 정확히 알기는 어렵다. 이 기간에 밀라노와 콘스탄티노플, 베네벤토(Benevento)를 포함하는 서방과 동방의 많은 예배 중심지는 각각 독특한 성가 스타일을 발전시켰다. 이탈리아 중남부의 베네벤토 성가와 같은 레퍼토리는 더 이상 예배하는 사람들이 사용하는 레퍼토리가 아니었다. 심지어 재구성하기도 어렵다. 필사본이 소실되었거나 성가의 주요 부분들이 그 시대의 다른 음악적 경향에 뒤덮이는 과정을 겪었기 때문이다.

가장 널리 알려진 라틴어 성가는(적어도 이름만으로는) 그레고리 성가(Gregorian Chant)이다. 그레고리 성가의 신화적인 기원에 대해서는 교황 대그레고리의 많은 전설 중 하나가 말해준다. 알려진 대로라면 그레고리는 6세기 말에 로마교회를 위해 이 성가를 만들었다[그림 85]. 그러나 진짜 역사는 훨씬 더 복잡하고, 여전히 논쟁 중에 있다. 그레고리 성가의 역사는 "구 로마 성가"(Old Roman Chant)라고 불리는 또 다른 레퍼토리의 역사와 뒤섞였다.

---

32 여자들은 교회에서 말하면 안 된다. 조용하게 말하는 것도 안 된다. 노래를 같이 하거나 응창에 참여해서도 안 된다. 그들은 침묵으로만 하나님께 기도해야 한다(The Teaching of the Three Hundred Eighteen Fathers [375년], in Quasten, *Music and Worship in Pagan and Christian Antiquity*, p. 81).

제임스 맥키넌(James McKinnon)은 그의 저서 『대림절 프로젝트』(The Advent Project)에서 두 성가의 관계에 대해 통찰력 있게 요약한다(pp. 375-403). 맥키넌에 따르면, 12세기 후반부에 많은 학자는 로마에 서로 다른 두 개의 성가 "표현형식"(dialects)이 함께 존재했다고 확신했다. 이 이론의 일반적인 주장에 따르면, 원래의 로마 성가는 오늘날 "구 로마 성가"라고 불리는 것으로, 대 그레고리 당시에 로마 바실리카에서 불렸지만, 11세기 말이 되기까지 기보되지는 않았다.

두 번째 성가는 우리가 "그레고리 성가"라고 칭하는 것이었다. 그레고리 성가는 교황 비탈리안(Vitalian, 672년 사망) 당시까지 만들어지지 않았었다. 이 성가는 **스콜라 칸토룸**의 작품이었다. 그레고리 성가는 교황 전례(papal liturgy-교황이 집전하는 전례)와 깊이 연관되고 교황의 지위에 부합하는 방식의 음악으로 여겨졌다.

그림 85. 대 그레고리와 그의 오른쪽 어깨 위에 비둘기의 모습으로 계신 성령을 묘사한 것으로, 성령이 성가 운율을 "구술하시고" 그레고리는 이를 받아쓰고 있다

또한 "교구적인(parochial) 도시의 성가와는 대조되는 보편적인 음악의 성가"로 여겨졌다((McKinnon, p. 375). 이 이론에 따르면, 그레고리 성가는 교황 스테판 2세(Stephen II, 757년 사망)의 임기 동안에 북쪽에 있던 카롤링거 제국에 전해졌다. 그리고 900년경에 그 곳에서 기보되었다.

맥키넌은 "2개의 성가" 이론이 여러 가지 이유 때문에 받아들이기 어렵다고 생각한다. 그 대신에 그는 또 다른 이론을 변형하여 제시한다. 먼저 그의 이론에 따르면, 로마 성가의 원형은 하나였고, 그 원형이 카롤링거 제국으로 전해지는 과정 속에서, 그리고 로마에서 오랜 세월 동안 구전되면서 일련의 변화를 겪었다. 맥키논의 주장은 앞에서 언급한 낭독자(렉토르) 성가와 **스콜라** 성가의 차이에 기초한다.[33]

그가 생각한 연대순 배열에 따르면, "낭독자 성가"는 로마에 있던 성가의 원래 방식이었다. 비록 교회들마다 그 성가를 부르는 방법이 다를 수는 있었겠지만, 맥키넌은 로마에 있던 교회들은 그가 "범-로마 기본 선율"(pan-Roman melodic substance)이라고 칭한 것을 상당히 공유했다고 생각한다. 위에서 언급한대로, 맥키넌은 **스콜라 칸토룸**의 구성원

---

[33] 제3장 각주 53번을 보라.

들이 대림절로 시작되는 교회력의 모든 날을 위한 미사 고유문의 완전 주기를 만들기로 결정했었다고 믿는다. **스콜라**의 이 작업은 7세기말에 시작되어 720년경에 마쳐졌다.

맥키넌에 따르면, **스콜라**의 "졸업생들"은 도시 교회들(**티툴리**)로 가서 가수로 사역했고, 이처럼 새롭게 만들어진 성가를 전파했다. **스콜라**의 구성원들은 또한 카롤링거 제국과 같은 다른 지역에도 전파했다. 맥키넌은 **스콜라**가 이 새로운 성가를 만들었을 때와 프랑크족이 그 성가를 분명하게 기록했던 때 사이의 시차는 1세기가 채 되지 않는다고 믿는다. 그러나 로마에서 **스콜라** 성가는 거의 400년 동안 기록되지 않았다. 이것이 바로 맥키넌이 (전파된 후 1세기 안에 기록된) "그레고리 성가"와 (만들어진 다음에 거의 400년 동안 기록되지 않았던) "구 로마 성가"를 구분하는 방법이다.

맥키논이 재구성한 이론이 세월의 시험을 통과할지는 아직 모른다. 그러나 아직까지 이 이론은 설득력이 있고, "그레고리 성가"와 "구 로마 성가"의 관계를 설정하는데 도움이 된다. 이에 더해, 기독교 예전 음악이 서방에서 어떻게 발전되었을 수 있었는가에 대해 상상해볼 수 있는 중요한 틀을 제공한다.

7) 요약

이 기간에 예배 음악은 주목할 만큼 극적으로 발전했다. 4세기 이전에는 기독교 음악의 독특한 양식에 대해 말한다는 것이 기독교 건축의 독특한 양식에 대해 말하는 것만큼 어려웠다. 음악 양식과 건축 양식은 모두 주위 문화로부터 빌려와 예배를 위해 사용하기 위해 서서히 적응했던 것이다. 그러나 교회가 로마 황제에게 어울리는 공적 장소로 간주될 정도로 기독교가 성장하면서, 빌리는 것보다는 적응하고 혁신할 필요가 커졌다. 따라서 이 시기가 끝날 무렵에는, 여전히 지역 환경, 특히 로마의 환경과 문화적으로는 관련되었지만, 독특한 기독교 건축과 음악이 생겨났다.

이 시대의 기독교 예배는 이제 우리가 "극히 청각적인 환경"이라고 언급한 것 안에서 일어났다. 그래서 모든 공적 예전 연설(public liturgical discourse)에는 어느 정도의 음악성이 있었다. 이와 동시에 보다 음악적인 것과 덜 음악적인 것, 독경자와 선창자, 진 클레어가 말한 낭독자(렉토르) 성가와 **스콜라** 성가의 차이들이 구분되기 시작했다. 이러한 차이들은 결국 분리로 이어지게 될 것인데, 특히 서방 교회에서 많은 분리가 나타나게 될 것이었다.

그러나 이 시점에서 기독교 예전은 여전히 "음악적인 예전"(musical liturgy)으로 불릴 수 있다. 늘어나는 음악 전문가들은 아직도 다른 사역자들과 회중과 청각적인 환경을 공유했다. 그러나 맥키넌이 "대림절 프로젝트"라고 칭한 것과 같은 운동들은 앞으로 공식적인 예전, 특히 주교 전례(episcopal liturgy)의 음악적인 부분을 좌우하게 될 훈련된 음악가들이 더욱 중요해질 것이라고 암시한다. 이러한 변화에 균형을 맞추기 위해, 사람들은 찬송가와 같은 성찬식을 거행하는데 필수적이지는 않은 종교적인 음악을 만들었다. 이 모든 발전 속에서 성악, 무반주 음악은 여전히 강조되었다. 악기는 기독교 예배에서 아직 자리를 잡지 못했다.

3. 책

콘스탄틴 이후 시대의 성찬식은 몇 가지 요인으로 인해 이전 시대보다 현저하게 복잡해졌다. 한 요인은 기독교의 놀라운 성장이다. 2장에서 언급했듯이, 4세기가 시작될 무렵에 5천만 또는 6천만 명이 살았던 제국에서 최소한 10퍼센트가 그리스도인들이었다고 계산하는 이들도 있다. 이 수치는 콘스탄틴(337년 사망)의 통치 기간과 그 이후 몇 세기 동안에 크게 증가한다. 예배자의 수적인 증가는 새롭고 넓은 공간뿐 아니라 가정 교회에서는 불필요했던 계획과 조직의 수준을 요구하게 될 것이었다. 수적인 증가 이외에도 제국과 교회의 유대관계는 예배의 특성과 형식에 영향을 끼친다. 제국의 예법은 앞으로 제국의 국교가 될 기독교의 바실리카에 어울리는 의복, 일을 맡은 사람들, 행위 등을 공들여 만들도록 할 것이었다.

나아가 이 시대의 수많은 교리적인 논쟁과 신학적인 발전은 공적 예배에서 새로운 수준의 정확성을 요구했다. 따라서 즉흥성의 시대는 지나갔고 승인된 텍스트의 시대가 왔다. 이러한 새로운 교리적, 제국주의적, 수적인 압박으로 인해, 더욱 더 복잡해져 가는 의례를 설명하고, 그 의례를 지시하는 이들에게 도움을 줄 새로운 책들이 필요해졌다. 책들의 새로운 장르와 수량 외에도, 이 기간에 생산되던 필사본의 질도 달라지기 시작했다. 이 시대의 전례서들 중 일부는 내용적인 면뿐 아니라 외형적인 면에서도 가치가 있던 진짜 예술 작품들이었다.

1) 전례서의 유형들

현대 학자들이 중세 시대의 책들을 분류하는데 사용하는 방법은 중세 시대에는 존재하지 않았던 분류법이다. 고대의 책들은 다양한 형태를 취했고, 서로 다른 많은 명칭으로 불렸다. 여기서 우리는 표준식별법(standard identifications)을 사용하여 이러한 책들의 가장 순전한 형태를 묘사할 것이다. 물론 그 시대의 필사본들이 그러한 순전한 형태로 항상 존재했던 것은 아니다.

(1) 교송성가집(*Antiphonaries*)과 성가집(*Cantatories*)

로마에서 미사 고유문을 위한 성가 텍스트, 또는 입당 때, 낭독 사이에, 봉헌 행렬 때, 그리고 성찬식 때 불리는 텍스트를 실은 일련의 책들이 만들어졌다. 미사 교송성가집(라틴어, *antiphonarium* 또는 *liber antiphonarius* 또는 *antiphonale*. "성무일도 교송성가집"(office antiphonary)을 가리킬 때 사용되는 용어들이기도 함)은 교송 텍스트, 즉 성경에서 가져온 문장들을 담고 있다. 교송 텍스트는 입당과 성체 행렬을 하는 동안 시편의 구절과 구절 사이에서 불려졌다. 이러한 모음집이 8세기 초반에 로마 밖에서 널리 사용되었다는 사실을 암시하는 증거도 있다.[34]

성가집(라틴어, *cantatorium*)은 낭독과 낭독 사이에 독송가(soloist)가 불렸던 성가(층계송과 연송[tract], 알렐루야 독창부)를 담고, 때때로 봉헌을 위한 독창부도 싣고 있었다. 성가집의 프랑크식 명칭은 층계송(gradual, 라틴어, *gradale* 또는 *graduale*)이었다. **그라두스**(*gradus*, 라틴어, "계단")라는 단어, 또는 낭독과 낭독 사이에 성가를 부르기 위해 선창자가 서 있던 강대의 계단에서 유래한 **그라두알레**(*graduale*)가 결국 미사를 위한 성가 모두를 담은 책의 명칭이 되었.

중세 시대의 사람들조차도 이러한 책들을 가리키는 다양한 명칭들로 인해 혼란을 겪곤 했다. 유명한 학자인 메스의 아말라리우스(Amalarius of Metz, 850년경 사망)는 어느 정도 시간을 들여 학술적 명명법으로 이러한 차이를 설명하는 연구를 했다.[35]

---

34 성 그레고리는 잉글랜드 교회에게 여름 사계 재계일(summer ember days)을 지키라고 명령했다. 그의 교송집과 미사경본에서 여름 사계 재계일은 성령강림절 이후의 주간에 시작되었다. 그러한 의식들은 오늘날 우리의 교송집에 있을 뿐 아니라, 베드로 교회와 바울 교회에 있는 로마 예식서들에도 있는 걸 내 눈으로 확인했다(Egret of York [766년 사망], *On the Catholic Foundation*, 16, in *Patrologia Latina* 89:441).

35 우리가 교송집(Antiphonary)이라고 부르는 책을 로마인들은 세 가지 이름으로 부른다. 우리가 층계송집(*Gradale*)이라고 부르는 것을 로마인들은 그들의 고대 관습에 따라 성가집으로 부르는데, 아직도 한 권으

(2) 성경(Bibles), 복음서(Gospel Books), 서신서(Epistle Books), 성서정과(Lectionaries)

예전 발전의 이 단계에서, 구약성경, 서신서, 복음서 낭독은 성찬식을 거행하는데 있어 전통적인 요소로 간주될 수 있었다. 원래 낭독은 완전한 성경(complete Bible)의 코텍스로부터 선포하는 행위였을 수 있다. 이런 이유 때문에, 어떤 사람들은 **렉시오 콘티누아**(lectio continua, 라틴어, "지속적인 독서"), 또는 성찬 예전 때 성경을 순차적으로 낭독하는 관습이 당시에는 일반적인 것이었다고 결론짓는다. 그러나 그렇지는 않았던 것 같다.[36]

그 대신에 매우 이른 시기부터, 낭독되는 성경 본문은 축일이나 기념되어야 하는 날과 부합되게 선택되었던 것으로 보인다. 부활절과 같은 고대 절기 때, 성경의 어떤 부분을 읽어야 하는지에 대한 관습은 확실히 일찍부터 발전되기는 했지만, 5세기나 6세기 이전에는 이에 대한 분명한 지시 사항이 없었다. 즉흥성은 지역 주교의 주의 깊은 감독 하에 여전히 만연했다. 또한 얼마나 많은 낭독 구절들이 선포되어야 하는지에 관해서는 현저한 다양성을 보였다. 성찬식을 하는 동안에 우리가 비성경적이라고 여기는 텍스트가 낭독되는 일들도 여전했었다는 산발적인 증거도 있다.

예를 들어, 서방의 일반적인 관습은 성경의 세 군데, 즉, 첫 번째는 구약, 두 번째는 서신서, 세 번째는 복음서의 일부를 읽는 것이었다. 그러나 로마교회에서 세 번의 낭독을 했는지에 대한 논쟁도 있고, 로마에서는 두 번의 낭독, 즉 서신서와 복음서만 했었다고 제시하는 증거도 있다.

전하는 바에 따르면, 콘스탄틴은 예전용으로 50권의 필사본을 제작토록 했다.[37] 본래 예전용 성경에는 각 페이지 여백에 기호나 표시가 있었다. 낭독의 시작과 끝을 지시하기 위해서였는데, 장과 절로 나뉘지 않았던 당시 성경의 낭독 부분을 명시하는데 있어 비교적 효과적인 도구였다. 중세 시대 후기가 되어서야 성경은 장과 절로 나뉘었다.

로 된 성가집을 가지고 있는 로마교회들도 있다. 나머지 부분을 로마인들은 두 개의 이름으로 나눈다. 응창송을 담고 있는 부분은 응송집(responsoriale)이라고 불린다. 그리고 교송을 포함하는 부분을 로마인들은 교송집(Antiphonarius)이라고 부른다(Amalarius of Metz [850/1년 사망], *Liber de Ordine Antiphonarii, Prologus* 17, in *Amalarii episcopi Opera*).

36 심지어 고대 시대에도 연속 낭독(lectio continua)이 미사에서 행해졌다는 것을 우리에게 확인시켜주는 증거는 없다(Martimort, *Les Lectures liturgiques et leurs livres*, p. 19).

37 고대 예술에 정통한 전문가들에 의해 매우 아름다운 양피지에 우아하게 쓰여 진 50권의 성경 필사본을 제작해 달라고 각하에게 요청하는 것이 적절해 보입니다. 당신도 아시다시피, 성경 필사본은 교회에 꼭 필요합니다(Letter of Constantine [377년 사망] to Eusebius [340년경 사망]. Eusebius's *Life of Constantine*, 36, in *The History of the Church*에서 재인용).

> [사순절] 세 번째 주 일요일에 성 로렌스 [성벽 외곽]에서.
> [유세비우스의 분류에 따른] 누가복음 126장에 따른. "예수께서 귀신을 쫓아내셨다"[누가복음 11:14].
> "하나님의 말씀을 듣고 지키는 자들이 복을 받기"까지[Luke 11:28].

그림86. 카피툴라(capitular)

이러한 여백 표지 외에도, 낭독 표기를 위한 두 번째 도구는 카피툴라(capitular, 라틴어, capitulum, "성서의 짧은 구절[chapter]")라고 불렸던 목록이었는데, 대개 날짜, 전례 축일(liturgical feasts), 예배하는 장소, 낭독되어야 할 부분이 있는 성경의 책, 그리고 각 낭독의 시작부분 또는 **인시피트**(incipit, 라틴어, "시작하다"), 그리고 끝부분 또는 **익스플리시트**(explict, 라틴어, "끝나다")를 포함했다[그림 86].

에릭 팔라초(Eric Palazzo)는 이 목록들 또는 카피툴라의 세 가지 유형을 구분하는데 도움을 준다.

첫째 카피툴라는 낭독해야 하는 서신서를 열거하는데, 종국에는 서간집(epistolary, 라틴어, *epistula*, "서신")이라고 불리는 서신서들의 책이 나타나도록 할 것이다.

둘째 카피툴라 유형은 낭독되어야 하는 복음서 부분들을 규정한다. 후에 복음집(evangeliary, 라틴어, *evangelium*, "좋은 소식")이 등장하도록 할 것이다.

셋째. 카피툴라 유형은 앞선 두 유형을 합친 것으로, 기본적으로 미사 성서정과(lectionary, 라틴어, *lectio*, "읽기")의 기원이 될 것이다.

현존하는 서신서와 복음서 카피툴라는 6세기 것이다. 카피툴라는 아마도 5세기부터 존재했던 것 같다.

그림 87. 5세기 초기에 만들어진 복음서 사본의 표지 그림

여백 표시와 별도의 목록 외에도, 성찬 예전의 낭독을 위해 제공되는 세 번째 도구는 바로 한 유형의 낭독 부분만을 담아 제작된 특수한 책이었다. 예를 들어, 그러한 책은 네 복음서의 모든 텍스트와 함께, 언제 어떤 복음서의 어느 부분이 낭독되어야 하는지를 알려주는 여백 표시나 복음서 카피툴라를 담고 있었다. 그러나 정확하게 말해서 이 책이 (어떻게 예전적으로 선포되어야 하는지에 따라 복음서의 텍스트를 배열한) 복음집은 아니었다. 아마도 복음서(Book of the Gospels)라고 부르는 것이 더 타당할 것 같다. 이러한 책은 이미 5세기부터 존재했다[그림 87].

전례일(liturgical day), 즉 일요일 전례 때 낭독해야 할 모든 텍스트를 같은 책에 모두 모아서 탄생시킨 복음집과 서간집을 합친 책이 "미사 성서정과"(Mass lectionary, 성무일과를 위한 성서일과도 있다)이다. 미사 성서정과에 대해서는 5세기 말의 문서가 최초로 증거하고 있고,[38] 6세기 필사본들이 지금도 남아있다. 성서정과가 여백 표시나 카피툴라보다 후대에 발전된 것임에는 틀림없다.

그러나 성서정과가 미사를 위한 낭독에 대해 지시하는 다른 두 개의 수단, 즉 여백 표시와 카피툴라를 자동적으로 대체하지는 않았는데, 특히 성서정과를 만드는 일은 매우 노동집약적이고 비용이 많이 든다는 것을 고려해야 했기 때문이다. 이 기간에 성찬 예전을 위한 낭독에 대해 지시하는 모든 방법은 다양하게 사용되었다.

(3) 교회력과 순교록(Martyrology)

죽은 자를 추모하는 일은 기독교 예배, 특히 성찬식에서 필수적인 요소였다. 가장 이른 시기부터, 예수의 제자들은 유대교 달력에 따라 예수의 죽음을 기념하는 연례 축일을 지켰다는 증거가 있다. 기독교 달력은 궁극적으로 죽은 자들, 특히 십자가에 못 박힌 자의 이미지로서 존경을 받는 순교자를 추모하고 공경하는 일을 돕는 도구로 발전되었다. 서머나의 폴리캅(Polycarp of Smyrna)은 55년 2월 23일에 순교당한 후, 널리 공경 받았던 첫 번째 인물 중 한 명이다. 순교자들이 사망한 날짜와 장소를 기록한 목록이 이 기간 이후에 발전되기 시작했다. 최초의 목록 중 하나인 **데포시티오 마르티룸**(*depositio martyrum*, 라틴어, "순교자의 무덤 [목록]")[그림 88]은 354년부터 시작된다.

이러한 초기의 전례 달력들이 확대되면서, 순교자의 죽음과 순교 또는 매장 장소에 대한 기념일뿐 아니라 순교자의 삶과 미덕, 죽음의 태도에 대한 짧은 "역사"(history, 라틴어, *historia*)도 담은 진정한 순교력이 되었다. 순교력은 결국 순교자뿐 아니라 다른 성인들의 많은 다른 유형의 성인도 그 목록에 올렸다.

가장 이른 순교록 중 하나는 제롬(Jerome, 420년 사망)이 썼다고 알려진 히에로니무스(라틴어=*Hieronymus*, "제롬")의 순교록이다. 5세기 이탈리아에서 저술된 이 순교록은 목록에 올린 성인들의 간략한 약력을 싣고 있다. 그러나 제롬의 저서는 아닌 것 같다. 최초의 "역사적" 순교록은 잉글랜드의 학자인 비드(Bede, 735년 사망)가 저술했다고 알

---

38 마르세유(Marseilles)의 사제인 무사이우스(Musaeus)는 베네리우스 주교의 요청에 따라, 한 해의 축일들에 낭독하기 적합한 구절들을 성경에서 발췌했다. 그는 또한 절기들과 절기들에 낭독하는 성경 구절들에 맞는 응창송들과 시편들도 발췌했다(Gennadius of Marseilles [505년경 사망], *On Ecclesiastical Writers*, 79 [*De viris illustribus*]).

려져 있는데, 목록에 있는 성인들에 관한 보다 자세한 이야기를 담고 있다.

기념되어야 할 축일을 표기하는 달력은 성찬식을 거행하는데 있어 계속해서 중요한 위치를 차지하겠지만, 시과전례(Liturgy of the Hours)에서 결국 순교록이 좀 더 중요한 역할을 하게 될 것이다.

(4) 미사 소책자(리벨리 미사룸[*Libelli Missarum*])과 성사집(사크라멘타리[*Sacramentaries*])

예배가 더욱 복잡해지고 형식을 갖추게 되면서, 공적 기도를 즉흥적으로 하지 않게 되고, 예배 집전자를 위해 미리 작성된 기도문을 담은 책들이 등장했다. 또한 이 기간 동안에는 기독교의 교리가 빠르게 발전했고, 올바른 신학에 대한 관심도 커졌다. 4세기와 5세기에 주요한 교회 공의회들은 핵심적인 기독론과 그외 교리들을 정립했다. 공적 기도는 본질상 신학적이기 때문에, 기도신학은 당연히 그리고 반드시 정통적이어야 했다. 기도서 작성이 기도의 정통성을 보증하는 것은 아니지만, 작성된 기도문은 주교나 공의회, 다른 박식한 학자에게 검토되고 승인될 수 있었다.[39]

12월 25일	1월 1일 8일 전.	유대 베들레헴에서 탄생하신 그리스도의 축일.
멘세 야누아리오		
1월 20일	2월 1일 13일 전.	칼리스투스 묘지에 매장된 파비아노와 카타쿰바에 매장된 세바스티아노의 축일.
1월 21일	2월 1일 12일 전.	노멘타나 묘지에 매장된 아그네스의 축일.
멘세 페브루아리오		
2월 22일	3월 1일 8일 전.	베드로 사도좌 축일.
멘세 마르티오		
3월 7일	3월 노네스.	아프리카의 페르페투아와 펠리치타의 축일.
멘세 마이오		
5월 19일	6월 1일 14일 전.	칼리스투스 묘지에 매장된 파르테니우스와 칼레케루스의 축일. 디오클레티아누스와 막시미아누스의 통치 기간에. [304년].
멘세 유니오		

---

39 많은 사람의 기도문들이 박식한 사람들에 의해 읽혀지면 매일 수정됩니다. 그리고 그 기도문들에서 보편 신앙에 반대되는 많은 것들이 발견됩니다. 많은 맹목적인 이들은 미숙한 수다쟁이들 뿐 아니라 이단들에 의해 작성된 기도문들에 마음을 빼앗기고 그 기도문들을 사용합니다. 그들은 단순무식해서 그 기도문들을 평가할 수 없고, 그 기도문들이 좋다고 생각하기 때문입니다(Augustine [430 년 사망], *On Baptism Against the Donatists*, 6.47, in Bouley, *From Freedom to Formula*, p. 165).

| 6월 29일 | 7월 1일 3일 전. | 카타쿰바스에 매장된 베드로와 오스텐스에 매장된 바울의 축일. 투스쿠스와 바수스의 집정 기간에. [258년]. |

멘세 율리오		
7월 10일	7월 이두스 6일 전.	프리스킬라 묘지에 매장된 펠릭스와 빌립의 축일; 그리고 요르다누스 묘지에 매장된 마르티알리스, 비탈리스, 알렉산데르의 축일; 그리고 막시무스 묘지에 매장된 실라누스의 축일; 노바티안파가 실라누스의 시신을 훔쳤다; 프랙텍스타투스 묘지에 매장된 야누아리우스의 축일.
7월 30일	8월 1일 3일 전.	아드 우스쿰 필리아툼 묘지이기도 한 폰티아누스 묘지에 매장된 압돈과 센넨의 축일.

멘세 아우구스토		
8월 6일	8월 이두스 8일 전.	칼리스투스 묘지에 매장된 식스투와 프랙텍스타투스 묘지에 매장된 아가피투스와 펠리치시무스의 축일.
8월 8일	8월 이두스 6일 전.	알바노 묘지에 매장된 세쿤두스, 카르포포리우스, 빅토리누스, 그리고 세베리아누스의 축일; 그리고 오스텐시스 vii 발리스타라움에 매장된 키리아쿠스, 라르기우스, 크레스센티아누스, 멤미우스, 율리아누스, 그리고 스마라그두스의 축일.
8월 9일	8월 이두스 3일 전.	티부르티나 묘지에 매장된 라우렌투스의 축일.
8월 13일	8월 이두스.	티부르티나 묘지에 매장된 히폴리투스와 칼리스투스 묘지에 매장된 폰티아누스의 축일.
8월 22일	9월 1일 11일 전.	오스텐스에 매장된 티모테우스의 축일.

멘세 셉템브레		
9월 5일	9월 노네스.	포르투스 묘지에 매장된 아콘투스, 그리고 논누스와 헤르쿨라누스와 타우리누스의 축일.
9월 9일	9월 이두스 5일 전.	라비카나 묘지에 매장된 고르고니우스의 축일.
9월 11일	월 이두스 3일 전.	바실라 묘지에 매장된 프로투스와 야친투스의 축일.
9월 14일	10월 1일 18일 전.	로마에서 기념되는 칼리스투스 묘지에 매장된 아프리카의 키프리아누스의 축일.
9월 22일	10월 1일 10일 전.	옛 살라리아에 매장된 바실라의 축일. 디오클레티아누스와 막시미아누스의 통치 기간에. [304년].

멘세 옥토브레		
10월 14일	10월 이두스 하루 전.	아우렐리우스 가도에 매장된 칼리스투스의 축일.

멘세 노벰브레		
11월 9일	11월 이두스 5일 전.	코미타투스에 매장된 클레멘투스, 셈프로니아누스, 글라우디우스, 니코스트라토스의 축일.
11월 29일	12월 1일 3일 전.	트라소니스 묘지에 매장된 사투르니노의 축일.

88. 『순교자 사망일표』(*Depositio Martyrum*)(Denis-Boulet, pp. 53-54)

최초의 전례 서적은 사실 책이라기보다는, 손으로 작성한 소책자(pamphlet)에 가까웠다. 처음에 이러한 **리벨리 미사룸**(*libelli missarum*, 라틴어, "미사 소책자")은 특정한 교회의 하나 또는 그 이상의 미사에 대한 식사(orations)와 서문을 포함했다. 때때로 몇 권의 **리벨리**를 모아서(대개 서로 연관되지 않은 자료들을 담은) 모음집을 만들었다.

이러한 소책자들을 모아 만든 모음집들이 4세기 말경에 기독교 특정 지역에서 존재했었다. 비록 그 당시의 개별적인 리벨리가 남아있지는 않지만, 6세기 말에 그 책자들 모아 만든 모음집은 현존한다. 그 모음집은 『레오 성사집』(*Leonine Sacramentray*)이라고 불리곤 하는데, 사실 대 레오(461년 사망)의 작품은 아니다.

정확히 말해, 이 책은 로마의 **티툴리** 사제들이 사용할 수 있게 교황 전례의 자료들을 차용하여 만든, 사제 전용의 전례 양식문과 기도문 모음집이었다. 그런데 지오반니 비안치니(Giovanni Bianchini)가 작업한 그 책의 1735년판에, 레오가 저자였다고 잘못 적혀있었다. 현재는 보다 정확하게, 그 텍스트의 필사본이라고 알려진 문헌을 보관하고 이는 도시의 이름을 따서 『베로나의 **리벨리 미사룸** 모음집』(*the Verona Collection of Libelli Missarum*)이라고 알려져 있다[그림 89].

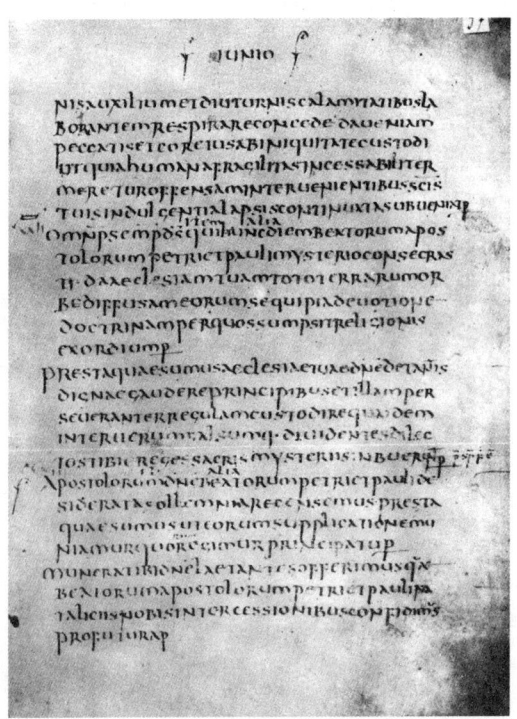

그림 89. 베로나 성사집(Verona Sacramentary)의 한 페이지

성사집은 접전자가 성찬식이나 다른 예전 예식에서 필요로 하는 텍스트를 담고 있는 책이다. 아직까지 남아있는 최초의 성사집 진본은 『구 젤라시우스 성사집』(*Old Gelasian Sacramentary*)이라는 제목의 책인데, 그 제목은 교황 젤라시우스(Gelasius, 496년

사망)가 저자라는 실증할 수 없는 가설에 근거해서 붙여졌다. 이 작품은 원래 로마에서 628-715년 사이에 편찬되었다.

당시 로마에서는 두 유형의 성사집이 사용되었는데, 하나는 교황 전례를 위한 것이고, 다른 하나는 **티툴리**에서 사제가 예배를 집전할 때 사용하는 것이었다. 『구 젤라시우스 성사집』은 후자 쪽에서 기원했지만, 교황 전례의 요소들도 전체적으로 섞여있다. 이 혼합에 대해서는, 우리가 갖고 있는 유일한 성사집이 750년경 파리 근처의 수도원에서 필사된 판이라는 사실로 어느 정도 설명될 수 있다. 그 수도원에서 필경사는 교황 성사집(또는 "그레고리" 성사집)의 내용을 사제 (또는 "젤라시우스") 성사집에 삽입했다.

(5) 예식서(오르도[Ordos])

갈수록 더 복잡해지는 기독교 예배를 매끄러운 실행하기 위해서는 지침들이 필요했다. 이러한 지침들은 대개 기도서나 음악책(book of music)에 실리지 않고, 예식서(*ordo*, 라틴어, "순서" 또는 "방식")라고 알려진 별도의 책으로 만들어졌다. 앞 장에서 우리는 교전집(chuch order)이 예배는 어떻게 진행되어야 하는지에 대한 개론의 역할을 이미 했다고 언급했다.

그러나 그러한 교전집은 즉흥적으로 예배하는 가정 교회를 위한 책이었다. 예배가 복잡해지고, 제국에서의 위상이 높아지고, 정통성과 올바른 체계에 대한 관심이 커져가는 상황에서, 이러한 교전집(church orders)으로는 충분치 못하다고 입증되었다. 그래서 예식서(*ordo*)로 대체되었다. 예식서(*ordo*)는 로마교회의 예배가 로마 밖에 있는 그리스도인들에게 전해지면서 더욱 중요해졌다. 그들은 로마교회의 전례 양식에 익숙하지 않았기 때문이다.

리벨리 미사룸(미사 소책자)처럼, 예식서(*ordo*)도 처음에는 소책자 또는 한 장으로 된 안내서였다. 결국에는 이러한 것들 중 대다수가 모음집으로 만들어졌다. 최초의 모음집은 7세기 "로마 예식서"(Roman Ordos, 라틴어, *Ordines Romani*)로 알려져 있다.[40] 『젤라시우스 성사집』처럼, 로마 밖에서 편집되었기 때문에 비로마적인 요소들을 포함한 모음집이기는 하지만, 로마 예식서는 로마의 관습을 반영한다.

---

40 부제가 복음서를 낭독하고 돌아온 후에, 복음서가 낭독되는 동안에 책을 들고 있던 차부제는 복음집을 받는다. 그리고 행렬에서 복음집을 들고 다른 차부제를 뒤따른다. 그 다음에, 차부제는 가슴 높이에서 제의 바깥쪽으로 책을 들고 펴서, 직급의 순서에 따라 성단소에 서 있는 다양한 직분의 모든 성직자들이 입을 맞추도록 한다(*Roman Ordo I* [700년경], 64, in Andrieu, *Les Ordines Romani*).

예식서(ordo)는 대개 예전을 행하는 중에 사용되지 않고 예배를 준비할 때 사용된 보조 전례서(auxiliary liturgical book)였다. 결국 전례서와 다른 책들이 성사집과 합쳐져서 오늘날 전형적인 미사경본처럼 기도문과 붉은 글자 지시문이 혼합된 책으로 만들어졌다. 예식서(ordo)는 지금도 존재하고[그림 90], 많은 주교 관구, 수도회, 심지어는 국가교회에서도 출판되고 있다. 그러나 현대 예식서(ordo)는 로마 예식서 같은 모음집보다는 고대 달력들(ancient calendars)과 공통점이 더 많다.

A-2　　　　　　　　　　　　4월　　　　　　　　　　　　103

20 부활절 다섯 번째 주일
Wh　시과　　　　**Pss I** 절기 고유 부분
　　　미사　　　　고유문 Gl Cr 부활절 Pf I-V
　　　독서　　　　52: 행 6:1-7　시 33:1-2, 4-5, 18-19　벧전 2:4-9　요 14:1-12

우리는 "택하신 족속, 왕 같은 제사장들이다." 우리는 신앙의 공동체를 인도하시는 예수의 영을 믿고 신뢰하는 자리로 부름을 받았다.

21 월요일: 부활절 평일 [5]; 안셀름, 주교, 교회박사
m　　시과　　　　**Pss I** 절기 평일 *성인 주기*
Wh　　　　　　　사목사나 교회박사의 공통 부분
Wh　미사　　　　고유문 부활절 Pf I-V
V²R²　독서　　　 285: 행 14:5-18　시 115:1-4, 15-16　요 14:21-26

바나바와 바울은 살아 계신 하나님의 본체(true nature)를 이방인들에게 알리고자 한다.

안셀름, 1109년; 노르망디의 베크 수도원 수도원장이었음; 후에는(1093년) 캔터베리의 대주교가 되었음; 교회의 권리를 옹호하다가 두 차례 추방되었음; 신학자이자 철학자; 이해를 추구하는 신앙(*fides quaerens intellectum*); 『훈시』(*Proslogion*), 『하나님은 왜 사람이 되셨는가』(*Cur Deus Homo*), 그리고 『성령의 발현』(*The Procession of the Holy Spirit*)을 저술했음; "스콜라주의의 아버지"로 알려짐.

22 화요일: 부활절 평일 [5]
Wh　시과　　　　**Pss I** 절기 평일
V²R²　미사　　　 고유문 부활절 Pf I-V
　　　독서　　　 286: 행 14:19-28　시 145:10-13b, 21　요 14:27-31a

바울과 바나바는 안디옥에 있는 교회에게 그들이 받은 복과 주님의 예배에서 경험했던 평안에 대해 말한다.

그림 90. 현대의 성무일도 안내서(*ordo*)의 한 페이지

2) 책에 대한 공경

대부분의 그리스도인들은 박해 가운데서 신자들이 목숨을 걸고 지켰던 첫 번째 전례서, 즉 성경을 중요하게 여겼다. 콘스탄틴 이후 시대에 사람들은 전례서들을 더욱 귀히 여겼다. 건축적으로 이 말은, 말씀을 선포하기 위한 강대[그림 80]와 같은 공간뿐 아니라, 성경이 사용되지 않을 때 성경을 보관하는 특별한 보관장(라틴어, **아르마리아**[armaria])[그림 91]도 마련했음을 뜻한다.

특별히 임명된 사람들만이 전례서들을 읽고 관리했다. 예로부터 성경의 수호자였던 낭독자(lector)는 결국 상급 성직자들인 부제와 차부제로 대체되었다. 부제는 복음서를 선포하는 책임을 맡았고,[41] 차부제는 서신서를 낭독했다. 7세기 교황 미사(papal Mass)에 대한 묘사는, 복음이 선포된 후 성단소(sanctuary)에 있는 성직자가 복음서에 입을 맞추었다고 언급한다.[42] 더 나아가, 부제보다 직급이 낮은 성직자가 성경을 옮길 때에는 손을 가려야 했다.

그림 91. 네 개의 복음서를 보관하는 보관장('아르마리움')의 한 예. 이러한 보관장들은 바실리카의 앱스 부근의 성구보관실(sacristy)에 놓여 있었다. 450년경에 만들어진 라벤나의 갈라 플라치디아(Galla Placidia)의 원형무덤(mausoleum)에 있는 모자이크의 세부 양식을 토대로 한 그림

전례서는 위대한 예술 작품이 되었다. 특히 성경이 그랬지만, 다른 책들 역시 점차 그렇게 되었다. 피지(송아지가죽)와 양지피(양가죽)는 선호되는 재료였다. 피지와 양피지는 글을 쓰고 삽화를 그리거나 채색을 하는데 있어 파피루스보다 나았다. 최초의 복음서 채식본들(illuminated books)은 6세기 것들이다. 드문 경우이기는 하지만, 많은 책 표지는 훌륭한 예술 작품이었다[그림 87]. 지금까지 현존하는 몇 권되지 않는 책 외에도, 당시의 다양한 모자이크는 교회가 귀중한 코텍스들을 소유했다는 사실을 입증한다[그림 92]. 이 기간에 전례서를 선물로 주는 관습도 시작되었다.

---

41 제3장 각주 31번을 보라.
42 제3장 각주 40번을 보라.

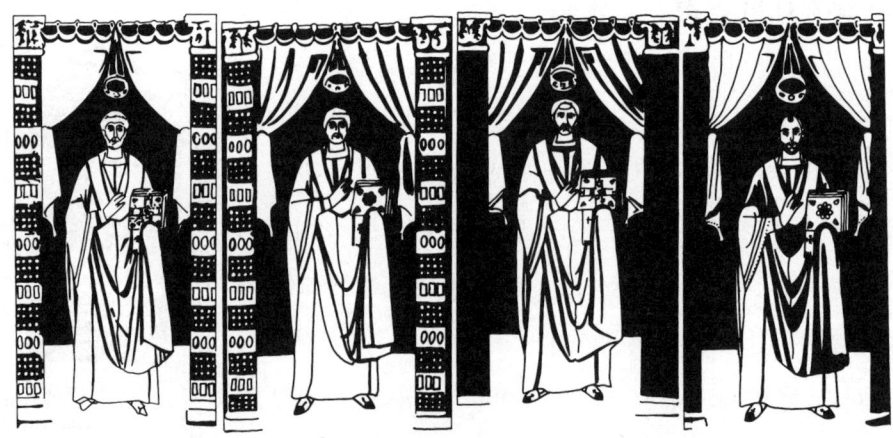

그림 92. 6세기에 만들어진 라벤나의 클라세(Classe)에 있는 성 아폴리나레의 앱스에 묘사된 네 명의 주교. 각 주교는 보석으로 치장된 복음서 코덱스를 들고 있다

3) 내용과 언어의 표준화

콘스탄틴 이후 시대는 즉흥적인 기도에서 표준화된 전례 텍스트로 옮겨가는 기간이었다. 성경의 내용은 200년경부터 비교적 고착되기는 했지만, 전례 기도문은 계속해서 진화했다. 3세기가 될 때까지 문서로 된 성찬 기도문의 예는 나타나지 않았다. 4세기 성찬식의 유일한 집전자였던 주교들은 즉흥적으로 기도할 수 있는 권리를 계속해서 누렸다. 당시에 신학적 논쟁이 많아졌을 뿐 아니라, 예배가 더욱 복잡해졌기 때문에, 공적 기도의 정통신학성에 관한 새로운 관심이 커져갔다. 어거스틴이 참석했던 히포의 종교회의(synod)는, 제대에서는 반드시 성부께 기도해야 한다고 요구했다. 또한 다른 지역에서 가져온 기도문은 먼저 점검을 받은 후에 사용할 것을 요구했다.[43]

우리는 앞에서 어거스틴이 일부 기도문의 비정통적인 신학에 대해 우려했었다는 사실을 살펴보았다. 5세기 초, 북아프리카의 한 공의회는 제도적으로 승인을 받아 준비된 기도문들을 사용하는 법을 시행하고자 했다.[44] 비록 이러한 법률 제정에 대한 예는

---

43 제대에서 섬기는 사람은, 항상 성부 하나님께 향하는 기도를 해야 한다. 다른 곳에서 기도문들을 빌려온 이들은, 먼저 그 기도문들을 [교회의] 보다 학식 있는 형제들에게 제출하지 않는 한 그 기도문들을 사용해서는 안 된다(Council of Hippo [393년], canon 21, in Mansi, *Sacrorum Conciliorum*).

44 공의회에서 검토되었던 기도, 식사(orations), 미사, 감사서문경(prefaces), 기념기도(commendations), 안수는 모든 이들에 의해 거행될 수 있다. 다른 것들은 그 어떤 것이라도, 즉 신앙에 매우 반대되는 것들, 무지한 자들에 의해 작성된 것들, 열정이 없는 이들에 의해 쓰여 진 것들은, 교회에서 사용되면 안 될 것이다. 보다 숙련된 자들이 사용한 것들이나 교회회의에서 승인된 것들은 이 규칙에서 제외된다(Council of Carthage [407년], canon 10, in Mansi, *Sacrorum Conciliorum*).

적지만, 전례서의 내용을 통제하고자 하는 관심이 커져가고 있었다는 사실은 입증한다. 이러한 표준화를 향한 움직임은 결국 교회 전체로 퍼졌다.

이 기간에 일어난 표준화의 또 다른 유형은 서방 교회의 전례 언어로 라틴어를 사용하는 방향으로 전개되었다. 2장의 마지막 부분에서 언급했듯이, 기독교는 문화적 다양성에서 탄생했고, 성찬식은 지역 공동체가 사용하는 언어로 거행되었다. 헬라어는 로마 제국의 도시와 수가 증가하는 그리스도인들 사이에서 지배적인 언어였다.

시릴 보겔(Cyril Vogel)이 언급하듯이, 라틴어를 향해 먼저 움직인 것은 로마교회들이 아니라 아프리카교회, 그리고 터툴리안(225년 사망)과 어거스틴과 같은 북아프리카의 핵심적인 신학자들이었다. 그들은 서방의 라틴어 교회를 위한 법률과 전례 용어를 만들었다. 로마교회는 점진적으로 라틴어화(Latinization) 되었다. 수 세기 동안 헬라어는 라틴어와 함께 예전 언어로 공존했다. 그러나 이 기간이 끝날 무렵엔 흐름이 분명하게 바뀌었다. 이때부터 12세기가 될 때까지 서방 교회는 로마 예식에서 라틴어만을 예전 언어로 사용하는 길로 접어들었다.

4) 요약

일반적으로 말하면, 이 기간이 시작될 때 유일한 전례서는 성경이었다. 콘스탄틴의 회심 이후에, 수많은 전례서들이 나타났다. 이런 현상은 교회가 신앙에 대한 기초적인 교리를 형성해가던 기간 동안에 예배가 더욱 복잡해지고 공적 기도의 신학적 내용에 대한 우려는 커가고 있었다는 사실을 입증한다. 의례의 내용과 예법에 대한 새로운 관심은 책들과 그 책을 사용하는 사람들에 대한 새로운 제약을 의미했다.

책의 내용에 대한 관심은 갈수록 더 뛰어난 예술 작품으로 만들어져가던 책의 외형에 대한 관심과 부합되기 시작했다. 전례서를 더욱 숭상하는 모습(처음에는 전례서의 내용에 대해서였지만, 후에는 예술적인 가치에 대해서도 그랬음)은 전례서와 같은 물건들도 신자들과 동일하게 존중받는 때를 위한 길을 예비했다.

4. 그릇(용기)

성찬은 항상 기독교 공동체의 삶의 중심이었다. 하지만 어떤 면에서 이는 콘스탄틴 이후에 더욱 더 그렇게 되었다. 처음에는 일요일에만 거행되었던 성찬식이 곧 다른 요일에도 거행되게 되었다. 평범한 신자들에게 아침 기도회와 저녁 기도회 같은 공동 예배의 중요성은 줄어들었고, 이 기간에 발전한 수많은 수도원에서만 하는 예배로 되어갔다.

많은 신심 예식들(devotional practices)이 진화되기는 했지만, 그리스도인의 신앙을 지배했던 성찬식보다 중요한 것은 없었다. 성찬식에 대한 관심이 높아지면서, 다양한 그릇들, 특히 빵을 담는 그릇들이 만들어졌다.

1) 빵과 빵 그릇

성찬식 때 발효시킨 일반적인 빵을 사용하는 전통은 이 기간에도 지속되었다. 이를 입증하는 문서 중 하나가 톨레도(Toledo) 공의회(693년)로, 성찬식을 위해 특별히 만든 빵이 아니면 사용하지 못하도록 금지했다.[45] 널리 받아들여지는 원칙이 하나 있는데, 교회법이 무언가를 금지한다면, 금지한 그 무언가가 실제로는 일어나고 있는 중이었다는 사실이다.

따라서 조지 갈라바리스(George Galavaris)에 따르면, 이 규정은 7세기 말까지 성찬식 때 일반적인 빵을 사용한 지역이 제국 안에 있었다는 사실을 가리킨다. 암브로스는 4세기 밀라노에 이러한 관습이 있었다는 사실을 알았던 것 같다. 그래서 그는 세례를 갓 받은 이들에게, 비록 성찬 빵이 평범한 빵처럼 보이지만 실제로는 그리스도의 몸이라고 설명해야 했다.[46]

지금까지 남아있는 당시 빵의 흔적뿐 아니라 다양한 텍스트와 예술적인 묘사들은, 그 시대의 성찬 빵이 다양한 형태를 취하고 있었다고 말해준다. 때때로 빵은 납작한

---

45 만약 빵이 완전하고, 적절하고, 특별하게 만들어지지 않았다면, 그 빵을 축성하기 위해 제대에 올려놓아서는 절대로 안 된다(Council of Toledo [693년], canon 6, in Galavaris, *Bread and the Liturgy*, p. 45).

46 아마도 당신은 "내 빵은 평범한 빵입니다"라고 말할 것이다. 사실, 성례전적인 말씀이 언급되기 전에 이 빵은 단순한 빵일 뿐이다. 그러나 축성이 일어날 때, 이 빵은 그리스도의 몸으로 변화된다(Ambrose, *Des Sacrements* [*About the Sacraments*], 4.14).

원반(disk) 모양이었다[그림 93]. 빵은 때때로 원형으로 꼬아 만들어져 왕관(crown)이라고 불렸고, 이를 입증하는 문헌도 있다.[47]

그림 93. (현재의 튀니지 해안에 위치한) 제베니아나(Djebeniana)에서 발견된, 현존하는 가장 오래된 성찬 빵 스탬프(stamp) 중 하나로 지름이 6¼인치(15.88cm) 정도 된다. 이 스탬프는 나무 사이에 있는 수사슴과 "*Ego sum panis vivus qui de celo descendi*"(라틴어: "나는 하늘로부터 온 생명의 빵이다") 라고 새겨진 문구를 보여준다. 6세기에 만들어졌다(Righetti, 3:483-84)

그림 94. 왕관 또는 '코로나'(*corona*) 모양으로 만들어진 빵을 보여주는 "아벨과 멜기세덱의 제사"의 세부양식

---

47 사제가 말했다. "나에게 도움을 주었던 사람에게 배은망덕하게 보이는 것은 나에게 있어 관례가 아닙니다. 나는 그 사람에게 선물을 반드시 줍니다." 그래서 그는 두 개의 왕관 빵[라틴어, coronas]을 선물로 가져왔다.... 그 남자는 괴롭게 한숨을 쉬며 말했다. "신부님. 왜 저에게 이것을 주십니까? 이 빵은 거룩해서 저는 먹을 수가 없습니다"(Gretory the Great [Grégoire le Grand], *Dialogues*, 4.55).

그림 95. 아를(Arles)의 석관(350-80년) 측면에 있는 빵들의 세부 양식으로, 성찬을 예시하는 빵과 물고기를 보여준다

라벤나의 산 비탈레교회의 6세기 모자이크는 이런 모양의 빵, 즉 왕관을 묘사하는데, 각 왕관의 가운데 구멍에는 십자가 자국이 있는 원반으로 매워져 있다[그림 94]. 대개 빵은 십자가 자국을 낸 작고 둥근 덩어리 모양이었다. 이는 로마에서 흔한 빵의 형태였는데, 서로 교차된 두 개의 선으로 인해 빵은 네 부분(라틴어, *panis quadratus*)으로 나눠질 수 있었다.

갈라바리스는 이러한 빵은 시장에서 쉽게 구할 수 있었기 때문에, 밀라노 칙령 이전의 그리스도인들이 당국의 의심을 자아내지 않고 "십자가 표시"가 되었다고 해석될 수 있는 빵을 사용할 수 있었다고 생각한다. 그러나 기독교가 합법적인 종교가 된 후에도 그리스도인들이 이러한 형태의 빵을 계속해서 사용했다는 증거가 있다. 성찬식에서 빵을 쉽게 찢을 수 있도록 자국이 나 있었기 때문이다[그림 95].

(1) 바구니

그림 96. 일곱 항아리의 포도주와 일곱 바구니의 빵과 함께 묘사된 그리스도. 422-30년에 만들어진 로마의 산타 사비나(Santa Sabina)의 문에 그려진 그림

당시 빵의 모양이 다양하고 크기도 꽤 컸다는 것을 고려해 볼 때, 성찬 빵을 담기에 바구니는 여전히 유용했다[그림 96]. 제롬은 성찬 빵을 담는데 바구니가 적절하다고 말했다.[48] 바구니 외에도, 평범한 재료로 만들어진 다른 일반적인 용기들이 성찬 빵을 담는데 사용되었다. 예를 들어, 7세기 로마 교황 미사에 대한 묘사는 사람들이 성찬식 때 사용하기 위해 빵과 포도주를 집에서 가져오고, 남은 것은 가난한 자들에게 나누어주었던 옛 관습에 대해 언급한다.

신자들이 가져온 빵은 아마포로 만든 자루에 담아 모았다. 성찬식 후반부에 아마포 자

---

[48] 잔가지로 엮은 바구니로 주님의 몸을 옮기는 사람보다 귀중한 이는 없습니다(Jerome [420년 사망], *Epistle to Rusticus*, 20, in *Patrologia Latina* 22:1086).

루에 담긴 축성된 빵을 성찬을 위해 사람들에게 다시 나눠줬다.[49]

(2) 성반(patens)

앞에서 이미 살펴보았듯이, 길거리에서 파는 흔한 빵들을 성찬식에서 사용하는 동안에도 성찬 예전을 위해 특별히 만들어진 빵에 대한 관심은 커져가고 있었다.[50] 이와 유사하게, 집에서 사용하는 평범한 그릇들이 처음부터 기독교 예배에서 사용되기는 했지만, 이 기간에는 성찬 빵을 담기 위한 특별한 평평한 접시 또는 성반(라틴어, patena, "팬[pan]")도 제작되었다.

점차 귀금속으로 제작되는 성반이 많아졌다. 성반은 당시 바실리카를 채운 예배자들에게 나눠줘야 하는 발효시킨 빵의 작은 덩어리나 왕관, 원판을 담기 위해 사용된 비교적 큰 그릇이었다[책 뒷 표지 그림, 커다란 금 성반을 옮기고 있는 유스티니안(565년 사망)]. 6세기 자료에 따르면, 콘스탄틴은 각각의 무게가 최소한 30파운드(13.6 kg)나 되는 많은 금 성반과 은 성반을 로마의 라테란 바실리카에 기증했다.[51]

현존하는 6세기 성반은 지름이 약 24인치(61cm)에 이른다. 7세기 말 로마 교황 미사에 대한 묘사는 두 명의 복사(acolyte)가 하나의 성반을 운반했다고 말하는데, 이는 성반의 크기가 상당했음을 암시한다. 이 기간의 좀 더 작은 성반의 예들은, 평범한 발효된 빵도 여전히 사용되고 있었다는 사실을 말해준다[그림 97].

---

49 [복음서 봉독 후에] 지역의 차부제는 교황으로부터 예물을 받아 다음 차부제에게 그 예물을 건네준다. 그러면 그는 두 명의 복사가 들고 있는 아마포 자루에 그 예물을 넣는다.... [성찬식 전에] 차부제들은, 자루를 들고 있는 복사들과 함께, 제대의 오른편과 왼편으로 온다. 복사들은 자루를 잡고 팔을 뻗는다. 차부제들은 앞으로 나아가 열린 자루를 준비할 수 있다. 그러면 대부제가 먼저 오른쪽에 있는 자루에 예물을 넣고, 그 다음에 왼쪽에 있는 자루에 예물을 넣는다(Roman Ordo 1.71, 101, in Andrieu, *Les Ordines Romani*).

50 제3장 각주 45번을 보라.

51 콘스탄틴 황제는 그 당시에 이러한 교회들을 세우고 장식했다. 콘스탄틴 바실리카[성 요한 라테란]에는... 각각의 무게가 30파운드(13.6kg) 나가는 금 성반 7개; 각각의 무게가 30파운드(13.6kg) 나가는 은 성반 16개; 각각의 무게가 10파운드(4.53kg) 나가는 큰 순금 성작 7개; 특별히 단단한 산호로 만들고, 녹석영과 호박 보석들로 모든 면을 장식하고, 금으로 무늬를 새기고 전체 무게가 20파운드 3온스(9.16kg) 나가는 큰 성작 1개; 각각의 무게가 15파운드(6.8kg) 나가는 큰 은 성작 20개; 각각의 무게가 50파운드(22.7kg) 나가고, 3메딤니([medimni] 156-178l)를 담을 수 있는 순금 양동이(ama) 2개; 각각의 무게가 10파운드(4.53kg) 나가고 1 미딤누스([midimnus] 52-58l)를 담을 수 있는 은 양동이 20개; 각각의 무게가 1파운드(0.45kg) 나가는 작은 순금 성작 40개; 일상적으로 사용되는, 각각의 무게가 2파운드(0.9kg) 나가는 작은 성작 50개[가 있었다](*Book of Pontiffs* [540년경], 34.9).

그림 97. 시리아의 리하(Riha)에서 발견된, 지름이 9½인치 (24.13cm)되는 6세기의 은을 입힌 성반

(3) 성합(Pyxes)

그림 98. 4세기에 상아로 제작된 소위 베를린 성합으로, 높이는 4¾인치(12.1cm), 지름은 5⅛인치(13cm) 정도 된다(Righetti, 1:451)

성찬식 동안에 빵을 담아놓는 그릇들 외에도, 미사가 끝난 후에 축성된 빵을 보관하는 용기들도 계속해서 발전했다. 다양한 명칭이 사용되었는데, 그 중 **아르카**(arca, 라틴어, "상자"), 성유 그릇(chrismal, 헬라어, chrisma, "도유[unction]"), 성합(pyx, 헬라어, "상자")이 가장 일반적인 명칭이었다. "성합"(pyx)이 가장 친숙한 용어이기 때문에, 여기서는 이 용어를 사용하도록 하겠다. 성합은 대개 작은 원통형의 용기로, 작은 빵 덩어리나 사등분한 빵을 담을 수 있었다[그림 98].

성합의 예들은 4세기 것들부터 존재한다. 작고 휴대할 수 있는 이러한 용기들은 병자에게 성찬 빵을 가져다 줄 때 사용되곤 했다.[52] 사람들이 또한 성찬 빵을 작은 상자나 자루에 담아 악에 대항하는 부적으로 목에 걸고 다니면서, 스스로에게 성찬 빵을

---

52 성체를 담은 성해함(*capsa*)... 또는 병자들의 노자 성체(*viaticum*)를 위한 주님의 몸을 담은 성합을 제외하고, 그 무엇도 제대 위에 올려놓으면 안될 것이다(Leo IV [855년 사망], *On Pastoral Care*).

주거나, 죽어가는 자들에게 노자 성찬(viaticum)을 제공했다고 입증하는 문헌도 있다. 당시 성인들에 대한 아일랜드의 문서들은 이런 식으로 성찬 빵을 지니고 다녔던 수도사들의 이야기로 채워져 있다.[53]

(4) 감실(tabernacles)

이 기간에는 축성된 빵을 위해 휴대용 용기 외에도 반영구적인 용기들이 사용되었다는 것을 입증하는 일부 증거가 있다. 그 용기들은 여러 명칭으로 알려졌다. 그러나 여기서는 "감실"(라틴어, *tabernaculum*, "장막")이라는 일반적인 표제 밑에서 그러한 용기들을 살펴보도록 하겠다. 4세기 시리아의 교전집인 『사도헌장』(*Apostolic Constitutions*)과 위대한 교회 박사인 제롬은 성찬 빵을 보관하는 특별한 장소에 대해서 말하는데, 그 장소는 **파스토포리온**(*pastophorion*-제의실, 헬라어, *pastos*, "신부실[bridal chamber]")이라고 불렸다.[54] **파스토포리온**은 교회의 측벽(side wall)이나 제대 근처의 앱스 뒤에 만들어진 벽감(niches)이었을 수 있다.

프란시스 쉐퍼(Francis Schaefer)는, 놀라의 파울리누스(Paulinus of Nola) 주교의 시에 그러한 성찬 빵을 보관하는 벽감에 대한 증거가 있다고 생각한다. 파울리누스의 시는 놀라의 성 펠릭스 바실리카를 묘사하면서, 앱스에는 두 개의 작은 공간이 있는데 그 중 한 곳에 "거룩한 음식"을 보관한다고 언급한다.

그림 99. 12세기에 리모주(Limoges)에서 도금된 구리와 에나멜로 제작된 성찬 비둘기

파스토포리온이나 벽감 외에도, 전하는 바에 따르면 바실(Basil, 379년 사망)은 성찬 빵을 보관하는 다른 형태의 그릇에 대해 말한다. 출처가 미심쩍은 증거에 따르면, 바실은 성찬 빵을 보관하는데 사용하려고 비둘기 형태의 그릇을 의뢰했다.[55]

---

53 어느 날, 성 컴갈(St. Comgall)이 밭에서 혼자 일하고 있을 때, 그는 성유 그릇(chrismal)을 외투 위에 놓았다. 그 날, 타국의 도적떼들이 마을을 습격하여 그곳에 있는 모든 것-사람들과 동물들 모두-을 약탈하고자 했다. 그 타국인들이 성 컴갈이 일하고 있는 곳으로 왔을 때, 그리고 성 컴갈의 외투 위에 있는 성유 그릇을 봤을 때, 그들은 그 성유 그릇이 컴갈의 신이라고 생각했다. 그리고 그들은 그의 신을 두려워했기 때문에 성 컴갈을 감히 건드리지 않았다(Life of St. Comgall [602년경 사망], in Mitchell, *Cult and Controversy*, pp. 272-73).

54 교회와 우리 영혼의 진정한 신랑이신 그리스도의 몸을 놓아두는 거룩한 장소는 내실(thalamus) 또는 제의실(pastophorion)이라고 불린다(Jerome [420년 사망], Commentary on Ezechiel, n. 40, in Schaefer, "The Tabernacle").

55 바실은 금세공인에게 찾아가, 그리스도의 몸의 일부를 넣어둘 순금 비둘기를 만들어달라고 요청했다. 바실은, 주님이 요단강에서 세례를 받으실 때 그분 위로 나타났던 거룩한 비둘기의 상징으로서, 순금 비둘기

그 텍스트는 늦어도 8세기에 쓰여 진 것일 수 있지만, "비둘기 감실"(eucharistic dove)의 사용에 대한 가장 이른 기록 중의 하나로 여겨진다. 비둘기 감실은 흔한 물건이 되어 동방과 서방 교회 전역으로 널리 퍼졌다[그림 99].

요한 크리소스톰(John Chrysostom, 407년 사망)은 세례 교육을 하면서 성찬 빵을 담아 놓는 나무로 된 상자에 대해 말한다.[56] 로렌스(Lawrence) 부제를 찬미하는 글에서, 프루덴티우스(Prudentius, 405년 이후 사망)는 사람들이 성찬 빵을 담는 용기의 열쇠라고 여기는 것을 로렌스 부제가 갖고 있었다고 말한다.[57]

이 기간에 성찬 빵은 작은 탑(라틴어, *turris*, "탑"; 또는 *turricula*, "작은 탑")처럼 생긴 용기에도 보관되었다. 이러한 용기에 대한 언급은 동방 자료보다는 서방 자료에 흔히 등장한다. 6세기 『교황들의 책』(*Book of the Popes*)에는 콘스탄틴이 구 성 베드로 바실리카에 기부한 선물들의 목록이 나오는데, 그 안에 이러한 탑이 포함되어 있다.[58] 이 자료가 후대의 것임을 고려할 때, 이러한 탑 감실들은 4세기에 만들어진 용기라기보다는 6세기에 만들어진 용기인 것 같다.

쉐퍼는 이러한 탑 감실의 크기는 다양했지만, 최소한 갈리아(Gaul)에서는 성구 보관실(sacristy)에 둘 수 있을 만큼 탑 감실의 크기가 작았고, 성찬식을 거행할 때 제대로 가지고 왔었을 것이라고 믿는다. 이러한 작은 탑 감실들을 평면 뚜껑보다는 원뿔 모양의 뚜껑을 갖고 있는 성합으로 이해하는 것이 가장 나을 것 같다.

앞에서 언급한 30파운드(13.6kg)에 달하는 콘스탄틴의 선물과 같은 더 큰 감실 탑은 고정되어 있었던 것으로 보인다. 서로 다른 유형의 용기들이 함께 사용되기도 했다. 예를 들어, 비둘기 감실이 탑 감실 안에 놓이거나, 성합이 성구 보관실 안 또는 근처에 있는 특별한 용기 속에 놓여졌다. 이러한 용기들의 조합은 7세기 교황 미사에 언급된

를 제대 위에 달아 놓았다(*Apocryphal Life of St. Basil*, no. 32, attributed to Amphilochius of Iconium [394년 후 사망], in *Acta Santorum*).

56 나는 여러분에게 지성소와 그곳에 있는 모든 것들, 만나가 아니라 주님의 몸, 하늘의 빵을 담고 있는 그릇을 보여주었을 것입니다. 나는 여러분에게 율법을 새긴 석판이 아니라 율법을 주인 이의 흠 없고 거룩한 살을 담고 있는 나무 상자를 보여주었을 것입니다(John Chrysostom [407년 사망], "Second Baptismal Instruction" 10.2).

57 그는 신성한 예식들을 잘 보호했다.
그리고 충실한 열쇠들을 잘 보관했다.
교회의 귀중한 보물이었고,
하나님께 서약한대로 재산을 나누어 주었다(Prudentius [405년 후 사망], *Hymn in Honor of the Passion of the Blessed Martyr Lawrence*, in *The Poems of Prudentius*).

58 [콘스탄틴은] 또한... 순금으로 만든 탑[turris]과 녹석영과 호박 보석들, 진주들로 장식된 비둘기를 제공했는데, 모두 215개였고, 무게는 30파운드(13.6kg)에 달했다(*Book of Pontiffs* [540년경], 34.18).

다. 교황은 입당하면서 용기(라틴어, *capsa*, "상자")를 받게 된다. 교황은 예전 때 사용하기 위해 보관된 성찬 빵 중 얼마를 그 용기 안에서 선택한다. 나머지는 그 용기째로 **콘디토리움**(*conditorium*, 라틴어, "저장소"[repository])에 다시 가져다 놓는다. **콘디토리움**은 책을 보관할 때 사용하는 **아르마리움**(*armarium*)[그림 91]과 같은 것이었을 수 있다.

2) 포도주와 포도주 용기

앞에서 몇 가지 예외적인 경우를 언급하기는 했지만, 초창기 기독교 전반에 걸쳐 대부분의 교회가 성찬식 때 사용했던 음료는, 지중해 국가 전역에서 흔했던 물로 희석시킨 포도주였다. 적포도주가 선호되었던 것 같다. 최소한 어느 정도는 피를 상징했기 때문이다. 빵의 경우처럼, 사람들은 성찬식을 위해서 포도주를 집에서 가져왔다.

(1) 성작

콘스탄틴이 회심한 이후, 기독교 바실리카는 많은 사람으로 채워졌다. 따라서 성찬식 때 커다란 그릇들이 필요했다. 때때로 많은 그릇이 사용되었다. 아주 이른 시기부터, 하나의 빵과 하나의 잔이 갖는 상징성은,[59] 공동체 전체를 위한 포도주를 담기에 충분히 큰 하나의 잔을 사용하는 것이 이상적이라고 강조한다.

때때로 이러한 성작들(chalices, 라틴어, *calix*, "잔")은 커다란 꽃병 모양이었는데, 밑에는 둥근 받침이, 옆에는 들고 마시기 쉽도록 손잡이가 붙어있었다[그림 94; 제대 위의 잔을 보라]. 이 기간에 만들어졌던 이보다 훨씬 작은 성작들도 존재한다[그림 100]. 이러한 성작들의 재료로는, 크기에 상관없이, 유리나 나무, 뼈보다는 귀금속이 더 자주 사용되었다. 당시에 호박(amber), 줄마노(onyx), 상아(ivory)로 제작되었던 성작들 중에도 지금까지 남아있는 것이 있다.

성작의 크기는 대개 그 성작을 사용하는 공동체의 크기를 암시했다. 성찬식을 거행할 때 남아 있는 모

그림 100. 시리아에서 5세기 후반 또는 6세기에 제작된 성작으로, 높이는 7½인치(19.05cm)이고 지름은 6인치(15.24cm)이다

---

59 제2장 각주 59번을 보라.

든 사람은(예비신자들[catechumens]과 참회자들[penitents]은 말씀 예전이 끝나면 떠나야 했다) 일반적으로 그 성작으로 마셨기 때문이다. 7세기 말의 로마 교황 미사에 대한 증거는 동일한 미사에서 다른 크기의 성작들이 사용되었다는 사실을 보여준다. 큰 성작(라틴어, *calix maior*)은 사람들이 헌물로 가져온 포도주를 모아 담는데 사용되었다. 이렇게 모은 포도주를 더 큰 용기(라틴어, **스치푸스**[*sciffus*])에 부어 담아 그 큰 성작을 비웠다. 그래서 더 많은 포도주 헌물을 모아 담을 수 있었다.[60]

나중에 교황 미사에서 성작은 사람들이 성찬식을 할 수 있게 **스치푸스**(*scyphus*)로부터 다시 채워질 것이다. 비록 로마교회만의 독특한 경우이긴 하지만, 이처럼 잔을 구분하여 사용했던 것은 당시 회중이 양형 영성체(communion under both forms, 성찬식 때 빵과 포도주를 모두 받는 것)를 했던 것 같고, 그래서 그 잔들이 만들어졌다는 사실을 추가로 입증한다.

(2) 주수병(cruet)

당시의 증거는 성찬식 때 성작에 붓기 전에, 포도주와 물을 담아 나르는 특별한 용기들이 점점 더 많이 사용되었다는 사실을 보여준다. 사람들이 원래는 당시에 흔했던 용기에 담아 포도주를 집에서 교회로 가져와 봉헌했음이 틀림없다. 그러나 치르타(Cirta)교회의 4세기 초 물품 목록에는 박해 기간에 여섯 개의 은 항아리(라틴어, *urceolum*)를 몰수당했다고 언급되어 있다.[61]

이 물품 목록은 아마도 축성을 위해 성작에 붓기 전에 포도주를 담아 놓는 특별한 용기에 대한 증거가 되는 최초의 문헌일 것이다. 콘스탄틴 이후 시대의 교회에서 봉헌과 봉헌 행렬이 크게 발전되면서, 이러한 특별 용기들에 대한 증거도 많아졌다. 5세기 말의 갈리아 문서에는 복사의 "서품 예식"의 일부로 주수병(*urceola*)이 언급되었다.[62] 7세기 교황 미사에서, 최소한 부자들은 포도주를 특별한 용기(라틴어, *ama* 또는 *amula*,

---

60 교황은 요양지(sanatorium)로 내려가서... 귀족들의 예물을 그들의 신분 순서로 받는다. 그 다음에 대부제가 포도주 주수병[*amula*]을 받아, 지역의 차부제가 들고 있는 큰 성작[*calice maiore*]에 포도주를 붓는다. 복사는 가득 찬 성작을 비우기 위해 사용되는 큰 잔(scyphus)을 제의 밖으로 들고 그 차부제를 뒤따른다 (Roman Ordo I [700년경], 69-70).

61 제2장 각주 31번을 보라.

62 복사는 임명될 때... 성찬식에서 그리스도의 피인 포도주를 나르기 위한 빈 주수병(urceolus)[라틴어, "작은 주전자"]을 받는다(*Ancient Statutes of the Church* [5세기말], canon 6, in Mansi, *Sacrorum Conciliorum*).

"작은 용기")에 담아 가져와서 봉헌했던 것 같다.[63] 이 용기들은 대부분 크기가 작았지만[그림 101], 교회로 포도주를 가져와 봉헌했던 평신도가 많았을 때는 포도주의 양이 꽤 됐다. 교황 미사에서조차도 다 사용하기에는 양이 너무 많았기 때문에 잉여 포도주는 가난한 자들에게 분배되었다.

3) 요약

콘스탄틴이 황제가 된 이후에, 빵과 포도주를 위한 그릇의 수와 크기, 질은 크게 변했다. 가장 놀라운 변화는 가정용 용품들을 사용하지 않고 예전용 용기를 사용하게 된 것이었다. 축성 전과 후의 빵과 포도주를 담는데 오랫동안 사용되었던 평범한 잔가지로 엮은 바구니, 도기, 나무와 유리 그릇

그림 101. 초기 시대의 그리스도인들이 사용했던 주수병('아물라')의 한 예 (Kraus, 1:517)

들은 점점 더 흔치 않은 것이 되어갔다. 금과 은이 선호되는 재료가 되었고, 장인의 손에 제작되기 시작했으며, 그릇 자체의 신성함이 강조되었다.

따라서 『교황들의 책』(*Book of the Popes*, 18.2)은 우르반 1세(Urban I, 230년 사망?)가 모든 "거룩한 그릇"(라틴어, *ministeria sacrata*)을 은으로 만들었다고 묘사할 것이다. 3세기에는 있음직하지 않았던 언어가, 『교황들의 책』의 초반부가 편집되었을 때인 6세기에는 매우 적합하게 보이는 것 같다. 따라서 앞에서 살펴본 교회 건축에서처럼, 예배를 위한 그릇, 특히 성찬 빵과 포도주과 관련된 그릇은 그 자체로 거룩해지기 시작했다.

5. 성찬신학

교회사에서 이 기간의 성찬에 대한 사상의 범위를 요약하기는 쉽지 않다. 게리 메이시(Gary Macy)는 당시의 성찬신학을 다루는 장에 "다양성의 기원들"(The Origins of Diversity)이라는 제목을 붙임으로써 이 같은 사실을 함축적으로 인정한 것 같다. 이 기

---

[63] 제3장 각주 60번을 보라.

간에 기독교의 신자 수, 구조, 교리가 놀라울 정도로 성장하면서 신학적인 다양성은 풍성해졌다. 이 시대는 또한 초기 그리스도인들의 성찬 이해와 상당한 연속성도 보여 줬다. 그러나 이 연속성이 단지 사상의 변화가 없는 연속성(static continuance)은 아니었다. 앞으로 있을 더욱 놀라운 변화를 준비하는 목회 및 신학적인 진화였다.

연속성은 신자들이 성찬의 신비를 더욱 깊이 이해할 있도록 돕기 위해 설교자들과 작가들이 사용한 몇 가지 중요한 주제 속에서 발견된다. 예를 들어, (희생)제사의 이미지는 이 기간에 꽃을 피워, 성찬을 제사의 용어로 생각하는 것과 그리스도인의 삶을 산 제사로 이해하는 것 사이의 강한 연관성이 지속되었다.[64]

그러나 로버트 데일리(Robert Daly)에 따르면, 이 기간에 제사에 대한 기독교적 사고의 균형에 주목할 만한 변화가 나타난다. 이전 시대에 터툴리안이 성찬기도와 더 나아가 성찬식의 거행 전체를 **사크리키오룸 오라티오니부스**(*sacrificiorum orationibus*, 라틴어, 제사적인 기도)로 말할 때 이러한 변화가 시작되었던 것 같다. 그러나 이 기간에 그리스도인의 삶보다는 성찬식의 거행이 제사의 용어로 더욱 묘사되었다.

어거스틴과 같은 저술가조차도 기독교적 제사의 주요 상징으로 윤리적인 삶보다는 성찬 예전을 더욱 강조하게 될 것이었다.[65] 또한 터툴리안이 성찬기도를 제사로 이해하며 그리기 시작한 궤도는, 기도 자체가 사제들이 바치는 제사로 이해되는 지점까지 이어지게 될 것이었다. 이 기간에 처음으로 등장하여 6세기 중엽에는 "교회법에 따른 기도"(canonical prayer, 라틴어, *prex canonica*)로 여겨지게 된 로마 전문(Roman Canon)에는 제사와 제물의 언어가 가득 차 있고, 서방 교회가 성찬을 주로 "미사의 제사"로 이해하도록 하는데 큰 영향을 끼치게 될 것이다.[66]

연속성과 불연속성에 대한 또 다른 표현은 성찬의 의미를 설명하는데 사용된 모형론과 관련된다. 앞에서 언급했듯이, 모형론적 접근법은 히브리 성경의 이미지들을 통

---

64 하나님의 제사/성찬기도가 성화(sanctification)된 후에(우리 역시 하나님의 제사라는 사상이 처음으로 나타났을 때처럼, 하나님께서는 우리 자신이 그분의 제사가 되는 것을 원하시기 때문에, 하나님의 제사는 우리라는 실재를 상징한다) 우리는 주기도문(Lord's prayer)으로 기도드린다(Augustine [430년 사망], Sermon 227, in Sheerin, *The Eucharist*).

65 제3장 각주 64번을 보라.

66 그러므로 우리는 당신의 아들이자 우리의 주이신 예수 그리스도를 통해, 가장 자비로우신 당신께 탄원하고 간청합니다. 이 선물, 이 예물, 이 거룩하고 흠 없는 제사(*illibata sacrificia*)를 받아주시고 복 주시옵소서. 무엇보다도 당신의 거룩한 보편 교회를 위해 우리가 당신께 드린 것들을 받아주시고 복 주시어, 당신의 종이자 우리의 교황인 N과 함께 온 땅에서 당신의 교회를 평화롭게 하시고, 보호하시고, 하나 되게 하시고, 인도하소서(Roman Canon, 700년경).

해 성찬을 해석한다. 이러한 신학화의 방식은 4세기와 5세기에 걸쳐 동방과 서방 모두에서 계속 두드러지게 나타났다.

그러나 엔리코 마짜(Enrico Mazza)는, 4세기 동안에, 성경적 이미지들이나 플라톤의 작품에서 비롯된 것과 같은 철학적 범주를 의존하지 않았던 신학화의 두 번째 방식이 발전했다고 언급한다. 마짜는 이 새로운 신학화의 방식이 "빵과 그리스도의 몸, 포도주와 그리스도의 피 사이의 완전한 물리적인 유사성을 주장하면서, 성례전의 사실주의를 단순하고 매우 기초적인 방식으로 주장하기 위해 스스로를 제한하는" 특징을 가졌다고 말한다[Mazza, p. 148].

마짜는 그가 광범위한 추세라고 여기는 것의 한 예로, 암브로스(397년 사망)의 설명을 인용한다.[67] 암브로스는 모형론적으로 설명하는데 조예가 깊었지만, 어쩔 수 없이 이처럼 가장 기초적인 신학화의 방식을 사용했던 것처럼 보인다. 이러한 설명, 그리고 이와 비슷한 설명은 기적에 가까운 성찬 빵과 포도주의 변화에 새로운 초점을 맞춘 것 같다.

1) 성령과 말씀

이 기간에는 점점 더 많은 저술가가 성찬 빵과 포도주에서 일어나는 "변화"와, 그 변화가 어떻게 일어나는지에 대해 말하게 된다. 성찬 빵과 포도주가 일반적인 음식과 다르다고 강조한 것은 이 단계의 기독교에서 전혀 새로운 일이 아니다. 그러나 성찬신학에서 나타난 한 가지 변화는, 빵과 포도주가 그리스도의 몸과 피가 된다는 "것"(that)을 주장하는 단계에서, 그 변화가 "어떻게"(how) 또는 "언제"(when) 일어나는가를 말하는 단계로 움직인 것이다.

기독교가 시작되었을 때부터 성찬은 그리스도에 대한 기억 속에서 기념되었다는 것은 분명하다. 그 중 가장 중요한 기억은 주님의 수난, 죽음과 부활, 그리고 파스칼 신비를 기대했던 예수와 제자들의 마지막 만찬에 대한 것이었다. 기독교 성찬은 최후의 만

---

67 당신은 이렇게 말할 수도 있습니다. "나는 무언가 다른 것을 봅니다. 당신은 어떻게 내가 그리스도의 몸을 받는다고 주장할 수 있습니까?" 이것이 우리가 보여야만 하는 것입니다. 이 실재[빵]는 자연(nature)이 형성됐던 것이 아니라 축복기도가 축성했던 것입니다. 축복기도의 능력이 자연의 능력보다 크다는 것을 보여주기 위해 우리가 사용한 사례들이 얼마나 굉장합니까? 축복기도는 본질(nature) 그 자체를 변화시키기 때문입니다(Ambrose [397년 사망], *On the Mysteries* 50, in Mazza, *The Celebration of the Eucharist*, p. 152).

찬을 재현하는 것이라고 여겨지면서 시작되지 않았다. 그래서 문자 그대로의 식사는 거의 아무런 논쟁 없이 기독교 성찬에서 사라질 수 있었다.

오히려 성찬은 생명을 주는 그리스도의 죽음과 부활에 대한 기억에 참여했고, 참여하는 것이었다. 이 기억은 단순히 역사적인 과거를 상기하는(recall) 것이 아니라, 성령을 통해 그러한 사건들의 계속되는 능력을 인식하고 현재화하는 것이다.

4세기가 끝나갈 무렵에, 예루살렘의 키릴(Cyril of Jerusalem, 386년경 사망)과 몹수에스티아의 테오도르(Theodore of Mopsuestia, 427년 사망)와 같은 신학자들은 성찬 빵과 포도주가 변화하는데 있어 성령의 역할을 새로운 방식으로 나타내기 시작했다.

이러한 신학 및 예전적 발전들은 콘스탄티노플 공의회(381년)에서 절정에 이른 성령에 대한 신학적 고찰과 유사하다. 콘스탄티노플 공의회는 성령의 신성과 성부와 성자와의 동질성을 확고히 규정했다. 키릴에 따르면, 오늘날 우리가 **에피클레시스**(*epiclesis*) (헬라어, "기원"[invocation])라고 부르는 성령의 기원(invocation of the Holy Spirit)을 통해서, 성찬 빵과 포도주는 그리스도의 몸과 피가 된다.[68]

4세기 말에 분명하게 나타났던 또 다른 접근법은, 밀라노에서 세례를 최근에 받은 이들을 대상으로 했던 암브로스의 가르침에서 찾을 수 있다. 암브로스는 신비교리교육(mystagogical catechesis)에서, 최근에 세례를 받은 이들에게는 평범한 음식처럼 보이지만 실상은 그리스도의 몸과 피인 성찬 빵과 포도주에 대해 설명한다.

이것이 어떻게 일어나는지에 관해서, 동방의 키릴과 다른 저술가들이 성령의 역할을 강조할 것인데 반해, 암브로스는, 당시 밀라노 성찬 예전의 일부였던 최후의 만찬 때 예수께서 하셨던 말씀의 중추적인 역할을 강조할 것이다.[69] 이러한 축성이 "어떻게" 일어나는가에 대한 문제를 다루는 것 외에도, 암브로스는 사제가 예수의 말씀을 반복하기 전에 성찬 빵은 "그리스도의 몸이 아니다. 그러나 축성[라틴어, *consecrationem*] 후에, 나는 당신에게 이것이 이제 그리스도의 몸이라고 말한다"(*On the Mysteries*, 54 in

---

68 우리가 이러한 영적인 찬송가들을 통해 성화될 때, 우리의 봉헌물 위에 성령을 보내달라고 자비로운 하나님께 간청한다. 그러면 그분은 빵을 그리스도의 몸으로, 포도주를 그리스도의 피로 만드실 수도 있다. 왜냐하면 성령이 만지시는 모든 것은 틀림없이 성화되고 변화되기 때문이다(Cyril of Jerusalem, *Mystagogical Catechesis* [348년경], 5.7, in Yarnold, *The Awe-Inspiring Rites of Initiation*).

69 어떻게 빵이 그리스도의 몸이 될 수 있는가? 어떤 말들로 축성이 이루어지는가? 그 말들은 누구의 말들인가? 주 예수의 말씀이다. 전에 말하여진 모든 것은 사제의 말들이다... 그러나 가장 거룩한 성례전이 존재하도록 하는 순간에, 사제는 더 이상 자기 자신의 말을 사용하지 않는다. 그는 그리스도의 말씀을 사용한다. 그러므로 이 성례전이 존재하도록 하는 것은 그리스도의 말씀이다(Ambrose, *On the Sacraments* [391년경], 5.14, in Yarnold, *The Awe-Inspiring Rites of Initiation*).

Mazza, *The Celebration of the Eucharist*)라고 언급하면서, "언제" 성찬 빵과 포도주 안에서 변화가 일어나는지에 대해 말하는 최초의 현존하는 증거를 제공한다.

암브로스는 역설적이게도 신비교리교육 중에 그가 인용한 전례 텍스트를 반박하는 것처럼 보인다. 밀라노의 주교는 로마 전문(Roman Canon)이라고 알려지게 될 성찬 기도문의 일부에 대한 정보를 우리에게 최초로 제공한다. 암브로스가 인용한 텍스트는 예수의 말씀을 포함하고 있는데, 그의 설명에도 불구하고 그러한 "축성의 순간"을 주장하는 것 같지는 않다. 그 텍스트에서는 제정사(institution narrative)를 말하기도 전에 성찬 빵과 포도주가 이미 그리스도의 몸과 피의 "형상"(figure)으로 알려진다.[70]

우리가 앞 장에서 언급했듯이, 형상(figure)과 예시(prefiguration)도 구약성경의 "모형"(types)과 기독교적 실재(Christian realities)를 연결하기 위해 저술가들이 사용한 모형론적 도구들이다. 암브로스가 인용한 성찬 텍스트는 여전히 그러한 모형론적 이미지를 사용하지만, 여기서 그의 설명은 결코 모형론적이 아니었다.

따라서 마짜는 이렇게 요약한다.

"암브로스는 모형론적 해석법을 제쳐 놓고, 하나님의 말씀의 능력을 보여주는 구약성경의 기적들의 본을 따라 만든 다른 해석법을 발전시킬 필요를 느꼈다"(Mazza, p. 154).

암브로스는 여기서 유일한 창안자가 아니었다. 순교자 저스틴(Justin Martyr, 165년 사망)과 같은 이들의 저서에서도 이미 성찬 빵과 포도주가 어떻게 그리스도의 몸과 피가 되는지를 설명하는데, "그분으로부터 나온 말씀"의 역할이 언급된다.[71] 그러나 암브로스의 특색 있는 주장과 사상은 매우 영향력이 컸다.

제정사의 역할에 대한 암브로스의 관점은 그의 가장 유명한 학생인 어거스틴(Augustin, 430년 사망)에 의해 반복되었고, 결국 서방의 공인된 입장이 되었다. 이러한

---

[70] 사제가 말한다. "우리를 위해 이 예물이 승인되고, 영적이고, 만족스럽게 되도록 하십시오. 이 예물은 우리 주 예수 그리스도의 몸과 피의 형상입니다[quod est figura]. 그분은 고난 받으시기 전 날에, 그분의 거룩한 손으로 빵을 가져 하늘을 우러러 당신, 거룩한 아버지, 전능하시고, 영원하신 하나님을 보시고, 감사하시고, 빵을 축복하시고, 떼시고, 그 떼신 것들을 사도들과 제자들에게 주시며 말씀하셨습니다. 너희 모두는 이것을 받아먹으라. 이것은 많은 이들을 위해 부서질 나의 몸이라... 동일한 방식으로, 그분은 고난 받으시기 전 날, 만찬 후에, 잔을 가지시고, 하늘을 우러러 당신, 거룩한 아버지, 전능하시고, 영원하신 하나님을 보시고, 감사하시고, 잔을 축복하시고, 사도들과 제자들에게 그 잔을 주시며 말씀하셨습니다. 너희 모두는 이것을 받아 마시라. 이것은 나의 피니라(Ambrose, *On the Sacraments* [391년경], 5.21-22, in Yarnold, *The Awe-Inspiring Rites of Initiation*).

[71] 우리는 이러한 것들을 평범한 음식이나 음료로 받지 않습니다. 우리 구주 예수 그리스도께서 하나님의 말씀을 통해 육신을 입으시고, 우리의 구원을 위해 살과 피를 취하신 것처럼, 축사된 음식은 그분으로부터 오는 기도의 말을 통해서 성육신하신 예수의 살과 피가 됩니다(First Apology 66.2, in Sheerin, *The Eucharist*).

전개에 영향을 끼친 또 다른 요인은 로마 전문(Roman Canon)의 계속되는 진화이다. 문학적 구성체(literary construct)로서 로마 전문은 결국 조심스레 구성된 기도문의 구조적인 중심에 제정사를 위치시키면서, 서방 교회의 기도문에서 제정사가 갖는 변화시키는 역할(transformative role)의 중요성을 강조했다[그림 102].

그러나 동방 교회에서는, 교회의 신학들과 기도문의 구조들 안에서 성찬 빵과 포도주를 성별시키는 성령의 역할을 계속해서 존중할 것이다. 결국에는 이러한 말씀과 성령의 가닥들이 서방을 위해 제2차 바티칸 공의회(1962-65년)의 개혁을 통하여 다시 엮이게 될 것이었다. 그러나 이러한 신학적 가닥들이 어느 정도 먼저 풀려야 다시 엮여질 수 있었다.

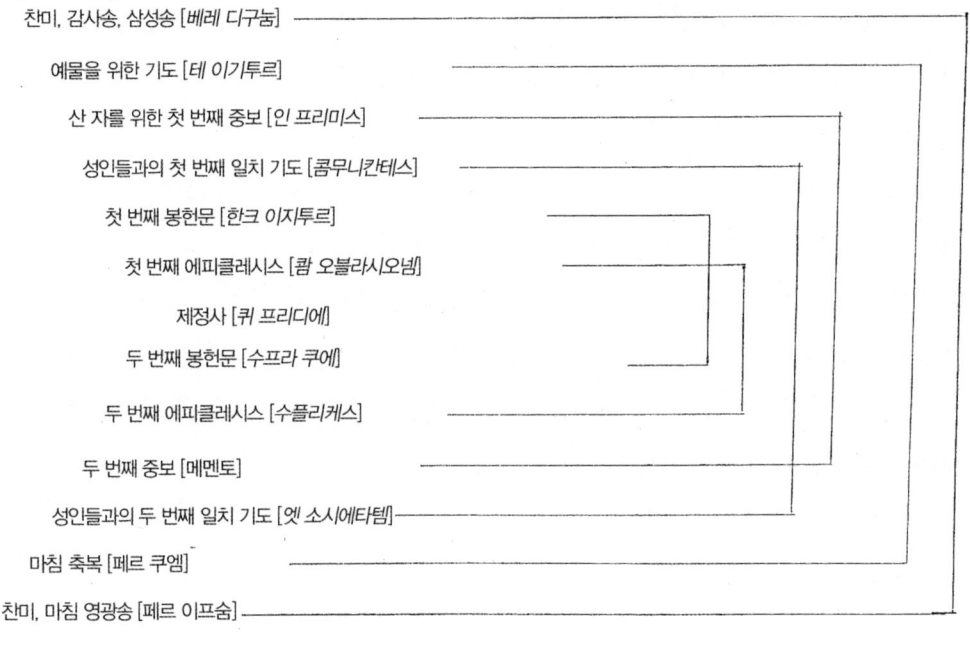

그림 102. 랄프 카이퍼(Ralph Keifer)의 견해를 토대로 한 로마 전문(Roman Canon) 개략도

2) 신비교리교육(mystatogy)에서 유아세례까지

이 시대의 성찬을 논할 때 자주 인용되는 일련의 자료는 신비교리교육이라고 알려진 것이다(헬라어, *mustes*, "신비로 들어가는, 배우는 사람"(one initiated into the mysteries)+ *agogos*, "지도자"). 신비교리교육은 대개 막 깨우친 이들이 입교한 후 며칠 동안 그들의

주교로부터 받았던 가르침이다. 후보자들이 입문의 성례전을 경험하기에 앞서 이러한 가르침을 주었던 전통도 있었다.[72]

따라서 이러한 가르침을 "비법 전수"(mystagogical)로 만드는 것은 시간상의 순서가 아니다. 이러한 가르침이 오늘날 우리가 예전라고 부를 수도 있는 "비밀 의식"(mysteries)에 뿌리내리고 있다는 사실이다.

우리는 이미 이 시대의 위대한 4개의 신비교리교육의 가르침, 즉 예루살렘의 키릴, 밀라노의 암브로스, 요한 크리소스톰, 몹수에스티아의 테오도르의 가르침들로부터 이끌어냈다. 그 중요성은 언급하지 않더라도, 이러한 신비교리교육들의 존재 자체는 당시 성찬의 이해에 대한 많은 정보를 우리에게 제공해준다.

무엇보다도 성찬은 입교(initiation)의 과정과 분리되어 있지 않았다. 성찬은 오늘날 우리가 세례와 견진(confirmation-입교)이라고 부르는 중요한 입교 의식들의 절정이었다. 이 같은 사실은, 왜 당시에는 성찬이라고 하는 중요한 성례전에 대해 체계적으로 설명하고자 한 별도의 논문들이 없었는지를 부분적이나마 설명한다.

성찬만을 다루는 별도의 논문들은 수 세기 후에나 등장한다. 성찬에 대한 설명과 가르침은 어떤 사변적인 실재(speculative reality)를 다루기보다는, 지역 교회의 전례적인 필요나 과제를 다루는 목회 중심적인 것이었다. 이것이 바로, 우리가 가지고 있는 이 시대의 많은 자료 중 상당 부분이 절박한 목회 현실에 대해 고민하며 사역하던 주교들로부터 나온 이유이다. 따라서 이 시대의 성찬신학은 매우 특정한 교회의 경험에 뿌리를 둔 지역신학의 표현이자 실천신학의 형태로 이해되는 것이 적절하다.

이 신비교리교육의 전통에서 찾을 수 있는 성찬에 대한 또 다른 중요한 통찰력은, 성찬에 대한 고찰과 교회라고 하는 것이 무엇인가와 밀접하게 연관되어 있다는 점이다. 특히 어거스틴은 성찬과 교회 사이의 유사점을 찾는데 상당한 에너지와 뛰어난 수사법을 사용했다. 마짜는 어거스틴이 성찬을 하나됨의 성례전이라고 이해했던 바울의 가장 중요한 후계자라고 생각한다.

---

72 나의 사랑하는 자들이여, 내가 타당한 이유와 신중한 생각 없이 [당신들의 입교] 전에 당신들에게 이 모든 것을 설명했던 것은 아닙니다. 심지어 나는 당신들이 그것들을 실제로 즐기기 전부터, 당신들이 소망의 날개로 날아가듯이 큰 기쁨을 느끼길 원했습니다. 나는 당신들이 예식에 참여할 만한 영혼의 기질(disposition)을 갖길 원했습니다. 복된 바울이 당신들에게 "위의 것을 생각하라"고 권고했던 것처럼, 땅의 것을 생각하지 말고 하늘의 것을 생각하십시오. 보이는 것을 생각하지 말고 보이지 않는 것을 생각하십시오. 우리는 감각의 지각이 아니라 영의 눈으로 그러한 것들을 보다 분명하게 봅니다(John Chrysostom [407년 사망], Baptismal Instruction 2.28, in Yarnold, *The Awe-Inspiring Rites of Initiation*).

바울 역시 목회자이자 신학자였는데, 특히 기독교 공동체의 하나됨에 대해 관심을 가졌다. 최후의 만찬에 대한 바울의 매우 간략한 논의는 교회 공동체의 분열에 대한 걱정에서 나온 것이다.[73] 그는 공동체 자체가 그리스도의 몸이고, 그 정체성에는 교회 및 윤리적인 결과가 중요하다는 사실을 강조하는데 큰 힘을 쏟는다.

어거스틴은 하나됨에 대한 바울의 관심을 다시금 상기시키면서, 그 사상을 더욱 발전시킨다. "참여"(participation)의 원리를 통해서, 어거스틴은, 그리스도의 몸인 교회가 그리스도의 성찬적인 몸에 참여할때 그들은 똑같으면서 동시에 다르다고 가르친다(Mazza, p. 158). 바울과 마찬가지로, 어거스틴에게 그리스도의 몸이라는 정체성은 단순히 성찬식에 몸으로 참여하는 것에 대한 문제가 아니다. 진정한 그리스도인의 삶을 사는 것에 관한 문제이다.[74]

우리 전통에서 풍부하고 귀중한 부분이기는 하지만, 신비교리교육의 황금기는 그리 오래가지 못했다. 부분적으로는 기독교의 성공적인 확장 때문이었다. 제국에서 더욱 더 많은 그리스도인들이 세례를 받으면서, 결국 성인 세례를 받는 수는 줄어들게 되었다. 7세기가 시작될 무렵에 유아세례는 많은 지역에서 표준이 되었다. 그 결과 성찬과 입문 사이의 연계성이 대체로 사라지게 된다. 그리고 "하나됨"의 성례전이 아니라, 개인의 거룩함과 구원에서 성찬이 수행하는 역할에 더욱 큰 관심이 갖게 될 것이다.

3) 자격 없음과 신성함(Unworthiness and the Sacred)

이 기간에 나타난 다른 발전들도 있다. 비록 성찬과 직접적으로 연관되지 않을 수도 있지만, 그 발전들은 성찬에 대한 생각, 특히 사람들이 어떻게 성찬에 접근하는가에 극적인 변화를 가져오는데 기여했다.

일반적으로 말하면, 우리는 4세기 초부터 8세기 중반까지 그리스도인들의 신학적 인류학(theological anthropology)에 매우 중대한 변화가 있었다고 제안할 수 있다. 인류

---

73 제1장 각주 21번을 보라.
74 만일 여러분이 그리스도의 몸을 이해하고자 한다면, 사도 [바울]이 신자들에게 했던 말을 들으십시오. "너희는 그리스도의 몸이며 지체이다." 따라서 만약 여러분이 그리스도의 몸이고 그분의 지체들이라면, 여러분의 신비가 주님의 식탁 위에 놓였고, 여러분은 여러분의 신비를 받습니다. 여러분은 여러분인 것에 "아멘"이라고 응답하면서 동의합니다. 여러분은 "그리스도의 몸"을 듣고 "아멘"이라고 응답합니다. 그리스도의 몸의 지체가 되면 여러분의 "아멘"이 참이 될 것입니다(Augustine, Sermon 272 [405-411년경], in Sheerin, *The Eucharist*).

학이 인간이란 무엇을 의미하는가에 대한 연구라면, 신학적 인류학은 하나님 앞에서 인간이란 무엇을 의미하는가에 대한 학문이라고 할 수 있다. 이 시대의 초반에 세례를 받은 자들은 자신들이 성령의 복과 은사를 받은 자들이라는 공통된 이미지를 공유했다. 예외적인 경우도 많기는 했지만, 이는 적절한 일반화라고 할 수 있다.

『사도전승』(3-4세기)에 나오는 성찬 기도문에서, 그리스도인들은 자신들이 "당신의 임재 앞에 서서 당신을 섬길 수 있는 가치가" 있다고 여겼다. 이 시기가 끝날 무렵에는, 많은 요인 때문에 세례 받은 자에 대한 매우 상이한 관점이 로마 전문(Roman Canon)에 반영될 것이었다. 즉 **키그쿰스탄테스**(circumstantes, 라틴어, "주위에 서 있는 사람들") 중 하나라기보다는 죄인 중 하나로 보는 관점이다.[75] 많은 요인이 이러한 변화에 기여했지만, 여기서 우리는 그 중 3가지에만 집중하겠다. 바로 이단인 아리우스주의, 원죄 교리, 고해 예식(penitentital practices)의 부상(고해 예식의 부상에 대한 내용은 없음-편집자주)이다.

첫째, 아리우스(Arius, 336년 사망)는 알렉산드리아의 사제였다. 그는 재능 있는 설교자이자 날카로운 통찰력을 소유한 성경학자라는 평을 받았다. 320년경, 아리우스는 알렉산드리아의 가장 유명한 교회 중 한 곳에서 사역하면서 삼위일체에 대해 가르치면서, 성부와 성자는 동등하지 않다는 입장을 취했다. 아리우스에 따르면, 성자가 신이기는 하지만 성부의 창조물이고 성부보다 열등하다. 아리우스는 자신의 주장을 증명하기 위해 적확한 성경 본문들을 사용했다.[76]

아리우스의 가르침은 "종속설"(subordinationism)이라고 불리는 이론, 또는 삼위의 한 위가 다른 위에 종속된다는 가르침에 포함된다. 아리우스 전에도 종속설의 관점들을 가진 이들이 많았다. 그 중에는 존경받는 교회의 선생들이었던 저스틴과 이레니우스도 포함된다. 그들은 모두 교회에서 성인으로 공경을 받는다. 아리우스는 이 두 명의 권위자 등과는 다르다. 종속설은 단지 아리우스의 가르침의 한 측면이 아니라, 그의 신학적 주장의 핵심이었기 때문이다. 또한 그가 사용할 수 있었던 철학적 뒷받침 때문에도 달랐다.

아리우스는 서양 철학 발전에 있어 뚜렷이 구별되는 순간에 이 특정한 유형의 종속

---

75 당신의 매우 풍성한 자비를 신뢰하는 당신의 종들은 또한, 우리 죄인들에게 당신의 거룩한 사도들과 순교자들과 일부를 나누고 교제를 갖도록 허락해 주었습니다(Roman Canon [700년경]).

76 내가 여호와의 명령을 전하노라 여호와께서 내게 이르시되 너는 내 아들이라 오늘 내가 너를 낳았도다 (시 2:7).

설을 지지하게 되었다. 우리는 이미 신흥 기독교 사상에 끼친 플라톤의 영향력을 언급했다. 플라톤의 기본적인 통찰에 기초한 철학들은 많고 다양한 방식으로 계속 발전되었다. 플라톤 철학의 한 주요한 발전은 플로티노스(Plotinus, 270년 사망)에 기인하는데, 그는 신플라톤주의(neo-Platonism)라고 알려진 플라톤 철학 단계의 창시자였다.

플로티노스가 강조한 핵심개념은 "일자"(the one)의 본질이었다. 그는 "일자"가 모든 실재의 원천이라고 생각했다. 바로 이러한 철학에 크게 영향을 받은 아리우스는 "많은 것"처럼 보이는 삼위일체에 어려움을 겪었다. 아리우스의 철학적 배경은, 그로 하여금 모든 것 뒤에는 오직 "하나"만 존재한다고 믿도록 만들었기 때문이다. 이 새로운 철학적 도구와 결합된 아리우스의 설교적 재능은 아리우스라고 영원히 알려지게 될 특정한 유형의 종속론에 놀라운 자극을 주었다.

아리우스는 많은 사람과 영향력 있는 이들로부터 비난받았다. 콘스탄틴이 소집한 니케아 공의회(325년)에서 아리우스는 정죄를 받았다. 그러나 조리정연하고, 성경에 기초하고, 많은 기독교 사상가들이 존경한 플라톤의 철학에 근거한 아리우스의 주장은 사라지지 않았다. 많은 황제와 주교가 그의 주장에 계속해서 설득되었는데, 그 중 가장 유명한 인물은 로마 황제인 콘스탄티우스(Constantius, 361년)였다. 심지어는 반복되는 유죄 판결 후에도, 아리우스주의는 알프스 북쪽의 게르만족 사이에서 6세기에 이르기까지 크게 번영했다.

아리우스의 주장이 결국엔 시들해졌지만, 그에 대한 반발은 계속되었다. 그가 성자가 성부와 동등하다는 것을 부인했다면, 반대 입장("정통적" 입장)에 있는 이들은 성부와 동등한 성자의 신성을 강조하는데 엄청난 에너지를 쏟았다.

그 과정 속에서, 성자의 인성(공의회 때마다 역시 주장되기는 했지만)이 당시의 종교적 상상 속에서 사라지기 시작했다. 참 하나님이자 참 인간이신 예수 그리스도는, 결국 하나님으로서만 찬미되었다. 신을 추구하는 다른 인간을 예우하는 신학적 인류학의 기초가 되는 예수의 인성이 증발되기 시작했다. 그 과정 속에서, 평범한 인간들은 인간적인 측면을 점점 덜 반영하는 삼위일체에 더 이상 의의를 찾지 못하게 되었다. 그리고 평범한 신자들은 그리스도와 동질감을 느낄 수 있는 근거를 갈수록 더 발견하지 못하게 되었다.

따라서 그리스도와의 연합으로서의 성찬(communion)에 대한 이야기를 감히 꺼내는 이들은 더 이상 협력자를 찾을 수 없었다. 사람들은 더 이상 자신의 인성으로 계시하시는 하나님을 만나지 않았다. 대신 사람들은(설교와 기도, 성상을 통해) 그들과는 너무나도 달라, 과연 그분과 관계를 맺을 수 있는지 질문케 하는 하나님을 만났고, 그들의 혀로 그분(성찬 빵)을 받는 경우도 크게 줄었다.

둘째, 당시 그리스도인들 사이에서 신학적 인간학이 이렇게 변화되도록 하는데 기여한 또 다른 요인은 원죄 교리의 출현이었다. 원죄 교리의 성경적 근간은 바울의 글에서 발견된다. 바울은 그리스도와 아담을 비교하면서, 죄가 아담을 통해 어떻게 세상으로 들어와 모든 사람에게 퍼졌는지를 말한다.[77]

이 사상은 많은 초기 기독교 저술가들의 글에서도 은연중에 발견된다. 예를 들어, 2세기 중엽에 사르디스의 멜리토(Melito of Sardis)는 그의 유명한 설교(헬라어: *Peri Pascha*, "파스카에 대하여")에서, 죄가 어떻게 모든 영혼에 "새겨졌는지"(stamped)를 언급한다. 카르타고의 키프리안(258년 사망)은 이미 세례와 원죄를 연관시키면서, 아이들을 세례 받지 못하게 해서는 안된다고 주장했다. 아이들도 아담의 자손으로 "옛 죽음의 전염병에 전염되었기 때문이다"(*Epistle*, 58.5).

서방의 많은 다른 저술가들은 아담이 물려준 탐탁지 않은 유산에 대해 숙고했다. 4세기가 끝날 무렵에, 모든 인류는 아담의 죄로 인한 결과뿐 아니라 아담의 죄 자체를 물려받았다는 신앙이 널리 퍼졌다.

원죄에 관한 기독교 사상을 자극했던 사건 중 하나는 펠라기우스(Pelagius, 435년경 사망)의 가르침이었다. 브리튼 출신이었던 펠라기우스는 로마에서 가르치던 영향력 있는 사상가였다. 펠라기우스와 그의 추종자들은, 당시의 도덕적 타락을 우려하던 금욕주의자들이었다.

도덕적 타락의 해독제로, "펠라기우스주의자들"은 도덕적 삶을 위한 사람들의 개인적인 책임을 강조했다. 그들은 또한 인간이 자신의 주도권으로 어느 정도의 영적인 완전함에 이를 수 있다고 주장하면서, 사람들의 삶 속에 하나님의 은혜를 위한 공간을 허락하지 않았다. 펠라기우스 자신은 원죄 사상에 흥미가 없었던 것 같지만, 그의 추종자들 중에는 그렇지 않은 이들도 있었다. 특히 첼레스티우스(Celestius, 5세기 초 사망)는 원죄 사상을 단호히 반대했다. 첼레스티우스의 가르침과, 더 나아가 펠라기우스는 411년 카르타고 공의회에서 정죄를 받았다.

---

[77] ... 한 사람으로 말미암아 죄가 세상에 들어오고 죄로 말미암아 사망이 들어왔나니 이와 같이 모든 사람이 죄를 지었으므로 사망이 모든 사람에게 이르렀느니라(롬 5:12).

어거스틴은 카르타고 공의회가 열리기 이전에 원죄에 대해 저술했다. 그는 원죄 때문에 인류는 죄의 "저주를 받은 무리"(라틴어, *massa damnata, To Simplicianus*, 1.2.16)로 간주될 수 있다고 가르쳤다. 이 표현은 그의 말년에 『신국론』(*City of God*, 12.12)에서 반복될 것이었다. 415년에 어거스틴은 영혼의 기원에 대한 편지를 써서 제롬에게 보냈다. 그 편지에서 어거스틴은 세례를 받지 못하고 죽은 아이의 경우에 대해 곰곰이 생각한 후에, 세례를 받지 못한 유아는 구원을 받지 못할 것이라고 결론짓는다.[78] 펠라기우스주의자들을 비난하는데 있어 어거스틴의 사상은 매우 영향력이 있고 원죄에 대한 교회의 이해에 매우 중요하다.

인류의 어쩔 수 없는 죄성에 대한 반펠라기우스주의 사상은 반아리우스주의 경향과 결합하여 이 시대의 신학적 인류학에 주목할 만한 변화를 가져왔다. 중세 시대가 시작할 무렵에, 평범한 그리스도인들은 스스로에 대해 은혜를 받았기보다는 죄가 더 많고, 하나님과 같다기보다는 같지 않고, 성찬과 같은 신성한 것을 받기에는 가치가 전혀 없는 존재라고 여겼다. 이미 4세기 말에, 암브로스와 요한 크리소스톰과 같은 주교들은 성찬식에 자주 참여하지 않는 그리스도인들로 인해 불만을 토한다.

4) 요약

이 시대의 신학적 발전은 당시 성찬 의례에서 우리가 이미 살펴본 변화의 폭에 필적한다. 초기 교회의 신학과 연속되는 부분이 많이 있다. 다른 한편으론, 점점 더 많은 신학 지식을 갖춘 당시의 목회하는 주교들과 새로운 이단들과 맞선 위대한 보편 공의회들의 교리 사상들이 성찬에 대한 새로운 이해를 만들어냈을 뿐 아니라, 기독교의 핵심적인 성례전에 대한 신자들의 태도에도 영향을 끼쳤다.

더욱이, 제국 전역에서 교회가 성장하면서 세례 받기로 결심한 성인들의 수보다 믿는 가정에서 태어나는 유아의 수가 더욱 많아졌다. 그 결과, 새롭게 세례를 받은 자들의 수가 증가하면서 성찬식이 연기되었고, 세례와 성찬 사이의 끈은 느슨해졌다. 그리고 시간이 지날수록 성찬은 기독교 입교의 절정으로 이해되지 않게 되었다.

---

78 모든 영혼은, 심지어 유아의 영혼조차도, 구속력이 있는 죄로부터 구원받아야 합니다. 그리고... 십자가에 못 박히신 예수 그리스도를 통하지 않고서는 어떤 구원도 없습니다(Letter 166, 7, in *The Confessions and Letters of Augustine*).

펠릭스(Felix)

펠릭스는 그의 할아버지가 로마에 있는 할아버지들 중에서 최고일 것이라고 확신한다. 펠릭스는 아버지를 전혀 알지 못했다. 그가 세 살 때 죽은 어머니도 거의 기억하지 못한다. 펠릭스의 기억으로 할아버지는 그의 유일한 가족이었다. 펠릭스와 할아버지는 뭐든지 함께 한다. 할아버지가 일어나면, 펠릭스도 일어난다. 할아버지가 시장에 가면, 펠릭스도 따라간다. 할아버지가 에스퀼리누스 언덕 비탈길에 있는 그의 작은 가게로 가서 샌들을 만들면, 펠릭스도 따라가서 샌들을 만든다.

지금보다 어렸을 때에는 자투리 가죽과 나무칼로 샌들을 만드는 흉내를 내면서 놀았다. 그러나 펠릭스는 이제 여덟 살이다. 그는 가게의 돌바닥에서 초크로 발의 크기를 재는 법과 샌들의 각기 다른 부분에 적합한 가죽을 선택하는 법을 배우는 중이다. 머지않아 할아버지는 가죽을 자르는 방법도 가르쳐 주실 것이다. 그 사이에 펠릭스는 샌들용 끈을 염색하고 햇볕에 말리는 일을 담당하고 있다.

그러나 오늘은 일이 없다. 오늘은 일요일이고, 언덕 위에 있는 성 마리아교회에서 엄청난 예배가 있을 것이다. 펠릭스는 일요일에도 일을 했었다는 옛 시절에 대해 들었던 이야기를 기억한다. 그러나 예수를 믿던 황제가 일요일에 재판소를 닫았다. 얼마 지나지 않아, 예수를 믿는 모든 사람은 일요일을 쉬는 날로 여겼다. 펠릭스는 콘스탄틴(Constantine)이 매우 훌륭한 사람이었을 것이라고 생각한다.

일하는 날은 아니지만, 펠릭스와 할아버지는 동이 트기 전부터 일어났다. 예배가 시작되기 전에 교회 안에서 좋은 자리를 잡고 싶었기 때문이다. 그들은 성 마리아로 가는 길 가의 빵장수들을 지나가지만, 하늘의 빵을 먼저 먹기 전까지는 아침 식사를 미뤄야 한다는 것을 안다. 그들이 도착할 때, 군중이 이미 교회 안으로 줄을 지어 들어가고 있었다. 교회 안에도 많은 사람이 찬송가를 부르고 연도에 응창하고 있었다.

그러나 펠릭스와 할아버지는 군중을 헤치며 나아가 제대로 향하는 통로를 만드는 장벽(barriers)에 도착한다. 펠릭스는 이 자리를 좋아한다. 왜냐하면 장벽이 낮기 때문에 긴 예배 시간 동안에 팔과 턱을 그 위에 올려놓고 몸을 기댈 수 있기 때문이다. 펠릭스가 발끝으로 서서 목을 길게 빼서 열린 통로를 내려다보면, 제대 주위에서 일어나는 일을 볼 수 있다. 지금은 제대 뒤의 공간에서 주교들과 사제들이 사람들과 함께 노래하고 기도하고 있고, 부제들은 분주히 움직이고 있다.

펠릭스와 할아버지는 그들 뒤에 있는 사람들이 너무 많아 교회 뒤쪽을 볼 수 없지만, 할아버지는 언제 어떤 일이 일어나는지를 늘 알고 있는 것 같다. 할아버지는 거의 오십 년 동안 이 주교의 전례에 참석해 왔기 때문에, 예배에 대해 속속들이 안다. 할아버지는 뒤편의 부산함과 성단소의 움직임을 볼 때, 성자 같은 레오 주교가 도착했음이 분명하다고 속삭인다.

과연 얼마 지나지 않아, 복사를 대동한 차부제들 중 하나가 군중 사이를 뚫고 지나간다. 복사는 흰 천으로 아름다운 책을 들어 옮기고 있다. 그들이 지나갈 때, 펠릭스가 손을 뻗으면 금으로 된 표지와 반짝이는 보석으로 치장된 그 책을 만질 수 있을 것 같았다. 펠릭스는 장벽 위로 몸을 뻗쳐서 그들이 그 책을 성단소 안으로 갖고 가 제대 위에 놓고, 군중을 뚫고 돌아가는 것을 본다.

잠시 후에 제대 옆에 서 있던 가수들이 성단소를 떠난다. 할아버지는 지금 교회 뒤쪽에서 만들고 있는 행렬에 합류할 것이라고 말한다. 가수들이 떠날 때, 사람들은 행렬이 곧 시작될 것이라는 것을 감지하기 때문에 회중의 노래는 차츰 잦아든다.

교회 뒤편에서, "인트로이보 아드 알타레 데이"(*Introibo ad altare Dei*, 나는 하나님의 제대로 나아갈 것이다)라는 노래가 터진다. 먼저 몇몇 큰 음성이 영창하고, 곧이어 전체 회중이 후렴구를 부르는데, 넓은 홀이 그 소리로 가득 채워진다. 펠릭스보다 나이가 그리 많지 않은 것 같은 소년들을 동반한 남성 성가대가 다른 노래를 부르면서 장벽 안에 의장대를 형성하기 위해 군중을 뚫고 걸어간다.

펠릭스는 통로 안에서 두 줄로 서 있는 성가대원들(바깥쪽엔 성인남자들, 안쪽엔 소년들)을 끝까지 보기 위해 난간(railing)을 따라 몸부림치며 나아간다. 마침내 펠릭스는 겨우 시간에 맞춰, 할아버지로부터 십 피트(3m) 정도 떨어진, 장벽이 끝나는 바로 그곳에서 통로를 훤히 볼 수 있는 좋은 장소를 찾는다.

자욱한 향은 주 행렬이 교회 앞쪽에 이르고 있음을 알린다. 향을 들고 있는 남자가 지나간 후, 횃불을 든 사람 일곱이 뒤따르는데, 그들의 얼굴은 모두 타오르는 횃불로 인해 빨갛다. 그 다음에 차부제들과 부제들이 뒤따른다. 그 중의 하나인 마르쿠스(Marcus)는 펠릭스와 할아버지가 사는 집에서 길 아래쪽에 있는 곳에 산다. 행렬의 마지막은 주교다.

주교는 수염이 길게 난 노인이지만, 군중 사이를 천천히 움직인다. 사람들에게 인사하느라 그의 오른편에서 걷고 있는 부주교보다 뒤쳐지기도 한다. 주교가 다가오자 펠릭스는 얼어붙은 듯이 꼼작하지 못한다. 사람들이 주교가 통로로 들어갈 수 있도록 비켜주자, 주교는 장벽의 가장자리에 기대고 서 있는 펠릭스를 본다. 주교는 지나가면서 손을 내밀어 펠릭스의 머리를 부드럽게 쓰다듬어 준다.

굉장히 긴 예배였다. 그러나 펠릭스는 그 예배에서 어떤 것도 기억하지 못한다. 그는 훌륭하게 찬미된 복음서, 부제들이 거둔 헌물들, 엄숙히 드려진 기도를 기억하지 못한다. 그는 심지어 금으로 된 성작으로 마신 것도 하지 못한다. 펠릭스가 기억하는 것은, 그리고 언젠가 그의 손주에게 들려줄 이야기는, 성자 같은 레오 주교가 그에게 다가와 축복해 주었던 바로 그 순간이었다.

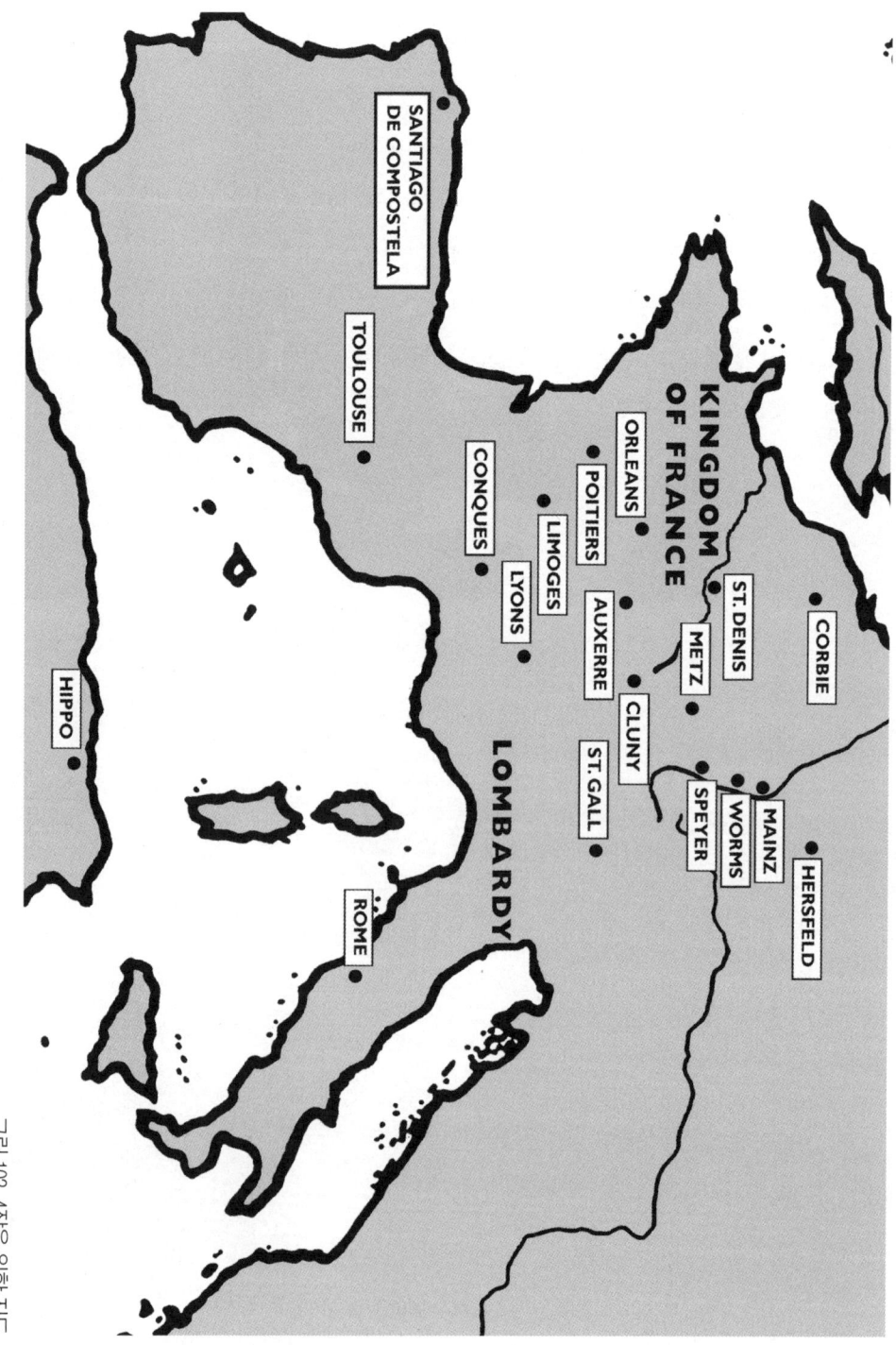

그림 103. 4장을 위한 지도

제4장
예전의 게르만화:
750-1073년

콘스탄틴은 330년에 콘스탄티노플을 세움으로써, 제국에서 지리학적으로 중심이 되는 곳에 수도를 건설할 수 있었다[그림 61]. 그는 또한 이교도의 신전이 전혀 없고 성모(Mother of God)의 보호를 받는 기독교의 중심지이자 그리스-로마 세계의 최초의 수도를 세울 수 있었다. 발도빈(Baldovin)에 따르면, 콘스탄티노플은 그 자체로 **도무스 데이**(*domus dei*, 라틴, "하나님의 집")로 여겨질 수 있었다.[1]

이처럼 동쪽으로 향한 정치권력의 지리학적인 이동은, 서로마 제국의 붕괴와 동방 교회와 서방 교회 사이의 최종적인 분열을 준비했다. 제국의 동쪽에 있는 요새들로부터 멀리 떨어져 있고, 내부적인 부패로 약화되고, 게르만족의 이동에 압도된[그림 104] 로마의 시민정부는 5세기말 경에 붕괴되었다. 교회의 조직들은 그대로 남아 있었지만, 황제와 동방 교회와의 유대적인 관계는 약화되기 시작했다.

---

1 고대 시대 후기와 중세 시대 초기의 세계라는 환경 속에서, 예배는 단지 경건한 호기심이 아니었고, 도시생활에서 일어나는 많은 문화적 또는 사회적 사건 중 하나의 신중한 활동도 아니었다. 오히려 예배는 도시생활에서 매우 중심적인 표현이었고, 거룩한 장소인 도시의 중요한 의미였다. 콘스탄틴 이전 시대의 **도무스 에클레시에**(하나님 백성의 집)는 그 이후에 **도무스 데이**(하나님의 집)가 될 수도 있었다. 그러나 도시 자체가 기독교 회중을 위한 집이 되었다. 도시는 심지어 **도무스 데이**로도 인식될 수도 있었다(Baldovin, *The Urban Character of Christian Worship*, p. 268).

그림 104. 500년 당시의 로마 제국과 야만족 제국

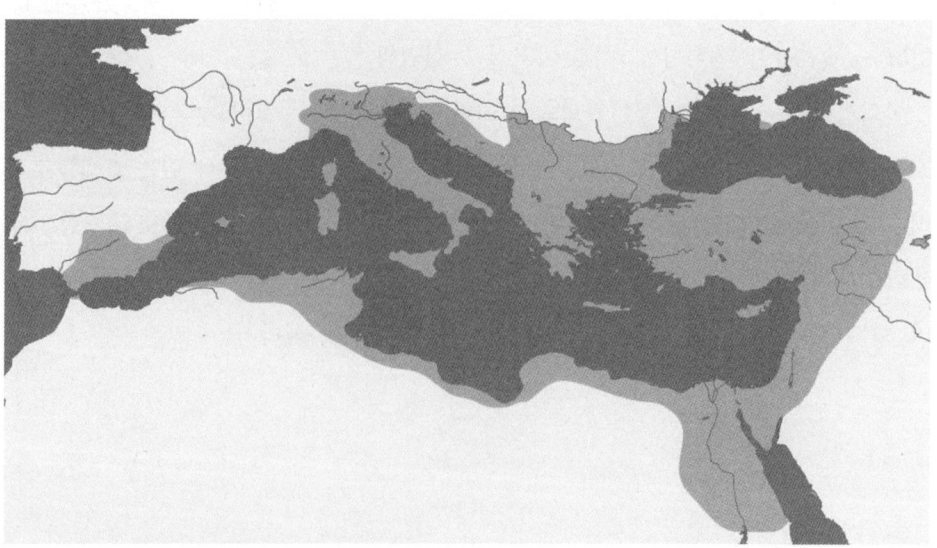
그림 105. 565년 당시의 저스티니안 제국의 지도

유스티니안 황제(565년 사망)가 제국의 서쪽 지역을 재정복하여[그림 105] 콘스탄티노플의 총대주교 관구(imperial see)와 로마교회 간의 교회적인 유대관계(ecclesiastical ties)를 지속시켰던 것은 사실이다. 예를 들어, 로마에서 열린 교황 선거에는 비잔틴 황제의 인준이 필요했다. 이와 관련한 유명한 일화는, 대 그레고리(604년 사망)가 마우리스(Maurice, 602년 사망) 황제에게 편지를 보내 자신의 선출을 승인하지 말아달라고 요청했던 일이다. 그러나 이러한 관행은 두 세계와 교회의 관계가 소원해지는 8세기 말경에 끝날 것이다.

당시에 일어났던 또 하나의 중요한 종교 및 정치적 변화는 이슬람의 확산이었다. 이슬람은 모하메드(Mohammed, 632년 사망) 선지자의 사망 후에 아라비아 전역, 페르시아, 시리아, 이집트, 튀니스, 알제리, 모로코, 그리고 스페인으로 빠르게 확산되었다[그림 106]. 732년 투르(Tours)에서 있었던 결정적인 전투에서, 샤를 마르텔(Charles Martel, 741년 사망)이 이끄는 프랑크족의 군대는 코르도바 아랍 제후국(Islamic Emirate of Cordoba)의 영토 확장을 이베리아 반도 너머에서 멈추게 했다. 이 사건을 통해 마르텔과 그의 후손들은 신성 로마 제국의 황제로 등극하는데 기반이 될 리더십을 얻게 되었다.

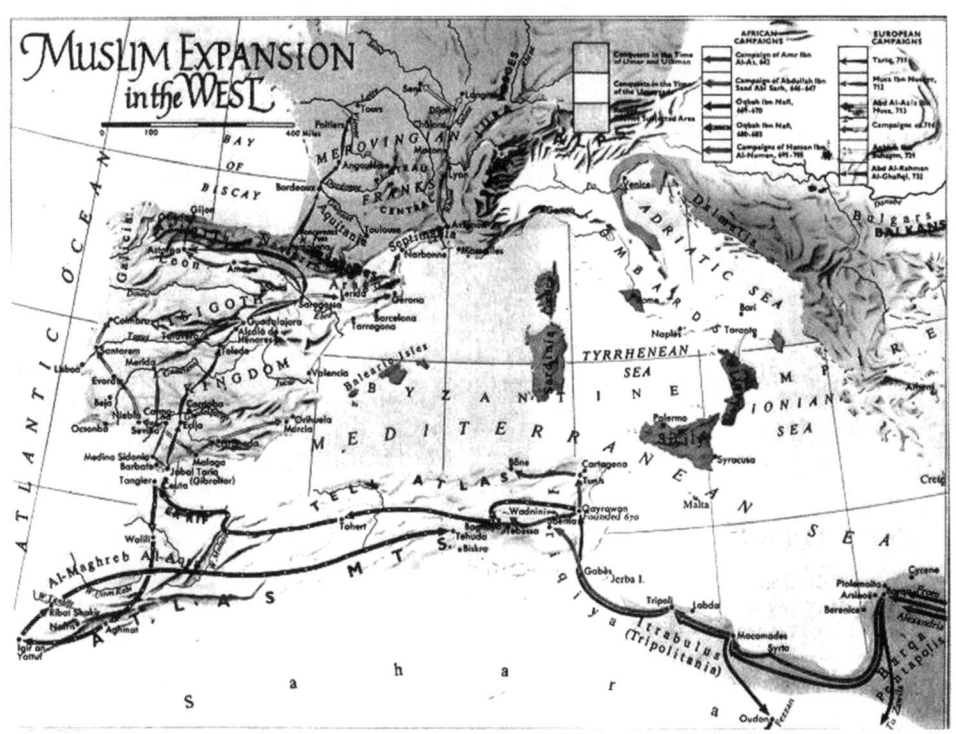

그림 106. 661-750년의 이슬람 확장 지도

제임스 러셀(James Russell)은 "중세 초기 기독교의 게르만화"를 이끈 교회와 프랑크족 사이의 새로운 동맹을 이해하는데 도움이 되는 개론을 제공한다. 러셀에 따르면, 기독교는 4세기 말에 게르만 사회와 접촉하게 되었다. 그러나 많은 서고트족이 받아들인 다음에 다른 게르만족들에게 전파했던 것은 아리우스주의 기독교(Arian Christianity)였다. 프랑크족과 소수의 다른 게르만족 집단은 5세기 말까지 이교도로 남아있었다.

그 후 클로비스(Clovis, 511년 사망)라는 이름을 가진 영악한 젊은 프랑크족 왕이 498년에 로마에서 세례를 받으면서 교회와 연합했다. 아마도 정치적인 입지를 강화하고자 취했던 방법이었던 것 같다. 그러나 러셀에 따르면, 클로비스는 진정한 의미에서 그리스도인이 아니었다. 이 기간에도 대부분의 프랑크인들은 이교도로 남아있었다. 결과적으로 기독교는 프랑크인들 사이에서 확산되었는데, 그 기독교는 "근본적인 민간 종교의 관점에서 해석되었던 기독교로 보인다. 따라서 혼합주의적으로 발전된 (syncretic development) 기독교라고 묘사하는 것이 보다 적절할지도 모른다"(Russell, p. 179). "게르만화" 과정은 예전과 예전신학에 엄청난 영향을 끼칠 것이다. 바로 이 장에서 살펴볼 내용이다.

클로비스의 조부인 메로비히(Merowig)의 이름을 딴 메로빙거 왕국은, 7세기 동안에 내부적으로 일련의 권력 투쟁을 겪으면서 크게 약화되었다. 그리고 기독교는 혼란에 빠졌다. 그러나 8세기가 시작되면서 상황이 프랑크족에게 유리하게 바뀌기 시작했다. 샤를 마르텔의 승리는 정치상의 운명(political fortunes)이 바뀌었다는 것을 상징적으로 보여준다.

종교적으로는 새로운 앵글로색슨 선교사들이 많이 들어왔다. 그 중 가장 중요했던 선교사는 성 보니페이스(St. Boniface, 754년 사망)였다. 러셀에 따르면, 보니페이스와 샤를 마르텔은 서로에게 이익이 되는 사이였다. 샤를과 그의 자손들은 메로빙거 왕국의 도전자들이었다. 그들은 로마교회에 가입함으로써 종교적인 정당성을 인정받을 수 있는 근거를 어느 정도 제공받았다.

보니페이스는 선교 활동을 위해 현지의 보호자가 필요했다. 그리고 로마는 롬바르드족에 대항하여 보호해 줄 누군가를 필요로 했다. 롬바르드족은 6세기 말에 이탈리아를 침략하여 이제는 로마를 위협하는 존재였다[그림 107].

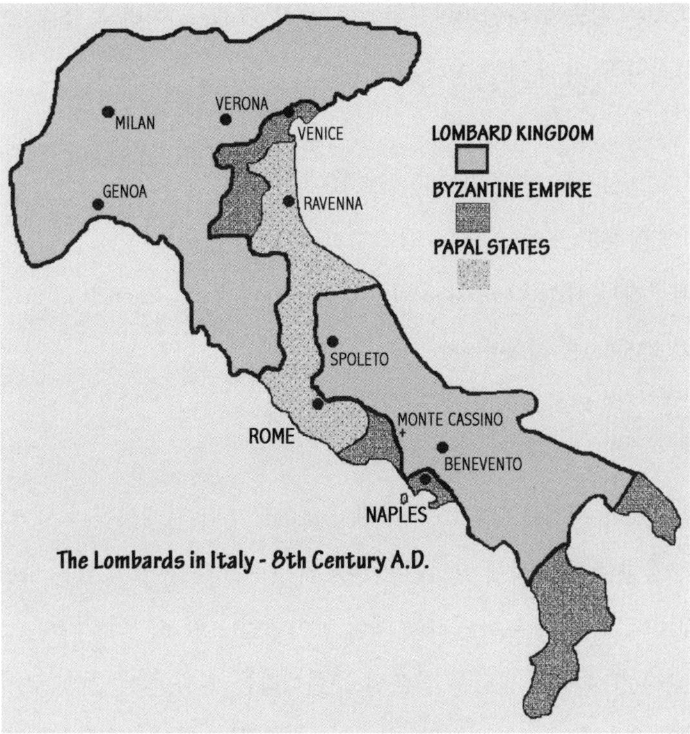

그림 107. 8세기 롬바르드 왕국

751년에 교황 자카리(Zachary)는 샤를의 아들인 페팽 3세(Pepin III, 768년 사망, 때때로 피핀으로도 언급된다)를 프랑크의 왕으로 인정했다. 페팽은 교회를 보호하겠다고 약속했고, 그 약속을 한 직후인 753년 7월에 그의 손자들인 샤를로망(Carloman, 771년 사망)과 샤를마뉴(Charlemagne, 814년 사망)와 함께 생-드니(St.-Denis)에서 축성되었다. 774년에 샤를마뉴는 롬바르드족을 물리치고 "롬바르드인의 왕"이란 칭호를 얻었다. 800년에 샤를마뉴는 로마로 여행했고, 그해 성탄절에 교황 레오 3세(Leo III, 816년 사망)에 의해 황제로 등극되면서 더욱더 중요한 칭호를 부여받았다.

외부의 군사 및 정치적 위협에 대처하는 일에 더해, 이 새로운 왕조가 풀어야 했던 또 다른 과제는 프랑크 왕국의 내부적 통일과 개혁이었다. 이 과제의 많은 부분은 7세기에 심각한 쇠퇴를 경험했던 교회를 먼저 개혁함으로써, 그 후 교회를 왕국의 통일을 위한 대행자(agent)로 사용함으로써 해결되었다. 이러한 재통일의 과정에서 하나의 중요한 단계는 통일된 예전을 확립시키는 것이었다.

그 목적을 위해서, 페팽과 샤를마뉴는 프랑크교회에 로마 전례를 도입하고자 했다. 이 일이 있기 전에, 프랑크인들이 사용했던 예배 양식은, 비록 로마에서 도입한 양식처럼 통일된 것은 결코 아니었지만, "갈리아 양식"(Gallican)이라고 불릴 수 있었다. 갈리아 예배 형식의 몇 가지 특징은 다음과 같다.

① 성부보다는 성자를 향한 기도를 선호했다.
② 교회력에 따른 기도들(성찬기도를 포함한)이 많이 바뀌었다.
③ 말씀 예전에서 삼성송(trisagion)과 "세 젊은이의 노래"(Canticle of the Three Young Men)(단 3:35-66)를 사용했다.
④ 성찬기도 전에 평화의 입맞춤을 했다.

왕국 전역에 로마 전례를 보급하기 위해서 로마로부터 전례서들과 사역자들을 들여왔다. 로마와 강한 유대관계에 있었던 앵글로색슨 선교사들이 이 일을 도왔다. 완전하지 않았던 로마의 책들[2]과 로마인과는 매이 상이했던 프랑크인의 기질은, 로마 전례의 도입이라기보다는 예배의 새로운 장르의 출현이라는 결과를 낳았다. 로마 양식의 절제미와 극적인 요소들이 혼합된 혼성 형식의 이 예배는, 때때로 "프랑크-로마" 전례 또는 "로마-프랑크-게르만" 전례라고 불린다. 이 예배 형식은 궁극적으로는 유럽 전역, 심지어는 로마에서도 받아들여지고, 중세 시대 후기에는 로마교회를 지배하게 될 것이다. 그 결과는 중세 기독교와 예배의 진정한 게르만화이다.

1. 건축

그리스도인들은 그들의 종교가 합법화된 이후 몇 세기 동안, 다양한 유형의 건물을 사용하여 예배했다. 그러나 3장에서 언급되었듯이, 서방에서는 바실리카 양식이 선호

---

[2] 783년쯤에, 샤를마뉴는 교황 하드리안 1세(Hadrian I)에게 완전한 성사집 1권을 보내달라고 요청했다… 그 성사집은 2년 후에 도착하여, 아헨도서관에서 권위 있는 책(*liber authenticus*)으로서 전시되었다. 그러나 그 책은 불완전하다고 판명되었다. 미사 식문(mass formularies)… 봉원 미사(votive masses)와 축복기도(blessings)가 모두 빠져 있었다. 황제에게는 매우 당혹스러울 수밖에 없는 이 상황을 타개하기 위해, [아니안의 베니딕트는] 갈리아인들이 사용했던 책에서 가져온 보충 텍스트들을 추가했다…. 처음에 이러한 추가분들은 로마 성사집의 별책 부록이었지만, 이후에는 로마 성사집으로 통합되면서, 로마-프랑크-게르만 혼합물을 낳게 되었다. 따라서 보충 텍스트들은 로마 성사집에서 빠진 것들을 공급했을 뿐 아니라, 극적이고, 장황하고, 도덕적인 것을 특별히 선호하는 종족을 그 성사집에 효과적으로 적응시켰다(Chupungco, *Cultural Adaptation of the Liturgy*, pp. 28-29).

되는 예배 공간의 형태로 유명해졌다. 메로빙거 시대에서도 마찬가지였다.

그러나 오늘날까지 남아있는 기념비적인 건물은 거의 없다. 당시의 건물들은 대개 비영구적이었기 때문이다. 한 가지 예외는 푸아티에(Poitiers)의 생-장(Saint-Jean) 세례당이다. 로마의 기초 위에 세워진 이 작은 바실리카는 6세기와 7세기에 나르텍스(narthex-배랑)와 앱스가 추가되며 확장되었다[그림 108]. 메로빙거 시대에 건축된 다른 바실리카의 유적들은 오늘날에도 찾아볼 수 있다. 예를 들어, 파리 생 제르망 데프레(Paris's Saint Germain des Pres)의 안과 르네의 생 피아(St. Piat)의 밑에서 그러한 유적들을 볼 수 있다.

그림 108a. 푸아티에(Poitiers)의 생 장(Saint-Jean). 원래의 4세기 건물의 북쪽 면을 재현한 모습(약 40 x 27 피트[12.2 x 8.2m])

카롤링거 왕국이 급성장했던 때는 건축학적으로 르네상스를 맞이한 시기이기도 했다. 건축가들은 새로운 리더십과 권력에 대한 확신을 나타내기 위해, 메로빙거 시대의 소규모 건물을 버리고 크고 넓은 건축물을 세우기 시작했다. 비록 로마 제국이 오래 전에 붕괴되고, 그 도시는 옛 영광의 흔적만을 희미하게 보여주고 있었지만, 고대 로마의 신화(때때로 **로마니타스**[*Romanitas*], "로마-다움"[Roman-ness])라고 불렸던)와 무엇보다도 최초의 그리스도인 황제였던 콘스탄틴의 신화는 계속해서 영감을 주었다. 샤를마뉴와 그의 후계자들이 통치하는 기간에는, 로마 제국의 전설적인 건축물들을 모델로 삼은 엄청나게 크고 기학학적으로 설계된 건물들이 많이 건축되었다.

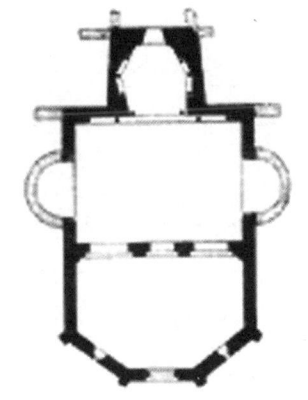

그림 108b. 메로빙거 양식으로 확장한 평면도로, 원래의 4세기 건물 서쪽에 있는 다섯 면으로 된 나르텍스와 동쪽의 오각형으로 된 앱스를 보여준다

샤를마뉴의 건축 프로젝트는 예전을 개혁하고자 했던 그의 계획을 강화시켰다. 샤를마뉴는 그의 지역 특유의 "갈리아" 예배를 "공식적인"(official) 로마 예배로 대체하는 데 관심을 가졌기 때문에, 지역의 건축 양식을 콘스탄틴 제국에서 이상화되었던 건축 양식으로 대체하는 일을 도왔다.

로마의 이상을 모방하기는 했지만, 카롤링거 시대의 교회들은 그 속에서 흐르던 전례처럼 콘스탄틴의 로마 제국의 교회와는 아주 달랐다. 최초의 바실리카 교회들은 건

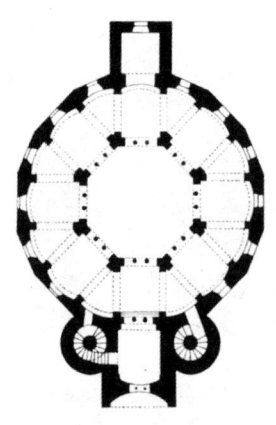

그림 109. 526-47년에 지어진 산 비탈레의 평면도

축학적으로 거의 나뉘지 않았던 넓고 개방된 공간이었다. 그러나 당시의 교회들은 성직자와 평신도 간의 멀어진 간격을 반영하여 건축되었다. 이 시대의 교회들은 또한 사적 미사(private Mass)의 발전, 성인보다는 유아에게 맞는 세례반을 필요로 한 세례 관습에서의 변화, 의례와 관련된 새로운 요구를 다뤄야 했다.

이러한 예전적인 변화에 대한 한 가지 해법은, 건물을 여러 부분으로 세분하고, 각 부분에서 각기 다른 의례에 집중하도록 한 방법이었다. 세분된 다양한 공간들에 대해서는 나중에 좀 더 자세히 살펴보도록 하겠다.

샤를마뉴에게 가장 중요했던 교회 건물은 아헨(Aachen)에 있는 왕궁 예배당(palace chapel)이었다. 메스의 오도(Odo of Metz, 우리에게 실제로 이름이 알려진 최초의 서방 교회 건축가 중 한 명)가 설계한 아헨 왕궁 예배당은, 유스티니안 황제가 통치하던 시기에 세워졌던 라벤나의 산 비탈레(San Vitale)교회를 모델로 참고하여 건축되었다[그림 109]. 나중에 아헨의 주교좌 성당이 된 아헨 왕궁 예배당은 카롤링거 시대의 건축 양식에서 또 하나의 중요한 발전을 예시했다.

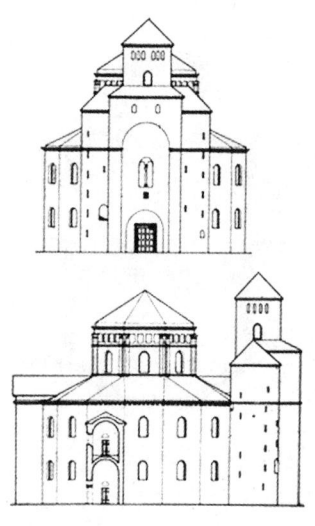

그림 110. 아헨 예배당의 재현도

바로 교회 건물에서 확장된 웨스트워크(westwork, 서향 구조)이다. 많은 교회에서, 성단소는 건물의 동쪽 끝에 위치해 있었다. 이전 시대들의 교회들에서, 건물의 서쪽 면은 대개 소박하고 아무 장식이 없었다. 그러나 아헨 왕궁 예배당에서 서쪽 끝은 두 개의 인상적인 탑으로 절정을 이루는 복층의 거대한 수직 구조물로 개발되었다[그림 110]. 이 개념은 이후의 많은 교회에 의해 모방되었다.

웨스트워크가 갖는 의미에 대해서는 논의되고 있는데, 웨스트워크가 하는 기능은 다양했던 것 같다. 부 사람들은 종탑을 세우기 위해 웨스트워크가 만들어졌다고 생각한다. 기독교 교회에서 종은 갈수록 더욱 중요해졌다. 8세기경에는 여러 개의 단조 철(forged iron)을 리벳으로 함께 고정시켜 종을 만들기보다는, 청동이나 다른 금속을 주조해서 제작할 수 있었다.

다른 사람들은 웨스트워크가, 대개 성단소를 위치시켰던, 잘-꾸며진(well-articulated) 동쪽 끝과 건축학적으로 균형을 맞춰주는 기능을 했다고 생각한다.

그러나 다른 사람들은, 웨스트워크가 교회 내의 권한에 대한 황제의 주장을 상징하는 건축 및 정치적인 대조로서 기능했다고 믿는다.[3] 아헨 예배당의 경우는 마지막 해석이 맞는 것 같다. 건물의 서쪽 면에 있는 상층 갤러리(gallery, 별석)에 샤를마뉴의 왕좌를 만들었고, 그의 뒤편에 웅장한 웨스트워크가 있었기 때문이다[그림 111].

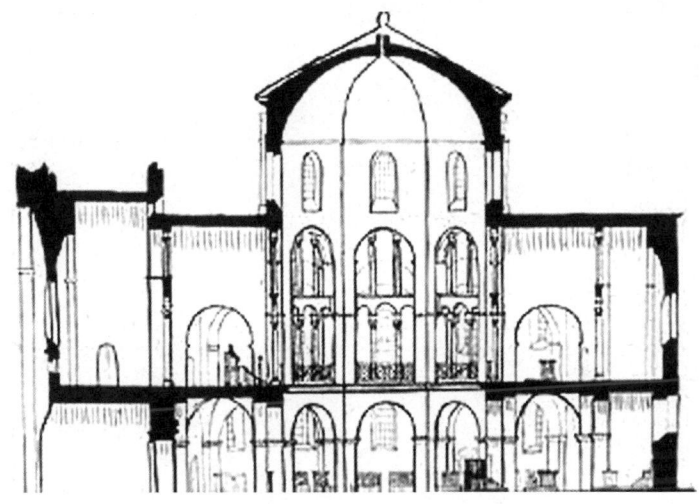

그림 111. 아헨 예배당의 남측면도. 샤를마뉴의 왕좌(★)는 웨스트워크 정면에 위치했을 것이다

843년에 카롤링거 제국은 샤를마뉴의 세 손자들에 의해 분할되었다. 그리고 870년에 추가로 다시 분열되면서 근대 독일과 프랑스가 등장하게 되는 전조가 되었다. 10세기 초에 오토 1세(Otto I)는 "게르만"(German) 왕국에서 강력한 리더십을 발휘했다. 오토 1세는 936년에 먼저 게르만 왕국의 왕이 되었고, 그 후 신성 로마 제국의 황제로서 통치했다(962-973년).

카롤링거 양식을 발전시키고 개선한 오스만 제국(936-1024년)의 건축 양식은 "장엄한"(imperial) 것이 특징이라고 할 수 있었다. 당시의 뛰어난 건축 프로그램 중 하나는

---

[3] 황제는 **카펠라 임페리알리스**(*cappella imperialis*, 라틴어, "왕궁 예배당")로부터 예식에 참여할 수 있었는데, 웨스트워크가 바로 **카펠라 임페리알리스**의 역할을 했다. 따라서 웨스트워크는 교회에 대한 권한이 황제에게 있다는 주장을 표현했을 수 있다.... 동일한 시기에 어떤 교회들은 유사한 기능을 하는 서쪽 앱스를 도입했다. 그로 인해 생긴 두 앱스(double-enders), 즉 동쪽 앱스와 서쪽 앱스는 **레그눔**(*regnum*, 라틴어, "왕권")과 **사케르도티움**(*sacerdotium*, 라틴어, "사제권")을 구체화했고, 둘 사이로 구원의 길이 연결되었다(Norberg-Schulz, *Meaning in western Architecture*, p. 155).

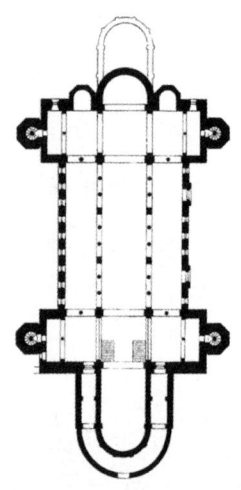

힐데스하임(Hildesheim)에 있는 성 미카엘(St. Michael)이다. 원래 성 미카엘은 베네딕트 공동체를 위한 수도원 교회였다. 바실리카 양식으로 건축된 성 미카엘에는 동쪽 앱스 뿐 아니라 서쪽 앱스도 있다. 그러나 동쪽과 서쪽의 두 앱스가 사제와 왕의 영역을 상징하는 것은 아니다. 동쪽 앱스는 제대의 장소이자 성찬식을 위한 공간이고, 서쪽 앱스는 시과전례가 거행되었던 수도사 성가대(monastic choir)의 자리이다[그림 112].

그림 112. 힐데스하임(Hildesheim)의 성 미카엘(Michael) 평면도

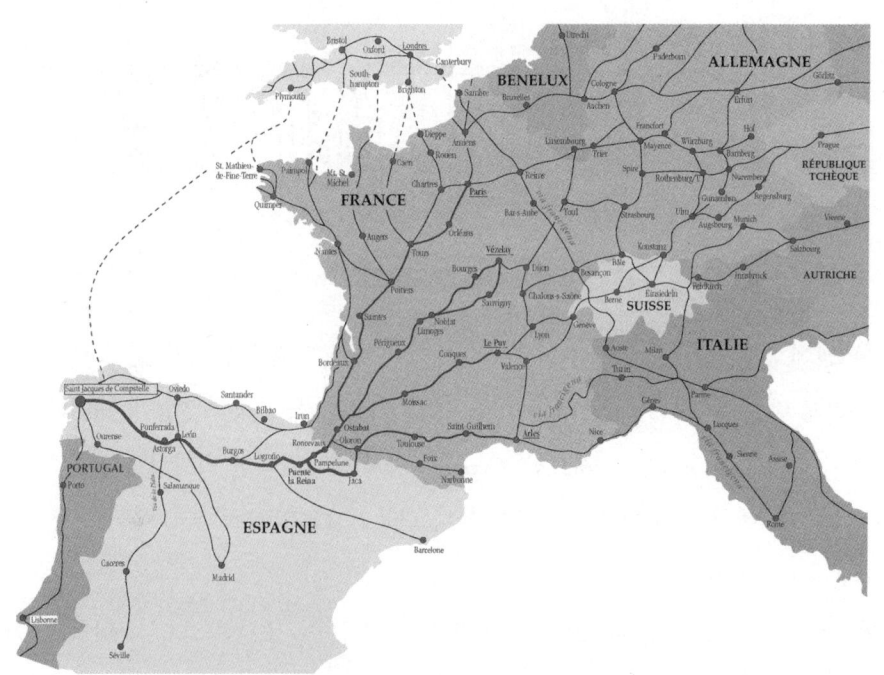

그림 113. 산티아고 데 콤포스텔라(Santiago de Comostela)로 가는 경로를 표시한 순례 지도

정확히 말하자면, 로마네스크 건축 양식은 11세기와 12세기의 현상이다. 그러나 그 용어 자체는 1818년에 프랑스 고고학자인 샤를-알렉시스-아드리앙 드제르빌(Charles-Alexis-Adrien de Gerville, 1853년 사망)가 만들었다. 로마네스크 건축 양식은, 카롤링거

와 오스만 건축 양식과는 달리, 특정한 제국이나 왕조와 관련되지 않았다. 대신에 당시의 시대정신을 반영하는 대중적인 현상(popular phenomenon)이었다. 그래서 일부 사람들은 로마네스크 건축 양식을 지역적인 양식이라 하지 않고 "범-유럽적인" 양식이라고 불렀다.

로마네스크 건축 양식을 매우 선호했던 당시의 베네딕트 수도회는 이 양식이 확산되는데 많은 영향력을 끼쳤다. 다른 요인들에는 영향력을 행사하게 된 중산층, 새로운 경제에 대한 희망, 비교적 안정된 정치 상황이 포함되었는데, 이 모든 것은 11세기에서 사람들이 긍정적인 전망을 갖도록 하는데 기여했다. 이러한 낙관적인 시대에, 그리스도인들은 성지 순례를 위해 유럽을 누비고 다녔다[그림 113]. 가장 유명했던 중세의 순례지 중 한 곳은 스페인의 북서쪽에 있는 산티아고 데 콤포스텔라(Santiago de Compostela)였다. 성 야고보의 유물(스페인의 갈리아 방언으로, **산티아고**[*Santiago*])이 813년에 발견되었다.

그림 114a. 프랑스 콩크(Conques)의 생트 푸아(Saint Foy)

10세기부터 오늘날에 이르기까지, 수백만 명이 **엘 카미노 데 산티아고**(*el camino de Santiago*, 스페인어로, "성 야고보의 길")를 따라 800킬로미터(480miles) 이상을 여행했다. 순례의 중심지들은, 순례자들이 관심을 집중시켰던 유물들을 중심으로 발생한 경기 호황으로 인해 많은 이득을 얻었다. 유럽의 유명한 많은 로마네스크 교회는 이러한 유물들을 중심으로 세워졌다. 예를 들어, 프랑스의 콩크(Conques)에 있는 그 유명한 성

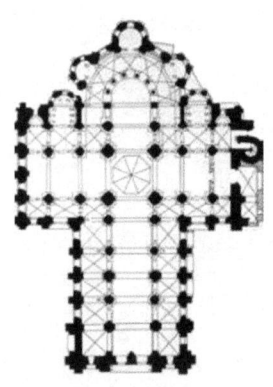

그림 114b. 생트 푸아의 평면도

푸이(St. Foy)수도원교회도 이러한 로마네스크성지순례교회에 포함된다[그림 114].

스피로 코스토프(Spiro Kostof)가 언급했듯이, "전형적인" 로마네스크 교회는 존재하지 않는다. 비록 "범-유럽적인 양식"이기는 하지만, 로마네스크는 지역과 공동체의 필요에 따라 달라졌다. 그러나 로마네스크 양식이 기본적으로 가지고 있는 몇 가지 특징을 열거할 수는 있다. 이 중 대다수는 카롤링거와 오스만 건축 양식으로 지어진 건물들에서 예상되었던 것들이다. 그 중에는 전체적인 균형과 조화의 느낌을 얻기 위해 기본적인 기하학적 모양들, 특히 둥근 아치를 사용하는 것이 포함되었다. 여기에 추가된 탑들과 더 높은 볼트들(vaults)은 건물에 새로운 수직성을 주었다.

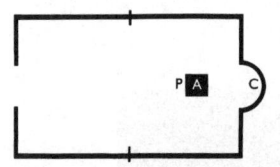

115a. 동향 앱스가 있는 바실리카의 집전자(P), 좌석(C), 제대(A)의 배치도

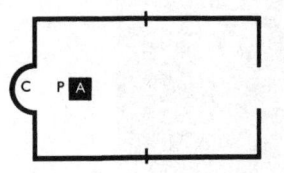

115b. 동향 입구를 가지고 있는 바실리카의 집전자(P), 좌석(C), 제대(A)의 배치도

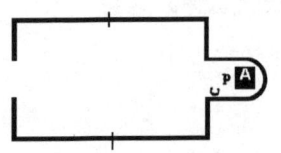

115c. 제대(A)가 앱스 벽 쪽으로 붙어 있고, 집전자(P)와 사람들은 모두 제대를 향하고, 좌석(C)은 측면에 있는 배치도

로마네스크 양식 이전의 교회들의 목재 지붕은 화재의 위험성을 안고 있었기 때문에(예를 들면, 힐데스하임의 성 미카엘 교회), 석조 볼트로 개량되었다. 볼트 바로 밑에 있는 클리어스토리(cleresotry, 고대 프랑스어 cler="밝은"에서 유래)라고 알려진 벽에는 대개 창문들로 구멍을 냈다. 이러한 볼트들의 무게가 증가했기 때문에[4] 거대한 벽들과 원주들(columns), 기주들(piers)이 필요하게 되었다. 그래서 네이브의 공간을 세분하여 일정한 간격으로 벽이나 원주, 기주를 세우게 되었다.

건물이 이처럼 일정한 간격으로 세분되면서, 한편으로는 네이브 안에 규칙적으로 순환하는 파도 모양(rhythmic undulation) 같은 것이 생겨나도록 했다. 그러나 다른 한편으로는, 초창기 바실리카의 특징이었던 넓고 개방된 집회 장소라기보다는 단위 공간들로 신중하게 세분화된 건물이라는 느낌이 들도록 했다.

---

4 보름스 주교좌 성당(1018년에 헌당)의 내부 볼트는 89피트(27m)이다. 마인츠 주교좌 성당(975-1037년)의 내부 볼트는 95피트(29m)가 넘는다. 그리고 슈파이어 주교좌 성당(1030-1061년)의 내부 볼트는 108피트(33m)가 넘는다.

1) 중앙 제대

앞에서 언급되었듯이, 바실리카는 일종의 한 곳으로만 향하는 길(enclosed path)이었다. 모든 길은 어떤 장소로 향하는데, 콘스탄틴 이후 시대의 기독교 바실리카에서 그 장소는 바로 제대였다. 제대는 건축학적인 초점(architectural focal point)으로서, 자연스럽게 예전(의) 점(liturgical point)이 되었다. 처음에 앱스는 주교좌를 위한 자리였다. 제대는 네이브에 있었다. 그러나 여러 신학 및 문화적 요인으로 인해 그러한 위치들이 옮겨졌다.

원래 제대는 목재 탁자였고, 대개 이동시킬 수 있는 것이었다. 제대는 일반적으로 교회의 중앙부에 놓여 있어, 사람들은 적어도 제대의 삼면에 모일 수 있었다. 집전자는 제대의 어느 쪽이든 간에 동쪽을 향해 바라볼 수 있는 위치에 섰다. 동쪽은 해가 떠오르는 곳, 부활의 상징, 그리고 햇빛이 많이 내려쬐는 지중해 연안에 사는 그리스도인들에게 중요한 은유였다. 만약 앱스가 동쪽을 향하고 있었다면, 집전자는 공동체가 서 있는 제대 쪽에 같이 서서 그들이 바라보는 방향을 함께 바라봤다. 만약 바실리카의 입구가 동쪽을 향했다면, 집전자는 제대의 맞은편을 바라봤다[그림 115].

콘스탄틴 시대 이후부터 프랑크 왕국이 지배하기 전까지 서방 교회에서는 두 번째 배치가 일반적이었다. 8세기에는 사제로 사람들을 바라보지 않게 하는 첫 번째 배치가 일반적인 것이 되었다. 시간이 흐르면서 제대는 뒷벽에 가까운 곳에 놓이거나 뒷벽에 붙여질 때까지 앱스 쪽으로 더 밀려졌고, 집전자와 공동체는 모두 제대가 동쪽을 향하든 그렇지 않든 상관없이 제대를 향하게 되었다. 결국엔 제대 자체보다 레레도스(*reredos*)라고 불리는 제단 뒤의 장식 병풍이 좀 더 강조되었다.

교회 중심부에 있던 제대가 뒷벽에 닿도록 옮겨지는데 기여했던 많은 요인이 있다. 예를 들어, 우리는 앞에서, 교회의 중심부에 있던 제대가 대 그레고리의 감독 하에서 성 베드로의 무덤 위에 만들어진 앱스로 옮겨졌던 것에 대해 살펴보았다[그림 73]. 일부 프랑크 교회들은 성 베드로의 무덤과 같은 유물을 가지고 있지 않았음에도 불구하고, 이러한 로마의 관습을 이상적으로 여기며 따라했다. 알프스 북쪽에 살던 사람들은 문화적으로 라틴어를 알지 못했다. 따라서 건축학적으로 제대를 앱스로 이동시킨 일은, 성찬이라는 중요한 행위에 참여하는 신자들과 집전자 사이에서 이미 일어나고 있던 언어학적인 분리를 상징적으로 보여줬다.

우리는 또한 러셀의 게르만화 이론, 즉 프랑크족과 다른 게르만족들은 다른 지역이나 초기 시대의 그리스도인들과는 상이한 종교적 상상력을 소유하고 있었다는 것에 대해서 언급했다. 러셀에 따르면, 그들은 초기 그리스도인들처럼 기독교를 윤리적이고 교리적으로 해석하기보다는, 보다 주술-종교적으로 해석하는 특징을 보였다. 이러한 보다 "주술적인" 게르만적 관점은 게르만인들 사이에서 발전되었다고 잘 알려진 예전적인 특징들을 설명하는데 도움을 줄 수 있다. 그러한 특징들 중에는, 신자들과 신성한 행위를 실행하는 책임을 맡은 집전자 사이의 커다란 물리 및 영적인 간격, 신성한 예식에서 사용되는 물질에 대한 커진 관심 등이 포함된다(Rusell, p. 191).

제대에 사용되는 재료에도 변화가 있었다. 4세기에 이미 요한 크리소스톰에 의해 언급되었던 석조제대(stone altars)는 6세기에 이르러 일부 지역에서 명령되었다.[5] 그리고 769년에 샤를마뉴는 프랑크 왕국 내에 있는 모든 교회는 석조제대만 사용해야 한다고 명령했다. 성인의 무덤 위에 제대를 만들던 관습은 결국 제대 자체 내에 성인들의 성유물(relics)을 매립하는 방식으로 바뀌었다. 이전에는, 교회나 제대를 축성하려고 할 때 성찬식만 거행하면 됐다.

그러나 8세기 말에 이르러 로마 예식서들(Roman Ordos)은 제대에 성유물을 놓는 것이 교회를 축성할 때 해야 하는 매우 중요한 일이라고 묘사한다. 심지어 그 중에는 제대를 축성할 때 성유물과 축성된 빵 세 조각을 함께 봉입하라고 규정한 예식서도 있다.[6] 제대가 성단소 안으로 옮겨지면서, 신자들은 더 이상 제대 주위에 모일 수 없게 되었다. 그리고 제대가 성유물과 갈수록 더욱 연관되어지면서, 제대는 식탁이 아닌 석관에 더 가깝게 보이기 시작했다.

2) 부제대(secondary altar)

당시 서방 교회들이 이전 시대의 교회들과 크게 달랐던 점이 한 가지 있다. 바로 교회 안에 하나 이상의 제대를 갖추고자 했다는 것이다. 7세기 이전에도 부제대가 존재

---

5 제대는 돌로 만들어지지 않는 한 축성될 수 없다(Council of Epaon, Gaul [517년], canon 26, in Mansi, *Sacrorum Conciliorum*).

6 그 다음에 그는 주님의 몸의 세 부분을 콘페시오와 세 개의 향료 안에 놓는다. 그리고 유물을 콘페시오 안에 넣는다(*Roman Ordo* 42:11 [720-750년경], in Andrieu, *Les Ordines Romani*).

했었다는 사실을 보여주는 증거가 있기는 하다,[7] 그러나 갈리아에서 교회들 안에 있는 제대의 수가 일반적으로 늘어났던 때는 7세기 후였다.

이러한 추세의 원인이 되었던 몇 가지 요인이 있다. 그 중 매우 중요했던 요인은 미사의 수요가 증가한데 있었다. 가정 교회의 시대 이래로, 교회는 원래 성찬식을 일요일에만, 그것도 한 번만 거행했었다. 시간이 지나면서, 토요일도 전례일(liturgical day), 즉 예배하는 날이 되었다. 북아프리카에서 키프리안은 성찬식이 매일 거행되었다는 증거를 제시한다. 매일 거행되는 성찬식에 대해서는 1세기 후의 인물인 어거스틴도 알고 있었다.

그러나 어거스틴은 또한 토요일과 일요일에만 미사를 드렸던 지역들과, 일요일에만 드렸던 일부 지역(로마처럼)에 대해서도 알았다. 다니엘 콜람(Daniel Callam)에 따르면, 6세기 동안에도 갈리아에서 미사가 매일 거행되었다는 증거는 거의 없다. 그러나 이러한 상황은 곧 바뀌기 시작했다. 7세기에 이르러 매일 미사는 서방에서 매우 흔한 일이 되었다. 콜람은 이러한 현상이 부분적으로는 주교들이 이끈 수도원 공동체들 때문이었다고 믿는다. 이러한 상황에서, 초기 교회에서는 매우 흔했던 미사 밖에서 영성체를 받았던 수도사들의 관습(ascetic practice)이 성찬식을 처음부터 끝까지 거행하는 방향으로 나아갔다.

그러나 이 일 자체가 한 공간에 여러 개의 제대를 필요로 하는 매일 미사를 행하도록 자극한 것은 아니었다. 더 큰 영향력을 끼쳤던 것은, 죽은 자를 위해 드리는 미사에 대한 커져가는 요구였다. 외경인 요한행전(170년 경) 같은 초기 문헌에도 죽은 자를 위해 성찬식을 거행했다는 증거가 나온다. 터툴리안(225년 사망)은 적어도 그가 속해있던 북아프리카의 몬타누스주의자 공동체에서는 죽은 자의 기일에 성찬식을 거행하는 관습이 있었다고 기록한다.[8]

죽은 자의 상태에 대한 관심이 커지면서, 때때로 기이한 예식들이 만들어지기도 했다. 시체에 성찬 빵을 주는 예식에 대해서 여러 종교회의(synod)(393년 히포, 578년 오세르, 692년 트툴로 종교회의)는 강하게 비난했다.

---

[7] 레우파리쿠스(Leuparicus) 사제는, 우리에게 여러분의 우정의 안부 인사를 전하면서, 여러분이 복된 사도인 베드로와 바울, 그리고 순교자 로렌스와 판크라티우스를 기념하여 교회를 건축했다고 알려주었습니다. 그 교회에는 13개의 제대가 있는데, 그 중 4개는 아직 봉헌되지 않았다고 들었습니다(Gregory the Great, *Letter to Bishop Palladius of Santes* [590년경], VI:50).

[8] 우리는 죽은 자들을 위해 그들의 기일에 예물을 드렸다(Tertullian, *The Crown* [211년], n. 3, in Corups Christianorum).

리처드 루터포드(Richard Rutherford)는 중세 시대의 서방 기독교가 죽은 자를 위해 기도하게 된 데에는 누구보다도 어거스틴의 책임이 가장 컸다고 믿는다. 특히 기도와 자선, 그리고 무엇보다도 성찬이 죽은 자에게 효과가 있다고 한 어거스틴의 주장은 큰 영향력이 끼쳤다(Rutherford, p. 18). 어거스틴의 가르침과 부합하는 대 그레고리의 이야기는 영향력이 있었다. 그레고리의 수도사 중 하나가 불명예스럽게(in disgrace) 죽었고, 그레고리는 그 죽은 수도사를 강하게 비난했다.

다른 수도사들의 중재로 그레고리는 30일 연속으로 미사를 거행하라고 명령했다. 마지막 성찬식 후에 그 죽은 수도사가 그레고리 앞에 나타났고, 성찬식 거행으로 인해 (연옥에서의) 정죄로부터 벗어나게 되었다고 확인해줬다. 죽은 그리스도인의 상태를 변화시키는 성찬식의 역할에 관한 이러한 새로운 접근으로 인해,[9] 신자들은 당연히 그들의 사랑하는 죽은 자를 위해 성찬식을 대신 거행해 달라는 요구를 더욱더 하게 되었다.

결국에는, 자신이 죽은 다음에 자신을 위한 미사를 드려달라고 돈을 남기는 사람도 생겨나게 된다. 비범한 수단을 가진 이들은 심지어 수도원을 세우기도 했는데, 수도원의 목적은 수도원 설립자와 가족의 영혼을 위해 미사와 기도를 드리는 일이었다.

성찬식 거행을 요구하게 만든 또 다른 원인은 7세기 유럽 대륙에서 나타난 새로운 형태의 보속(penance)이었다. 아일랜드의 수도사들은 "태리프"(tariff)라고 알려진 이 새로운 형태의 보속을 도입했다. 오늘날 로마 가톨릭의 개인적인 고해성사와 비슷한 이 의례는, 참회자에게 고백하는 죄의 중대성에 상응하는 구체적인 태리프나 보속을 하도록 요구했다. 태리프 중 많은 수가 고해예식서(penitentials)라고 알려진 모음집에 담겨졌다.

보속에는 꽤 혹독한 것도 있었지만 "경감"될 수 있었는데, 대개 금전적인 기부를 통해서였다. 이와 관련된 사태로서, 카롤링거 시대에는 또한 미사 예물(Mass stipends)이 발전되었다. 미사 예물이란 기증자가 자신의 특정한 목적을 위해 미사를 거행해 달라고 사제에게 요구하며 주었던 금전적인 선물을 말한다. 때때로 한 번 또는 그 이상의

---

9 엄격한 보속 규정(penitential discipline)이 등장하게 되면서, 그리스도인들은 죄에 대한 걱정에 점점 더 사로잡히게 되었고, 결국에는 죽은 자에 대해 염려하면서 죄의 대가에 더욱 더 집착하게 되었다. 따라서 그레고리와 그의 동시대인들에게, 그리스도인은 무리 신실하다고 할지라도 죽음 직후에는 최소한 정화의 상태에 있게 되는 죄인이었다.... 여기에서 교회의 기도들, 특히 미사들이 죽은 자들에게 유익이 된다고 여겨졌다. 그레고리의 교리에서 암시되는 것은, 살아 있는 동안에 그러한 도움을 받을 권리를 획득한 죽은 자들에게 제공되는 무언가 기계적인 것-아주 많은 기도와 미사를 드림으로써 영혼이 정화시키는 불(purifying fire)로부터 벗어날 수 있다-에 관한 새로운 관념이었다(Rutherford, *The Death of a Christian*, pp. 26-27).

미사를 거행하기 위해 예물이 요구되었는데, 그 미사는 보속으로서 부과되는 태리프를 경감해주는 역할을 했다.[10] 그 결과, 예물의 증가, 그리고 특히 보속을 경감하는 미사에 대한 늘어가는 요구는 하나의 교회 건물 내에 많은 제대를 필요로 하게 만든 또 다른 요인이 되었다.

이 기간에 복수의 제대를 갖추도록 만든 다른 요인은, 알프스 북쪽에 있는 교회들이 로마의 순회 전례(stational liturgy)를 모방하고자 한데 있다. 앞 장에서 언급되었듯이, 순회 전례는 로마의 주교가 도시 곳곳에 있는 다른 교회들 또는 "순회지"(stations)에서 정기적으로 성찬식을 거행하던 관습에 붙여진 이름이다.

이렇게 이동해 다니며 거행되는 교황 미사에는 지정된 순회 교회로 향하는 신자들의 독립된 행렬이 포함되었는데, 세계적인 도시인 로마에서 목회를 하는데 있어 도움이 되었다. 앙투안 차바스(Antoine Chavasse)가 보여주었듯이, 이 관습은 신자들이 하나됨의 느낌을 갖도록 하는데 기여했다. 이러한 하나됨은 특히 사순절 기간에 세례를 준비하고, 사순절 금식을 함께 하도록 격려하는데 있어 매우 중요했다[그림 116].

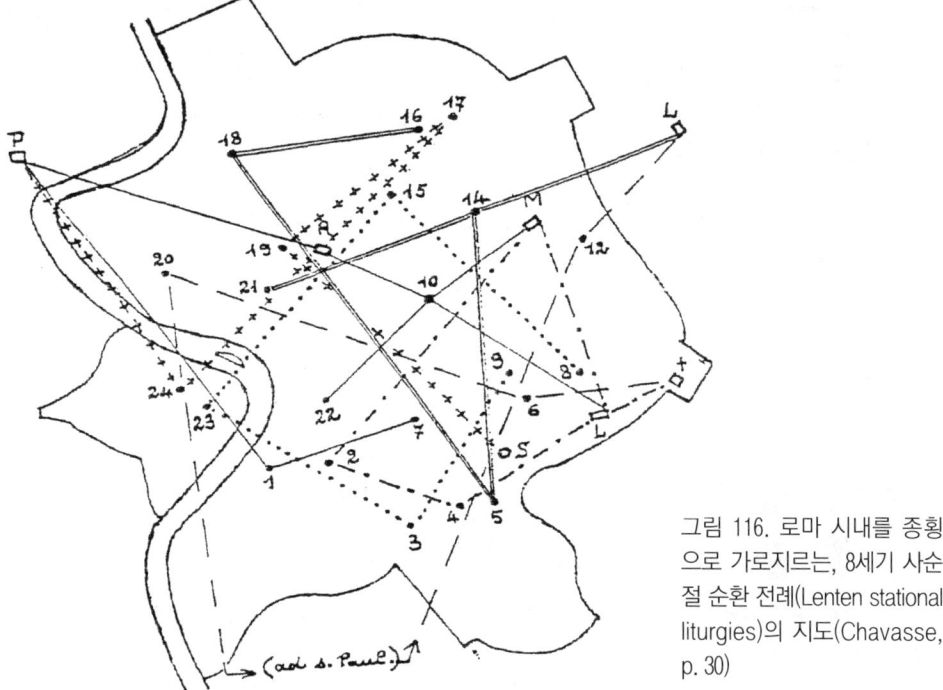

그림 116. 로마 시내를 종횡으로 가로지르는, 8세기 사순절 순환 전례(Lenten stational liturgies)의 지도(Chavasse, p. 30)

---

10 자신의 죄를 고백하고자 하는 사람은 눈물로 죄를 고백해야 한다. 눈물은 용서를 구하지 않지만 용서를 받을만 하기 때문이다. 그 사람은 자신을 위해 미사를 노래해 달라고 사제에게 요청해야 한다… 하나의 미사를 노래하는 것은 12일 동안, 10번의 미사는 4달 동안, 20번의 미사는 8달 동안, 30번의 미사는 12달 동안 속죄하는데 충분하다-고해신부들이 그렇게 결정하면 말이다(Penitential of Bede [8세기] in McNeill and Gamer, *Medieval Handbooks of Penance*, p. 233).

우리는 왕국 전역에서 로마 전례를 사용하도록 장려하기 위해, 샤를마뉴가 어떻게 그의 영토로 로마의 책들을 수입했는지에 대해서 이미 언급했다. 교황 하드리안이 보냈던 것과 같은 성사집은,[11] 8세기 로마에 존재했던 순회 시스템에 대한 개요를 담고 있었다.

북방의 그리스도인들은 도시 교회들의 거대한 네트워크를 갖고 있는 로마나 콘스탄티노플과 같은 도시에서 살지 않았기 때문에 그들의 상황에 맞게 순회 전례 시스템을 조정했다. 이 말은 때때로 두 교회나 세 교회 사이에서 진행되던 매우 조촐한 형식의 행렬을 의미했다. 하나의 교회나 수도원이 마치 로마 도시처럼 취급되어지곤 했다. 로마의 순회지들을 상징하는 다수의 제대가 처음에는 카롤링거 교회들, 그리고 그 후에는 로마네스크 교회들 안에 세워졌다.

3) 성가대 구역

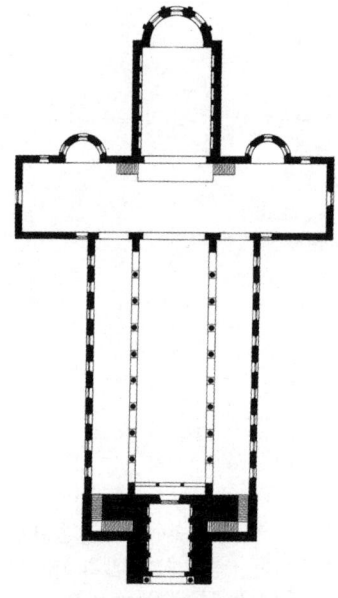

그림 117. 1037년경에 건축된 헤르스펠트(Hersfeld)수도원교회의 평면도

5세기 초쯤에 제대 근처의 지정된 장소에 평신도가 다가가지 못하도록 금지했던 지역들이 있었다는 증거가 있다. 우리는 이미, 제대를 네이브 구역에서 앱스로 이동시킴으로써, 모인 공동체가 제대에서 분리되는 결과를 낳게 한 신학 및 문화적 요인들에 대해 살펴봤다. 그러나 이렇게 제대를 옮기기 전부터 네이브 가운데에 신성한 구역을 만들고자 하는 본능이 커져가면서 여러 건축학적인 해법을 찾고자 노력했다.

서방에서는 대개 사람들을 막는 낮은 장벽(barrier)을 만들었다[그림 70]. 이 장벽으로 인해 좀 더 넓은 행렬 공간 내에 통로가 만들어졌는데, 일반적으로 예배 시작 때 입당 행렬에 참여하는 성직자와 성가대만 그 통로를 사용할 수 있었다. 흔히 여러 명의 남성과 소년으로 구성된 성가대가 행렬을 이끌면서 장벽 안쪽에서 일종의 의장대의 역할을 하면, 그들 사이로

11　제4장 각주 2번을 보라.

행진하는 나머지 성직자들이 지나갔다. 이러한 의례적인 행동은 곧 보다 정교한 건축학적인 지원과 관심을 받게 될 것이다.

"성가대" 공간이 확장되고 분리되는데 영향을 끼친 한 가지 요인은, 시과전례를 거행할 때의 변화와 관련이 있었다. 시간이 갈수록, 시과전례의 중심되고 유일한 참여자들은 수도사들과 재속 성직자들(secular clergy)이었다. 알프스 북쪽에 사는 대부분의 그리스도인들이 이해하지 못하는 언어(예를 들어, 라틴어)로 시과전례가 거행되었기 때문이다.

또한 책값이 엄청나게 비쌌기 때문에 참석자들은 대개 150편의 시편을 다 외워야 했기 때문이다. 많은 교회는 성단소와 앱스를 확장하고 연장시키면서 시과전례를 거행하는 공간을 마련했다. 그 결과, 수도사나 참사원 회원들(canons)을 위한 성가대 구역을 포함하는 확장된 성단소를 갖춘 혼성 바실리카가 탄생했다[그림 117]. 때때로 칸막이들(screens)이나 벽들을 세워 네이브에서 성가대를 분리시키면서, 수도사나 성직자의 자리와 평신도의 자리를 구분했다.

이러한 칸막이들은 흔히 "십자가"(rood, 고대 영어인 *rod*, 십자가에서 유래) 칸막이로 알려졌다. 칸막이 위에 대형 십자가나 십자가상을 얹혀놓곤 했기 때문이다. 11세기나 12세기경, 어떤 벽들은 매우 견고하게 만들어져서 평신도가 성단소 안에서 일어나는 성찬식이나 다른 예식들을 보는데 장애가 되었다. 이런 이유로 성가대의 구역 밖에 사람들을 위한 부제대들이 만들어지곤 했다[그림 118].

그림 118. (1088년에) 재건축이 시작된 클뤼니(Cluny)의 세 번째 교회의 내부 그림으로, 성가대석은 두꺼운 벽으로 에워싸여 네이브와 구분되어 있고, 그 성가대석 앞에는 평신도가 참여하는 예식을 위한 제대들이 마련되어 있는 것을 보여준다(Conant. Norberg-Shulz, p. 171에서 인용)

4) 중복도(ambulatory)

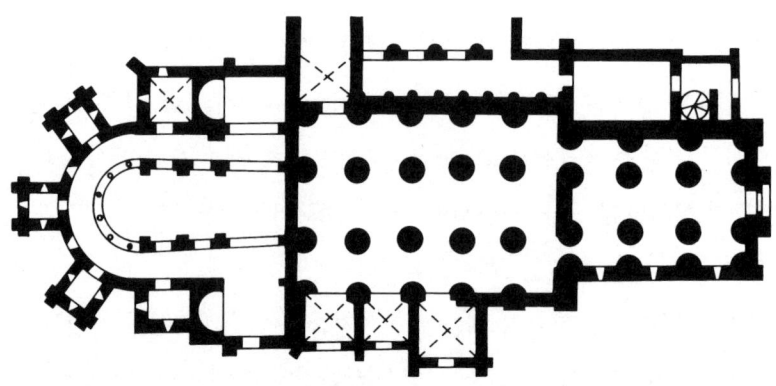

그림 119. 투르뉘(Tournus)의 생 필리베르(Saint Philibert)교회(950-1120년)로, 동쪽 끝 제실에 있는 주요 유물들과 앱스 주위를 둘러싸고 있는 초기 형태의 중복도(ambulatory)를 보여준다(Poinard, *Tournus: Abbaye Saint-Philibert*)

새로운 교회들을 위한 성유물은 중요했기 때문에 많은 순례자를 만들어냈다. 성유물을 갖고 있는 교회를 방문하는 방문객들의 수가 많아지고, 중앙 제대의 공간에 사람들, 특히 여성의 접근을 점점 더 제한하게 되면서,[12] 로마네스크 이전 교회와 로마네스크 교회에서 중요한 것이 개발되었는데, 바로 중복도(ambulatory)이다. 중복도는 많은 수의 사람이 교회 안을 이동할 때, 특히 성유물을 숭배하려고 이동할 때 일어나는 문제에 대한 건축학적인 해결책이었다.

교회에서 가장 중요한 성유물은 대개 중앙 제대 안이나 밑에 있었는데, 교회법 및 건축학적 제약 때문에 일반 평신도는 접근할 수 없었다. 많은 수의 순례자가 좁은 측면 아일을 통해 밀려들거나, 때때로 부제대나 성유물함이 놓여있던 비좁은 구석으로 모여드는 것도 문제였다. 해결책은 (대부분 반원형인) 앱스의 바깥쪽 원을 따라 통로를 만드는 것이었다.

그래서 수도사나 성직자들이 시과전례를 영창하는 동안에, 순례자들이 이 통로를 따라 교회 안을 돌아다닐 수 있게 했다[그림 119]. 이 통로는 또한 사람들이 중복도에서 떨어져 있는 제실(chapel)이나 중앙 성단소(main sanctuary)에 놓여 있던 성유물에 접근할 수 있도록 했다.

---

12 성직자들과 수도사들에게... 여자들이 제대에 접근해야 한다는 것은 적절치 않다(Charlemagne, *General Admonition* [789년], 17).

중앙 성단소에 놓인 성유물은, 앱스 벽에 있는 구멍을 통해 뒤에서 볼 수 있었다. 중복도는 차단될 수 있었기 때문에, 교회들은 성유물을 보기 위해 중복도를 지나고자 하는 방문 순례자들로부터 돈을 걷을 수 있었다. 이러한 관습은 오늘날에도 여전히 존재한다. 중복도는 또한 더 많은 부속 제실들(side chapels)을 만들 수 있는 공간도 제공했다.

중세 시대의 위대한 순례 교회들은 일반적으로 부속 제실을 갖추고 있었다. 부속 제실은 로마네스크와 고딕 시대의 많은 위대한 교회에서 표준 사양이 되었다. 중복도는 또한 변형된 순회 전례를 거행해야 하는 상주 수도사들과 성직자들의 행렬 경로가 되었다. 이러한 중복도는 지금은 파괴된 투르의 성 마르티노(St. Martin) 교회에서 제일 먼저 만들어졌던 것 같다.

4) 요약

건축학적으로 이 기간은 지난 시대에 시작된 추세들이 절정을 이룬 시대였다. 성단소 구역은 법적 및 건축학적 장벽들로 교회의 중심부로부터 분리되었다. 회중이 빙 둘러 모일 수 있었던 목재 탁자는 석조 제대로 바뀌었다. 석조 제대는 대개 석관 형태로 만들어 뒷벽에 붙여 놓았다. 그리고 레레도스(reredos)라고 알려진 장식 병풍으로 꾸몄다. 성가대 공간이 수도사들이나 성직자들을 위해 만들어졌다. 성가대 공간은 교회 및 예배의 엘리트로서 커져가는 수도사들과 성직자들의 특권이 강조되는 장소였다. 그리고 제대의 수가 많아졌다. 이러한 일들 중 다수가, 예전 언어가 더 이상 사람들의 언어가 아니었던 알프스 북쪽에 있는 나라들에게 일어났기 때문에 공동체가 예전의 행위로부터 분리되는데 영향을 끼쳤다.

2. 음악

교회 건물을 건축학적으로 세분화하는 이 시대의 경향은, 당시 서방 기독교에서 발전하던 음악을 유비적으로 보여준다. 건축학적으로 대형 교회들은 사제들(성단소), 수도사들이나 성직자들(성가대), 평신도(네이브와 트랜셉트)에게 전용 공간을 할당했다. 당시의 예전 음악도 이와 비슷하게 사제들과 성가대, 평신도 사이에서 분리되었다고 표현될 수 있다. 음악적인 면에서, 성가대는 성찬식의 음악을 지배하는 목소리였다. 사제들은 점진적으로 사적으로 또는 침묵으로 기도하게 되었고, 회중은 중심적인 음악 행위에서 점점 더 배제되었다.

이전 시대와는 다르게, 기본적으로 비서정적(non-lyrical)이었던 성찬 예배의 양식이 출현했다. 다양한 발전들이 나타났기 때문인데, 그 중에는 우리가 이미 언급한 것들도 있다. 예를 들어, 죽은 자나 보속을 경감하기 위해 거행하는 성찬식을 용인하고, 나중에는 그러한 성찬식을 요구하는 일들이 늘어갔다. 대부분은 아닐지라도 많은 경우, 이러한 예식들은 성가대 없이 거행되었다. 회중 없이도 자주 거행되었다.

이러한 사적 미사들(private Masses)에는 음악이 전혀 없어서 매우 조용했다. 따라서 서방에서 이 기간은 앞에서 언급했던 성찬 예배의 "매우 음악적인 환경"이 약해지고, 성찬식과 서정성의 관계가 끊어진 시기였다. 그 이후로, 노래하거나 영창하기보다는 낭송하면서 성찬식을 거행하는 것이 가능해질 뿐 아니라 심지어는 일반적이게 된다.

비서정적인 성찬 예배가 출현하도록 만든 또 다른 요인은 작은 시골 "교구" 교회들의 성장이다. 본래 기독교는 매우 도시적인 현상이었지만, 중세 시대 초기에 대부분의 그리스도인들은 시골에서 살았다. 일반적으로 당시 북유럽인의 90-96퍼센트는 작은 마을이나 농촌에서 살았다고 추정된다. 위대한 수도원 교회들이 도시 밖에 있기는 했지만, 시골에는 대형 주교좌 성당이 없었다. 시골에는 일반적으로 아주 작은 교회들이 있었다. 그 중 주교들에 의해 세워진 교회들에서는 주교들의 명령과 감독 하에서 예배가 드려졌다.

그러나 케빈 매디건(Kevin Madigan)이 언급하듯이, 첫 천년기가 끝날 무렵에 가장 일반적이었던 형태의 교회는 지방 영주에 의해 세워져 관리를 받는 교회였다. 이러한 "개인소유 교회들"(proprietary churches)의 수는 몇 만에 달했는데, 특히 알프스 북쪽에서 매우 흔했다. 개인소유 교회들은 게르만화와 이에 필적하는 유럽 봉건화의 결과였다.[13]

---

13 봉건 유럽의 특징들.
- 봉건 제도는 분권적인 체제로, 중앙의 권력이 그 기능을 수행하지 못하고, 지방 권력의 발흥을 막지 못할 때 생긴다.
- 봉건 사회에서, 지방의 민간 권력과 군대 권력은 대지주들이나 비슷한 부와 명성을 갖고 있는 다른 사람들이 갖는다.
- 이러한 지방의 지도자들과 그들의 수행원들은 그들 영토의 백성들과 구별되는 무사계급을 형성한다.
- 사권과 공권력의 차이가 없어진다. 그리고 지방의 지배권은 개인적인 문제, 심지어는 세습과 관련된 문제가 되기 쉽다.
- 봉건 지도자들은 대개 그들 영토의 경제를 안정시키는 책임을 지면서, 자원들이 어떻게 사용되어야 하는지 명령한다. 동시에 어떤 활동들에 대한 독점권을 확보한다. 이것은 지방에서의 그들의 존재를 강화하

그리 대단치 않았던 개인소유 교회 건물들은 흙바닥에 목재로 지어졌다. 네이브와 성단소로 나뉘었고, 성가대 공간은 없었다. 예배를 할 때 자국어로 노래하는 것을 강조했던 교회들도 있기는 했지만, 대부분의 개인소유 교회들에서 예배의 청각적인 환경은 침묵되던지 좀 더 조용해졌다.

당시의 많은 위대한 주교좌 성당들은 예전 음악이 발전되고 실행되는 중요한 중심지들이었다. 그러나 중세 시대 초기에 서방 교회의 학문적 중심지로 기능했던 곳은 위대한 수도원들이었다. 수도원들은 이 시대 음악 전례 발전의 고향이기도 했다.

1) '스콜라'

페팽 3세와 그의 뒤를 이은 샤를마뉴가 그들의 왕국 전역에 로마 전례를 사용하라고 명령했을 때, 로마의 공식적인 예전 음악도 사용하라고 요구했다.[14] 이 일을 완수하기 위해, 로마의 음악가들을 프랑크 왕국으로 데려와 성가(chant)를 가르치게 했다. 당시에 이러한 음악적인 목표를 이루기 위해서는 가수를 보내는 것이 필수적이었다. 정확한 기보법이 아직 개발되지 않았었기 때문이다.

대 그레고리가 만든 것은 아니지만, 성가대 학교들(라틴어, **스콜라 칸토룸**[*schola cantorum*])은 그의 사망 직후에 로마에 존재했다. 맥키넌(McKinnon)은 이러한 성가대 학교가 675년경에 확실히 자리를 잡았다고 추측해도 무방할 것 같다고 믿는다(p. 87). **스콜라 칸토룸**의 중심적인 역할은 700년경에 쓰여 진 최초의 로마 예식서(Roman Ordinal)에 꽤 명확하게 나와 있다. 결국에 성가대학교는 알프스의 북쪽에 있는 메스(Metz), 생 갈(St. Gall)과 같은 유명한 중심지와 브리턴 제도의 요크(York)에 세워졌다.

훈련된 가수들은 중세 시대 초기의 주교좌 성당과 수도원에서 매우 중요한 음악 예전

  고, 그들의 소유물도 더욱 더 가치 있게 만든다.
  · 봉건 귀족 사회는 대개 내약들(private agreements), 개인 간의 계약을 기초로 하여 조직된다.
  · 상호적인 협력을 형성했던 내약들은 경의(homage)와 충성(fealty) 계약들로 불렸다. "경의"는 계약당사자 중 한 사람이 다른 사람의 종[*homme*] 또는 "부하"가 되겠다고 동의했기 때문이고, 충성은 그가 다른 사람에게 "충성하고, 신실하겠다고" 약속했기 때문이다(Nelson, *Lectures in Medieval History*, chap. 18).

14 모든 성직자에게: 모든 이는 로마 성가를 전부 노래하는데, 성무일도와 미사 모두에서 올바르게 실행되어야 한다. 이는, 좋은 기억을 주시는 우리 아버지, 피핀 왕의 소망에 따라서, 그리고 교황청과의 완전한 합의로 이뤄진 갈리아와 하나님의 거룩한 교회의 평화로운 동맹 때문에, 반드시 성취되어야 한다 (Charlemagne, *General Admonition* [789년], 80).

적인 리더십을 발휘했다. 이 말은, 이러한 음악 전문가들이 미사 고유문과 통상문의 여러 부분에서 영창을 인도했다는 뜻이다.

로마의 가수들과 노래하는 방식, 라틴어 성가들을 대부분의 사람들이 라틴어를 모르던 프랑크 왕국으로 들여옴으로써, 미사 통상문과 고유문 부분을 노래할 때 회중이 점진적으로 제외되어가는 과정이 시작되었다.

대부분의 학자들은 우리가 "그레고리 성가"라고 부르는 것이 발전된 때가 바로 이 시기였다는 사실에 동의한다. 우리는 앞에서 그레고리의 성가의 정확한 기원과 본질에 대한 논쟁을 간략하게 살펴봤다. 그리고 그레고리 성가와 구 로마 성가의 관계에 대한 여러 관점들에 대해서도 살펴봤다.

최근에 제임스 맥키넌(James McKinnon)은, 7세기 말부터 로마에서 발전되었던 **스콜라** 성가들이 로마 외곽으로 보급되었고, 거기서 1세기가 채 지나기도 전에 프랑크인들에 의해 자세하게 기록되었다고 주장한다. 이렇게 기록된 성가들을 맥키넌은 "그레고리" 성가라고 칭한다. 반면에 로마 내에 남아있던 동일한 원리의 성가들은 11세기가 될 때까지 기록되지 않았던 "구 로마 성가"의 시초였다. 사실상 모든 학자는, 알프스 북쪽으로 보내진 모든 성가는 성문화되고 기록되는 과정에서 수정되었다는 것에 동의한다.

원래의 로마 성가와 프랑크인이 수정한 성가가 교차하는 곳, 아마도 메스(Metz)와 같은 위대한 예배 근원지를 중심으로 둔 곳에서 만들어진 성가가 오늘날 우리가 그레고리 성가라고 부르는 것이다.[15] 이 단선 형식(linear form)의 음악은 길이가 긴 로마네스크 교회, 특히 터널 볼트([tunnel vaulting], 반원 아치를 연속시킨 볼트를 갖고 있는 교회)에서 굉장히 좋은 소리를 냈다[그림 120].

---

15 두 도시와 두 스콜라가 그레고리 미사 고유문을 만들었다고 인정받을 수 있다. 먼저 로마와 로마 스콜라가 있었다. 로마와 로마 스콜라는 시기별 주기와 성인 축일 주기를 위한 놀라운 텍스트들, 그리고 우리가 프랑크의 표현 속에서 희미하게 파악할 수 있는 선율들로 미사 고유문의 원래 모습을 창작하면서, 그레고리 미사 고유문의 기초를 세우는 첫 번째 기적을 낳았다. 그리고 메스(Metz)와 메스 스콜라가 있었는데, 로마 선율들을 우리가 지금 알고 사랑하는 형태로 조정했다(McKinnon, *The Advent Project*, pp. 402-3).

그림 120. 세 번째 클뤼니교회 네이브의 터널 볼트로 1088년에 건축이 시작되었다. (Conant. Norberg-Schultz, p. 171에서 인용)

알프스 북쪽의 재능 있는 음악가들은 그레고리 성가뿐만 아니라 다성 음악도 발전시켰다. 다성 음악은 두 개 이상의 성부가 동시에 소리를 내는 음악이다. 오르가눔(organum)으로 알려진 다성 음악의 최초 형태에서는, 음악의 두 번째 성부의 음이 원래의 성가 성부 음에 맞춰졌다. 오르가눔의 가장 초기 유형은 병행 음조(병행 오르가눔)에서 동시에 노래되는 하나의 텍스트를 활용한다. 이후의 유형은 서로 다른 음조에서 동일한 텍스트를 동시에 노래하는(자유 오르가눔) 부분을 포함했다[그림 121].

다성 음악은 복잡한 여러 개의 성부와 더욱 복잡해진 리드미컬한 패턴으로 더욱 발전되어, 예전 텍스트(liturgical text)를 이해하기 힘들게 만들었다. 이와는 대조적으로, 그레고리 성가는 말 중심의 음악으로, 텍스트를 지원하고 강화했다[그림 122]. 이 점에 있어서 그레고리 성가는 초창기 교회 음악의 전통과 연속성을 갖고 있었다.

그러나 그레고리 성가는 일반 사람들이 더 이상 이해하지 못하는 언어로 노래되었다. 반면에 다성 음악은 원래 음악이 강화해야 할 예전 텍스트와 음악 사이의 간극이 더욱 멀어지게 되는데 영향을 끼쳤다.

그림 121a. 다성 음악의 초기 형식

그림 121b. 11세기 자유 오르가눔(free organum)의 예(Davidson and Apel, p. 22)

그림 122. 10세기 그레고리 악보 XV(*Dominator Deus*)에 있는 삼성송. (*Liber Usualis*, p. 58)

북방의 수도원 중심지들에서 음악을 기보하는 시스템이 개발되었다. 그 전에는 성가의 텍스트만 기록되었고, 음악은 암기되어야 했다.[16] 9세기 중엽에, 비교적 효과적이었던 기호 또는 "네우마"(neumes) 시스템이 개발되어 가수들이 이 전에 배웠던 성가를 기억하도록 하는데 도움을 주었다[그림 123]. 네우마 시스템은 11세기 중엽에 매우 정교해져서, 악보만 갖고도 음악을 배울 수 있게 되었다[그림 124].

---

16 제3장 각주 17번을 보라.

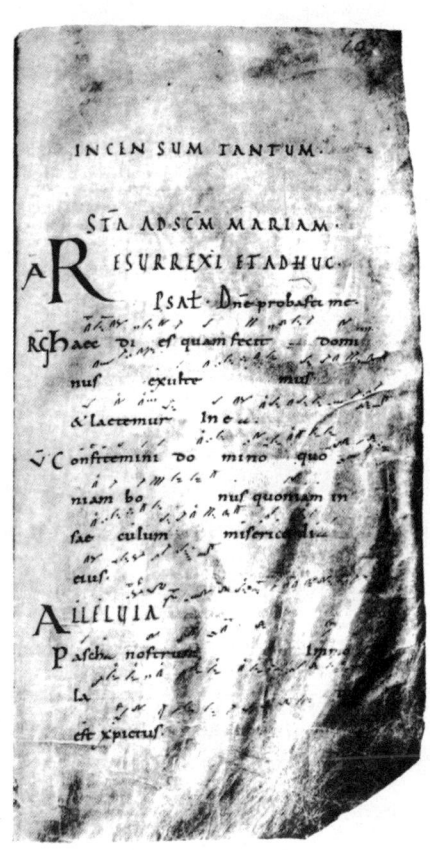

그림 123. 900년경에 사용된 초기 단계 기보법의 예를 보여주는, 생 갈(Saint Gall) 359 필사본(Apel, *Gregorian Chant*, plate 1)

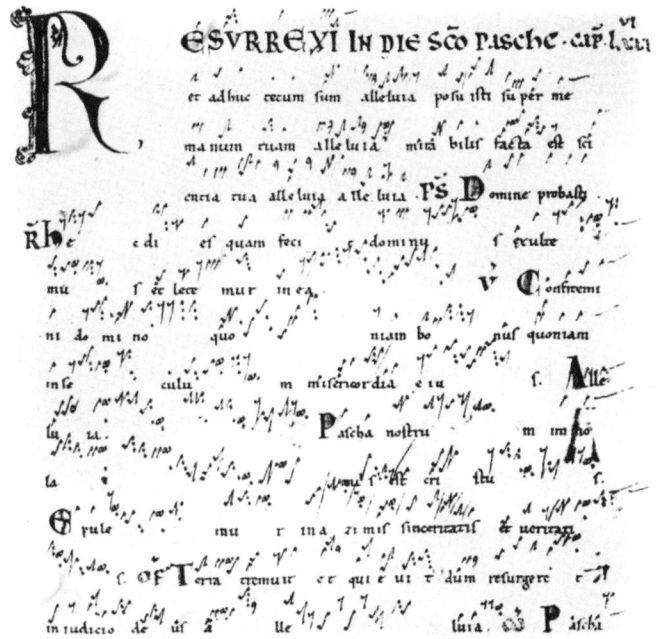

그림 124. 글자 뿐 아니라 네우마(neumes)로 기보한 11세기 기보법의 예(Apel, *Gregorian Chant*, plate 4)

2) 평신도

중세 시대 초기는 교회의 창기도(church's sung prayer)에 평신도가 참여하는 것에 관한 과도기적인 시대였다. 이 시기가 시작될 때, 적어도 주교좌 성당들과 유명한 예배 중심지들에서는 사람들이 여전히 미사 통상문의 일부를 함께 노래했다. 그러나 미사 고유문에서는 음악적인 역할이 거의 공유되지 않았다. 예외적으로 특별한 경우에 입당송(라틴어, **인트로이투스**[*introitus*], "입장")의 일부로 영광송(*Gloria Patri*, 라틴어, "성부께 영광을")을 가끔씩 노래했을 뿐이다.

예를 들어, 최초의 로마 예식서(Roman Ordinal, 700년경)는 **스콜라**가 노래하는 자비송(**키리에**)만 보여주지만, 프랑크 왕국에서는 9세기 말에도 사람들이 자비송(**키리에**)을 함께 노래했다는 증거가 있다. 그러나 통상문의 그 어떤 부분보다 사람들의 노래로 지속되었던 것은 삼성송(**상투스**)이었다. 샤를마뉴의 법령[17]에서부터 중요한 주교들의 법령에 이르기까지, 다양한 법령들은 사람들이 삼성송(**상투스**)을 함께 노래하도록 보장했고, 어떤 지역들에서는 12세기까지 잘 지켜졌다.

삼성송(**상투스**)이 회중의 노래로 살아남게 된 영향을 끼친 요인 중 하나는, 비록 다성 음악이 발전하고 있는 중이기는 했지만, 단선 성가 선율에 텍스트를 붙이고자 하는 경향이 강했던데 있다. 사람들이 언어를 이해하지 못했고, 텍스트도 이해하지 못했을 수도 있었으며, 음악을 전혀 "배우지" 못했더라도, **스콜라**가 지속적으로 반복했던 삼성송(**상투스**)의 그레고리 곡조는[그림 122], 회중이 통상문의 삼성송(**상투스**) 부분에 계속해서 참여하도록 하는데 충분했다.

그러나 결국에는 통상문의 다성 음악 곡이 급증하고, 이에 더해 미사 전문을 조용하게 낭송하는 경향이 커지면서, 사실상 회중은 삼성송(**상투스**)이 노래되는 동안에 조용히 있게 되었다.

성찬 예전에서 회중의 목소리는 더 이상 중요하게 여겨지지 않게 되었지만, 그렇다고 공동체가 이 예배 동안에 음악적인 목소리를 내는 것을 완전히 멈춘 것은 아니었다. 특히 이 기간에 자국어로 된 종교적인 노래들이 만들어졌다는 사실은 매우 중요하다. 때때로 이러한 종교적인 노래들은 미사에서 허용되었고, 심지어는 요청되기도 했

---

17 사제는 거룩한 천사와 하나님의 백성과 함께 한 목소리로 "거룩, 거룩, 거룩"을 노래해야 한다 (Charlemagne, *General Admonition* [789년], 70).

다. 유명한 잉글랜드 역사를 저술한 비드(Bede, 735년 사망)의 글은 이미 그러한 종교적인 노래가 8세기 초 잉글랜드에서 존재했었다고 보고한다.[18]

우리는 이미 로마의 순회 전례에 대해 살펴봤다. 그리고 알프스 북쪽의 교회들이 그 전례를 모방하고 짧게 만들었던 다양한 방식에 대해서도 살펴봤다. 로마의 순회 전례에서 행렬은 매우 중요했다. 행렬하는 동안 사람들은 노래를 함께 불렀는데, 대개 연도들(litanies)이나 다른 응창 성가들(responsorial chants)이었다.

프랑크 왕국에서는 이와 유사한 행렬을 할 때 자국어로 된 종교적인 노래를 사용했다. 산티아고 데 콤포스텔라(Santiago de Compostela) 같은 성지로 향하는 당시의 위대한 순례 운동도 자국어로 된 순례 노래들의 엄청난 레퍼토리를 탄생시켰다. 이러한 행렬 노래들은 성찬 예배에서도 간간이 사용되었다.

미사에서 어느 정도 정기적으로 자국어 노래를 허용했던 또 다른 부분은 설교가 끝나고 난 다음 부분이었다. 예배의 다른 부분들은 그렇지 않더라도, 설교는 사실상 늘 자국어로 진행되는 사건이었다. 그래서 설교는 종종 회중의 반응을 촉진시켰다. 마치 5세기 히포의 위대한 주교였던 어거스틴이 설교할 때 그의 회중이 구성원들이 번갈아 가며 환호하고, 한숨짓고, 웃고, 가슴을 치고 했던 것처럼 말이다. 적어도 10세기 게르만 지역에서는 **루프**(Ruf, 독일어, "외침"[call])라고 알려진 1줄이나 2줄로 된 짧은 환호가 때때로 설교 후에 노래되었다는 증거가 있는데, 아마도 고대의 선례를 따랐기보다는 자연스러운 반응이었기 때문일 것이다.

또한 사람들은 때때로 다양한 형태의 **키리에 엘레이손**(Kyrie eleison, 주여 자비를 베푸소서) 반복구를 설교 후에 사용하기도 했다. 흔히 볼 수 있는 이 반복구는(신앙고백 때에도 사람들에 의해 불렸다는 사실을 보여주는 중세 시대의 증거도 있다) 적어도 일부 특별한 경우에 옛 신자들이 했던 기도의 흔적으로서 설교 후에 나타났는데, 로마 전례에서는 예상보다 일찍 사라졌다.

---

18 스트리애니샬치(Streanaeshalch) 수도원에 하나님의 은총으로 놀라운 재능을 가진 형제가 살고 있었다. 그는 종교 및 신앙적인 노래를 만드는데 매우 능숙했다. 해석자들(interpreters)이 그에게 성경의 어떤 구절을 설명해주면, 그는 자신의 영어로 기쁨과 감동을 주는 시들을 금방 쓸 수 있었다. 그가 지은 이러한 시들은 많은 사람의 마음을 움직였다(Bede [735년 사망], *A History of the English Church and People*, 4.24).

3) 사제

성찬식 때 사람들의 목소리가 점점 더 작아짐에 따라, 사제들은 침묵 방식의 기도(문)를 개발하게 되었다. 회중이 함께 하는 미사에서 사제는 대개 예전 텍스트의 일부를 영창했는데, 음악 없이는 공적 연설을 할 수 없었던 시대를 생각나게 했다. 그러나 성찬식 때 집전자의 음악적인 역할을 축소시키고 성가대가 음악적으로 우세하게 되도록 영향력을 끼친 두 가지 새로운 발전이 있었다.

첫째, 미사에서 사제가 침묵으로 기도하는 경향이 점점 커졌다.

예를 들어, 이 기간에 집전자를 위한 다수의 개인적인 기도문(personal prayer)이 미사에 도입되었다. 이러한 기도문들의 가장 유명한 유형들 중 하나는 융만(Jungmann)이 **아폴로지에**(apologiae, 라틴어, "사과들"[apologies])라고 칭한 것이다. 그는 이 유형의 기도문들이 죄책감과 가치 없음을 고백하고, 대개 하나님의 자비를 구하는 기도문들과 연결된다고 묘사한다. 융만은 하나님의 자비를 구하는 기도문들이 옛 로마 전통에서는 매우 이질적인 기도문이었다고 여겼다(Mass of the Roman Rite, I: 78).

이러한 탄원 기도문들의 도입은, 중세 시대가 시작될 무렵에 반펠라기우스주의와 반아리우스주의에 대한 가르침이 매우 강했던 점을 고려하면 충분히 이해될 수 있다. 앞에서 언급했듯이, 중세 시대 초기가 시작될 무렵에 평범한 그리스도인들은 스스로에 대해 은총을 받았기 보다는 죄 많고, 하나님을 닮기보다는 닮지 않고, 성찬 빵과 포도주와 같은 성스러운 것을 받기에는 가치가 없다고 여겼다. 성직자들 역시 하나님 앞에서, 특히 성찬식과 같은 엄청난 행위 속에서 자신의 가치 없음을 분명히 인식했다.

성찬식 집전자의 침묵에 관한 가장 극적인 하나의 예는, 미사 전문(the canon of the Mass) 동안에 사제가 완전히 침묵했던 일이다. 755년경에 갈리아에서 기록된 문헌은 집전자가 전문을 읽기 시작할 때, 제대 주위에 서 있는 사람들만 들을 수 있도록 목소리의 어조(tone)을 변화시켰다고 말한다.[19] 9세기 말엽의 비슷한 자료들은 전문이 완전히 침묵되었다고 말한다.[20]

둘째, 사적 미사(private Mass)가 집전자의 노래하는 역할을 축소시켰다.

---

[19] 그리고 교황은 제대 주위에 서 있는 이들에게만 들릴 수 있게, 다른 목소리로 미사 전문을 시작한다(Roman Ordo XV [775년경], 39, in Andrieu, Les Ordines Romani).

[20] 그리고 삼성송(**상투스**)이 끝날 때, 교황은 홀로 일어나서 미사 전문을 침묵으로 시작한다(Roman Ordo V [850년경], 58, in Andrieu, Les Ordines Romani).

앞에서 언급했듯이, 이 기간에 사적 미사가 발전되었다. 사적 미사에서 사제는 복사가 도와줄 때를 제외하고는 사실상 모든 사역을 도맡아 했는데, 여기에는 일반적으로 성가대가 노래했던 성가 텍스트를 침묵으로 읽는 것도 포함되었다. 회중 없이 미사를 거행하는 사제들에 대한 증거는 이미 7세기부터 발견된다.

원래 성가 텍스트와 같은 요소들은 단순히 생략시켰다. 죽은 자를 위한 미사에는 처음부터 성가 텍스트가 포함되지 않았었다는 증거가 존재한다. 죽은 자를 위한 미사는 음악 없는 침묵 미사(silent Mass)로 시작되었다. 사제들이 사적 미사 동안에 성가 텍스트를 낭송하기 시작했다는 증거는 9세기부터 발견된다.[21] 따라서 창 미사(sung Mass)(*miss cantata*)라고 불리게 될 것과 독송 미사(*miss lecta*)라고 알려지게 될 것들이 바로 이 시기부터 구분되기 시작했다.

4) 요약

콘스탄틴 시대에 음악 전문가들이 처음으로 등장하기는 했지만, 그들이 중요하게 된 때는 바로 게르만화의 시대였다. 성찬식 때 음악 전문가들이 중요해지면서, 회중의 목소리는 그에 비례해서 작아졌다. 회중이 노래를 했고, 성찬식 때도 노래했다는 것은 사실이다. 그러나 회중이 했던 노래는 전례의 공식적인 표현이 아니었고, 예배에서 필수적이지도 중요하지도 않게 여겨졌다. 삼성송(**상투스**)이 유일한 예외였던 것 같고, 일부 게르만족 사이에서는 예전 도중에 노래하는 특별한 성향이 있던 것으로 보인다.

회중 음악은 성찬식보다는 보통 순례나 신심(devotions), 심지어 어떤 지역에서는 시과전례와 연관되어 발전되었다. 회중의 음악적인 역할이 축소되었듯이, 집전자도 그가 낭송해야 하는 예전 텍스트의 음악적인 본질을 묵살하기 시작했다. 집전자는 이전 시대에서 노래되었던 것을 읽었을 뿐 아니라, 들릴 수 있게 텍스트를 읽었던 것을 침묵으로 읽는 것으로 바꿨다.

---

21 우리는, 원하는 모든 사제가 하나님께 합당하고 기쁨을 드리는 제사를 드릴 수 있도록, 모든 이에게 반복적으로 권고한다.... 미사를 거행할 때, 먼저 시편으로 시작하고, 그 다음에 영광송(**글로리아 파트리**[*Gloria Patri*]) 또는 교송(안티폰)을 부르고, 뒤이어 자비송(**키리에 엘레이손**[*Kyrie eleison*])을 불러라. 성찬식에서도 비슷하게, 거룩한 성삼위를 찬양하는 영광송을 항상 덧붙이면서, 교송과 시편을 사용하라(*Roman Ordo* XV, 155, in Andrieu, *Les Ordines Romani*).

그림 125. 갈리아에 있는 카롤링거 시대의 필사본 제작 중심지들

3. 책

    오늘날 예배의 역사를 연구하는데 있어, 전례서의 역사와 발전보다 건축과 음악에 더 큰 관심을 갖는 것은 당연하다. 건축과 음악은 종교적 상상력을 쉽게 사로잡는 강력하고 오래 지속되는 예술 형태이다. 종이 표지(paperback) 서적들과 다운로드할 수 있는 전자책들을 대량생산하는 오늘날의 컴퓨터화된 시대에서, 손으로 만든 전례서 필사본의 영향력을 완전히 이해하기는 쉽지 않을 것이다. 그러나 역설적이게도 중세 시대 초기의 필사본은 로마 예식(Roman Rite)을 전파하고, 로마 예식이 프랑크-로마 예식으로 변화하는데 있어 결정적인 역할을 했다.

    우리는 이미 로마로부터 책을 수입하는 것이 로마 전례를 자신들의 왕국에 도입하고자 했던 페팽과 샤를마뉴의 계획에서 핵심적인 전략이었다는 것을 언급했다. 그러나 역설적이게도 프랑크 왕국은 전례서 필사본을 생산하는 중요한 중심지가 되었다 [그림 125]. 그렇게 생산된 필사본들은 변화의 과정을 거쳐 결국에는 다시 로마에 도입되었고, 서방 기독교의 중심지에서 프랑크-로마 예식을 공식적으로 채택되는데 큰 기여를 했다.[22] 베네딕트회 수도원들이 중심적인 역할을 했다.

리처드 클레멘트(Richard Cement)가 언급했듯이, 비록 성 베네딕트의 수도규칙(Rule of St. Benedict)이 책 제작을 언급하지는 않았지만, 수도사에게 매일 책을 읽을 것을 요구했다. 책을 개인적으로 소유하는 것이 금해졌기 때문에, 공동 도서관이 필요했다. 이러한 필요를 충족시키기 위해, 모든 주요 수도원들은 결국 필사실(*scriptoria*)을 반드시 갖추게 되었다[그림 126].

클레멘트에 따르면, 카시오도루스(Cassiodorus, 580년경 사망)가 세운 수도원도 이와 유사한 영향력을 끼쳤다. 카시오도루스는 타락한 사회에서 수도원이 해야 할 일들 중의 하나가 고전 문화를 보존하는 일이라고 이해했다. 이를 위해 그는 책 생산을 위한 다양한 지침을 제공했고, 수도원 필경사의 위상을 상당히 높였다. 비록 카시오도루스의 수도원은 그가 죽기 전에 이미 없어졌지만, 그의 노력은 대 그레고리에 영감을 주었다.

"그레고리의 직접적인 개입뿐 아니라 카시오도루스가 보여준 본보기는 베네딕트 운동을 전용하여(redirect), 책을 생산하고 보존하는 일은 서방 수도원에서 필수적이 되도록 했다"(Clement, p. 61).

이 기간의 전례서 대부분이 제작된 곳이 바로 이러한 수도원들이었다. 그 과정 속에서 당시의 예전은 크게 바뀌었다.

그림 126. 필사실(scriptorium)은 온종일 햇빛을 최대한 많이 받을 수 있도록 설계되었다 1000년경에 폰테 아벨라나(Fonte Avellana)에 건축된 카말돌리(Camaldolese)수도원

---

22 제4장 각주 2번을 보라.

이 기간 동안에 전례서의 발전은 다소 모순된 두 가지 경향으로 나타났다.

첫 번째는 이전 시기부터 지속된 경향으로, 예전을 위한 새로운 책을 제작하는 것이었다.

첫 번째와는 꽤 달랐던 두 번째 경향은 다수의 전례서들을 한권의 책으로 정리하는 것이었다. 이 두 번째 경향으로 인해, 필요한 사항을 모두 담은(self-contained) 새로운 장르의 전례서들이 등장하게 되었다. 이러한 전례서들로 인해 미사를 사적으로 거행하고 시과전례를 개인적으로 낭송하는 것과 같은, 보다 개별화된 예전기도(liturgical prayer)가 가능하게 되었다.

앞에서 언급되었던 책들, 즉 교송 성가집(antiphonary), 성가집(cantatory), 성경, 복음서, 서신서, 성서정과(lectionanry), 교회력(calendar), 순교록(martyrology), 성사집(sacramentary), 예식서(ordos)들 중 대부분은 다양한 형태로 존속되었다. **리벨리 미사룸**(*libelli missarum*, 미사 소책자)만 사라졌다.

존재하는 책들 중에서 성서정과와 성사집이 이 기간에 가장 많이 발전했다. 비록 전례서들이 왕국을 통일하는 수단으로 사용되기는 했지만, 이렇게 변화되는 책들이 형성되고 명명되는 방식에 있어서는 매우 다채로웠다. 따라서 중세 시대 예배의 많은 다른 양면처럼, 당시의 책들을 분명하게 분류하여 간략하게 설명할 수는 없다. 그러나 주요한 추세에 대해서는 살펴볼 수 있다.

1) 미사 교송집(Antiphonaryfor Mass)과 층계송집(Gradual)

앞 장에서 언급되었듯이, 로마에서 미사를 위한 다양한 성가 텍스트들은 여러 다른 책에 들어 있었다. 로마 전례가 서방의 다른 지역들로 수입되면서, 이러한 책들도 전례 자체처럼 널리 전파되고 변화되었다. 프랑크 왕국에서는 성가집(cantatory)처럼 미사 성가 텍스트만 들어있는 책들도 제작되었다는 증거가 있다. 성가집은 대개 성경 봉독 사이에 노래되는 텍스트들을 담고 있었다.

그러나 프랑크인들은 이 책을 층계송집(gradual, 라틴어, *gradale* 또는 *graduale*)이라고 불렀다. 그러나 미사를 위한 다양한 성가 텍스트들은 흔히 "미사 교송집"(*antiphonarius missae*)이라고 불린 한 권의 책에 모아졌다.[23] 당시에는 다른 형태의 교송집도 존재했는데, 시과전례 동안에 사용되는 성가들을 담고 있었다. 시간이 지나면서 미사 성가가 들어있는 책의 명칭으로 교송집이라는 용어는 쓰이지 않게 되었다. 대신 "층계송집"(gradual)이라는 명칭이 적당한 용어로 채택되었다.

결국에 교송집이라는 용어는 시과전례를 위한 성가를 담고 있는 책만을 가리키게 되었다. 수 세기가 지나면서, 이러한 책들은 영창되는 텍스트들뿐만 아니라 초기 단계의 음악 표시들(musical markings)도 담게 되었다. 이 음악 표시들은 가수들이 이전에 배웠던 선율을 기억하는데 도움을 줬다. 궁극적으로 이러한 책들은 완전히 기보되었다.

2) 성서정과(lectionary)

우리는 3장에서 콘스탄틴 시대 이후에 성경이 기독교 전례서의 기능을 대신하기 시작했다고 언급했다. 복음서 중 한권으로 읽을 수도 있는 부분에서 공동체는 "발췌집"(capitular)도 함께 사용했다. 발췌집은 각 전례 축일(liturgical feast)에 낭독해야 하는 각 구절들의 목록을 상세하게 작성한 책이다. 이 외에도 공동체는 서신서들, 예를 들어 바울의 서신서들의 모든 텍스트를 담고 있는 책도 갖고 있을 수 있었는데, 그 책도 그 책만의 발췌집을 갖고 있을 수 있었다.

이러한 책들이 복음집(evangeliary)과 서간집(epistolary)의 전신이었다. 복음집과 서간집은 네 복음서의 전체 텍스트나 바울의 모든 서신서의 텍스트 전부를 담고 있지 않았다. 성찬식 때 낭독되어야 하는 구절들만 담고 있었고, 그 구절들은 교회력에 따라 정리되어 있었다. 지(Gy)가 말하듯이, 복음집과 서간집의 개발은 중요한 교회학적 발전을 상징한다. 특정한 유형의 책(예를 들어, 서간집)은 특정한 사람과 예배에서의 역할, 교회에서의 성직 서열(예를 들어, 부제)과 밀접한 관계가 있었다. 이러한 책들은 진화하고 있던 성직에서의 차별을 표현했고, 동시에 그러한 차별을 상징적으로 강화하는데 기여했다. 예를 들어, 3세기에 이미 차부제가 등장하고,[24] 『사도헌장』(*Apostolic Constitutions*)과 같은 4세기 문헌은 차부제의 서품식에 대해 설명한다.

그러나 서방 교회에서는 사제 서품을 받기 위한 하나의 단계이고 가장 낮은 "상급

---

23 제3장 각주 35번을 보라.
24 제2장 각주 31번을 보라.

성직"(major orders)이라는 차부제의 정확한 역할과 신분은 13세기가 되기 전까지는 신학적으로 명확하지도 받아들여지지도 않았다. 중세 시대의 로마 미사에서의 차부제의 구별되는 역할과 특정한 전례서와의 관계는, 교회가 차부제의 역할과 신분에 대해 최종적으로 합의하는데 분명한 기여를 했다.

이 기간에는 지속적으로 인기가 있었던 서간집과 복음집, 복음서 외에도, 성서정과가 분명히 발전되던 중이었다. 우리는 이미 5세기말 경부터 성서정과가 존재했고,[25] 6세기에 만들어진 필사본의 일부가 현존한다는 것을 입증하는 문헌 자료에 대해 언급했다. 그러나 마티모르트(Martimort)가 언급했듯이, 현존하는 최초의 완전한 성서정과들은 8세기 말과 9세기 것들이다. 교회력에 따라 정리된 미사를 위한 모든 성경 낭독 구절들을 담고 있는 이 책들은 계속해서 증가되었지만, 다음 시대까지 서간집과 복음집, 복음서를 대신하지는 않을 것이다.

그러나 그 일이 일어나기 전에, 완전한 성서정과들이 성사집들과 합쳐졌다. 이것은 결국 10세기에 등장했던 미사경본(full missal)의 개발로 이어졌다.

3) 미사경본(full missal)

당시 가장 중요했던 새로운 책들 중 하나는 미사경본이었다. 미사경본은 대개 다섯 권의 다른 책에 있는 내용들, 즉 미사 교송집(antiphonary for Mass)의 성가 텍스트, 서간집(epistolary)과 복음집(evangeliary)의 낭독 구절들, 성사집(sacramentary)에 있는 사제 기도문들, 예식서(ordos)의 붉은 글자 지시문들(rubrics)을 담고 있다. 미사경본이 등장하게 된 데에는 많은 요인이 있다.

그림 127. 이탈리아 베네본토(Benevento)의 10세기 부활찬송(*Exultet*) 두루마리

첫 번째 요인은, 앞에서 언급했던 사적 미사(private Mass)의 부상이다. 사역자가 여럿이라는 말은 책도 여러 권이었다는 뜻이다. 그러나 사적 미사에서 사제는 사실상 모든 역할을 감당했다. 이를 위해선 한 권으로 된 책이 유용했다. 실용성에 관한 문제 외에, 또 다른 요인은 미사 성가에 대한 태도의 변화였다.

---

25 제장 각주 38번을 보라.

서방 기독교에서 공식적인 미사 성가를 부르는 것은 점차 **스콜라**의 특권이 되어갔다. 평신도뿐만 아니라 사제조차도 성찬식 때 음악을 만들어 내는 일에서 중심적인 역할을 잃기 시작했다. 많은 경우, 당시의 개인소유 교회들(proprietary churches)에는 훈련받은 가수들이나 스콜라가 없었고, 회중의 능력으로는 의례 성가를 노래할 수 없었다. 그렇다고 이러한 성가들을 모두 버리는 것이 적절한 것 같지는 않았다.

더군다나, 에릭 팔라조(Eric Palazzo)가 관찰하듯이, 당시 사제들 사이에서는 성찬식을 교회적으로 거행하는 예식이라기보다는 개인 묵상의 측면에서 정의하기 시작한 신앙이 커지고 있었다. 이러한 상황에서, 음악적인 텍스트를 낭송하는 것은 성찬식을 보다 완전한 묵상의 행위로 만들 수 있었다. 결국, 성가 텍스트는 사제에 의해서 낭송되어야 한다는 명령(처음에는 성가대가 없었기 때문에, 그러나 그 다음에는 성가대가 있더라도)이 내려지게 될 것이다.

4) 주교 예식서(Pontifical)

이 기간에 등장한 또 다른 새로운 유형의 책이 주교의 책 또는 『주교 예식서』(pontifical, 라틴어, *pontifex*, "주교")이다. 미사경본처럼, 주교 예식서는 여러 책에 수록된 내용들을 한 권의 책으로 합친 책이다. 처음에 주교용 예식서는 성사집(sacramentray)의 기도문들에 상응하는 로마 예식서(roman Ordinals)의 붉은 글자 지시문을 의미했다.

주교 예식서는 성사집처럼 **리벨리**(라틴어, "작은 책")로 시작되었는데, 때때로 주교가 집전하게 되는 서품식이나 교회 축성식과 같은 한 예전의 텍스트를 싣고 있었다. 이러한 9세기 **리벨리**와 함께, 두루마리 형태의 주교 예식서가 짧게 다시 유행했던 지역들에 대한 증거도 있다. 부활절 전야제(Easter Vigil)에 노래하는 **엑술테트**([*Exultet*] 부활찬송, 라틴어, "기뻐하다") 역시 화려하게 장식된 두루마리 형태로 만들어졌다[그림 127]. 성사집들처럼, 이러한 **리벨리**는 한데 묶여 가장 기본적인 형태의 주교 예식서로 만들어졌다. 라스무센(Rasmussen)이 보여줬듯이, 9세기와 10세기의 초창기 성사집들은 약간 임의적으로 만들어져서, 분명한 구조나 내용을 제대로 갖추지 못했었다.

그러나 950년과 962년 사이에 마인츠에서 로마-게르만 주교 예식서(Romano-Germanic Pontifical)가 만들어지면서 주교 예식서가 바뀌었다. 258개의 절로 구성된 이 커다란 책자는 체계화가 잘 된 진정한 의미의 주교 예식서로, 오스만 제국의 중요한 기념비적인 작품으로 칭송받았다. 다른 수많은 게르만 전례서들처럼, 로마-게르만 주교 예식서도 결국 로마로 다시 건너와, 로마 주교 예식서(Roman Pontifical)가 만들어지는 기초가 되었다.

이러한 새로운 유형의 책이 등장한 데에는 여러 이유가 있다. 특정한 주교 의례를 위한 붉은 글자 지시문과 텍스트를 담고 있는 다양한 **리벨리**의 확산에서 나타나듯이, 여기엔 분명히 실용성의 요소가 포함된다. 예식 때 성사집과 예식서, 다른 책들을 동시에 바꿔가며 사용하는 것보다는, 한 권의 책을 가지고 예식을 집전하는 것이 당연히 더 쉽다. 그러나 앞에서 언급되었듯이, 그러한 책의 등장은 이 기간에 나타난 엄청난 교회적인 변화, 특히 사제직과 주교직에 대한 재정의를 상징한다.

우리는 이전 시대에서 사제들이 성찬식의 일상적인 집전자가 되어가고는 있었지만, 여전히 주교는 성찬식 뿐 아니라 입교 예식과 화해 예식, 그 밖에 다른 예식들을 집전하는 교회의 제1전례자로 여겨졌다고 언급했다. 그러나 이 기간에 굉장히 많은 개인소유 교회들이 생기면서 사제는 대부분의 그리스도인들, 특히 알프스 북쪽에 사는 그리스도인들의 눈에 예전의 일상적인 집전자가 되었다. 다른 한편으로 주교들은 카롤링거와 오스만 제국에서 새로운 사회적 및 정치적 세력을 얻었다. 주교들은 왕들과 황제들의 중요한 고문들로, 신학적인 문제 뿐 아니라 교육과 재정, 정치 사안들에 대해서도 조언했다.

그림 128. 생갈 348의 9세기 성사집의 첫 장(Righetti, 1:215)

팔라조(Palazzo)가 언급하듯이, 이것은 주교와 황제와 직접적으로 연결시킨 제국교회 시스템(Reichkirchensystem, 독일어, "제국의 교회시스템")을 구축한 오토 1세의 통치 아래에서 더욱 분명한 사실이 되었다. 교회의 직책은 물론 국가의 직책을 맡은 주교들도 있었다. 오토 1세가 통치할 때, 마인츠(로마-게르만 주교 예식서가 만들어진 장소)의 대주교는 제국의 재상이기도 했다. 그는 또한 황제의 아들이었다.

그림 129. 성사집의 발전에 대한 개요(Vogel, p. 401)

이러한 변화들이 누적되면서, 주교가 다시 정의되는 결과를 낳았다. 주교는 그리스도인들의 일상적인 예배의 삶에 직접적으로 관련이 있는 목회자라기보다는, 행정가와 법률가에 보다 가까운 존재로 여겨지게 되었다. 신학적으로 이것은, 주교직을 서품 과정의 정점에서 내려오게 하는 결과를 낳게 될 것이다. 대신에 사제직(priesthood)이 여러 서품식의 최종점이 될 것이다.

반면에 주교는 더 높은 상급 성직자가 되는 서품을 받는 것이 아니라(not ordained), 새로운 직위와 관할권을 부여하는 예식을 통해 "축성"(consecrated)될 것이다. 다른 전례서들과 유사하게, 주교 예식서는 이러한 변화의 상징이자 수단이었다.

5) 성사집

이 기간에는 성사집들이 비이상적으로 많이 제작되었다. 다른 어떤 시기보다 당시에 제작되었던 성사집 필사본들이 더 많이 존재한다. 성사집들이 결국에는 중세 시대 말기에 미사경본으로 대체되기는 하지만, 중세 시대 초기에는 지배적인 전례서였다 [그림 128]. 프랑크교회는 서방 기독교를 위한 성사집의 내용과 형태를 형성하는데 중요한 영향을 분명히 끼쳤다. 우리는 프랑스-로마 전례가 발전하는데 핵심적인 역할을 했던 교황 하드리안의 성사집에 대해 살펴보면서 이 사실을 이미 언급했다.

하드리아눔(*Hadrianum*)은 그레고리 유형 아니면 로마에서 교황 미사 때 사용되는 유형의 성사집이었다. 이전 시대에 로마에서 사용되었던 두 번째 유형의 성사집은 젤라시우스 유형으로, **티툴리**에서 사제들이 집전하는 예배를 위해 만들어졌다. 로마 외의 지역들에서는 다른 유형들의 성사집들이 있었다.

그러나 구 갈리아 성사집이나 프랑크 성사집처럼 **하드리아눔**이나 젤라시우스 성사집을 토대로 한 것들은 아니었다. 프랑크인들이 받아들인 **하드리아눔**은 화려한 외형을 가진 책으로, 실제로 전시되었었다. 그러나 꽤 불완전한 책으로 간주되었는데, 많은 미사, 예를 들어 주현절 이후의 일요일 미사, 장례 예식, 참회 예식, 다양한 기원 미사 등의 텍스트들이 빠져있었기 때문이다. 따라서 아니안의 베네딕트(Benedict of Aniane)는 **훅우스쿼**(*Hucusque*, 증보를 의미하는 최초의 라틴어, "여기까지"[Up to this point])라고 불리는, **하드리아눔**의 확장 증보판을 만들라는 의뢰를 받았다. 베네딕트는 대부분 비로마 자료로부터 가져온 자료들을 사용하며 확장 증보판을 만들었다.[26] 그 이후 몇 세기에 걸쳐, "**하드리아눔** 증보판"이 재편집되면서, 더 많은 자료들(예를 들어, 8세기 젤라시우스 양식의 프랑크 성사집들의 자료들)을 담게 되었다. 그리고 때때로 혼합 그레고리 유형의 성사집이라고 불리는 것으로 진화되었다[그림 129]. 로마로 다시 도입되어 로마 미사경본이 발전되는데 중추적인 역할을 했던 것이 이러한 혼성 유형의 프랑크-로마 자료들이었다.

6) 요약

책은 예전 텍스트나 예전에 대한 지시 사항을 전하는 매우 편리한 수단이다. 무엇보다도 책은 교회의 교회론을 역동적으로 구현한다. 예를 들어, 우리는 가수들을 위한

---

26 여기까지 현재의 성사집은 분명히 교황 그레고리의 작품이다.... 거룩한 교회가 반드시 사용해야 하는 다른 전례 자료들이 있다. 그러나 그레고리는 그 자료들이 이미 다른 사람들에 의해 만들어졌다는 사실을 알았기 때문에 앞에서 언급했던 아버지(Father)를 생략했다. 따라서 우리는 봄꽃처럼 그 자료들을 모아 아름다운 부케로 만들고-그 자료들을 신중하게 수정하고 보완하고, 적절한 제목을 붙여 주면서-별도의 책으로 제시하여, 성실한 독경자들(readers)로 하여금 그들이 필요로 하는 모든 것을 찾을 수 있도록 해주는 것이 유용하다고 생각했다. 여기에 포함된 거의 모든 것은 다른 성사집들에서 가져왔다(Preface to the *Hucusque*, Benedict of Aniane [821년 사망], in Vogel, *Medieval Liturgy*, p. 87).

예전 성가 같은 각각의 사역자를 위한 자료들이 결국에는 한 유형의 예전을 위한 한 권의 책으로 통합되는 과정을 살펴보았다. 성찬식을 거행할 때 노래되었던 층계송집(*graduale*)을 예로 들 수 있다. 결국 "상급 성직자"(차부제, 부제, 사제)로 불리게 되는 모든 사역자는 그들 자신만의 전례서(서간집, 복음집, 미사경본)를 갖게 되었다. 원래 여러 형태의 성사집들은 주교용으로 만들어진 책들이었다.

그러나 주교 역시 그의 변화하는 지위를 나타내는 새로운 책(주교 예식서)을 갖게 되었다. 이 모든 것을 고려할 때, 책과 관련된 이러한 변화들은 당시의 사역들에서 나타난 광범위한 발전들에 대해 설명한다. 예를 들어, 중요한 음악적 책무는 전문가들이 도맡게 되었고, 사역들은 사제 서품의 최종 목표에 맞춰 조정되고 다시 정의되었다. 그리고 기독교 예배에서 사제들의 중요성은 회중이 없어도 괜찮을 정도로까지 커졌고, 주교들은 목회 예전(pastoral liturgy)의 중심으로부터 멀어졌다.

중세 시대 초기의 전례서들 중에는, 이전 시대의 전례서들처럼, 채색되었고, 때로는 아름다운 예술 작품처럼 화려하게 제본되고 제작된 책들도 있었다. 아름답게 제작된 성경 필사본이나 전례서 필사본은 간간이 선물로 주어졌고, 예배에서는 절대로 사용되지 않았다. 이제 이렇게 제작된 전례서나 성경은, 공동체로 하여금 기도하도록 만들었기 때문이 아니라 아름다운 외형을 갖고 있었기 때문에 그 가치가 컸다[그림 130]. 그러나 일부 중세 시대의 전례서들이 예배에서 사용되는 목적으로 예술적으로 제작되기도 했지만, 신자들과는 크게 상관있지는 않게 보였다. 그들의 평범한 삶이 풍요로움과 아름다움으로부터 동떨어져 있었기 때문이다.

그림 130. 8세기에 상아로 제작된 로르쉬 복음서(Lorsch gospels)의 표지

4. 그릇(용기)

1) 빵과 빵 그릇

기독교의 시작되었을 때부터 성찬식에서 사용되었던 빵은 일반적인 식사 때 먹던 빵과 유사한 재료로 만들어졌고, 대개 일반적인 식사 때 먹던 빵처럼 생겼었다. 그러나 우리는 이미, 4세기경에 성찬 예배를 위한 빵에 평범한 재료가 사용되기는 했지만, 특정한 방식으로 자국을 내거나, 표시를 하거나, 형태를 빚거나 하면서, 일반적인 식사 때 먹던 것과는 다르게 만들었다고 언급했다. 납작한 원반 모양으로 성찬 빵을 준비한 전통도 있었다.

그 당시의 빵 스탬프(stamps)[그림 93]는 이러한 원반 모양의 빵들이 후대의 제병(hosts, 라틴어, *hostia*, "제물(victim)"에서 유래)보다 크고 두꺼웠다고 말해준다. 그러나 9세기 후에 서방 기독교에서는 성찬 빵을 만드는 방법에 중대한 변화가 나타나면서, 무교병을 사용하는 것이 관례가 되었고, 결국에는 의무가 되었다. 교육과 교회의 사안들에 관한 샤를마뉴의 핵심 고문이자 카롤링거 르네상스의 가장 유명한 인사 중 하나였던 요크의 알쿠인(Alcuin of York, 804년 사망)은, 이러한 변화에 대한 최초의 증거 중 하나를 제공한다.[27] 효모와 다른 첨가물을 사용하지 못하도록 한 이 새로운 규제는 결국 둥글고 납작하고 하얀 성찬 빵을 만들어냈다.

이러한 변화에 대한 이유는 다양하고 복잡하다. 3장 마지막 부분에서 이미 언급되었던 평신도의 자격 없음에 대한 일관된 강조도 주요 요인 중 하나였다. 자격이 없는 사람들은 정기적으로 성찬식에 참여하지 않았고, 그 결과 예물과 빵과 포도주를 교회에 봉헌하기 위해 가져가지도 않았다. 따라서 성찬 배수자의 숫자는 급격히 줄었고, 봉헌 행렬도 많은 지역에서 사라졌다.

이 기간에 사적 미사가 많아지면서, 봉헌 행렬은 의미가 없어졌다. 봉헌 행렬이 지속되는 곳에서는, 사람들의 예물이 미사에서 사용되지 않았다. 수도사나 성직자가 성찬식에 봉헌되는 빵과 포도주를 준비하게 되었고, 수도원과 다른 종교 기관에서는 매

---

27 그리스도의 몸으로 축성되는 빵은 누룩이나 다른 첨가물이 들어가지 않은 매우 순수한 빵이어야 한다 (Alcuin, *Letter 90 to the brothers in Lyons* [798년]).

우 의례화된 절차에 따라 성찬 빵을 구웠다.[28] 뿐만 아니라, 성찬식의 초현실성(otherworldliness)이 강조되면서, 일반 식탁에서와는 전혀 다른 빵을 사용하는 것이 적합해졌다. 무교병의 이미지, 특히 유대교의 성전 제사에서 사용하려고 준비했던 무교병은 성찬식에서 순전하고 특별히 준비된 빵을 사용하는 것에 대한 성경적인 선례를 제시했다. 성찬식을 일반적으로 예수의 삶과 죽음을 재제정하는 것으로 이해했던 것도 무교병을 사용하게 만든 또 하나의 요인이다. 러셀은 이 요인이 게르만화의 영향 중 하나라고 믿는다.

게르만화는 그리스도의 수난과 죽음에 대한 역사적인 드라마를 강조하면서, 예전을 보다 극적이고 구상적(representational)으로 해석하게 만들었다(p. 6). 이 관점은 무교병을 사용해야 한다고 말한다. 최후의 만찬 때 예수께서 사용하셨던 빵이기 때문이다. 고리 모양[그림 131]이나 다른 모양으로 만들어진 성찬 빵에 대한 증거가 있기는 하지만, 새로운 천년기가 시작되면서 "제병"(host)이 일반적인 성찬 빵이 되었다.

늘어나는 사적 미사와 줄어드는 성찬 배수자의 수, 그리고 무교병의 사용은 모두 제병의 크기가 작아지는데 영향을 끼쳤다. 성찬 빵을 사람들의 손이 아니라 혀 위에 놓는

그림 131. 9세기에 상아로 만들어진 평판(tablet)으로 책 표지의 일부로, 중세 시대 초기의 주교 예배(episcopal worship)를 보여주고 있다. 손잡이들이 달린 성작에 제대 위에 있고, 고리 모양의 제병 세 개가 성반 위에 놓여 있다

---

28 성찬 빵들을 준비하는 것은 [성구 관리인의] 일이다. 그리고 그는 성찬 빵이 완전하게 순수하고 적절하도록 분명하게 관리해야 한다. 제일 먼저, 가능하다면, 밀은 신중하게 낱알 씩 선택되어야 하고, 그 다음에 좋은 천으로 만든 깨끗한 자루에 넣고, 목적에 맞도록 준비되어 따로 남겨져야 한다. 성품이 좋은 하인이 그 밀을 제분소로 가져갈 것이고, 거기서 다른 곡물들이 먼저 빻아지고, 그래서 성찬 빵의 재료가 될 그 밀이 어떤 불순물도 섞이지 않은 채 빻아지는지 볼 것이다. 그 하인이 밀가루를 다시 가져오면, 성구 관리인은 밀가루를 쏟고 담는 장소와 용기 주위에 막을 친다. 그리고 그는 장백의를 입고 개두포(amice)를 머리에 쓰고 맡은 일을 한다. 성찬 빵이 만들어지는 날에, 성구 관리인과 그를 돕는 사람들은 일을 시작하기 전에 손과 얼굴을 씻어야 한다. 그들은 장백의를 입고 개마포를 써야 하지만, 철제 기구(irons)를 들고 있는 사람과 다른 사역자들은 제외된다. 한 사람이 매우 깨끗한 탁자 위에 놓은 밀가루에 물을 섞어 반죽을 잘해야 한다. 그리고 눌러서 얇게 만든다. 그 동안에 제병을 구울 때 사용하는 철제 기구를 들고 있는 형제는 손에 장갑을 착용하고 있어야 한다. 성찬 빵이 만들어지고 구워지고 있는 동안에, 그 형제들은 일하는 시간, 그리고 정시과(canonical hours) 자체에 수반되는 "익숙한" 시편들을 낭송하든지, 아니면, 만약 그들이 원한다면, 시편집(psalter)에 있는 동일한 길이의 시편들을 순서대로 낭송해야 한다. 완전한 침묵이 유지되어야 한다(The Monastic Constitutions of Lanfranc [1077년경], on. 87, in Knowles, p. 125).

관습이 9세기 이후부터 분명하게 나타났는데,[29] 이 역시 제병의 크기가 작아지게 만든 요인이었다. 11세기경에는 대개 작은 제병들이 성찬 배수자들을 위해 준비되었다.

(1) 성반(patens)

성찬 빵의 변화는 빵을 담는 그릇에도 변화를 가져왔다. 이 시기에 바구니는 빵을 담는 그릇으로서 사라졌다. 전에는 빵의 큰 조각을 담기에 충분히 컸던, 아니면 성찬 배수자들을 위한 모든 빵을 담을 정도로 컸던 성반이 작아졌다. 작은 성반은 이미 콘스탄틴 이후 시대에서 사용되었었다. 그러나 중세 시대 초기에, 작은 성반은 예배 공동체의 크기나 본질에 상관없이 규칙이 되었다. 빵이 배분되든 간에, 성합(pyx)에 빵을 보존하는 것이 일반적인 일로 되어갔기 때문에, 성반은 더 이상 사람들의 성찬 빵이 아니라 사제의 성찬 빵을 담는 그릇이 되었다.

그림 132. 11세기 성작과 그 윗부분에 맞을 만큼 충분히 작고 사제의 제병을 담기에는 충분히 큰 성반의 예

융만은 이 시기의 봉헌 예식 때는 성찬 빵을 성반에 놓는 것이 관례가 되었고, 그리고 그 관습이 미사의 봉헌 예식 때 성반과 성배를 함께 가져오는 것까지로 발전되었다고 언급한다. 이 용기들의 조합은 성반을 성배 위에 조심스레 놓아야하는 염려(concern)와 요구 사항에 기여했다. 그 결과로, 이미 10세기쯤에 나타나긴 했지만, 오목한 원판 모양으로 된 작은 성반이 등장하게 되었다 [그림 132].

이 시기에 성반과 다른 성찬 그릇들을 제작하는 재료에 관한 산발적인 지시 사항들이 특히 잉글랜드에서 나타났다. 우선된 요구 사항은 나무나 동물의 뿔 같은 특정한 재료들의 사용을 금지한 것이었다.[30] 그러나 일반적으로, 중세 시대가 끝날 무렵까지 성반의 재료에 대한 지시 사항은 거의 없었다. 성작의 재료에 관한 규정이 훨씬 더 많이 발전했다.

일반적으로 성반은 성작과 동일한 재료로 벼러(forged) 만들어졌다. 성반과 성작은 대개 금과 은으로 제작되었다. 귀중한 재료를 사용하여 작은 크기로 구분되어 제작된 이러한 특별한 그릇들은, 축성을 위한 특별한 의례와 기도를 통해 더욱 더 구별된 그릇들

---

29 어느 누구도 평신도 남자들이나 여자들의 손에 성체를 놓아서는 안 되고, 그들의 입 안에만 놓아야 한다 (Synod of Rouen [878년], canon 2, in Mansi, *Sacrorum Conciliorum*).

30 우리는 제사용 성작이나 성반을 동물의 뼈로 만드는 것을 금한다(Synod of Celchyth/Chelsea [787년], canon 10, in Mansi, *Sacrorum Conciliorum*).

이 되었다.³¹ 같은 기간 동안에 로마교회에서는 볼 수 없었던 이러한 그릇을 축성하는 것에 대한 갈리아 교회의 관심은, 게르만족 사람들의 보다 "주술적인" 관점이 예배에 사용되는 물건들에 더욱 집중하게 만들었다는 러셀의 이론에 신빙성을 더한다.

(2) 성합(Pyxes)

3장에서 언급했듯이, 성합(미사 밖에서 성찬 빵을 담던 용기)은 여러 모양으로 만들어졌다. 이 기간에는 성합의 변화에 영향을 끼쳤던 새로운 발전이 나타났는데, 바로 성합이 성찬식 밖에서 사용되던 용기에서 결국에는 성찬식 안에서 사용될 기본적인 용기로 바뀌게 된 것이다. 우리는 이미 당시에 어떻게 성반의 크기가 작아졌는지, 결국에는 어떻게 사제의 성찬 빵만 담는 용기가 되었는지에 대해 살펴봤다.

평신도를 위한 작은 성찬 빵들은 성합에 넣었다. 성합은 원래 병자에게 축성된 성찬 빵을 가져다주거나, 스스로에게 성찬을 주거나, 아니면 부적으로 성찬 빵을 가지고 다니기 위해 사용되었다.³²

그러한 성합들이 미사 중에 제대에 놓였었다는 증거가 있다. 이는 감실보다는 제대에 놓인 성찬 빵을 병자들에게 바로 가져다주는 통상적인 절차가 되었던 관습이 최소한 어느 정도는 지속되었었다는 사실을 암시한다.³³ 이 관습은 성찬식 동안에 더 이상 병자를 위한 "성찬 빵"을 담는 성합이 아니라, 미사 중에 거행하는 신자들의 성찬식 때 사용되는 작은 제병을 담는 성합이 제대 위에 놓여질 때가 곧 오리라는 것을 예시했다. 성반의 경우처럼, 이 기간에 성합을 전례에서 사용하지 전에 먼저 축성하는 관습이 생겨났다.³⁴

---

31 [당신과 함께 영원토록] 살아계시고 통치하시는 그리스도 예수 우리의 주 안에서, 이 도유와 우리의 축복 기도를 통해 이 성작을 거룩하고 깨끗케 만들어 주소서(Missal of the Franks [*Missale Francorum*, 8세기], 63).
32 제3장 각주 53번을 보라.
33 만약 성합이 있다면, 그 성합을 병자의 노자성체(viaticum)를 위한 신성한 헌물과 함께 제대 위에 항상 놓아두어도 된다(Reginald of Prüm [915년 사망], Book of Synodal Processes and Ecclesiastical Instructions, 9, in *Patrologia Latina* 137:187).
34 전능하신 삼위일체 하나님, 당신의 복의 능력을 우리의 손에 부어주소서. 그래서 우리의 축성을 통해 이 그릇이 깨끗하게 되고, 성령의 은혜를 통해 그리스도의 몸을 위한 새 무덤이 되게 하소서. 당신과 함께 살아계신, 당신의 아들, 우리 주 예수 그리스도를 통해서(Missal of the Granks [*Missale Francorum*, 8 세기], 68).

2) 포도주와 포도주 그릇

기독교의 첫 번째 천년 동안에, 과실주(wine)의 재료에 대한 지시 사항은 빵의 재료 때와는 달리 많이 나타나지 않는다. 패트릭 맥쉐리(Patrick McSherry)에 따르면, 이에 대한 한 가지 이유는 과실주(wine)는 정의상 "포도주"(grape wine)와 동일하다는 문화적인 추정이다(p. 10). 제4차 오를레앙(Orleans) 공의회는 성찬식 때 포도주를 사용해야 한다는 지시 사항에 대한 내용을 담은 몇 안 되는 초기 자료이다.[35] 포도주는 그 정의상 발효된 음료이지만, 발효되지 않은 포도 주스나 **무스툼**(mustum, vinum nustum의 라틴어 약자, "[발효되지 않은] 새 포도주")이 성찬식 때 사용되었다는 증거도 있다.

『그라시아누스 교령』(Decretals of Gratian, 1140년경)은 미사 때 발효되지 않은 포도 주스를 사용해도 괜찮다고 했던 교황 줄리어스 1세(Julius I, 352년 사망)의 말을 인용한다.[36] 교황 줄리어스 1세의 이 말은 아마도 보름스의 부르하르트(Burchard of Worms, 1025년 사망)가 만들어낸 말 같지만, 교황을 분명하게 언급함으로써 그 말에 신빙성을 더했다. 따라서 중세 시대의 주요 교회법학자들과 신학자들은 **무스툼**의 사용을 허락했고, 오늘날에도 어느 정도 제약을 두면서 여전히 사용되고 있다.

(1) 성작

그림 133. 8세기 아다(Ardagh) 성작으로, 높이는 7.01인치(17.8cm)이고 지름은 7.68인치(19.5cm)이다

지난 시대의 성작들과 비슷한 크기의 성작들이, 특히 이 시기의 초기에 여전히 사용되었다는 증거가 있다. 손잡이가 달린 성작도 있었는데[그림 131], 음료용 고블릿(drinking goblet)을 연상시켰다. 오늘날까지 몇 남아있는 이러한 모양의 초기 아일랜드의 성작은 매우 아름다운 예술 작품이다[그림 133]. 손잡이가 달린 성작은 시간이 갈수록 희귀해지다가 12세기 이후에는 서방에서 자취

---

35 성스러운 성작으로 봉헌할 때, 어느 누구도 포도나무의 열매에서 나온 것과 물을 섞은 것이라고 여겨지지 않는 음료를 바쳐서는 안 된다. 왜냐하면 자신의 가장 성스러운 명령에 따라 구세주께서 제정하신 것 말고 다른 것을 봉헌하는 일은 신성모독으로 판단되기 때문이다(Fourth Council of Orleans [541년], canon 4, in Mansi, *Sacrorum Conciliorum*).

36 그러나 필요한 경우, 포도송이들을 성작 안으로 짜 넣고 물을 섞을 수 있다. 교회법의 계율에 따르면, 주님의 잔은 물이 섞인 포도주와 함께 봉헌되어야하기 때문이다(*Decretals of Gratian*, part 3 ["Concerning Consecration"], distinction 2, canon 7, in McSherry, *Wine as Sacramental Matter*, p. 68).

를 감췄다. 이전 시대처럼, 동일한 미사에서 서로 다른 크기의 성작들이 사용될 수 있었는데, 특히 회중은 많지만, 작은 "영성체"(communion) 잔들로 신자들과 축성된 포도주를 나누는 경우에 그랬다.

시간이 지나면서 이 기간의 성작은 이전 시대의 성작보다 크기가 작아졌는데, 대체적으로 성찬식에 참여하는 사람들, 특히 잔으로 포도주를 마시는 이들의 수가 줄고, 사적 미사가 점점 더 유행되었기 때문이다. 심지어 사람들이 성찬 포도주를 받을 때에도 실제로 성작으로 포도주를 마시는 일은 점점 더 드물어졌는데, 대부분 고귀한 피를 흘릴 수 있다는 두려움 때문이었다. 앞으로 논의하겠지만, 사람들을 잔으로부터 분리시키는데 있어 한 단계는 그들에게 튜브(tube)를 통해 고귀한 피를 받도록 요구하는 것이었다.

이 기간에 제작된 대부분의 성작에서 분명하게 나타난 디자인적인 발전 중 하나는, 잔과 받침대를 잇는 손잡이대(stem)에 마디(node)를 넣은 것이었다. 이전 시대에도 이러한 디자인적인 특징을 가진 성작들이 몇 있었다[그림 100]. 처음엔 모든 성작이 갖고 있던 일반적인 특징은 아니었지만, 시간이 흐르면서 일반적인 특징이 되었다.

손잡이대에 마디를 넣는 것이 표준화되는데 영향을 끼쳤던 한 가지 요인은, 축성된 제병을 만진 후에 엄지손가락과 집게손가락을 붙이고 있던 사제들이 점점 더 많아졌던 것에 있다. 비록 이 관습을 반대했던 이들도 있었지만,[37] 13세기경에는 일반적인 규칙이 되었다. 성작 손잡이대에 있는 마디는, 엄지손가락과 집게손가락을 붙이고 있으면서, 신성한 내용물(예를 들어, 사제들을 위한 성찬 포도주)을 흘리지 않고 성작을 들어 올리는 것을 좀 더 수월하게 해줬다.

성작을 제작하는 재료에 관한 법령이 이 기간에 최초로 등장한다. 초기에는 성반의 경우와 마찬가지로, 사용이 허락되지 않은 재료들이 있었다.[38] 궁극적으로는 금이나 은으로만 성작을 제작하라는 명령이 내려지게 된다. 그러나 이 시점에는 성작 재료에 관한 규정이 일관되지는 않았다. 여러 종교회의들(synods)이나 개인들에 따라 청동이나 구리와 같은 다양한 재료로 제작하는 것도 허락되었다. 가난한 교회들도 예외는 아니어서, 주석을 사용하는 것이 허락되기도 했다.

---

37 따라서 손가락을 항상 붙이고 있으면 안 된다. 그럼에도 불구하고 어떤 이들은 지나치게 조심하면서 손가락을 계속 붙이고 있다.,,, 그러나 우리의 손가락으로 주님의 몸을 제외한 다른 것은 만지지 않도록 하라고 말해졌다(Bernold of Constance [1100년 사망], Micrologus, canon 16, in Migne, *Patrologia Latina*).

38 제4장 각주 30번을 보라.

결국 성작은 금이나 은, 아니면 최소한 주석으로 만들어져야 한다는 것이 교회법에 추가되었다.[39] 성작들은 거의 귀금속으로만 제작되게 되었고, 평신도의 손에서 떠나갔다. 다른 성찬 용기들처럼 성작의 신성성(sacrality)은 당시에 등장했던 축성 예식에 의해 더욱 강조되었다.

(2) 튜브(tubes)

그림 134. 성찬식용 튜브 (Communion tube)

이 기간에 등장한 매우 특이한 성찬용 기구 중 하나는 성찬 튜브 또는 리드(reed, 라틴어, *calamus, fistula, pugillaris*)인데, 잔에 담긴 성찬 포도주를 받을 때 사용한 일종의 빨대였다[그림 134]. 성찬 튜브에 대한 최초의 증거는 8세기 로마의 것으로, 튜브는 주교 미사에서 사람들이 성찬을 받을 때 사용되었다.[40]

최소한 13세기부터 제2차 바티칸 공의회의 개혁 전까지, 튜브는 교황 전례에서 교황이나 교황의 부제가, 그리고 가끔씩 주교들이 특별한 경우에 사용했다. 그러나 가장 이른 자료는 사람들이나 성직자들이 성찬 포도주를 마시기 위해 튜브를 사용했다고 말하지 않는다. 어떤 학자들은 성찬 튜브들이 금으로 제작되기도 했기 때문에 성직자들이 사용했던 것이라고 결론지을 수 있다고 제안한다.

그러나 은과 금은 성찬 배수자의 지위 때문이 아니라 축성된 포도주의 귀중한 특성 때문에 사용되었다고 결론내리는 것도 타당하다. 일반적으로, 튜브는 미사에서 평신도들이 성찬 포도주를 받을 때 사용되었다. 그러나 미사에 참석하지 못한 병자들에게 성찬 포도주를 줄 때에도 사용되었던 것 같다. 이 독특한 성찬 기구는, 사람들이 축성된 포도주를 성작으로 직접 마셨던 때부터, 평범함 사람들은 축성된 포도주를 받지 않았던 시기까지의 과도기에 사용되었다. 13세기 말쯤에 평신도가 성작으로 직접 성찬 포도주를 마시는 모습은 대부분의 장소에서 사라졌다.

---

39 만약 성작과 성반이 금으로 제작되지 않는다면, 전부 은으로 만들어야 한다. 그러나 지역이 매우 가난하다면, 최소한 주석으로는 성작을 만들어야 한다(*Decretals of Gratian*, part 3 ["Concerning Consecration"], distinction I, canon 45, in Migne, 187:1720).

40 그러면 대부제(archdeacon)는 대주교로부터 성작을 받고 그 안에 든 음료를 앞에서 언급했던 큰 성작에 다시 붓는다. 그 다음에 대부제는 지방의 차부제에게 작은 성작을 건네준다. 그 차부제는 대부제에게 튜브[*pugillarem*]를 준다. 대부제는 사람들에게 성찬을 줄 때 그 튜브를 사용한다(Roman Ordo I, no. 111).

3) 요약

이 기간의 성찬 용기들은 전체적인 크기는 아니더라도, 성찬 빵과 포도주를 담는 실질적인 용량은 작아졌다. 그와 동시에, 이러한 용기들을 만들 때 귀중한 재료 뿐 아니라 특히 금과 은이 사용되어야 한다는 주장이 커져갔다. 이러한 현상은 우리가 앞으로 탐구할 성찬신학에서 나타나는 특정한 발전들을 상징했다. 특히 이 기간에는 빵과 포도주 안에 그리스도의 현존을 국한시키는데 집중했던 이들도 있었다. 이렇게 성찬 빵과 포도주 속에 현존하시는 그리스도를 강조하면서, 사실상 그리스도가 현존하시는 다른 방식들, 특히 회중 안에 현존하시는 방식은 무시되어졌다.

게르만화된 알프스 북쪽에서 신성한 빵과 포도주를 담는 그릇들은 공동체 자체보다도 귀하게 간주되었다. 그릇들은 축성되었고, 이와 동시에 사람들이 성찬을 받을 수 있는 방식은 제한되기 시작했다. 제병 형태로 모양이 바뀐 빵은 손이 아니라 혀 위에 놓이게 되었다. 잔으로 마시던 것에서 튜브로 빨아 마시는 방식으로 바뀌었고, 결국 평신도는 잔을 전혀 사용하지 못하게 되었다. 은유적으로 표현하자면, 그리스도가 현존하시는 가장 중요한 그릇이, 신자들에서 아름다운 성작과 성반으로 대체되었다.

5. 성찬신학

우리는 3장과 4장의 마지막 부분에서 성찬의 발전에 대해 토의하면서, 이전 시대들의 성찬신학들과 연속되는 부분은 어디이고 연속되지 않는 부분은 어디인지를 확인하고자 시도했다. 중세 시대 초기에 등장한 성찬신학들을 살펴볼 때도 틀림없이 동일한 시도를 해 볼 수 있었다. 다른 한편으로, 이 시대가 끝날 무렵의 서방 교회는 5세기 또는 6세기의 교회와는 매우 달라 보일 수 있었다.

이 모든 것은 대부분 정치 및 지리적인 관점으로, 특히 이슬람의 발흥과 관련하여 설명될 수 있다. 중동과 북아프리카, 이베리안 반도 전역에서 이슬람이 이뤄낸 엄청난 성공의 결과로 서방 교회와 동방 교회의 관계는 중세 시대 초기 동안에 더욱 멀어지게 되었다. 이 일은, 게르만족들의 정치적인 발흥과 그 후에 일어난 교회와 예배의 게르만화와 함께, 로마교회의 성찬과 신학들이 사상과 실제의 면에 있어서 독특한 방향으로 나아가도록 만들었다.

1) 무엇이 진짜인가?

"어거스틴의 종합"(Augustinian synthesis)에 대한 신학적 참조를 찾는 것은 흔한 일이다. 이 표현이 많은 것을 뜻할 수는 있지만, 성례전이나 성찬신학과 관련해서는 대개 성경적인 가르침과 기독교 신앙을 후기 플라톤주의 철학과 융합한 어거스틴의 유명한 방식을 가리킨다. 따라서 플라톤이 볼 수 없는 본질(essentials)을 가리키는 보이는 것에 대해 말할 수 있었듯이, 어거스틴은 영적인 본질을 가리키는 "표징"(sign)인 성례전에 대해 말할 수 있었다.[41]

따라서 성찬에 대해서 말할 때, 어거스틴은 최후의 만찬에서 그리스도는 제자들에게 "그의 몸과 피의 형상"(figure)(라틴어, *figura*)을 주셨다고 가르쳤다(*On Psalm* 3). 더 나아가 성찬을 설명할 때는 "당신이 보는 것은 일시적인 것이지만, 그 안에 의미되어지는 보이지 않는 실재는 사라지지 않고 그대로 남아 있습니다"라고 주장했다(*Sermon* 227). 어거스틴에게 보이는 것과 영적인 것 사이에 분리시킬 수 없는 간극은 존재하지 않았다. 오히려 둘 사이에는 연속성이 있었다. 이 보이는 "형상"(*figura*)은 감각만으로는 완전히 이해할 수 없는 영원한 진리를 가리키는데 도움이 되고 반드시 필요하다.

야로슬라브 펠리칸(Jaroslav Pelikan)과 같은 작가들은 중세 시대 초기 동안에 혼란 상태에 있었던 어거스틴의 종합에 대해 언급한다. 이러한 혼란은 어거스틴의 종합과 같은 탄력적이거나 상징적인 사고를 할 능력을 보여주지 못하고, 대신 성례전과 성찬을 보다 문자적으로 이해했던 이 시대의 여러 작가의 글 속에 분명하게 나타난다. 리옹의 부제였던 플로루스(Florus, 860년경 사망) 이야기는 유명한 예이다.

메스의 아말라리우스(Amalarius of Metz)가 리옹의 교구를 잠시 감독했던 적이 있었다. 그 기간에 플로루스는 제병의 서로 다른 세 부분이 그리스도의 서로 다른 몸들(부활하신 그리스도, 교회, 죽은 신자들)을 나타낸다는 아말라리우스의 가르침을 알게 되었다.[42] 이를 상징하기 위해, 아말라리우스는 제병이 반드시 세 부분으로 나뉘어, 하나는

---

41 이러한 것들은 …성례전[라틴어 단어 sacramentum는 "표징"을 의미한다]이라고 불린다. 그 안에서 어느 하나가 보이지만 다른 하나가 이해되기 때문이다. 보이는 것은 물리적인 외형을 갖는다. 이해되는 것은 영적인 열매를 맺는다(Augustine, Sermon 272 [405-411년경], in Sheerin, *The Eucharist*).

42 그리스도의 몸은 세 가지 형태를 가진다… 첫째, 동정녀 마리아로부터 나온 거룩하고 흠이 없는 [몸],

잔에, 하나는 성반에, 그리고 하나는 제대에 놓여야 된다고 가르쳤다.

그러나 플로루스는 그리스도의 한 몸을 세분화했다고 아말라리우스를 비난했다. 아말라리우스의 글들을 문자적으로 해석한 플로루스는 다른 이들의 충분한 지지를 얻어서, 838년 퀴에르시(Quiercy) 공의회에서 아말라리우스가 책망을 받도록 만들었다.

이 기간에 혼란 상태에 있었던 어거스틴의 종합에 관한 보다 중요한 증인은 파스카시우스 라드베르투스(Paschasius Radbertus, 860년경 사망)였다. 그는 코르비수도원의 수도사였고 결국엔 수도원장이 되었다. 파스카시우스는 다른 수도사들이 성찬의 신비를 더욱 잘 이해하도록 돕기 위해, 서방 교회의 성찬신학에 대한 최초의 광범위한 연구인 『주님의 몸과 피에 관하여』(*On the Body and Blood of the Lord*)를 저술했다(831-833년에 처음으로 쓰였고, 844년에 개정되었다).

게리 메이시가 지적하듯이, 파스카시우스는 근본적으로 구원과 성찬이 어떻게 우리를 그리스도와 연합시키면서 우리의 구원에 영향을 끼치는지에 관한 질문에 관심을 갖고 있었다. 파스카시우스는 우리의 존재가 그리스도의 "진짜"(real) 몸과 연합됨으로써 구원이 일어난다고 믿었다.

파스카시우스는 성찬이 우리의 존재가 그리스도의 진짜 몸에 연합되는데 어떻게 기여하는지를 설명하기 위해서, 그리스도의 성찬적인 몸(eucharistic body)과 역사적인 몸(historical body) 사이의 관계에 대해 숙고했다. 그는 그리스도의 역사적인 몸과 성찬적인 몸은 연관되거나 비슷할 뿐만 아니라 동일하고, 따라서 우리의 구원을 가능하게 하는 것은 바로 마리아에게서 태어난 그리스도의 몸과의 교제(communion)라고 결론지었다.

메이시가 이 믿음에 대한 파스카시우스의 가장 정제되지 않은 표현이라고 부른 프레두가르(Fredugard)라는 사람에게 보내는 편지에서, 파스카시우스는 "그러나 (그리스도는) 성부 때문에 사신다. 성부의 독생자로 태어나셨기 때문이다. 그리고 우리는 그리스도 때문에 산다. 그리스도를 먹기 때문이다"라고 쓴다(Macy, *Theologies of the Eucharist*, p. 28).

파스카시우스는 성찬 현존(eucharistic presence)에 대한 보다 문자적인 접근법이 안고 있는 일부 문제들에 대해 신중했다. 그래서 그리스도의 현존을 하나님의 불가사의한 능력에 의해서만 일어나는 신비적인 사건으로 설명하는 것이 필요하다는 사실을 알았

둘째, 이 땅을 걷는 몸, 셋째, 무덤에 뉘인 몸이다(Amalarius, *The Book of Offices*, 3.35.1-2, in Pelikan, *The Christian Tradition*).

다.⁴³ 파스카시우스는 또한 구원은 그리스도의 몸을 먹는다고 마법처럼 오는 것이 아니라, 그리스도인으로서 살아가는 훈련을 요구한다는 사실을 자각했다.

그러나 그러한 자각에도 불구하고, 파스카시우스는 다른 모든 신학자들처럼 그의 문화와 시대 속에 제한되어 있었다. 어거스틴의 종합의 쇠퇴와 토마스 아퀴나스(Thomas Aquinas, 1274년 사망)와 같은 신학자들이 제시한 새로운 종합의 발흥 사이의 중간기에서 살던 파스카시우스에게는 성찬식에서의 그리스도의 현존에 대한 설명에 미묘한 차이(nuance)를 주는 도구가 부족했다. 메이시는 다음과 같이 요약한다.

파스카시우스는 그리스도가, 하나님으로서, 그리고 인간으로서 성찬에 현존하신다는 것을 주장하고자 했다. 하나님-인간의 본성(nature)과의 접촉을 통해서만 우리 자신의 본성(nature)이 구원될 수 있기 때문이었다. 파스카시우스의 신학은 그리스도인의 구원에서 성찬이 하는 역할에 대해 설명하고자 한 단순하고 통일된 시도였다. 그 자체가 장점으로 보일 수도 있는 그의 신학의 단순성은, 중대한 약점일 수도 있었다. 우리의 본성과 진정한 하나님-인간 사이의 영적인 접촉을 의미하는 것으로 그의 신학이 이해될 수도 있기는 하지만 말이다.… 그의 신학은 또한 일종의 어리석은 가버나움주의(capharnaism)으로 이해될 수도 있었다.⁴⁴

당시 파스카시우스만 유일하게 그리스도의 성찬에서의 임재에 관해 무엇이 "진짜"인지를 식별하고자 시도했던 것은 아니다. 파스카시우스와 함께 같은 수도원에 있던 또 다른 수도사는 사실상 황제의 초청으로 인해 이 논쟁 속으로 빠져들게 되었다. 샤를 2세(Charles II)가 황제가 되었을 때, 파스카시우스는 그에게 『주님의 몸과 피에 관하여』 개정판을 보냈다. 샤를은 역시 코르비의 수도사였던 라트람누스(Ratramnus)에게 편지를 써서 두 가지를 질문했다.

---

43 이로 그리스도를 씹어 먹어 치우는 것은 옳지 않기 때문에, [하나님께서는] 신비 안에서 성령의 능력에 의한 축성을 통해서 이 빵과 포도주가 그분의 진정한 살과 피가 되도록 허락하셨다.… 그래서 세상의 생명을 위해서 신비적으로 바쳐졌을지 모른다. 그래서 성령을 통해서 성적 결합 없이 동정녀 마리아에게서 진정한 몸이 태어났듯이, 이와 동일하게, 빵과 포도주로부터 그리스도의 동일한 몸과 피가 신비적으로 축성될지 모른다(Paschasius Radbertus, *The Lord's Body and Blood* [844년], in McGracken, *Early Medieval Theology*, 4.1).

44 가버나움주의(Capharnaism)는, 성찬식에서의 그리스도의 몸은-우리가 인간의 살을 먹고 있다는 사실을 알면 충격을 받을 수도 있기 때문에 우리의 감각으로부터 기적적으로 감추어진-그분의 육체라는 믿음에 붙여진 명칭이다. 이 용어는, 복음서에서 "이 사람이 어찌 능히 자기 살을 우리에게 주어 먹게 하겠느냐"(요 6:52)고 질문했던 가버나움의 유대인들과 관련된다(Macy, *Theologies of the Eucharist*, p. 28).

① 신자들은 그리스도의 몸과 피를 신비로(in mystery) 받았는가 아니면 실제로(in truth) 받았는가?
② 신자들은 마리아에게서 태어난 몸과 피와 동일한 몸과 피를 받았는가?

어거스틴의 사상에 좀 더 가까웠던 라트람누스는 실재(reality)의 서로 다른 두 가지 유형을 구분했다. 즉, 형태 또는 외양의 실재(reality *in figura*), 그리고 믿음으로 식별되는 근원적인 실재(reality *in veritate*)를 구분했다. 라트람누스는 이렇게 구분하면서, (성찬 빵과 같은) 물리적 또는 감각적 실재들과, 감각으로는 인지할 수 없고 믿음으로만 접근할 수 있는 (그리스도의 몸과 같은) 영적 실재들의 차이를 인정했다. 어거스틴처럼, 라트람누스에게 영적 실재들은 물리적 실재들보다 더 "진짜"였고, 더 중요했다.

따라서 라트람누스는 그리스도의 성찬의 임재는 진짜이지만, 물리적인 실재가 아니라 신비로 그리스도를 받는 것이라고 결론지을 수 있었다. 그 결과, 성찬식에서 우리는 마리아에게서 태어난 그리스도의 몸을 받지 않는다. 우리가 받는 것은 그리스도의 영적인 몸이다.

성찬의 임재에 대해 매우 상이한 관점을 가지고 있던 이 두 명의 수도사가 같은 수도원에서 분명히 서로 사이좋게 살았다는 사실은 중요하다. 게다가 서로 평생 동안 거의 정반대의 신학적인 관점을 갖고 있었음에도 불구하고, 어느 누구도 살아 있는 동안에 비난받지 않았다.

그러나 앞으로 수 세기에 걸쳐 대부분의 그리스도인과 많은 신학자의 종교적인 상상력을 지배하게 되는 것은, 게르만인의 상상력에 더욱 부합하는 파스카시우스의 관점이었다. 라트람누스는 거의 잊어졌던 모양이다. 라트람누스의 글들이 결국엔 존 스코투스 에리게나(John Scotus Erigena, 877년 경 사망)의 작품으로 간주되었고, 그 글들은 1050년에 베르첼리(Vercelli) 종교회의에서 에리게나의 이름으로 정죄를 받았다.

이 기간에 있었던 성찬의 "진짜" 현존에 대한 논란은, 재능은 있지만 성미가 꽤 고약했던 신학자인 투르의 베렌가(Berengar of Tours, 1080년 사망)를 중심으로 집중되면서 절정에 이르렀다. 11세기 말경에, 유명한 교회 박사인 피터 다미안(Peter Damian, 1072년 사망)과 같은 대부분의 서방 신학자들은 파스사키우스가 가르쳤던 것처럼, 예수의 역사적인 몸과 성찬적인 몸이 동일하다는 입장을 취했다.[45] 베렌가는 이 입장을 강경하게 반박했다. 베렌가의 주장 중 많은 부분은 그의 대표작인 『거룩한 만찬에 관하여』 (*On the Holy Supper*)에 요약되어 있다.

한편으로, 베렌가와 라트람누스는 같은 입장을 취하고 있는 것 같다. 그리고 어거스틴의 종합이 11세기에도 여전히 살아있고 효력을 발휘했던 것 같다. 그러나 메이시가 언급하듯이, 베렌가는 사실, 감각들로 이해되는 이 세상의 것들이 이성이나 신앙으로만 이해할 수 있는 초세속적인 것을 가리킨다고 한 어거스틴과 후기 플라톤주의의 입장과는 거리가 멀다. 베렌가에게 물리적 영역과 영적 영역은 상당히 달랐고 두 영역 사이에는 메울 수 없는 간극이 존재했다. 이러한 기초적인 철학적 입장 때문에 베렌가는 그리스도의 역사적인 몸이나 "마리아에게서 태어난 몸" 같은 것이 성찬식 때 임할 수 없다고 믿었다.

베렌가의 사상을 나타냈던 성찬에 대한 사안 중 하나는, 축성을 통해 빵과 포도주 안에서 일어났던 일종의 "변화"(change)에 관한 것이었다. 베렌가의 기초적인 믿음은 빵과 포도주는 항상 빵과 포도주일 수밖에 없다는 것이었다. 그렇지 않다면 그것은 자연을 거스르는 일이 되기 때문이었다.[46]

베렌가는 그 유명한 예를 들었다.

다소의 사울은, 베렌가의 표현처럼, 사도 바울로 "변화"했다, 그러나 그러한 변화 속에서도 물리적인 관점으로 볼 때, 바울은 이전과 계속해서 동일한 사람이었다. 그러나 동시에 영적으로는 새로워졌다. 축성 후의 그리스도의 임재라는 신비뿐 아니라 빵은 계속해서 빵이라고 하는 유비적인 믿음에 "양체공존"(impanation, 라틴어, *panis*, "빵"에서 유래)이라는 명칭이 붙여졌.

철학을 기반으로 한 주장 외에도, 베렌가는 축성된 성찬 빵과 포도주가 그리스도의 역사적인 몸과 동일할 수 없다는 것을 그의 관점에서 증명한, 비교적 정제되지는 않았지만 정확한 기독론적인 주장도 강조했다.

간략하게 말해, 베렌가는 마리아에서 태어난 그리스도의 역사적인 몸은 승천 때 이

---

45 보편적 믿음이 붙잡고 있는 것, 거룩한 교회가 신실하게 가르치는 것 … [은] 성모 마리아가 낳은 그리스도의 바로 그 몸이, 내가 분명히 말하는데, 우리가 지금 거룩한 제대에서 받는 바로 이 몸이지 다른 것이 아니라는 사실이다(Peter Damian [1072년 사망], *Sermon* 45, in Pelikan, *The Christian Tradition*, p. 193)

46 제대에서 하는 축성을 통해 빵과 포도주는 믿음의 성례전이 된다. 빵과 포도주라는 물질이 없어짐으로써가 아니라, 빵과 포도주로는 계속 남아 있지만 무언가 다른 것으로 변화됨으로써 그렇게 된다(Berengar [1080년 사망], *Opusculum*, in Pelikan, *The Christian Tradition* p. 198).

세상을 떠났다. 하늘과 땅 사이의 신적 틈(divine rift)으로 인해 그리스도는 물리적이 아니라 영적으로만 성찬에 임하신다. 만약 그렇지 않다면, 그리스도의 승천한 몸이 잘려질 수 있고, 신적인 몸의 무수한 작은 조각들은 그것들이 집어 삼켜지게 되는 이 세상으로 보내졌다고 믿는 것이 된다.[47] 더욱이 "만약 주님의 몸이 이 세상의 모든 전례에 매일 나타난다면, 주님의 몸은 분명히 매일매일 더 커질 것이고, 마침내 예수의 몸으로 산을 이룰 것이다"(Macy, *Banquet's Wisdom*, p. 76).

이것은 당연히 말도 안 되는 일이기 때문에, 베렌가는 성찬에서 사람들은 그리스도를 물리적이 아니라 영적으로 받는 것이라는 자신의 주장이 틀림없다고 생각했다.

이러한 설명의 과정 속에서, 베렌가는 **사크라멘툼**(*sacramentum*) 또는 외적인 표징(outward sign)과 **레스**(*res*) 또는 근원적인 실재(underlying reality)의 차이를 잘 구분하여 사용했다. 따라서 베렌가는 성례전을 보이지 않는 은혜의 보이는 형태로 표현할 수 있었다.

이 표현은 이후의 중세신학에서 성례전에 대한 표준 정의(standard definition)가 되었다(Macy, *Theology of the Eucharist*, p. 40). 그러나 보이는 것과 보이지 않는 것, 물리적인 것과 영적인 것 사이를 그렇게 구분하는 것이 베렌가와 동시대를 살았던 사람들에게는 잘 받아들여지지 않았다. 대부분의 사람들은 베렌가의 연구를 파스카시우스의 사상에 대한 공격, 성찬신학의 가장 근본적인 부분에 대한 정면 공격으로 간주했다.

베렌가는 비난과 정죄를 받았다. 1059년에 로마 종교회의에 소환된 베렌가는, 메이시가 "성찬이라는 주제에 대해 교회가 제시했던 가장 유감스럽고 신학적으로 터무니없는 진술문 중 하나"라고 묘사한 고백서에 서명하도록 요구받았다(*Banquet's Wisdom*, p. 77). 로마의 정통신학이라는 공식 인장이 찍힌 그 진술문에서, 우리는 그리스도의 성찬에서의 현존의 본질에 대한 교회의 가장 문자적인 공표로 요약된 파스카시우스의 사상을 읽을 수 있다. 또한 "성례전"(sacrament)을 실재(real)에 거의 정반대되는 개념으로 암시하는 표현을 읽을 수 있다.[48]

---

47 하늘에 있는 그리스도의 몸이 잘게 잘리고, 그렇게 잘린 조각이 제대로 내려보내지지 않고서는... 그리스도의 살 일부가 제대 위에 존재할 수 없다(Berengar, *On the Holy Supper* 37, in Pelikan, *The Christian Tradition*, p. 194).

48 나는... 제대 위에 놓여 있는 빵과 포도주가 축성 후에는 단지 성례전일뿐 아니라[*non solum sacramentum*] 우리 주 예수 그리스도의 진정한 몸과 피고, 이 몸과 피는 사제들이 손으로 만지고 찢고, 신자들이 이로 씹는, 참으로 물질적인 것이지 그저 성례전적인 것은 아니라는[*non solum sacramentum sed in veritate*] 사실을... 고백한다(Confession of Berengar, 1059년, in *Patrologia Latina* 150:411).

그에 대한 비난에도 불구하고 다혈질이던 베렌가는 멈추지 않았다. 그는 투르로 돌아가 1059년의 고백서를 인정하지 않았다. 거센 비난이 다시 불거졌다. 20년이 채 못되어 베렌가는 로마로 다시 돌아왔다. 그리고 성찬신학에 대한 새로운 서약을 맹세했다.[49] 많은 면에서 1059년의 서약과 비슷하지만, 뉘앙스가 더해진 새로운 진술문은 아리스토텔레스(주전 322년 사망)의 사상에서 차용한 실체(substance)라는 용어를 도입했다.

당시 아리스토텔레스의 저서들은 서방 기독교에서 재발견되고 있었다. 실체라는 용어는 다음 시대에 발흥할 새로운 종합에 대한 전조가 되었다. 신학자들은 미묘한 차이를 더하는 언어의 도구들을 사용하면서, 성찬식에서의 그리스도의 "진짜 현존"(real presence)의 본질에 대해 계속해서 탐구하게 된다. 그리고 이해하고자 하는 인간의 필요를 만족시키고, 동시에 이러한 하나님의 실재의 신비적인 본질을 존중하는 적절한 언어를 찾기 위해 노력하게 된다.

2) 신성한 것들(Sacred Things)

모든 그리스도인의 근본적인 믿음은 말씀이 육신이 되었다(요 1: 14)는 것임을 고려할 때, 기독교는 그 정의상 성육신적인 종교이다. 성육신의 한 가지 결과는, 하나님이 예수 그리스도를 통해 역사 속에서 신적 임재를 이뤄내신 것처럼, 비록 그 무엇도 예수처럼 완전하거나 절대적일 수는 없지만, 다른 사람들과 심지어는 창조물조차도 하나님을 반영하고 신적 임재를 드러낼 수 있다는 믿음이다.

하나님과의 관계를 형성하는데 영향을 끼치는 사람들, 심지어는 물질들이 갖고 있는 잠재력에 대한 기독교의 믿음은 때때로 "성례전적 원리"(sacramental principle)로 알려져있다. 이러한 이해가 진화하는 데에는 어느 정도의 시간이 걸리기는 했지만, 그리스도인들이 시작부터 빵과 포도주, 기름과 물 같은 것들을 가치있게 여겼다는 것은 분명한 사실이다. 이러한 사고방식은 하나님이 창조와 인간 역사 속에서 자신들을 위해 행하신 모든 것에 감사하는 기초적인 본능에 근거한 종교성을 갖고 있던 그리스도인들 사이에서는 충분히 이해된다.

---

49 [나는] 제대에 놓인 빵과 포도주가, 성례전의 표징과 능력을 통해서만이 아니라 빵과 포도주의 실제 본질과 실체 안에서, 그리스도, 우리 주의 진짜, 참된, 살아 있는 몸과 피로 실체적으로(substantially) 변화되고, 축성 후에 그 빵과 포도주는 동정녀에게서 낳으신 그리스도의 진정한 몸...과 옆구리에서 쏟아졌던 그리스도의 진정한 피라는 것을 [단언한다](Confession of Berengar, 1079년, in Mansi, 20:524).

어떤 면에서, 이 책 전체는 이러한 성례전적 원리의 추정에 기초한다. 그리고 다양한 기독교 공동체가 하나님이신 예수 그리스도와의 관계를 표현하고 맺던 방식에 그릇과 책, 건축, 음악 예술과 같은 것들이 어떤 영향을 끼쳤는지를 설명하고자 시도한다.

우리가 살펴보았듯이, 이전 시대의 그리스도인들은 축성된 빵, 그 빵과 포도주를 담는 그릇과 같은 것들, 그리고 복음서와 같은 다른 전례용 물건들에 대한 큰 공경을 표현했다. 우리는 또한 프랑크족이 발흥하기 오래 전부터 성찬 빵이 일종의 신성한 부적으로 사용되었다는 증거가 있고, 성찬 빵과 포도주 받기를 거부하는 신자들이 있었다는 것에 대해서도 언급했다. 이에 더해, 어거스틴의 상징에 대한 이해에 도전하면서 성찬의 신비를 설명하는 새로운 방법들도 등장했다. 네이선 미첼(Nathan Mitchell)은 이것을 상징으로부터 알레고리로의 이동이라고 말한다.[50]

따라서 우리는 게르만족들의 발흥 이전에, 성찬은 하나님이신 예수 그리스도와의 거룩한 만남이라기보다는 신성한 물건과 같은 것으로 취급되었다는 사실을 보여주는 증거를 찾을 수 있다. 또한 성찬 전례는 우리가 먹는 바로 그것이 되라는 세례의 요구를 공동체적으로 미리 예행 연습을 해보는 예식이라기보다는, 멀리 떨어져서 경외감을 가지고 바라보는 거룩한 드라마와 같은 것이 되었다고 입증하는 증거도 찾을 수 있다. 그러나 성찬의 신앙과 실제에서 나타난 이러한 추세들은 목회적인 측면에서 널리 전파되지도 않았고, 신학적인 측면에서 주류가 되지도 못했다. 중세 시대 초기의 다양한 영향력은 특히 북유럽에서 이를 변화시킬 것이었다.

게르만적 상상력은 이전 시대의 성찬 경건과 사상의 추세들을 다른 세계관의 맥락 속에서 확대했다. 따라서 성찬의 빵과 포도주가 발전시키고자 하는 성찬적인 관계들보다 성찬의 빵과 포도주의 중요성을 강조하고자 하는 경향은, 러셀에 따르면, 윤리적인 것보다는 주술적인 것에 대한 본능을 갖고 있던 게르만인의 세계에 전혀 다른 영향을 끼쳤고, 물건들에 신성한 능력을 쉽게 부여했다. 이와 비슷하게, 어거스틴의 종합을 더 이상 받아들이지 않고, 상징들 또는 성례전조차도 진짜(real)라는 것을 믿는데 어려움을 겪었던 세계에서 이해한 "이것은 나의 몸이다"와 같은 핵심적인 성경 구절은,

---

50 알레고리는 사람들과 사물들, 사건들에 내재하는 모호성을 각각의 행동이나 대상에 한 가지 의미를 부여하면서 축소시키는 경향이 있다.... 따라서 상징으로부터 알레고리로의 움직임은, 모호성으로부터 명료성, 복의(multiple meaning)로부터 단의(single meaning), 계시로부터 설명으로의 움직임이다. 상징들의 모호한 전략은 행동을 유발한다. 알레고리의 환원주의적인 전략은 수동성을 유발한다. 상징들이 의미를 찾고 고심하는 것을 요구하는 반면에, 알레고리는 의미를 설명한다(Mitchell, *Cult and Controversy*, pp. 52-53)

현존을 전혀 다르게 해석되도록 하는 결과를 낳았다.

이러한 새로운 사고방식의 맥락 속에서 그릇들은 귀금속으로 제작되었을 뿐 아니라, 특별한 예식을 통해서 축복이 빌어지거나 축성되었다. 이러한 일들을 통해서, 세상에 속한 것들이 세속적인 것에서 신성한 것으로 의례적으로 변화되기 전까지는 예배에서 사용될 수 없다고 하는 세계관을 확인했다. 이와 병행하여, 평범한 사람들은 더욱더 이렇게 신성하게 된 물건들을 만질 수도 없게 되었다.

신성하게 된 물건들을 만질 수 있으려면, 물건을 세속적인 것에서 신성한 것으로, 또는 흔한 빵을 그리스도의 몸으로 변화시키는 것은 말할 것도 없고, 사람들 자체가 축복받고, 축성되며, "변화되어야" 했다. 이전에 이러한 변화는 입교의 성례전, 특히 세례와 성찬을 통해 이루어졌다. 중세 시대의 그리스도인들에게 이러한 변화는 서품 예식(rites of ordination)을 통해 일어나게 되었다.

로마의 의례들에는 분명히 서품 전례가 포함되어 있기는 했지만, 서품 전례는 대개 안수와 중요한 축복기도를 포함한 비교적 평범한 예식이었다. 샤론 맥밀란(Sharon McMillan)이 설명하듯이, 이 서품 전례의 빈약함은, 공동체에 의한 추천과 선출의 긴 과정을 갖게 될 로마교회의 화려한 교회적인 환경을 고려할 때 쉽게 설명되었다. 그러나 카롤링거 제국의 교회 환경은 많이 달랐다. 특히 선출 과정이 처음에는 축소되고 그 다음엔 사실상 완전히 없어졌기 때문에, 서품은 실질적으로 "축복 단계"(blessing stage)로 격하되고 말았다(McMillan, pp. 164-165).

그 과정에서 축복 단계는 사제에게 새로운 능력을 부여하는 다양한 예식이 추가됨으로써 근본적으로 변화되었는데, 거기에는 사제에게 새롭게 부여된 능력에는 물건을 세속의 영역에서 신성한 영역으로 옮기는 것과, 그래서 실질적으로 자신까지도 한 영역에서 다른 영역으로 이동시키는 능력이 포함되었다.

이것과 관련하여 언급해야 할 추가된 의례 중의 하나는, 사제 서품 예식에서 손에 기름을 붓는 의식이었다. 우리는 4장 전체를 통해서, 이 시대에는 새롭게 쓰여진 기도문들과 창의적인 의례 행위들로 제대, 그릇, 그리고 교회까지도 축성하는 경향이 나타났다는 것에 대해 언급했다. 그러므로 만약 사제가 이러한 제대를 만지고 그릇을 사용하고, 무엇보다 빵과 포도주를 그리스도의 몸과 피로 변화시킨다고 한다면, 이와 비슷한 변화의 의례를 받아야 함은 이치에 맞는다. 만지고, 들고, 변화시키는데 있어서 매우 중요한 성례전적 도구는 손이었기 때문에, 게르만화된 서품 예식에서 특별한 전례적인 관심을 받았던 것은 바로 사제의 손이었다. 이 의례를 담고 있는 최초의 현존하는 텍스트는 8세기 프랑크 미사경본이다.[51]

보다 더 놀라운 일은 아마도 제구 전수식(traditio instrumentorum, 라틴어, "제구 전달"[handing over of the instruments])이라고 알려진 의례를 도입했던 일일 것이다. 주교는 이 의례에서 서품을 받는 후보자에게 축성되지 않는 제병을 담은 성반과 축성되지 않은 포도주를 담은 성작을 건네주었다. 맥밀란이 언급하듯이, 이 의례는 앞에서 언급했던 5세기의 『고대교회 법령집』(Ancient Statutes of the Church)에 포함되어 있던 예식을 모방한 것이다. 그 예식에서 주교는 낭독자와 수문품자(doorkeeper), 복사와 같은 다양한 "하급 성직자들"(minor orders)의 사역들을 상징하는 다양한 제구들을 전달했다.[52]

그러나 우리는 (950년과 962년 사이에 기록된) 로마-게르만 주교 전례서에서 처음으로 사제 서품 예식에서 예전 용기들이 전달되는 것을 본다. 더욱이 이 의례에 딸린 텍스트는, 맥밀란의 표현대로, "이 행위는 사제 서품의 본질 자체를 규정한다"라는 것을 분명하게 했다. 후보자들이 "제구들"을 만짐과 동시에 주교가 이 선언문을 선포했기 때문이다(McMillan, p. 169).[53] 이 의례는 너무나도 중요해서, 토마스 아퀴나스에 버금가는 후대의 신학자들은 제구 전수식(traditio instrumentorum)을 사제 서품에서 매우 중요한 예식으로 간주하게 될 것이었다.

상징적인 것을 불신하는 새로운 세계관 속에서, 이러한 게르만화되는 추세들은 거룩한 사물들을 그리 중요하게 여기지 않았다. 이로 인한 누적 효과는 늘어나는 전례의 "사물화"(reification, 라틴어 res, "사물"에서 유래)였다. 기독교 예식에서는 관계들을 표현하고 만들어 냈던 사물들을 사용하는 상징적인 행위들은 항상 중요하게 여겨지기는 했지만, 이제 그러한 사물들이, 대개는 그 사물들이 원래 정의되었던 성례적인 행위들 밖에서, 그리고 때로는 그 사물들이 당연히 있어야 되는 환경인 공동체나 신적인 관계들과는 상관없이, 그 자체로 생명을 갖게 된 것처럼 보였다.

다르게 말하자면, 마치 변화된 사제 서품 예식처럼, 기독교 성찬식은 갈수록 더 "수

---

51 축성된 기름과 성화의 성유를 이 손들에 부어 주시옵소서. 사무엘이 다윗 왕과 선지자들에게 기름 부었던 것처럼, 그들도 아버지와 아들과 성령 하나님의 이름으로 기름 부음 받고 완전하게 되어, 우리를 죄에서 구원하시고 하늘의 왕국으로 인도하시는 구원자, 우리 주 예수 그리스도의 거룩한 십자가의 형상을 만들도록 하옵소서(Missal of the Franks [8세기], no. 34, in McMillan, "How the Presbyter Becomes a Priest").

52 제3장 각주 61번을 보라.

53 주님의 이름으로, 하나님께 제사를 드리고, 살아 있는 자 뿐만 아니라 죽은 자를 위한 미사를 거행하는 능력을 받으라(Romano-Germanic Pontifical [960-962], in McMillan, "How the Presbyter Becomes a Priest").

단화"(instrumentalized)되었거나, 영적인 목적을 성취하기 위한 도구처럼 취급되었다. 성찬과 성찬신학은 갈수록 더 동사보다는 명사로서, 참여해야 할 행위보다는 공경을 받아야 할 사물로 여겨지면서, 신자들을 세우고, 만들어가고, 사명을 주는 활동으로서의 특권을 점점 더 잃었다. 대신 보호되고 공경되어야 하는 신성한 보물로 점점 더 간주되었다.

3) 성례신학

역사 속에서 흔히 볼 수 있는 흥미로운 현상은, 어떤 변화가 일어나기는 했지만 그 변화에 대한 필수적이고 적절한 명칭이 수 년 또는 수 세기가 지날 때까지 만들어지지 않는 것이다. 우리는 이미 앞에서 그런 식으로 발생했던 변화에 대한 한 예를 살펴보았다. "로마네스크" 건축 양식은 정확히 말하면 11세기와 12세기에 발전되었다. 그러나 "로마네스크"라는 용어 자체는 프랑스 고고학자인 샤를-알렉시스-아드리앙 드제르빌(Charles-Alexis-Adrien de Gerville, 1853년 사망)에 의해 1818년에 만들어졌다.

이러한 일들은 예술에서 흔히 일어났다. J. S. 바흐(J. S. Bach, 1750년 사망)는 자신의 죽음이 서방에서 "바로크" 음악 시대의 종결로 묘사될 것이라고는 생각하지 못했다. 동일한 현상은 신학과 철학에서도 흔히 일어난다. 예를 들어, 대그레고리(604년 사망)는 자신의 죽음이 많은 이들에게 소위 교부(patristic, 라틴어, *pater* 또는 "father"[아버지]에서 유래) 시대의 종결을 표시하는 것으로 간주되게 될지는 전혀 몰랐다.

수도사였던 파스카시우스와 라트람누스, 그리고 교사였던 베렌가는 교회의 성찬신학에 관한 매우 중요한 논쟁에 참여하고 있다는 사실을 분명히 알았다. 그들은 또한 자신들이 과거의 신학들과 연결되어 있다는 사실도 분명하게 인식했다. 예를 들어, 파스카시우스는 푸아티에의 힐러리(Hilary of Poitiers, 367년 사망)의 주요 저서들을 참고했고, 베렌가는, 이미 우리가 살펴보았듯이 그의 시대에는 존 스코투스 에리게나(John Scotus Erigena)의 저서로 잘못 알려져있기는 했지만, 라트람누스의 가르침에 의존했다. 그러나 파스카시우스와 라트람누스, 베렌가와 그들의 많은 동시대인은, 자신들이 새롭고 다른 쪽으로 성찬신학의 방향을 바꿨다는 사실을 인식하지 못했다.

예를 들어, 많은 동시대의 저술가들은 파스카시우스가 우리가 아는 성찬에 대한 최초의 조직신학적인 연구를 저술했다는 사실을 인정한다. 다수의 초기 교사와 성인도 성찬에 대해 썼다. 그러나 그들의 글들은 우리가 자주 인용하는 어거스틴의 글처럼, 여러 설교문과 주석서, 그리고 성찬 외에도 여러 신학적 및 목회적 문제들을 다룬 신학적인 소책자들에 흩어져 있다.

네이선 미첼(Nathan Mitchell)은 더 나아가 파스카시우스가 다른 입교 성례전들(예를 들어, 세례와 견진)과는 별도로 성찬을 광범위하게 다룬 우리가 아는 한 최초의 기독교 저술가라는 사실을 지적한다. 파스카시오는 특정한 신앙 공동체의 경험과는 상관없어 보이는 추상적인 방식으로 성찬을 광범위하게 다루었다.

3장의 끝부분에서 우리는 위대한 주교들의 "신비교리교육" 전통에 관심을 기울였다. 그 주교들은, 성찬에서 절정에 이르는 교회와의 온전한 교제를 위해 여정을 시작한 입교자들(initiates)로부터 신학적 숙고를 이끌어냈다. 성찬에 대한 그러한 숙고와 가르침은 앞에서 언급되었듯이, 어떤 추론적인 실재(speculative reality) 때문이라기보다는, 한 지역 교회의 예배적인 필요나 요구로 비롯된 목회적인 것들이었다. 이것이 바로 우리가 알고 있는 신비교리교육에 관한 많은 자료가 절박한 목회 현실에 대해 염려했던 주교들로부터 비롯된 까닭이다.

그러나 암브로스, 키릴, 어거스틴 등의 신비교리교육에 관한 신학적 숙고와는 달리, 파스카시우스와 그 당시의 다른 이들의 신학은 전체 입교 과정으로부터 분리되어 있었다. 더욱이 그 신학은 그러한 과정을 실제적으로 경험하는 공동체로부터 분리되어 있었다. 진정한 신비교리교육에 관한 신학적 숙고와는 완전히 동떨어져 있었다. 미첼은 다음과 같이 요약한다.

초기 교부들에게 교리는 성찬식에서의 송영(doxology), 기도와 감사의 전례적인 행위에서 비롯되었다(**렉스 오란디**[*lex orandi*], **렉스 크레덴디**[*lex credendi*], 라틴어, "기도의 법이 믿음의 법을 세운다). 그러나 파스카시우스에게는 예배하는 공동체의 경험과 의례적인 행위에서 바로 나오지 않는 성찬 교리에 관한 질문을 제기하는 일이 가능했다(Mitchell, *Cult and Controversy*, p. 74).

현대신학에서 신학자들은 때때로 "예전**의**(*of*) 신학 또는 예전에 **관한**(*about*) 신학"과 "예전**으로부터의**(*from*) 신학"을 구분할 것이다. 신학과 예배의 관계를 여러 방식으로 구분할 수 있겠지만, 이 단순한 틀은 초창기 교부들과 파스카시우스의 글들을 대조하는 미첼의 개념을 이해하는데 도움이 될 수 있다. 게르만화의 과정이 진행되기 이전에 살았던 어거스틴과 힐러리, 그리고 다른 많은 신학자는 예전**의**(*of*) 신학들로 간주될 수 있는 예전에 **관한**(*about*) ^^보다 추론적인 신학적 진술을 많이 했다.

그러나 그들의 신학적 숙고는 대개, 그리고 일관되게 예전**으로부터**(*from*)였다고 말해도 무방하다. 이 말은, 실제적인 예전 예식들과 그 예식들에 참여한 사람들과 그 신학자들의 경험이 그러한 신학적 사고의 근간이었음을 뜻한다. 그러나 파스카시우스와 후대의 사람들의 연구에서는 일반적으로 그렇지 않았다.

파스카시우스는 자신이 가르친 수도사들의 영적인 삶에 분명히 관심을 가졌었다. 아마도 그랬기 때문에 그는 수도원의 수도원장으로 선출되었던 것인지도 모른다. 그러나 그의 신학 연구는 수도사들의 경험에 의존하지 않았다. 오히려 파스카시우스의 신학 방법론은 보다 이론적이었고, 구원과 성육신에 대한 특정한 이해에 의존했다. 더욱이 우리는 파스카시우스의 글들을 통해서는 그의 수도원의 예전이 실제로는 어떠했는지 전혀 알 수가 없다. 그의 신학은 예전적인 사건과 그 사건에 참여한 사람들의 경험**으로부터**(*from*)는 덜 비롯된 신학이었다. 파스카시우스의 신학은 예전에 **관한**(*about*) 또는 예전**의**(*of*) 신학에 더 가까웠다.

결국 서방에서 신학과 신학에 대한 가르침은, 에드워드 팔리(Edward Farley)의 표현처럼, 크게 분열되었다. 오늘날의 현실이 바로 그렇다. 신학을 공부하는 많은 이들은 이러한 분열을 그냥 당연시한다. 그리고 세분화되고 심지어는 분열된 신학 형태(theological enterprise)를 항상 인식하지 못하고 있다. 성경을 연구하고 가르치는 것은 방법론과 내용에 있어서 교회사와는 다르다. 도덕신학도 기독론과 다르다.

같은 맥락에서, 한 학교에서 성례전 신학을 가르치는 사람은 이 사람이고, 성례전의 실제를 가르치는 사람은 저 사람인 경우가 얼마나 많은지 생각해보라. 때때로 전자는 "조직신학" 학과에 포함되고, 후자는 "사역"(ministry)또는 "목회"(pastoral)학과에 속한다.

파스카시우스와 그의 동료들이 이러한 전개에 대해 책임이 있는 것은 아니다. 그러나 오늘날의 이러한 (신학 내의) 분리들에 관한 근원은 그들의 연구 속에서 찾을 수 있다. 중세 시대 초기의 신학자들은 결국 사람들이 예전 사건 자체를 신학 연구의 근간으로 삼지 않고도 성찬에 관한 신학적인 연구를 하도록 하는 새로운 방향을 설정했다. 달리 표현하자면, 중세 시대 초기에는 궁극적으로 "성례전신학"이라고 알려지게 될 예전이나 성례전에 대한 신학 연구가 발전되게 길을 닦았던 신학자들도 있었다. 이것은 전례 사건과 그 사건에 참여한 이들의 경험을 근간으로 하는 초기 시대의 신학 연구, 즉 12세기 후반에 예전 사건 또는 "예전신학"**으로부터의**(*from*) 신학이라고 여겨지는 것과는 꽤 달랐다.

4) 요약

여러모로 이 기간은 성찬신학에 있어서 위대한 종합의 시대는 아니었다. 오히려 더욱 더 질문하고 신학적으로 탐구하는 시기였다. 이렇게 질문하고 탐구하는 일이 필요하도록 만든 추동력은 유럽의 정치 및 문화, 종교적 풍토에 나타난 일련의 엄청난 변화들이었다. 마치 가상적인 지질구조판(tectonic plates)처럼, 알프스 남쪽의 기독교와 북아프리카의 중심지들을 통과하는 세계관은, 게르만족들의 종교적 상상력과 문화적 틀에 부딪침에 따라 받게 되는 압력이 더욱 커져갔다. 사상적 지진과 여진 속에서, 교부 시대의 많은 신학적 틀은 버려졌다. 어거스틴과 암브로스, 힐러리와 같은 위대한 신학자들이 계속해서 인용될 것이다. 그러나 그들의 사상의 내적 논리를 이 시대의 사상가들은 잘 이해할 수 없었다.

이 시대의 사상가들은 로마의 멸망 이전에 축적된 지식 체계와 더 이상 대화하지 않았고, 게르만족의 침략 이후에 전반적으로 퇴조된 학문으로 인해 생각했던 것보다 더 고통 받았기 때문이었다. 그러나 역설적이게도, 다음 시대가 될 때까지, 신뢰할 수 있고 지속될 수 있는 성찬신학의 종합이 신학자들 사이에서는 발생하지 않았지만, 많은 평범한 그리스도인들의 종교적 상상력은 특정한 종합으로 향하고 있었다.

게르만적 상상력은 많은 면에서 여전히 우리와 함께 한다. 그리고 오늘날의 많은 로마 가톨릭 신자들은 성찬을 윤리적, 교리적, 또는 종말론적으로 해석하기보다는, 주술-종교적으로 해석하고자 하는 본능을 더 많이 공유한다. 따라서 신학적으로는 모든 것이 확정되지는 않았지만, 이 시대는 기독교 실천에는 부인할 수 없는 신앙적 및 영적인 흔적을 남겼다.

엘레드 수사(Brother Aelred)

엘레드 수사는 자신의 나이를 기억하지 못한다. 수도원에 있는 그 누구도 엘레드 수사의 나이를 기억하지 못한다. 그가 수도원에 입회했을 때의 기록은 836년에 있었던 대화재로 소실되었다. 지금은 눈이 멀고 다리를 절지만, 엘레드는 자신이 새로운 교회 건물을 위한 주춧돌이 놓였던 838년에 이미 서원한 수도사(professed monk)였다는 사실은 분명히 기억한다. 그것은 거의 80년 전의 일이다. 일부 젊은 수도사들은 "엘레드 수사는 성 베니딕트를 실제로 알고 있었다"라고 농담한다.

엘레드는 젊은 수도사들과 많은 교제를 하지 않는다. 그는 하루의 햇살이 비추는 양호원의 큰 창가에 기대어 졸면서 하루의 대부분을 보낸다. 수도원의 이층에 있는 양호원(infirmary)에서는 중앙 클로이스터(cloister, 수도원의 안뜰)가 내려다보인다. 수도원의 작업장과 식당, 회의실의 소리들이 요양원의 창을 통해 들려온다. 이러한 소리들은 엘레드의 좋은 벗들이다.

비록 엘레드가 새 기숙사동을 보거나 클로이스터를 가로지르는 행렬을 지켜볼 수는 없지만, 일하거나 기도하는 수도사들의 소리는 엘레드가 사랑하는 수도원이 계속해서 번성하고 있다고 그를 안심시킨다. 수도사들에게 기도 시간과 식사 시간, 취침 시간을 알려주는 수도원 교회의 탑에 있는 종은 특별한 친구이다. 그것이 종소리든지, 클로이스터에서의 환성이든지, 아니면 교회에서 들리는 성가이든지 간에, 요즘에 알레드가 수도원에 대해 알고 있는 것들 중 대부분은 소리를 통해서 알게 된 것들이다. 과거 성가대의 지휘자였던 알레드에게는 어울리는 일이다.

수도원 수호성인 축일의 늦은 오후다. 엘레드는 수도사들의 9시과(hour of None)의 영창을 들으며 졸고 있다. 그는 갑자기 자신을 들어올리는 강한 팔을 느끼며 깨어난다. 엘레드는 자신이 황소(Ox) 수사라고 부르는 아카담(Accadam) 수사가 자신을 침대로 옮겨 주기 위해 왔음을 알게 된다. 적어도 엘레드는 그렇게 생각한다. 그러나 황소 수사는 엘레드의 방으로 향하는 남쪽 회랑(corridor)으로 그를 옮겨가는 대신에, 중앙 기숙사로 통하는 중앙 회랑으로 간 다음에 교회로 통하는 계단을 내려간다. 엘레드 수사는 수호성인 축일을 위한 오후의 장엄한 미사에 가는 중이다.

수도원 성가대가 부르는 성가가 노 수도사의 눈물을 자아낸다. 거의 십 년간 걸을 수 없게 되면서, 엘레드는 수도사들로 구성된 성가대에 좀처럼 참여하지 못한다. 아주 드물게 수도원 부원장은 아카담 수사에게 노 수도사를 교회로 데리고 오도록 허락한다. 아마도 수도원 부원장은 오늘이 자신들과 함께 하는 엘레드의 마지막 수도성인 축일이 될 것이라고 생각한 것 같다. 엘레드는 황소 수사가 자신을 위층 성가대석에 조심스레 내려놓을 때도 그 이유에 대해서는 상관하지 않는다. 엘레드는 그가 사랑하는 교회에 다시 왔다.

엘레드는 모든 성가를 외운다. 입당송이 시작되고, 교송이 불린 후에, 성가대에서 시편 99편, "유빌라테 데오 옴니스 테라, 세르비테 도미노 인 레티티아"(Iubilate Deo omnis terra, servite Domino in laetitia)가 터져 나온다. 여든 명 이상의 목소리가 한 편의 시편을 함께 부르지만, 엘레드는 자기 왼쪽의 바로 맞은편에 앉아 있는 수련 수사들의 불안정한 목소리를 쉽게 분간한다. 그들은 이 텍스트의 거의 사용되지 않는 장엄한 음조로 인해 고전하고 있다. 한 젊은 목소리는 선창자(칸토르)의 신호를 잘못 읽고, 시편 99편 대신에 시편 65편의 도입부인 "유빌라테 데오 옴니스 테라 살뭄 디시테 모니니 에이우스"(Iubilate Deo Omnis terra psalmum dicite monini eius)를 부른다. 엘레드는 모든 시편을 암송하느라 애썼던 자신의 서원 맹세 전의 수도 청원자(postulant)와 수련 수사(novice) 시절을 기억한다.

수 년 간 엘레드는 시편과 간단한 성가뿐 아니라 수백 개의 다른 곡과 텍스트를 배웠다. 그는 로마누스(Romanus)에게서 배웠다. 로마누스는 영원한 도시, 즉 로마에 있는 거룩한 사도들의 수도원에서 선창자로 훈련받았다. 엘레드는 정말 좋은 학생이었다. 그래서 로마누스는 그에게 간단한 성가를 노동 수사들(oblates)에게 가르치라고 부탁했다. 로마누스가 하나님께로 갔던 그 해에, 새로운 성가대가 만들어졌고, 엘레드는 그의 뒤를 이어 수도원의 성가대 지휘자가 되었다.

봉헌 성가의 도입부, "데시데리움 아니메 에이우스"(Desiderium animae eius)가 생각에 잠겨 있던 엘레드를 깨운다. 수도원장은 지금쯤 화재에서 기적적으로 살아남은 훌륭한 은성반과 성작을 높이 들고 제대에 있을 것임이 틀림없다. 엘레드는 이 베니딕트 수도회의 아들들이 부르는 교송을 들으면서 스스로에게 미소 짓는다.

마지막 봉헌에 이보다 더 완벽한 시간과 장소가 있을까?

수도사들이 "포수이시테 인 카피테 에이우스 코로남 데 라피데 프레티오소"(Posuisite

in capite eius coronam de lapide pretioso)를 영창한다.

"당신은 그의 머리에 귀한 보석으로 장식된 면류관을 씌워주셨나이다."

그 봉헌시(offertory verse)가 노 수도사의 마지막 별칭이 된다. 마지막 선율이 볼트에서 사라지기 전에, 엘레드는 그의 영광의 면류관을 받는다.

FROM AGE TO AGE
How Christians Have Celebrated The Eucharist

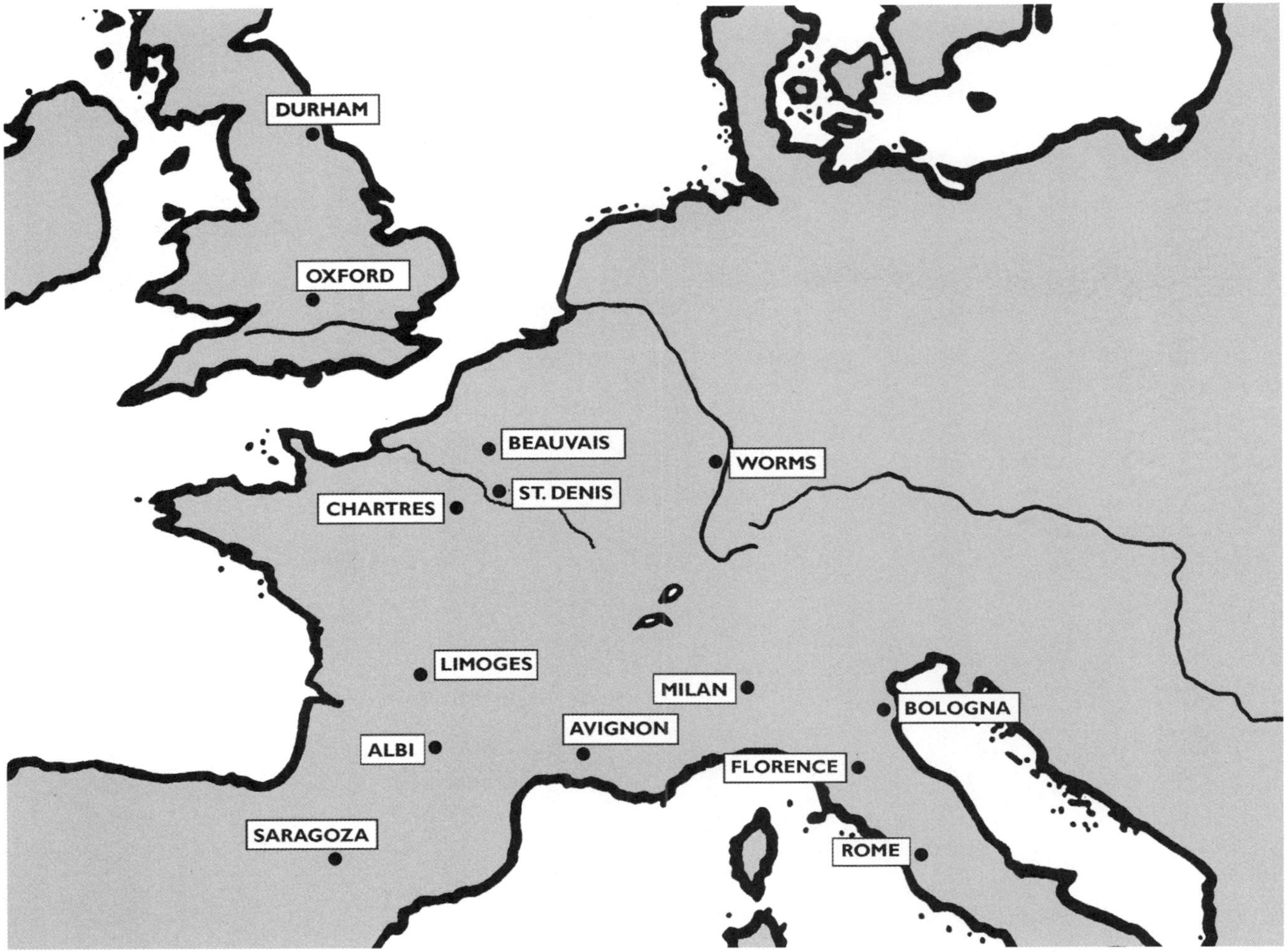

그림 135. 5장을 위한 지도

제5장
개혁의 서곡으로서의 종합과 대립: 1073-1517년

5장에서 다룰 시대는 풍성하고 다양한 내러티브들의 원천이 되는 시기로, 이 중에는 오늘날의 상상력도 계속 사로잡고 있는 것이 많다. 이 시대는 십자군 원정과 신세계 탐험, 강력한 군주국들, 치명적인 전염병, 극동까지의 통상로, 동방 교회와 서방 교회의 부끄러운 분열이 있었던 시기였다. 이 기간에 돌과 유리, 음악과 대리석으로 만들어진 기념비들은 우리의 박물관을 차지하고 있고, 도서관도 그 시대의 문학과 철학, 정치 사상의 고전들로 채워져 있다. 어떤 이들은, 이러한 소위 고 중세 시대들(High Middle Ages)이 오늘날까지 이어져 있는 서방의 예술과 교육에 기본적인 방향을 제공했다고 생각한다.

다른 이들은, 당시에 새로운 언어들이 등장했거나 나라들과 국가들이 재정의되었을 뿐 아니라 우리가 알고 있는 유럽이 시작되었다고 여긴다. 물론 우리는 이렇게 새롭게 펼쳐진 국면에 대해 가장 개괄적인 개요조차도 다시 설명하거나 설명하기를 바랄 수도 없다. 그 대신, 당시에 나타난 성찬의 발전들에 대한 배경을 설명하고 인식하도록 돕는 그 시대의 문화 및 정치적 흐름들 중 몇 가지를 생각해 볼 필요는 있다.

예전의 역사에서 중요한 발전 중 하나는, 교회에 대한 교황의 영향력과 감독권을 거듭 주장한 것이었다. 지난 시대에 로마의 이상(Roman ideals)은 존중되고 모방되었다. 그러나 로마 제국이 몰락한 이후에는 로마 자체의 인구, 정치적 힘, 신학적 영향력이 현저히 줄어들었다. 여러 교황들은 생존을 위해 북쪽에 있는 보다 강한 협력자들과 동맹을 맺었고, 주교들이나 수도원장을 임명하는 일과 같은 기초적인 사안에 대한 권한과, 그러한 고위 성직자들의 충성을 요구하는 권리를 양도하는 중이었다.

때때로 영주들이나 군주들은 그들 자신을 교회의 직위에 쉽게 임명했다. 예를 들어, 샤를 2세 황제(877년 사망)는 스스로 생-드니(St.-Denis)의 유명한 수도원의 수도원장이 되었고, 그의 후계자들과 다른 왕족들이 거의 1세기 동안 그 직위를 승계했다. 그러나 11세기 후반에 일련의 강력한 교황들, 특히 교황 그레고리 7세(Gregory VII, 1073년부터 1085년까지 재위)가 영향력을 행사하게 되면서 형세가 바뀌기 시작했다.

자신의 말을 듣지 않는 신성 로마 제국의 황제인 하인리히 4세(Henry IV, 1108년 사망)를 파문시킨 사건은 그레고리 7세의 개혁 정신을 상징적으로 나타냈다[그림 136]. 11세기에는 대개 황제들이 교황들을 퇴위시켰다는 것을 고려할 때, 이 사건은 상당한 반전이었다. 그레고리가 하인리히와의 짧은 전투에서 패배한 후 로마에서 추방당하기는 했지만, 개혁을 향한 그의 비전은 결국 우세해졌고, 소위 "서임권 논쟁"(investiture controversy)이라고 불리는 보름스 협약(Concordat of Worms, 1122년)에서 결의되었다.

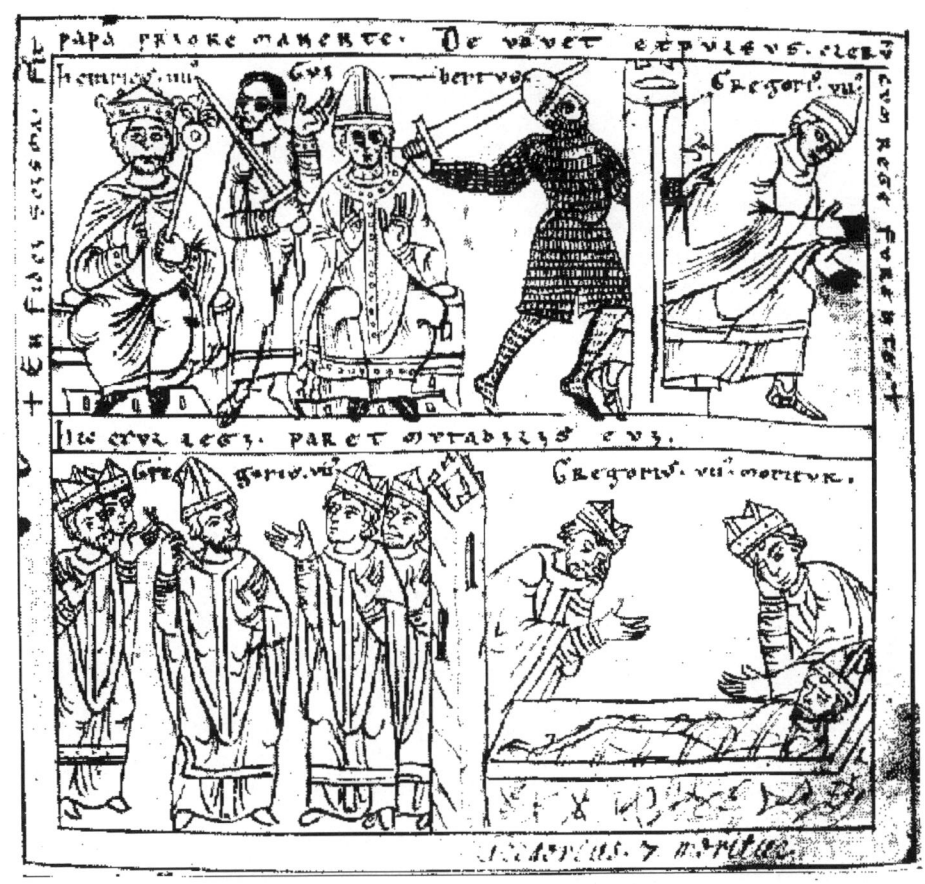

그림 136. 그레고리 7세(Gregory VII)와 헨리 4세(Henry IV) 사이의 갈등을 묘사한 12세기의 그림

이러한 교황의 새로운 구속력은, 교황들이 단지 "베드로의 대리자"가 아니라 이제는 "그리스도의 대리자"라는 포괄적인 믿음에 나타나게 된다. 그레고리 7세가 저술한 것으로 알려진 소위 교황 교서(Dictates of the Pope)는 교황을 영적 영역에서, 그리고 심지어는 거의 세습되는 신성(sanctity)의 위치에서 권력을 부여받았을 뿐 아니라(no. 23), 왕자들이 교황의 발에 입을 맞추고(no. 9) 교황이 황제를 퇴위시킬 수 있는(no. 12), 정치 영역에서도 권력을 부여받은 사람으로 나타낸다.[1]

현대 독자들에게 그러한 진술이 터무니없이 들릴지는 몰라도, 기독교와 유럽의 모든 것이 사실상 같았던 세계에서는 당연한 것이었다. R. W. 서던(R. W. Southern)은 이렇게 교회와 전체 사회 조직을 동일시하는 것이 중세 시대를 그 이전 시대나 이후 시대와 구별짓는 기본적인 특징이라고 언급한다(Southern, p. 16). 교회는 세상 **안**(*in*)에 있을 뿐 아니라, 분명히 세상**의**(*of*) 것이었고, 다른 국가들처럼 자체 법정과 조세 제도,

---

1 교황교서(The Dictates of the Pope).
  1. 로마교회는 하나님이 홀로 세우신 교회이다.
  2. 로마 교황만이 보편적이라고 불리는 권리를 가질 수 있다.
  3. 교황만이 주교들을 면직하거나 복직시킬 수 있다.
  4. 공의회에서 교황 특사는, 낮은 지위라고 할지라도, 주교보다 우위에 있고, 주교들에게 면직 선고를 내릴 수 있다.
  5. 교황은 부재한 자들을 면직할 수도 있다.
  6. 여러 가지 중에서, 우리는 교황이 파문한 자들과 같은 집에 머물러서는 안 된다.
  7. 교황만이 합법적으로, 시대의 필요에 따라, 새로운 법을 제정하고, 새로운 회중들을 소집하고, 참사회의 대수도원을 세우고, 다른 한편으로, 부유한 주교 관할 지역을 나누고 가난한 관할 지역을 통합할 수 있다.
  8. 교황만이 제국의 휘장(imperial insignia)을 사용할 것이다.
  9. 교황은 모든 군주가 발에 입을 맞추어야 하는 유일한 존재이다.
  10. 교황의 이름만이 교회들 안에서 언급되어야만 한다.
  11. 이것은 세상에서 유일한 이름이다.
  12. 교황은 황제를 퇴위시킬 수도 있다.
  13. 교황은 필요하다면 주교를 전임시킬 수도 있다.
  14. 교황은 원한다면 어떤 교회의 서기도 임명할 수 있는 권한이 있다.
  15. 교황에게 임명 받는 자는 다른 교회를 통할(preside)할 수 있지만, 예속적인 지위(subordinate position)를 가질 수는 없다. 그리고 그러한 자는 주교보다 높은 지위를 받을 수 없을 수도 있다.
  16. 교황의 명령 없이는, 어떤 교회 회의도 교회 총회(general synod)라고 지칭되면 안 된다.
  17. 교황의 인가 없이는 어떤 장(chapter)이나 책도 교회법에 따른 것으로 간주되지 않는다.
  18. 교황이 선고한 것은 어느 누구에 의해서도 철회될 수 없다. 교황 자신만이 철회할 수도 있다.
  19. 교황은 어느 누구에게도 판단을 받으면 안 된다.
  20. 어느 누구도 사도좌에 호소한 사람을 감히 비난해서는 안 된다.
  21. 모든 교회에서 보다 중대한 소송들은 사도좌로 회부되어야 한다.
  22. 성경이 증명하듯이, 로마교회는 틀린 적이 없고, 앞으로도 영원히 틀리지 않을 것이다.
  23. 성 심마쿠스(St. Symmachus) 교황의 교령에 포함되어 있듯이, 로마 교황이 교회법에 따라 임명되었다면, 그는 성 베드로의 공로로 틀림없이 성인이 된다. 파비아의 주교 성 엔노디우스(St. Ennodius)가 증명하고, 많은 교황이 이에 부합한다.
  24. 교황이 명령하고 동의하면, 하급자가 기소하는 일이 법적일 수도 있다.
  25. 교황은 교회 회의를 소집하지 않고도 주교들을 면직하거나 복직시킬 수도 있다.
  26. 로마교회와 관계가 좋지 않은 자는 가톨릭교도로 여겨지지 않는다.
  27. 교황은 악인들에 대한 신민들(subjects)의 충성 서약이 무효라고 선언할 수 있다(Henderson, *Select Historical Documents of the Middle Ages*, pp. 366-67).

관료 체계를 갖춘 하나의 국가처럼 보였다. 유사하게, 교회는 당시의 다른 군주들처럼 교황을 자주 분열되기는 하지만 광대한 제국의 세속적인 지도자라는 결코 무시할 수 없는 존재로 대해야 했다.

기독교는 기독교 왕국(Christendom)이 되었고, 성례전의 영향은 엄청났다. 서던(Southern)이 주시하듯이, 많은 사람에게 세례는 출생처럼 자기도 모르게 경험하는 일이 되었다. 세례에서 지워지는 의무들은, 뒤따르는 책임과 형벌과 함께, 세속적 영역과 영적 영역 모두에서 영원히 계속되었다(Southern, p. 18). 전례와 성찬식에 관해 말하면, 이전에는 볼 수 없던 예전의 사안들에 대한 로마의 명령과 비판, 통제가 이제는 현저하게 실행되었다.

이것이 우리가 페펭과 샤를마뉴의 경우에서 보았던 것처럼, 유럽 기독교의 다양한 전통들을 통일하거나 통제하기 위한 수단으로 예전을 사용하고자 했던 교황 차원에서의 어떤 중요한 계획이 있었음을 뜻하는 것은 아니다. 오히려 교황이 관심을 더욱 가졌던 사안은 교황권과 교회를 안정시키고 재정립하는 일이었고, 이를 위해 예전이 교회의 가장 중요한 의례 제정으로서 사용되었다. 교황과 그 수가 많아지던 교황의 보좌역들은 축일들을 승인하고, 성찬에 대한 특정한 가르침들을 정통 신앙으로 결정하고, 시성식의 책임을 맡고, 면죄부를 주는 일들을 점점 더 많이 하게 되었다.

로마 방식의 영향력이 커져가고 있었기 때문에, 예전에 대한 편협한(local) 결정조차도 큰 영향을 미쳤다. 예를 들어, 인노센트 3세(Innocent III, 1216년 사망)의 임기 동안에는 교황 사업을 담당하는 성직자들의 업무량이 너무 많았다. 그래서 그들은 시과전례를 낭송하는 의무를 매우 부담스러워했다. 그로 인해, 교황궁의 성무일도서(breviary, 라틴어, *breviarium*, "축약"에서 유래)를 위한 새로운 예식서가 개발되었다.

아시시의 프란시스(Francis of Assisi, 1226년 사망)는 제자들을 위한 규칙을 만들면서, 로마교회의 기도를 따라야 한다고 가르쳤다.[2] 프란시스가 사망했을 당시 수천 명에 달했던 그의 제자들은 이 교황궁의 특별한 예식을 유럽 전역과 그 밖의 지역에 퍼뜨렸다.

이보다 더욱 큰 영향력을 끼쳤던 것은 우리가 4장에서 다룬 소위 "프랑코-로마" 전례를 수용하고 결국에는 보급한 일이었다. 수 세기에 걸친 게르만화 이후에 로마의 성

---

2 성직자 [형제들]로 하여금 시편집을 제외하고, 거룩한 로마교회의 예식에 따라 성무일도를 낭송하도록 하라. 그렇기 때문에 그들은 성무일도서(breviaries)를 가져도 된다(Francis of Assisi [1126년 사망], *Rule of 1223*, ch.3, in Armstrong).

찬 예전은 변화되었고, 그렇게 변화된 예전은 당시 전례서들의 기도문들과 붉은 글자 지시문(rubrics)에 반영되어 있었다. 이러한 책들 중 대부분은 게르만화의 영향력이 가장 컸던 북쪽 국가들에서 독점적으로 제작되었다. 중세 시대 초기의 로마는 전례서를 제작하는 능력이 제한적이었다. 그래서 로마의 주교는 때때로 이러한 귀한 물품을 받은 보답으로 프랑크 군주들에게 선물이나 특혜를 줬다고 말하는 이야기들도 있다.[3]

그러한 책들과 그에 수반하는 예식들이 로마로 다시 돌아왔다. 로마에서 이러한 성전례는 특히 이 혼합된 전통에서 형성된 일련의 게르만 교황들에 의해 받아들여졌다. 이러한 게르만적인 영향력들의 근원들은 곧 잊혀졌고, 결국 이 전례 혼합물은 단순히 로마 전례로 알려지게 되었다.

이 기간에 나타난 성찬신학의 발전에 있어서 위대한 대학교들의 발흥 역시 중요했다. 많은 요인이 이 새로운 현상에 기여했다. 그 중에는 투르와 생-드니에 있는 것들과 같은 걸출한 주교좌 성당과 수도원 학교들의 성공, 고향을 떠나 이러한 기관들을 후원할 수 있는 급성장하는 소도시와 마을로 이동한 소작농들, 그리고 아리스토텔레스의 저서들의 재발견과 교리적 논쟁들, 교회법적 문헌의 성장과 같은 것들에 의해 활발해진 새로운 학문의 급격한 성장이 포함된다.

그림 137. 파리대학교의 인장

파리대학교[그림 137]와 볼로냐대학교, 옥스퍼드대학교는 13세기에 명성을 얻게 된 걸출한 세 개의 대학교이다. 군주들과 교황들로부터 똑같이 특혜와 면제를 받으면서, 대학교들은 흔히 "제3의 권력"으로 간주되곤 했고, 전략적으로 교회와 국가 사이에 위치했다. 세상과 교회의 지도자들은 이러한 기관들을 지원하고자 했고, 그 기관들, 특히 신학부와 법학부로부터는 학문적인 의견들을 구하고자 했다.

대학교에서 신학과 철학을 가르치는 가장 중요한 방법 중의 하나가 논쟁이었기 때문에, 논쟁과 토론의 장소도 되었다. 대학교들은

---

3 998년에 교황 그레고리 5세는 라이헤나우(Reichenau) 대수도원과 협정을 맺었다. 협정의 내용은, 라이헤나우의 수도사들은 새로운 수도원장을 축복하는 예식 때 부여받은 특혜들에 대한 답례로, 새로운 성사집을 포함한 여러 것들을 교황에게 보내야 한다는 것이었다(Jungmann, *The Mass of the Roman Rite*, 1:96).

교회와 국가, 심지어는 대학교들에 의해 형성된 신학적 종합에도 강하게 맞서며 도전하는 장소들이 되었다.

대학교들의 성장과 그러한 기관들에서 연구되는 사변적인 학문에 대한 관심이 높아지면서, 평범한 사람들의 신앙과 이해와 신학적 전문가들의 신앙과 이해 사이의 간극은 점점 더 넓어졌다. 우리가 살펴보았듯이, 파스카시우스는 수도사들이 성찬신학을 충분히 이해하고 있는가에 대해 염려했다. 그러나 성찬과 성찬에서의 현존에 대한 설명들은 평범한 성직자의 수준을 넘어서는 고차원적인 신학 지식을 더욱 더 요구하게 되었다.

그 결과, 평범한 신자들과 많은 성직자의 종교적 상상력과 신심 예식들(devotional practices)이 지속적으로 진화되어가고 있기는 했지만, 대개 아퀴나스나 보나벤츄라(Bonaventure, 1274년 사망)와 같은 위대한 신학자들의 사변적인 관점과는 상반되었다.

이 역동적인 시대에는, 사변적인 성찬신학과 일반적인 신자들의 신심 예식들(devotional practices)이 갈수록 더 불일치되어가는 것 외에도, 다른 논쟁거리들과 반전들이 있었다. 예를 들어, 새로운 도시 환경에서 생존을 위해 몸부림치는 자유 소작농들의 수가 증가했고, 그들 사이에서는 불안과 교회에 대한 비난이 커져갔다.

대다수의 평범한 사람들이 최저생활 수준으로 근근이 살아가는데 반해, 유명한 수도원들과 교회들은 상당한 부와 특권을 챙겼기에 의심을 살 수밖에 없었다. 재속 성직자들은 비교적 충분한 훈련을 받지 못해서, 교회의 가르침을 대표하거나 사역에서 존경받을만한 모습을 보이기에는 부족했다.

이러한 상황 속에서, 때때로 카리스마가 있는 평신도 설교자들이 등장하여 교회의 공적인 삶과 가르침, 교회의 사역에서 나타나는 모순점들을 폭로했다. 아시시의 프란시스처럼, 교회에 신중하게 받아들여져, 결국에는 교회를 효과적으로 개혁하는 운동의 자극제 역할을 한 이들도 있었다. 그러나 피터 왈도(Peter Valdes, 1217년경 사망)와 리옹의 가난한 자들(Poor Men of Lyons, 또는 왈도파)은 많은 이들을 교회와 소원해지도록 만들어서, 공식적으로 정죄를 받게 되었다. 그리고 십자군은 그러한 이단들을 공격하곤 했다.

13세기에 정점에 이르렀다고 여겨지기도 하는 교황권은 그 이후에 심각한 쇠퇴와 혼동의 시간을 겪었다. 14세기 대부분에 걸쳐, 교황들은 로마 외곽의 아비뇽(1309-1377년)에서 생활하면서, 갈수록 더 강해지는 프랑스 군주의 노리개 신세가 되곤 했다. 마침내 교황청이 로마로 돌아가게 되었을 때, 많은 대립 교황이 소위 대분열 시기 동안에 많은 세워졌다(1378-1417년).

이러한 교회의 내적인 갈등은 유럽 전역에서 커져가던 혼란을 잘 반영했다. 기후는 브라이언 페이건(Brian Fagan)이 "소빙하기"(Little Ice Age)라고 부를 정도까지 악화되었고, 흉년이 닥쳤으며, 많은 전쟁이 일어났다. 그리고 흑사병[그림 138]이 유럽 전역에 창궐했다. 이처럼 반복되는 재난으로 인해, 유럽 인구의 약 3분의 1에 해당되는 사람들이 큰 피해를 입었던 것으로 추정된다.

그림 138. 흑사병을 묘사한 중세 시대의 그림인 "세 명의 산 자와 세 명의 죽은 자"

14세기와 15세기는 예술과 문학의 르네상스가 일어났던 시대였다. 라틴과 헬라어 고전 문학에 대한 연구는 서방에서 새로운 학문의 시대를 열었다. 그러나 교회와 예배에 있어서, 이 시대의 끝은 시작할 때보다 전망이 좋지 않았다. 교회의 많은 예배 및 신심 예식들(devotional practices)처럼, 새로운 신학적 종합은 맹공격을 받았다. 개혁과 반-개혁이 곧 뒤따라 일어났다.

1. 건축

이 시대의 초기에, 후대에서 고딕 양식이라고 알려지게 되는 건축 양식이 북방에서 탄생했다. 약 3세기가 지난 후에 이탈리아에서는 르네상스 양식이 등장했다. 이러한 새로운 양식들의 변화는, 발전된 공학 기술, 버트레스(buttress)를 만드는 새로운 기술, 아니면 아치를 재고하는 창의적인 방법들 그 이상을 의미했다.

이러한 특색 있는 건축 양식의 발전들은 옛 건축학적 요소들을 만족스러운 형태로 재구성하고 개선하는 정도로 그치지 않고, 우주와 세계, 그리고 그 안에서 살아가고 있는 신자들을 바라보는 새로운 관점들까지도 반영했다. 이러한 요소들은 또한 교회가 된다는 것이 무엇을 의미하는지에 관한 특정한 관점들을 구현했는데, 모든 사역과 사람은 교회 안에서 명확한 위계적 질서에 따라 지정된 장소와 역할을 가졌었다.

1) 고딕 양식의 탄생

다른 명칭들처럼, 우리가 고딕이라고 부르는 것도 원래는 **오푸스 모데룸**(*opus moderum*, 라틴어, "현대 양식")이라는 명칭으로 불렸었다. 고딕이라는 용어를 건축학적으로 사용하게 된 것은 피렌체의 건축가인 레온 바티스타 알베르티(Leon Battista Alberti, 1472년 사망)로부터 비롯되었다. 이 단어는 410년에 로마를 약탈한 게르만 부족인 고스(Goths)족을 뜻하는 라틴어 단어에서 유래했는데[그림 104], "난폭한"(rough) 또는 "상스러운"(crude)라는 경멸적인 뜻도 담고 있었다.

고딕 양식 건축술은 후기 로마네스크 교회들이 이미 갖고 있던 핵심 요소들을 가져와 개선시킨 것이다. 예를 들어, 우리는 앞에서 로마네스크 건축가들이 대개 반원형 볼트 또는 "배럴 볼트"(barrel valuts)인 석재나 석조물 볼트를 성공적으로 건축했었다고 언급했다. 이러한 지붕들은 무거웠기 때문에, 측면에 가해지는 압력이 엄청났다.

그래서 벽들이 그 모든 무게를 견뎌야 했는데, 그러한 내력벽들은 대개 매우 두꺼웠고 창문은 거의 없었다. 그러나 11세기말에 잉글랜드의 더럼(Durham) 주교좌 성당과 같은 곳에서는 건축가들이 배럴 볼트가 아닌 리브 볼트(ribbed vaults)를 시공했다[그림 139]. 리브 볼트는 무게가 기주들(piers)에 수직으로 향하도록 했다.

리브들 사이의 내부 건재(webbing)는 가벼운 석조물로 만들어졌는데, 하부 지지시스템(support system)에 가해지는 압력을 감소시키면서 벽을 뚫어 창문과 갤러리(gallery)를 만들 수 있도록 했다. 기주들은 석조물 버트레스들에 의해 강화될 수 있었다. 석조물 버트레스들은 때때로 "플라잉 버트레스들"(flying butresses)이라고 불렸는데, 강화되고 외부 벽과 건물의 지지대를 구성하는 상부 구조에 연결되어 있는 기주로부터 측면 아일의 지붕 위로 "날아가는" 것처럼 보였기 때문이다.

그림 139. 리브 볼트(ribbed vaults)의 예를 보여주는 더럼(Durham) 주교좌 성당

그림 140. 파리의 생트 샤펠(Ste. Chappelle)의 상부 예배당(the upper chapel)의 볼트

더럼 주교좌 성당이 리브 볼트와 플라잉 버트레스들, 그리고 둥근 아치가 아닌 고딕 양식 건축물의 특징을 잘 나타내는 끝이 뾰족한 아치도 가지고 있었지만, 고딕 양식의 건물은 아니었다.

오토 폰 심슨(Otto von Simson)은 그러한 건축물들에 후대의 고딕 양식 건축물에서 발견되는 것과 비슷한 건축술이 사용되기는 했지만, 핵심적인 요소들은 빠졌다고 주장한다. 그 중 한 가지는 빛을 사용하는 새로운 방식이었다. 고딕 양식의 "광도"(luminosity)가 "밝기"(brightness)와 혼동되면 안 되는데, 둘은 같지 않기 때문이다. 이는 샤르트르(Chartres)와 같은 많은 고딕 양식 교회들에서 잘 나타난다. 그러한 교회들의 화려한 스테인드글라스

창들은 한 낮에도 교회의 네이브를 꽤 어둡도록 만들 수 있었다.

폰 심슨은 대신에 고딕 양식의 특징을 나타내는 특별한 종류의 광도는 빛과 벽의 재료 물질과의 관계라고 언급한다. 그는 "로마네스크 교회에서 빛은, 무섭고, 어둡고, 촉감을 느낄 수 있는 벽의 물질과 구분되고 대조되는 것이다. 고딕 양식의 벽은 투과성을 갖고 있는 것 같다. 빛이 벽을 통해 스며들고, 벽을 침투하고, 벽과 합쳐지고, 벽을 변화시켰다"라고 설명한다(von Simson, p. 3).

고딕 양식 건축물의 정교한 골격은 아래쪽으로 향하는 지붕의 압력을 기둥(pillar)과 버트레스 쪽으로 향하게 하면서, 창문들과 갤러리들로 가득 찬 넓고 개방된 공간이 가능하도록 했다[그림 140]. 그 골격은 새로운 아름다움이 탄생할 수 있도록 한 공학 기술의 개가였다. 이를 통해 그러한 건축물들은 특유의 신학적 진술도 만들었다. 중세 시대의 사고에, 빛은 하나님의 특별하고 신비한 매개체였다. 크고 매우 아름다운 스테인드글라스 창들을 갖고 있는 고딕 양식의 주교좌 성당은, 새로운 방식으로 하나님과 강렬하게 만나도록 초대했다.[4]

광도에 더하여, 고딕 양식이 가졌던 또 다른 특성은 질서의 구현이었다[그림 141]. 서방에서 이 기간은 특히 사상을 체계화하고 정리하는데 크나큰 성취를 이룬 시기였다. 이에 대한 시대를 넘어선 예로, 토마스 아퀴나스와 보나벤

그림 141. 샤르트르(Chartres) 주교좌 성당의 평면도. 1145년에 건축이 시작되었고, 1194년의 화재 이후에 재건축되었다(Norberg-Schulz, p. 195)

---

4 당신이 누구건 간에,
만약 당신이 이 문들의 아름다움을 극찬하고자 한다면,
금과 비용이 아니라
작품의 솜씨에 놀라라.
위대한 작품은 빛난다.
그러나 작품이 고귀하게 빛나려면,
마음들을 밝게 해야 한다.
그래야 마음들이 진리의 빛을 통해
그리스도가 진리의 문이신,
진리의 빛으로, 여행할 수 있다.
금으로 만든 문이 분명하게 나타내주는,
진리의 빛이 어떻게 이 세상에 내재할 수 있는가?
물질인 것을 통해
우둔한 마음이 진리로 올라간다.
그리고 이 빛을 보면서,
물속에 잠겨 있던 우둔한 마음은 다시 살아난다(Aboot Suger [1151년 사망], St.-Denis의 문에 있는 시, in Panofsky, *Gothic Architecture and Scholasticism*, pp. 47-49).

처와 같은 인물들이 저술한 신학 개요서 또는 **숨마**(*Summa*, 라틴어, "요약"[summary])를 들 수 있다. 뛰어난 재능이 있는 지성인들이 신적 질서에 대한 방대한 종합을 종이에 기록하고자 했던 것처럼, 건축가들은 유사한 종합을 돌로 표현하고자 했다. 따라서 고딕 양식으로 지어진 주교좌 성당은 신이 질서있게 창조한 우주에 대한 건축학적인 종합으로 여겨질 수 있었다.

예를 들어, 건축물은 내부적으로, 개별 부분이 전체에 잘 통합되도록 질서정연하게 만들어졌다.[5] 중세 시대의 세계에서, 모든 사람은 하나님이 정해주신 특정한 자리와 기능을 갖고 있었다. 고딕 양식 주교좌 성당은 이러한 위계적인 상상을 구현했다. 고딕 양식 주교좌 성당은 사제의 중요성과 성단소라는 거룩한 공간 안에서 사제가 규정하는 신비를 인식하고 강조했다. 질서의 전형이라고도 할 수 있었던 고딕 양식의 주교좌 성당은, 예전적인 배제성(liturgical exclusion)도 뚜렷하게 구체화시켰다.

에른스트 카시러(Ernst Cassirer)가 언급했듯이, 중세 시대에는 조물주에 얼마나 가까운지에 따라 한 사람의 중요성이 나타났다.[6] 성찬 예전에서, 이 말은 하나님이 현존하시는 제대에의 물리적 근접성을 의미했다. 중세 교회에서 성찬식이 거행되는 동안에, 평신도와 심지어는 다양한 직급의 성직자들이 제대로부터 점점 더 멀어졌다는 것은 거룩함이나 가치 없음의 정도를 분명하게 드러내는 메시지였다.

고딕 양식의 교회들이 교회와 사회를 동일시하던 유럽의 기독교 왕국(Christendom)이라는 환경에서 세워졌다는 사실을 고려하면, 그 교회들이 구현했던 질서와 그에 상응하는 가치에 대한 메시지는 교회의 내부에 국한되지 않았을 것이다. 크리스티안 노르베르그-슐츠(Christian Norberg-Schulz)가 인정하듯이, 이러한 건축물들은 중세의 도시를 다시금 그려내는 상징이었다. 그의 표현에 따르면, 로마네스크 교회들은 바깥 세상에 맞서는 "요새"처럼 보이곤 했다.

---

5 고(high) 스콜라철학의 숨마(summa)처럼, 고(high) 고딕 양식 주교좌 성당은, 무엇보다도 "전체성"(totality)에 목표를 두었다. 따라서 제거뿐 아니라 종합에 의해서 하나의 완전하고 최종적인 해결에 접근하는 경향이 있었다. 그래서 우리는 다른 시대에서 가능했던 것보다 더한 확신을 가지고 고 고딕 계획 또는 고 고딕 시스템에 대해 말할 수도 있다. 그 이미지에 있어서, 고 고딕 주교좌 성당은... 그 자리에 있는 모든 것과 더 이상 그 자리를 찾지 못하고 억압당했던 것을 가지고... 기독교 지식의 전부를 구현하고자 했다. 구조적인 설계에 있어서도 동일하게, 고 고딕 주교좌 성당은 별도의 수단들에 의해 전해졌던 모든 주요한 중심 사상들을 종합하고, 최종적으로는 바실리카와 중앙-집중형 사이에서 비할 데 없는 균형을 이루고자 추구했다 (Panofsky, *Gothic Architecture and Scholasticism*, pp. 44-45).

6 중세 시대의 종교 시스템에서, 실재(reality)의 모든 부분(phase)은 고유한 위치를 배정받는다. 그리고 각 부분의 가치는 그 위치로 완전히 결정되는데, 가치는 그 부분이 제1원인(first cause)으로부터 어느 정도의 거리로 떨어져 있는가에 근거한다(Cassirer, *The Philosophy of the Enlightenment*, p. 39).

그러나 고딕 양식 교회들은 달랐다. 고딕 양식 교회들은 개방 구조물들을 통해 주교좌 성당을 중심으로 만들어진 주위 환경에 신의 임재를 발산했다[그림 142]. 따라서 노르베르그-슐츠는 "고딕 시대가 **시피타스 데이**(*Cititas Dei*, 라틴어, "하나님의 도시")라는 개념을 유의미한 유기체로 여겨지던 소도시, 즉 그 중심부에 교회가 있던 소도시를 통해, 도시환경 전체로까지 확대시켰다"(p. 185)라고 결론짓는다.

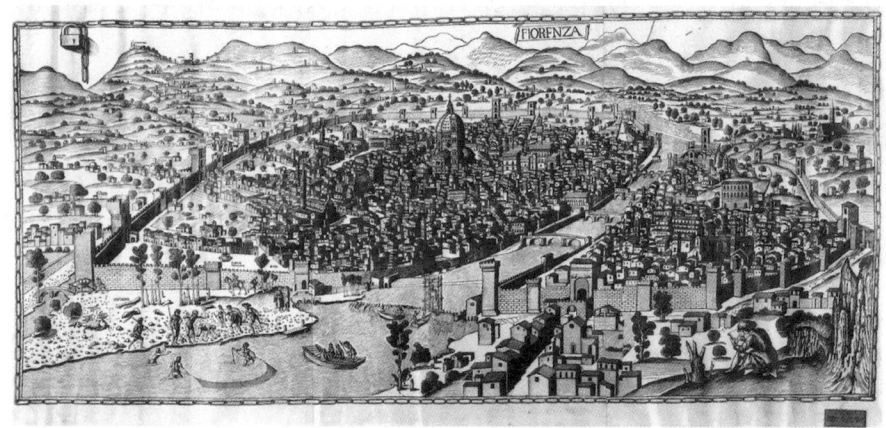

그림 142. 15세기 플로렌스(Florence)의 지도로, 중심부에 주교좌 성당 단지(cathedral complex)가 있다

질서를 구체화했던 고딕 양식이 결국엔 극단(extreme)과 광기(frantic)를 구체화하는 고딕 양식으로 진화되었다. 13세기 후반과 14세기의 현란한 고딕 양식은 초기와 중기 고딕 양식이 표현했던 종합과 질서를 모호하게 만들었다. 돌과 유리로 표현된 이러한 변화는 점점 더 혼란스러워지고 경쟁적이 된 중세 시대 후기의 교회와 사회의 질서를 반영했다. 예전적으로도 혼란이 증대되었고, 극단적인 예식들이 많아졌으며, 주요한 예전 행위와 상징보다는 부수적인 것들로 여겨지던 행위와 상징에 집중했다.

평범한 신자들은 제병을 받기보다는 보는 것에 집중했다. 연옥에서 보내야 하는 시간을 줄이고자 하는 관심은, 미사 예물(Mass stipends)과 면죄부를 중심으로 한 문제가 있을 뿐 아니라 추악하기까지 했던 예식들로 이어졌다. 결국, 성경 및 교부적인 근간에서 벗어난 성찬 예식들은, 보제(Beauvais) 주교좌 성당의 거대한 볼트처럼, 스스로의 무게 때문에 붕괴되기 시작했다.

2) 이탈리아 르네상스 양식

고딕 건축 양식은 전진 속도가 느려지기 시작하더니 아예 없어져버렸다. 그 후 강력하고 새로운 사회 및 예술 운동이 알프스 남쪽에서 번성하게 되었다. "르네상스"라는 단어(라틴어, *renasci*, "다시 태어나다"[to be born again]에서 유래)는 많은 시대와 운동을 묘사하는데 사용되곤 했다. 그러나 오늘날의 영어 어법에서는 대개 14세기에서 16세기까지의 이탈리아 르네상스를 가리키는데 이 용어를 사용한다.

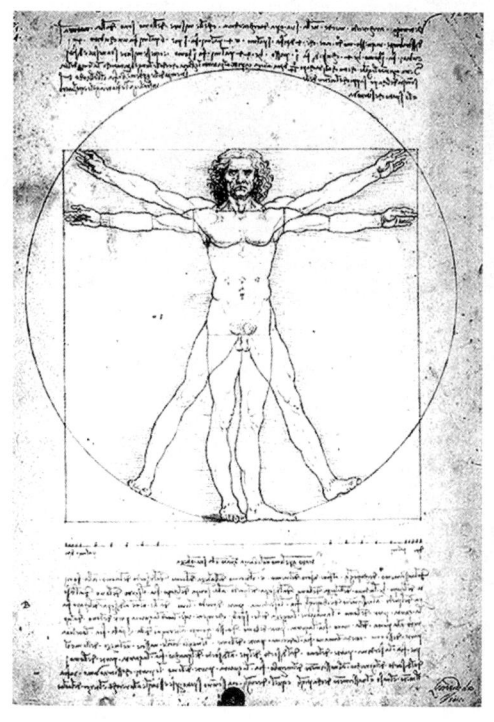

그림 143. 비율의 원리를 설명한 레오나르도 다 빈치 (Leonardo da Vinci)의 스케치

이 시대를 탄생케 한 많은 요인이 있다. 르네상스 운동의 특징적인 기반 중 하나는 고대 그리스와 로마 문학과 철학으로의 회귀였다(그래서 "재탄생"이라는 말이 사용되었다). 이전에 토마스 아퀴나스와 여러 스콜라 철학자들과 같은 중세 시대의 인물들은 그들의 신학을 만드는데 아리스토텔레스와 플라톤의 저서들을 이용했다. 그러나 이탈리아 르네상스의 고전 문학으로의 회귀는 사회에 매우 폭넓은 영향력을 끼친 훨씬 더 포괄적인 노력이었다.

고 중세 시대(High Middle Ages)라는 기독교적인 배경에서, 이러한 고전들은 확실히 "이교적"이었고, 담고 있는 세계관이나 윤리관은 성경과 교회의 가르침에 상반될 때가 많았다. 따라서 그러한 고전들은 내세에서 받게 될 상을 위해 세상의 즐거움을 뒤로 미루는 미학을 지지하기보다는, 이 세상에서의 즐거움에 대한 새로운 인식을 자극했다.

그리스-로마 고전 문학의 또 다른 특징은 인간 본성의 중요성과 존엄성, 통일성을 강조한 데 있었다. 초기 기독교는 인간 개개인의 가치에 대해 분명히 가르쳤지만, 시간이 지나면서 이 가르침은 약해졌다. 신자들의 죄악이 더욱 강조되고, 하늘과 땅 사이의 커져가는 간격을 나타내는 성직자와 평신도 사이의 간격이 커져가고, 봉건 제도의 집단적인 영향이 점점 강해지던 중세 시대라는 상황 속에서, 인간 개개인은 크게 가치있게 여겨지지 않았다.[7] 이러한 경향이 놀랍게 뒤바뀌면서, 르네상스는 고대 고전학을 모방하여 개개인을 가치있게 여겼을 뿐 아니라, 때때로 인간을 우주의 중심으로 표현했다[그림 143]. 따라서 이탈리아 르네상스의 기반이었던 이러한 폭넓은 지적 운동에 "인본주의"라는 적절한 이름을 붙인다.

르네상스 건축술도 영감을 얻기 위해 그리스-로마 세계의 고전들로 회귀했다. 고대 로마의 건축 용어와 (비록 대부분 폐허가 되었지만) 오늘날에도 여전히 볼 수 있는 기둥과 둥근 아치, 돔은 고딕 양식을 대체했다. 고대 로마의 건축가였던 비트루비우스(Vitruvius, 27년 이후 사망)가 쓴 **데 아키텍투라**(*De Architctura*, 라틴어, 건축에 관하여)는 이 "재탄생"에 관한 중요한 문헌 자료 중의 하나였다.

고딕 건축가들이 이뤄낸 진보를 사용하기는 했지만, 르네상스 건축가들은 중세적인 요소들보다는 고전적인 요소들을 포함한 볼트와 버트레스를 만드는 새로운 방식들을 찾아냈다. 그들의 건축물들은 인간의 신체[그림 143]가 건축술과 예술에 이상적인 비율을 제시한다는 비트루비우스의 믿음[8]에 근거한 새로운 조화성으로 특징지어졌다. 또한 고딕 시대의 특징인 장방형 바실리카보다는 중앙 집중형 교회를 선호하는 르네상스 건축가들도 있었다.

---

7 중세 문명은 자아를 억압했다. 봉건 체제에서 고립된 개인은 거의 인정받지 못했다. 귀족이든지 노예든지 관계없이, 개인은 주로 한 집단의 구성원으로서 지위와 보호를 얻었다. 장원 체제는 개인이 아니라 공동체를 중심으로 돌아갔다. 도시들은 봉건주의라는 멍에를 벗어 던지면서, 개인의 자유보다는 집단 및 공동의 자유를 약속했다. 상업관계(commercial relations)에서, 집단생활(group life)은 도시 조합들과 영주의 사유지에 있는 소작농 마을들 모두에서 중요했다. 모든 것은 법과 관례에 의해 규제되었다. 사상이나 행동에 대해, 권위와 전통에 도전하고자 했던 개인은 좌절당하거나 탄압당했다(Kreis, "Renaissance Humanism").

8 획일성은 부분들 간의 동등성을 말한다. 인체에서처럼 각 부분은 정반대 부분과 일치한다. 팔, 발, 손, 손가락은 서로 비슷하고 대칭적이다. 따라서 건물의 각 부분들은 서로 부합해야 한다(Vitruvius, *De Architectura*, 2:4, in *The Architecture of Marcus Vitruvius Pollio*).

그림 144. 플로렌스 주교좌 성당

최초의 이탈리아 르네상스 건축물이 아닌 것은 분명하지만, 플로렌스의 로렌스의 산타 마리아 델 피오레(S. Maria del Fiore, 이탈리아어, "플라워의 성 마리아") 돔 주교좌 성당은 이 혁신적인 건축 양식의 오랜 상징이었다[그림 144]. 원래 이 교회는 1296년에 고딕 양식으로 건축이 시작되었다. 그러나 1366년에 플로렌스의 지도자들은 더 이상 고딕 양식을 따르지 말고 로마 양식으로 새로운 유형의 건물을 세워야 한다는 결정을 내렸다.

15세기 초가 될 때까지도 **두우모**(Duomo, 이탈리아어, "돔" 또는 "주교좌 성당")는 완공되지 못한 채 남아있었다. 직경 140피트(42.7m)가 넘는 열린 공간을 덮을 수 있는 돔을 만들기 위한 신뢰할만한 계획을 제안하는 이가 아무도 없었던 것이 주된 이유였다. 이 일을 해낸 것은 조각가였다가 건축가가 된 필립포 브루넬레스키(Filippo Brunelleschi, 1466년 사망)였다. 그는 내부와 외부 돔 모두를 사용하는 대담한 설계로, 지금까지도 세계에서 가장 큰 석조 돔인 건축물을 세우는 놀라운 일을 해냈다.

완공된 산타 마리아 델 페오레 돔 주교좌 성당은 르네상스 건축 양식의 많은 양면을 전형적으로 보여줬다. 예를 들어, 산타 마리아 델 페오레 돔 주교좌 성당을 세우는 일은 교회라기보다는 시의 사업이었다. 시의 지도자들이 1296년에 원 건축가를 고용했을 뿐 아니라, 1366년에 건물 양식을 바꾸자는 결정도 내렸다. 그리고 1418년에는 그 돔 주교좌 성당을 완성시킬 시건축가를 찾기 위한 대회도 시작했다. 사실상 모든 고딕 양식 주교좌 성당과는 달리, 우리는 산타 마리아 델 페오레 돔 주교좌 성당을 만든 세 명의 주요한 건축가의 이름들(아르놀포 디 캄피우스[Arnolfo di Cambio], 1310년 이전에 사망; 프란체스코 탈렌티[Francesco Talenti], 1369년경에 사망; 그리고 필립포 브루넬레스키)을 실제로 알고 있다.

그리고 브루넬레스키와 같은 인물의 천재성은 그의 생전에도 널리 알려져 있었다. 산타 마리아 델 페오레 돔 주교좌 성당, 특히 팔각형으로 설계된 돔은 고대 로마의 건축가인 비르투비우스가 신봉한 대칭의 원리를 구현했다. 마지막으로, 우리는 고딕 양식 건축물들이 일종의 신의 임재를 (안에서 밖으로) 주위 환경에 발산했다고 언급했다. 이와는 정반대로, **두우모**는 브루넬레스키의 창의적인 팔각형에 관심을 갖게 한 돔 표면의 외부 뼈대, 지오토(Giotto, 1337년 사망)가 설계한 (275피트[84m]가 넘게) 높게 치솟은 별도의 종탑, 그리고 매우 단순하고 장식이 거의 없는 실내와 대조되게 흰색과 녹색, 분홍색 대리석으로 줄무늬를 넣은 강렬한 외관으로, 안팎을 뒤집어 놓은 건축물로 간주될 수 있었다.

산타 마리아 델 페오레 돔 주교좌 성당은 안에서 밖으로 발산하는 건축물이 아니라, 그 외관으로 정치력, 재력, 플로렌스 시민의 천재성을 분명하게 보여주는 건축물이었다. 의심할 여지없이 이 건축물은 하나님이 어떻게 영광을 받으시는지를 인본주의적으로 표현했다.

3) 공간의 분리

고딕 건축물과 르네상스 건축물 사이에는 분명한 차이들이 있는데, 그 중에는 교회의 내부가 만들어지는 방식도 포함된다. 이와 동시에, 당시 서방의 교회 건물들은 내부 공간을 분할하는 방식들을 포함한 많은 유사성을 갖고 있었다.

(1) 중앙 제대

이러한 교회 건물들에서 가장 중요한 집합점(convergence point)은 중앙 제대였다. 중앙 제대가 기다란 고딕 양식의 성가대석 뒤에 위치했었는지, 아니면 르네상스 양식의 돔 아래의 중앙에 있었는지는 상관없었다. 보통 많은 계단을 올라야 했으며, 때때로 정교한 레레도스(reredos)로 돋보이게 했던 중앙 제대는, 가장 신성한 장소에서 가장 두드러졌고, 비록 신자들로부터 멀리 떨어져 있기는 했지만 예배하는 사람들의 초점이었다. 중앙 제대는 그리스도가 임하시고, 미사의 성체 거양 때 빵의 모습으로 들려지는 곳이다.

로마 예식서 IX(880-900년경)는 미사 전문(canon of the Mass) 말미에 주교가 제대에서 축성된 빵을 올렸다는 증거를 보여준다. 네이션 미첼에 따르면, 사제가 "그가 고난을 받기 전날 밤, 그는 빵을 취해…"라고 시작되는 제정사 부분을 낭송할 때 제병을 들어 올리는 새로운 의식이 12세기 말 서방에서 만들어졌다.

이 새롭게 만들어진 의식은, 우리가 앞 장에서 언급했던, 예전을 극적이고 묘사적으로 해석하고자 했던 게르만화의 경향을 잘 보여준다. 이 의식은 축성이 정확히 언제 일어났는가에 대한 신학 논쟁과 결부되어 있다. 피터 칸토(Peter Cantor)는 미첼이 "단일 축성"(single consecration)학파라고 부르는 입장을 대표했다.

그림 145. 성체 거양

이 학파는 하나의 행위가 빵과 포도주 모두를 아우르며 축성하고, 둘 중 어느 하나도 홀로 축성될 수는 없다고 주장한다.[9] 결국에는 교회에 의해 거부당한 이 입장에 응하기 위해, 그리고 축성이 언제 일어나는가에 관한 질문을 막기 위해, 1208년경에 열

---

9 피터 칸토(Peter Cantor)는, 만일 사제가 "이것은 나의 몸이다"를 말한 후 멈췄다면, 축성은 일어나지 않은 것이라고 주장했다. 그의 논리는 간단하다. "참된 몸은 피 없이 존재할 수 없다. 포도주가 축성되지 않으면 이 성례전에는 피가 없는 것이다. 따라서 사제가 빵과 포도주 모두에 대한 제문(formula) 전부를 말하기 전까지 빵은 진정으로 축성되지 않은 것이다"(Mitchell, *Cult and Controversy*, pp. 152-53).

린 파리교회회의(Parisian synod)가 명령한 내용은 이렇다.

 "축성 전에 빵은 가슴 높이로 들려져야 하고, 빵에 대한 그리스도의 말씀을 암송한 후에만 거양될 수 있다[그림 145]. 그래서 모든 이들이 축성된 빵을 볼 수 있도록 해야 한다(Mitchell, p. 156)."

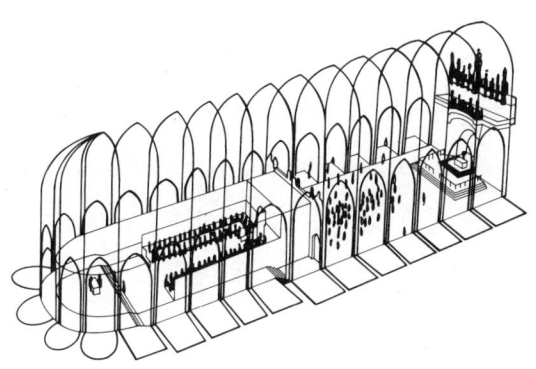

그림 146. 알비(Albi) 주교좌 성당의 모형도로 성가대석에 있는 성직자들, 중앙 제대, 십자가 칸막이, 그리고 십자가 칸막이 밖에 있는 사람들의 위치를 보여준다(Quinn, p. 40)

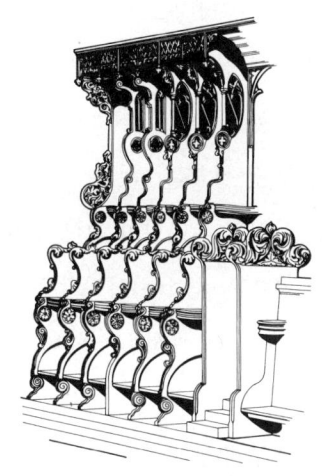

그림 147. 15세기 조각물인 마울브론(Maulbronn)수도원의 성가대 좌석들 (Atz, p. 154)

성작 거양이 관례(customary)가 되기까지는 수 세기가 걸렸지만, 성체 거양은 중세 시대 후기에 매우 중요하게 여겨졌기 때문에, 제병이 확실히 보이도록 하는 가능한 모든 일이 수행되었다. 때때로 흰색 제병과 대비되도록 제대 뒤에 어두운 색의 휘장을 쳤다. 다른 때에는 복사가 축성 초(consecration candle)를 높이 들어 빵을 밝게 비추었다.

이 중요한 순간을 알리기 위해 종들을 울리곤 했다. 존경을 표하는 매우 특이했던 행위가 16세기 초 잉글랜드에서 있었는데, 바로 높은 제대 위에 기계 장치를 만든 일이었다. 축성의 순간이 되면, 이 장치를 통해 천사들이 제대로 강림하여 주기도문이 끝날 때까지 머물렀다(Thurston, pp. 380-81). 이 의식이 꽤 기이하기는 했지만, 거양이 예전에서 중심적인 의례가 되었고, 교회에서 건축학적으로 중심이 되는 곳에서 거행되었다는 사실을 강조한다.

(2) 성가대 공간

이미 이전 시대부터, 수도사들이나 성직자들이 시과 전례를 위해 기도하던 공간은,

회중을 중앙 성단소로부터 분리시키는 영구적이고 제한된 구역으로 발전되기 시작했다. 십자가 칸막이(rood screen)는 지속적으로 진화하여, 때때로 화려하게 꾸며지고 뚫고 들어갈 수 없는 장벽처럼 보였고, 실제로 신자들을 중요한 예전 행위에서 배제시켰다[그림 146].

축성된 제병을 보고자 하는 관심이 커지게 되면서, 사람들이 거양을 볼 수 있게 미사 전문 동안에 열어놓을 수 있는, 문이 달린 십자가 칸막이를 설계하는 일이 필요해지곤 했다. 설교단은 때때로 이러한 장벽들 위에 놓여졌다. 그래서 사람들은 예전 중에 있던 설교를 들을 수 있었다. 도미니크회(Dominicans)와 프란시스코회(Franciscans) 같은 설교 수도회의 영향력 아래에서는 더욱 자주 있던 일이었다. 성가대 공간에는 대개, 수도사들이나 성직자들이 시과전례를 거행하거나 미사에 참석할 때 사용하는 화려한 성가대 좌석이 있었다[그림 147].

(3) 부제대

사적 미사(private Mass)가 인기를 얻고, 유물숭배가 늘어나면서, 당시 교회들 내에 부제대도 많아지게 되었다. 동시에 거행되는 사적 미사들에 적합하도록 설계되지는 않은 오래된 교회들에서는 적합한 빈 공간이 어디든 있으면 부제대들이 추가적으로 놓여졌다.

그러나 중세 시대 말경에 다수의 부제대에 대한 필요성이 건물을 설계하는데 반영되었다. 부제대들을 위한 작은 제실들이 앱스나 네이브 주위에 있었다. 브루넬레스키와 같은 천재는, 넓은 네이브의 측면에 다수의 제한된 공간들을 배치하는 놀라운 조합을 만들어냈다[그림 148]. 이러한 건물에 내재된 신학은, 한 신앙 공동체를 하나의 공식적인 공적 예배와 함께 인식하기는 했지만, 그와 동시에 그 공동체(평신도와 성직자)의 영적인 필요가 그 공식적인 공적 예배를 통해 항상 또는 근본적으로 충족되었던 것은 아니라는 것도 인정했다.

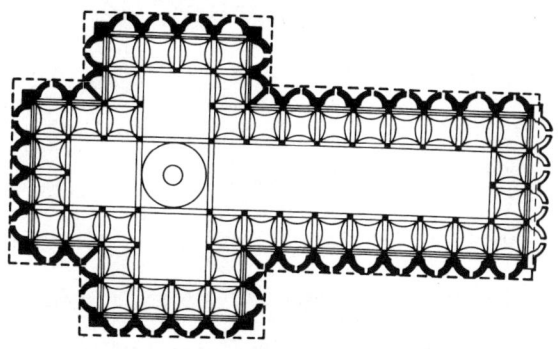

그림 148. 1436년에 건축을 시작하여 1482년에 끝마친 브루넬레스키(Brunelleschi)의 플로렌스의 성 스피리토(S. Spirito)교회로, 다수의 부제대(side altar)와 개인 제실(individual chapel)이 교회의 설계에 어떻게 포함되어있는지를 보여준다. 브루넬레스키는 많은 부속 제실이 포함되어 있다는 것을 외부적으로 드러내기 위해서 각 제실의 외벽을 반원형으로 분명하게 표현했다. 나중에 이러한 외벽들은 건물 외부를 둘러싼 직석 벽들에 의해 가려졌다(Kostof, p. 383)

(4) 신도 좌석

기독교 예배가 시작된 이래로, 성찬식을 거행하는 동안에 특정한 사람들의 좌석은 마련되어 왔다. 최초의 모임 장소로 사용되었던 가정에서는, 때때로 벤치(bench)가 그리스도인들이 모였던 식당 벽을 따라 놓였었다. 기독교 공동체가 기대어 식사를 하는 그리스-로마의 전통을 버리고 성찬식 동안에 부활의 상징으로 서 있는 것을 선택하면서, 공동체 전체는 벤치나 스툴(stool)을 거의 사용하지 않게 되었다. 그리고 사람들이 앉을 때에는 바닥에 그냥 앉았다. 좌석들은 주교들에게, 그리고 그보다 자주는 아니었지만 다른 사역자들이나 장로들에게 제공되었다. 콘스탄틴 이후 시대에는 황제나 다른 고위 관리들에게도 좌석들이 제공되었다.

수도원이나 주교좌 성당에서는, 제대 앞에 있는 성가대 공간을 자치하는 수도사들이나 성직자들에게 좌석들이 제공되었다. 카롤링거 시대부터, 간간이 있는 벤치들, 돗자리들, 또는 스툴들을 평신도들이 대개 자발적으로 준비하여 사용할 수 있었다는 증거도 존재한다. 14세기와 15세기 동안에는 벤치나 스툴을 이용할 수 있는 가능성이 더욱 만연해졌다. 16세기 이후에는 장의자들(pews)로 교회를 채웠다. 오늘날에는 서구 교회들에서 볼 수 있는 공통된 특징이기는 하지만, 장의자의 등장은 회중의 태도에 일어난 중대한 변화를 상징했고, 신자들이 예배에서 갈수록 더 정적인 태도를 갖게 되

는데 기여했다.[10]

4) 요약

고 중세 시대는 교회 건축사에서 가장 창의적인 시대 중 하나였다. 고딕과 이탈리아 르네상스에서 두 가지 특이한 종합은 예배 공간이 어떻게 설계되어야 하는가에 대한 서방의 상상에 영구적인 흔적을 남겼다. 훌륭한 예술적 및 공학기술적인 성취와 함께, 이러한 발전들은 성찬 공동체 내에서 주목할만한 변화가 있을 것임을 암시했다. 예를 들어, (성체) 거양의 도입과 고딕 건축 양식의 탄생 사이의 역사 및 지리적 거리가 가까웠다는 것은 우연의 일치가 아니었다.

오히려 거양과 고딕은 예전의 시각적인 측면들의 우위와 회중의 역할을 성찬식의 구경꾼으로 축소시킨 경향을 확인했던 유사 원소들이었다. 고딕 양식과 르네상스 양식 건물들은 회중이 듣고 응답하는 것보다 보는 것을 위해 설계되었다. 이러한 과정에서, 신자들은 대개 이러한 건물들의 건축학적 및 예전적인 중심을 차지했던 사제들의 신성한 행위로부터 거리를 두게 되었다. 신도 좌석, 즉 장의자가 더해지면서 공동체는 성찬 예전에서 보다 정적인 태도를 취하게 되었다.

2. 음악

중세 시대 후기의 예배 음악은 다양하고 역설적인 상태에 있었다.

한편으로, **스콜라**와 성가대는 성찬 예전에서, 특히 주교좌 성당과 다른 대형 도시 교회들에서, 새로운 중요성을 얻게 되었다. 이러한 엘리트 음악가들의 음악 작품만을 고려하면, 이 기간은 교회 음악이 매우 크게 발전한 시대였다.

다른 한편으로, 사적 미사의 현상이 많아졌다는 것은 음악 없는 성찬식이 자주 거행

---

10 14세기 초에, 많은 교구 교회에서 하나의 변혁이 일어났다. 장의자(pew)가 도입되면서, 회중이 예배 시간에 정말로 앉게 되었다. 전에는 설교가 제일 잘 들리거나 미사가 제일 잘 보이는 곳으로 이동하고 갈 수 있었던 회중이 이제는 거의 움직임이 없는 상태로 있게 되었다.... 회중이 앉아 있게 된 것은, 콘스탄틴 시대 이후에 기독교 예배에서 나타났던 가장 중요한 변화일 것이다(James White, *A Brief History of Christian Worship*, pp. 101-2).

되었다는 것을 의미한다. 성찬식이 공적으로 거행될 때 신자들의 음악적인 역할이 줄어든 것은 분명하지만, 그렇다고 해서 그들의 목소리가 완전히 침묵되어졌던 것은 아니다. 이러한 복잡한 상황을 나타내기 위해, 우리는 당시의 두 가지 기초적인 음악적 경향인 하나의 곡에 한 개 이상의 선율(line of music)을 첨가한 것과 이러한 음악적 발전에 수반되었던 텍스트의 변화에 대해 생각해 볼 것이다.

우리는 **스콜라**와 성가대 음악에 큰 영향을 끼친 이 두 가지 변화를 고려하면서, 회중의 목소리가 언제 어떻게 들렸는지에 대해 생각해보도록 하겠다.

1) 성부의 첨가(multiplication of musical lines)

다성 음악은 9세기에 등장했고, 중세 시대 후기 동안에 중요해졌다. 분명히 성가(chant)곡들은 예전에서 계속해서 노래되었고, 새로운 성가곡들도 작곡되었다. 이 기간은 그 유명한 여성 신비주의자인 힐데가르드 폰 빙겐(Hildegard of Bingen, 1179년 사망)이 살던 시기이기도 하다. 그녀가 수녀원의 수녀들을 위해 썼던 예전 성가들이 우리에게 전해 내려왔다. 그러나 수녀원과 수도원이 서방 기독교 음악의 중심이라는 위치를 주교좌 성당에게 내주게 되면서, 성가 역시 그 중요성을 다성 음악에게 넘겨주게 되었다.

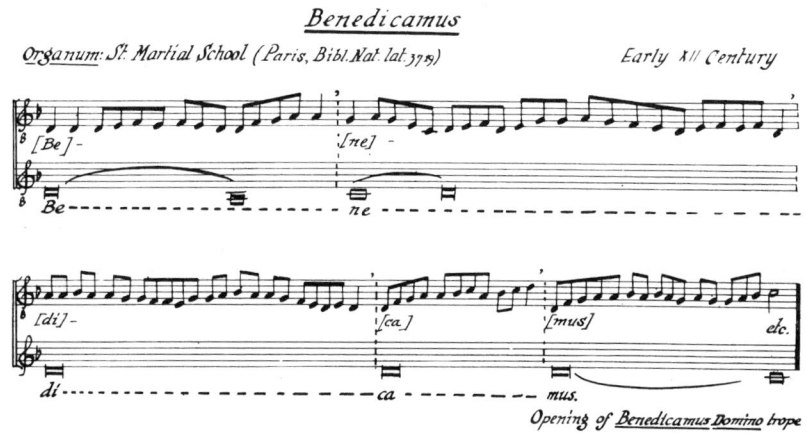

그림 149. 12세기 초의 두-성부 오르가눔으로, 하성부에서는 그레고리 선율이 느리게 진행되고, 상성부는 화려하게 장식되어 있다(Gleason, p. 30).

이미 이전 시대에 존재했던 단순한 두-성부 오르가눔([organum] 다성 악곡)의 뒤를 이어, 세-성부와 네-성부 악곡들이 만들어졌다. 이러한 악곡들에 여러 선율이 첨가되었는데, 때때로 그 형식이 매우 화려했다. 그레고리 성가의 선율에 근거한 어떤 작품들에서는 화려한 악절이 높은 음(들)으로 노래되는 동안에, 그레고리 성가는 낮은 음(들)으로 매우 느리게 노래되었다[그림 149].

우리는 4장에서, 그레고리 성가는 그 기원이 어떻든 간에, 예전 텍스트를 뒷받침하고 강화하기 위해 만들어진 말-중심적인 음악이었다고 언급했다. 다성 음악에서의 계속적인 발전은 전례 텍스트를 불명료하게 만들곤 했을 뿐 아니라, 때때로 당시의 원시적인 오르간으로 연주되던 원래의 선율을 단조로운 저음으로 약화시키면서 제대로 들려지지 않게 만들었다.

이러한 선율의 발전들은 반복되는 리듬 패턴의 도입과 같은, 리듬의 발달과 일치했다. 이러한 반복되는 패턴은 13세기 작곡자들이 작곡할 때 사용하는 기술 중 하나였다[그림 150]. 그렇게 해서 나타난 음악(많은 성부가 첨가되면서 만들어진 새로운 리듬의 일관성과 수직성으로 특징지어졌던)은 당시의 고딕 주교좌 성당의 높이 솟은 볼트와 기주들과 버트레스들의 반복되는 패턴과 매우 비슷했다. 이 둘은 모두 회중에게도 비슷한 영향력을 끼쳤다. 당시의 다성 음악과 고딕 주교좌 성당은 경외감과 경이감을 불러일으키는 동시에, 평범한 사람들의 이해를 넘어섰다.

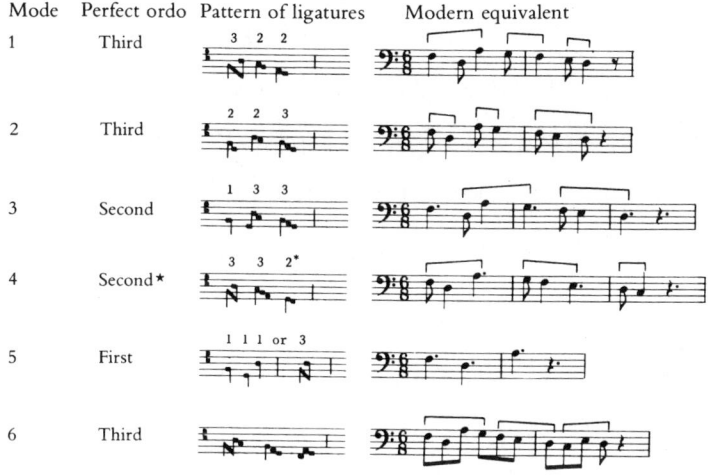

그림 150. 일부 중세 후기 음악의 리듬을 구성하는데 사용되었던, "리듬형"(rhythmic modes)이라고 알려진 여섯 개의 리듬 패턴(Hoppin, pp. 222, 224)

성찬식을 위한 초기 다성 음악 곡은 미사에서 바뀔 수 있는 부분이나 고유문에만 국한되었다. 14세기에는 미사 통상문을 위한 다성 음악 곡들로 관심을 돌린 작곡가들도 있었다. 이에 대한 이유 중 하나는, 대개 1년에 1번만 노래되는 고유문보다는 통상문을 위한 곡들이 더 유용할 수 있다는 인식 때문이었다. 수 세기 동안 사용되었던 통상문의 텍스트들이 의례에서 보다 중요한 부분으로 간주되었기 때문일 수도 있다. 따라서 음악가들은 오랜 세월 동안 통상문을 위한 전통적인 그레고리 곡들에서 벗어나는 것을 내켜하지 않았다.

그러나 중세 시대 후기 동안에 서방 음악은 예전의 그늘에서 벗어나 예술적으로 크게 발전했다. 이러한 상황 속에서, 교회의 예배의 그늘에서 새롭게 벗어난 음악 예술 때문에, 그리고 새로운 작곡의 세계를 경험해보고자 했던 욕망 때문에, 작곡자들은 다성 음악의 기술들을 미사 통상문에 응용할만큼 충분히 대담해졌다.

한 명의 작곡가에 의해 작곡된, 미사 통상문을 위한 최초의 완성곡은 기욤 드 마쇼

(Guillaume de Machaut, 1377년 사망)의 〈노트르담의 미사곡〉(*La Messe de Notre Dame*)이었다. 성가 선율들과 대부분의 초기 다성 음악 곡들은 무명으로 작곡되었는데 반해, 마쇼와 동시대의 작곡가들은 개인적인 성취로 유명세를 얻게 된 최초의 작곡가들이 되었다.

이러한 일들은 앞에서 언급했던 건축가 개개인의 출세와 유사하게, 음악도 예배와는 별개의 생명을 갖게 되었음을 암시했다. 예술적인 독립성은 음악에서나 건축에서나 예배를 예술적인 성취를 위한 무대로 사용하고자 하는 예술가들의 성향이 강해지는데 기여했다. 예술적인 성취가 회중의 신앙심을 깊게 하는지에 대해선 개의치 않았다. 그렇다고 그러한 예술가들이 예술로 하나님께 영광을 돌리는 일에 관심이 없었다는 뜻은 아니다. 사실 많은 예술가가 그 일에 관심을 가졌었다. 그러나 하나님의 영광을 찬양하는 일이 반드시 사람들의 성화와 결합되었던 것은 아니었다.

2) 텍스트의 변화

하나의 선율에 다수의 선율을 첨가하면 굉장히 아름다운 곡이 될 수 있다. 그러나 다성 음악에서 독립된 선율들이 동시에 연주되면 그러한 곡에서 어느 선율이든 확인하거나 재생하기가, 특히 음악적으로 훈련받지 못한 사람들에게는 어려웠다. 다성 음악이 영감을 주는 음악임에는 틀림없었지만, 여러 선율로 인한 난해함 때문에 대부분의 사람들은 쉽게 이해할 수 없었다. 다성 음악을 콧노래로 흥얼거리면서 교회를 떠나 집으로 가는 사람은 없었을 것이다.

이러한 선율적인 난해함은 당시 예전 음악에서 텍스트가 점점 더 난해해져가던 상황과 유사했다. 미사 고유문과 통상문은 공통된 텍스트들, 즉 시편과 연도, 전통적인 찬송가나 기도문들로부터 나왔다. 라틴어를 말할 수 없었을지라도, 노래되는 삼성송(**상투스**)이나 다른 성가를 수 년간 듣게 되면, 평범한 사람들도 텍스트에 익숙해질 수밖에 없었다. 그러나 하나의 텍스트를 서로 다른 둘이나 셋의 리듬으로 동시에 노래하거나, 서로 다른 두 개나 세 개의 텍스트를 동시에 노래하는 것은 그러한 익숙함을 만들어 낼 수는 없었다.

그림 151. 본래의 그레고리 ('베네디카무스 도미노'[*Benedicamus Domino*, 주님을 찬양합시다])에 대해 상성부(*Stirps Jesse*)에서 노래된 수식송(trope) 텍스트의 예, 12세기 초(Gleason, p. 33)

다성 음악에서 나타난 다양한 발전은 전례 성가가 계속해서 난해해져가는데 기여했다. 오르가눔에서, 트로푸스(trope)나 두 번째 텍스트는 때때로 원래의 텍스트와 대조되어 노래되었다[그림 151]. 가끔씩 원래의 텍스트의 일부만이 하성부(lower voice)에서 사용되었다. 이러한 유형의 악곡을 **클라우줄라**(*clausula*, 라틴어, claudere, "흔들리다[to falter]"에서 유래)라고 불렀다. 결국엔 라틴어 텍스트가 **클라우줄라**의 상성부(upper voice)에 더해지면서, 모네트(monet, 무반주 다성 성악곡, 프랑스어, *mot*, "말/단어"에서 유래)가 만들어졌다. 어떤 모네트에서는 라틴어나 프랑스어로 된 두 번째 텍스트가 첨가되기도 했다[그림 152].

그 결과로 나타난 다텍스트성(polytextuality)은 다성 음악과 더불어 텍스트를 매우 이해하기 어렵게 만들었다. 분명히 극단적인 예이기는 하지만, 이 시대가 끝날 무렵에는 예전 텍스트들을 듣거나 이해할 수 없게 된 것에 대한 우려가 커져가고 있었다. 이는 평범한 사람들에게 뿐만이 아니라 교육 수준이 높은 인문주의자들에게조차도 마찬가지였다. 예를 들면, 위대한 언어학자인 에라스무스(Erasmus, 1536년 사망)는 난해한 예전 텍스트에 대해 불만을 토했던 적이 있었다.[11]

그림 152. 부활절을 위한 층계송, '핵 디에스'(Haec Dies)(바로 오늘)를 토대로 한 모네트와 두 번째 성부의 라틴어 텍스트 '비르고 비르기눔'(Virgo virginum)(동정녀 중의 동정녀), 그리고 상성부의 라틴어 텍스트 '오 미티시마'(O mitissima, 가장 좋으신 동정녀 마리아) 또는 옛 프랑스어 텍스트 '쿼트 보이'(Quant voi, 내가 여름이 다시 오는 것을 볼 때)(Davidson and Apel, p. 33)

3) 자국어 노래

사람들이 노래하지 못하도록 막는 것은 불가능하다. 그러나 사람들이 노래하는 때와 장소를 제한할 수는 있었다. 기독교 예배 역사에서 회중의 노래가 완전히 억제된 적은 없었다. 그러나 중세 시대 후기에 회중의 노래는 성찬 예전에서 점점 더 하찮게 여겨졌다. 이전에 회중은 미사 통상문과 심지어는 고유문의 여러 부분을 노래하는데 동참했었다. 사람들에게 속했던 것 같은 통상문의 마지막 부분은 삼성송(**상투스**)이었

---

11 근대 교회 음악은 회중이 하나의 가사를 분명하게 듣지 못하도록 만들어진다. 성가대원들조차도 그들이 무엇을 노래하는지 이해하지 못한다. 그러나 사제들과 수도사들에 따르면, 그 음악은 종교의 전부가 된다 (Erasmus, *A Brief Comment about Church Music*, in Froude, *Life and Letters of Erasmus*).

다. 문헌 자료는 12세기경에도 삼성송(**상투스**)이 사람들의 성가로 간주되었던 지역들도 있었다고 입증한다. 음악적인 증거 역시 삼성송(**상투스**)은 사람들에게 속했었다는 사실을 분명하게 입증한다.

작곡가들이 미사 통상문에 다성 음악의 기술들을 적용하기 시작했을 때, 자비송(**키리에**), 영광송(**글로리아**), 삼성송(**상투스**), 찬미가(**베네딕투스**), 그리고 하나님의 어린양(**아뉴스 데이**)을 포함한 전곡을 만들지는 않았다. 삼성송(**상투스**)은 다성 음악적인 방식을 받아들인 통상문의 마지막 부분 중 하나였다.

예를 들어, "투르네 미사"(Mass of Tournai)의 통상문은 통상문의 다섯 부분 모두를 하나의 제목으로 묶은 최초의 작품으로 알려져 있다. 사실 투르네 미사는 13세기 말과 14세기 중엽 사이에 작곡된 내용들을 모은 모음집이다. 미사의 각 부분은 삼성송(**상투스**)을 제외하고 모두 다성 음악으로 만들어졌다.

초창기에 만들어진 삼성송(**상투스**)은 단선 음악으로 작곡되었다. **오산나**(Osanna) 부분의 끝에 나오는 **인 엑셀시스**(in excelsis) 가사를 위한 곡만 예외적으로 다성 음악이었다. 그렇다고 회중이 삼성송(**상투스**)과 같은 단순한 곡만 부를 수 있었다는 뜻은 아니다. 그러나 적어도 회중이 이 부분을 노래했었다는 사실을 입증해 준다.

삼성송(**상투스**)도 다성 음악으로 되면서, 회중이 함께 노래하는 마지막 예배 성가 부분으로 여겨질 수 있었던 곳에서마저 회중의 목소리는 배제되었다. 성찬 예전에서 회중의 목소리가 여전히 들리기는 했지만, 이때부터 회중의 음악적인 역할은 중요하지 않고 없어도 크게 상관없는, 즉 예전"의"(of) 실제적인 목소리라기보다는 예전 "안에서"(in) 들려지는 소리 정도로 취급되었다. 당시 회중이 미사의 공식적인 부분을 라틴어로 노래하기보다는 그들 자신의 언어로 노래하는 전통이 커져가고 있었다는 것은 이러한 변화를 상징했다.

예배에서 자국어로 노래하는 것은 게르만어를 말하는 사람들 사이에서 특히 두드러졌다.[12] 미사의 세 부분에서 자국어 노래가 어느 정도 규칙성을 가지고 사용되었던 것 같다.

---

12 온 땅, 그 중에서도 특히 함께 부르는 노래에 유달리 적합한 언어를 갖고 있는 게르만 사람들은, 자국어 노래로 그리스도를 찬양한다(Gerhoh of Reichersburg (1148년), in Ruff, "A Milennium," p. 11).

(1) 행렬(processions)

우리는 전 장에서, 로마와 여러 도시에서 있었던 순회 전례의 행렬에서 신자들이 목소리로 어떻게 참여했는지에 대해 언급했다. 대중적인 종교적 노래가 성찬식 밖의 행렬에서 어떻게 사용되었는지에 관한 중세 시대의 많은 자료가 있다. 잉글랜드의 캐럴(carols)들이 때때로 행렬 노래로 사용되었다. 이탈리아의 **라우데**(*laude*, 라틴어, lauda, "찬양"에서 유래)는 대중적인 종교 행렬에서 중요한 역할을 했다. 독일어 **가이슬러리더**(*Geisslerlieder*, 독일어, *Geissel*, "채찍[whip]" + Liek, "노래" 또는 "채찍질 노래")는 편타 고행자들(flagellant, 자기 몸을 채찍으로 때리며 행진하는 참회 의식을 하는 사람들)의 행렬에 사용되었다.

또한 이 기간의 굉장히 많은 순례 운동은 다양한 레퍼토리의 순례 노래를 탄생시켰다. 이러한 행렬 노래들이 성찬식에서 사용되었다는 것을 명확하게 기록한 증거가 많지는 않다. 그러나 다른 종교적인 예전들에서는 사용되었다는 것을 보여주는 증거가 충분히 많다는 사실은, 예를 들어, 특별한 날을 위한 미사의 입당 예식에서 노래되었을 수도 있다는 가능성을 시사한다. 아마도 이런 이유로, 중세 시대 후기에 여러 교구와 관구의 교회회의에서 자국어 성가를 위해 미사의 라틴어 성가의 길이를 줄이거나 노래하기를 그만둬서는 안된다는 명령을 내렸던 것 같다.

(2) 부속가(Sequences)

부활절과 같은 특별한 절기의 가톨릭 미사에서 지금도 포함되는 부속가는, 9세기에 발전된 알렐루야 다음에 영창되는 특별한 유형의 찬송가이다. 부속가는 원래 라틴어로 쓰여졌고, 음악 전문가들이 노래했다. 그러나 라틴어로 된 공식적인 텍스트와 함께 자국어로 번역된 텍스트를 발전시키면서, 회중이 함께 노래할 수 있도록 한 지역들도 있었다.

때때로 병행하는 자국어 텍스트가 부속가에 삽입되어, 회중은 라틴어로 된 각각의 절 다음에 자국어로 된 절을 노래했다.[13] 다른 장소들에서는, 부속가 다음에 자국어 텍스트가 노래되었다. 잘 알려진 많은 텍스트는 사람들이 일반적으로 사용하던 부속가

---

13 부활일, 승천일과 성체축일(Corpus Christi)과 같은 다른 축일들을 중심으로, 몇몇 노래들이 부속가에 합쳐졌다. 예를 들어, 부속가 *"Victimae pascali laudes"*에는 자국어 노래인 *"Christ ist erstanden"*이 약 2절마다 규칙적으로 나온다.... 또한 승천일에 대한 부속가인 *"Summi triumphum etc"*를 중심으로 자국어 산문(prosa)인 *"Crist fuer gen himel"*이 노래된다("Crailsheimer Schulordnung" [1480년], in Crecelius, Alemannia).

들에서 나온 것들이다.

(3) 설교

중세 시대의 성찬식에서, 대중적인 자국어 노래가 삽입될 수 있었던 세 번째 "허술한 곳"(soft spot)은 설교 뒤에 있었다. 사실 설교 자체는 예배의 나머지 부분과는 달리 항상 자국어로 이뤄지는 사건이었다. 앞에서 언급했듯이, 게르만어를 사용하는 사람들은 **루프**(*Ruf*)라고 불렸던 한두 줄로 된 짧은 환호송을 설교 뒤에 넣었다는 증거가 적어도 10세기부터 발견된다.

그 이후 수 세기 동안에, **라이즈**(*Leise*, 헬라어, *eleison*, "자비를 베푸소서"에서 유래)도 설교 뒤에 노래되었다. **루프**와 **라이즈**는 각각의 연을 종결지었던 (키리에라이스[*Kyrieleis*])의 축양된 형태인 반복구 **키리에 엘레이손**(*Kyrie eleison*)에서 발전된 게르만족의 민속 찬송가였다.

이탈리아어 **라우데**(*laude*, 라틴어, *lauda*, "찬양하라"에서 유래)와 회중의 반복구들은, 프란시스코회와 다른 고행 수도회들의 설교와 밀접하게 연결되어 있었다. 프란시스는 그 스스로가 자국어 찬양곡들을 작곡했었다. **라우데**는 **라우데시**(*laudesi*)라고 알려진 집단을 형성한 평신도들의 특별한 예식에서 불려졌다. **라우데시**는 자국어로 된 찬양을 부르는 것을 장려했다[그림 153]. **라우데**와 탁발수도사의 설교는 밀접하게 연결되어 있었기 때문에, 탁발수도사가 성찬식의 맥락에서, 특히 **라우데시**에게 설교를 할 때, **라우데** 역시 불렸을 수도 있다.

그림 153. 14세기 라우다(lauda) 필사본

결국에 설교와 관련된 일종의 자국어 성무일도(office)는 진화되었고, 신자들의 옛 기도서와 노래, 공지사항의 측면들을 통합했다. **프론**(*prone*, 라틴어, *praeconium*, "공지사항"에서 유래)으로 알려진 예식의 초기 형태들은 이미 9세기 말에 등장하지만, 완전히 발전된 형태는 14세기가 되어서야 나타난다. 미사에서 공식적인 부분은 아니었지만, **프론**은 꽤 통상적인 것이 되었다. 아마도 프론은 신자들이 노래했던 성찬 예전에서 가장 일관된 부분들 중 하나였을 것이다.

4) 요약

앞에서 언급했듯이, 이 시대의 음악은 풍성했고 동시에 역설적이었다. 창의성과 구성상의 풍성함은 자세히 묘사되었지만, 역설성은 단지 암시만 되었다. 당시의 음악적인 모순의 무언가를 파악하기 위한 하나의 틀은, 앞에서 언급했듯이 예전 "안의"(in) 음악과 예전 "의"(of) 음악을 구분하는 것이다.

예전 안에서 나타날 수 있는 많은 유형의 음악이 있지만, 그렇다고 교회의 공식적인 예배에 반드시 필수적이거나 본질적으로 연결되었던 것은 아니다. 따라서 예전 음악은 예전 행위와 결합되어 예식의 중요성을 완전하게 나타내기위해 사용되고, 그래서 그 온전한 의미를 단순히 예전을 위한 곡이 아닌 예전이라는 사건에서 얻는 음악으로 정의될 수 있다.

고 중세 시대 이전에는, 그러한 예전 음악의 정의에 들어맞지는 않았지만 성찬 예전에서 사용되었던 음악들도 있었다. 그러나 이 기간 동안에 우리는 종교적이거나 성스럽기는 했지만, 반드시 예전적인 것은 아니었던 음악이 작곡될 수 있도록 했던 발전들에 대한 확인을 시작할 수 있다.

예를 들어, 재능있는 음악 천재들은 때때로 성찬 행위를 향상시키기보다는 작곡의 경계를 허무는데 더 큰 관심을 보이는 것 같았다. 기독교 왕국(Christendom)에서는 처음으로, 그러한 음악가들이 작품을 쓰고 공연하는 비종교적인 장소들을 갖고 있었고, 간혹 그들이 왕실이나 교회를 위해 썼던 곡들은 거의 비슷했다. 물론 앞에서 언급했듯이, 그들의 동기가 종교적이지 않았다는 뜻은 아니다.

그러나 의례 행위와 직접적으로 연결되어 있었다기보다는, 그들의 음악적인 예술성은 종종 그 자체로 생명을 갖고 있었다. 이것은, 당시 사제는 좀 떨어진 곳에서 보통 사람들을 등지며 알아들을 수 없게 기도하고, 심지어는(우리가 앞으로 살펴보겠지만) 음악가들이 노래했던 바로 그 텍스트를 그만의 속도로 스스로에게 낭송했었다는 것을 생각할 때, 충분히 이해될 수 있다.

이러한 발전들이 비평 없이 전개되지는 않았다. 교황 요한 22세(John XXII, 1334년 사망)는 특히 음악을 다루는 최초의 진정한 교황 문헌들 중 하나를 공표했다. 그의 문헌은 당시의 예전 음악에 동시대의 작곡 방식들을 많이 도입한 것에 대한 문제를 제기했다.¹⁴ 그러나 그 방식들을 거의 변화시키지는 못했다.

이와 비슷하게, 평신도는 우리가 교회의 공식적인 예전이라고 여길 수 있는 것의 밖에서 종교적인 행위를 발전시키고 있었다. 그들의 종교적 노래들은 농작물을 축복하는 행렬에 사용되고, 아니면 마을 축제를 돋보이게 하거나, 심지어 예전에서도 불렸을 수 있다. 자비송(키리에)처럼 예전 텍스트로부터 영감을 받곤 했지만, 이러한 종교적 노래들은 예전과는 별도의 독자성을 취하기 시작했다.

따라서 그러한 종교적 노래들이 예전 행위를 강조했던 특별한 경우가 있기는 했지만, 그러한 행위에 의해 제한되거나 정의되지는 않았다. 예전 음악은 신자들의 영역에서 점점 더 벗어났지만, 신앙 및 종교적 노래들은 풍부해졌다.

3. 책

주교좌 성당, 통상문을 위한 음악곡들, 그리고 예배 용기들과 비슷하게, 모든 전례서는 풍성하고 복잡한 상징이다. 예를 들어, 각각은 교회라는 것이 무엇인지에 대해 상징한다. 이전 시대에서 이미 살펴보았듯이, 전례서 두세 권의 내용을 한권의 책으로 묶는 추세는 고 중세 시대에서도 계속되었다. 새로운 책들이 만들어지기는 했지만, 이 시대의 전반적인 추세는 통합이었다. 예를 들어, 성서정과는 서간집과 복음집을 합친 것으로, 미사를 거행할 때 필요한 성경 낭독 부분을 모두 담고 있었다. 주교 예식서(pontifical)는 주교가 성찬식과 다른 특별한 예식들을 집전할 때 필요한 모든 텍스트를 모았다.

이전 시대를 성사집의 시대라고 여겨질 수 있다면, 이 통합의 시대는 무엇보다도 당대의 가장 중요한 전례 모음집인 미사경본의 시대였다. 교회론적으로 미사경본이라는 가장 중요한 미사 전례서는 사제의 수위권을 상징했다. 아퀴나스와 같은 신학자들은 사제의 수위권을 본질적으로 성찬식에서 축성하는 사제의 역할이라는 측면에서 정의

---

14 새로운 학교의 어떤 학생들은... 새로운 유형들의 음악에 관심을 기울이고 있다... 그들은 두 번째나 세 번째 성부를 가지고 있는 선율을 경시하고, 때때로 선율에 세속적 텍스트를 추가로 붙이기까지 한다... 추가된 많은 음표들만으로도, 단음-성가 선율들은 – 단음-성가는 평범한 상승 및 하행 패턴들을 갖고 있고, 패턴들로 인해 다양한 선법들이 구분된다–알아듣기 힘들게 된다(John XXII [1344년 사망], Teaching of the Holy Fathers [1324-1325년])

했다.[15] 13세기에, 서품 과정의 정점으로 간주되었던 것은 주교직이 아니라 사제직이었다. 주교는 그 이상의 서품을 받는 것이 아니라 축성될뿐이라고 이해되었다.

당시의 책들은 또한 그 시대의 폭넓은 문화적 동향들도 나타냈다. 그 중 하나는 평신도들 사이에서 글을 읽고 쓰는 능력이 성장한 것이었다. 이러한 성장에는 상인계급의 신장이 어느 정도 영향을 끼쳤다. 상인들에게 읽기 능력은 그 가치가 점점 더 커져가는 기술이었기 때문이다. 더욱이 잉글랜드의 주장관(sheriff)에서부터 왕실 서기에 이르기까지, 읽기 능력을 요구하는 다른 직업들도 많았다.

신학은 물론, 인문학과 법학, 의학 학위들을 주는 대학교들의 확산 역시, 중세 시대 후기에 읽고 쓰는 능력이 확산되고 있었음을 증명한다. 정치나 교회, 상업 외에도, 읽기는 사교계에 오락거리의 한 형태를 제공했던 것 같다. 예를 들어, 14세기에 "로맨스"(romance)가 등장했다. 로맨스는 분명한 도덕적 함축성을 담은 재미있는 이야기를 들려주는, 상류층을 위한 문학 장르였다[그림 154]. 보다 분명한 종교적 성격을 가진 책들 역시 평신도를 위해 출판되었다.

그림 154. 지오바니 보카치오(Giovanni Boccaccio-1375년 사망)의 로맨스 *De Claris Mulierbus*(라틴어, "유명한 여성들에 관하여")에 있는 목판화

다른 두 가지 추세가 당시 전례서의 외형과 내용 모두에 영향을 끼쳤다. 그 중 하나는 중세 시대 후기의 필사본 삽화가 보여준 놀라운 예술적인 발전이었다. 종종 무명의

---

15 사제가 해야 하는 두 가지 행위가 있다. 하나는 주된 것으로, 그리스도의 몸을 축성하는 일이다. 다른 하나는 부수적인 것으로, 이 성례전을 받도록 하나님의 백성을 준비시키는 일이다(Thomas Aquinas, *Summa Theologica*, Suppl., quest. 40, art. 4, respond.).

장인들이 시각적으로 화려한 책들을 제작했다. 시과전례서(book of Hours)처럼 사실상 텍스트를 전혀 담고 있지 않은 장르들도 있었다. 이러한 필사본 예술이 절정에 이르렀을 때, 전혀 다른 인쇄 기술이 개발되었다.

서구 사람들은 우리가 알듯이 요하네스 구텐베르크(Johann Gutenberg-1468년 사망)가 인쇄술을 발명했다고 기억한다. 그러나 중국인들은 이미 목판(woodblock) 방식으로 책들을 인쇄하였고, 한국인들은 1241년에 이동식 인쇄기를 가지고 있었다. 잉크와 종이, 장비의 품질을 향상시킨 새로운 기술들이 통합되고 구텐베르크의 기술과 비전과 결합되면서, 구텐베르크는 매우 탁월한 책들을 생산할 수 있었다. 그 책들의 질은 지금도 비교할 수 없을 정도로 뛰어나다.

필사본 전례서에서 인쇄본 전례서로의 움직임은 예배 예식에 엄청난 영향력을 끼쳤다. 필사본들은 개별적으로 만들어졌기 때문에, 매우 특정한 시간과 장소, 예배 예식의 예전을 담고 있었다. 13세기 미사경본이나 통상문은 당시의 유사한 책들에서 일반적으로 볼 수 있던 자료들을 담고 있었고, 그와 동시에 독특한 텍스트와 붉은 글씨 지시문(rubrics), 삽화도 싣고 있었다. 예를 들어, 13세기 생-드니(St.-Denis) 상용전례서(Ordinary)는 변모축일(the feast of the Transfiguration, 8월 6일) 미사 전문에 포도를 축복하는 추가적인 기도문을 포함했다.

라틴어 텍스트와 함께 자국어 텍스트를 함께 실은 전례서들도 있었다. 예를 들어, 마티모트(Martimort)에 따르면, 14세기 스페인의 서간집에는 크리스마스를 위한 이사야서의 라틴어 텍스트와 함께 카탈로니아어로 된 병행 텍스트도 들어 있었다. 반면에 인쇄술은 기독교 예배에서 전혀 경험해보지 못했던 획일성을 처음으로 경험하게 만드는 잠재력을 가지고 있었다.

다음 시대가 될 때까지 그러한 텍스트의 획일성이 성취되지는 않았지만, 15세기 유럽 전역에서 폭발적으로 증가한 인쇄기들이 이러한 발전을 위한 길을 예비했다. 예를 들어, 엘리자베스 아인슈타인(Elizabeth Eisenstein)은 당시 서유럽 전역에는 220개의 인쇄기가 가동되고 있었고, 최소한 8백만 권의 책이 인쇄되었다고 추산한다.

이제 우리는 이러한 책들 중에서, 중세 시대 후기의 전례서들에서 나타난 변화를 상징했던 특정한 장르들을 살펴보도록 하겠다.

첫째, 성직자들을 위한 두 종류의 핵심적인 책들을 고찰하겠다.

둘째, 평신도를 위해 등장한 기도서들을 살펴보겠다.

1) 미사경본

　미사경본은 이 시대에 만들어진 새로운 책이 아니었다. 어떤 지역들에서는 이미 9세기경에 등장했었다. 미사경본은 다른 다섯 권의 책(미사교송성가집, 성가집, 복음집, 성사집, 예식서)을 결합한 책이었고, 한 명의 사역자가 다른 사역자들 없이 미사를 거행하는데 있어 매우 용이했다. 새로운 천년이 시작되기 전에는 미사경본이 희귀했지만, 중세 시대 후기에는 가장 자주 생산되는 필사본 중의 하나가 되었다. 미사경본이 점점 더 일반적이 되면서 성사집의 인기는 사그라졌다.[16]

　앞 장에서 언급되었듯이, 미사경본이 발전하게 된 데에는 여러 가지 이유가 있다. 그 중 가장 주된 이유는, 사적 미사에 대한 요구와 노래되는 텍스트를 읽는 텍스트로 바꾸는 경향이었다. 후자에 대해서 우리는, 8세기경에 이미 어떤 지역들에서는 사제들이 성가대가 없을 때에 입당 시편이나 성찬 시편과 같은 노래 텍스트를 읽었거나,[17] 심지어는 스콜라나 낭독자가 노래 텍스트를 영창하는 동안에 따로 조용히 반복했다는 사실을 보여주는 증거를 가지고 있다.

　이러한 관례를 확산되어, 13세기 중반에는 모든 성가 텍스트들이 반드시 집전자에 의해 낭독되어야 한다고 명령하는 법령이 등장했다.[18] 이 관례는 성찬 행위에서 사제가 갖는 중심적인 위치를 상징했다. 또한 성가대나 사람들이 미사에서 텍스트를 노래할 수 있음에도 불구하고, 그들의 노래가 성찬식의 요구를 충족시키는데 필수적이지도 않고 효과적이지도 않다는 것을 효과적으로 알렸다. 유효한 미사 거행을 위해 지극히 중대한 모든 텍스트와 행위는 모두 사제에게 속해 있었다.

　나아가, 이 기간은 유동과 순례의 시대였다는 사실을 잊어서는 안 된다. 굉장히 많

---

16 12세기 전반부에, 성사집들은 매우 드물었다. 13세기에 성사집들은 특별했고, 14세기에는 과거의 유물이었다(Vogel, *Medieval Liturgy*, p. 105).

17 제4장 각주 21번을 보라.

18 [사제가 제대에 입을 맞춘 후에] 부제는 제대의 오른쪽에 미사경본을 놓고, 부제는 왼쪽에 복음서를 놓는다.... 그 후 모든 사제들은 미사경본 쪽에 모여 사제 오른편에 [직급 순서대로] 서서 입례송(Introit)과 자비송(Kyrie eleison)을 읊조린다. [그 다음에 성가대가 노래를 마치는 동안에 모두 자리에 앉는다].... 자비송(키리에)이 끝날 때, 사제는 자리에서 일어나 제대 가운데 서서... 앞에서 언급되었듯이, 그의 뒤에 직급에 따라 배열해 있는 사제들과 함께 대영광송(Gloria in excelsis)을-만약 노래해야 하는 날이라면-시작한다. 사제는 "하나님(Deo)"이라고 말할 때 그의 손을 합친다. 그 다음, 사제부터 시작하고 다른 이들이 따르면서, 그들은, 앞에서 언급한대로, 직급 순서로 사제의 오른편에 다른 사역자들이 서 있는 제대의 오른쪽으로 이동한다. 그들이 대영광송을 읊조리는 것을 마칠 때, 사제와 부제는 성가대가 노래하는 대영광송이 끝날 때까지 거기에 계속 남아있는다(*Ordinarium juxta ritum sacri Ordinis Fratru Fraedicatorum* [The Dominican Ordinary of 1267], nos. 47 and 49).

은 평신도와 성직자가 이동하던 현상은 휴대할 수 있는 책들에 대한 필요성이 증대되는데도 기여했다. 유동성은 프란시스코회나 도미니크회 같은 새로운 수도회의 구성원들에게 특히 중요한 사안이었다. 그들은 일반적인 수도사들이 아니라 탁발 수도사들이었다(라틴어, *mendicare*, "구걸하다"에서 유래). 탁발 수도사들은 땅을 소유할 수 없었고, 구걸로 생계를 이어갔다. 탁발 수도사들은 베네딕트회 수도사들처럼 평생 같은 수도원에 정주하겠다는 서원을 하지 않았다. 그들은 사역과 생계를 위해 여기저기 여행해야 했던 순회 설교자들이었다. 이러한 형태의 종교생활을 하는데 있어 휴대할 수 있는 책은 매우 중요했다.

2) 상용전례서(Ordinary)

콘스탄틴의 회심 이후 시대에, 갈수록 더 복잡해지는 로마 전례(Roman Liturgy)를 실행하는 사역자들을 돕기 위해 붉은 글씨 지시문의 모음집들이 만들어졌다. 최초의 모음집들(앞서 언급된 로마 예식서들[Roman Ordinals])은 7세기 로마에서 만들어졌고 게르만화의 시대에 널리 사용되었다. 중세 시대 후기에, 이러한 지시문들이 서서히 확대되도록 이끈 새로운 영향들이 나타났다.

그러한 영향들 중 하나는, 예식서에 약술된 특별한 의례들만을 위한 설명문들이 아니라 교회력의 모든 날을 위한 설명문들을 포함시키고자 한 바람이었다. 또 다른 요인은 로마 외의 지역에서 로마 지시문(Roman rubrics)을 사용해야 하는 필요성이었다. 이 요인은 모음집들의 추가 각색을 필요하게 만들었다. 이 과정에서 붉은 글씨 지시문 또는 지시 사항이 길지 않은 말머리 또는 **인치핏**(*incipit*, 라틴어, "시작하다")과 결합되었다 [그림 155]. 그 결과, "상용전례서"(ordinary, 라틴어, *liber ordinarius*)라고 불렸던 새로운 장르의 전례서가 나타나게 되었다.

로마 예식서(Roman Ordinals)처럼, 상용전례서는 예배 동안에는 절대로 사용되지 않았다. 예배를 준비하는 과정에서, 즉 예배 전에 참고되었을 뿐이다. 따라서 상용전례서는, 성무일과와 성찬식, 여러 예식들과 의식들을 위한 텍스트와 지시 사항을 제공하는 보조 전례서였다. 상용전례서는 교회력에 따라 편집되었고, 대개 특정한 교회나 종교 공동체를 위해 구성되면서, 위에서 언급된 전례 필사본의 특징 중 하나를 분명하게 나타냈다. 이러한 책들의 지역적인 특징은 중요한 자산이었다.

부활절의 거룩한 날에. 조과에 먼저 종을 울린다. 그 다음에 탑의 종들을 이중으로 울린다. '주님께'(*To the Lord*)는 낭송하지 않는다. 부활절 예식은 축제 중의 축제로 불린다. 조과는 다음과 같이 거행된다. 먼저 수도원장이 〈주님, 나의 입술을 열어주소서〉(*Lord, open my lips*)를 시작하고, 그 다음에 〈오 하나님, 나를 도우소서〉(*O God, come to my assistance*)와 〈아버지께 영광〉(*Glory be to the Father*)을 낭송한다. 송영 바로 다음에, 네 명의 선창자는 대법의(cope)를 입고 두 제대 사이에 서서 초대송 〈알렐루야, 주님이 진정으로 부활하셨네〉(*Alleluia, the Lord is truly risen*)와 시편 〈와서 즐겁게 찬양하자〉(*Come, let us sing joyfully*)를 노래한다. 선창자들은 성가대에 남는다. 찬송가는 부르지 않는다. 그 다음에 인도자는, 시편 〈나는 스스로 있는 자이다〉(*I am who I am*) 전에 교송을 시작한다. 시편 〈복 있는 사람은〉(*Blessed is the man*). 교송 〈내가 아버지께 구했습니다〉(*I asked the Father*). 시편 〈왜〉(*Why*). 교송 〈내가 잠을 잤습니다〉(*I slept*). 시편 〈주여, 얼마나 많이〉(*Lord, how many*). 모든 교송은 일주일 내내 조바꿈 없이 낭송된다. 소구경(Versicle) 〈그리스도께서 살아나셨다〉(*Christ rose*). 첫 번째 독서는 부제가 흰 달마티카(dalmatic)를 입고 낭독한다. 그는 향을 축복하는 수도원장 앞에 선다.

그림 155. 파리 인근 생-드니(St.-Denis) 수도원의 13세기 초 통상문에 나와 있는 부활절 거행을 위한 지시사항. 붉은 글씨 지시문(rubrics)은 보통체로, 기도문 텍스트는 이탤릭체로 된 라틴어 필사(transcription)와 그 내용을 번역한 것(Foley, *First Ordinary of the Royal Abbey of St.-Denis in France*, p. 386)

왜냐하면 중세 시대를 특징짓는 다양한 예전적인 관례들 속에서, 특정한 수도원이나 주교좌 성당에서 특정한 예식들이 어떻게 실행되고 있었는지를 분명하게 말해주기 때문이다. 상용전례서는 12세기에 처음으로 등장했다. 그러나 곧 쓸모없어지게 되었다. 상용전례서의 쇠퇴에 기여했던 두 가지 주된 요인이 있다.

첫째, 모든 전례서는 붉은 글자 지시문과 함께 모든 텍스트를 포함하고 있어야 한다는 생각이 커져갔던 것에 있다. 따라서 붉은 글자 지시문을 포함한 것이 상용전례서의 독특한 특징 중 하나였지만, 이제는 모든 전례서도 붉은 글자 지시문을 포함하게 되었다.

둘째, 서방 교회 전례서의 점진적인 표준화였다. 인쇄 산업의 발전으로 크게 증진된 이러한 발전은, 결국 상용전례서의 특징이었던 지역 예식들에 대한 묘사를 필요로 하지 않게 되었고, 심지어는 허용하지도 않았다.

3) 평신도용 기도서

우리는, 지난 시대에 다양한 사역자들을 위한 특별한 전례서들이 만들어졌다는 것에 대해 살펴봤다. 그러나 평신도를 위한 책은 전혀 만들어지지 않았다. 노래집은 가수들에게 주어졌고, 서간집은 차부제들에게, 복음집은 부제들에게 주어지는 식이었다. 이처럼 전례서들이 다양한 성직자들에게 주어졌지만, 평신도들에게는 그러한 책들을 만지지도 못하게 했다는 것을 입증하는 증거도 많다. 예를 들어, 알프스 북쪽에서는 평신도가 실제로 예배 중의 복음서에 입맞춤(kissing the Book of the Gospels)에 참여할 수 있었다는 증거가 있다.[19]

그러나 융만(Jungmann)은 1221년에 교황 호노리우스 3세(Honorious III) 이후로 복음서에 공경을 표할 수 있는 권리를 **페르소니스 이눙티스**(personis inunctis, 라틴어, "기름 부음 받은 자들")에게만 제한한다는 법령을 내렸다고 말한다. 그 결과, 그 전까지는 그 의례에 빠짐없이 포함되었던 부제들, 차부제들, 그리고 다른 하급 성직자들 대신, 사제들과 주교들만이 이러한 특권을 누릴 수 있게 되었다(The Mass of the Roman, I: 449-450). 공식적인 전례서들을 건드리는 것조차 허락되지 않아, 평신도들은 그들만의 책을 만들기 시작했다.

이러한 과정은 중세 시대의 음악적인 추세와 관련이 없지 않다. 중세 시대에 사람들은 전례의 공식적인 노래에서 점점 더 제외되어서, 그들만의 종교적 노래를 만들었는데, 대부분은 공식적인 예배의 장 밖에서 사용되었다.

일반적으로 전례서들은 예배 공동체의 소유물이기는 했지만, 콘스탄틴 회심 이후에는 개인기도를 위해 전례서들을 갖고 있던 개인들도 있었다는 증거가 있다. 위대한 기독교 기도서는 시편집(Psalter)이었는데, 개인적으로 복사본을 갖고 있던 이들, 특히 부

---

19 그리고 부제가 강대(ambo)에서 내려올 때, [직급 순서로 그 옆에 서 있던] 차부제는 복음서를 받아서 [제의 밖에서 가슴 높이로 들고 있다가] 입맞춤을 위해 먼저 주교나 사제에게, 그 다음에 직급 순서대로 가까이 서 있는 이들에게, 그리고 모든 성직자와 사람들에게 내민다(Roman Ordinal V [900년경], n. 38).

자들이나 세력가들도 있었다[그림 130].

그러나 그 복사본들이 실제로 기도할 때 사용되었는지에 대해서는 불분명하다. 카롤링거 시대 이전에, 신자들은 성찬 예전 참여에 도움을 줄 수 있는 책을 거의 필요로 하지 않았다. 왜냐하면 자신들의 언어와 양식으로 예전이 거행되어, 쉽게 이해할 수 있었기 때문이다. 그러나 라틴어를 사용하지 않는 공동체에 로마 예식이 도입되고, 평신도 중심의 성찬 행위로부터 멀어지게 하고 결국에는 그들을 소외시키는 과정 속에서, 평신도들이 성찬식 동안, 혹은 밖에서 사용할 수 있는 기도서들을 만들기에 적합한 분위기가 조성되었다.

대개 이러한 기도서들은 사제들이 제대에서 하는 라틴어로 된 기도문의 번역문이나 원문을 담고 있지 않았다. 대신 여러 시편, 연도, 위령성무일도(offices of the dead), 또는 성모일과(office of the Blessed Virgin)를 포함했다. 이것들이 결국에는 시과전례서(book of hours)로 불리게 되었고, 잉글랜드에서는 소기도서들(prymers)로 알려졌다. 라틴어나 영어로 쓰여 진 소기도서들은 때때로 누군가에게 읽기를 가르치기 위한 "주요" 교재로 사용되었다.

그림 156. 시과전례서로 동정녀 마리아에게 읽기를 가르치는 성 안나(1524) (Rosenwald manuscript 10, Library of Congress)

이러한 목적을 상징적으로 나타내기 위해, 소기도서들에는 성 안나(St. Anne)가 동정녀(Blessed Virgin)에게 읽기를 가르쳐주는 삽화가 포함되어 있곤 했다[그림 156]. 결국에는 성찬식과 관련된 기도문들과 명상록을 포함한 시과전례서들도 만들어졌다[그림 157]. 사제들에 의해 말하여지는 다른 비슷한 기도문들도 시과전례서들에 포함되었는데, 때로는 거의 미사 전체를 위한 기도문들이었다.

명상록이나 미사에 대한 알레고리적인 해석을 제시하는 책들도 있었다. 평신도는 미사의 각 부분을 위해 주기도문과 성모송(Hail Mary)을 아주 많이 하라는 가르침을 받았다. 마지막으로, 당시에 평신도에게 미사에 참여하거나 "듣는"(hear) 법에 대해 가르치는데 보다 더 집중한 책들과 책들의 일부들이 등장했다. 예를 들어, 『평신도 미사책』(Lay Folks Mass Book)이 프랑스에서 12세기 후반에 등장했고, 몇 년에 걸쳐 다른 언어들로 번역이 되었는데, 그 과정 속에서 추가적인 기도문들과 다른 내용들이 포함되게 되었다. 『평신도 미사책』은 거양 예식을 하는 동안에 제병에 경의를 표하는 최초의 기도문들 중 일부를 포함했다.[20] 그러나 『평신도 미사책』과 당시의 다른 책들에는, 미사 전문과 바뀔 수도 있는 고유문들이 라틴어나 번역문으로 인쇄되어 있었다 하더라고 극히 드물었다.

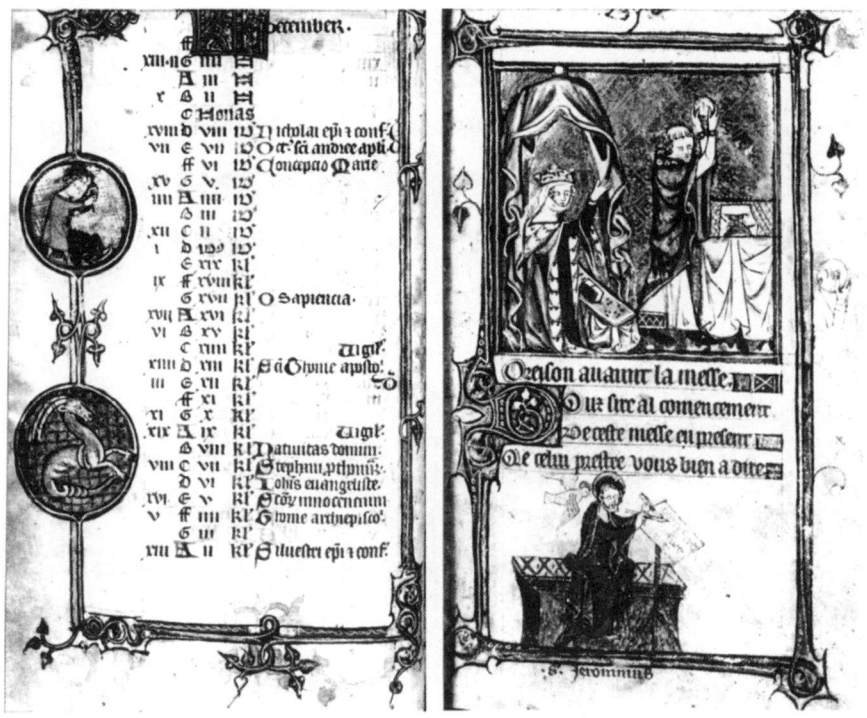

그림 157. 4세기 초의 시과전례서인 『테이마우스 시과전례서』(Taymouth Hours)에서 발췌한 두 페이지. 이 책은 잉글랜드의 에드워드 2세(Edward II)의 딸인 조안(Joan)으로 추정되는 당시의 귀부인을 위해 쓰여 졌다. 이 복사된 페이지들은 책이 시작됐던 교회력의 마지막 부분과 아마도 그 귀부인이 참석한 미사를 묘사한 삽화가 그려진, 미사 전 기도문(Oreison avaunt la messe)을 보여준다. 비록 그 기도는 미사 전에 드려지지만, 삽화는 미사에서 가장 특징적이고 중요한 의례의 순간인 성체 거양을 묘사하고 있다(Harthan, p. 46).

---

20 왕이시여, 찬양 받으소서.
왕이시여, 송축 받으소서.
당신이 베푸신 모든 선한 선물로 인해,
왕이신 당신께 감사드리나이다.
나를 위해 당신의 피를 흘리시고,
십자가에서 죽으신,
나의 모든 기쁨이 되시는, 예수여.
당신은 나에게 당신을 찬양하는 노래를 할 수 있도록,
은혜를 베푸셨나이다.
(14세기 초의 거양 기도문, *The Lay Folks Mass Book*, p. 40).

4) 요약

중세 시대 후기의 교회 건축물들은 사제와 성가대, 평신도를 위한 여러 부분으로 세분화되었는데, 당시의 전례서들에서도 유사한 일이 일어났다. 각 집단은 교회 건물 안에 그들의 자리를 갖고 있었다. 성단소 내의 중앙 제대에 있던 사제의 자리는 분명히 가장 중요한 공간이었다. 이와 유사하게, 각 집단을 위한 특유의 책들이 만들어졌다.

사제를 위한 책(미사경본)이 가장 탁월했는데, 사실상 모든 다른 전례서의 미사 거행에 관한 중요한 내용들을 다 담고 있었다. 미사경본은 공경을 받아야 한다고 암묵적으로 인식되었다. 화려하게 수를 놓은 천으로 덮을 수 있는 쿠션이나 목재탁자 위에 미사경본을 놓는 관습이 늘어가고 있었다는 사실이 13세기경의 자료에서 이미 입증되었다.

시릴 보겔(Cyrille Vogel)이 언급했듯이, 미사경본은 단순히 새로운 책이 아니었다. 미사에 대한 새로운 이해의 상징이기도 했다.[21] 중세 시대가 끝날 무렵에, 평범한 신자들은 성찬식의 중심 행위에서 꽤 무시되어졌고, 어떤 면에서는 성찬 행위와는 무관하다고까지 여겨지기도 했다.

평신도를 위한 기도서들을 만든 일은 이러한 상황에 대한 반응의 일부로 이해될 수 있었다. 이 시대의 후반부에, 내면과 묵상을 보다 중요하게 여긴 사람들 사이에서 일어난 종교 운동이 평신도용 기도서들이 등장하는 데에 도움을 주었다. 본 장의 도입 부분에서 언급되었듯이, 부유한 교회와 가난한 평범한 사람들의 빈부격차는 매우 컸다. 외관을 강조하던 종교에 저항하는 여러 모습이 내면의 삶과 묵상, 특히 그리스도의 고난을 강조하는 많은 집단에서 잘 드러났다.

아시시의 프란시스와 그의 추종자들을 이러한 추세에 대한 초기 본보기로 들 수 있다. 카타르파(헬라어, *katharos*, "순전한")와 같은 매우 극단적인 집단들은 물질과 육체의 것들을 악으로서 거부했는데, 여기에는 성육신의 교리와 모든 성례전도 포함되었다. 그들은 정죄와 박해를 받았다. 내면의 것들에 대한 주류의 열망은, **데보티오 모데르나**(Devotio *Moderna*, 라틴어, "현대적 신심")로 알려진 14세기와 15세기의 영향력 있는 운

---

21 미사 전서(plenary missal)는... 미사를 고찰하는 새로운 방식의 결과이다. 성찬 예식은 사제, 사역자들, 가수들, 사람들이 힘을 합해 독특하고 협력적인 역할들을 행하는 **악티오 리투르지카**(*actio liturgica*, 라틴어, "전례 행위")가 아니게 된다. 그 결과, 사제는 이러한 전례 과정의 단독 행위자로서, 이후에 새로운 유형의 책을 공급받게 될 것이다(Vogel, *Medieval Liturgy*, p. 105).

동과, 토마스 아 켐피스(Thomas a Kempis, 1471년 사망)가 썼을 것이라고 여겨지는 그 운동의 가장 유명한 영적 지침서인 『그리스도를 본받아』(Imitation of Christ, 약 1418년)로 상징되었다[그림 158].

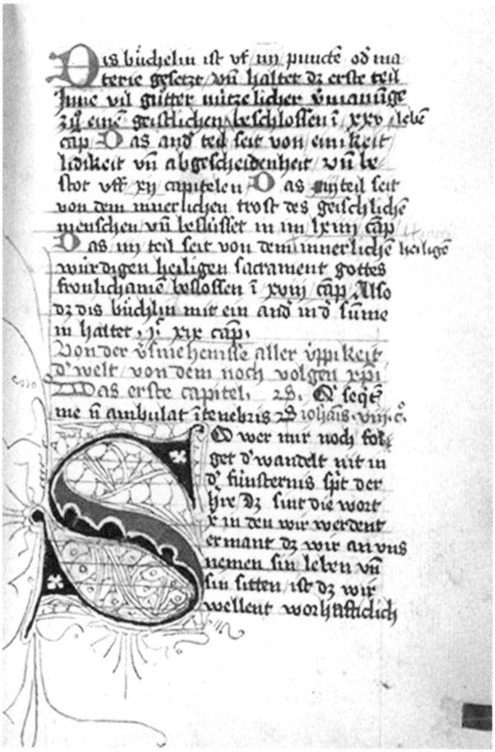

기도와 묵상을 위한 개인용 책들이 개인적인 성찰에 도움을 주는 도구이기는 했지만, 동시에 개개인이 사제의 행위로부터 뿐 아니라 서로에게도 분리되는 예전적인 고립에도 기여했다. 보기, 듣기, 결국엔 읽기가 성찬식 동안에 신자들에게 허락된 참여의 지배적인 형태였다.

침묵 미사가 널리 퍼졌고, 대부분의 평신도는 라틴어를 이해할 수 없었으며, 연주되는 음악은 난해했기 때문에, 듣기는 갈수록 덜 중요해지는 참여의 형태가 되었

그림 158. 『그리스도를 본 받아』(Imitation of Christ)의 15세기 필사본 페이지

다. 그 대신 회중은 예전이 거행되는 동안에, 예전이나 기도, 읽기를 조용히 지켜보게 되었다. 이러한 행위들은 틀림없이 많은 평신도를 만족시켰다. 그럼에도 불구하고, 그 행위들은 사람들의 예전적 고립과 전례 회중의 분열에 기여했다.

4. 그릇(용기)

중세 시대 후기에, 역설적이라고 할 수 있는 두 가지 추세가 그릇의 발전에 영향을 끼쳤다.

첫째, 빵을 위한 그릇의 지속적인 수적 증가였다. 성체 전시를 위한 그릇들의 등장이 가장 중요했다. 축성된 빵을 담기 위한 그릇들의 유형들은 늘어났지만, 축성된 포도주를 위한 그릇이나 용기의 수는 줄어들었다. 이 기간에 사람들에게서 잔은 완전히 치워졌다. 평신도를 위한 영성체(communion)는 빵의 형태로만 주어졌다. 신학적으로

이러한 관습은 "병존설"(concomitance, 라틴어, *per concomitantiam*, "연합으로")이라는 새로운 이론으로 뒷받침되었다. 성체의 완전 현존 이론은, 빵이 그리스도의 몸으로 성변화될 때 그리스도의 피도 함께 존재한다고 주장한다. 토마스 아퀴나스와 같은 신학자들이 이 이론을 옹호했다.

이러한 추세들은 평신도들이 성찬식에 참여하는 일이 갈수록 더 희귀해졌다는 사실을 강조했다. 이러한 상황에 대한 이유들은 다양하고 복잡하다.

한편으로, 이것은 신자들의 무가치, 교회에서의 열등한 지위, 보속(penance)의 필요를 강조했던 신학과 실천이 수 세기에 걸쳐 누적된 결과였다.

다른 한편으로, 평범한 사람들은 보다 능동적으로 참여할 수 있었던 매우 다양한 신심(devotions)과 대중 예식들에서 의례적인 만족감을 찾았다. 따라서 성찬 배수가 제한되었기는 했지만, 대부분의 신자들은 성찬적으로 궁핍하다고 느끼지 않았다. 수 년간, 심지어는 그보다 더 오래 성찬을 받지 않았던 사람들도 있었다. 신학적으로 이러한 관례는 사제가 사람들을 대표해서 성찬을 받는다고 제시한 이론이 발전되면서 정당화되었다.[22]

줄어드는 신자들의 성찬 배수에 대한 반응으로, 교회는 모든 신자는 부활 절기 동안에 적어도 1년에 1번은 성찬식에 참여해야 한다는 교령(교회장이 거부된다는 위협과 함께)을 내렸다. 신자들의 죄악과 보속(penance)의 필요에 대한 가정을 염두에 둔 그 교령은, 먼저 신자들의 연례 고해를 요구했다.[23] 그 교령은 효과적이었던 것 같다.

보세(Vauchez)가 언급하듯이, 적어도 1년에 1번이라도 고해를 하지 않는 평신도는 매우 드물었다. 반면에, 잦은 성찬 배수는 여전히 극히 한정된 영적 엘리트의 전유물로 남았다(p. 105). 다음의 사실을 인정하는 것도 중요한데, 사람들이 성찬식에 참여할

---

[22] 밤베르크의 오토(Otto of Bamberg, 1130년 사망)는, 개종한 포메라니아인들(Pomeraians)이 만약 그들 스스로가 받을 수 없다면, 그들의 사제들을 통해 성찬을 받아야 한다고 말했다. 레겐스부르크의 버홀드(Berhold of Regensburg, 1272년 사망) 성찬을 주는 사제는 입이고 우리는 몸이기 때문에, 사제는 "우리에게 영양분을 공급한다"고 설명했다. 윌리엄 두란두스(William Durandus the Elder, 1296년 사망)는 "죄가 많기 때문에" 신자들은 1년에 3번 성찬을 받지만 "사제들은 우리 모두를 위해 매일 [받는다]"라고 제안했다. 작센의 루돌프(Ludolf of Saxony, 1377년 사망)는, 사역자들이 전체 공동체를 위해 매일 성찬을 받기 때문에 성찬이 우리의 매일 양식이라고 불린다고 주장했다(Bynum, *Holy Feast and Fast*, p. 57).

[23] 남녀 할 것 없이 분별 연령(years of discretion)이 넘은 모든 신자는, 최소한 1년에 1번씩, 자기 죄를 자신의 사제에게 홀로 신실하게 고백하도록 하라. 그리고 온 힘을 다해 자신에게 명해진 보속을 이행하도록 애쓰도록 하라. 어떤 타당한 사유로 인해 일시적으로 성찬을 받으면 안 된다고 사제가 충고하지 않은 이상, 최소한 부활절에는 성찬의 성례전을 경건하게 받도록 하라. 그렇지 하지 않는 사람은, 살아있을 동안에는 교회에 출입하지 못하도록 하고, 죽을 때에는 교회장(Christian burial)을 허용하지 않도록 하라(Fourth Lateran Council [1215년], ch. 21, in Denzinger, *The Sources of Catholic Dogma*).

때 미사의 성찬식 중에 실제로 참여했던 적은 매우 드물었다. 대개는 성찬식 거행 전이나 후에 보통 부제대에서 참여했다.

둘째, 성찬식 참여 빈도에 대한 한 가지 예외는, 보다 잦은 성찬식을 갖고자 했던 일부 신비주의자들, 특히 여성 신비주의자들의 요구였다. 캐롤라인 워커 바이넘(Caroline Walker Bynum)이 주장하듯이, 많은 선생과 설교자, 고해신부는 이 성례전의 숭고함(magnificence)과 성찬 배수에 따르는 위험을 강조하면서, 많은 신자의 마음에 성찬에 대한 두려움의 씨앗을 심었다. 이러한 두려움은 깊게 뿌리내린 자신의 가치없음에 대한 의식과 함께, 많은 이들을 효과적으로 성찬에서 멀어지게 만들었다.

다른 한편으로, 바이넘은 이러한 경건한 두려움을 통해, 성찬에 대한 갈구가 실제로는 커진 것을 알게 된 독실한 신자들도 있었다고 믿는다. 그렇다고 그러한 독실한 신자들이 반드시 성찬식에 더 자주 참여했던 것은 아니다. 그 점을 설명하기 위해, 바이넘은 코르토나의 마가렛(Margaret of Cortona, 1297년 사망)의 이야기를 들려준다.

"그녀는 고해신부에게 성찬식에 자주 참여할 수 있게 해 달라고 간절히 간청했다. 그러나 그 특권이 주어졌을 때… 그녀는 자신의 가치없음에 두려움을 느껴 포기했다"(p. 58).

어떤 신비주의자들에게는 이러한 갈등은 환상을 통해 해결되었다. 다른 이들의 경우, 미사에서 거양되는 제병을 응시하거나, (성체)강복(benediction)이나 공경(adoration)의 시간에 성광(monstrance) 안을 바라보는 것으로 대체될 수 있었다. 이러한 "시각적 성찬식"(ocular communion)은 받는 성찬식과 함께 "두 번째 성례전"(second sacrament)의 지위를 얻으면서, 당시의 평범한 신자들에게 중요한 영적 의식이 되었다(Bynum, p. 55).

1) 빵과 빵 그릇

9세기에 처음으로 언급된 무교병 사용이 11세기경에 서방에서 보편화되었다. 성찬 빵을 두 가지 서로 다른 크기, 예를 들면 사제용은 크게, 평신도 수찬자용은 작게 굽는 관습도 일반적인 관습이 되었다. 14세기에 어떤 지역들에서는 제병을 굽는 일이 교회의 승인이 요구되는 사업이 되었다. 이 기간에는 신자들이 먹을 것이라는 생각을 절대로 하지 않은 축성된 빵을 담기 위해 고안된 무덤 제대(Easter sepulchers)나 성광

(monstrances)과 같은 새로운 그릇들이 만들어졌다.

이러한 그릇들은 신자들을 능동적으로 참여하는 성찬 배수자라기보다는 성찬 관찰자나 숭배자에 보다 가깝게 만들어버린, 수 세기에 걸쳐 진행된 일들이 절정에 이르렀다는 것을 특별한 방식으로 표현했다.

(1) 키보리아(*ciboria*, 성합)

이 기간에, 교회 밖에서 성찬 빵을 담아 나르기 위한 그릇들은 교회 내에서 성찬 빵을 보관하기 위해 사용된 그릇들과 갈수록 더 구별되어졌다. 성합(pxy)은 교회 밖에서 성찬 빵을 담을 때, 특히 병자에게 성찬 빵을 가져다줄 때 사용된 그릇이었다. 우리는 이미 앞에서 첫 번째 천년이 끝날 무렵에, 병자들이나 죽은 자를 위한 성찬 빵을 담는 성합을 성찬식이 거행되는 동안에 제대 위에 올려놓는 관습을 가진 지역들이 있었다고 언급했다.[24]

짐작컨대 그 성합은 성찬식이 거행되는 동안에 축성되게 될 축성되지 않은 빵을 담고 있었던 것 같다. 결국엔, 어떤 종류의 신자들이든 간에, 그들이 대개 미사 전이나 후에 받게 될 성찬 빵을 담기 위해 성합을 사용하는 것이 관례가 되었다. 이러한 일이 일어난 부분적인 이유는 성반의 크기가 작아졌기 때문이다. 성반의 크기는 사제가 먹게 될 커다란 제병 하나만 담을 수 있는 정도였다. 평신도 성찬 배수자들을 위해 구워진 작은 제병들은 다른 그릇에 담겼다. 이미 병자나 죽어가는 자들의 성찬 빵을 담기 위해 사용되었던 성합이 이 목적을 위해 선택되었다.

그 과정 속에서, 성합의 모양이 서서히 변화되었다. 미사 성합은 이전에 성찬식 밖에서 사용되었던 것들과 같은 대개는 둥글고, 원뿔 모양의 껑이 있으며, 때때로 십자가가 그 뚜껑 위에 얹어진-모양이었지만, 이제는 성작과 비슷하게 손잡이대(stem)

그림 159. 15세기 중엽에 독일 남부에서 제작된 키보리움(ciborium)으로, 전형적인 성합 모양 용기와 손잡이대로 구성되어 있다

---

24 제4장 각주 33번을 보라.

가 달리게 되었다[그림 159]. 미사 성합은 **키보리움**(*ciborium*, 헬라어, *koborion*, 잔처럼 생긴 씨를 담는 그릇)으로 불리게 되었다.

(2) 무덤 제대(*Easter Sepulchers*)

무덤 제대는 특별히 이 시대에서 매우 특이한 "성찬 그릇들" 중 하나였다. 이 그릇은, 970년과 973년 사이에 잉글랜드의 수도사들과 수녀들을 위해 쓰인 문서인 『일치 수도 규칙서』(*Regularis Concordia*, 라틴어, "수도원 규칙서")에 이미 기록되어 있는, 연극 예식(dramatic practice)으로부터 만들어졌다.

이 문서는, 많은 이들이 전례극의 기원이라고 여기는 것에 대한 붉은 글자 지시문과 텍스트를 담고 있다. 성토요일에 수도사들과 수녀들은 십자가를 "묻었고", 부활절 조과(Easter Matins) 전에 성구 관리인(sacristan)이 십자가를 옮겼다. 그리고 부활절 조과 동안에 수도사들과 수녀들은 복음서들에 기록된, 부활절 아침에 있었던 여자들과 천사의 만남(예를 들면, 마 28:1-7)을 간략하게 재현했다.[25]

이 예식이 잉글랜드 전역과 유럽 대륙에 퍼졌고, 잉글랜드에서 16세기 종교개혁운동이 일어날 때까지 지속되었다. 원래 이 의례에서는 십자가만이 "묻혔지만", 나중에 사람들은 축성된 제병도 묻기 시작했다. 최초의 무덤 제대는 이동식 목재 구조물이었다[그림 160].

---

25 우리가 우리 구주의 몸을 엄숙하게 묻는 매장하는 그 날에... 그 몸을 위한 공간이 있는 제대의 바로 그 부분에는, 장막이 달려 있는 무덤(sepulchre)처럼 묘사된 것이 있을 것이다. 그 곳에는 경배되었던 거룩한 십자가가 놓일 것이다.... 그들이 그 안에 십자가를 둘 때는, 우리 주 예수 그리스도의 몸을 매장했던 사람들을 모방하여, 노래할 것이다.... 그리고 밤 동안에 시편을 영창하면서 신자들을 깨어있게 할 형제들을... 두 세 사람으로 하여금 선출하도록 하라.... 거룩한 부활절 당일에... 조과를 알리는 종들이 울리기 전에, 성구 관리인들은 십자가를 가져다가 제자리에 놓을 것이다.... 제3과(the third lesson)가 낭독되는 동안에, 네 명의 형제 중 한 명이, 어떤 다른 목적을 갖고 있듯이, 장백의(alb)를 입고 드러나지 않게 조용히 들어가 "무덤(sepulchre)"의 장소로 가서, 손에 종려나무 가지를 들고, 거기에 조용히 앉아 있을 것이다.... 대법의(cope-망토 모양의 긴 외투)를 입은 다른 세 명의 형제들은 향로를 손에 들고... 무덤에 앉아 있던 천사와 예수의 몸에 바를 향유를 가지고 왔던 여인들을 모방하여... 마치 무엇을 찾는 것처럼..."무덤"의 장소로 갈 것이다. (장백의를 입고) 앉아 있는 형제가 이 세 명의 형제가 가까이 오는 것을 보게 될 때... 그는 "Quem quaeritis"[라틴어, "당신들은 누구를 찾고 있습니까"]를 부드럽고 다정하게 노래하기 시작한다... 그 세 명은 함께 "Ihesum Nazarenum"[라틴어, "나사렛 예수입니다"]이라고 대답할 것이다. 그 다음에 앉아 있는 형제가 "Non est hic. Surrexit sicut praedixerat. Ite, nuntiate quia surrexit a mortuis"[라틴어, "그분은 여기에 계시지 않습니다. 그분은 이미 말씀하셨던 것처럼 부활하셨습니다. 가서 알리십시오. 그분이 죽은 자들 가운데서 살아나셨기 때문입니다"]라고 말할 것이다. 그 명령을 듣고, 그 세 명은 성가대를 향해 돌아서서 "Alleluia. Resurrexit Dominus"[라틴어, "알렐루야, 주님께서 부활하셨습니다"]라고 말할 것이다. 이 노래가 불릴 때, 앉아 있는 형제는 마치 그들을 다시 부르듯이 교송(antiphon) "Venite et videte locum"["와서 여기를 보시오"]를 말할 것이다. 그 후 일어나서 베일을 들어 올려 십자가는 없고 십자가를 감쌌던 세마포만 놓여있는 곳을 보여줄 것이다(*Regularis Concordia*, nos. 46-51).

그림 160. 목재로 제작된 무덤 제대(Easter sepulcher)(*Birmingham and Midland Institute Transactions*, Archaeological Section, p. 80)

비록 석재 무덤 제대의 증거에 관한 널리 퍼진 문헌도 있긴 하지만, 크리스토퍼 허버트(Christopher Herbert)의 최근 연구에 따르면, 석재 무덤 제대는 극히 드물었고, 사실상 이 시대에는 존재하지 않았다. 때때로 부자들이나 유력자들은 한층 높인 평평한 덮개를 가진 무덤을 만들어, 성토요일에 이동식 무덤 제대를 그 덮개 위에 올려놓을 수 있도록 했다. 그들은 때때로 축성된 제병이 자신들의 무덤 위에 있는 동안에는 연옥에서 고통받지 않을 것이라고 기대하기도 했다.

그러한 무덤 제대들과 그것들과 관련된 의례들의 발전은, 예전 안에서 기독교 신앙을 연극적으로, 거의 문자적으로 표현하고자 한 중세 시대의 본능을 강력하게 보여주는 예들이었다. 무덤 제대들은 또한 연옥에 대한 그리스도인들의 깊은 염려와, 고통과 정화의 과정은 영생으로 들어가기 위해 당연히 겪어야 하는 부분이라고 여긴 신자들 대부분의 강한 기대를 구체적으로 입증하는 증거이기도 했다.

(3) 성광(Monstrances)

성광보다 중세 시대 후기의 성찬신학들을 더 잘 상징하는 그릇도 없다. 성광은 복잡한 예전 및 신앙적인 추세들에 반응하여 발전했다. 그 중에는 우리가 이미 살펴본 추세들도 있다. 예를 들어, 신자들로부터 잔을 치운 것, 축성된 빵에 더욱 초점을 맞추게 된 것, 평신도는 성찬을 받기에 가치가 없다고 여긴 것, 보다 연극 및 시각적으로 예전을 표현하고자 한 것, 거양이 등장한 것, 그리고 무덤 제대 전통에서 입증되었듯이 축성된 제병을 신적인 순교자인 그리스도의 유물처럼 취급하고자 했던 문자주의적인 해석이 포함된다.

이러한 추세들은, 13세기 중반의 **성체**(Corpus Christ, 라틴어, "그리스도의 몸")축일, 그리고 그 축일을 기념하는 행렬과 축성된 빵에 현존하시는 그리스도를 높이는 다른 의례들이 나타나는데 영향을 끼쳤다. 반면에 "성혈"(Precious Blood) 축일이 19세기가 될 때까지 등장하지 않았다는 것은 주목할 만하다.

결국에는, 성체를 보다 영구적으로 전시하기 위한 특별한 용기들이 제작되었다. 그러한 용기들을 분명하게 입증하는 최초의 문헌은, 나중에 시복되고 프로이센의 수호성인으로 선포된 몽토의 도로시(Dorothy of Montau, 1394년 사망)의 생애를 다룬 책이다. 그녀의 전기 작가는 성체(Blessed Sacrament)를 향한 도로시의 열정적인 헌신을 언급하면서, 도로시가 마리엔베르더(Marienverder)교회 안에 있는 독방에서 은자의 삶을 살아갈 때, 그녀를 위해 성체가 초기의 성광에 매일 어떻게 나타났는지를 묘사했다.[26]

14세기와 15세기 초기에 만들어진 성광들도 있다[그림 161]. 그 중 어떤 것들은 당시의 성유물함들(reliquaries)을 본떠서 제작되었다. 성유물함은 유리나 크리스털로 된 실린더에 성유물(relics)을 담았다. 이러한 점진적인 변화는 하나의 그릇을 다른 목적으로 사용한 실용적인 응용의 결과였을 뿐 아니라, 성체(Eucharist)는 궁극적인 기독교의 유물로, 그리스도가 최고의 순교자로 흠숭되었다는 것에 대한 함축적인 인정이기도 했다. 결국에 성광은 마디(node)가 있는 손잡이대와 커다란 축성된 제병을 담는 평평한 창으로 구성된 독특한 용기로 발전되었다.

성광들은 때때로 주위의 건축물에 어울리도록 제

그림 161. 1400년경의 성작(Brukenthal Museum)

---

26 그녀의 고해신부는 미사를 드릴 때마다 그녀가 그토록 사모했던 우리 주님의 몸으로 하는 기쁨의 성찬식으로 그녀를 도와야겠다고 결심했다.... 그녀가 죽기 전 약 20주 동안에 그 일이 매일 같이 행해졌다. 그녀의 고해신부는... 관구의 주교와 수도원 부원장의 허락 하에, 성작들과 다른 미사 용기들이 안전하게 보관되어 있는 적당한 성유물함(reliquary)에 성체를 넣어 두었다. 이 성유물함은 도로테아의 독방을 마주보는 장의자에 붙어있었다. 도로테아는 이처럼 성체를 장의자에 보관하고 밤마다 성찬식을 행하는 일을 통해 하나님을 기쁘시게 해 드릴 수 있다는 것을 말과 행동으로 분명히 알게 되었다(von Marienwerder, *The Life of Dorothea von Montau*, p. 169).

작되었다. 금이나 은으로 성스러운 그릇들을 제작한 당시의 유행했던 관습은 성광에도 지속되었다. 이 그릇들은 교회의 가장 귀중한 성체를 담는 현시용 그릇들이었기 때문에, 귀한 보석과 정교한 금속세공으로 장식되곤 했다.

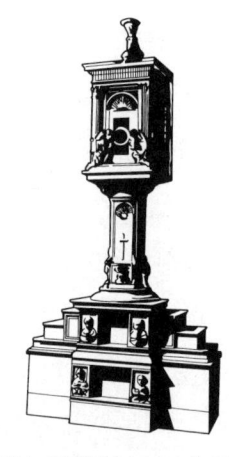

그림 162. 13세기 로마의 산 클레멘테(San Clemente)에 있던 벽 감실(wall tabernacle)(Righetti, 1:436)

그림 163. 오스트리아에 있던 중세 후기의 성체 보관실(sacrament house)(Righetti, 1:439)

그림 164. 볼테라(Volterra) 주교좌 성당의 중앙 제대 위에 있는 미노 다 피에솔레(Mino da Fiesole)가 제작한 감실(1471년). 축성된 제병을 담는 둥근 그릇이 감실 앞면에 붙박이로 만들어져있다

중세 시대 말경에는, 현시된 성체(Blessed Sacrament)에 대한 신심(devotion)이 만연했다. 그 관습은 영적 자양분과 신비적인 경험이 깊어지는 원천이었고, 또한 의심스럽고 심지어는 미신적인 신앙이 생기는 원인이기도 했다. 따라서 그 관습을 크게 지지하기도 했고, 심각하게 우려하기도 했다.

예를 들어, 교황 레오 10세(Lex X, 1521년 사망)는, 미사를 거행하는 동안에, 성찬 예식에 엄숙함을 더하고자 했던 예식인 성체 현시를 허용했다. 반면에, 중세 시대 후기의 가장 학식 있는 교회의 지도자 중 하나였던 쿠사의 니콜라스(Nicolas of Cusa, 1464년 사망)는, 이 관습이 지닌 분명한 위험을 인식했는데, 매우 대중적이기는 하지만 신학적으로 옹호될 수 없는 신앙을 초래했기 때문이다.[27] 그러나 그러한 이의들에도 불구하

---

27 1450년에 쿠사의 니콜라스(Nicolas of Cusa) 추기경이 교황 특사로서 독일 전역을 여행할 때, 성체 현시를 길게 하는 것과, 어떤 이유로든 간에 덮여 있지 않은 성체를 갖고 다니는 것에 대해 반대했다. 그는 또한 성체는 전시용이 아니라 음식으로 제정되었다고 지적하면서, 성체형제회(Blessed Sacrament confraternities)를 더 이상 창설하지 못하도록 했다. 위협적인 악은 [사람들이] 성체를 실제로 경배하기보다는, 먼저 그 안에서 현세의 복의 원천을 찾고자 하는 것이었다. 특히 축성 때 거룩한 성체를 보는 것은 유익한 효과를 내야 했다.... 누구든지 아침에 거룩한 성체를 보는 사람은, 예를 들어, 그 날에 눈이 멀지

고, 이 관습과 그와 관련된 용기들은 다음 몇 세기 동안에 더욱 발전했다.

(4) 감실(tabernacles)

이전 시대에서 그랬듯이, 성체를 계속해서 남겨두는 지역이 많았다. 예를 들어, 성체는 제대 위에 매달아 놓은 성합에, 특별한 상자나 탑에, 또는 제구실의 찬장이나 벽장에 남겨두었다. 결국엔 공적으로 남겨두기 위해 보다 안전한 장소들이 만들어졌다. 성체의 안전에 대한 우려로 인해, 당시의 어떤 공의회들은 성체는 반드시 잠기고 안전한 곳에 넣어 주어야 한다고 규정했다.[28]

붙박이 벽감실들(wall tabernacles)이 12세기경에 이탈리아에서 등장했다[그림 162]. 북유럽에는 "성체 보관실"이 보다 일반적이었다. 때때로 주교화 교회의 첨탑을 닮은 탑 모양의 구조물들도 이러한 보관 장소들로 사용되었는데, 대개 성단소 내 또는 근처에 위치했다[그림 163].

때때로 이렇게 크게 제작된 감실들은, 감실 내의 철창살 뒤에 성광을 놓도록 하거나, 아니면 감실 바로 앞에 축성된 제병을 담는 그릇을 마련해서, 성체 현시를 위한 공간을 제공할 수 있었다. 때때로 대 제대 바로 위에 감실이나 성체 보관실을 만들어 놓은 경우도 있었다[그림 164]. 처음에는 예외적인 관행이었지만, 다음 시대에는 가톨릭 교회의 원칙이 되었다.

2) 포도주와 포도주 용기

우리는 앞에서 기독교 성찬식을 거행할 때 포도주를 사용하는 것이 초창기부터의 관행이었다고 언급했다. 성례전에서 사용하는 과실주(wine)에 대한 규정은 거의 없었다. 한 가지 예외는 제4차 오를레앙 공의회였다.[29] 그러나 중세 시대 후기에, 아퀴나스와 같은 신학자들은 포도주만이 성찬식에 적합한 물질이라고 주장했다.[30]

않을 것이고, 급사하지 않을 것이고, 배고프지 않을 것이다(Jungmann, *Pastoral Liturgy*, p. 71).

28 우리는 모든 교회에서, 성유와 성체는 자물쇠로 채워 안전하게 보호될 수 있는 곳에 보관되어야 한다고 포고한다(Fourth Lateran Council [1215년], ch. 20, in Mansi, *Sacrorum Conciliorum*).

29 제4장 각주 35번을 보라.

30 이 성례전은 포도로 담근 과일주(wine)만으로 거행될 수 있다. 첫째, 그리스도의 제정사 때문이다. 그분께서 직접 하신 말씀이 증명하듯이, "내가 포도나무에서 난 것을 이제부터 마시지 아니하리라"[마 26:29], 그분은 포도로 담근 과실주로 이 성례전을 제정하셨다. 둘째, 적절하고 보편적으로 여겨지는 성례전의 물질

플로렌스 공의회의 여덟 번째 회기(1439년 11월 22일)는 성찬식에서 용인되는 물질은 포도주뿐이라고 공식화했다. 이 입장은 12세기 초에 로마 가톨릭교회법의 일부가 되었고, 오늘날까지 계속해서 시행 중이다. 중세 시대 내내, 성찬식에 사용하는 포도주를 생산하는 일은 대부분 수도원을 통해 이루어졌다.

(1) 성작

빵을 담는 새로운 그릇들이 만들어지고 있었던 것에 반해, 포도주를 담는 용기들의 수는 줄어들었다. 위에서 언급했듯이 빵을 위한 그릇들이 어느 정도 발전하는데 영향력을 끼쳤던 평신도 신심(lay devotion)에 관해서라면, 성작은 분명히 부차적인 용기였다. 잔은 평신도들의 중요한 신심(devotion)의 대상이 아니었다. 왜냐하면 12세기에 이르러 대부분의 지역에서 잔이 치워졌기 때문이다.

비록 잔이 그리스도의 피를 담고 있기는 했지만, 예전 중에 볼 수 있는 것이 아니었고, 예전 후에 보관하기도 쉽지 않았다. 따라서 성찬 포도주는 제병과는 달리 열렬한 공경의 대상이 아니었다. 이는 미사 중에 성작 거양이 뒤늦게 도입된 데에서 잘 나타났다.

그림 165. 고딕 건축 양식의 영향을 보여주는 종이 달린 성작

성작 거양이 13세기에 행해졌다고 제시하는 증거들도 있기는 하지만, 드문 경우였다. 성작 거양은 14세기에 널리 확산되었다. 그러나 융만(Jungmann)이 언급하듯이, 성작 거양에 대한 증거가 로마에는 많지 않았다. 16세기 로마 미사경본의 인쇄본들(1500년판, 1507년판, 1526년판)은 성작 거양을 언급하지 않는다. 로마교회가 이 두 번째 거양과 축성된 제병의 거양을 동등하게 여겼다는 것을 보여준 책은 『피우스 5세 미사경본』(Missal of Pius V)(1570)뿐이다(The Mass of the Roman Rite, II: 207-208).

손잡이가 두 개 달린 성작은 중세 시대 후기에는 사용하지 않게 되었고, 평신도가 잔으로 성찬 포도주를 마시는 것도 끝났다. 당시 성작의 잔 부분은 대개 원뿔 모양이었고, 육각

로 포도로 담근 과실주가 선택되었기... 때문이다. 이제는 포도로 담근 것이 포도주(wine)라고 올바르게 불린다. 반면에 다른 술들은 포도주와 닮은 과실주(wine from resemblance to the wine of the grape)로 불린다. 셋째, 포도주가 이 성례전의 영적인 효과에 더욱 부합되기 때문이다. 왜냐하면 "사람의 마음을 기쁘게 하는 포도주"[시 104:15]라고 기록되었기 때문이다(Thomas Aquinas, *Summa Theologica*, part 3 quest. 74, art. 5, respond.).

형이나 팔각형의 손잡이대가 붙어있었다. 마디(node)에는 종종 도료가 입혀지고, 상이 새겨졌거나, 주위의 건축물 양식을 축소된 크기로 반영한 건축물 형태로 정교하게 만들어지기도 했다. 여러 종이 달린 성작들도 있었는데, 아마도 거양하는 동안에 들려진 성작들로 주의를 집중시키는 목적이었던 것 같다[그림 165].

성작의 커다란 받침대는 여섯에서 여덟 구획으로 나뉘곤 했고, 때때로 도료를 입힌 원형 장식으로 꾸며졌다. 여러 교회회의는 성작을 제작할 때 사용될 수 있는 재료들을 규제했다. 나무나 유리, 구리는 대개 사용이 금지되었다. 주석은 허용되었는데, 대개 가난한 교회들을 배려하는 차원에서였다. 그러나 금과 은이 선호되었다.[31]

(2) 주수병(Cruets)

우리는 3장에서, 아마도 4세기 초의 것이라고 여겨지는, 성찬식 때 성작에 부어지기 전에 물과 포도주를 담아 가져오는데 사용되던 특별한 용기에 대해 기록했던 증거를 살펴보았다. 이러한 용기들 대부분은 신자들의 소유물들이었다. 그들은 이 용기들을 사용하여 빵과 포도주를 예배에 헌물로 가져왔다. 여러 가지 이유로 인해 그 관습은 수 세기에 걸쳐 사그라졌다.

이러한 변화에 원인을 제공한 한 가지 요인은, 성찬 빵의 모양과 질에 대한 규정들로, 평범한 사람들이 빵과 포도주를 예배에 예물로 가져오는 것을 허용하지 않았다. 그 다음엔 신자들에게서 잔을 서서히 회수했다. 신자들은 미사에서 더 이상 축성된 포도주를 받지 못했기 때문에, 포도주를 성찬 예물로 가져오려는 마음도 거의 없었다. 보다 실제적인 관점으로 보자면, 북쪽 국가들에서 포도주는 지중해 연안 지역에서처럼 일반적인 음료가 아니었다. 대신, 맥주가 보다 대중적인 음료였다. 맥주는 8세기와 9세기에 어떤 베네딕트수도회의 수도원들에서 최초로 생산되었고, 1000년경에 일부 새로운 도심지들에서 상업적으로 양조되기 시작했다. 많은 사람에게 포도주는 아무 때나 마실 수 있던 음료가 아니었다. 따라서 성찬식을 위해 쉽게 가져올 수 있는 예물이 아니었다.

특별한 경우엔 예물 봉헌 행렬을 했었다는 12세기의 증거들이 있기는 하지만, 중세 시대의 로마 예식에서는 예물 봉헌 행렬이 교황청이 했던 것처럼 빠져있었다. 최소한

---

31 제4장 각주 39번을 보라.

13세경에, 봉헌이 시작될 때, 제단으로 성작과 제병을 담은 성반을 가져왔던 사람은 차부제였다. 융만이 보고하듯이, 언제 포도주와 물이 성작에 부어져야 하는지에 관한 의견 차이는 15세기에도 있었다. 어떤 사제들은 미사가 시작되기 전에 포도주와 물을 성작에 부었다(*The Mass of the Roman Rite*, II: 60).

13세기 후반에 윌리엄 두란두스(William Durandus, 1296년 사망) 주교가 저술한 유명한 전례서인 **라티오날레 디비노룸 오피치오룸**(*Rationale Divinorum Officiorum*, 라틴어, "성무일도 해설서"[The Rationale of the Divine Offices])은, 약간의 차이는 있지만, 매우 흔한 것이 되어버렸던 그 관례에 대해 묘사했다. 차부제가 빈 성반과 성작을 제대로 가져가고, 제병, 포도주를 담은 주수병, 그리고 물을 담은 주수병을 든 두 명의 가수가 뒤따른다.[32]

포도주와 물을 붓고 섞고 제단으로 옮기는 일을 포함하여, 주수병은 모든 성찬식에서 일반적으로 사용되는 용기가 되었다. 주수병은 예물을 준비하는데 사용되고, 축성된 포도주는 절대로 담지 않는 이차적인 용기들이었다. 그럼에도 불구하고 주수병은 전례용 용기였다. 주수병은 대개 사제의 성찬과 물을 위한 포도주를 공급하는 일에만 사용되었기 때문에, 몇 온스(몇 십 ml)의 액체만을 담을 수 있는 작은 병이었다.

주수병에 담긴 포도주 몇 방울이 축성되기 전에 성작에 더해졌다. 적은 양의 물은  또한, 봉헌 예식에서 사제의 손가락을 씻는 일 뿐 아니라, 성찬식 후에 사제의 성작을 닦는 일에도 필요했다. 이러한 주수병들은 보통 유리나 크리스털로 제작되었기 때문에, 포도주와 물은 쉽게 구분될 수 있었다. 그러나 적포도주보다 백포도주를 더 많이 사용하게 되었기 때문에, 주수병에 "A"(*aqua*, 라틴어, "물") 자와 "V"(*vinum*, 라틴어, "포도주") 자를

그림 166. 주수병

표시하는 관례가 생겼다. 때때로 주수병들은, 다른 중요한 성찬용 그릇들처럼, 귀금속으로 제작되었고[그림 166], 심지어 보석들로 장식되기도 했다.

---

32 어떤 교회들에서는 차부제가 성작은 왼손으로, 성반은 오른손으로 든다. 그리고 성작과 성반을 성체포(corporal) 위에 놓는다. 선창자(칸토르) 한 명이 성체를 천으로 감싸고 포도주를 주수병에 담아 옮긴다. 다른 선창자는 포도주에 섞을 물을 가져온다(William Durandus, 1296년 사망)(*Guillelmi Duranti Rationale [The Rationale of the Divine Offices]*, 4:25).

3) 요약

이 기간에 만들어진 성찬용 그릇들은 우리가 앞으로 다루게 될 성찬신학의 몇 가지 중요한 추세를 설명한다. 하나의 전반적인 추세는 신앙에 대한 기본적인 방식으로 듣는 것보다 보는 것을 더욱 중요하게 여겼다는 것이다. 보는 것이 믿는 것이었다. 그리고 많은 그리스도인은 성찬 예전의 의례적인 절정이 되었던 성체(host)를 보면서 신앙을 갖게 되고 유지했다. 성체를 보는 것은 또한 신앙에 많은 의심을 갖게 하는 순간이기도 했다.[33]

제병을 보는 것은 매우 중요했기 때문에, 사제들은 때때로 성체 거양을 길게 하거나, 여러 번 거양을 하면서, 예를 들어 "하나님의 어린 양(아뉴스 데이)" 다음에 특별 예물을 받았다. 한 이야기는, 제병이 잘 보이지 않게 되면 집전자에게 제병을 더 높이 들라고 소리쳤다는 잉글랜드의 한 회중에 대해 말한다.[34] 이 기간의 용기들은 빵에 대한 이러한 집착을 반영한다.

포도주를 받는다는 것은 상상할 수 없는 일이 되었다. 평범한 신자들이 하찮게 여겨졌다는 사실을 고려할 때, 빵을 받는 것은 위험하고 드문 일이 되었다. 그래서 교회는 1년에 1번은 받으라는 명령을 내려야 했다. 일반적으로 빵을 보는 것으로 빵을 받는 것을 대신했다.

5. 성찬신학

진부한 말처럼 들릴 수 있겠지만, 이 기간에 발전한 성찬신학들은, 중세 후기의 예술과 예술품처럼, 다양했다. 그러나 당시에 발전된 신학들에는 다수의 주요한 추세들 또는 사회학자들이 말하는 "흐름들"이 있었다. 이러한 의례 및 신학적인 흐름들 중에는 사실상 서로 모순되는 것들이 있었다. 이것은 중세 시대 후기에 점점 더 강하게 나타나던 추세로, 결국에는 16세기의 종교개혁과 반종교개혁으로 분출되었다. 우리는

---

33 제5장 각주 27번을 보라.

34 들어 올려 주십시오. 요한 사제님. 들어 올려 주십시오. 그것을 좀 더 높이 들어 올려 주십시오(Fortescue, *The Mass*, pp. 341-42).

이 기간에 발전된 성찬신학에서 중요한 위치를 자치했던 세 가지 주요 사안에 대해 살펴보겠다. 그 세 가지이다.

① 성찬에서 그리스도의 현존(Christ's presence)이란 "무엇"이고, "어떻게" 일어나는가에 관한 학문적인 논쟁
② 그리스도의 성체의 본질에 대한 대중적인 이해
③ 그리스도의 현존이 신자들에게 끼치는 "영향"에 대한 고찰

오늘날 로마 가톨릭교회는, 당시에 등장했던 특정한 진리나 공식화된 교리를 고수하고 있다. 그러나 그 당시에는 이러한 사상들이 우리가 생각하듯이 획일화되거나 보편화되지는 않았었다. 당시 대학교들의 필수적인 교육 형태와 스콜라 신학의 기초적인 방법론 중 하나가 논쟁이었다는 사실을 기억하면 도움이 될 수 있다. 따라서 하나의 주제에 서로 다른 입장을 취하는 박학하고 존경받는 선생들과 교회 지도자들을 찾는 것은 흔한 일이었다.

1) 성체 현존(Eucharistic Presence): 학문적 논쟁

4장에서 우리는, 파스카시우스 라드베르투스(Paschasius Radbertus)의 연구와 함께 9세기에 있었던 성찬에 대한 혁신적인 이해의 과정을 살펴봤다. 이 신학의 선구자는 최초로, 그리스도가 성찬식에 어떻게 임하시는가에 대해, 체계적인 방식으로 설명하고자 했다. 다양한 문화적인 요인들 때문에, 천년기가 끝날 당시의 덜 발전된 신학 언어와 시스템뿐만이 아니라 다양한 문화 요인들 때문에, 파스카시우스의 설명은 어떤 면에서 투박했다. 그리고 성찬식에서의 그리스도의 임재가 그분의 역사적 현존과 동일하고, 그래서 문자적이고, 신체적이며, 물리적이었다고 주장하는, 잘못된 입장으로 판단되기 쉬웠다.

모든 중요한 사상가들처럼, 파스카시우스의 연구는, 그의 시대뿐 아니라 그 후 몇 세기 동안에 많은 반응을 불러 일으켰다. 최소한 부분적으로는, 임재의 물리적 본질에 관한 파스카시우스의 성찬적 본능이 영향력 있는 선생들과 평범한 신자들 모두에게 폭 넓게 받아들여졌기 때문이다. 그러나 처음부터 그의 이론에 반대하는 이들도 많았다.

매우 흥미롭지만 아주 문제가 많은 파스카시우스의 사상에 대한 반응들은 언어와 철학의 발전에 의존하며 서서히 변화했다. 우리는 이미 베렝가가 1079년에 했던 두 번째 서약[35]에서, 아리스토텔레스의 사상에서 차용한 "실체"(substance, 라틴어, *sub* + *stare*="아래에 서다")라는 단어가 등장했던 것을 보았다.

아리스토텔레스의 글들은 당시 서방 기독교에서 다시 등장했다. 실체나 사물의 본질(essence of a thing)이라는 용어 외에도, 11세기 후반의 신학자들은 아리스토텔레스의 다른 사상도 차용했는데, 바로 "우유성"(accident) 또는 사물의 특질(characteristics of a thing)이라는 용어였다. 사물의 우유성 또는 특질은 사물의 본질이나 실체를 바꾸지 않는다. 그저 본질이나 실체에 부수적인 것일 뿐이다. 따라서 하나의 실체가 장미이면, 장미의 우유성은, 붉다, 가지가 있다, 줄기가 길다 등이 될 수 있다. 다른 하나의 실체가 빵이면, 빵의 우유성은 밀로 만든, 둥근, 누룩이 없는, 흰 등이 될 수 있다. 사물의 실체는 감각으로는 절대 만질 수도, 인식될 수도 없고, 정신(mind)으로만 가능하다. 반면에 우유성은 감각을 통해 인식되어진다.

이 두 개의 개념 또는 틀은, 토마스 아퀴나스와 같은 중세의 신학자들이 축성 후의 제병이 여전히 빵처럼 보임에도 불구하고, 빵이 어떻게 그리스도의 몸으로 변화했는지를 매우 미묘한 차이를 주며 설명할 수 있도록 했다. 아퀴나스는, 축성 전에 제병의 실체는 빵이고 우유성은 특정한 종류의 빵이지만, 축성 후에는, 우유성은 그대로이지만 실체가 그리스도의 몸으로 변한다고 설명했다[그림 167]. 이러한 실체의 "변형"(trans-formation)을 뜻하는 전문용어가 실체변화 또는 화체설(transubstantiation)이다. 이 용어는 이미 12세기에 등장했다.

---

35 제1장 각주 49번을 보라.

그림 167. 아퀴나스의 화체설을 설명하는 시각적 은유

아퀴나스는 큰 믿음의 사람이었다. 그리고 그는 이 틀이 그리스도가 성찬에 현존한다는 신비를 완전히 "설명"할 수 있다고 말할만큼 대담하지 않았다. 아퀴나스는 그의 **숨마**(*Summa*) 처음 부분에서부터 인간의 언어로 신의 신비에 관해 말하는 문제점을 인정했다. 아퀴나스는 하나님에 대한, 또는 성찬과 같은 신비들에 대한 언어가 정확하지 않다고 인식했다. 단지 "유비적"이라고 생각했다. 유비는 "차이 속의 유사"(similarity in difference)로 정의될 수 있다. 따라서 아퀴나스가 빵의 형상 아래의 그리스도의 현존이 빵의 실체의 변화와 "비슷"하거나 "유사"하다고 가르치기는 했지만, 그는 근본적으로 이것이 인간의 이해 너머에 있는 기적이라고 인정했다.

그리스도의 현존에 대해 설명하고자 한 아퀴나스의 시도는 훌륭했다. 그러나 아퀴나스는 그의 설명이 안고 있는 결점들도 알았다. 그 중 하나는, 아퀴나스가 실제로는, 우리는 절대로 한 사물의 우유성과 다른 사물의 실체를 동시에 가질 수 없다고 가르쳤던 아리스토텔레스를 부정했다는 것이다. 아퀴나스는 아리스토텔레스의 언어를 사용했지만, "아리스토텔레스주의적인" 설명을 제시하지 않았다. 오히려 아퀴나스는 아리스토텔레스가 갖고 있지 않았던 신앙의 관점을 가진 설명을 제시했다. 캔터베리의 안셀름(Anselm of Canterbury, 1109년 사망)가 신학을 "이해를 추구하는 신앙"이라고 정의했던 적이 있다. 토마스 아퀴나스도 안셀름처럼, 이해를 추구하는 신앙을 가진 사람이었다. 그러나 아퀴나스는 또한 이해가 신앙을 대신하지 않고 요구한다고 인정했다. 화체설은 신앙 설명이지, 그리스도의 성찬 현존에 대한 논리적인 증명이 아니었다.

게리 메이시는, 오늘날 많은 사람은 화체설이라는 용어가 변치 않는 의미를 가지고 있다고 여기지만, 고 중세 시대에서는 그렇지 않았다는 사실을 분명하게 보여준다. 고 중세 시대에서 화체설은 복합적으로 이해되었다. 심지어 1215년의 제4차 라테란 공의회의 교령에 최초로 공식적으로 사용된 이후에도 마찬가지였다. 축성 후에 "어떤" 실체가 현존했는가에 관해서뿐만 아니라 실체 안에서 "어떻게" 변화가 일어났는가에 관한 여러 입장들이 달랐다.[36]

토마스 아퀴나스의 입장이 결국엔 로마 가톨릭교회의 표준 교리가 되고, 트렌트 공의회(1545-1563년)의 문서에 등장했다. 그러나 트렌트 공의회는 가톨릭신자들이 화체설을 반드시 믿어야 한다는 교령을 내리지 않았다. 대신 화체설이 가장 적절하다고(라틴어, *aptissime*) 말하며 신자들에게 적극적으로 권장했다. 그러나 아퀴나스의 입장은 시작부터 도전을 받았다.

예를 들어, 옥스퍼드대학교에서 가르쳤던 프란시스코회의 뛰어난 철학자 존 둔스 스코투스(John Duns Scotus, 1308년 사망)는, 토마스의 설명이 문제를 해결하기보다는 더 어렵게 만든다고 주장했다. 잉글랜드의 신학자 존 위클리프(John Wyclif, 1384년 사망)도 아퀴나스의 설명이 비성경적이기라는 이유로 거부했다. 결국 화체설의 개념은 16세기의 많은 종교개혁가 사이에서 중요한 논쟁거리가 되었다.

---

36 ...실체(substance)의 범주에 대한 일반적인 이해는 없다. 더구나 화체설이라는 용어의 사용 또는 그 용어가 사용될 때의 의미에 대한 일반적인 합의도 없다. 사실, 제4차 라테란 공의회[1215년] 당시의 신학자들은 성찬의 변화에 대한 이해와 관련해 대략 세 진영으로 나뉘어졌다. 1) 어떤 이들은 빵과 포도주가 주님의 몸과 피와 계속 함께 있다고 믿었다. 2) 다른 이들은 빵과 포도주의 실체는 소멸되고, 몸과 피의 실체만 남아있다고 생각했다. 마지막으로 3) 세 번째 무리는 축성의 말을 할 때, 빵과 포도주의 실체가 주님의 몸과 피의 실체로 변한다고 주장했다. 현대 전문용어로는 첫 번째 이론은 "공재설"(consubstantiation)로, 두 번째를 "소멸" 또는 "연속"(succession)이론으로, 세 번째를 "화체설"로 분류할 수 있다(Macy, *Treasures from the Storeroom*, pp. 82-83).

2) 그리스도의 성체에 대한 민간 신앙

아퀴나스와 둔스 스코투스와 같은 대학교 신학자들은, 파스카시우스의 다소 불완전한 이론을 버리고, 수준 높은 철학적 틀과 논거를 사용하여 성찬의 신비를 설명하고자 했다. 신학계의 엘리트들이 때때로 매우 심오한 논쟁에 참여했던 반면, 평범한 신자들뿐 아니라 종교계의 많은 사람과 성직자는, 파스카시우스의 가르침에 보다 일치하는 다른 유형의 성찬 신앙을 갖고 있었다.

그림 168. 바티칸 박물관에 있는 라파엘(Raphael)의 볼세나의 기적(Miracle of Bolsena)의 세부 양식(1512-13년)

중세 시대 후기를 살던 대부분의 사람들은 오늘날 대부분의 사람들처럼 실체와 우유성의 차이를 이해하지 못했다. 그들은 또한 아리스토텔레스의 틀 안에서는, 실체가 감각으로 인식되지 않는다는 것과, 실체가 "물리적" 실재라기보다는 철학자들이 말하는 "형이상학적"(metaphysical, 헬라어 *meta+physika*, "자연계 너머")이라는 것을 이해하지 못했다. 그들에게 그리스도가 성찬에 현존하신다는 것은 기적일뿐이었다. 이 기적은 성례전적 및 신비적인 기적일 뿐 아니라 살과 피에서의 기적이었다.

바이넘(Bynum)이 기록하듯이, 이러한 신앙은 13세기와 14세기의 설교와 찬송가, 이야기가 "하늘의 빵"이나 한층 더 형이상학적인 "그리스도의 몸"보다는 "살과 피"를 갈수록 더 강조했다는 데에서 상징적으로 드러났다. 아마도 폭발적으로 증가한 성찬의 기적에 대한 이야기들이 이러한 추세를 상징적으로 가장 잘 나타냈을 것이다. 그 중 어떤 이야기들은 제병에 아기 예수께서 나타났다고 말한다.

깜짝 놀랄 정도로 생생한 다른 이야기들은 때때로 벗겨진 살(raw flesh)의 모습을 묘사했다. 피가 흐르는 성체에 대한 것이 가장 흔한 이야기들이었다. 가장 유명한 이야기 중의 하나는 "볼세나의 기적"((Miracle of Bolseno)으로, 라파엘의 벽화로 영원성을 부여받았다[그림 168]. 이 13세기의 이야기는, 축성된 제병에 그리스도가 실제로 현존하는지에 관한 의심에 사로잡혀 있던 보헤미아 출신의 젊은 사제와 관련된다.

순례 중에 그 사제는 로마 북쪽에 있는 볼세나에 머무르면서 미사를 거행했다. 그가 축성의 말을 할 때, 핏방울이 제병에서 떨어지기 시작했고, 그의 손과 성찬포 위로 흘러내렸다. 매우 놀란 사제는 미사를 멈췄고, 교황 우르반 4세(Urban IV, 1264년 사망)가 살고 있던 인근 도시인 오르비에토(Orvieto)로 끌려갔다. 교황은 그 이야기를 듣고 간략하게 조사한 후, 그 제병과 피 묻은 성찬포를 오르비에토로 가져오라고 명령했다. 그리고 소중히 간직했다. 핏자국을 갖고 있는 성찬포는 오르비에토 주교좌 성당에서 여전히 공경되고 있다.

우리는 이미, 왜 이러한 이야기들이 얼마나 중세 사람들의 생각을 사로잡고 영향력을 끼쳤는지를 어느 정도 설명하는 몇몇 요인들에 대해 살펴봤다. 그 이야기들은 분명히 게르만화된 상상력으로 가득했다. 게르만화된 상상력은 물질 쪽으로 향하는 경향이 있었고, 러셀이 말하는 성례전의 "주술-종교적" 해석을 선호했다. 게다가 이러한 기적들은 신앙을 확인하는데 있어 듣는 것보다 보는 것이 더욱 중요해졌던 중세 시대 후기와 같은 종교적 환경에서 더욱 쉽게 받아들여졌다. 또한 중세 그리스도인들의 신앙에서 그러한 이야기들이 중심적인 위치를 차지했던 보다 심오한 신학 및 심리적 이유들이 있었을 수도 있다.

이 기간에 평신도는 잔으로 성찬 포도주를 받지 않게 되었다. 우리는 이미 이 관습이 "병존"(concomitance) 이론에 의해 어떻게 신학적으로 뒷받침되었는지를 언급했다. 병존설은 빵이 그리스도의 몸으로 축성될 때, 그리스도의 피도 함께 현존한다고 주장하는 이론이다.

어떤 면에서, 피가 흐르는 제병에 관한 이야기들은 당시의 평범한 사람들이 이 신학이 받아들였다는 사실을 상징적으로 분명하게 보여줬다. 평신도는 그리스도의 피를 받지 않았다. 성작 거양이 결국에는 도입되었음에도 불구하고, 평신도는 축성된 포도주를 실제로는 결코 보지 못했다. 축성된 포도주를 담은 잔만 보았을 뿐이다. 교회의 새로운 가르침을 시각적으로 생생한 방식으로 확인시키고, 축성된 제병에 스몄다고 보고되곤 하던 그리스도의 구속의 피가 여전히 성례전의 중심을 차지한다고 신자들을 안심시켰던 것은 이러한 기적의 이야기들뿐이었다.

에이먼 더피(Eamon Duffy)는 이러한 이야기들에 대한 새로운 해석을 제시하고, 그 이야기들이 중세 사람들에 얼마나 중요했는지를 말한다. 더피는 그리스도의 피라는 이미지는 단순히 그리스도의 피 안에서의 구원만을 알리는 것이 아니라, 창세기에서 가인이 흘리게 한 아벨의 피의 이미지처럼 "복수를 간절히 원한다"라고 주장한다 (Duffy, p. 104).

이 해석은, 성찬에 대한 일종의 도덕적 이야기로서 기능한 많은 성찬 이야기에서 입증된다. 그 이야기들은, 어떤 사람이 축성된 제병을 적절하지 않게 사용하고자 할 때, 그러한 모독에 대한 하나님의 분노와 징벌이 벗겨진 살이나 피 흘리는 제병이라는 생생한 이미지로 나타난다고 설명한다.[37]

이러한 신심(devotion)과 그와 관련된 죄와 복수의 강력한 이야기들의 어두운 면은, 성찬을 모독한 이야기들과 이단 박해, 특히 유대인 박해 사이의 연관성이었다. 미리 루빈(Miri Rubin)은 그녀의 『이방인 이야기: 중세 후기 유대인들을 공격한 이야기』 (*Gentile Tales: The Narrative Assault on Late Medieval Jews*)에서, 이러한 장르의 성찬 이야기에 관한 충격적인 일견을 제시한다. 루빈의 성찬 빵-모독(the host-desecration) 이야기는 축성된 성찬 빵을 습득하여 다양한 방식으로 오용한 유대인에 관한 매우 일반화된 이야기다[그림 169]. 그 성찬 빵은 놀랍게도 피를 흘렸으며, 그것으로 인해 겁에 질린 유대인은 그 성찬 빵을 없애려고 시도한다.

그러나 숨겨졌던 곳이면 어디에서나 그 제병은 그리스도인들 앞에 스스로 나타났다. 그 후 그리스도인들은 그 유대인과 다른 유대인 공동체에게 다양한 방식으로 복수

---

[37] 12세기부터 계속 확산된 피를 흘리는 성체의 기적들에는, 때때로 사악한 의미가 함축적으로 담겨 있기도 하다. 성체는 모독을 당했을 때 이를 알리기 위해 살(flesh)이 된다. 피는 비난이다. 월버기스(Wilburgis) 수녀[1289년 사망]가 성적인 유혹을 피하는데 도움이 될까하여 성체를 그녀의 (수도원의) 제한 구역(enclosure)으로 가지고 왔을 때, 성체가 아가서의 말씀을 말하는 아름다운 아기의 모습으로 정체를 드러내는, 당시엔 아주 흔했던 기적이 일어났다. 그러나 다른 수녀가 자신의 큰 죄 때문에 성체를 삼키지 않고 숨겼을 때, 그 성체는 살로 변했다.... 비슷하게, 피터 다미안(Peter Damian)은, 성체가 미신적으로 사용되는 것은 잘못이라고 스스로 드러냈던 성체에 대해서 말한다. 성체로 마법을 부리려던 여인은 성체의 반이 살로 변한 것을 발견했다. 하이스터바흐의 케사리우스(Caesarious of Heisterbach)는, 또 다른 여인이 축성된 제병을 사랑의 부적으로 사용하고자 교회의 벽에 숨기는 죄를 범했을 때, 그 제병이 살로 변하고 피를 흘렸다고 보고한다(Bynum, *Holy Feast and Fast*, pp. 63-64).

한다. 따라서 피를 흘리는 성찬 빵의 기적들은 심판과 정통 신앙, 바른 믿음에 대한 기이한 이야기들이 되었다. 그 이야기들은 비신자들뿐만 아니라 신자들에게도, 하나님의 징벌을 피하기 위해서는 올바른 성찬 신앙과 공경이 필요하다고 아주 생생하게 경고했다.

1. 어떤 그리스도인이 제대 위에 있는 성광에서 성체를 훔친다.
2. 그 그리스도인이 그 성체를 한 유대인에게 판다.
3. 유대인들이 그 성체를 회당으로 옮긴다.
4. 그 성체가 신성 모독되었을 때 피가 그 성체로부터 흐른다.
5. 성체가 프라하와 잘츠부르크에 있는 다른 유대인들에게 보내진다.
6. 유대인들이 그 성체를 굽고자 할 때, 천사들과 비둘기들이 오븐에서 날아오르고, 그 성체의 자리에 한 아이가 나타난다.
7. 유대인들이 체포된다.
8. 어떤 유대인들은 참수된다.
9. 어떤 유대인들은 고문을 받는다.
10. 유대인들이 화형 당한다.
11. 그 그리스도인도 벌을 받는다.
12. 회당이 교회로 바뀌었다.

그림 169. 파사우(Passau)에서 제작된 인쇄물(1490년경)로, 열두 개의 그림을 통해 신성 모독에 관해 이야기한다(Rubin, *Gentile Tales*, p. 82)

3) 그리스도 현존의 영향

그리스도인들은 항상 성찬 거행이 하나님에게 영광을 돌릴 뿐만 아니라 교회와 그리스도인들 개개인 모두에게 유익도 준다고 믿었다. 예를 들어, 별도의 고해성사가 존재하기 오래 전부터, 성찬은 최초의 화해성사와 그리스도의 몸을 치유하는 중요한 행위로 간주되었다. 성찬은 고대인들에게 죄에 대한 "해독제"와 하나님의 사랑의 원천으로 여겨졌다. 성찬은 전통적으로, 다른 그리스도인들과 하나가 되라는 초대로 여겨졌다. 그리고 신자들이 그리스도의 형상을 닮도록 만들고, 심지어 "신처럼 만드는"(divinized) 성례전으로 이해되었다.

중세 시대 후기에는, 성찬배수를 하든 그렇지 않든 간에, "듣는" 미사의 결과들이, 특히 그 날의 설교에서 더욱더 강조되었다. 미사의 이러한 "열매들"은 대개, 성찬 예전에 참여하면 사실상 보장되는 결과들의 여섯 가지 또는 열 가지 또는 열두 가지 목록으로 모아졌다. 신학자들과 교회 지도자들은 그러한 설교를 비판했지만, 설교는 큰 인기를 끌었고 조금도 수그러들지 않았다.

그러한 목록들은 대개 통상적인 믿음, 예를 들어 듣는 미사는 그리스도와 더욱 연합되게 하거나, 아니면 시험에 빠지지 않게 하는 하나의 방법이라는 믿음을 포함하기는 했지만, 미사의 다른 보장된 열매들은 보다 마술적인 것처럼 보였다. 따라서 사람들은 일반적으로, 미사에 참석하면 늙지 않고, 그 날엔 급사당하지 않고, 집이나 곳간이 벼락에 맞지 않고, 병이 나을 것이라고 믿었다.[38]

특별한 기도와 공경의 행동을 하는 시간이었다고 이미 언급되었던 성체 거양의 중

---

38 너는 그날 실족하지 않을 것이고,
너의 눈은 시력을 잃지 않을 것이다.
너의 빛이 너에게 우화나 이야기로 말한다.
미사 드리는 일을 마칠 때,
너의 가벼운 죄들은 사라지고, 사해지고, 용서받을 것이고,
너의 무거운 다른 죄들은 잊혀 질 것이다.
같은 날 천사 또한 하늘에서
너의 걸음을 판단하고, 보일 것이다.
미사에서 너는 나이가 들지 않을 것이고,
그날에 갑작스럽게 죽지 않을 것이다.
그리고 성체가 없어서 병이 들었다면,
그 병은 멈추게 될 것이다. 너는 이 능력을 믿어라.
네가 미사에 있는 것은 너의 주님의 뜻이니,
너에게 주어진 이 유익한 은혜를 받으라.
하나님이 빵, 그분의 몸의 형태로 임재하시는 곳에서.
(Poem form Balliol College manuscript 354 [1530년경], in Duffy, *The Stripping of the Altars*, p. 100).

요성을 고려할 때, 많은 마술적인 믿음이 성찬 빵을 보는 것과 연관되어 있었다는 사실은 그리 놀랍지 않다. 따라서 에이먼 더피가 이렇게 정리했다.

"미사에서 성찬 빵을 응시하면, 분만하는 산모는 순산하고, 여행가들은 안전하게 도착하고, 먹는 자와 마시는 자는 소화가 잘 될 것이다"(p. 100).

그러한 믿음이 우리에게는 어리석게 보이지만, 영겁의 징벌을 받을 수 있다는 위협 아래에서 살고, 교회의 예배에서는 종종 구경꾼으로 전락하고, 찬양이나 감사보다는 중보를 강조하는 성찬 예식에 둘러싸여 있는 사람들에겐 당연한 것이었다.

여기서 게르만적 상상력은 그 상상력이 갖고 있던 마술-종교적 경향들과 함께, 힘겹게 살던 평범한 그리스도인들의 필요를 충족시켰다. 많은 설교자도 그들의 교구민과 별반 다르지 않았다. 설교자들은 제대로 교육을 받지 못했고, 때때로 교회 당국으로부터 지시 사항을 거의 받지 못했기 때문에, 그들 자신에게도 위안을 주는 그러한 믿음에 대해 반복적으로 설교하기를 즐겼다.

미사에 참석하거나, 성체 거양 때 축성된 제병을 바라보는 이들이 받을 수 있는 다양한 유익에 대한 통상적인 믿음 외에도, 성찬 예전의 유익들이, 죽은 자를 포함한, 예배에 참석하지 않은 이들에게 어떻게 적용될 수 있는지를 강조했던 신학들과 예식들이 이 시기에 발전했다. 길 오스트딕(Gil Ostdiek)이 기록했듯이, 이러한 관습이 나타난 중요한 이유는 성찬식에서 그리스도가 감당하는 역할에 대한 이해가 변했기 때문이다.

초창기에 그리스도는 성찬 행위에서 중심 배우의 역할을 감당하고 성찬기도를 드릴 때 회중을 인도하시는 분으로 여겨졌다. 그러나 수 세기가 지나면서, 그리스도는 결국에 기도와 예배의 대상이 되셨고, 미사에서 중심 배우의 역할이 맡겨진 사제로 대체되셨다. 이러한 변화로 인해, 미사의 유익이 특정한 집단이나 개인에게 향하도록 할 수 있다는 사제의 능력에 관한 다양한 의견들이 등장했다.

둔스 스코투스는 "미사의 열매들"에 대한 체계적인 신학을 만들어낸 최초의 인물이었다. 널리 받아들여지는 그의 교리에 따르면, 구원의 은혜 또는 그리스도의 죽음의 "열매들"은 복의 삼중적인 원천이다.

① 미사를 거행하는 사제를 위한 첫 번째이자 가장 중요한 복의 원천
② 그 다음은 교회 전체를 위한 복의 원천
③ 예배가 드려지는 목적이 되는 이들을 위한 복의 원천

스코투스는 자신의 사상의 근거를 중보기도에 대한 타당한 신학에 두기는 했지만, 그가 제시한 가장 훌륭한 신학적인 이론은, 당시에 잘 알려졌던 관습, 바로 미사 예물 (Mass stipends)을 위한 것이었다. 우리는 이미, 미사 예물이 카롤링거 시대에 어떻게 등장했고, 대개 보속을 경감시켜 주는 것과 연관되어 있었다고 살펴봤다.[39] 그러나 미사 예물은 죽은 자를 위한 미사와 점점 더 관련있게 되었다. 연옥에 대한 중세의 상상력을 고려할 때, 죽은 자를 위한 미사는 충분히 이해될 수 있었다. 그러나 과장되고 심지어는 오용까지 되기 쉬운 관습과 신앙으로 이어지기도 했다.

대중의 상상력에서는, 많을수록 더 좋았다. 그래서 죽은 자를 위한 기도의 질보다는 양에 대한 관심이 만연했다. 사랑하는 친지를 위해 다수의 미사를 주선하는 것이 일반적인 관례였다. 더 나아가, 심판 후의 운명에 대한 염려 때문에, 부자들은 그들이 죽은 후에 그들을 위한 미사를 거행할 수 있도록 돈을 제공하게 되었다. 당시의 유언장들은 그러한 예들로 가득 차 있다.

미사 예물(stipends)이 지역 교회의 경제에 중요한 부분이 되면서, 부끄러운 일들이 일어나는 원인이 되기도 했다. 교리와 법령은 그렇게 하지 말고 했음에도 불구하고, 사제들은 때때로 하나의 미사를 위해 미사 예물(stipends)을 여러 번 받았다. 다른 때에는, 사제들이 "마른(간략) 미사"(라틴어, *Missa sicca*) 거행을 위한 미사 예물을 받았다.

사제들은 대개 미사 제의(chasuble)를 입지 않고 마른 미사를 거행했다. 마른 미사에서 사제들은 빵이나 포도주 없이 그저 (봉헌, 축성, 성찬을 제외한) 미사 텍스트만을 읽었다. 사제들은 대개 하루에 미사를 한 번만 거행할 수 있었다. 그러나 "마른 미사"에는 그러한 제한이 없었다. 마른 미사는 반복해서 드려질 수 있었고, 한 번 드려질 때마다 새로운 미사 예물이 요구되었다.

에이먼 더피는, 최소한 중세 후기의 잉글랜드에서는 미사를 거행하는 대신에 복음서를 낭독했고, 그래서 "성직자들은 그들의 수입을 극대화하려는 욕심으로 복음서 낭독을 부당하게 이용했다"라고 보고한다. 교회 당국은 이러한 관례들을 반복적으로 책망했다. 16세기 이후에는 이러한 관례들이 사실상 다 없어졌다. 그러나 그러한 악용들은, 교회의 예배 및 신앙 관습들을 비판하던 다양한 사람과 운동을 더욱 자극하면서, 16세기 종교개혁 운동을 재촉했다.

---

39 제4장 각주 10번을 보라.

4) 요약

이 기간은 다수의 위대한 신학교, 유명한 철학-신학자, 불후의 **숨마**(*Summas*)가 등장하면서 신학들이 두드러지게 발전한 시대였다. 이 기간은 또한, 위대한 학교의 학자들 또는 스콜라학자들의 가르침과 성직자나 평신도의 가르침이 크게 차이나고 심지어는 분리까지 되었던 시기였다. 이 시대에서 가장 주목할 만한 일은, 초창기 교회의 성찬신학들과 비교해볼 때, 당시의 성찬신학들에서 신학적인 뒤바뀜이 일어났던 것일 수 있다.

예를 들어, 우리는 예배에서 주연 배우로 여겨진 이는 더 이상 그리스도가 아니라 사제였다는 것을 살펴보았다. 사제는 또한 회중을 대신하면서, 회중의 응답을 더 이상 요구하지 않았다. 어떤 이들에 따르면, 사제들은 심지어 성찬 빵과 포도주도 회중을 대신해서 받았다.

그리스도의 희생 제사의 결과에 큰 관심을 기울였던 예배는 감사의 행위라기보다는 봉헌과 중보에 관한 것이었다. 어떤 면에서, 이 시대의 성찬 예전은 산 자보다는 죽은 자에게 더욱 집중했다.

마지막 뒤바뀜은 그리스도의 진짜 몸은 무엇인가에 대한 기본적인 이해와 관련된다. 앙리 드 뒤박(Henri de Lubac)은 중세 시대의 성찬과 교회에 대한 그의 대표적인 연구에서, 라틴어 문구인 (그리스도의) **코푸스 미스티쿰**(*corpus mysticum*) 또는 "신비적 몸"을 연구했다. 오늘날 우리는 대개 신비적 몸이 교회를 가리킨다고 생각한다. 그러나 드 뒤박은 5세기에 **코푸스 미스티쿰**(*corpus mysticum*)라는 문구가 처음으로 사용되었을 때부터 카롤링거 시대까지, 그 표현은 축성된 제병을 가리켜 왔다고 말한다. 교회는 "그리스도의 몸" 또는 **코푸스 베룸**(*corpus verum*, 라틴어, "실제 몸")이었다.

그러나 중세 시대의 모든 성찬 논쟁을 고려할 때, 비록 역사적인 몸과 동일한 현존은 아니었지만 그리스도가 성찬에 실제로 임하신다는 것을 강하게 단언하는 일은 필요했던 것 같다. 때때로 이 일은 축성된 빵이 그리스도의 "성례전적 몸"이라고 단언함으로써 이루어졌다. 그러나 결국에는, 축성된 성찬 빵을 "실제 몸"(**코푸스 베룸**)이라고 부르는 것이 일반적이 되었다.

그리고 뒤바뀌져서, 교회는 "신비적 몸"(**코푸스 미스티쿰**)이 되었다. 드 뒤박의 분석에 따르면, 이 변화는 성례전적 몸과 교회적 몸, 성찬과 교회 사이의 넓어진 간극을 상징했고 초래했다. 따라서 성찬은 교회의 영성과 사명의 원천이라기보다는, 어떤 사람들의 눈에는 거의 일용품, 동사보다는 명사, 그리스도인들의 삶을 위한 양식이라기보다는 그들의 삶 밖에 있는 어떤 힘이 되었다.

클로틸드(Clothilde)

때는 겨울이었다. 클로틸드는 옷을 여러 겹 입기는 했지만 돌바닥의 축축함을 느낄 수 있었다. 그러나 그녀는 일어설 생각을 하지 않았다. 그녀는 어린 시절에 성체를 들어 올리는 것이 모든 순서 중에서 가장 거룩한 순서라고 배웠던 것을 기억했다. 제병이 거양될 때면 나무들조차도 몸을 흔들며 찬양했다. 그리고 그녀의 어머니가 종종 상기시켜줬듯이, 위대한 자연도 그렇게 반응한다면, 하나님의 창조물 중 가장 보잘 것 없는 클로틸드는 당연히 무릎을 꿇어야만 했다.

사제가 성체를 제대에 내려놓고 천천히 무릎을 꿇은 다음에, 클토틸드는 가까스로 일어섰다. 작년 겨울에 그녀의 관절염은 악화되었다. 무릎을 꿇는 것도 힘들지만, 일어서는 것은 더욱 힘들었다. 이제 그녀의 자녀들은 성장해서 각자의 가정을 꾸렸기 때문에, 클로틸드는 주교좌 성당에 갈 때 그들의 도움을 더 이상 받을 수 없었다. 하지만 그렇다고 해서 그녀는 위대한 샤르트르 주교좌 성당으로 가는 매일의 순례를 결코 멈추지 않았다.

클로틸드는 아픈 다리에 피가 천천히 다시 돌도록 하면서, 성 마틴의 보도 제대로부터 걸어나왔다. 그녀는 네이브의 서쪽 벽에 있는 클리어스토리 창으로 햇빛이 쏟아지는 동안에 볼트를 응시했다. 그녀는 그곳에 수천 번도 더 와봤지만, 항상 햇빛의 변화에 따라 다양한 분위기를 연출하는 이 경이로운 창들에 감탄했다.

오직 하나님만이 이렇게 많은 색조의 파란색을 상상하셨을 수 있으리라!

클로틸드는 석조에 반짝거리는 색들을 보면서, 아주 오랫동안 이 주교좌 성당에서 작업을 했었던 그녀의 남편을 생각했다. 그는 남쪽 트렌셉트에 있는 지붕에서 작업을 하다가 일어난 사고로 목숨을 잃었다. 완공되지않은 주교좌 성당에서의 장례식은, 일생 동안 이 건물에서 일했던 남자를 기리는데 적절해 보였다. 그가 죽은 지 거의 삼십 년이 지났지만, 클로틸드는 "그들의" 주교좌 성당에 있을 때, 그와의 특별한 친밀감을 느꼈다. 천장에서 아래쪽으로 시선을 내렸을 때, 클로틸드는 그 날 아침에 이 위대한 주교좌 성당 내에서 일어나고 있는 평소와는 다른 움직임을 감지했다. 주교좌 성당은 늘 분주했지만, 이번 일요일은 특히 더 바쁜 것처럼 보였다. 많은 작은 그룹들이 교회 내의 수많은 제대들 주위에 모여 미사를 드리고 있었다. 그러는 동안 내내, 원근 각처에서 온 수많은 방문객들은 넋을 잃고 스테인드글라스를 보거나, 성당의 남쪽 아일을 따라 늘어서 있는 많은 가판대(stalls)에서 양초를 구입하면서 주교좌 성당을 돌아다녔다.

어떤 날에는 방문객들만큼이나 행상인들이 많아 보였다. 그들은 약초로 만든 약에서부터 동방박사의 성유물들에 이르기까지, 모든 것을 팔았다. 클로틸드 자신도 한때, 성 십자가(true cross)의 성유물에 닿았던 천 조각을 갖고 있었다. 그녀는 열병을 앓고 있는 자녀를 둔 친구에게 이 작은 보물을 주었다. 그 아이가 회복된 후에, 클로틸드는 이제 십자가에 특별히 헌신하게 된 그 가족에게 주었다.

샤르트르에 사는 모든 사람들처럼, 클로틸드는 이 주교좌 성당을 자랑스럽게 생각했다. 그러나 클로틸드는 탑들이나 스테인드글라스, 높이 솟은 볼트보다도, 성모 마리아의 베일을 더 귀하게 여겼다. 샤르트르에 사는 사람들로 하여금 이러한 기념비적인 건축물을 세우도록 만든 것은 바로 하나님의 어머니의 외투(mantle)였다. 그리고 끝없는 순례의 중심이 된 것도 바로 이 귀중한 성유물이었다. 지금까지도 수많은 순례자들은 그 외투(tunic)가 전시되어 있는 제대로 향하는 중복도(ambulatory) 주위를 무릎을 꿇은 채로 지나갔다.

주교 미사(bishop's Mass)의 시작을 알리는 종이 울렸을 때, 클로틸드는 자신도 그 성유물을 보기 위해 성모 예배당(Lady Chapel)에 가봐야겠다고 생각했다. 비록 미사 전체에 참여한 적은 거의 없었지만, 클로틸드는 미사를 화려하게 하는 시작 부분을 좋아했다. 성구 보관실(sacristy) 측면에서부터, 그녀는 긴 행렬의 시작을 볼 수 있었다. 제일 먼저 문에서 나온 사람은 주교 문장이 새겨진 주교의 십자가를 운반하는, 덩치가 큰 젊은 남자였다. 가수들과 하급 성직자들의 긴 줄이 그 뒤를 따랐다.

클로틸드는 그 중에 누가 사제이고, 누가 사제가 될 것이고, 누가 사제가 되지 않을 사람인지를 전혀 기억할 수 없었다. 그녀는 수년 전에 이 딜레마를 아주 쉽게 해결하기 위해 그들 모두를 "신부님"(Father)이라고 부르기로 했다.

그렇게 함으로써, 그녀는 더 이상 당황할 일도 없게 되었고, 그들이 불쾌하게 될 일도 전혀 없게 되었다. 서품을 받은 신부님들, 그리고 서품을 받지 않은 신부님들, 그 다음으로, 보라색과 흰색으로 감싼 주교좌 성당의 참사원들(canons)이 왔다. 그들의 예복은 클로틸드이 갖고 있는 그 무엇보다도 확실히 아름다웠다. 일부 참사원들은 겨울의 추위를 호사스럽게 막아주는 모피를 댄 의복을 입었다. 행렬의 맨 마지막은 주교관을 쓴 대주교였다. 그가 지나갈 때, 사람들은 무릎을 꿇고 장갑을 끼고 커다란 자수정 반지를 낀 그의 손으로부터 축복을 받았다.

행렬에 수반되는 음악도 장엄했다. 오르간이 느리고 단순한 곡을 연주하면, 성가대는 선율 위에 선율을 더하며 그 곡을 아름답게 꾸몄다. 입당송이 대주교를 성단소로 안내했고, 그의 뒤로 커다란 칸막이(great screen)의 문이 닫혔다. 그녀는 칸막이 반대편에서 음악을 들을 수는 있었지만, 의례는 더 이상 볼 수 없었다.

클로틸드는 성모 마리아의 베일로 그녀만의 순례를 시작할 시간이었기 때문에, 오히려 잘 됐다고 생각했다. 클로틸드는 가려진 성단소로부터 돌아서서, 그녀의 친구들과 함께 기도하기 위해 성모 예배당으로 서둘러 갔다. 그녀가 중복도에 들어섰을 때에도, 클로틸드는 멀리서부터 초청의 소리를 들을 수 있었다.

"아베 마리아, 그라티아 플레나"(*Ave Maria, gratia plena*)….

FROM AGE TO AGE
How Christians Have Celebrated The Eucharist

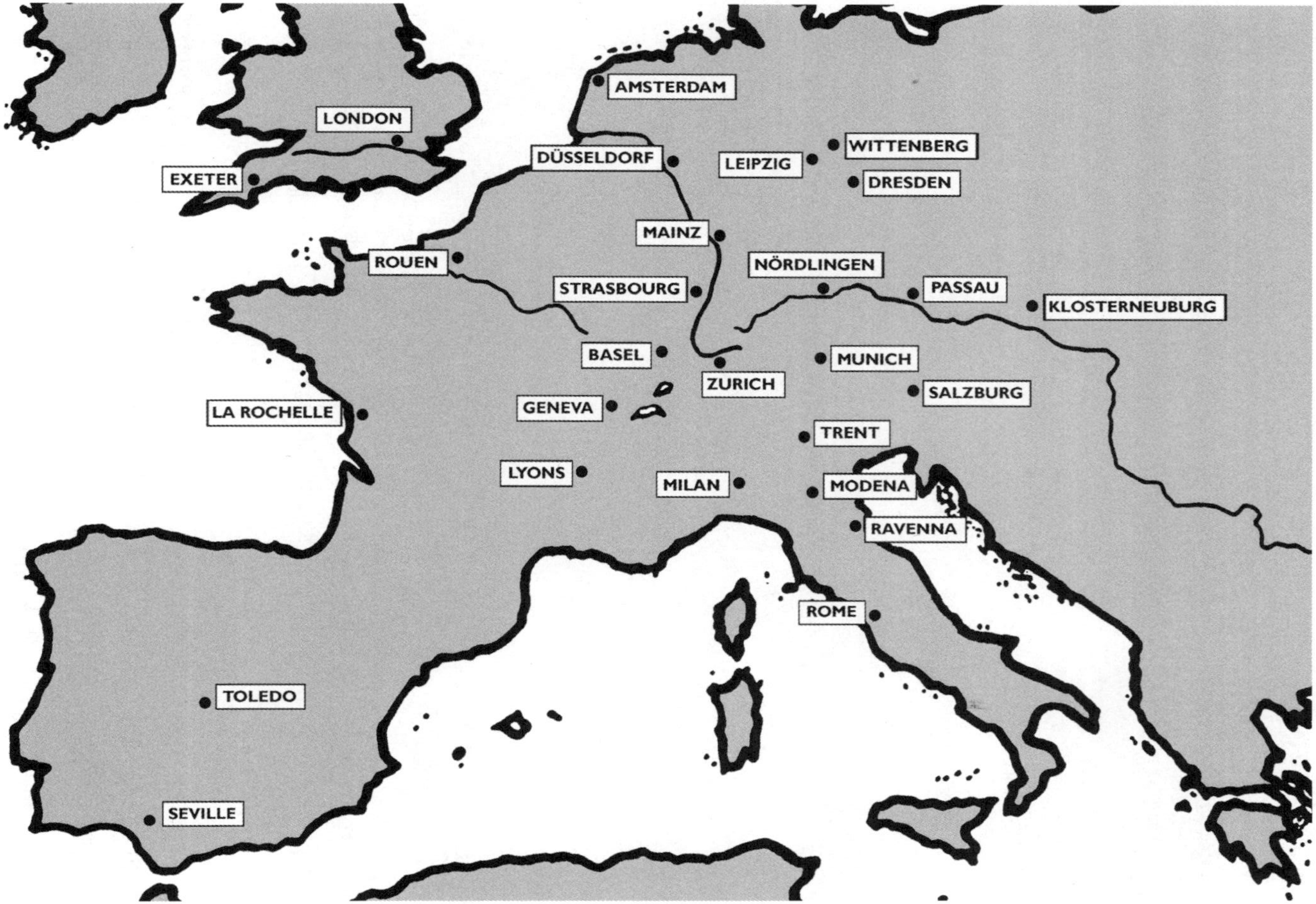

그림 170. 6장을 위한 지도

제6장
종교개혁과 반-종교개혁:
1517-1903년

우리 연구의 현 단계에서 분명한 사실이 하나 있다. 성찬식에 대한 매우 중요하고 핵심적인 믿음이 수 세기에 걸쳐 지속되고 있기는 하지만, 변화도 끊임없이 나타나고 있었다는 것이다. 따라서 우리는 연속성들에 주목하면서, 특히 예술과 환경이라는 측면에서, 성찬식의 변화에 상당한 주의를 기울여왔다. 수 세기에 걸쳐, 신자들, 신학자들, 그리고 교회의 지도자들이 성찬에 접근하고 이해하는 방식들은 크게 변화해왔다.

이번 장에서 우리는 그러한 불변성(constancy)과 변화(change)를 계속해서 살펴볼 것이다. 그러나 어떤 면에서 변화의 속도는 빨라질 것이다. 특히 정치적으로, 사회적으로, 문화적으로 분명히 빨라질 것이다. 특히 16세기에는 예전적으로도 중대하고 빠른 변화가 있었다.

그러나 트렌트 공의회(1545-1563년)의 안정적이고 반개혁적인 특성과 그 여파로 인해, 16세기 이후에 로마 가톨릭의 성찬식에서 변화의 속도는 느려졌다. 심지어는 멈춰버린 것처럼 보이는 지역들도 있었다. 그러나 제임스 화이트(James White)가 『로마 가톨릭 예배』(Roman Catholic Worship)에서 입증하듯이, 트렌트 개혁 이후의 기간 동안에 로마 가톨릭의 성찬의 실천과 사상은 크게 동요했다.

이 기간 동안에 정치적 상황이 근본적으로 재편되었다. 16세기 초에 군주들은 오늘날 우리가 영국, 스페인, 포르투갈, 프랑스, 독일로 알고 있는 곳들을 다스렸다. 교황도 중요한 세속적 통치자였다. 18세기에 교황은 중부 이탈리아 지역 대부분을 지배했다. 당시의 군주들은 그들의 영토를 보호하고 확장하는데 관심을 갖고 있었다. 따라서 때때로 "탐험의 시대"라고 불리는 1500년대는, 대부분의 유럽 강국들이 아프리카의 식민지화를 지속하고 북아메리카와 남아메리카의 "신세계"를 탐험하는데 상당한 에너지를 쏟던 시대였다.

유럽의 주요 강국들은 전 세계적으로 방대한 재산을 축적했고, 그 중 일부는 그들의 제국에서는 해가 지지않는다는 과장된 신화를 떠벌렸다. 그러나 유럽 군주들의 영광은 지속되지 못했다. 이 시대가 끝날 무렵에 유럽에는 군주들이 지배하는 주요 국가가 더 이상 남아 있지 않게 되었다. 군주들이 남아 있던 국가들도, 오늘날의 영국과 스페인처럼, 실질적인 권력은 선출된 정부에 속해 있는 "입헌 군주국"으로 바뀌었다. 교황은 계속해서 교회적 통치자일뿐만 아니라 세속적 통치자였다. 그러나 19세기에 교황령(중부 이탈리아 지역-역주)을 잃게 되면서, 바티칸은 세계에서 가장 작은 독립 국가로 축소되었고, 그에 따라 교황의 세속적 영향력도 작아졌다.

그러한 강국들 사이의 긴장은, 당시의 정치 및 종교적 정세에 영향을 끼쳤다. 예를 들어, 영국의 헨리 8세(Henry VIII, 1547년 사망)는 마틴 루터(Martin Luther, 1546년 사망)의 개혁 사상을 거부했기 때문에, 교황 레오 10세는 "신앙의 옹호자"라는 칭호로 그를 칭송했다. 그러나 헨리 8세는 불과 몇 년 안에 무효라고 여겨진 재혼으로 말미암아 로마로부터 파문당했다. 남자 왕위 계승자를 낳는 것에 대해 지나칠 정도로 집착했던 헨리 8세는 로마에 혼인 무효 선언을 요구했지만 뜻대로 되지 않았다.

그래서 헨리 8세는 자신을 영국 국교(성공회)의 수장으로 선포하는 일련의 법적 절차를 밟아나갔다. 헨리 8세에게 있어서 이것은 신학적이거나 예전적인 개혁이라기보다는, 근본적으로 정치적인 행동이었다. 유럽의 많은 개혁가와는 달리, 헨리 8세는 신학적으로 보수적이었고, 로마 가톨릭 교리를 계속해서 따랐다. 그래서 그는 1539년에 사적 미사와 고해 예식 뿐 아니라 화체설 같은 신앙을 확증하는 일련의 법을 통과시켰다. 그러나 성공회는 헨리 8세가 사망한 후에 보다 극적인 예전 및 신학 개혁을 단행했다.

유럽의 정치 세력들 역시 종교 및 예전 개혁을 형성하는데 도움을 주었다. 예를 들어, 14세기부터 오늘날 우리가 스위스라고 부르는 소국들 또는 "주들"(cantons)의 연방이 존재했다. 점점 더 그 수가 많아지던 이러한 주들은 힘을 합쳐 신성 로마 제국 황제에게 대항했고, 결국엔 15세기 말에 황제로부터 독립을 쟁취했다. 그 과정에서 지역의 지도자들은 교회로부터 독립하고자 했고, 정치 및 교육, 경제생활에서 교회의 영향력을 축소시키고자 시도했다.

스위스가 초기에 실험했던 정치 및 사회 민주주의는 16세기의 가장 급진적인 신학 및 예전 개혁의 일부가 뿌리를 내릴 수 있는 환경을 조성했다. 하나님과 신자들 사이에서 중재적인 역할을 했던 사제를 없애고, 희생 제사보다는 교제에 좀 더 가까운 성찬의 이미지를 추구하던 개혁가들의 신학적 성향은 이러한 강력한 사회적 배경에 의 부분적으로 설명된다.[1]

이러한 정치 및 사회 세력은 마틴 루터의 개혁이 왜 유럽 전역에서 그렇게 빨리 점화될 수 있었는지를 설명하는데 도움을 준다. 루터 이전에, 존 위클리프(John Wycliffe, 1384년 사망)는 1382년에 이미 성경을 자국어로 번역했고, 화체설을 반대한다고 공개적으로 밝혔다. 이와 비슷하게, 보헤미아 출신의 얀 후스(Jan Hus, 1415년 사망)는 면죄부에 반대하는 설교를 했고, 사람들에게 잔을 되돌려줘야 한다고 요구했다.

그러나 이러한 개혁에 대한 요구는 교회와 예배에서 개혁의 불길이 타오르도록 하지는 못했다. 단지 내면적으로 연기만을 피우고 있었다. 그러나 16세기 초에 분위기가 바뀌었다. 교황권이 심각하게 쇠퇴했고, 전염병과 혹독한 날씨가 유럽을 강타했다. 왕과 황제는 농민 봉기와 국내 불안이라는 도전에 직면했고, 옛 방식에 대해 의문을 제기하는 새로운 사상들이 대학교들에서 넘쳐났다. 그리고 교회의 부패가 만연했다.[2]

이러한 상황 속에서, 목회적 관습과 교회의 가르침에 대한 루터의 도전은 깊은 공명을 일으켰다. 가톨릭 사제이자 어거스틴회의 수도사였던 루터는, 1520년대에 개인적으로 신앙의 갈등을 겪고 있던 독일 비텐베르그대학교의 성경학 교수였다. 야로슬라프 펠리칸(Jaroslav Pelikan)은 루터의 이러한 갈등의 직접적인 원인이, 고해성사의 실패와 자신이나 다른 이의 통회가 충분했는지에 대한 확신의 부족이었다고 본다(*The Christian Tradition*, 4:129).

루터는 이러한 딜레마를 성경, 특히 이행득의가 아니라 이신득의를 강조한 로마서 4장과 같은 본문들을 가르치고 연구하면서 해결했다. 이러한 개인적인 해결을 통해

---

1 제사로서의 예배 순서(the ordering of worship)와 선물과 은혜의 성례전으로서의 예배 순서는 사회 체제에 대한 두 가지 상이한 인식과 관련된다…. 사람들이 사회적 계급에 따라 나뉘어 살았고, 모든 것들의 전체적인 질서를 하늘과 연옥, 이 땅에 있는 신자들과 연합된 것으로 인식했던 중세 사회는 영적인 일치는 물론 세속적인 일치까지도 제사의 행위 속에서 찾을 수 있었다. 다른 한편으로, 성례전으로서의 예배 순서는, 그리스도의 은혜 안에서 모든 이들의 근본적인 교제로 시작되는 사회에 대한 인식을 반영하고, 이러한 일치의 성례전에서 세워져야 할 사회 체제의 모델을 보여준다. 그리고 사회나 교회 체제에 위계적인 서열을 허락하는 경향이 덜 하다. 이 순서에서 그리스도의 은혜가 우세하다는 것은 성례전의 선물(gratuity)에서 표현된다. 성례전에서 모든 이들은 같은 소명을 받은 동등성을 가지고… 거룩한 교제와 주님의 만찬의 공동 식탁을 중심으로 참여하게 된다(Power, *The Sacrifice We Offer*, p. 145).
2 타락이 너무나도 당연시되었기 때문에 타락한 이들은 더 이상 죄의 악취를 느끼지도 못했다(Hadrian VI [1523년 사망]. Jedin and Dolan, *History of the Church*, V:7에서 재인용).

서, 루터는 면죄부 판매를 맹렬히 비난할 수 있도록 준비되었다[그림 171]. 비텐베르크의 사제로서, 루터는 고해를 하러 오는 사람들이 거의 없다는 것에 주목했다. 사람들은 보속을 행하는 대신에, 그들의 삶을 쇄신하거나 그렇지 않거나 관계없이 용서와 구원을 약속하는 것 같은 면죄부를 구입했다.

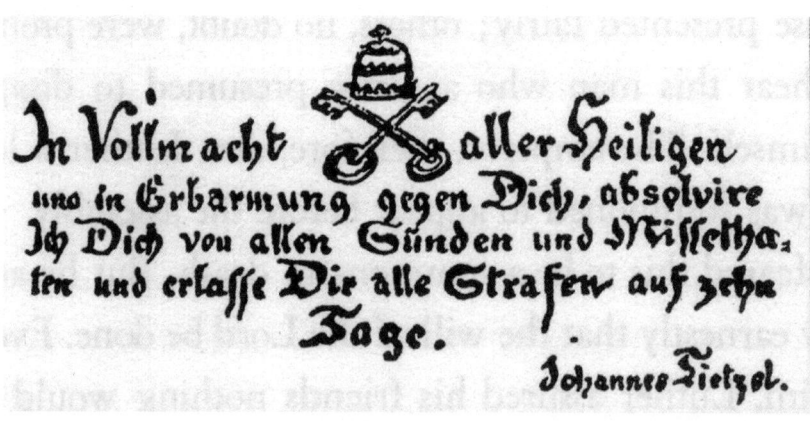

그림 171. 테첼(Tetzel) 면죄부. 번역: "모든 성인(saints)의 권위로, 그리고 당신을 향한 연민으로, 나는 당신의 모든 죄와 악행을 용서하고, 10일 간의 형벌을 면제합니다"

루터는 1517년에 95개조의 반박문을 작성했다.[3] 면죄부 논쟁의 기초로 사용하기 위해서였다. 루터는 95개조의 반박문을 비텐베르크교회 정문에 못을 박아 붙였다. 그리고 그 반박문을 그의 상급자와 소수의 주교, 친구들에게 편지로 보냈다. 1517년 말에, 95개조의 반박문은 여러 지역에서 출판되었고, 얼마 지나지 않아 유럽 전역에서 속으로만 쌓여있던 불만에 불을 붙였다.

유감스럽게도, 루터를 분노케 했던 면죄부 판매는 교황 레오 10세의 승인을 받았다. 1520년에 루터는 레오에 의해 정죄를 받았다[그림 172]. 칼 5세(Charles V) 황제는 루터를 소환했다. 그러나 루터는 이러한 종교적 불만을 이용하여 황제와 교황의 정치적인 영향력을 약화시키고자 했던 다수의 독일 제후들로부터 지지를 받았다. 루

그림 172. 마틴 루터의 잘못을 비난하는 교황 칙서, '엑수르제 도미네'(Exsurge Domine)("일어나소서, 주여")(1520년 6월)

터는 색스니의 선제후 프리드리히(Prince Elector

---

3 조항 21: 그러므로 사람들이 교황의 면죄부로 모든 형벌에서 사면되고 구원받을 수 있다고 말하는 면죄부 판매 설교자들은 모두 틀렸다(Martin Luther, Ninety-Five Theses (1517년), in *Luther's Works*).

Friedrich of Saxony, 1525년 사망)의 보호 아래, 바르트부르그에서 숨어 지내면서 독일어 번역본 성경을 11주 안에 만들었다. 그 동안에 개혁은 유럽 전역으로 내달렸다. 일부는 루터의 사상을 비난했다. 다른 이들은 그의 사상을 받아들였고, 충분치않다고 비판도 했다. 취리히의 울리히 츠빙글리(Ulrich Zwingli, 1531년 사망) 같은 보다 급진적인 개혁가들은, 루터가 성경에 없는 너무 많은 사상과 관습을 허용하고 있다고 생각하여 신약성경에 의해 엄격하게 규정된 개혁을 요구했다.

마틴 부처(Martin Bucer, 1551년 사망)는 스트라스부르그에서 개혁의 기틀을 마련했고, 루터와 츠빙글리의 중간 입장을 취하고자 노력했다. 이러한 종교개혁가들은 특히 성찬과 현존(real presence)의 본질에 대해서 서로 다른 견해를 갖고 있었다. 1529년 10월에, 루터와 츠빙글리, 부처, 그리고 다른 개혁가들은 합의에 이를 수 있다는 희망을 가지고 마르부르그성에서 모임을 가졌다. 참석자들은 유아세례와 희생 제사로서의 미사 거부 등과 같은 것에 관한 공유된 신앙을 담은 조항들에는 서명했다.

그러나 현존의 본질에 대해서는 의견을 일치시킬 수 없었다. 제임스 화이트가 요약하듯이, 성찬에 대한 루터의 견해와 츠빙글리의 견해 사이의 현격한 차이는 영구해졌고, 지금도 여전한 개혁 전통들 사이에서의 분열을 초래했다(White, 『개신교 예배』 [*Protestant Worship: Traditions in Tradition*], 59[CLC 刊, 2002]).

1530년대에 이르러서는 독일의 주요 지역과 오스트리아, 심지어 프랑스의 일부 지역뿐만 아니라 사실상 스칸디나비아와 브리튼 제도의 모든 지역이 로마와의 관계를 끊었다. 이미 1520년대에 이러한 상황에 대처하기 위해 교회 공의회가 소집되어야 한다는 요청이 있었다. 그러나 칼 5세와 프랑스 왕 사이에서 일어난 전쟁 때문에 그러한 공의회가 소집되는 것은 쉽지 않았다. 또한 일부 교황들은 공의회가 그들의 권한을 축소시키거나 그들의 생각에 도전할까봐 두려워했다. 그러한 두려움은 꽤 현실적인 것이었다.

왜냐하면 콘스탄츠 공의회(1414-1418년)가 "교회의 대분열"(Great Schism)을 종식시키기 위해 세 명의 교황을 폐위시키고, 그러한 공의회를 교회의 최고 권위로 선포했기 때문이다. 시작 단계에서 여러 번 실패한 끝에 마침내 트렌트에서 공의회가 1545년에 소집되었다. 그리고 거의 20년에 걸쳐 산발적인 모임을 가졌다(1545-47년, 1551-52년,

1562-63년). 공의회는 종교개혁을 촉발시킨 많은 악습을 다루었다.[4] 그 결과, 성직자 훈련이 크게 개선되었고, 일요일 예배에서 정기적인 설교가 장려되었다. 그리고 신자들이 성례전을 받기 위해 잘 준비되도록 했다.

다른 한편으로, 트렌트 공의회는 종교개혁가들과 화해하려고는 하지 않았다. 아마 할 수도 없었을 것이다. 루터와 츠빙글리, 다른 개혁가들의 교리는 철저히 비난받았다. 로마 가톨릭교회는 개혁가들이 도전했던 교리들 대부분을 계속 고수했다. 그 결과, 수 세기 동안 지속된 신학적 정착(theological entrenchment)과 같은 것이 생겨났다. 이러한 가톨릭의 반종교개혁은 서방 기독교에서, 그리고 심지어는 로마 가톨릭교회에서도 개혁과 함께 분열을 초래했다.

모든 로마 가톨릭교도들이 트렌트 공의회의 교리를 받아들이거나 시행했던 것은 아니다. 특히 교황의 권위로부터 벗어나기 위한 운동을 오래도록 했던 프랑스가 그랬다. 이러한 널리 퍼진 "갈리아주의"(Gallicanism) 때문에, 프랑스의 로마 가톨릭 예배는 19세기에 이르기까지 로마의 지시를 잘 따르지 않았다. 정치 및 문화적 이유로 인해 신성 로마 제국의 요제프 2세(Joseph II, 1790년 사망) 황제는 교황의 지배력을 통제하는 쪽으로 움직였는데, 여기에는 예전을 보다 간소화시켜 잘 이해될 수 있도록 하는 명령이 포함되었다. 바로 "요셉주의"(Josephinism)라고 알려진 움직임이었다. 황제의 남동생이었던 레오폴드(Leopold)는 투스카니(Tuscany)의 대공이었고, 그곳에서 유사한 개혁들을 후원했다.

레오폴드의 후원으로 개최된 피스토리아 종교회의(Synod of Pistoria, 1786년)는 갈리아주의와 요셉주의의 원칙들을 받아들였다. 더 나아가 각 교회에는 하나의 제대만 있어야 하고, 각 일요일에는 한 번의 미사만 드려져야 한다고 지시했다. 그리고 예전에서의 라틴어 사용을 노골적으로 비난했다. 심지어 미국에서도, 신대륙 최초의 로마 가톨릭 주교였던 존 캐럴(John Carroll, 1816년 사망)이 가지성(intelligibility)과 자기결정의 원리들(principles of intelligibility and self-determination)에 감명받았다. 그래서 평신도들

---

4 한 사제가 미사 거행을 위해 여러 사람으로부터 예물을 받고, 단 한 번의 미사만으로 그들의 요구를 만족시키고자 하는 것 역시 악습으로 간주된다. 이 공인된 악습은 오래도록 기억되는데, 미사라는 명칭이 실제로는 단순한 금전적 이득에 쓰이기 때문이다. 여기에 수많은 추문이 있고, 따라서 주 그리스도와 교회가 입은 해는 적지 않다.... 또한 수도원 미사가 거행되는 동안에, 시체들을 교회 안으로 옮기면서 성스러운 예식을 완전히 망치는 악습도 있다.... 축성 후에 양 팔로 균형을 잡아 성작을 머리에 이면서 때로는.... 성작을 쏟을 위험에 빠뜨렸던 매우 많은 사제의 아연케 하는 행위는 더욱 심각하다("Abuse, relating to the Sacrifice of the Mass," The Council of Trent에서 특별히 구성했던 위원회가 보고한 내용[1562년 8월 8일], in Mansi, *Sacrorum Conciliorum*).

이 교회 운영에 참여하고, 자신들의 주교를 선출할 권리를 가져야 한다고 주장했다. 더 나아가 예전을 자국어로 거행해야 한다고까지 주장했다.

"개신교들"(Protestants, 라틴어, protestants, "증언하는 또는 항변하는")은 매우 다양했기 때문에(마르부르그 모임에서 존중되었던 다양성) 로마 가톨릭교회를 제외한 개혁은 계속 진화했다[그림 173]. 예를 들어, "재세례파"(Anabaptist, 헬라어, *ana+baptismos*에서 유래, "다시 세례") 개혁가들은 츠빙글리보다도 급진적이었다. 그들은 비성경적이라는 이유로 유아세례를 거부했고, 그들만의 신앙 공동체를 따로 분리해서 만들었다.

앞으로 몇 세기 안에, 퀘이커교도들은 모든 외형적인 성례전을 거부할 것이고, 요한 웨슬리와 찰스 웨슬리가 감리교로 알려지게 될 성공회 내에서의 개혁을 시작할 것이었다. 그리고 미국은 자유교회 양식의 예배가 번성하는 것을 목격하게 될 것이었다.

	좌익	중도	우익	
16세기	재세례파	개혁주의	성공회	루터교
17세기	퀘이커 　 청교도			
18세기		감리교		
19세기	프런티어			
20세기	오순절파			

그림 173. 제임스 화이트(James White)의 개신교 예배의 전통들에 대한 개요

이 기간 동안에, 서구 기독교의 모습이 근본적으로 바뀌게 되었듯이, 과학과 철학에서도 놀라운 발전이 일어났다. 이미 16세기에 니콜라우스 코페르니쿠스(Nicolaus Copernicus, 1543년 사망)는 지구가 아니라 태양을 중심으로 한 우주를 생각했다. 코페르니쿠스의 이러한 입장은 갈릴레오 갈릴레이(Galileo Galilei)의 연구로 강화되었다(1642년). 그 뒤에 아이작 뉴턴(Isaac Newton)은 광학, 수학, 중력의 법칙에 대한 우리의 이해를 새롭게 했다(1727년). 철학에서의 유사한 변화들, 사회과학의 탄생, 그리고 통신과 산업의 진보는, 우리가 "근대"(modern)라고 부르는 것의 시작을 알리면서, 놀라운 속도로 이 시대를 휩쓸었다.

이러한 발전들 중 많은 것은 우주의 운행을 이해하고, 이전에는 하나님만이 갖고 있다고 생각했던 창조적인 힘까지도 이용할 수 있을지도 모르는 인간의 능력에 대한 믿음을 나타냈다[그림 174]. 따라서 이성과 경험주의 시대, 또는 계몽주의 시대는 교회의 신학과 예배에 새로운 도구들을 제공하고 엄청난 과제를 안겨 주었다. 계몽주의 원리

들은 이 시대의 후반부에 개신교 예배가 변화하는 토대가 되었고, 이와 유사하게 갈리아주의, 요셉주의, 피스토리아 공의회, 그리고 심지어는 존 캐럴의 비전을 뒷받침하는 힘이 되었다. 그러나 예배에 끼친 계몽주의의 전면적인 영향력은 20세기가 되기 전까지는 분명하게 드러나지 않았다.

그림 174. 신의 기하학자로 '뉴턴'(*Newton*)을 묘사한 윌리엄 블레이크(William Blake-1827년 사망)의 그림

1. 건축

16세기에 일어난 기독교의 대변동과 서구 기독교의 근본적인 변화는 교회 건축에 중대한 영향을 끼쳤다. 예를 들어, 개혁의 도전에 직면한 로마 가톨릭교회에서는 새로운 낙관주의와 활력으로 무장한 트렌트 이후(post-Tridentine) 교회가 출현했다. 이러한 풍성함을 상징했던 활기 넘치는 건축 양식-또는 때때로 승리주의로 인식되는 양식-은 바로크 양식으로 알려지게 되었다. 로코코(rococo)나 신고전주의(neoclassicism)와 같은 다른 건축 양식들이 뒤이어 등장하기는 했지만, 트렌트 이후 로마 가톨릭교회의 건축의 상징이었던 바로크 양식을 대체하지는 못했다.

루터교회와 성공회와 같은 일부 개신교 공동체들 역시 바로크 양식을 사용하여 교회 건물들을 건축했다는 것은 사실이다. 그러나 많은 개신교 교회는 바로크의 특징인 시각적으로 인상적인 건물을 짓기보다는, 말씀을 듣고 반응하는 공동체를 이루어 가는데 보다 큰 관심을 기울였다.

　성찬의 실재와 신학에 대한 도전은 일부 개신교에서 성찬의 역할이 축소되는데 영향을 끼쳤다. 예를 들어, 츠빙글리는 1년에 4번만 주님의 만찬을 거행하면 된다고 말했다. 그 결과, 개신교 공동체들에서 제대의 중요성은 줄어들었다. 반면에 설교단에는 새로운 중요성이 더해졌다.

1) 로마의 성 베드로(주교좌 성당)

　로마에 있는 성 베드로 주교좌 성당의 재건축은, 16세기의 그 어떤 건축 프로젝트보다 르네상스에서 바로크 양식으로의 변화를 연대기적으로 잘 보여준다. 줄리어스 2세(Julius II, 1513년 사망)가 1506년에 새로운 교회를 위한 주춧돌을 놓을 때, 4세기에 콘스탄틴이 건축했던 바실리카는 한동안 파손되어 있었다. 역설적이게도 마틴 루터를 그토록 자극시켰던 면죄부의 판매가 이 재건축을 위한 재정적 원조가 되었다. 16세기의 교회는 처음에 웅장한 르네상스 양식으로 건축되었다.

　도나토 브라만테(Donate Bramante, 1514년 사망)는 하나의 거대한 (상하 좌우의 길이가 동일한) 그리스 십자가를 에워싼 일련의 작은 그리스 십자가들로 구성된 중앙 집중형 공간을 설계했다. 이 설계는 성 베드로 주교좌 성당이 서방 교회, 기독교, 그리고 세계의 중심에 있다는 것을 상징적으로 표현하고자 했다. 브라만테의 사망 이후, 미켈란젤로(Michelangelo, 1564년 사망)가 1546년에 건축가로 작업을 인계할 때까지 공사가 늦춰졌다. 미켈란젤로는 브라만테의 설계를 간소화하고 횡정사각형(transverse square)으로 공간을 둘러싸면서, 성 베드로 주교좌 성당을 연결은 되었지만 다소 독립된 부분들로 구성되었던 르네상스 건물에서, 바로크 양식의 시작을 알리는 역동적인 통일성을 보여주는 거대한 작품으로 개조시켰다[그림 175].

　미켈란젤로가 죽은 후에 성 베드로 주교좌 성당의 설계는 네이브의 증축으로 변경되면서, 성 베드로는 그리스 십자가에서 (세 부분의 길이는 같고 나머지 부분의 길이는 긴) 라틴 십자가 형태로 바뀌었다[그림 176]. 이러한 증축은 로마 전례와 그 전례의 필수적인 요소인 행렬에 잘 맞았다. 안타깝게도 이 증축으로 인해 미켈란젤로의 위대한 돔이 가려지게 되었다. 그 결과 오늘날에는 건물의 뒤편에서만 미켈란젤로의 돔을 볼 수 있게 되었다.

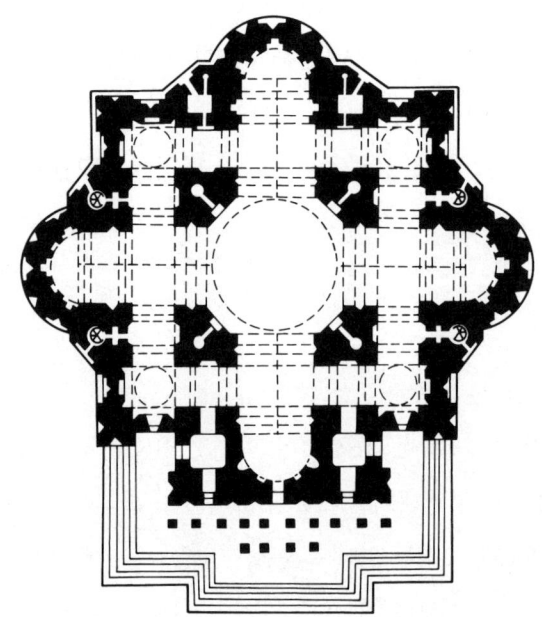

그림 175. 미켈란젤로(Michelangelo)가 그린 로마의 성 베드로(Saint Peter's) 도면(Gardner, p. 552)

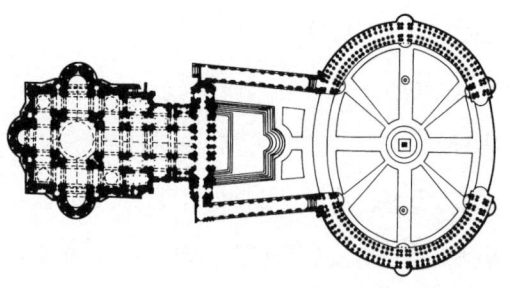

1. 오벨리스크
2. 분수
3. 콜로네이드

그림 176. 성 베드로와 베르니니(Bernini) 광장의 평면도 (Gardner, p. 635)

성 베드로 주교좌 성당이 르네상스에서 바로크 양식으로 변화되는 마지막 단계는, 잔 로렌초 베르니니(Gian Lorenzo Bernini, 1680년 사망)가 설계한 광장(piazza)의 증축이었다. 이 거대한 공간(가장 넓은 지점의 폭이 거의 790피트[241m])은, 162개의 12피트(3.66m) 높이의 성인들 조각상이 위에 얹어져 있는 284개의 트래버틴(travertine) 기둥으로 구성된 두 개의 팔을 가진(two-armed) 타원형의 콜로네이드로 둘러싸여 있다. 1666년에 봉헌된 베르니니 광장은 지금까지 만들어진 가장 인상적인 공공 공간들 중 하나이다. 이 예술가의 의도에 따라,[5] 이 광장은 모든 이들을 로마의 어머니 교회의 품으로 들어오라고 부른다.

2) 일 제수(Il Gesù)와 바로크 양식

예수회의 모교회인 일 제수(이탈리아어, "예수[의 교회]")는 진정한 바로크 양식으로 건축된 최초의 교회들 중 하나이다. 일 제수는 예수회라는 새로운 공동체와 창설자인 로욜라의 이그나티우스(Ignatius of Loyola, 1556년 사망)의 활력과 독창성을 상징했다. 16세기에 예수회는 새로운 형태의 수도생활(religious life)이었다.

예수회의 수도생활은 매우 중앙집권적이고, 잘 조직되었고, 활동적이었다. 그리고 일반적인 예전생활, 특히 성무일도의 요구로부터 자유로웠다. 이그나티우스는 그의 추종자들에게 성무일도에서 함께 영창하는 것을 요구하지 않았다. 예수회의 새로운 교회는 이 공동체의 신선한 정신을 구현했는데, 많은 고딕 양식 교회의 세분화된 공간과 비교했을 때 훨씬 더 개방적이고 역동적인 공간이었다.

1568년부터 1584년 사이에 로마에서 설계되고 건축된 일 제수는 교회의 역사에서 가장 많이 모방된 설계 중 하나가 되었다[그림 177]. 일 제수가 인기가 있었던 이유는, 측면 아일의 제거, 앱스의 축소, 그리고 제대와 회중 사이에 위치했던 성가대석의 제거(예수회 사이에서 공동체 의식인 성무일도의 철폐를 건축적으로 확인한 것)를 포함한 다수의 중요한 혁신 때문이었다.

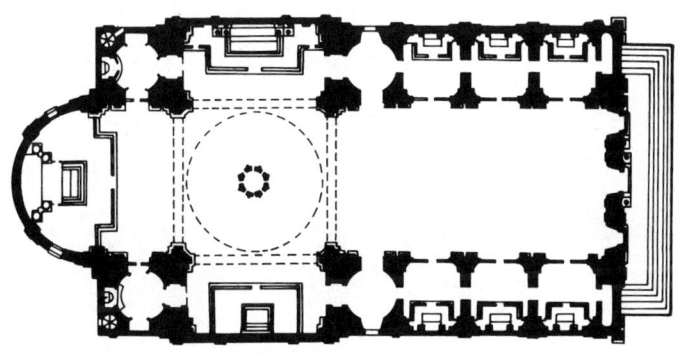

그림 177. 일 제수(Il Gesù)의 평면도(Norberg-Schulz, p. 277)

---

5 성 베드로교회는 거의 모든 다른 교회들의 어머니이기 때문에, 가톨릭교도들을 맞이하여 그들의 신앙을 굳게 하고, 이단자들을 교회로 재통합시키고, 신앙심이 없는 자들에게 진정한 신앙을 가르치기 위해, 마치 어머니가 팔을 펼치고 있는 것처럼 보이도록 만드는 콜로네이드들을 갖고 있어야 했다(Bernini, in Norberg-Schultz, *Meaning in Western Architecture*, pp. 287-88).

그 결과는 돔으로 강조된 중심부를 가진 커다란 열린 공간이었다. 중세의 설교 수도회로 아주 유명했던 13세기 독일의 홀 회(할렌키르헤)들처럼, 예수회 교회들은 설교단과 설교의 행위에 새로운 관심을 가졌다. 시야를 가리는 수도사 성가대석, 십자가 칸막이, 사람들을 성스러운 행위로부터 멀리 떼어놓은 연장된 앱스를 갖고 있지 않던 일 제수는, 평신도들이 예전 행위에 좀 더 가까이 근접할 수 있도록 했다.

그러나 일 제수와 같은 교회에서조차도, 사람들이 성찬식에 직접적으로 참여하는 것은 여전히 제한적이었다. 제임스 화이트는 이러한 새로운 교회의 설계와 극장의 설계를 비교하면서 이 현상을 설명한다(『로마 가톨릭 예배』[Roman Catholic Worship], 2-3). 높아진 성단소, 짧아진 앱스, 그리고 내부 기둥들을 포함한 시각적인 장애물의 제거는 중앙 제대를 사실상 무대로 바꾸었다.

시야를 가리는 방해물이 거의 다 제거되었기 때문에, 회중은 청중처럼 그들 앞에 펼쳐지는 미사라는 극을 볼 수 있었다. 그리고 짧아진 앱스와 돌로 만든 볼트로 인해 음향 효과가 향상되면서, 설교도 좀 더 잘 들릴 수 있게 되었다.

그러나 그러나 전례라는 극에서 회중은 배우가 아니었다. 성단소에 있는 성직자, 특히 사제들만이 배우였다. 따라서 따라서 그러한 건물에서 회중이 물리적으로는 성찬 행위에 좀 더 가까워졌지만, 예전적으로는 여전히 동떨어져 있었다.

3) 로마 가톨릭교회의 일반적인 전례 배열

앞으로 계속해서 살펴보겠지만 트렌트 공의회와 공의회의 여파로 일어난 일들은 로마 가톨릭교회 내에서 새로운 획일성(uniformity)이 생기는데 영향을 끼쳤다. 예를 들어, 성찬 교리에 보다 분명한 획일성이 있었고, 개정된 전례서들로 인해 미사를 거행하는데 있어서도 획일성이 더욱 많아졌다. 트렌트 공의회의 교령에 건축에 대한 실재적인 지시 사항들은 없었지만, 공의회로 인해 만들어진 교리와 붉은 글자 지시문에서의 획일성을 추구하는 경향은 로마 가톨릭교회의 전례 배열에서도 이와 비슷한 획일성 본능을 자극했다.

이러한 경향은 먼저 이탈리아 북부와 같은 지역에서 분명히 나타났고, 그 다음엔 유럽 전역, 그리고 결국에는 전 세계로 퍼져나갔다. 유럽의 선교사들이 로마 전례와 그 전례의 거행에 대한 건축적인 추정들을 세계로 전했기 때문이다. 로마 가톨릭교회의 많은 전형적인 배열 요소가 처음부터 법으로 요구되지는 않았었지만, 당연하게 여겨지는 관례가 되어 널리 사용되었다. 그리고 결국에 그 중 일부는 법적인 구속력도 지니게 되었다.

예를 들어, 당시에 널리 퍼졌던 경향 중의 하나는 전례 용기였던 감실을 붙박이 설치물로 전환시키는 일이었다. 우리가 앞으로 보게 될 것처럼, 이 관습이 영향력을 끼치자 결국엔 감실을 제대에 고정해야 한다는 법도 만들어졌다. 많은 지역에서 감실과 그 옆의 레레도(reredos)는 성체 전시를 위한 공간을 제공할 수 있는 초점 상부구조(focal superstructure)가 되었다. 감실과 전시 연단의 양 측면에는, 흠모하는 천사와 성자들, 또는 초들과 꽃들로 가득한 벽감 틀이 배치되어 있었다[그림 178].

그러나 화려하게 꾸며진 극장식 배경은 때때로 제대에서의 성찬 행위를 중요하지 않게 보이도록 했고, 후일의 로마 가톨릭 문헌이 성찬 거행을 위한 "활동적인" 공간이라고 특정지은 곳과 성체를 보존하는 보다 "정적인" 장소 사이를 모호하게 만들고 혼동시키는 원인이 되었다.[6]

그림 178. 멕시코시티(Mexico City) 주교좌 성당의 중앙 제대

---

6 성찬식을 거행하는 일 외에도, 교회는 성찬 빵을 보존하는 매우 오래된 전통을 갖고 있었다. 성찬 빵을 보존하는 목적은 병자에게 성찬을 가져가고, 사적인 신앙(private devotion)을 위한 대상으로 삼기 위해서이다. 성찬 빵은 개인적인 신앙(individual devotion)을 위해 고안된 공간에 보존되는 것이 가장 적절했다. 성찬식 거행과 보존을 혼동되지 않게 하는, 특별하게 설계된 방이나 제의실과 주요 공간(major space)에서 분리된 공간은 중요하다. 동일한 실재(reality)의 동적 양상과 정적 양상은 동일한 인간의 관심을 동시에 끌 수 없다 (Bishop' Committee on the Liturgy, *Environment and Art in Catholic Worship*, p. 78).

20세기 전반에 걸쳐 많은 로마 가톨릭교회와 다른 교회들이 추가했던 또 하나는 낮은 영성체 난간(communion rail)이었다. 융만에 따르면, 영성체 난간은 제대에서 무릎을 꿇던 성찬 배수자들을 위해 천을 펼쳐주던 관습에서 발전된 것으로 보인다. 나중에 그러한 천들은 성찬대나 벤치 위에 놓여졌고, 영성체 난간으로 진화되었다(*Mass of the Roman Rite*, II:375). 영성체를 받는 방식에 관한 최초의 법령은 16세기 말에 밀라노에서 만들어졌다. 트렌트 공의회 이후에 모든 로마 가톨릭교회(그리고 일부 다른 교회들)에서 볼 수 있게 되었음에도 불구하고, 트렌트 전례 규정이나 심지어는 붉은 글자 지시문은 영성체 난간을 언급하지 않는다.[7]

일부 전례 배열을 표준화하는데 영향을 끼친 인물은 밀라노의 대주교 카를로 보로메오(Charles Borromeo, 1584년 사망)였다. 그는 매우 상세한 『건축과 교회 가구에 대한 개론』(*Instructions on the Architecture and Furnishings of Churches*, 1577년)을 출간했다. 그는 십자형으로 설계된 교회가 좋다고 분명하게 밝혔고, 제대 위에 감실을 놓는 것이 중요하다고 단언했다.

또한 우리가 "고해소"(confessional)라고 알게 될 혁신의 필요성과 설계에 대해 분명하게 설명했고, 교회에 들어올 때 스스로를 축복하고자 하는 신자들에게 성수를 제공하는 성수반의 모양과 크기, 재질도 규정했다. 그의 이러한 고안들 대부분이 법의 무게를 지니지는 않았지만 영향력은 상당했다.

보로메오는 바티칸의 국무장관으로서 트렌트 공의회가 재개되는 것을 도왔고, 공의회의 마지막 회기에 참석했다(1562-63년). 그는 또한 트렌트 공의회가 끝난 후에 『로마 교리문답서』(*Roman Catechism*, 1566년)를 제작하는 책임을 맡았고, 성무일도서(Breviary, 1568년)와 로마 미사경본(1570년)을 개정하는 일도 했다. 이에 더해, "트렌트 공의회의 성성"(Prefect of the Tridentine Council) 직을 역임하기도 했다(1564-65년). 이처럼 화려한 밀라노 주교좌 성당에서 주재하던 이탈리아인 추기경의 전례에 대한 비전이 전 세계에 있는 가장 평범한 로마 가톨릭의 많은 교구에 영향력을 끼쳤다.

---

7 제대 난간(altar rail)에 대한 붉은 글자 지시문은 전혀 없다. 그리고 제대 난간은 어디에도 규정되어 있지 않다. 제대 난간은 [특히 사람이 많은 교회에서] 불손한 행위로부터 성단소(제단 주위)를 보호하기 위해 순전히 실용적인 목적으로 만들어진 것이다. 그러나 큰 교회들에서는 성찬을 베풀기 위해 있어야 하는 필수품이 되었다(O'Connell, *Church Building and Furnishing*, p. 13).

4) 개혁교회(Reformation Churches)

로마 가톨릭교회 건물들의 내부 배열들이 갈수록 더욱 유사해진 반면에, 개신교 내에서 커져가던 다양성은 개신교 예배 처소들의 예전 배치들에서 새로운 다형태성(pluriformity)을 낳았다. 처음에 개혁 공동체들은 기존의 교회를 넘겨받아 그들의 필요에 맞게 개조했다. 일부 지역에서 이러한 개조는 조각상과 성상을 없애는 것을 의미했고(1524년의 취리히에서처럼), 다른 지역에서는 신학적으로 더 옳다고 여겨지는 새로운 이미지를 창조하는 것을 의미했다[그림 179].

그러한 교회들의 내부 설계에 대해서 말하자면, 영국의 경우엔 교회를 네이브와 성가대 공간으로 나누었던 십자가 칸막이(rood screen)[그림 180]는 대개 그대로 남겨졌고, 네이브는 회중에 의해 아침 예배와 저녁 예배에 사용됐고, 성가대 공간은 성찬 예식에 사용되었다. 이러한 구분은 아침과 저녁 기도회로 인해 성찬식이 성공회 예배에서 갈수록 더 부차적인 역할을 하게 될 것이라는 것을 상징했다.

성가대 공간은 네이브보다 작았다. 그리고 주님의 만찬을 위한 장소로서, 소수의 예배자들만이 참석하는 것으로 여겨졌다. 반면에 네이브에서 일요일에 하는 아침 예배는 한 주의 대예배 예식이 되었다. 1549년판 『공동 기도서』가 매일 성찬식을 가정했다는 것은 사실이다. "일요일이나 축일에 성찬식 참여를 등한히 여기는 사람들에 대한" 사제의 훈계까지 제공할 정도였다. 그러나 단지 3년 후에, 1552년판 『공동 기도서』는 "모든 교구민은 1년에 최소한 3번은 성찬식에 참여해야 하고, 그 중 한 번은 부활절이다"라는 명령을 포함시켰다. 이러한 최소한의 요구 사항은 결국 당시의 기준이 되었다.

유럽 대륙에서, 예배 공간의 개조에는 대개 정성들여 만든 레레도(reredos)와 감실 뿐 아니라 십자가 칸막이(rood screens)의 제거도 포함되었다. 설교단은 대개 중앙 쪽으로 옮겨졌다. 그러나 개신교 종교개혁의 늘어나는 전통의 다양성과 분산적인 특성을 고려하면, 기존 건물들에서의 예전 배열을 일반화하기는 어려웠고, 예외적인 경우는 언제든지 발견될 수 있었다.

따라서 85피트(26m) 높이의 15세기 성체 보관실(sacrament house)은 울름 주교좌 성당(Cathedral at Ulm)에 남아있게 되었다[그림 181]. 그러나 더 이상 성체 보존을 위해 사용되지는 않았다. 실제로 스톡홀름에 있는 루터교 대성당은 1640년에 흑단과 은으로 만든 새로운 제대와 레레도를 들여놓았다.

그림 179. 비텐베르크(Wittenberg) 시 교회에 있는 대 루카스 크라나흐(Lucas Cranach the Elder, 1553년 사망)가 그린 제단화. 위의 그림들은 왼쪽에서 오른쪽으로 세례, 주님의 만찬, 고해. 아래 그림은 그리스도의 십자가 형

그림 180. 잉글랜드의 요크(York) 주교좌 성당에 있는 15세기 말의 십자가 칸막이(rood screen)

그림 181. 울름(Ulm) 주교좌 성당에 있는 성체 보관실로 1460-80년 사이에 제작되었다

그림 182. 1769년에 건축된 필라델피아의 성 조지 연합감리교회(Saint George's United Methodist Church)

이러한 개조에 만족하지 못했을 뿐 아니라 추가적으로 교회들이 필요해졌기 때문에, 개신교 예배를 위한 새로운 건물들이 세워지게 되었다. 이러한 새로운 교회들이 사실상 공통적으로 갖고 있던 한 가지 요소는 중앙에 위치한 설교단이었다[그림 182]. 이 설교단은 개신교 예배에서 성경에 기록된 하나님의 말씀에 대한 경외심과 설교의 중요성을 새롭게 강조했다. 이러한 말씀에 대한 강조는 주님의 만찬 거행을 덜 중요하게 만들었다.

한 예로, 츠빙글리는 취리히에서 성찬식은 1년에 4번만 거행되어야 한다고 생각했다. 이러한 교회들 중 대부분이 제대를 가지고 있었지만, 대개 간소하고 옮기기 쉬운 탁자들이었다. 그래서 성찬식이 거행되지 않는 일요일에는 창고에 보관되거나 옆에 두었다. 반면에 J. S. 바흐(J. S. Bach, 1750년 사망) 당시에 라이프치히(Leipzig)에서는 매우 상이하고 다소 이례적일 정도의 관습이 행해졌다. 이 매우 루터교적인 도시에서는 일요일 대예배 때마다 주 "성찬식이 항상 거행되었다"(Stiller, p. 49). 그러한 환경에서는 영구적인 제대가 훨씬 더 적합했다.

스피로 코스토프(Spiro Kostof)가 언급했듯이, 새로 출현한 개신교 건축물들에서 볼 수 있던 한 가지 공통점은 "행렬에서 강당 공간으로, 장방형에서 중앙 집중형 설계로의 전환"이었다. 코스토프는 더 나아가 이러한 중앙 집중형은 "전체 회중의 시선을 무대 중심으로 모으는 갤러리나 때로는 오페라 하우스에 있는 것 같은 연속된 좌석의 줄들"을 만들어내면서, 수평적일 뿐만 아니라 수직적이기도 하다고 말한다(p. 539).

그러한 수평 및 수직적인 중앙 집중형의 탁월한 예로 들 수 있는 것은, 최근에 재건축된 드레스덴(Dresden)의 **프라우엔키르헤**(*Frauenkirche*, 프라우엔교회)이다. **프라우엔키르헤**은 바로크 양식의 제대가 있는 성단소에 초점이 맞춰진 다층의 갤러리, 질버만(Silbermann) 오르간, 그리고 중앙에 위치한 설교단을 갖추고 있다[그림 183].

그림 183. 제2차 세계대전 기간에 파괴되었던 것을 2005년에 재건하여 다시 봉헌한 드레스덴 성모교회(Dresden Frauenkirche)

그러나 중앙 집중형으로 설계된 대부분의 개신교 교회들은 보다 간소했고, 로마 가톨릭이 강조하는 예배의 시각적 요소들은 종교개혁의 주요 분파들에 의해 거부되었다. 말씀과 설교에 대한 새로운 강조는 영국의 크리스토퍼 렌(Christopher Wren, 1723년 사망)과 같은 종교개혁 건축가들로 하여금 보는 것보다 듣는 것에 더욱 적합한 건물들을 건축하도록 했다.[8] 행렬에서 강당 공간으로의 전환(움직임을 강조했던 장소로부터 듣는 것에 초점을 맞춘 장소로)은 먼저는 개신교회들, 그 다음에는 로마 가톨릭교회에서 좌석(seating)의 인기가 높아지는데 기여했는데, 특히 북유럽과 북아메리카의 경우가 그랬다.

당시의 극장들처럼 교회들은 장의자(pew)로 채워져다. 장의자는 예배자들의 부동성(immobility), 심지어는 수동성을 어느 정도 상징했다. 경우에 따라서는 장의자를 도입하는 일과 예배 동안에 남성과 여성을 분리시키는 일이 동시에 일어났다.[9] 예배 동안

---

[8] 로마니스트들([Romanists] 가톨릭교도들)은 분명히 더 큰 교회들을 지을 것이다. 그들에게는 미사의 중얼거림을 듣고 성체의 거행을 보는 것으로 충분하다. 그러나 우리의 교회는 청중에게 적합해야 한다 (Christopher Wren [1723년 사망]. Addleshaw and Etchells, *The Architectural Setting of Anglican Worship*에서 인용).

[9] 1620년에 성 알페지(Saint Alphege)에서…러브데이(Loveday)씨는 아내와 같은 장의자(pew)에 앉았다. 당시 그런 행동은 "매우 추잡하다고 간주되었기 때문에" 그는 신고 되었고, 출두를 명령받았다. 그러나 그가 명령

의 남성과 여성의 분리는, 1577년에 카를로 보로메오가 로마 가톨릭교도들을 위해 제안까지 했던 것이다. 그러나 당시에는 무시되었던 것 같다.

5) 요약

종교개혁과 반종교개혁은 기독교 신앙과 성례전적인 예식들, 특히 성찬, 세례, 화해, 서품에 대한 다양하고 상반되기까지 한 신학들을 창출했다. 갈수록 더 분열되는 서구 기독교를 위한 예배 공간에서도 비슷한 다양성이 발전되었다는 것은 건축 예술의 신학적 중요성을 보여주는 강력한 증거이다. 따라서 일반 신자들은 현존(real presence)의 본질이나 말씀의 역할에 대한 근본적인 가르침이 크게 바뀐 상황에서 기존의 전통적인 공간에서 예배한다는 것은 앞뒤가 맞지 않는 것이라고 직감했다.

이러한 다양성 가운데서도, 당시의 교회 건물들에 영향을 끼쳤던 분명한 흐름들은 있었다. 개신교도들, 그리고 그보다 덜하기는 했지만 로마 가톨릭교도들은 설교를 다시금 강조했다. 그 결과, 음향 효과를 고려하여 앱스가 짧아지고 다른 부분들이 양보된 교회들이 설계되었다.

일부 개신교 공동체들과 심지어는 유대교 공동체들도 바로크 양식을 수용하기는 했지만, 바로크 양식의 시각적 표현과 승리주의에까지 심취했던 이들은 바로 로마 가톨릭이었다. 보다 "좌익"에 가까운 종교개혁가들은[그림 173], 대개 이러한 화려하게 장식된 양식을 거부했다. 대신 중앙 집중형 설계로 만들어진 간소하고 심지어는 금욕적인 실내 장식을 선호했다.

종교개혁과 반종교개혁의 신학적 독창성이 약화되면서, 다양한 기독교 관점들을 가진 교회 권위자들이 구성신학(constructive theology)이나 사변신학(speculative theology)보다는 변증론에 몰두하곤 했다. 따라서 교단들과 교회들 사이의 노선 차이가 분명해질수록, 리더십은 교리적인 다름을 새로운 통찰이나 화해의 원천으로서 숙고하기보다는, 이미 규정된 입장을 방어하는데 더 큰 관심을 기울이곤 했다.

어떤 면에서 몇 세기에 걸쳐 지속되는 건축적 발전들은 이러한 정착(entrenchment)이나 정체(stagnation)도 어느 정도 상징했다. 예를 들어, 격렬하게 설계된 뮌헨의 성 요

을 따르지 않자 그의 완고함이 "교회법 고문(Mr. Chancellor)에게 알려지게 되었다." 결국 그 사안은 주임사제가 러브데이 씨에게 자신의 자리에 앉으라고 양보함으로써 중재되었다(Neale, *History of Pues*, p. 35).

한 네포묵(St. John Nepomuk, 1733-1746년)은 바로크 양식의 단계적 발전을 전형적으로 보여주었다[그림 184].

성 요한 네포묵은 로코코 양식으로 지어진 많은 건축물처럼, 건축학적인 본질보다는 독창적으로 장식된 외관과 시각적인 즐거움을 추구했다. 아마도 더 많이 언급되는 것들은, 신고전주의(1750-1850년경), 로마네스크 부흥(1840-1900년경), 그리고 고딕 부흥(19세기와 20세기 초)과 같은 많은 건축 양식의 "부흥"(revival)들일 것이다. 이러한 복고주의들은 서구의 학자들이 보다 "객관적인" 역사 연구에 관심을 갖게 된 계몽주의 시대에 나타났다. 제임스 화이트는 매우 빠르게 변화되고

그림 184. 뮌헨에 있는 성 얀 네포무크(Saint John Nepomuk) 주교좌 성당의 성단소 세부 양식과 측벽

기본적인 기독교 신앙에 대한 질문들이 제기되던 이 시대에서, 이러한 양식의 부흥들은 역사라는 학문 그 자체처럼 안정된 과거, 심지어는 존재하지도 않았던 과거에 대한 깊은 열망을 나타내는 것일 수도 있었다는 의견을 밝힌다. 지난 시대에 대한 향수는 부활된 건축 양식으로 표현되는 영적 실체였다.

2. 음악

바로크 양식과 같은 일부 건축학적인 혁신이 로마에서 퍼져 나간 반면에, 예전 음악에서의 혁신들은(특히 회중 노래에 있어서) 종교개혁자들로부터 시작되었다. 이에 대한 많은 이유가 있는데, 그 중에는 마틴 루터와 같은 초기 종교개혁가들의 음악적인 재능, 말씀을 돕는 음악의 능력과 결합된 하나님의 말씀에 대한 개혁주의의 강조, 그리고 종교개혁이 시작된 독일어권 지역에서 강했던 자국어 노래의 전통이 포함되었다. 종교개혁자들이 회중 노래를 강조했던 반면에, 로마 가톨릭교회의 지도자들은 보다 절제된 라틴어 다성 음악 양식을 추구했다.

그러나 종교개혁 찬송가의 영향력과 그 찬송가를 낳은 영향력들을 완전히 피할 수는 없었다. 개신교 작곡가들이 계속해서 찬송가와 많은 파생 작품들을 연구했듯이 일부 로마 가톨릭 공동체들도 동일한 작업을 했다. 그러나 전반적으로 볼 때, 로마 가톨릭 예전 음악은 회중에 초점을 맞추지 않았다. 그리고 주위를 둘러싼 건축물처럼 연극적인(theatrical) 방향으로 흘러갔다. 오페라와 오케스트라 음악의 발전은 두 전통 모두에서 분명한 영향력을 끼쳤다.

1) 종교개혁 노래(Reformation Song)

마틴 루터는 뛰어난 개혁가였을 뿐 아니라 재능 있는 음악가였다. 하나님의 말씀을 제일(primacy)로 여겼던 루터는, 음악이 그 말씀을 소통하는 가장 중요한 방법 중 하나라고도 확신했다.[10] "만인제사장론"의 원리에 전념했던 루터는 성직자들로 구성된 **스콜라**와 우리가 전문적인 음악가라고 여길 수 있는 이들의 음악보다 회중의 음악을 더욱 강조했다.

루터는 단순한 음악 및 텍스트 구성 요소들(building blocks)을 가지고(그 중 많은 것은 이전에 작곡된 성가들이나 심지어는 세속적인 노래로부터 차용한 것들이다) 부르기 쉽고 오래 지속되는 성경에 기초한 음악을 작곡했다. 루터의 선율들은 대개 각 음절을 발음하는 곡조로, 9도 음정의 음역 내에서 순차 진행으로 작곡되었는데, 자기 반복적인 음악 형식이 자주 사용되었다[그림 185]. 루터는 다른 사람들보다 효과적으로 비예전적인 종교 음악을 예전 음악으로 전환시킬 수 있었다. 루터는 그렇게 하면서 공동체와 자국어 찬송가를 예배에 통합시키기까지 했다.

루터의 영향력이 널리 퍼지긴 했지만 모든 종교개혁가가 그의 견해를 공유했던 것은 아니다. 예를 들어, 츠빙글리는 음악이 본질적으로 세속적인 요소이기 때문에 예배에서는 사용될 수 없다고 생각했다. 츠빙글리는 종교개혁가들 중에서 음악적으로 가장 뛰어난 재능을 지니고 있었다. 그러나 그는 살아있는 동안에 취리히에 있는 교회들

---

10 음악은 하나님의 말씀 다음으로 가장 높은 칭송을 받기에 마땅하다.... 성경에서 성령께서는 음악을 통해 그분의 선물을 선지자들에게 주입시키신다고 단언하시면서, 음악을 그분 자신의 사역을 위한 도구로서 귀히 여기신다.... 따라서 선조들과 선지자들이 음악과 하나님의 말씀을 가장 긴밀하게 연결시키고자 했던 것은 당연했다(Martin Luther, "Preface to Georg Rhau's *Symphoniae iuncundae*" [1538년], in *Luther's Works* 53:323).

에서 모든 음악을 제거했다. 존 칼빈(John Calvin, 1564년 사망)은 루터와 츠빙글리의 중간 입장을 취했다.

한편으로, 칼빈은 예배에서 다성 음악의 사용을 금했다. 다성 음악이 말씀을 모호하게 만들었기 때문이다. 그는 또한 기악이 사람들을 하나님께 집중하지 못하게 만든다고 생각했다. 다른 한편으로, 칼빈은 성경 텍스트로 노래하는 것을 장려했고, 당시의 최고 음악가들(예를 들어, 루이 브루주아[Louis Bourgeois, 1561년 사망])과 시인들(특히 클레망 마로[Clément Marot, 1544 사망])을 찾아냈다.

그는 자국어로 된 운율 시편창(metrical psalmody)을 개혁주의 예전에 도입하면서 회중 노래에 영구적인 영향력을 끼쳤다. 단순한 선율에 맞춘 압운시들을 모아서 만든 책이 바로 『제네바 시편집』(Geneva Psalter, 1562년)이었다[그림 186].

그림 185. 마틴 루터의 "내 주는 강한 성이요(A Mighty Fortress)."
(Leupold, *Luther's Works*, vol. 53, p. 284)

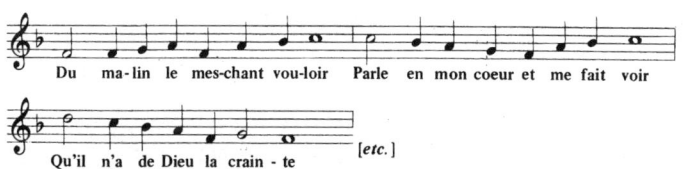

그림 186. 1562년판 『제네바 시편서』(Geneva Psalter)에 있는 시편 136편.
(Grout, *A History of Western Music*, p. 317)

2) 로마 가톨릭의 반응

종교개혁의 시작을 초래한 많은 음악 및 예전적 악폐를 인식했던 트렌트 공의회는 교회 음악의 가지성(intelligibility)과 제한성(restraint)을 강조했다.[11] 교황 요한 22세를 연상시키는 언어로,[12] 공의회의 22번째 회기(1562년 9월 17일)는 "선정적이거나 불결한" 것들을 포함한 모든 음악을 로마 가톨릭교회에서 제거하라는 칙령을 추가적으로 공포했다.

트렌트 공의회가 작곡가들과 연주가들이 세속 음악의 연출법에 탐닉하는 것을 금하고자 노력하기는 했지만, 예전 음악에서의 회중에 대한 성직자 성가대들과 선창자들의 우위성에 대해서는 결코 도전하지 않았다.

예를 들어, 텍스트의 가지성에 대한 강조는 라틴어 텍스트의 가지성에만 적용되었다. 라틴어 텍스트는 계속 반복되었기 때문에 종종 인식은 되었다. 그러나 평신도는 물론 훈련이 미숙했던 일부 성직자들조차도 거의 이해하지는 못했다. 자국어 예전을 선호하는 소수의 로마 가톨릭 지도자가 있기는 했지만, 트렌트 공의회는 "[미사가 모든 곳에서 자국어로 거행되어야 한다는 것은 바람직하게 여겨지지"는 않는다고 포고했다(1562년 9월 17일, trans. Schroeder [p. 148]). 성찬식에서 다성 음악 사용을 금해야 한다는 제안 역시 널리 받아들여지지 않았다.

라틴어와 다성 음악의 재확인, 그리고 가지성에 대한 다소 역설적인 강조는, 트렌트 공의회가 지오반니 다 팔레스트리나(Gionvanni da Palestrina, 594년 사망)의 작품을 암묵적으로 인정하는데 영향을 끼쳤다. 사실 팔레스트리나는 다른 어떤 반종교개혁 작곡자보다 공의회의 명령과 다성 음악의 전통 모두를 존중하는 명확성과 제한성을 잘 이루어냈다. 팔레스트리나는 다성 음악 작곡가였음에도 불구하고, 그의 작품과 마틴 루터의 찬송가는 일부 공통된 특징들을 갖고 있다. 루터처럼 팔레스트리나도 대개 9도 음정 범위 내에서 순차 진행으로 악곡의 일부를 작곡했는데, 협화 화음(consonant harmony)에 의존했고, 반음계를 피했으며, 텍스트에 대한 깊은 존중을 드러냈다.

팔레스티나가 아마도 (교회 음악의 개혁을 책임졌던 추기경 중의 하나인) 카를로 보로메

---

11 전례라는 맥락에서 오르간에 맞춰 노래할 때마다...텍스트들은 명료하고 꾸밈없는 목소리로 낭송되도록 미리 준비해서, 신성한 텍스트들을 이해하지 못하는 사람이 한 사람도 없도록 해야 한다. 음악 형태로 노래하는 전적인 이유는, 귀에 공허한 즐거움을 주기 위함이 아니었다. 모든 이들이 말씀을 이해하도록 돕기 위함이었다(The Council of Trent에서 논의된 내용[1562년 9월 10일], in Mansi, *Sacrorum Conciliorum*).

12 제5장 각주 14번을 보라.

오의 후원을 받아 (어쩌면 교황까지도 포함된) 교회 지도자들을 위해 그의 〈교황 마르첼리 미사〉(*Missa Papae Marcelli*)[그림 187]를 공연했다는 잘 알려진 이야기가 있다.

그림 187. 1561년경에 팔레스트리나(Palestrina)가 작곡한 〈마르첼리 교황 미사〉(*Missa Papae Marcelli*)에 있는 자비송(키리에)(Eulenburg edition)

추측컨대 이 공연은 교회 지도자들이 예전에서 다성 음악 사용을 금하지 않도록 납득시키는데 도움이 되었을 것이다. 비록 증명하거나 부인할 수 없는 이야기긴 하지만, 팔레스티나의 작품들이 그 당시에 이해할 수 있는 다성 음악의 패러다임으로서 유명했다는 사실은 부인할 수 없다.

그러한 평가는 일찍이 1607년에 이탈리아의 작곡가인 아고스티노 아갓차리(Agostino Agazzari, 1640년 사망)의 글로 출판되어 나왔다. 그러나 그것은 다성 음악의 전통에 빠져있으면서 예전 라틴어에 정통했던 전문가들의 평가였다. 역사는 평범한 신자들이 팔레스티나의 음악에 대해 어떻게 생각했는지에 대해선 거의 말해주지 않는다.

비록 트렌트 공의회의 지지를 받지는 못했지만, 자국어 노래는 로마 가톨릭 예배에서 지속적으로 존재했고 발전했다. 이러한 발전은 부분적으론 마틴 루터와 같은 종교개혁가들에 의해 자극받았다. 이러한 발전은 또한 이 시대를 특징지었던 국가주의(nationalism) 뿐만 아니라 이성과 가지성을 강조했던 계몽주의에 뿌리를 두었던 것처럼 보인다. 미카엘 페헤(Michael Vehe)의 『새로운 작은 찬송가집』(*Ein neue Gesangbuchlein Geistlicher Lieder*, 독일어, 1537년)은 흔히 최초의 자국어 로마 가톨릭 찬송가집으로 인정된다.

비록 페헤(1559년 사망)가 공개적으로 종교개혁의 많은 측면을 반박했고 할버슈타트(Halberstadt)의 로마 가톨릭 주교가 되기는 했지만, 독일어권 지역에서 자국어 찬송가의 강한 전통이 반종교개혁에서 무시될 수 없다는 사실은 분명히 이해했다. 안토니 루프(Anthony Ruff)는 트렌트 공의회 이후에 독일어권 지역에서 등장했던 많은 로마 가톨릭 찬송가집과 자국어로 노래하는 것에 대한 지침들의 목록을 작성한다.[13] 18세기경에, 일부 (대개 독일어권) 지역에서는 찬송가가 미사 고유문과 통상문을 대체할 수 있었다. 이러한 **징메세**(*Singmesse*, 독일어, "미사 노래")는 사람들에게 새로운 참여 의식을 주었다.

신대륙에서도 자국어 찬송가는 로마 가톨릭교도들 사이에 뿌리를 내리고 있었다. 그러나 유럽 대륙에서 자국어 노래를 자극했던 것과는 다른 이유들 때문이다. 자국어로 노래하는 것은 선교사들이 개종자들의 관심을 끌고 종교적 가르침을 전하는데 도움을 주던 방식이었다. 뉴스페인에 가톨릭교를 전했던 선교사들은 라틴 전례와 다성 음악의 풍성한 전통, 특히 16세기 스페인의 전통도 전했다. 선교사들은 또한 지역 언어로 찬송가와 의례 음악을 작곡하거나 작곡하도록 격려했다.

나와틀어(Nahuatl)과 모치카어(Mochica)와 같은, 뉴스페인 전역에 존재했던 다수의 토착 언어들로 쓰여진 찬송가들 중에는 오늘날까지도 남아있는 것들이 있다. 이와 유사하게, 선교사들이 우리가 페루라고 알고 있는 곳으로 정복자들을 따라갔을 때, 그들은 고도로 발전된 의례와 음악 예술을 가진 풍성한 문화들을 접했다.

미사의 각기 다른 부분에서 케추아어(Quechua, 잉카 제국의 언어)로 노래하는 것을 장려했고, 전례 노래를 만들 때 지역 음악에 의존했었다고 알려진 선교사들도 있다. 라틴 전례를 가져오면서 동시에 토착 음악이라는 선물들을 필요로 했던 선교사들의 이러한 이중의 행위들은 멕시코에서 필리핀까지 확대되었던 16세기 및 17세기의 현상이다.

---

13 "잘츠부르크의 지방 교회회의는 교회력의 다양한 절기에 회중 찬송가를 부르는 '고대 관습'을 승인했다. 마이클 페텔레(Michael Peterle)는 1581년에 프라하에서 독일어 찬송가를 출판했다. 이 찬송가는 사람들이 각 축일과 절기에 대한 첫 번째 독서 후에 불러야 할 찬송가... [그리고] 자비송(**키리에**), 대영광송(**글로리아**), 사도신경(**크레도**), 그리고 주기도문의 자국어 운율 역들(metrical versions)을 제공했다.... 인스부르크의 예수회는 1588년에 *Catholisch Gesangbuechlein*["가톨릭 소 찬송가집"]을 출판했다.... 니콜라우스 부트너(Nicolaus Beuttner)의... *Catholisch Gesangbuechlein*["가톨릭 찬송가집"]은 1602년에 출판[되었다]... [그리고 1718년까지 최소한 10회 이상 증쇄했다.... 1625년에 데이비드 그레고어 코너(David Gregor Corner)는... 독일어 찬송가집을 출판했다. 1631년에 비엔나에서 재발행 된 찬송가집은 거의 500곡의 찬송가가 수록되었다.... 1655년에 프라하에서 출판된 찬송가는 라틴어 대미사 때 독일어 찬송가를 부르는 것을 지지했다"(Ruff, p. 13).

영어권인 미국에서 로마 가톨릭 찬송가집은, 좀 늦기는 했지만, 문서에 의해 충분히 입증된 현상이다. 예를 들어, 1787년에 미국의 로마 가톨릭교도들은 최초의 영어 찬송가 모음집을 갖게 되었다. 바로 존 에이트컨(John Aitken)의 『가톨릭교회에서 불리는 연도와 저녁기도 찬송가와 성가모음집』(*A Compilation of the Litanies and Vesper Hymns and Anthems as They are Sung in the Catholic Church*, Philadelphia, 1787년)이었다. 1791년에 볼티모어에서 열렸던 전국 최고 교회회의(First National Synod)가 자국어 찬송가 사용을 권고했지만,[14] 이 기간에 영어권 미국의 로마 가톨릭 성찬식에서 자국어 찬송가를 부르는 것이 우세한 추세는 아니었다. 예외적인 경우가 있기도 했지만, 트렌트 공의회 이후에 로마 가톨릭 성찬식에서 회중의 능동적인 참여는 중요하게 여겨지지 않았다고 말해도 무방하다. 결과적으로 회중 노래는(회중 노래가 존재하는 한도 내에서) 예배의(*of*) 음악이라기보다는 예배에서의(*in*) 음악이었다. 의심할 여지없이, 회중은 음악적으로 없어도 괜찮았다.

3) 정교화(Elaboration), 개혁, 경건주의

비록 발전하는 데 오랜 시간이 걸리기는 했지만, 16세기와 17세기 동안에 바로크 건축 양식을 특징지었던 것들이 결국에는 17세기와 18세기 동안에 바로크 음악을 특징짓게 되었다. 오페라는 유럽에서 지배적인 음악 형태가 되었다. 대규모 합창단과 호화로운 오케스트라의 보조 역할을 통해 재능 있는 독창자들을 돋보이게 하는 공연에 역점을 두는 오페라는 교회 음악에 분명한 영향을 끼쳤다.[15]

모든 기독교 전통이 공적 기도에서 오페라 형태를 받아들인 것은 아니었지만, 모든 교단의 예배 음악은 사실상 이 기간 동안에 정교화의 과정을 거쳤다. 단선(single-line)

---

14 [일요일과 축일에] 미사는 노래와 함께 엄숙하게 거행되어야 한다... 다양한 예식들에서 어떤 찬송가들이나 기도문들은 자국어로 불리도록 기대된다("Statuta Synodi Baltimorensis Anno 1791 Celebratae" [First National Synod in Baltimore 1791], 17).

15 당시 문화의 모든 부를 가톨릭 세계로 흡수하고자 하는 용기를 다시 보여주었던, 트렌트 공의회 이후 시대의 승리에 들뜬 풍조는... 그 승리의 목소리를 이 음악에서 발견했다.... 교회 음악이 평신도의 손에 맡겨지게 되면서, 예전 활동을 도와야 한다는 교회 음악 본연의 역할을 잊고 말았다. 그 결과, 음악이 예전적인 환경에 매우 적합하지 않게 된 경우가 많았다. 그리고 교회 음악의 본래 역할은 제대로 이해되지 못했기 때문에, 그리고 심미적인 고려 사항이 교회 음악을 지배하기 시작했기 때문에, 예전은 계속해서 발전하고 있는 예술 밑으로 들어가게 되었을 뿐 아니라, 사실상 억눌리게 되었다. 그래서 당시에도, "예전적인 요소를 곁들인 교회 콘서트"라는 묘사가 가장 적절했을 것 같은 축제 행사들이 많이 열렸었다(Jungmann, *the Mass if the Roman Rite*, I:148-49).

선율만을 인정했던 칼빈의 뜻과는 달리, 칼빈주의자들은 시편집(Psalter)을 위해 다중 성부(multiple-part) 곡으로 방향을 돌렸다. 영국 종교개혁 작곡자들은 다성 음악 성가들과 예식을 위한 곡들을 작곡했는데, 여기에는 아침 기도회와 저녁 기도회, 성찬식을 위한 음악도 포함되었다.

루터교도들은 미사곡, 코랄 모테트(chorale motet), 코랄이나 교회 칸타타를 작곡했다. 로마 가톨릭교회에서, 팔레스트리나의 제한적인 작곡 방식(compositional restraint)은 거의 사용되지 않았다. 가장 이례적인 예 중의 하나가 16 성부와 오케스트라, 오르간으로 이루어진 〈미사 살리스베르겐시스〉(Missa Salisbergensis, 라틴어, "잘츠부르크 미사곡")일 것이다[그림 188].

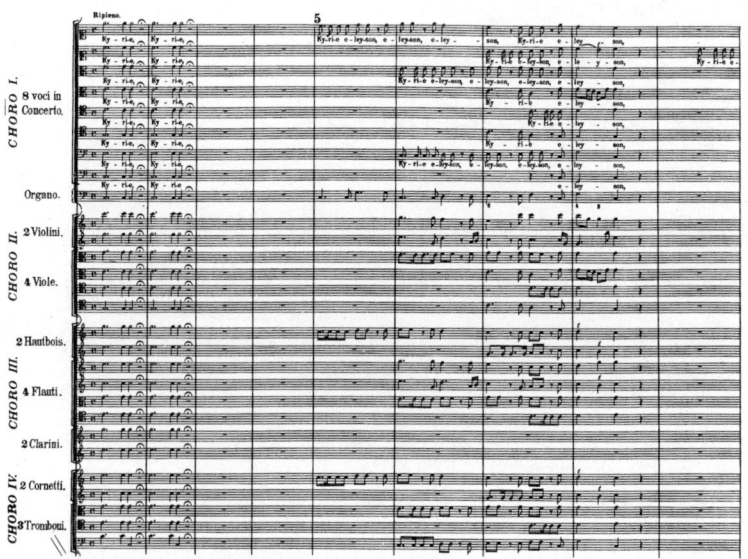

그림 188a. 잘츠부르크(Salzburg) 교구 창립 1100주년 기념으로 쓰여진 〈잘츠부르크 미사〉(Missa Salisburgensis)의 자비송(키리에)의 1페이지 윗부분. 일반적으로 오라지오 베네볼리(Orazio Benevoli, 1672년 사망)의 작품이라고 여겨지지만, 하인리히 비버(Heinrich Biber, 1704년 사망)의 작품일 수도 있다(Denkmaler der Tonkuns in Osterreich, 20:1)

그림 188b. 〈잘츠부르크 미사〉의 자비송(키리에) 아랫부분

극단적인 예이기는 하지만, 그렇다고 유례없는 유일한 작품은 아니었다. 아르칸젤로 코렐리(Arcangelo Corelli, 1713 사망)의 **〈소나타 다 키에사〉**(*sonata da chiesa*, 이탈리아어, "교회를 위한 소나타")나 조반니 페르골레시(Giovanni Pergolesi, 1736년 사망)의 오페라곡 **〈스타바트 마테르〉**(*Stabat Mater*)와 같은 기악곡들은, 그야말로 전례를 압도했던 당대의 전형적인 작품들이었다.[16]

오페라가 예배를 위한 대규모 악곡을 작곡하는데 영향을 끼쳤다면, 경건주의라는 새로운 정신은 당시의 소규모 회중 음악에 영향을 끼쳤다. 영국 청교도주의와 스위스 종교개혁에 의해 영감을 받은 경건주의는 17세기 루터교에서 나타났다. 교리와 신앙고백서에 대한 지나친 강조가 대개 갈등의 원인이었다고 여긴 일부 사람들의 생각에 대한 반작용으로, 일부 영적 지도자들은 진심 어린 기독교 신앙과 윤리적 삶을 새롭게 요구했다. 기독교에 대한 보다 개인적이고 심지어는 주관적인 이 접근법은, 신자들의

---

16 가톨릭교도들은 수 세기 동안 교회들에서 음악을 사용해 왔고, 될 수 있는 한 일요일마다 미사곡을 노래한다. 그런데 지방 교회들은 오늘날까지도 상당히 괜찮다고 여겨질 수 있거나, 아니면 실제로 나쁘지 않고 오페라에 맞는 미사곡을 하나도 갖고 있지 않다. 나는 이러한 사실을 알고 무척 놀랐다. 매우 우스꽝스러운 짧은 트릴들(thrils)을 자신들의 대영광송 곡에 삽입한 페르골레즈(Pergolese)와 두란테(Durante)부터, 오늘날의 오페라 피날레(finale)에 이르기까지의 경우가 그렇다. 내가 가톨릭교도라면, 나는 오늘 저녁부터 미사곡을 작곡하기 시작할 것이다. 그리고 무엇이 되든지 간에, 그 곡은 어쨌든 미사곡의 신성한 목적을 잊지 않고 작곡된 유일한 미사곡이 될 것이다(Felix Mendelssohn [1847년 사망], *Letter to Pastor Bauer*, Dusseldorf [1835년 1월 12일], in Wienandt, *Opinions on Church Music*, p. 122).

개인적인 경건과 도덕성을 강조했고, 대부분 기독교 교단들의 회중 노래에 막대한 영향력을 끼쳤다.

경건주의 운동이 가져온 한 가지 결과는 풍성하고 아름다운 다수의 찬송가였다 [그림 189]. 그러한 찬송가들은 대개 일인칭 단수 시점으로 단순하게 쓰여지고, 매력적이고 쉬운 선율로 된 노래들이었다. 그러나 재능이 부족한 작곡가들과 시인들에 의해서 이러한 경향은 감상적이고, 정형화되고, 상상력이 부족한 음악이 생산되는 방향으로 전개되었다. 찬송가들은 또한 교리를 가르치기 위해서도 작곡되었다. 존 웨슬리(John Wesley, 1791년 사망)와 특히 찰스 웨슬리(Charles Wesley, 1788년 사망)가 만든 찬송가들의 경우가 특별히 그랬다.

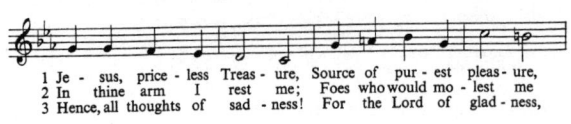
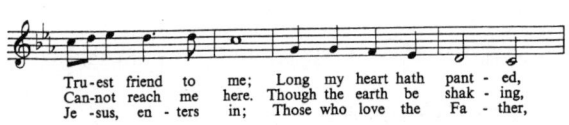
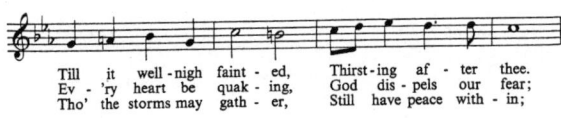

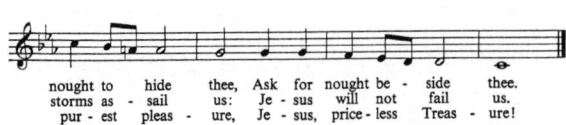

그림 189. 경건주의 찬송가의 예로 들 수 있는 "주는 귀한 보배" (Jesus, priceless treasure). 요한 크뤼거(Johann Cruger-1662년 사망)가 작곡하고, 요한 크랭크(Johnnn Franck, 1677년 사망) 작사하고, 캐서린 윙크워스(Catherine Winkworth, 1878년 사망)가 번역했다(*The Catholic Hymnal and Service Book*, Benziger, p. 125).

그들이 만든 찬송가들 중 5500곡 이상의 텍스트들은, 존 웨슬리가 이끈 감리교 운동의 기본 교리를 전하는 일에 사용되었다. 『감리교도들이라고 불리는 사람들이 사용하는 찬송가집』(*A Collection of Hymns for the Use of the People Called Methodist*)(1780년)의 서론에서 존 웨슬리는 이 방대한 모음집이 "우리의 가장 거룩한 종교의 중요한 진리를 모두" 담고 있다고 말한다.

17세기와 18세기의 연극적(theatrical)이고 감상적인(sentimental) 경향 속에서도 중도적인 입장을 말하는 중요한 목소리들은 분명히 존재했다. 교황 예배당에서는 오르간과 다른 악기들의 사용이 금해졌기 때문에, 팔레스트리나의 **아 카펠라**(*a cappella*, 이탈리어, "예배당에 있는 [것처럼]") 양식은 로마에서 영구적인 안식처와 후원자를 찾았다. 독일에서는 루터교도이자 철저한 바로크 전례 작곡가였던 요한 세바스찬 바흐(Johann Sebastian Bach, 1750년 사망)는 음악적으로 새로운 차원에 도달하면서도 텍스트를 이해하기 쉽도록 능숙하게 표현했다.

그러나 18세기 말에 이르러, 교회가 세속 제후들에게 예술 후원자의 자리를 내어주면서, 성악 및 코랄 전례 음악은 전반적으로 쇠퇴하게 되었다. 전례를 위한 일부 위대한 종교적 작품들(예를 들어, 모차르트 [1791년 사망]의 미사곡)도 쓰여지기는 했지만, 베토벤(Beethoven, 1827년 사망)의 〈**미사 솔렘니스**〉(*Missa Solemnis*, 라틴어, "장엄한 미사")나 브람스(Brahms, 1897년 사망)의 〈**아인 도이체스 레퀴엠**〉(*Ein Deutsches Requiem*, 독일어, "독일의 진혼곡")과 같은 대부분의 작품들은 교회나 콘서트홀에서 열리는 비전례적인 공연을 위해 쓰여졌다.

로마 가톨릭에서 독송 미사(low Mass)가 널리 퍼졌다는 것은 미사곡의 수가 크게 줄었음을 의미했다. 대신에 교회 작곡가들은 부차적인 모테트와 오르간 간주곡에 집중했다.

로마 가톨릭교회 음악의 새로운 개혁과 함께, 콘서트홀 공연을 위해 작곡된 성음악(sacred music)이 출현했다. 이러한 회복 운동(restoration movement)은 그레고리 성가와 팔레스트리나 양식의 다성 음악으로 되돌아가고자 했다. 그 유명한 성 세실리아 수녀회(Society of St. Cecillia)가 이 개혁을 지지했는데, 1870년에 교황 피우스 9세는 그들의 작품을 승인했다.

바로크와 낭만주의 시대의 특징인 정교화를 거부하는데 효과적이었던 이 개혁은, 당시 독일어권 국가들에서 대중적이었던, (독일어로 "독일 고 미사"를 뜻하는, **도이체스 호흐암트**[*Deutches Hochamt*]로 알려진) 미사 통상문의 자국어 번역이나 의역을 노래하는 것에도 반대했다. 19세기는 성가에 대한 많은 학문적인 연구가 진행되었던 시기이기도 했다. 특히 20세기 초에 등장했던 새 바티칸판 성가집(new Vatican edition of chant)을 위해 학문적인 도움을 많이 주었던 프랑스의 솔렘수도원에서 이러한 연구가 진행되었다.

4) 요약

16세기에 등장했던 여러 개혁들이 근본적으로 음악적이지는 않았지만, 이 시대의 음악은 종교개혁과 반종교개혁의 입장들을 잘 반영했다. 이후 세기들에서도, 음악은 개신교와 로마 가톨릭의 신학과 예배의 기본적인 궤도를 계속해서 상징하고 제공했다.

개신교의 주요 궤도 중 하나는, 로마 가톨릭 예배를 특징지었던 시각적인 것을 강조하는 데에서는 점점 더 멀어지면서, 대신에 청각적인 것으로 방향을 바꾼 것이었다. 하나님 말씀의 중요성과 그 말씀을 도울 수 있는 음악의 능력에 대한 루터의 믿음은, 이러한 발전의 밑바탕이 되었다.

로마 가톨릭교회는 많은 음악 및 예전적인 악습을 바로 잡았지만, 예배에서 시각적인 것을 최우선으로 인정하는 분명한 입장은 유지했다. 당시에 건축적인 발전으로 유명했던 로마 가톨릭교회는, 반종교개혁에서 음악적인 부분을 회중에게 거의 양보하지 않았다. 그 결과, 회중은 주로 침묵했고, 노래를 하기는 했지만 예전 행위에서 중요한 위치를 차지하지는 않았다.

3. 책

5장에서 우리는 서구에서 탄생한 인쇄 산업에 대해 언급했다. 그리고 1500년경에 서유럽 전역에서 220개의 인쇄기가 작동 중이었고 최소한 8백만 권의 책이 출판되었다고 추정하는 이들이 있다고 언급했다. 그러한 책들 중 반 이상은 사실상 종교 서적들이었다. 인기 있었던 작품들 중에는 토마스 아퀴나스 같은 신학자들의 저서들, 토마스 아 켐피스의 『그리스도를 본받아』(*The Immitaiton of Christ*)[그림 158], 그리고 무엇보다도 성경이 포함되었다. 이 새로운 기술과 종교, 특별히 인쇄술과 성경 사이의 초기 동맹은 구텐베르크가 처음으로 인쇄한 책인 42행 성경(the forty-two-line Bible, 1453-55년)으로 상징되었다[그림 190].

구텐베르크가 불가타(Vulgate, "공동의" 또는 "잘 알려진"을 뜻하는 라틴어 *vulgata*에서 유래)로 알려진 제롬의 5세기 라틴어 역본 성경을 인쇄한 이래로, 이 역본 성경은 1500년까지 100쇄가 넘게 인쇄되었다.

이 혁신적인 발명은 성경과 고전 텍스트들을 출판했을 뿐 아니라, 책과 소책자, 심지어는 한 장의 종이를 통해서도 새로운 사상을 퍼트리는데 사용되었다. 우리는 파사우에서 성체를 훔친 한 유대인의 이야기를 퍼뜨린 반유대주의 인쇄물(broadsheet)[그림 169]을 통해서, 그리고 루터가 교회에 도전하도록 만들었던 면죄부 판매[그림 171]를 통해서, 한 장짜리 인쇄물의 영향력을 이미 목격했다.

면죄부에 대한 논쟁을 고려할 때, 서구에서 금속활자 인쇄술로 인쇄된, 연대를 추정할 수 있는 최초의 예가 1451년에 교황 니콜라스 5세가 발부하고 1454년에 구텐베르크가 인쇄한 면죄부 증서였다는 사실은 역설적이다.

인쇄술은 사상의 신속한 교환을 가능하게 했고, 사상의 변화도 일으키는 촉매제의 역할도 수행했다.[17] 역설적이게도, 일부 지역에서 인쇄술은 획일성에 대한 새로운 기준을 만들면서 변화의 물결을 막는 역할도 수행했다. 인쇄술이 발명되기 전에 사본은 손으로 필사되어야 했다. 때때로 실수가 있었고, 변화가 삽입되거나, 전

그림 190. 구텐베르크 성경의 제1권, 첫 페이지에 있는 성 제롬의 편지

통적인 텍스트에 주석이 더해졌다. 필경사가 제아무리 세심해도 정확하게 일치하는 두 개의 중세 사본은 없었다[그림 155].

심지어는 로마 전문(Roman Canon)의 내용이 바뀌는 것도 "canon"이라는 단어가 "바뀌지 않는"을 뜻한다는 사실에도 불구하고 다반사였다. 이는 앞에서 언급된 13세기 생-드니(St.-Denis)의 상용전례서(ordinary)가 변모축일 미사 전문에 포도를 축복하는 추가적인 기도문을 삽입했던 예와 비슷했다. 그러나 인쇄술은 동일한 책에 대한 동일한 사본을 생산할 수 있게 만들었다. 그러한 책들을 도입하고자 시도했던 이들에게, 그리고 그 책들을 받아들였던 이들에게, 새로운 예전적 획일성의 시대가 시작되었다.

1) 개신교의 책

종교개혁의 초기 단계에, 포괄적인 전례서는 거의 출판되지 않았다. 대개 설명과 예식, 주석의 내용을 조합했던 이러한 책들은 중세 시대의 전례서보다는 초기 시대의 미

---

17 변화 자체가 사회생활의 전형적인 규범이 되고, 유럽은 구텐베르크와 더불어 기술의 진보 단계로 접어든다(McLuhan, *The Gutenberg Galaxy*, p. 155).

사 통상문(orders of Mass)과 유사했다.

(1) 초기의 노력들

그림 191. 마틴 루터의 소책자, 『교회의 바빌론 유수』(The Babylonian Captivity of the Church)의 속표지에 있는 마틴 루터의 목판 초상화. 1520년에 요한 프르이스(Johann Pruess)가 스트라스부르(Strasbourg)에서 출판했다

1520년에 마틴 루터는 그의 소논문 『교회의 바벨론 유수』(The Babylonian Captivity of the Church)를 통해서, 로마 가톨릭의 성례전 제도에 격렬하게 도전했다[그림 191]. 루터가 비록 이 문헌을 통해 로마 전례를 신랄하게 비난하기는 했지만, 개정된 미사를 출간하지는 않았다. 1521년 성탄절에 안드레아스 카슈타트(Andreas Karstadt, 1542년 사망)라는 이름의 또 다른 종교개혁 신학자가 개정된 성찬식을 실제로 거행했다. 그 성찬식에서는 제정사가 독일어로 읽혀졌고, 성체 거양이 생략되었다. 그리고 성찬 배수자들은 자신들의 손으로 빵과 포도주를 취했다. 1522년 초에 비텐베르크 시의회는 카슈타트가 거행했던 개정된 성찬식을 공식적으로 받아들였다. 그러나 당시 바르트부르크성에 격리되어 있던 루터는 멀리서 이 개혁을 크게 반대했다.

최초로 출판된 종교개혁 미사(reform Mass)는 아마도 1522년에 출간된, 노들링(Nördling)에 있는 카르멜수도회의 수도사들의 『복음주의 미사』(Evangelical Mass)였을 것이다. 1523년에 재세례파 교도인 토마스 뮌처(Thomas Müntzer)가 또 다른 미사를 저술했다. 그는 독일 상황에 맞는 성무일도서도 출판했다. 1523년 12월에 루터는 마침내 『비텐베르크교회의 미사와 성찬을 위한 예식』(The Rite for Mass and Communion for the Church of Wittenberg)을 출간했다. 이 라틴어로 된 개정판은 소수의 개혁가들(그 책의 저자를 포함해서)[18] 만족시켰다. 자국어 전례서들은 계속해서 등장했다.

츠빙글리의 소논문인 『미사 전문에 대한 공격』(An Attack upon the Canon of the Mass-

---

18 나는 오늘 기쁜 마음으로 독일어 미사를 드리려고 합니다. 나는 또한 독일어 미사만 생각하고 있습니다. 그러나 이 미사가 진정한 독일적인 특색을 갖기를 정말 원합니다. 비록 세련되거나 좋은 소리가 나지는 않더라도, 나는 라틴어 텍스트를 번역하고 라틴어 어조나 음색을 유지하는 것을 허가합니다. 텍스트와 음색, 억양, 선율, 그리고 연주방식은 진정한 자국어로부터 나와 발전되어야 합니다. 그렇지 않게 되면, 이 모든 것은 원숭이가 흉내를 내는 것같이 됩니다(Martin Luther, Against the Heavenly Prophets [1524년], in Luther's Works, vol. 40, p. 141).

1523년)에는 성찬 예전의 개혁을 위한 제안이 담겨있다. 그의 『주의 만찬의 시행 또는 사용』(Action or Use of the Lord's Supper-1525년)은 보다 급진적인 개정안을 제시했다. 1523년에 레오 유트(Leo Jud, 1542년 사망)는 취리히를 위해 자국어 의례를 만들었고, 1524년 1월에는 마티스 츠엘(Mattis Zell, 1548년 사망)과 테오발트 슈바르츠(Theobald Schwartz, 1561년 사망)가 스트라스부르를 위해 동일한 일을 했다. 비슷한 시기에 윌리엄 파렐(William Farel, 1565년 사망)은 프랑스에서 최초의 개혁주의 예전을 준비했고, 존 오콜람파디우스(John Oecolampadius, 1531년 사망)는 『바질의 주님의 만찬의 형식과 방식』(Form and Manner of the Lord's Supper in Basil)을 출판했다. 이처럼 자국어 전례서들이 많이 출판되었고, 이에 압박감을 느낀 루터는 『독일어 미사와 예배 순서』(German Mass and Order of Worship)를 만들어 1525년 10월에 거행했고, 1526년 초기에 출판했다.

(2) 개혁주의 예식들(Reformed Rites)의 발달

이러한 최초의 개혁주의 예식들이 등장했던 이후의 수 십 년간은, 포괄적인 출판물들이 더디게 출현했던 시기였다. 이 기간에 등장했던 다수의 찬송가집 외에도, 비텐베르크의 유명한 목사인 요한 부겐하겐(Johann Bugenhagen, 1558년 사망)과 같은 루터의 추종자들은 루터의 종교개혁을 채택했던 독일과 덴마크, 스웨덴의 많은 주요 도시와 공국을 위해 **키르켄오르드눙겐**(*Kirkenordnungen*, 독일어, "교전집")을 만들었다.

이러한 책은 의례의 형태와 설교의 내용, 심지어는 교회 배열과 적절한 복장에 관한 지침도 포함한, 개혁교회의 삶과 예배에 대한 설명을 담고 있었다. 칼빈의 추종자들을 위한 비슷한 교전집도 네덜란드와 베른과 같은 스위스 도시에서 만들어졌다. 츠빙글리의 추종자들을 위한 문헌들은 취리히에서 등장했다.

칼빈의 사상에 중대한 영향을 끼친 마틴 부처(Martin Bucer, 1551년 사망)는 그의 『시편서와 교회 예식서』(*Psalter, with Complete Church Practice*, 1539년)에서 스트라스부르 전례를 개정했다. 존 칼빈은 1540년에 지금은 분실된 스트라스부르를 위한 예식서를 출판했다. 그러나 『교회의 기도와 찬송가의 형식』(*The Form of Church Prayers and Hymns*)의 1542년판과 1545년판은 지금도 남아있다.

영국에서는 1547년에 있었던 헨리 8세의 죽음이 새로운 전례서가 출판되는 길을 닦았고, 캔터베리의 대주교였던 토마스 크랜머(Thomas Cranmer, 1556년 사망)가 그 일의 대부분을 해냈다. 최초의 『공동 기도서와 성례전 집행』(*Booke of the Common Prayer*

그림 192. 1549년에 런던에서 출판된 『공동 기도서』(Book of Common Prayer) 또는 『에드워드 6세의 첫 번째 기도서』(First Prayer Book of King Edward VI) 초판의 속표지

and Administration of the Sacraments)[그림 192]은 에드워드 6세(Edward VI, 1556년 사망)의 제위 기간이었던 1549년에 등장했다. 때때로 『에드워드 왕의 첫 번째 기도서』(First Prayer Book of King Edward)로 알려진 이 책에 대한 불만은 1552년에 『공동 기도서』의 개정판이 출판되도록 했다. 이러한 노력들이 영국 예전의 기초가 되었다. 그리고 오늘날에도 여전히 잉글랜드 성공회와 스코틀랜드와 미국 성공회 예배의 원천이 되고 있다.

칼빈과 크랜머의 영향을 받은 스코틀랜드의 종교개혁가인 존 낙스(John Knox, 1572년 사망)는 제네바에 있는 영국 개신교 회중을 위해 『성례전의 형식과 기도와 집행』(The Form and Prayers and Ministration of the Sacrament, 1556년)을 출판했다. 스코틀랜드 교회는 1562년에 이 책을 채택했다. 청교도들은 낙스의 이 책을 응용해서 『공동 기도서와 예식서』(Book of the Forme of Common Prayer, 1586년)를 출판했다.

(3) 17세기와 18세기

개혁 예전의 전반적인 추세들은 16세기에 나타났지만, 예전과 관련된 중요한 출판물들은 17세기와 18세기에도 계속해서 등장했다. 예를 들어, 영국 국회는 그들의 군주인 찰스 1세(Charles I, 1646년 사망)와의 갈등 속에서 『공동 기도서』를 폐기했다. 그리고 1645년에 『웨스트민스터 예배 지침서』(Westminster Directory for Worship, 1644년)라고도 알려진, 새로운 『하나님께 드리는 공적 예배 지침서』(Directory for the Public Worship of God)를 대신 받아들였다. 이 『지침서』는 영국에서 단지 15년 동안만 사용되었다.

1660년에 찰스 2세(Charles II, 1685년 사망)가 즉위하면서 왕정이 복고되었다. 『공동 기도서』가 부활되었고, 1662년에는 새로운 개정판이 출간되었다. 비록 영국에서는 공식적으로 거부되었지만, 『지침서』는 스코틀랜드교회에서 꾸준히 사용되었다. 그리고 제임스 화이트가 표현하듯이, 『지침서』는 모든 장로교를 위한 규범이 될 운명에 놓여 있었다. 이 기간에는 북아메리카에서만 사용될 목적으로 만들어진 최초의 예식서도 등장했는데, 바로 존 웨슬리의 『북아메리카 감리교도들의 주일 예배』(*The Sunday Service of the Methodists in North America*, 1784년)였다.

2) 로마 가톨릭교회의 책

로마의 전례서들을 개정해야 한다는 요구는 종교개혁이 시작되기 오래 전부터 있었다. 이미 15세기에 앞에서 언급했던 브릭센의 주교가 된 쿠사의 니콜라스는, 그의 교구들에 있는 모든 미사경본을 하나의 승인된 모델로 획일화시키라는 명령을 내렸다.[19] 16세기 초기에 개혁에 대한 유사한 요구들이 다양한 지역으로부터 나왔다. 이내 하나의 교구 안에서 책들을 재편성할 뿐 아니라, 로마 가톨릭교회 전체에서 책들을 통일시키자는 요구도 생겨났다. 실제로 로마 미사경본(Roman Missal)과 같은 일부 책들은, 수 세기에 걸쳐 이러한 방향으로 나아갔다.

중세 시대에 교황청의 미사경본, 특히 프란시스코회 총회장(1240-44년)이었던 파버샴의 헤이모(Haymo of Faversham)가 개정한 미사경본은 상당한 인기를 얻게 되었다. 그의 개정안은 결국 교황청에 의해 채택되었고, 1474년에 최초로 출판된 미사경본의 기초가 되었다[그림 193]. 어떤 사람들은, 『**미살레 로마눔**』(*Missale Romanum*, 라틴어, "로마 미사경본")이 1474년에서, 1570년판 미사경본으로 대체된, 1570년 사이에 325쇄 이상 출판되었을 것이라고 추정한다.

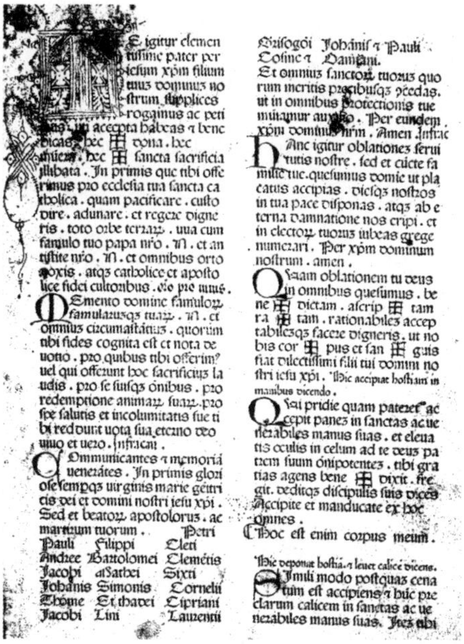
Te igitur clementissime pater per iesum xpm filium tuum dominum nostrum supplices rogamus ac petimus uti accepta habeas et benedicas. hec ✠ dona. hec munera. hec ✠ sancta sacrificia illibata. In primis que tibi offerimus pro ecclesia tua sancta catholica. quam pacificare. custodire. adunare. et regere digneris. toto orbe terrarum. una cum famulo tuo papa nostro. N. et antistite nostro. N. et omnibus ortodoxis. atque catholice et apostolice fidei cultoribus.

Memento domine famulorum famularumque tuarum. N. et omnium circumastantium. quorum tibi fides cognita est et nota devotio. pro quibus tibi offerimus: vel qui offerunt hoc sacrificium laudis. pro se suisque omnibus. pro redemptione animarum suarum. pro spe salutis et incolumitatis sue tibi reddunt vota sua eterno deo vivo et vero. Infra actionem.

Communicantes et memoriam venerantes. In primis gloriose semper virginis marie genitricis dei et domini nostri iesu xpi. Sed et beatorum apostolorum ac martirum tuorum. Petri Pauli Andree Jacobi Johannis Thome Jacobi Filippi Bartolomei Mathei Simonis et Thadei Lini Cleti Clementis Sixti Cornelii Cipriani Laurentii Crisogoni Johannis et Pauli Cosme et Damiani. Et omnium sanctorum tuorum quorum meritis precibusque concedas. ut in omnibus protectionis tue muniamur auxilio. Per eundem xpm dominum nostrum. Amen. Infra actionem.

Hanc igitur oblationem servitutis nostre. sed et cuncte familie tue. quesumus domine ut placatus accipias. diesque nostros in tua pace disponas. atque ab eterna damnatione nos eripi. et in electorum tuorum iubeas grege numerari. Per xpm dominum nostrum. amen.

Quam oblationem tu deus in omnibus quesumus. bene ✠ dictam. ascrip ✠ tam ra ✠ tam. rationabilem acceptabilemque facere digneris. ut nobis cor ✠ pus et san ✠ guis fiat dilectissimi filii tui domini nostri iesu xpi. Hic accipiat hostiam in manibus dicendo.

Qui pridie quam pateretur accepit panem in sanctas ac venerabiles manus suas. et elevatis oculis in celum ad te deum patrem suum omnipotentem. tibi gratias agens bene ✠ dixit. fregit. deditque discipulis suis dicens. Accipite et manducate ex hoc omnes.

Hoc est enim corpus meum.

Hic deponat hostiam et levet calicem dicens.

Simili modo postquam cenatum est accipiens et hunc preclarum calicem in sanctas ac venerabiles manus suas.

그림 193. 1474년『로마 미사경본』(*Missale Romanum*)의 미사 전문(canon)

트렌트 공의회의 14번째 회기(1546년 4월 8일)는 성경에 관한 칙령에서 전례서 제작에 대한 사안을 미리 논했다. 이 칙령에서 공의회의 교부들(council fathers)은 교회의 승인이 없이는 성경과 주석을 출판할 수 없다고 명령했다.[20] 1562년 7월 20일에 교황 피우스 4세(Pius IV, 1565년 사망)는 위원회를 구성하여

---

19 제5장 각주 27번을 보라.

20 그리고 지금은 규제가 없지만, 교회의 장상들(ecclesiastical superiors)의 허가가 없어도, 자신들이 원한다면

미사에서 일어났던 악습에 대한 목록을 작성하도록 했다. 1562년 8월에 회람된 최초의 목록은 길었고, 거의 끝나가던 공의회가 해야 할 일이 많다는 것을 암시했다.[21] 공의회는 22번째 회기(1562년 9월 17일)에서 가장 노골적인 악의 일부를 규탄하면서, 전례와 전례서에 대한 개혁을 교황에게 일임했다.[22]

처음에는 미사경본과 성무일도서만 개혁하고자 했다. 1568년과 1570년에 미사경본과 성무일도서가 출간되었다. 그리고 모든 로마 가톨릭교회는 그 성무일도서와 미사경본, 붉은 글자 지시문을 채택했다. 독창적인 작품이라기보다는 기존의 예식들을 정화한 것이라고 여겨졌던 이 로마 미사경본과 성무일도서는, 200년 이내의 전례 전통을 갖고 있던 모든 교구와 신앙 공동체에 도입되었다. 궁극적으로 이러한 책들로 성취되는 획일성에 대한 기대는 교황 피우스 10세의 교서에서 묘사되었고, 1570년부터 1965년까지 모든 로마 미사경본에 실렸다.[23]

구텐베르크의 공헌이 없었다면 그러한 획일성은 성취될 수 없었을 것이다. 이 새로운 성무일도서와 미사경본의 성공은 그 이상의 개혁을 촉진시켰다. 로마 순교록(martyrology)은 1584년에 보급되었다. 주교 예식서(pontifical)는 1595년에, 로마 예식서(Roman ritual)는 1614년에 보급되었다. 그 후 수 세기 동안에 예식들에서 사소한 사항들이 수정되기는 했다. 그러나 트렌트 공의회 이후 50년 동안 출판된 전례서들은 20세기 후반까지 그 영향력을 계속해서 끼쳤다.

성경의 책들과 모든 사람의 주석들과 해설들을 마구잡이로 인쇄해도 괜찮다고 생각하는 인쇄업자들에게 규제를... 가하고자 한다.... [이 공의회는] 다음을 포고하고 제정한다. 앞으로 성경, 특히 불가타 구판(old Vulgate Edition)은 가능한 한 가장 올바른 방식으로 인쇄되어야 한다. 어느 누구라도 저자의 이름 없이 거룩한 교리적 사안들을 다루는 그 어떤 책들도 인쇄하거나 인쇄했던 것, 또는 그 책들을 판매하는 것은 불법이다. 또는 먼저 심사를 받지 않고 정임 주교의 승인을 받지 않은 책들을 소유하는 것도 불법이다. 이를 어기면, 파문의 징벌을 받고, 지난 라테란 공의회에서 규정된 벌금을 내야 한다(Council of Trent, fourth session [1546년 4월 8일], in *Canons and Decrees of the Council of Trent*).

21 제6장 각주 4번을 보라.
22 거룩한 공의회는... 다양한 징계들과 미심쩍거나 유해한 책들에 관하여 해야 할 것이 무언인지 고찰하고 이 거룩한 공의회에 보고하는 일을 일부 신부들에게 위임했다. 이제 그들이 이 일을 마무리 했다고 들었지만, 책들이 너무 다양하고 많기 때문에, 거룩한 공의회는 분명하고 쉽게 판단할 수 없었다. 그래서 공의회는 그들이 했던 모든 일이 모두 가장 거룩한 로마 교회에게 보내져야 하고, 교황의 판단과 권위에 따라 그 일은 완료되고 공표될 것이라고 명령한다(Council of Trent, 25번째 회기, [1563년 12월 3-4일], in *Canons and Decrees of the Council of Trent*).
23 하나님의 교회에서는 시편을 노래하는 방식이 하나이어야 하고, 미사를 거행하는 방식도 하나이어야 하는 것이 가장 적절하다.... 그리고 이제부터는 아무것도 추가되거나, 제거되거나, 변화되어서는 안 된다(Pius V, *Quo Primum* [1570년 7월 14일]).

3) 요약

16세기에 로마 가톨릭교도들과 개신교도들이 다른 방식들로 음악과 건축을 발전시켰던 것처럼, 종교개혁과 반종교개혁의 다양한 분파들이 다양한 방식으로 인쇄술을 사용했다는 것은 주목할만하다.

개신교 개혁가들에게, 인쇄술은 주로 변화의 도구였다. 원시적인 인쇄기로 찍힌 수많은 예배 예식서들은 성직자와 평신도의 손에 똑같이 쥐어졌다. 많은 신자가 경제 및 언어적으로 쉽게 이용할 수 있었던 이러한 자국어 예식들은, 종교개혁의 기본적인 교의였던 만인제사장론에 대한 믿음을 뒷받침하는데 큰 역할을 했다.

그러나 대부분의 개신교도들이 변화의 동인으로 인쇄술을 사용한데 반해, 로마 가톨릭교회는 획일성과 교회의 지배권을 얻고자 인쇄술을 사용했다. 다른 개신교 개혁자들과는 달리 토마스 크랜머는 영국 예배에서 획일성의 이상을 촉진시키면서, 로마 가톨릭교회의 목표를 공유했다. 로마가 승인한 텍스트와 붉은 글자 지시문은 전체 교회를 위해 복사되었다. 그러나 이러한 라틴어 텍스트들은 성직자들을 위해서만 제작되었다.

17세기에 프랑스에서는 평범한 사람들이 보다 쉽게 이해할 수 있는 전례를 만들고자 하는 운동이 일어났다. 그 목적을 위해서 죠세프 드 브와장(Joseph de Voisin)은 1660년에 트렌트 공의회의 미사경본을 프랑스어로 번역해서 출판했다.

이 번역본은 교황의 즉각적인 비난을 촉발했다.[24] 교황의 비난은 프랑스의 번역 운동을 금했을 뿐 아니라, 로마 전례서의 번역을 전면적으로 금지하는 토대가 되었다. 이 금지는 19세기까지 지속되었다. 이러한 금지와는 상반되게 평신도를 위한 비공식적인 기도서들은 많이 등장했다.

한 예로, 찰스턴의 주교인 존 잉글랜드(John England of Charleston)는 미국 최초의

---

24 프랑스 왕국에서 어떤 파멸의 아들들이, 영혼에 해롭고 교회의 규정과 관습을 무시하는 새로움에 대한 호기심으로, 교회에서 공인된 오랜 관례에 따라 지금까지 라틴어로만 쓰여졌던 미사경본을 프랑스어로 번역하는 뻔뻔함을 보였다는 사실이 우리의 주의를 끌었고, 우리는 크게 슬퍼했다. 그들은 번역된 미사경본을 출판했고, 그렇게 함으로써, 신분이나 성별에 관계없이 모든 이들로 하여금 미사경본을 소유할 수 있도록 했다. 따라서 그들은 소심한 노력으로 라틴어가 지극히 신성한 예식들에게 제공했던 포괄적인 장엄함을 멸시하며 짓밟았고, 신적 신비들의 위엄을 천박한 군중에게 노출시키고자 했던 것이다.... 우리는, 교회의 영원한 아름다움을 훼손시키고, 불순종과 만용, 뻔뻔함, 선동, 분열, 그리고 많은 다른 악을 쉽게 불러일으키는 이 새로움을 혐오하고 몹시 싫어한다. 그러므로... 우리는 이미 어떤 이에 의해 프랑스어로 번역되었거나, 앞으로 누군가에 의해 번역되고 출판될 수도 있는 미사경본을 영구히 금지한다(Pope Alexander VII [1661년 1월 12일], in Swidler, *Aufklärung Catholicism*, p. 75).

자국어 미사경본, 『평신도를 위해 영어로 번역된, 로마 미사경본』(*The Roman Missal, Translated into the English Language for the Use of the Laity*, 1822년)을 만들었다. 그러나 대부분의 경우, 그러한 번역본들은 사람들이 예전에 능동적으로 참여하도록 이끌지는 못했다. 그러한 번역본들은 공적 기도로 드려져야 하는 것들 가운데서 사적 기도를 하도록 부추기는 경향이 있었다. 역설적이게도 사제는 사적으로 기도하면서 공적 기도를 인도했다. 이처럼 공적 예배에서 사용된 자국어 기도서는, 인쇄를 개인주의적인 기술로 묘사한 마샬 맥루한(Marshall McLuhan)의 통찰력(p. 206)을 입증한다.

4. 그릇(용기)

이미 언급했듯이, 성찬 용기들의 크기와 모양은 대개 그것들이 사용되는 예배 공간의 건축 양식과 관련된다. 주거 공간은 가정용 용기들로 채워졌다. 제국의 건축물에는 귀한 재료를 벼려 만든 인상적인 잔들과 접시들이 필요했다. 그리고 화려하게 꾸며진 고딕 양식 교회들은 종들과 작은 고딕 아치로 장식된 성작과 성광을 위한 장소였다. 16세기가 지나서도, 교회 건물과 성찬 용기 사이의 가시적인 관계성은 로마 가톨릭 예배의 일부 영역에서 분명하게 나타났다. 개신교회들 내에서는 모든 사람이 하나의 잔을 사용하는 성찬식을 강조하고, 성찬식에 참여하는 횟수는 감소하는 것과 같은 다양한 추세들이 나타났다. 이러한 추세들은 성찬 용기들이 이질적이거나 때로는 모순적으로 발전되도록 했다.

1) 로마 가톨릭의 그릇

트렌트 공의회 이후에 로마 가톨릭교회 내에서 새로운 종류의 그릇들은 개발되지 않았다. 앞에서 언급했듯이, 구조적으로 가장 중요했던 변화는 감실을 중앙 제대에 결합시킨 것이었다. 사실상 이러한 발전은 감실이 "용기"에서 건축적 특성으로 전환되는 마지막 단계였다. 양식적으로, 바로크와 로로코 양식은 특히 성작과 성광의 디자인에 영향을 끼쳤다.

(1) 감실

16세기 이전에, 성체는 대개 제대 위에 매달려 있는 성합이나, 성구 보관실의 벽장 안이나, 교회의 벽감실이나, 성체 보관실에서 보존되었다. 일찍이 9세기에 성체가 제대 위에 보관되었다는 사례가 있기는 하지만, 15세기 이전엔 비교적 드문 경우였고 성체 보관을 위해 취해질 수 있는 하나의 방식일 뿐이었다.[25] 16세기에 이탈리아에서는, 여러 교구민과 지방교회회의에서 보고되었듯이,[26] 중앙 제대에 붙박이로 되어 있는 감실에 보관하는 방법이 선호되었다[그림 194]. 카를로 보로메오는 그의 『건축과 교회 가구에 대한 개론』(Instructions on the Architecture and Furnishings of Churches, 1577년)에서 이러한 새롭고 다소 지역적인 선호를 인정한다. 로마 교구를 위한 1584년판 정식서(ritual)는 제대 위에 감실을 올려놓으라는 분명한 명령을 최초로 담고 있다. 1614년의 로마 정식서(Roman Ritual)에도 비슷한 명령이 포함되어 있다.[27]

그림 194. 이탈리아 모데나(Modena)에 있는 중앙 제대에 붙박아진 감실 (After Anson, p. 88)

그러나 피에르 주넬(Pierre Jounel)이 지적하듯이, 트렌트 공의회 이후에 제작된 다른 의례서들과는 달리 로마 정식서는 가톨릭교회에 제안되었을 뿐이지 강요되지는 않았다(Martimort, pp. 18-19). 이 정식서의 제안적인 특징은 그러한 새로운 제안들의 혁신적인 본질 뿐 아니라, 감실의 배치와 같은 것에 대한 매우 다양한 관례들도 암묵적으로 인정했다.

로마 정식서가 널리 받아들여지면서, 프랑스에서는 벽감실, 독일에서는 성체 보

---

25 우리는 성찬, 노자성체(viaticum), 또는 그리스도의 몸뿐만 아니라 성유, 거룩한 기름과 병자의 기름을 구별되고 안전한 장소에서 헌신적으로 적절하게 돌보아질 수 있도록 교회들이나 특별히 설계되고 준비된 장소에 위치한 성구 보관실(sacristies)에서 보관될 수 있다는 것을 포고한다(Synod of Ravenna [1311년], in Mansi, *Sacrorum Conciliorum*).

26 주교는 최대한 주의를 기울여서, 신성한 성찬 빵과 포도주가 관례적으로 보관되고 있는 주교좌 성당, (부제가 관리하는) 대성당, 관구와 다른 교회에서, 그것들이 필요한 경우나 다른 타당한 이유가 있을 때를 제외하고, 중앙 제대 위에 놓여있도록 해야 한다(Council of Milan [1565년], in Mansi, *Sacrorum Conciliorum*).

27 축성된 성찬 빵은 병자들과 다른 신자들에게도 줄 수 있을 충분한 양으로 늘 견고하고 적절한 재료로 만들어진 성합, 즉 깨끗하고, 꼭 맞는 뚜껑이 있고, 흰 실크 베일로 덮인 성합에 보관되어야 한다. 가능한 한, 성합은 제대의 중앙에 위치하고, 열쇠로 잠글 수 있는 화려하고 움직일 수 없는 감실에 보관되어야 한다 (Roman Ritual [1614년] IV.1.5).

관실이 지속적으로 흔하게 사용되었다. 1863년이 되어서야 예부 성성(the Sacred Congregation of Rites)은 교회들이 성체를 성체 보관실이나, 매달린 성합이나, 다른 옛 보관 방식으로 보관하는 관습을 재도입하지 못하도록 했다. 그렇다고 이러한 보관 방식들 중 하나를 오랜 관습으로 지켜왔던 교회들이 그 방식들을 포기해야 했던 것은 아니다.

정확히 말하자면, 단지 그러한 보관 방식들을 사용하지 않았던 기존의 교회들이나 새로운 교회들이 그것들을 채택하지 못하도록 했던 것뿐이다. 이러한 명령이 새로운 것은 아니었다. 제대 위에 감실을 놓을 뿐 아니라 감실을 교회의 중앙 제대에 붙박는 당시의 관습을 단순히 강조한 것뿐이었다. 결국, 감실은 별개의 성찬 용기에서 교회 건축의 한 측면으로 완전히 바뀌었다.

(2) 성작과 성광

트렌트 공의회 이후 시대에 로마 가톨릭 그릇들에서 나타난 예술적인 발전들 대부분은 신자들의 성찬식과는 거의 관련이 없는 용기들에 관련된 것이다. 지난 시대에 있었던, 평신도에게서 잔을 치운 일은 성찬의 모양과 크기가 표준화되는데 기여했다. 성작들은 사제의 성찬식을 위한 소량의 포도주와 몇 방울의 물을 담기만 하면 되었다. 성작들은 계속해서 예술적으로 공들여 제작되었지만, 사실상 의례적인 기능은 갖고 있지 않았다.

사제의 성반에 비례하는 크기와 제대에 바로 눕혀지기보다는 반듯하게 세워졌던 용기로서 갖고 있던 예술적인 가능성 때문에, 성작은 대개 미사에서 사용되는 가장 아름다운 성찬 용기였다. 이 시대의 성작과 성광은 당대의 바로크와 로코코 건축 양식을 반영하곤 했다. 고딕 시대에 크게 유행했던 원뿔 모양의 잔 대신 둥근 종 또는 튤립 모양의 잔이 종종 사용되었다. 하나의 마디(note)와 기하학적 모양의 받침대가 붙어 있는 모가 진 손잡이대(stem)는, 종종 두 세 개의 보다 작은 마디들로 결합되어 부드럽게 윤곽이 나타나는 마디들(nodes)과 작은 언덕 같은(mound-like) 모양의 받침대가 붙어 있는 둥근 손잡이대로 대체되었다[그림 195].

그림 195. 17세기의 바로크 양식 성작

성광 역시 트렌트 공의회 이후 교회들의 건축 양식을 반영하곤 했다. 고딕이나 르네상스 시대의 정적이고 기하학적인 성작들과는 달리, 바로크 성광들은 간혹 보석 같은 귀금속으로 장식되어 중앙에 있는 성체에서 광선이 방사되는 화려한 용기였다[그림 196]. 성작은 내부가 화려하게 장식된 교회 건물에서 눈에 띄어야했기 때문에, 때때로 화려하고 크기가 커야했다. 호화롭게 장식된 건물 내부에서 수수한 용기는 눈에 쉽게 띄지 않을 수 있었기 때문이었다.

이에 대한 극단적인 예는 톨레도 주교좌 성당을 위해 후기 고딕 양식으로 제작된 거대한 성광이다[그림 197]. 16세기의 감실들처럼 그러한 성광은 더 이상 단순한 성찬 용기가 아니었다. 성찬 건축 양식(eucharistic architecture)으로 여겨질 수 있는 하나의 영구적인 디자인적 특징이 되었다. 이처럼 대단한 건축적 특징들 외에도, 성체축일에 특히 중요했던 엄청난 행렬용 성광들을 대개 스페인에서 찾아볼 수 있다[그림 198].

그림 196. 독일 클로스테르버그(Klosterneuberg)의 바로크 양식 성광(1712-14년)

그림 197. 톨레도(Toledo) 주교좌 성당(1500년경)에 있는 화려하게 장식된 중앙 제대. 가장 낮은 층의 중앙부에 성 마리아의 조각상이 있고, 그 위에 거대한 성광이 있다

그림 198. 스페인의 행렬 성광

2) 개신교의 그릇

우리가 살펴보았듯이, 다양한 개신교 전통들은 성찬식 거행의 역할과 빈도에 대해 각기 다른 관점을 지니고 있었다. 예를 들어, 루터는 매주 거행하는 성찬식을 규범으로 여겼다. 츠빙글리는 성찬식은 1년에 4번만 거행하고 설교는 매주 하는 예식을 선호했다. 사실상 개신교의 모든 분파는 말씀을 강조했는데, 이는 18세기에 경건주의와 이성주의의 영향력과 결합되어 가장 성례전적인 전통에서조차도 성찬식의 빈도수가 전반적으로 감소되도록 하는데 기여했다. 따라서 감리교와 같은 성례전 회복 운동이 주장했던 성찬식을 매주 거행하자는 이상은, 결국 1년에 3번만 거행하는 것으로 되었다.[28]

이러한 다양한 신학적 관점과 목회적 실천은 성찬 용기들에서도 비슷한 다양성을 만들어냈다. 일부 지역에서는 아름다운 성찬 용기들이 제작되었지만, 다른 지역에서는 그러한 용기들이 거의 제거되었다. 옛 성작들과 성반들을 없애버린 후에 새로운 용기들이 필요했을 때는, 기독교가 시작되었을 때 그랬던 것처럼, 가정에서 사용하는 그릇들을 예배에서 사용하곤 했다. 이윽고 새로운 유형의 그릇들이 만들어졌다. 우리는 이러한 용기들의 발전을 적응(adaptation), 제거와 대체(elimination and substitution), 발명(invention)이라는 항목들로 나누어 살펴보도록 하겠다.

---

[28] 주의 만찬은 매우 중요했다. 대부분의 관구 교회가 성찬식을 자주 거행하지 않았던 당시에, [존] 웨슬리는 "성찬식을 규칙적으로 거행해야할 의무"(The duty of Constant communion)에 대해 설교하면서, "이것을 행하라"는 말씀은 성찬식을 가능한 한 자주 거행해야 한다는 의미라고 주장했다. 웨슬리 자신은 평생에 걸쳐, 평균적으로 4일이나 5일마다 성찬을 받았다. 16세기 이래로 개신교에서 이렇게 자주 성찬을 받는 일은 매우 드물었다. 웨슬리는, 감리교도들의 성례전에 대한 필요를 채워줄 수 있는 충분한 성공회 성직자들을 공급하기 위해, 엄청난 창의력을 발휘해야 했다. 웨슬리는 성찬식이 많은 미온적인 그리스도인들에게 확신을 주고 그들을 변화시킬 수 있는 의식이라고 생각했다(White, *Protestant Worship*, p. 154).

그림 199. 독일의 오버빈터(Oberwinter)에 있는 복음주의 공동체(Evangelical community)를 위해 제작된 은성작으로, 높이가 7인치(17.8cm) 정도 된다

그림 200. 독일의 라인란트(Rhineland), 에센(Essen)에 있는 한 개혁교회(Reformation church)의 성합 또는 성체 용기로, 1685년에 제작되었다

(1) 적응

루터와 크랜머는 성찬식의 가치를 높이 평가했던 개혁자들이었다. 당연히 그들의 전통과 그들에게 영향을 받은 이들은 뛰어난 예술 작품이기도 했던 성찬 용기들을 제작했다. 예를 들어, 독일에서는 로마 가톨릭 예배에서 사용되었던 것들과 비슷하기는 하지만 개신교의 독특한 미학적 특징을 지닌 그릇들이 제작되었다.

성찬식에 사용하기 위해 제작된 아름다운 **아벤드말스켈헤**(*Abendmahlskelche*, 독일어, 문자적으로 "주님의 만찬 잔" 또는 성작)[그림 199]와 **호스티엔도젠**(*Hostiendosen*, 독일어, 문자적으로 "성체 상자" 또는 성합)[그림 200]이 있었다. 앞에서 지적했듯이[그림 179], 개신교회에서 회화 예술은 불가피하게 변화했다.

예를 들어, 개신교회의 회화 예술은 대개 성인들의 이미지를 제거하고 성경에 보다 기초한 이미지들을 사용했다. 새로이 제작된 성찬 용기들도 마찬가지였다. 그 용기들에는 요한복음 15장을 연상시키는 포도나무와 포도, 또는 요한계시록 5장의 어린양 이미지와 같은 성경에 기초한 도해(iconography)에서 분명하게 나타나는 새로운 개신교의 미학적 특징이 담겨있었다.

때때로 그러한 이미지와 함께 성경 구절을 용기들에 직접 새기기도 했다. 예를 들어, 17세기에 독일 북부에서 만들어진 성작에는 선한 목자로 묘사된 예수의 이미지 위에 **에고 숨 파스토르 보누스**(*Ego sum Pastor bonus*, 라틴어, "나는 선한 목자라," 요 10:11)라는 글이 새겨져 있다.

(2) 제거와 대체

16세기에 많은 개신교회는 성상 파괴, 건축적 장애물(architectural barriers) 제거, 감실 제거, 파이프 오르간 해체를 포함한 제거의 과정을 경험했다. 전통적인 로마 가톨릭 미사와 단호하게 단절하고자 했던 일부 개혁가들의 요구는 많은 성찬 용기가 제거되는데 기여했다.

예를 들어, 에드워드 6세(1553년 사망)의 재위 기간 동안에, 모든 교회는 하나의 잔과 접시를 제외한 모든 것을 없애라는 명령을 받았다. 그러나 에이먼 더피(Eamon Duffy)가 기록했듯이, 지방에서는 그러한 명령을 때때로 더디게 지켰고 대개는 꺼려했다.[29] 잔들과 접시들 뿐 아니라, 성광들과 성반들도 파괴되거나, 팔리거나, 기부되었다.[30]

그림 201. "제식 성반"(credence paten)으로 변형된 것과 유사한 커다란 은 쟁반으로, 1662년에 솔즈베리(Salibury)의 성 마르틴 교회(St. Martin's)에 기부되었다

유럽 대륙에서는, 단순화된 성찬식이 1년에 3번 거행되었다. 그 결과, 개교회가 보유하고 있던 제구들(sacred vessels)의 수는 대체적으로 크게 줄었다. 새로운 그릇들에 대한 요구가 있을 때, 유럽 대륙의 많은 지역과 영국, 그리고 신대륙에서는 일반 용기들을 빌려 사용했다. 손잡이가 달린 큰 잔들(tankards)과 얕은 사발들(porringer), 포도주 잔들과 머그잔들(mugs)이 많은 교회에서 성찬식 때 사용되었다. 비슷한 쟁반들과 접시들은 성찬 빵을 담는데 사용되었다. 때때로 이러한 용

---

29 [잉글랜드의 모어배스에 있는 마을에] 남아있는 가장 구체적인 로마 가톨릭의 유물은, 크리스토퍼 [신부]가 성찬식을 집전할 때 계속해서 사용했던 성작이었다. 파커(Parker) 대주교는 성작이 있던 곳에서, 사람들은 미사를 상상하게 될 것이라고 생각했다. 1570년대 초, 웨스트컨트리(West Country) 전역에서, 종교개혁 이전의 성작들을 회수하여 녹이고, 훌륭한 목적을 가지고 제작된 개신교의 성찬용 잔들로 대체하는 성공회의 운동이 일어났다.... 1571년 3월에, 모어배스는 사우스몰튼(South Molton)에 있는 왕실 감독관들(Royal Comissioners)에게 그 성작을 가져오라고 소환되었다. 그들은 그 성작을 팔아야 했다... 사실 모어배스는 성찬용 잔을 즉시 구입하기로 되어 있었지만 그렇게 하지 않았다. 그들은 성반은 없었지만, 또 다른 작은 성작을 가지고 있었다. 그들은 크리스토퍼 [신부]의 남은 생애 동안 그 작은 성작을 사용했다 (Duffy, *The Voices of Morebath*, p. 178).

30 1564년, 성합들은 훼손되었고 교구 주민들이 있는 데서 토마스 클레폴(Thomas Clepole)에게 팔렸다 (Edenham 교회의 보고서. Peacock, *English Church Furniture*에서 재인용).

기들은, 츠빙글리가 선호했던 나무 접시처럼, 굉장히 소박했다. 또한 원래는 부자들의 식탁을 아름답게 꾸며주던 그릇들이 교회에서 사용되도록 기부되는 경우도 있었다[그림 201].

(3) 발명

종교개혁자들은 평신도들에게 잔을 되돌려 주었다. 그 결과, 포도주를 위한 두 가지 새로운 용기가 만들어졌다. 축성되기 전의 포도주를 담아 운반하는 특별한 용기들은 4세기경에 등장했다. 그러한 용기들에 담긴 포도주는 성작으로 옮겨졌다. 그 후 성작은 성찬식이 거행되는 동안에 포도주를 담고 있었다. 종교개혁 기간 동안에 축성 전과 후의 포도주를 담기 위해 성작 외의 용기가 사용되었다는 사실을 보여주는 증거가 있다. 큰 병들(flagons)이나 손잡이가 달린 큰 잔들(tankards)은 포도주를 제대로 옮기는데 사용되었다. 제대에서 포도주의 일부가 잔으로 부어 옮겨졌다.

당시의 잔들은 모든 신자가 마시기에 충분한 양의 포도주를 담을 만큼 크지 않았기 때문에, 많은 양의 포도주는 이러한 큰 병들(flagons)에 계속 남겨졌다. 그 큰 병들은 성찬식 도중에 잔들을 다시 채우는데 사용되었다. 가정용으로 제작된 일부 큰 병들과 손잡이가 달린 큰 잔들은 교회에 사용되도록 기부되었다. 이런 유형의 용기들 중에서 어떤 것들은 예배를 위해 제작되었다[그림 202].

그림 202. 18세기 루터교의 큰 병(flagon)

공동체에게 "잔"을 되돌려 준 결과로 생겨난 또 다른 용기는 성찬기(communion tray)였다. 미국에서 만들어진 성찬기는 여러 개의 작은 포도주 잔과 이를 담는 밑판으로 구성되었다[그림 203]. 이러한 성찬기는 19세기에 등장했던 것 같다. 아마도 위생에 대한 관심이 이러한 용기들이 개발되는데 영향을 끼친 것 같다.

그림 203. 현대의 성찬기(communion tray)

19세기는 루이 파스퇴르(Louis Pasteur, 1895년 사망)와 다른 이들이 박테리아의 종류와 확산에 대한 기초적인 이해를 확립했던 시기였기 때문이다. 개인용 잔을 사용하게 되었다는 것(대니얼 색(Daniel Sack)은 이 일을 약 1896년, 뉴욕 주의 로체스터에 있던 한 의사와 연관짓는다[p. 37])은, 하나의 신앙 공동체를 위한 하나의 잔이 갖는 오랜 상징보다 대중화된 과학적 이론과 목회적 편리성이 더욱 중요해졌다는 뜻이다.

언급될 필요가 있는 미국의 두 번째 기여는, 성찬 용기의 모양이 아니라 그 용기 속의 내용물과 관련된다. 색에 따르면, 감리교 설교자였다가 치과의사가 된 토마스 웰치(Thomas Welch)는 성찬식에서 알코올(술)을 사용하는데 거부감을 느꼈다. 그는 포도주를 대체할 무알코올 음료에 대해 연구했고, "포도주스"라는 결과를 얻었다. 웰치스 포도주스(Welch's Grape)를 생산하는 회사를 설립한 사람은 그의 아들이었지만, 토마스 웰치의 비전[31]은 궁극적으로 미국에 있는 일부 개신교회들 사이에서 주님의 만찬 때 포도주스를 대신 사용하는 관습이 퍼지도록 했다. 16세기에 대부분의 종교개혁자들이 발효시킨 평범한 빵으로 되돌아갔기 때문에, 19세기의 이러한 발명은 제임스 화이트가 "로마 가톨릭교도들에게는 진짜 포도주, 개신교도들에게는 진짜 빵"이라고 요약한 역설적인 상황을 만들었다.

3) 요약

이 기간 동안에 용기들에서 일부 변화가 나타나기는 했지만, 종교개혁 이후는 성찬식이 특별히 강조되던 시대가 아니었다. 따라서 성찬 용기들이 중요한 예전적 관심사는 아니었다. 로마 가톨릭교도들은 미사에서 거양을 하는 동안에 축성된 성체와 성작을 보거나, 흠숭(adoration)의 시간에 성광에서 현시되는 축성된 성체를 보는 것에 익숙했다.

신자들이 성찬을 받는 것은 자주 일어나는 사건이 아니었다. 사제만이 포도주를 받았기 때문에, 당시에 어느 정도 공을 들여 제작되었던 것은 사제의 성작이었다. 더 중요한 사실은 감실이 진화의 마지막 단계를 거치고 있었다는 것이다. 감실은 옮기기 쉬웠던 용기에서 건축 요소로 바뀌었다. 이 과정에서, 감실은 예배 공간의 중심, 즉 사제와 지정된 성직자들에게만 제한된 장소로 옮겨졌다.

---

31 1926년에 찰스 웰치(Charles Welch)가 사망했을 때, 그의 유언장에는 다음의 내용이 언급되어 있었다. "발효되지 않은 포도주스는, 하나님의 교회가 성찬식에서 '악마의 잔' 대신에 '포도나무의 과실'을 줄 수 있도록 돕는 일을 통해 하나님을 섬기고자 하는 열정에서 탄생되었다." 그 과정에서, 그 열정은 수백만 달러의 회사를 탄생시켰다(Sack, *Whitebread Protestants*, p. 29).

개신교의 용기들을 일반화하기는 더욱 어렵다. 어떤 지역에서는 감실을 그대로 두면서 사용했다. 다른 지역에서는 감실을 그대로 두기는 했지만 사용하지는 않았다. 또 다른 지역에서는 감실을 해체하거나 파괴했다. 일부 개신교 공동체들은 아름답게 제작된 용기들을 계속해서 만들고 사용했다. 반면에 다른 공동체들은 신자들의 집에서 볼 수 있는 잔과 접시를 사용하는 초기 기독교의 전통으로 되돌아갔다. 이 기간 동안 평신도들도 잔을 받는 성찬식이 재도입되었다. 그 결과, 일부 개신교 공동체들을 위한 새로운 용기들이 등장하게 되었다.

5. 성찬신학

성찬신학과 실제에 대한 의견의 차이는 이 시대의 기독교에만 나타난 새롭거나 특별한 것이 아니었다. 기독교가 탄생했을 때부터, 성찬이 무엇이고, 성찬은 무엇을 하며, 어떤 의례적인 요소들이 포함되어야 하고, 누가 초대되며, 누가 인도해야 하는지에 대한 질문들은 있어 왔다. 이러한 사안들에 대한 서로 다른 의견들은 때때로 과열된 논쟁과 비난, 심지어는 그리스도인들 간의 분열로까지 이어졌다.

그러나 이러한 의견의 차이가 기독교의 심각한 균열로까지 이어진 적은 없었다. 물론 1054년에 일어난 서방 기독교와 동방 정교 사이의 분열이 그리스도의 몸을 수치스럽게 깨뜨렸던 것은 사실이다. 그러나 그 분열의 핵심은 예전이나 성찬에 대한 의견의 차이가 아니었다.

그러나 16세기에는 현존, 성례전의 수, 서품(안수)의 역할, 고해성사의 효과, 하나님의 말씀의 예전적인 역할에 관련한 사안들이 기독교가 분열되는 주된 원인들이었다. 더욱이 종교개혁자들이 관심을 두었던 것은 단순히 이러한 사안들에 대한 이론이 아니었다. 목회적인 실천과 그러한 실천이 평범한 신자들의 삶과 믿음에 끼치는 영향이었다.

따라서 16세기의 많은 성찬 사상가는 파스카시우스나 베렌가, 토마스 아퀴나스와는 달리, 신학을 단지 추상적으로만 연구하는 것이 아니라 의례를 변화시키는 것에 관심을 기울였다. 종교개혁 운동은 신학과 실제에서 이전에는 보지 못했던 성찬적인 다양성의 폭을 넓히는 결과를 낳았다. 종교개혁운동은 또한 이 기간에 서방의 그리스도인들이 서로 대립하는 원인이 되었던 강력하고도 제한적인(restrictive) 반응을 유발했다.

1) 현존(Real Presence)

마틴 루터는 『교회의 바벨론 유수』에서 종교개혁 운동 전반에 걸쳐 반향을 일으킬 만한 많은 주제를 다루었다. 그 중 하나가 "유수"(captivity)였다. 루터는 그리스도인들이 화체설이라는 "터무니없는 말과... 말도 안 되는 생각"에 의해 성경의 가르침으로부터 "휩쓸려 떠내려갔다"라고 은유적으로 생각했다. 루터는 성경을 근거로 하여 화체설을 반박했다. 그는 화체설이 1200년 동안 교회의 가르침이 아니었고, 심지어는 아리스토텔레스의 사상과도 모순된다고 지적했다. 루터는 화체설을 믿는다는 이유로 사람들을 정죄하지는 않았다. 그러나 그리스도인들이 현존에 대한 다른 견해들을 지니는 것이 허용되어야 한다고 주장했다. 루터는 주님의 진정한 살과 피가 실제 빵과 포도주 안에-빵과 포도주의 "실체들"(substances)과 함께 존재한다고 믿었다. 이러한 루터의 견해가 때때로 "공재설"(consubstantiation)로 알려져 있는데, 루터는 이 용어를 사용한 적은 결코 없었다. 그는 그리스도와 빵과 포도주의 공존에 대해 보다 목회적인 방식으로 설명했다.[32]

5장에서 언급했듯이,[33] 중세 시대 후기에 "화체설"이라는 용어의 정확한 의미에 대한 믿음의 범위는 매우 넓었다. 그리고 많은 사람은 루터가 궁극적으로 받아들였던 입장을 취하고 있었다. 그러나 메이시가 언급하듯이, 빵과 포도주가 그리스도의 현존과 함께 공존한다는 입장을 취했던 신학들은 갈수록 더 비판을 받게 되었다. 이미 13세기 말에, 토마스 아퀴나스는 이 교리에 문제가 많고 제4차 라테란 공의회의 화체설 교리에 대한 정통적인 해석은 아니라고 주장했다. 아퀴나스의 화체설 신학을 비판하던 존 위클리프와 같은 이들이 그 입장을 계속해서 가르치기는 했지만, 결국 정통 교리로서

---

32 만일 우리가 단순한 언어 감각에 주의를 기울인다면, 우리는 시뻘겋게 달궈진 쇠 조각에 대해, "그것은 불이다" 또는 "거기 놓여있는 쇠는 그야말로 불이다"라고 말할 수 있다... [이것은] 쇠와 불이 서로 안에 존재해서, 쇠가 있는 곳에 불도 있다는 것을 말하는데 지나지 않는다. 그리고 나무는 돌이 아니고, 불은 쇠가 아니고, 물은 땅이 아니라는 것을 말하기 위해, 어떤 엄청나고 교묘한 궤변을 필요로 하는 멍청한 사람은 아무도 없다. 비록 쇠와 불이 각각의 본질은 유지하고 있지만, 지금 쇠는 불이고 불은 쇠이다. 단순한 언어 감각에 따르면 그 둘은 서로 안에 하나로서 존재하기 때문이다... "이것은 나의 몸이다"라는... 빵과 몸은 마치 불과 쇠처럼 하나로서 또는 서로 안에 존재한다고 말하는 것과 같은 의미일 것이다(Martin Luther, *Against the Heavenly Prophets*, in *Luther's Works*, vol. 40, p. 196).

33 제5장 각주 36번을 보라.

는 거부되었다.

사실상 16세기의 모든 주요 개신교 신학자들은 종종 아퀴나스가 만든 것이라고 잘못 간주되고 있는 화체설의 개념을 거부했던 루터와 의견을 같이 했다. 이 주제에 대해 로마 가톨릭교회의 공식적인 교리가 되었던 것을 거부하는 데에는 의견을 같이 했다. 그러나 마르부르그 회담이 매우 신랄하게 보여주듯이, 그들이 모두 받아들일 수 있는 현존에 대한 적절한 신학을 합의하지는 못했다. 루터와 의견이 가장 달랐고 성찬식에서의 현존에 대해 가장 다른 관점을 지녔던 종교개혁자는 츠빙글리였다[그림 204]. 성찬식에서의 현존에 대한 츠빙

그림 204. 한스 아스페르(Hans Asper, 1571년 사망)가 그린 츠빙글리

글리의 특정한 관점에 영향을 끼쳤던 요인은 많지만, 그 가운데 두 가지가 특히 중요했던 것 같다.

첫째, 물질은 영혼에 영향을 미칠 수 없다는 그의 믿음이었다. 이러한 믿음에 대한 성경적인 근거는 "살리는 것은 영이니 육은 무익하니라"(요 6:63)라는 텍스트였다. 츠빙글리는 그가 1525년에 개정한 성찬 예전에 이 텍스트를 복음으로 삽입했다. 이 사상은 츠빙글리의 개혁 전반에 스며들어 있었다.

예를 들어, 이 사상은 왜 츠빙글리가 음악을 거부했는지 부분적으로 설명한다. 그는 음악이 세속적으로 마음을 산만하게하고 예배에는 전혀 필요 없는 것으로 여겼다. 츠빙글리에게 믿음과 신앙은 창조되거나 가시적인 것이 아니라 영적인 영역에 관련된 것이었다. 따라서 그의 사상에는 영적인 것과 물질적인 것을 분명하게 구분하거나 심지어는 대립시키는 일종의 이원론이 존재했다. 성례전은 물질적인 세계가 아니라 영적인 예식이었다.

둘째, 서약의 개념이었다. 우리는 이미 서약이 "성례전"의 원래 의미 중 하나였다고 언급했다.[34] 츠빙글리에게 있어서, 성례전에 참여하는 것은 본질적으로 하나님에 대한 개인의 헌신을 공개적으로 알리는 것이었다. 성례전은 루터와 다른 이들이 주장했듯이 하나님이 우리와 맺으신 언약에 대한 유일하고 근본적인 아니었다. 오히려 츠빙글

---

[34] 제2장 각주 39번을 보라.

리는 사람들이 특별한 은혜를 받는 순간으로서가 아니라, 그들이 자신들의 신앙을 고백하는 의례 행사로서 성례전을 새롭게 강조했다.

이러한 기본적인 사상에 비추어, 츠빙글리는 성찬식에서 그리스도의 현존이 실체적인 것이라기보다는 영적이거나 은유적인 것이라고 주장했다. 그는 예수께서 최후에 만찬 때 하신 "이것은 내 몸이라"는 말씀은 "이것은 나의 몸을 나타낸다"를 뜻했던 것이라고 해석했다. 그는 축성된 빵이 그리스도의 몸이라는 것을 믿지 않았다. 대신 세례 받은 자들이 그리스도에 대한 믿음, 진정한 그리스도인의 삶에서 드러나야 할 믿음을 공개적으로 알릴 수 있도록 돕는 일종의 시각적인 도구라고 믿었다.[35]

제임스 화이트가 말하듯이, 츠빙글리는 그리스도의 최후의 만찬 텍스트에서 "이것은 ~이다"(this is) 부분을 그리 강조하지 않았다. 그가 강조했던 부분은 예수의 명령인 "이를 행하라"(do this)였다. 매우 전통적인 관점으로 성찬 빵과 포도주에 초점을 맞추었던 루터와는 대조적으로, 츠빙글리는 "빵과 포도주의 성변화(transubstantiation)가 아닌 회중의 성변화라는 새로운 방식으로 그리스도의 현존의 실재를 말하면서" 성찬식의 초점을 공동체로 옮겼다(White, *Protestant Worship*, p. 59).

이들 외에도 성찬식에서의 그리스도의 현존을 본질적으로 이해하기 위해 새로운 견해들을 제시하는 중요한 종교개혁자들이 많았다. 루터와 츠빙글리의 중간 입장을 취했던 존 칼빈은, 성찬 배수자들이 그리스도의 몸과 피를 실제로 나누기는 하지만, 그리스도의 현존은 제대가 아니라 하늘나라에 있다고 믿었다. 성령에 대한 칼빈의 발전된 신학은 성령만이 유일하고 진정한 **빈쿨룸 콤무니카티오니스**(*vinculum communicationis*, 라틴어, "소통의 끈")시라고 주장했다. 칼빈에 따르면, 성령은 성찬식에서 그리스도의 현존을 제대 위로 가져오지 않으시고, 성례전의 가시적인 표징을 통해서 하늘나라에 있는 그리스도의 몸과 우리를 연합시키신다.[36]

---

35 그렇다면 먹는 행위의 의미는 무엇인가? 먹는 행위는 바로, 당신이 그리스도를 믿는 자들 중 하나인 그리스도의 한 지체라는 사실을 형제들 앞에서 선포하는 것이다. 그리고 더 나아가, 먹는 행위는 그리스도인의 삶을 살겠다는 것을 맹세시키는 것이다. 따라서 만약 당신이 죄악의 방식들을 버리지 않는다면, 당신은 다른 지체들과 단절된다(Ulrich Zwingli, in Briliotth, *Eucharistic Faith and Practice*, p. 158).

36 우리는 그리스도의 몸이 모든 인체가 공통적으로 갖고 있는 일반적인 특성들에 제한을 받고... 그리스도께서 심판하러 다시 오실 때까지는 하늘에 속해 있다는 사실을 의심하지 않는다. 그렇기 때문에 우리는, 그리스도의 몸을 부패되는 빵과 포도주 아래도 다시 끌어내리거나, 그리스도의 몸이 모든 곳에 임한다고 상상하는 것이 전적으로 잘못이라고 여긴다. 그리고 그리스도의 몸에 참여함을 누리는데 이것이 필요하지는 않다. 왜냐하면 주님께서 그분의 영을 통하여 우리에게 이 유익을 베푸셔서, 우리는 몸과 영, 혼으로 그분과 하나가 될 수 있기 때문이다. 그러므로 "이 연결의 끈"은 그리스도의 영이다. 그리스도의 영으로 우리는 하나가 된다. 그리스도의 영이라는 통로를 통해 그리스도 자신과 그분이 가지신 모든 것이 우리에게 전달된다(John Calvin, *Institutes of the Christian Religion*, 4.17.12, in Battles, II: 1373).

칼빈과 츠빙글리, 루터의 서로 다른 견해는 개신교 개혁자들의 다양한 신학적 관점을 보여준다. 그리고 개신교도들이 그리스도의 실재적 현존에 관해 믿는 것들을 포괄적으로 일반화하지 말라고 경고한다.

이러한 다양한 견해들에 대한 로마 가톨릭의 최종적인 반응과 도전은 트렌트 공의회의 13번째 회기가 열렸던 1551년 10월에 나타났다[그림 205]. 공의회의 성찬식에 관한 칙령에서 공의회의 교부들은 성찬식에서 그리스도는 빵과 포도주의 형상 아래에서 "참으로, 실제로, 그리고 실체적으로 포함되어 계신다"라고 공표했다. 토마스 아퀴나스의 언어와 관점을 사용한 그 동일한 칙령은 더 나아가, 축성은, 그 축성을 통해 빵의 실체 전부가 그리스도의 몸으로 바뀌고, 포도주의 실체 전부가 그리스도의 피로 바뀌는 변화를 일으킨다고 명시했다. 그 칙령은 또한 화체설이라는 용어를 다소 신중하게 사용했다.

그림 205. 트렌트 공의회

트렌트 공의회는 13세기 이래로 개신교 개혁자들뿐만 아니라 로마 가톨릭 신학자들 사이에서도 있어왔던 그리스도의 현존에 대한 모든 논쟁을 고려하면서, 이 변화는 화체설이라고 "올바르고도 적절하게 불린다"(라틴어, *convenienter et proprie ...est appellata*)라고 공표했다.

트렌트 공의회의 교부들은, 무엇보다도 실체적 변화를 받아들이지 않는 이들, 그리스도가 표징으로만 임하신다고 가르치는 이들, 그리고 빵의 실체가 축성 후에도 그대로 남

아있다고 주장하는 이들을 더욱 신랄하고 강력하게 비난하는 일련의 규범을 첨부했다.[37]

2) 희생 제사와 사제직(Sacrifice and Priesthood)

16세기에서 논쟁이 치열했던 또 하나의 신학적 사안은 성찬식과 희생 제사 간의 관계였다. 마틴 루터는 『교회의 바벨론 유수』에서 희생 제사에 대한 로마 가톨릭교회의 공식적인 입장을 세 가지 유수 중에서(나머지 둘은 평신도들에게서 잔을 치운 것과 화체설을 가르친 것이다) "가장 사악한" 것으로 여기면서 그 입장에 도전했다. 루터의 근본적인 관심은 면죄부 사용에 대한 그의 도전에서 이미 명백히 드러났듯이, 특정한 종교적 활동이 어떤 식으로든 하나님에게 영향력을 행사한다고 여겨지는 것에 있었다.

루터의 관점에서 많은 종교적 활동이 마치 상업(commerce)처럼 여겨졌다.[38] 따라서 루터는 단순히 신학적 사상을 반대했던 것이 아니다. 매우 중요한 목회적 실천이 잘못되어 버린 것에 대해 반대했다. 루터는 성찬식을 희생 제사로 생각하지 않았다. 대신 주님의 만찬은 죄의 용서에 대한 그리스도의 성약(testament)이자 약속(promise)이라고 강조했다. 루터는 성찬식이 우리가 하나님께 바치는 것이라기보다는, 하나님이 우리에게 주시는 것, 즉 인간의 행위가 아니라 하나님의 선물이라고 주장했다.

개신교 개혁자들이 화체설의 개념을 부정하는데 전반적으로 의견을 같이 했던 것처럼, 그들은 성찬식을 희생 제사로 여기는 것에 대한 루터의 비판에도 사실상 전원이 동의했다. 예를 들어, 츠빙글리는 1523년에 있었던 종교에 대한 공청회에서, 미사는 희생 제사가 아니라 십자가에서 일어났던 단 한 번의 희생 제사를 기념하고 그리스도를 통한 구원을 확인하는 것이라고 선포했다. 칼빈 역시 그리스도가 십자가에서 단 번에 드리신 영원한(once-and-for-all) 희생 제사에 관한 성경적 유산이라고 여겨지던 것을

---

[37] 규범 1: 만일 누군가가, 가장 거룩한 성찬의 성례전에 우리 주 예수 그리스도의 몸과 피가, 진정으로, 실재적으로, 실체적으로 그분의 영혼과 신성과 함께 있다는 사실을, 그래서 결과적으로 완전한 그리스도가 계시다는 사실을 부인하고, 예수는 단지 표징, 또는 형상이나 능력(force) 안에만 계시다고 말한다면, 그 사람은 저주를 받도록 하라. 규범 2: 만일 누군가가, 신성하고 거룩한 성찬의 성례전에 빵과 포도주의 실체가 우리 주 예수 그리스도의 몸과 피와 결합하여 남아있다고 말한다면, 그리고 빵과 포도주의 외형은 그대로 남아 있으면서, 빵의 모든 실체가 몸으로, 포도주의 모든 실체가 피로 놀랍고 기묘하게 변화한다는 것을 부인한다면(가톨릭교회는 이 변화를 화체설이라고 가장 적절하게 칭한다) 그 사람은 저주를 받도록 하라(Decree on the Eucharist [1551년], Council of Trent, in *Canons and Decrees of the Council of Trent*, p. 149).

[38] 거룩한 성례전이 한낱 매매, 시장, 수익사업이 되고 말았다. 따라서 참여, 형제단, 중보, 공적, 기념일, 추도일, 그리고 비슷한 것들이 마치 상품처럼 교회에서 매매되고, 거래되고, 교환되었다(Martin Luther, *The Babylonian Captivity of the Church*, in *Luther's Works* 36:35-36).

보호하고자 했다. 따라서 그는 성찬 거행을 희생 제사로 생각하는 것을 "사악하다"고 간주했다.

부분적으로 이러한 개혁자들은, 루터가 그랬던 것처럼, 예물(stipends)과 관련된 때로는 수치스러웠던 관습들과, 모든 필요, 특히 죽은 자를 위해 "돈으로 사는"(buying) 미사에 대응했다. 부패가 만연했던 이러한 제도는, 많은 사람에게 은혜와 심지어는 구원도 사고 팔 수 있다는 인상을 주었다. 제임스 화이트의 말처럼, 당시의 평범한 사람들이 미사를 드리는 일을 "하나님께 바치는 뇌물이 아닌 다른 것"으로 생각하기는 어려웠다(*Protestant Worship*, p. 39). 이와 관련하여, 개혁의 양쪽 진영에 있는 많은 사람이 걱정했던 것은, 미사 봉헌과 기독교 제자도의 소명 사이의 잦은 연결성 결여였다.

최후의 심판의 위협은 많은 신자에게 그리스도인으로서 철저한 삶을 살도록 하는 자극이 되지 못했던 것 같다. 특히 사후의 자신들을 위해 적절한 면죄부를 얻을 수 있거나, 충분한 재원을 마련할 수 있거나, 아니면 미사를 드려줄만한 친척을 갖고 있던 사람들에게는 더욱 그랬던 것 같다. 희생 제사로서의 성찬에 대한 의심스러운 접근법에 근거한 미사 예물과 미사 봉헌 제도는, 개인의 지속적인 회심과 헌신이라는 이미지보다는 마법과 흡사한 구원의 이미지를 지지했다.

그렇다고 신실하고 헌신된 로마 가톨릭교도들이 거의 없었다는 뜻은 아니다. 당시에도 다른 시대에서처럼 신실한 로마 가톨릭교도들은 많았을 것이다. 그러나 안타깝게도 당시의 성례전 제도는 신실한 신자들의 제자도로의 여정에 항상 도움이 되었던 것은 아니었다.

이러한 희생 제사에 대한 비평과 관련된 것은, 미사 봉헌의 행위에서 매우 핵심적이었던 사제직에 대한 재고였다. 루터는 여기서도 주도적인 역할을 했는데, 그는 하나님과 신자들 사이에서 중재자라고 여겨지는 것들을 없애고자 했다. 그의 『교회의 바벨론 유수』에서 루터는 모든 그리스도인들은 "똑같이 사제들"이고 "말씀과 성례전에 대해 동일한 능력"을 갖는다고 주장했다. 이러한 생각들이 완전히 새로웠던 것은 아니다.

예를 들어, 바로 전 세기에서 롤라드(Lollard)라고 알려진 존 위클리프의 추종자들이 가르치던 내용에서도 이러한 생각들을 찾아 볼 수 있다. 루터는 독일 귀족들에게 보내는 공개 서신에서, 세례를 통해 모든 신자가 사제직으로 축성된다는 사실을 입증하는 성경 주해를 제시했다.[39] 그의 언어가 때로는 거칠게 들리기는 하지만, 개혁에 대한 루터의 보다 중도적인(일부 개혁가들은 "보수적"이라고도 간주하는) 접근법은, 서품(안수) 예식(비록 그는 서품을 성례전이라고 여기지 않고 "교회의 의식"으로 간주하기는 했지만) 이 지속되어야 한다고 했던 그의 믿음에서 분명하게 나타났다. 루터의 생각에 서품은 공동체가 그들의 목회 지도자를 지명하여 은혜의 방편을 집행하는 사역에 헌신하도록 하는 적절한 방법이었다. 로마 밖에서는 "만인제사장설"이라는 개념에 대한 광범위한 의견 일치가 있었다.

그리고 이 개념은 대부분의 개신교 개혁자들 사이에서 핵심적인 교리가 되었다. 개신교 공동체들 대부분도 성직자를 유지했고, 성직 안수(서품)는 대개 세례와 성찬이라는 두 개의 성례전을 집전하는데 요구된다고 가르쳤다. 그러나 그러한 성직 안수는 올바른 질서와 적절한 권한 부여에 대한 것이었다. 대부분의 개신교 관점으로, 성직 안수를 받은 사람들이 어떤 신학적인 의미로 바뀌는 것은 아니었다.

이러한 이해 때문에 중세 시대 사제직의 과시적인 요소들은 개신교의 종교개혁에서 살아남지 못했다. 루터는 미사용 제의(Mass vestments)를, 다른 많은 외형적인 것들처럼, **아디아포라**(*adiaphora*, 헬라어, "중요하지 않은 것들") 또는 비본질적인 것들이라고 여겼지만, 사용을 금하지는 않았다.

루터교도들 중에는 미사용 제의를 한 동안 계속해서 사용하던 이들도 있었다. 다른 이들은, 안드레아스 칼슈타트(Andreas Karlstadt)처럼 이러한 관습에 반대했다. 대학교 교수였던 칼슈타트는(그는 비텐베르그대학교에서 마틴 루터에게 박사학위를 수여했다) 1521년에 급진적인 크리스마스 예식을 거행하면서, 그의 검은 박사 가운을 입었다. 이 관습은 흔한 일이 되어서, 루터조차도 박사 가운을 입은 모습으로 묘사되었다[그림 179].

이 "제네바 가운"은 16세기 종교개혁자들 사이에서 흔한 것이 되었는데, 그들은 "사제"라는 언어도 거부하면서 그들의 성직자를 목사(pastor)나 장로(presbyter)라고 불렀다. 제의에 대한 쟁점은 16세기 영국에서 더욱 논란이 되었다. 결국 영국에서는 성직

---

39 우리 모두는, 베드로가 베드로전서 2장에서 "너희는 왕 같은 제사장들이요 거룩한 나라요..."라고 말하듯이, 세례를 통해 성별된 사제들이다. 주교가 축성한다는 것은, 그가 동일한 권한(power)를 가진 공동체 전체의 모두를 대표하고 대신하여, 한 사람을 선택하여 그 사람이 다른 이들을 대신해서 그 권한을 행사할 수 있도록 맡기는 것에 지나지 않는다(Martin Luther, *To The Christian Nobility of the German Nation* [1520년], in *Luther's Works* 44:128).

자에게 성찬식을 거행할 때는 대법의(cope)를 입고, 다른 모든 예식을 집전할 때는 중백의(surplice)를 입으라고 요구하는 최초의 공동 기도서에 실린 지시들이 시행되었다.

로마 가톨릭교회는 악용되는 성찬의 관습들이 많았다는 것을 인지했다. 1562년에 트렌트 공의회는 이러한 악습 중 일부를 특별히 언급한 칙령을 반포했다.[40]

이와 동시에 공의회는 "미사의 희생 제사"에 대해 말하는데 전혀 꺼려하지 않으면서 1562년에 "미사의 희생 제사에 관한 교리"에 대한 칙령을 공표했다. 실제로 공의회는 성찬식을 말할 때 사실상 희생 제사 이외의 이미지는 전혀 사용하지 않았다. 더 나아가 미사 봉헌은 사제직에 대한 이해와 너무나도 긴밀하게 연결되어 있었기 때문에(그 당시 로마 가톨릭교도들은 희생 제사는 사제가 드리는 것이라고 믿었기 때문에) 공의회는, 특히 미사 봉헌에 관련하여, 서품을 받은 사제들의 역할을 부인하는 사람은 그 누구라도 정죄했다.[41]

데이비드 파워(David Power)가 인정했듯이, 이러한 두 개의 근본적으로 서로 상이한 예배 체계는(하나는 성찬을 성약 또는 선물로 여기면서 초점을 맞췄고, 다른 하나는 봉헌과 희생 제사로서 강조했다) 개신교와 로마 가톨릭 공동체들 사이에서 작용하는 사회에 대한 상이한 이미지들과 다른 정체 세력들의 관점에서 이해될 필요가 있다.[42] 츠빙글리와 칼빈의 개혁처럼 보다 급진적인 개혁들은, 우리가 민주주의적 경향이라고 부를 수 있는 것이 나타나는 공동체들에서 일어났다.

우리는 이미 오늘날의 스위스에 있던 주들(states)의 작은 연맹이 어떻게 연합하여 신

---

[40] 시대의 부패를 통해서, 아니면 인간들의 무관심과 타락을 통해서, 대단히 위대한 희생 제사의 가치에 맞지 않는 많은 것들이 이미 나타나기 시작했기 때문에, 그로 인한 의례나 예배가 하나님의 영광과 신자들의 교화를 위해 회복될 수 있도록, 거룩한 공의회는 다음을 포고한다. 지방 관구 주교들(local ordinaries)은, 우상숭배인 탐욕스러움, 또는 부도덕함과 거의 다를 바 없는 불경, 또는 미신, 진정한 경건의 거짓된 모방 등... 탐욕과 관련하여 소개된 모든 것들에 대해 주의 깊은 관심을 기울여야 하고 금지하고 폐지해야 한다. [지방 관구 주교들은] 새로운 미사들의 거행을 위한 모든 유형의 보상, 물건, 그리고 주어지는 모든 것들을 전부 금해야 한다. 또한 기부, 부패한 성직매매와 같은 것, 또는 부정한 돈의 기미가 보이는 것과 비슷한 것들에 대한 끈질기고 부적절한 요청이나 요구도 금해야 한다(Council of Trent, Decree concerning the things to be observed and avoided in the Celebration of Mass [1562년], in *Canons and Decrees of the Council of Trent*, pp. 150-51).

[41] 규범 2: 만일 누군가가 "나를 기념하여 이를 행하라"는 말로써, 그리스도는 사도들을 사제들로 임명하지 않으셨다고 말하거나, 또는 그들과 다른 사제들이 그분 자신의 몸과 피를 바쳐야 한다고 명하지 않으셨다고 말한다면, 그 사람은 저주를 받도록 하라. 규범 3: 만일 누군가가 미사의 희생 제사는 찬양과 감사의 제사일 뿐이라고 말하거나, 미사는 단지 십자가에서 완성된 희생 제사의 기념할 뿐이지 달래는 제사는 아니라고 말하거나, 미사 받는 사람에게만 도움이 되는 것이지, 산 사람과 죽은 사람을 위해서, 죄, 형벌, 보속, 그리고 다른 필요를 위해서 드려져서는 안 된다고 말한다면, 그 사람은 저주를 받을 것이다(Council of Trent, Canons on the Sacrifice of the Mass [1562년], in *Canons and Decrees of the Council of Trent*, p. 149).

[42] 제6장 각주 1번을 보라.

성 로마 제국에 대항했고, 15세기 말에 어떻게 독립을 이루어냈는지에 대해 언급했다. 이러한 광범위한 배경은, 예를 들어, 취리히와 같은 스위스 도시에서 선출된 시의회가 어떻게 예배와 관련된 것을 포함한 종교적인 결정을 내리고, 그러한 예배가 보다 민주적으로 보이도록 하는 일에 책임을 맡게 되었는지를 이해할 수 있도록 도와준다.

스위스처럼 진보된 형태의 민주주의는 아니었지만, 15세기의 신성 로마 제국 내에서도 개혁의 필요성을 인식하는 지역들이 있었는데, 부분적으로는 황제와 교황으로부터 좀 더 독립하고 싶었던 지역 통치자들에 의해 자극받아서였다. 따라서 1400년대 중반에 독일 국가들(states) 간의 연방은 그 구속력이 약해졌고, 그 중 작센은 지역 통치권의 확대를 위해 집단적으로 투쟁했다. 1489년에 제국에 속한 모든 국가의 대표자 회의(제국 의회 또는 라이크스타그[Reichstag])는 황제 직속 도시들(imperial cities)의 대표자들이 의사 결정에 참여하는 것을 처음으로 허락했다. 1495년에 보름스 회의(Diet of Worms)에서는 제후들 사이에서 벌어지는 분쟁에 대한 판결을 내리는 법정을 설치하기까지 했다. 황제와 제후들이 힘의 균형을 유지했던 것은 분명하지만, 그러한 발전들은 그들의 권력에 끊임없이 도전했다.

이러한 변화하는 사회 구조 속에서, 우리는 왜 예배의 민주화, 사제의 중재자 역할의 철폐, 만인제사장론에 대한 강조, 희생 제사보다는 코이노니아에 기초한 덜 계급적인 성찬신학에 대한 선호, 그리고 성경과 찬송가, 예전에서 자국어가 가진 용이성에 대한 선호가 받아들여졌었는지를 이해할 수 있다. 반면에 로마 가톨릭교회에서는, 그러한 민주주의적인 움직임이 공식적으로 지지받지 못하고 확고한 군주제가 지속되었다. 19세기에 교황령을 잃게 되면서 교황의 세속 군주로서의 지위는 결국 양도되었다.

하지만 교황의 영적인 리더십은 사실상 거스를 수 없는 완전한 것이었고, 1870년에 제1차 바티칸 공의회는 교황무오설의 교리를 공표하면서 절정에 이르렀다. 로마 가톨릭의 영역에서 사제의 희생 제사, 전통적인 라틴어 텍스트, 자국어 사용의 금지, 그리고 성직자와 신학자 사이의 명확한 신학적 및 정치적 구별은 계속해서 당연하게 여겨졌다.

3) 문화화

20세기가 되기 전까지 "문화화"(inculturation)[43]라는 용어가 등장하지는 않았지만, 문화와 예배 사이의 상호적인 영향은 기독교의 탄생부터 계속해서 있어왔다. 이러한 문화화의 과정은 대개 점진적이다. 어떤 의미에서 개신교의 종교개혁은, 특정한 문화적 또는 상황적 민감성이, 교회의 전통적인 신학들과 예배 관습과 교전하기 시작하여 새로운 무언가가 나타났던, 문화화를 향한 급진적인 움직임으로 잘 이해될 수 있다. 로마 가톨릭교회가 루터와 다른 개신교 개혁가들의 입장을 거부했기 때문에, 그 어떤 문화화의 과정도 거부했다고 보일 수 있다. 그러나 보다 섬세한 관점으로 보는 것이 유익하다.

16세기에 로마 가톨릭교회는 로마 예식(Roman Rite)과 함께 존재했던 몇몇 고대 예식들이 있었다고 공식적으로 인정했다. 이러한 예식들 중 일부는 시토회(Cisterican)나 도미니크회(Dominican) 예식들처럼, 종교 공동체들로부터 나왔다. 다른 예식들은 스페인에서 발전한 밀라노의 암브로스 예식이나 ("서고트" 또는 "고대 스페인"이라고도 불리는) 모자라비(Mozarabic) 예식처럼, 특정한 지리적 위치와 관련되어 있었다. 1570년판 트렌트 로마 미사경본을 보급하는데 있어서, 교황 피우스 5세는 200년 이상 된 그러한 예식들은 계속 하도록 허용되었었다는 사실을 인정했다. 동시에 예배의 획일성에 대한 관심이 매우 컸던 교황 피우스 5세는,[44] 다른 예식들에 따라 미사를 거행했던 이들이 이 새로운 로마 미사경본을 사용해도 된다고 허락했다.[45]

이처럼 예전의 적응(liturgical adaptation)이라고 여겨질 수 있는 것에 대해 공식적으로 승인된 표현들 외에도, 다양한 문화적 상황에 예전을 적응시키는 다수의 다른 실행

---

43 예전의 문화화는, 지역 문화의 적절한 요소들을, 지역 교회가 예배를 위해 사용하는 텍스트들, 의식들, 상징들, 제도들에 통합하는 과정으로 정의될 수도 있다. 통합은, 문화적인 요소들이 의식서들(formularies)을 만들고, 그 의식서들을 선포하고, 의례적인 행위들을 행하고, 예전적인 메시지를 예술 형태로 상징화하는 예전적인 양식에 영향을 끼친다는 의미이다(Chupungco, "Liturgy and Inculturation," in *Handbook for Liturgical Studies* II:339).

44 제6장 각주 23번을 보라.

45 최소한 200년 전에 사도좌가 교회를 세우고 확인했던 바로 그 때에, 미사를 다르게 드리는 관습이 승인을 받지 못했다면, 이 새로운 예식만 사용해야 한다. 적어도 200년이라는 기간 동안에 지속적으로 이어져 온 비슷한 유형의 관습이 널리 퍼졌다면, 우리는 대부분의 경우 위에서 언급된 그들의 특권이나 관례를 절대로 폐지하지 않는다. 그러나 그렇지 않다면, 이 새로운 예식만 사용해야 한다. 우리가 출판하기에 적합하다고 여기는 이 미사경본과 그들의 널리 퍼진 관습이 많은 부분 일치한다면, 우리는 그들의 주교나 수도원장이나 참사회의 동의를 받아, 그들이 자신들의 예식에 따라 미사를 거행할 수 있도록 허락한다(Pius V, *Quo Primum* [1570년 7월 14일]).

과 실험이 있었다. 위에서 언급했듯이, 이것은 때때로 공식적인 라틴어 미사에 자국어로 부르는 찬미가가 포함되었다는 것을 뜻했다.[46]

유럽 대륙의 경우, 17세기와 18세기에 프랑스에서는 보다 급진적인 형태의 예전의 적응(liturgical adaptation)이 일어났다. 프랑스의 시 지도자들과 교회 지도자들은 그들의 갈리아적인("갈리아"[Gaul] 또는 프랑스의 고대 교회를 뜻하는 라틴어 *Gallicanus*에서 유래) 유산을 회복하고자 시도하면서, 로마로부터 정치적으로 더욱 독립되기를 주장했다. 프랑스 군주가 교황을 지배한다는 것을 주장하는 여러 신학 및 법률적 행동을 취했고, 프랑스의 독특한 예전 음악과 예배의 형식들을 지지했다. 이러한 "신갈리아" 운동은 많은 성가와 새로운 미사경본, 성무일도서, 다른 전례서를 낳았다. 클라우저(Klauser)는 18세기 말에 일어났던 프랑스 혁명에 의해서, 130개의 교구 중 80개의 교구가 트렌트 전례를 버리고, 신갈리아 형식의 전례를 따랐다고 추정한다.

그림 206. 예수회(S. J.)의 마테오 리치(Matteo Ricci, 1610년 사망)를 그린 초상화

이 기간은 또한 위대한 탐험과 선교 활동의 시대였다. 이러한 선교에 동반되었던 예전의 적응 중 많은 부분은 기록되지 못했거나 분실되었다. 기록되었던 것들 중에서, 가장 흥미로운 것은 17세기에 중국에서 있었던 일이다. 마테오 리치(Matteo Ricci, 1610년 사망)는 16세기 말에 중국에 도착한 이탈리아 예수회 선교사였다[그림 206].

훌륭한 언어학자인 리치는 북경 황실에서 유명한 학자였다. 그곳에서 그는 황실 수학자가 되었다. 문화적으로 통찰력이 날카로웠던 리치는 공경받는 철학자인 공자(주전 479년 사망)의 가르침은 자신과 다른 예수회 선교사들이 로마 가톨릭으로 개종시키고자 하는 중국 엘리트들의 삶의 기초라는 사실을 인지했다.

유교 신앙은 특정한 의례들, 특히 조상을 공경하는 예식들을 포함했다. 리치와 그

---

[46] 제6장 각주 13번을 보라.

의 동료들은 그러한 의례들이 미신적이지 않고 조상들을 우상처럼 다루지 않기 때문에 중국인 가톨릭교도들에게 허용되어야 한다고 주장했다. 리치의 사망과 그 후 거의 100년에 걸친 논쟁 이후에, 로마는 조상을 공경하는 예식들을 정죄했고, 중국인 가톨릭교도들은 그러한 예식들에 참여할 수 없다고 명령했다.[47]

이러한 정죄의 판결을 지지했던 교황 베네딕트 14세(Benedict XIV, 1758년 사망)는, 이에 더해 그 지역으로 가는 모든 선교사들에게 이 사안에 대한 로마 가톨릭교회의 가르침을 지키고 공자의 의례를 거부할 것을 서약하라고 요구했다. 그 서약은 1939년에 신앙 전파(Propagation of the Faith)에 의해 철회되기까지 효력을 발휘했다.

4) 신스콜라주의와 매뉴얼(편람) 신학

16세기의 개신교 개혁자들이 했던 성경 및 목회적인 도전에 더해, 당시의 로마 가톨릭 신학에 대항한 또 다른 강력한 도전은 인간의 이성(합리주의)과 경험을 강조했던 계몽주의였다. 제럴드 맥쿨(Gerald McCool)이 제안했듯이, 로마 가톨릭 신학자들이 심각하게 받아들였던 교회 외부의 유일한 적은 합리주의였다.

이에 대응하여, 한편으로는 신학에 대한 보다 "과학적인" 접근법이 일부 로마 가톨릭 신학자들 사이에서 발전했다. 프란시스 피오렌자(Francis Fiorenza)가 묘사하듯이, 이러한 방식의 신학은 연역적인 방법론을 사용하고, 고대 그리스 철학자들, 특히 아리스토텔레스의 연구에 기초한 철학적 추론 형식을 크게 의존한다.

이러한 방식의 신학이 때로는 "신스콜라주의" 또는 "신토마스주의"라고 불리기는 하지만, 중세 시대의 토마스 아퀴나스와 다른 스콜라 신학자들의 신학과는 사뭇 달랐다. 토마스 같은 13세기 "대학교 신학자들"(School theologians)에게 신학은 탐구, 이해를 구하는 신앙이었고, 논쟁으로 시작했다.

따라서 이 기간의 신학적 적극성은 공식 교회를 옹호하기 위한 변증론이나 필요에

---

47 2. 봄과 가을에 공자에게 지내는 제사는, 조상에게 지내는 제사와 함께, 가톨릭 개종자들에게 용납되지 않는다.... 3. 중국 관리들과 수도(metropolitan), 성(provincial), 또는 현(prefectural)의 시험에 합격한 자들이 로마 가톨릭으로 개종했다면, 매달 첫째 날과 열네 번째 날에 공자 사원에서 제사를 지내면 안 된다.... 4. 모든 중국인 가톨릭 신자들은 집에서 조상 제사를 지내면 안 된다.... 5. 집에서든지, 묘에서든지, 아니면 장례식 동안에든지, 중국인 가톨릭 신자는 조상 제사 의례를 행해서는 안 된다.... 그러한 의례는 어떤 상황이든 상관없이 본질적으로 이교도적이다(Pope Clement XI, Ex Illa Dei [1715년], *China in Transition, 1517-1911*, p. 23).

의해 된 것이 아니었다. 하나의 포괄적인 학문이었다. 또한 새로운 사상들을 열정적으로 탐구하던 대학교들의 탄생과 긴밀하게 관련되어 있었다. 다른 한편으로 신-스콜라주의는 로마 가톨릭교회가 보다 방어적인 자세를 입장을 취하고, 유럽에서 정치적 영향력을 잃어가고, 개신교에 의해 신학적으로 도전받고, 계몽주의라는 지성적인 적과 맞서게 되었을 때에 발전했다.

바로 이러한 풍조에서 신스콜라주의가 등장했다. 특징적인 원리들에 따라 체계적으로 구성된 신학 정보의 백과사전과 같은 신학 "매뉴얼(편람)"은 신학에 대한 이러한 "과학적" 접근법을 상징적으로 보여준다. 피오렌자가 요약하듯이, 이러한 매뉴얼의 특징 중 하나는 논쟁적인 질문보다는 교회의 가르침으로 시작한다는 것인데, 이는 토마스와 다른 스콜라 신학자들의 대표적인 특징이기도 했다.

신스콜라주의에서, 로마 가톨릭교회의 가르침은 그들의 기초이고 프리즘이었다. 그들은 그 프리즘을 통해 성경이나 초기 기독교 저술가들의 교리와 같은 다른 신학적 자료들을 고찰했다. 이처럼 성경을 두 번째 위치에 두었던 것은, 부분적으로는 개신교 종교개혁과 그들의 **솔라 스크립투라**(sola scriptura, 라틴어, "오직 성경")의 원리에 대한 반응이었다.

신스콜라주의 신학자들은 성경이 자주 오역되기 때문에 그러한 실수로부터 보호하기 위해 교회의 공식적인 교리가 요구된다고 주장했다. 성경이나 전통에서 온 다른 텍스트들이 사용될 때는, 대개 "특칭 명제를 위한 증거-텍스트로 격하되었고… 그것들의 문맥과는 상관없이 인용되었으며, 주로 특정한 교리적 논지가 참임을 입증하도록 해석되었다"(Fiorenza, p. 32). 그 결과, 신스콜라주의의 신학에 대한 매뉴얼 접근법은 매우 변증적이고 권위주의적이었다.

신스콜라주의는 로마, 프랑스, 스페인, 심지어는 필리핀을 중심으로 발전했지만, 이 운동은 독일에서 유난히 강력했다. 독일 예수회의 조제프 클로이트겐(Joseph Kleutgen, 1883년 사망)은 그 때 당시의 핵심 인물로, 전체 신스콜라주의 운동이 발전하는데 중심이 되었다. 그가 1860년에 출간한 중요한 저서인 『**필로조피 데어 포르짜이트**』(Philosophie der Vorzeit, 독일어, "과거 시대의 철학")는 호전적인 작품으로, 토마스주의의 근본 원리들이 인간 이성의 필요를 충족시킬 수 있는 유일한 원리들이라고 주장했다.

클로이트겐의 영향은 제1차 바티칸 공의회(1869-1870년)에서 반포되었던 가톨릭 신앙에 대한 교의 헌장(Dogmatic Constitution on the Catholic faith)인 **데이 필리우스**(Dei

Filius, 라틴어, "하나님의 아들")의 최종판 초안을 작성하는 데까지 확장되었다. **데이 필리우스**는 기본적인 신스콜라주의 원리들, 특히 신앙과 이성의 관계에 대한 원리들을 잘 설명했다.

맥쿨에 따르면, 클로이트겐은 또한 교황 레오 13세(1903년 사망)의 1879년 회칙, **에테르니 파트리**(*Aeterni Patri*, 라틴어, "영원한 아버지의 [독생자]")의 주 저자로 알려져 있다. 이 회칙은 토마스를 가장 고귀한 철학-신학자로 칭송했고,[48] 신스콜라주의 접근법이 모든 미래의 로마 가톨릭 사제들의 교육에 사용되고, 로마 가톨릭 변증론의 초석이 될 것이라고 보증했다.

성찬신학에 대한 신스콜라주의의 영향은 광범위하게 지속되었다. 다른 성례전에 대한 접근법처럼, 성찬에 대한 "매뉴얼" 접근법은 사실 예전 자체에는 아무런 관심을 기울이지 않고, 기본적인 진리로 여겨지는 것들에 대한 추상적인 고찰을 제시했다. 신스콜라주의의 "과학적" 접근법은 직접적이고, 간결하고, 방법론적이었다.

또한 환원주의적이어서 독자들에게 1차 자료를 이용할 수 있는 기회를 거의 제공하지 않았다. 대신 미묘한 차이(뉘앙스)와 때로는 정확성도 부족한 개요를 제공했다. 예를 들어, 화체설과 같은 개념에 관한 논의는, 아퀴나스가 신적 실재(divine realities)를 설명할 때 반드시 사용했던 유추 언어를 전혀 고려하지 않은 가운데 이루어졌다. 화체설에 대한 많은 상이한 해석은 이해되지도 인정되지도 않았다.

그리스도의 현존(real presence)을 설명하는 가장 적절하지만 비전통적인 방식으로 인정받았던 화체설에 대한 트렌트 공의회의 신중한 표현은 사실상 무시되었다. 오히려 화체설은 시대를 초월한 교의(dogma)로 제시되었고,[49] 화체설을 부인하는 것은 성찬식에서의 그리스도의 현존을 근본적으로 믿지 않는 것과 같았다. 이러한 접근법은 신학적 고찰보다는 확실성(surety)과 정확성(fidelity)에 관심을 두는 성찬과 성례전신학을 보여준다.

---

48 존경하는 형제들이여, 우리는 여러분들이 성 도마의 최고의 지혜를 되찾고, 그 지혜를 가톨릭 신앙의 옹호와 미를 위해, 사회의 선을 위해, 모든 학문의 이익을 위해 널리 퍼트리기를 진심으로 권고합니다.... 신중히 선택된 선생들이 토마스 아퀴나스의 교리를 학생들의 마음에 깊이 뿌리내릴 수 있도록 하고, 그가 다른 사람들보다 굳건하고 탁월함을 분명하게 나타내도록 하십시오. 이미 여러분들이 설립했거나 곧 설립할 대학교들이 그 교리를 설명하고 주장하면서, 만연한 잘못들을 반박하는데 사용하도록 하십시오(Leo XIII [1903년 사망], *Aeterni Patris*, n. 31).

49 예수 그리스도는 어떻게 현존하시는가? 오시안더(Osiander)가 계속해서 주장하듯이, 그리스도가 빵과 합쳐진다는 양체공존설(impanation) 또는 위격의 실체적 일치에 의해서가 아니다. 마틴 루터가 주장하듯이, 그리스도가 빵과 포도주와 함께 있는 공재설에 의해서도 아니다. 바로 빵의 실체가 그리스도의 몸의 실체로 변화하는 화체설에 의해서다. 이것이 믿음이다. 그렇지 않으면 "이것은 나의 몸이다"라는 말이 무의미해진다(Berthier, *A Compendium of Theology*, II:76).

5) 요약

어떤 면에서, 이 시대의 신학적 발전은 문화화와 신스콜라주의의 양극을 통해서, 인간의 경험과 역사적 상황을 존중하는 예배와 신학 사이의 긴장, 그리고 교회의 조직과 가르침, 리더십에 의해 승인된 정통적 관점을 옹호하고자 하는 이들에 의해 잘 이해될 수 있을 것이다. 이 시대의 새롭고도 논쟁을 불러일으키는 방식에서, 지역적 상황은 "범 기독교적"(catholic) 또는 보편적인(universal) 것에 도전했다. 대체적으로 개신교의 반응은 다양하고 상황적이라는 극을 향한 움직임이었다. 반면에 로마 가톨릭은 획일성과 신스콜라주의의 극을 향하여 움직였다. 거대한 지질 구조판(tectonic plates)처럼, 이 양극은 계속해서 서로 부딪히면서 마찰을 일으켰다. 하지만 그 다음 시대에 그러한 신학적 마찰은 새로운 예전적 활력으로 바뀌게 될 것이다.

토마스(Thomas)

　기억이 맞는다면, 토마스는 거대한 성가대 칸막이(choir screen) 뒤편이 어떻게 생겼을지 늘 궁금해했다. 전에는 그가 멀리서만 언뜻 볼 수 있었던 성가대석에 지금 이렇게 앉아있다는 것이 이상했다.

　그가 어렸을 때부터 주교좌 성당에 얼마나 많은 것들이 변해왔는지!

　토마스는 헨리 왕이 아직 살아있었을 때 교회에서 드렸던 예배를 기억했다. 언젠가 왕이 그들의 교회에 미사를 드리러 왔던 적이 있었다. 참으로 장엄한 예식이었다. 사방에 많은 기(banners)와 관리들이 있었고, 토마스가 봐 왔던 것보다 훨씬 더 많은 성직자들과 군사들도 있었다. 그리고 갤러리에는 트럼펫 연주단이 있었다.

　그날은 또한 토마스가 거대한 석조 칸막이(stone screen)를 처음으로 기억하는 날이기도 했다. 당시 토마스는 네다섯 살 밖에 되지 않아 매우 작았다. 그래서 군중에 막혀 행렬을 제대로 볼 수 없었다. 성직자들과 왕족들의 행렬이 네이브를 통해 누비듯이 나아갈 때야 겨우 흘낏 볼 수 있었다. 그 후에 행렬은 성가대 칸막이 뒤로 사라졌다.

　토마스는 그것이 공평하지 않다고 생각했다. 토마스는 제프리(Geoffrey) 삼촌과 함께 칸막이 바깥쪽에 한 동안 서 있으면서 안쪽에서는 무엇이 일어나고 있는지 알아내려 했다. 어린 톰(Tom, Thomas의 애칭)은 예식 소리를 들을 수 있었지만 이해하지는 못했다. 제프(Geoff, Geoffrey의 애칭) 삼촌이 라틴어라고 말해줬다. 어린 톰의 생각으로는, 이집트어일 수도 있었다. 그러나 정통 영어는 분명히 아니었다. 미사가 드려지는 동안에 왕과 왕의 호위대를 볼 수 없었던 톰은 무언가 속은 기분이 들었다.

　연로한 헨리 왕이 죽은 후에 많은 것들이 바뀌었다. 어린 에드워드가 왕위에 오르자마자 혁신이 시작되었다. 토마스는 예배에서의 초기 변화에 대해서, 사제들이 매우 혼란스러워 보였다는 것 외에는 많은 것을 기억하지 못한다. 토마스의 생각에 그나마 위안이 되었던 것은, 예배가 영어로 드려져서 사제들과 사람들이 함께 혼란스러워질 수 있었다는 것이다.

　상황이 안정되는 것 같고 성직자와 회중도 새로운 예전에 익숙해져가려는 참에, 피의 메리가 왕위에 올랐다. 그 후 제프 삼촌이 말하곤 했듯이, "순식간에 아수라장이 되었다." 몇 년도 되지 않아, 미사는 다시 라틴어를 사용했다. 이번엔 토마스도 그것이 라틴어인 걸 알았지만, 여전히 좋아하지는 않았다. 그러나 그의 어머니를 포함해서 그 신비로운 언어를 선호하는 사람들도 많았다. 토마스는 그 이유를 전혀 이해하지 못했다. 토마스에겐 다행스럽게도, 그러한 상황이 오래 지속되지 않았다. 피의 메리는 라틴어 미사를 부활시킨 지 삼년 만에 죽었다. 그 다음에 엘리자베스가 왕위를 계승했다. 그리고 그 다음 해에 미사는 영어를 다시 사용했다. 그 몇 년간은 혼란의 시기였다.

토마스는 이해할 수 있다는 이유 외에도 여러모로 새로운 예전을 좋아했다. 헨리 왕을 위한 미사에 참석한 후에, 토마스는 성가대 칸막이에 대해 계속 생각했다. 석조 벽 뒤는 어떻게 생겼을지 궁금했다. 그래서 그의 어머니에게 왜 자신은 예배 중에 칸막이 안쪽에 있을 수 없는지 물어봤다. 그는 아무도 자신이 거기에 있는지 모를 정도로 조용히 있겠다고 약속했다. 그의 어머니는 그것은 불가능한 요청이고 답할 수 없는 질문이라는 표정으로 그를 쳐다봤다.

몇 차례, 예배가 끝나면 어린 톰은 자기 손으로 그 문제를 해결해 볼 요량으로, 출입구 끝에 서서 성가대 안쪽을 들여다봤다. 그는 그 안으로 완전히 들어가지는 못했다. 한 번은 가까이 다가갔지만, 성구 관리인(sacristan)에게 걸려 문 밖으로 밀쳐졌다. 커다란 칸막이 안쪽의 성가대석에서, 그것도 가장 좋아하는 자리에 앉아 옛 시절을 회상하는 것은 토마스에게 특별한 즐거움이었다.

토마스를 밀쳐냈던, 이제는 은퇴한 성구 관리인의 아들이 그의 앞에 앉아있다. 성찬식이 거행되는 동안에 앉아있을 수 있다는 것이 이 새로운 예배에서 가장 좋은 점인 것 같았다. 라틴어 미사를 드릴 때는 네이브에서 다른 사람들과 함께 서 있었던 토마스였지만, 이제는 그들이 새로운 "미사"에 참석하는 성가대석에 앉아 있다. 다른 사람들은 그 새로운 예배를 성찬식(Holy Communion)이라고 불렀지만, 토마스에게는 늘 미사였다.

옛 라틴어 예식처럼, 이 새로운 예식은 많은 기도와 성경 봉독, 긴 설교로 되어있다. 그러나 토마스는 크게 괘념치 않았다. 왜냐하면 예배 전반부 내내 앉아 있으면서, 좌석에 새겨진 모든 무늬를 살피거나 성가대석 위로 높이 솟아있는 아름다운 볼트에 대해 생각해 볼 수 있었기 때문이다. 노년의 토마스는 서 있거나 무릎을 꿇고 있어야 할 때면, 장궤 틀(wooden riser)의 존재로 인해 위로를 받았다. 그는 돌로 포장된 네이브의 축축한 바닥보다 장궤틀을 훨씬 더 좋아했다. 토마스는 그가 어렸을 적의 위대한 주교좌 성당에 대한 이야기를 들려주며 자녀들 즐겁게 해주기는 했지만, 그가 수년 동안 경험해왔던 변화들이 대체로 환영할 만한 것들이었다고 생각했다.

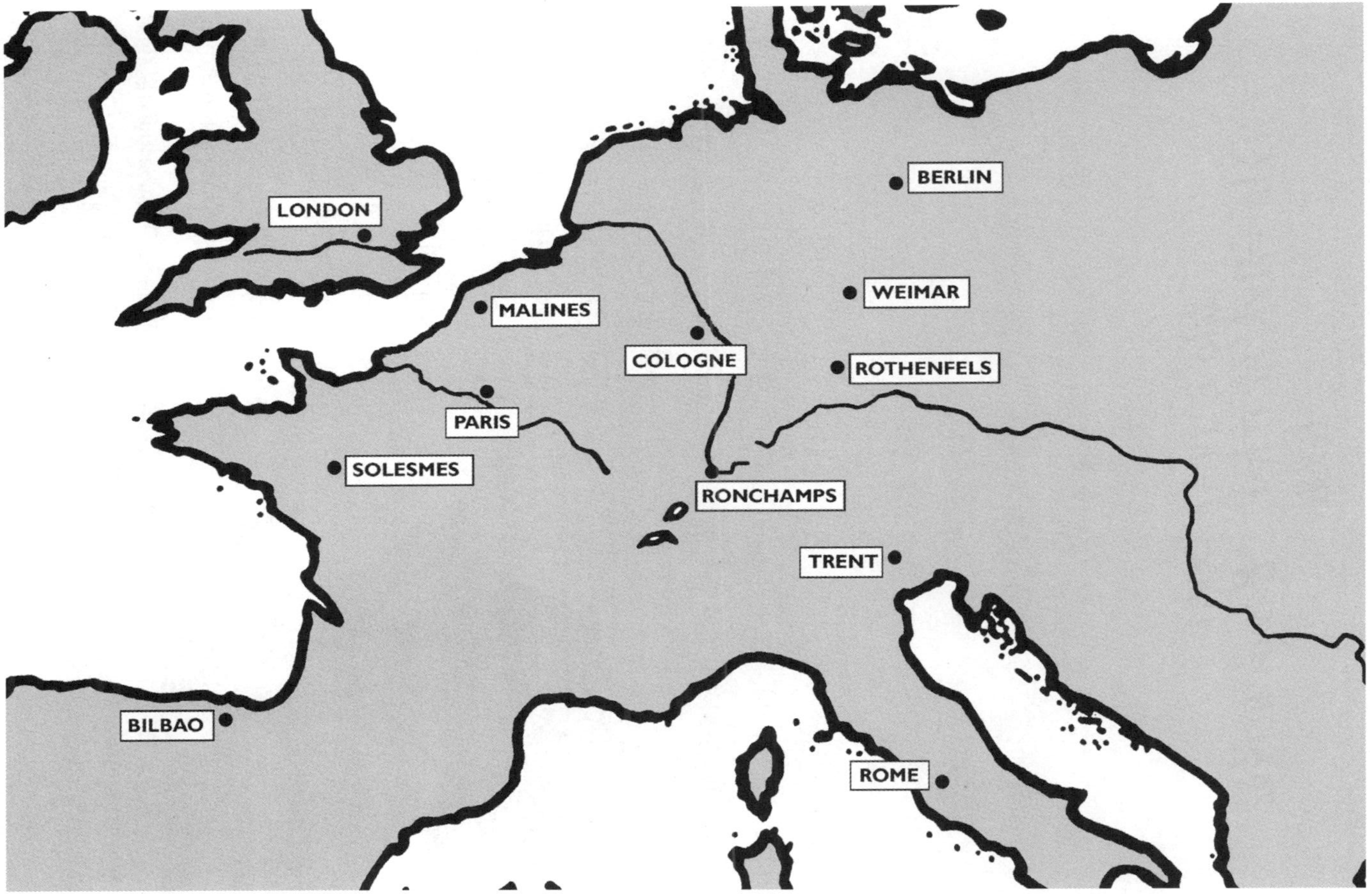

그림 207. 7장을 위한 지도

제7장
갱신과 반작용, 그리고 펼쳐지는 비전: 1903년부터 그 이후

[이 시점에서] 현 시대의 예전 변화와 개혁에 대해 확정적으로 설명하는 것은 아직 이르다. 20세기가 시작된 이래로, 지난 시대와는 중대한 차이를 보이는 일들이 많이 일어나고 있다. 그러나 복고주의(restorationism)와 함께 중세와 트렌트와 신스콜라주의의 신학과 실천을 회복하고자 하는 강한 역류(counter-current) 역시 존재한다. 이러한 것들의 융합은 신자들 사이에서 위안과 혼동, 심지어는 적의까지도 불러일으켰고, 이와 동시에 예배 지도자들 사이에서는 흥분과 불안을 초래했다.

이전 시대들과 유사하게, 그러한 발전들은 보다 큰 사회 및 경제, 정치적 동향들과 긴밀하게 연관된다. 우리는 앞장에서, 불변성(constancy)과 변화는 항상 교회의 예전적인 실천을 특징지었던 반면에, "근대"(modernity)의 시작은 변화와 변화에 대한 반응의 속도가 빨라지는데 기여했다고 언급했다.[1] 20

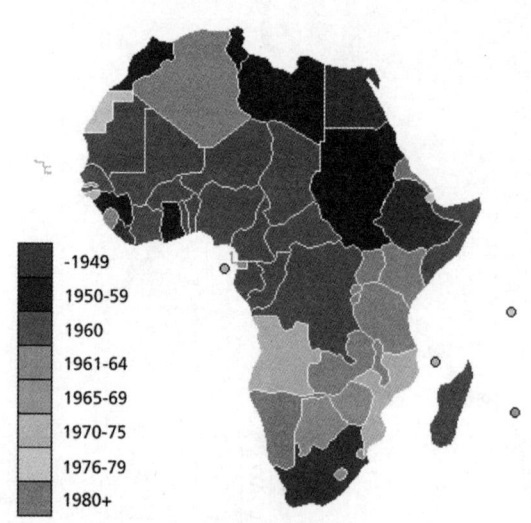

그림 208. 아프리카 국가들의 지도와 그 국가들이 20세기에 독립한 연대(dates of independence)

---

1 근대는 때때로 원시나 고대, 중세와 같은 다른 시대들과 분명한 차이를 보이는 [보통 17세기에 시작되었다고 생각되었던] 역사의 한 시대로 간주된다. 하비 퍼거슨(Harvie Ferguson)은 보다 철학적인 정의를 제시하면서, 근대를 이해하는 핵심은 "우리 경험을 진정으로 이해하는 것"이라고 제안한다. 서구에서 보다 최근의 이해의 형식들은, 특히 르네 데카르트[René Decarte, 1650년 사망]의 사상 이후부터, 자율과 창의, 자유

세기가 시작되면서 세계는 매우 폭넓고 빠르게 변화했다. 예를 들어, 1900년 이후에 독립을 쟁취하거나 재차 주장했던 국가들의 수는 디지털 지도 제작자들에게도 부담을 줄 정도로 급격히 증가했다[그림 208]. 인구도 극적으로 성장했다.

1900년에 전 세계의 인구수는 16억 명이었다. 2000년에는 인구수가 60억 명 이상으로 증가했는데, 대부분 아시아, 아프리카, 남아메리카의 개발도상국에서 인구가 크게 늘었기 때문이었다[그림 209].

이러한 정치 및 인구통계학에서의 변화처럼, 통신 기술과 세계 시장, 권력의 지형도 역시 20세기 말에 빠르게 변화했다. 이러한 변화는 "세계화"(globalization)라는 국제적인 추세에 활기를 불러 일으켰다.

세계 인구
1750-1995년까지 주요 지역들

Year	Total	Europe & USSR	North America	Latin America[a]	Africa	Asia & Oceania
1750	694	144	1	10	100	439
(%)	100.0	20.7	0.1	1.4	14.4	63.3
1900	1,571	423	81	63	141	863
(%)	100.0	26.9	5.2	4.0	9.0	54.9
1950	2,520	549[b]	166	166	224	1,416[c]
(%)	100.0	21.8	6.6	6.6	8.9	56.2
1975	4,077	676	239	320	414	2,427
(%)	100.0	16.6	5.9	7.8	10.2	59.5
1995	5,716	727	293	482	728	3,487
(%)	100.0	12.7	5.1	8.4	12.7	61.0

* 멕시코와 중남미
* 1950년과 그 이후 구소련에 속했던 아시아 지역 국가를 제외한다
* 1950년과 그 이후 구소련에 속했던 아시아 지역국가를 포함한다

그림 209. 세계 인구 증가(Carl Haub, "Global and U. S. National Population Trends," *Consequences* 1:2 [1995년 여름])

로버트 슈라이터(Robert Schreiter)는 세계화를 "근대의 영향력이 전 세계적으로 확대되는 동시에 시공간이 압축되는 것"으로 정의한다(Schreiter, p. 8). 그러나 이러한 전 세계적인 추세가 우세하다고 해서 지구촌이 동질화되거나 지역적인 특성이 사라진 것은 아니었다. 이러한 거대한 힘에 대한 반작용으로 민족, 상황, 언어, 그리고 환경의 특수성에 대한 중요성이 새롭게 부각되곤 한다. 로널드 로버트슨(Roland Robertson)의 표현에 따르면, 세계화는 세계적인 것(the global)과 지방적인 것(the local)이 혼합된 "글로컬리제이션"(glocalization, 세방화)이 되었다.

위에서 언급된 동향들에는 놀라운 발전과 끔찍한 파괴가 동반되었다. 19세기부터 개인의 존엄성을 강조하는 철학 및 정치적 이론에서 점진적인 변화가 일어났다. 최근에 발전하고 있는 심리학, 사회학, 인류학, 민족학과 같은 사회과학 학문들은 인간의 인격과 경험을 높이 평가한다. 그러한 평가는 다양한 해방 운동으로 발전했다. 해방

로 특징지어졌다. 개략적으로, 퍼거슨은 근대를 특징짓는 것은 경험의 분류, 또는 좀 더 정확하게 "경험의 통치"라고 주장한다(Ferguson, *Modernity and Subjectivity*, p. 199).

운동들은 국가나 정치적인 자유를 추구했을 뿐만 아니라 성, 민족, 나이, 계급의 경계를 뛰어넘는 경제적인 포용과 평등을 요구했다. 그러나 인간의 존엄성은 새로운 공격에 노출되면서 약화되었다. 20세기는 전쟁으로 인한 사망자가 1억 명이 넘는, 역사가 기록된 이래로 가장 처참한 시대였다. 종족 학살이 전례가 없는 규모로 행해졌다.

1915년에 1백만 명이 넘는 아르메니아인들이 죽임을 당했다. 1939-45년의 홀로코스트 때는 최소한 6백만 명의 유대인들이 죽었다. 크메르 루주(Khmer Rouge) 정권(1975-78년) 아래서 2백만 명의 캄보디아인들이 목숨을 빼앗겼다. 1994년의 르완다 대학살에서는 거의 1백만 명이 죽었다. 20세기에 전쟁과 잔혹한 행위로 죽임을 당한 사람들이 2억 명에 달한다고 추정된다.

이러한 사회, 정치, 경제적 분쟁을 고려해볼 때, 오늘날 세계에서 유례없는 이주가 일어나고 있는 현상은 그리 놀라운 일이 아니다. 2000년에 유엔이 발표한 연구 결과에 따르면, 전 세계 이민자의 수는 1975년 이후로 2배나 증가했고, 1억 7천 5백만 명이 넘는 사람들이 출생국이 아닌 타국에서 살고 있다.

기독교도 다른 세계 종교들처럼 이러한 세계적인 추세에 반응하고 영향을 받고 있다. 예를 들어, 국가들의 독립 운동은 독립 교회들이 전 세계적으로 크게 증가하는데 기여했다. 오늘날 남아프리카와 같은 지역에서 가장 큰 기독교 집단은 독립 교회들이다. 이러한 독립 교회들은 대개 유럽미국(Euro-American)교회였던 그들의 설립 교회들의 문화적인 통치를 거부하면서 20세기의 탈식민주의 정신을 다소 구현하고 있다. 이러한 독립 교회들(대부분 복음주의적인 성향이 강한)의 성장은 기독교 세계에서 인구통계학적인 변화가 크게 일어나고 있다는 사실을 보여주는 징후이다.

지난 세기에 걸쳐 기독교의 중심이 남쪽으로 옮겨졌다. 1900년에는 전 세계 그리스도인들의 80퍼센트가 유럽과 북아메리카에 살고 있었다. 그러나 세계기독교연구센터(Center for the Study of Global Christianity)는 2005년에 그 비율이 40퍼센트로 급락했다고 추정하고, 2050년에는 30퍼센트 이하가 될 것이라고 예측한다. 세계에서 가장 빠르게 성장하는 기독교 국가는 브라질이다. 그러나 21세기 중반에는 중국에게 추월당할 수도 있다.

북아메리카에서 주류 개신교 교회는 분명히 쇠퇴했다. 미국만을 놓고 볼 때, 연합감리교회(United Mothodist Church), 장로교회(Presbyterian Church), 미주복음주의루터교회(Evangelical Lutheran Church in America), 성공회(Episcopal Church), 연합그리스도교

회(United Church of Christ), 크리스천교회(Christian Church[Disciples of Christ])는 모두 1965년 이래로 심각한 쇠퇴를 경험했지만, 복음주의 계열 교회들, 특히 오순절파 교회들은 급격히 성장했다.

이 기간에 로마 가톨릭교회는 성장했지만, 다른 많은 미국 교회처럼 인구통계학적으로 큰 변화를 겪고 있다. 로마 가톨릭교회는 특히 히스패닉계의 인구 증가로 인해 점점 더 다문화적인 교회로 되어가고 있다. 로스앤젤레스 대교구는 이렇게 커져가는 다문화성을 아주 잘 보여주는 좋은 예이다.

로스앤젤레스 대교구의 공식 홈페이지에 따르면, 적어도 29개의 언어로 정기적인 예배가 드려지고 있고, 40개의 언어로 미사가 드려지는 일요일도 있다는 보고도 있다. 이러한 인구통계학 및 문화적 변화와 함께, 기독교 신학과 실제는 세속사회가 안고 있는 동일한 윤리 및 해방 문제에 직면하고 있다.

기독교 신학은 개인의 존엄성을 항상 강조해 왔다고 말할 수도 있겠으나, 최근에 이르러 소외되고, 억압당하고, 가난한 자들을 위한 기독교의 목소리는 더욱 커지고 있다.[2] 그러나 억압의 문제에 대한 관심이 경제적인 불이익에만 국한된 것은 아니었다. 교회는 성, 민족성, 신체적 장애, 그리고 성적 성향에 기초한 주변화(marginalization)의 심각한 문제들에 대해서도 목소리를 높이고 있다.

이러한 관심들은, 로버트 슈라이터(Robert Schreiter)가 해방신학, 페미니즘, 인권을 21세기 초에 나타난 전 세계적인 네 가지 주요한 신학적 흐름 중 세 개라고 여길 정도로까지 집중되었다. 역설적이게도, 20세기는 교회가 사람들을 억압하고, 소외시키고, 심지어는 학대한다는 혐의로 비난을 받았던 시기였다. 교회는 초커뮤니케이션(hyper-communication)의 시대를 맞이하여 새로운 조사를 철저하게 받고 있는 중이다.

우리는 예전 개혁과 갱신의 시대로 자주 간주되곤 하는 현 시대의 예배 역학을 이

---

2 그러한 관점은 오늘날 소위 "가난한 이들을 위한 편애"(preferential option for the poor)라고 불리는 것의 근거를 제공한다. 복음서들과 신약성경 전체를 통해서, 구원의 제안(offer of salvation)이 모든 민족에게 확대된다. 예수는 육체적 및 영적으로, 가장 힘든 상황에 처한 이들의 편에 서신다. 예수께서 보여주신 본보기는 현대교회에 많은 도전을 제기한다. 예수의 본보기는 변호해 줄 사람이 없는 이들을 위해 말하고, 성경적인 용어로 가난한 자들인 힘없는 자들을 보호하라는 선지자적 임무를 지운다. 그 본보기는 또한 교회가 가난한 자들과 힘없는 자들의 편에서 상황을 바라보고, 가난한 자들에게 미치는 영향의 측면에서 생활방식, 정책, 사회 제도를 평가할 수 있게 하는 배려의 시각을 요구한다. 예수의 본보기는, 교회가 또한 사람들이 자신들의 삶 속에서 하나님의 해방시키는 능력을 경험하여 그들이 자유와 존엄 속에서 복음에 반응할 수 있도록 돕는 도구가 되도록 요청한다. 마지막이자 가장 근본적으로, 예수의 본보기는 개인과 공동체에게 자기를 비우라고 요구한다. 이를 통해 교회는 가난하고 힘이 없는 가운데서 하나님의 능력을 경험하게 된다(U. S. Catholic Bishops, *Economic Justice for All*, no. 52).

러한 폭넓은 세계 및 교회적 배경 속에서 고찰한다. 마치 20세기에 꽃을 피웠던 근대성(modernity)이 르네상스에 뿌리를 내리고 있었던 것처럼, 현 시대의 예전적인 소요(liturgical ferment)는 20세기가 시작되기 훨씬 전부터 예고되어 왔다. 6장에서 암시되었듯이, 지난 수 세기 동안 예전 개혁이 지속되었다는 것은 다양한 개신교 교회들이 점진적으로 변화하고 있었다는 사실을 나타냈다.

어떤 현상들, 예를 들면 18세기 미국에서 나타난 감리교파, 19세기 바이에른에서 등장한 빌헬름 뢰헤(Wilhelm Löhe, 1872년 사망)의 루터교 신조주의(Lutheran confessionalism), 그리고 19세기 영국에서 일어난 옥스퍼드 운동(Oxford movement) 등은 매우 성례전적이었다. 우리는 또한 갈리아주의(Gallicanism, 교황권 제한주의), 요셉주의(Josephinism, 국교주의), 피스토이아 교회회의(Synod of Pistoia)처럼 로마 가톨릭교회 내에서 독립적으로 일어났던 일부 전례 운동들에 대해서도 언급했다.

17세기와 18세기 프랑스에서 일어나 큰 영향력을 끼쳤던 로마 가톨릭의 전례 운동 중 하나는 얀센주의(Jansenism)였다. 파리를 중심으로 활동했던 얀센주의자들은 플라망(Flemish) 신학자인 코넬리우스 오토 얀센(Cornelius Otto Jensen, 1638년 사망)의 이름을 따서 명명되었다. 얀센은 아프리카의 박사였던 어거스틴의 신학을 신봉하는 학자였다.

따라서 스콜라주의 사상보다는 어거스틴의 사상을 장려했다. 얀센주의자들의 일부 교리, 예를 들어, 성찬식을 위한 고해와 철저한 준비를 강조하는 것은 거의 반전례적인(anti-liturgical) 것처럼 보였고, 실제로 많은 사람이 성찬식에 자주 참여하지 않도록 만들었다.

그러나 다른 한편으로는 프랑스 가톨릭 예식(French Catholic Rite)이라고 할 수 있는 것을 만들어, 로마 가톨릭 예배 안에서 평신도의 참여를 이끌어내는데 중요한 진전을 이뤄냈다. 프랑스 가톨릭 예식은 평범한 신자들이 예배에 의식적으로(consciously) 참여할 수 있게 그들의 언어에 주의를 기울였다.[3]

얀센주의자들이 종국에는 로마로부터 정죄를 받기는 했지만, 그들의 예전 개혁은

---

3 미사 전문은 모든 사람들에게 이해될 수 있는 음성으로 크게 [낭송된다]. [우리는] [이전] 시대에는 크게 말해졌던 것과 낮은 어조로 말해졌던 것은 노래로 불렸던 것이었고, 노래로 불리지 않았던 것은 제대에서 이해될 수 있도록 말해졌다... 고 확신한다. 성직자와 사람들은 그들의 주임 사제의 미사에서 그의 손으로부터 성찬을 받는다. 그리고 옛 관례에 따라 서로 반응한다. 사람들은 예수 그리스도의 몸을 받자마자, 주임 사제가 *Corpus Domini nostri Jesu Christi*(우리 주 예수 그리스도의 몸)라는 말을 한 후 즉시, 아멘이라고 말한다(*Church News* [1690년 7월], trans. F. Ellen Weaver, in "Liturgy for the Laity")

프랑스의 공식 예배와 대중 신심(popular devotions)에 계속해서 영향을 끼쳤다. 프랑스 수도사인 프로스페르 게랑제(Prosper Guéranger, 솔렘 수도원에서 프랑스 베네딕트회를 다시 세운 사람)[그림 210]는 로마 전례를 프랑스에 다시 도입하여 "갈리아주의"의 영향력이 퍼져나가는 것을 막는데 기여했다고 알려진 19세기의 개혁가였다.

게랑제는 특히 그가 규범적이라고 여겼던 중세의 예배에 관해 편협하게 이해한 역사적 정확성에 지나치게 집착한 나머지, 4세기나 5세기 기독교 예전의 중요한 특징이었던 예배의 참여적인 이미지를 활성화시키지 않았다. 그럼에도 불구하고, 게랑제는 전통적인 로마 전례를 공적 및 사적

그림 210. 베네딕트회(O. S. B.)의 프로스페르 게랑제(Prosper Guéranger)(1805-1875년)

예배의 모델로 제시했다. 그의 예전 중심적인 개혁은 특히 프랑스와 독일의 일부 수도원에서 로마 전례에 대한 큰 열정을 불러 일으켰다.

교황 피우스 10세(Pius X, 1914년 사망)는 게랑제와 솔렘 수도사들의 업적을 인정했다. 피우스 10세는 그들이 교회를 위해 부활시킨 그레고리 성가를 승인했다. 피우스 10세의 성음악에 관한 관심은 그의 1903년 교황 교서(apostolic letter)인 **트라 레 솔리키투디니**(*Tra Le Sollicitudini*, 이탈리아어, "[목회적] 돌봄 가운데서")에서 분명하게 드러났다. 이 교서에는 신자들의 능동적인 참여에 대한 요구도 포함되었다.[4] 신자들의 능동적인 참여는 20세기 예전 개혁의 중요한 주제 중 하나로, 20세기의 중요한 특징인 포용과 해방이라는 세계적인 추세에 부합했다.

성찬식을 자주 하도록 장려했던 피우스 10세의 글에서도 기대되기는 했지만, 근대 전례 운동은 베네딕트회 소속의 람베르트 보댕(Lambert Beauduin, 1960년 사망)을 통해서 충분하게 표현되었다. 보댕이 1909년 벨기에의 말린(Malines)에서 열린 가톨릭 회의(Catholic Congress)에서 발표했던 사람들의 능동적인 참여에 대한 논문은, 전통적으

---

4 사람들은 그레고리 성가를 다시 사용하도록 노력을 기울여야 한다. 그렇게 되면 신자들은 고대 시대에서는 늘 그랬던 것처럼, 교회의 직분에서 보다 능동적인 역할을 맡게 될 것이다(Pius X, *The Restoration of Church Music* [1903], no. 3, in Seasoltz, *The New Liturgy*, pp.5-6).

로 전례 운동의 시작이었다고 여겨진다.

그 후 20세기는, 특히 유럽과 미국 전역에서 엄청난 양의 예전 지식과 목회 실험이 끊임없이 쏟아지고, 기독교의 예배 갱신에 대한 대화가 일어났던 시기로 여겨진다. 인간의 이성과 비판적 도구의 유산을 강조하는 계몽주의의 정신으로 무장되었던 루이즈 뒤셴(Louise Duchesne, 1922년 사망), 그레고리 딕스(Gregory Dix, 1952년 사망), 조세프 융만(Josef Jungmann, 1975년 사망) 등의 학자들은 탁월한 예전 역사서들을 저술하여 기독교의 예배 발전에 대한 자세한 그림을 제시했다. **미사 레키타타**(*Missa recitata*, 라틴어, "대화 미사")는 중요한 목회 실험 중 하나였다.

미사 레키타타는 미사의 기도문을 함께 낭송하고 사제에게 응답하도록 하면서 회중의 참여를 이끌었다. **미사 레키타타**를 사용하기 위해서는 지역 주교의 승인이 필요했다. 1939년쯤에 시카고의 로마 가톨릭 교구들 중 25퍼센트 이상이 미사 레키타타를 도입했고, 20세기 중반에 이르러서는 교구들의 75퍼센트 정도기 미사 레키타타를 규범으로 받아들였다(Pecklers, *The Unread Vision*, pp. 55, 61).

당시에 보다 큰 영향력을 끼쳤던 것은 다양한 자국어 운동이었다. 1906년에 피우스 10세는 유고슬라비아의 일부 지역의 교회들이 고대 슬라브어(paleoslav)를 전례에서 계속해서 사용해도 된다고 허락했다.

교황 베네딕트 15세(Benedict XV-1922년 사망)는 교회 예식에서 크로아티아어, 슬로베니아어, 체코어가 제한적으론 사용되어도 괜찮다고 허가했다. 1929년에는 교황 피우스 11세가 바이에른에서 자국어 전례를 허용했다(Pecklers, *Dynamic Equivalency*, pp. 32-33). 1942년에 영국에서 자국어 사용을 장려하는 단체가 설립되었고, 1946년에 미국에서 비슷한 단체가 등장했다[그림 211].

전례 운동은 로마 가톨릭에 국한된 현상이 아니었다. 그러나 로마 가톨릭이 전례 운동을 제일 먼저 체계화시켰던 것은 사실이다. 교황 피우스 12세(Pius XII, 1959년 사망)의 1947년 회칙, **메디아토르 데이**

그림 211. 미국자국어협회(U, S. Vernacular Society)의 저널인 「아멘」(*Amen*)에 실린 만화

(*Mediator Dei*, 때때로 전례 운동의 마그나 카르타[Magna Carta, 대헌장]로 여겨짐)는 세부적으

로는 자국어의 가치와 일반적으로는 로마 가톨릭교도들을 위한 전례 운동을 인정했다.[5]

전례 운동의 절정의 순간은 제2차 바티칸 공의회(1962-1965년)가 첫 번째 문헌인 『거룩한 전례에 관한 헌장』(Constitution of the Sacred Liturgy, 1963년)을 발행했을 때였다. 로마 가톨릭교도들을 위해 집필된 것이긴 하지만, 이 문헌은 전체 기독교 교회의 예배 개혁에서 중추적인 역할을 감당했다. 『거룩한 전례에 관한 헌장』은 이전에 발행되었던 다른 어떤 공식적인 문헌들보다 교회의 삶과 사명에서 예배가 감당하는 고유한 역할에 관해 매우 분명하게 설명한다.[6]

네이선 미첼(Nathan Mitchell)은 『거룩한 전례에 관한 헌장』이 발행되고 난 다음의 처음 20년을 변화, 합의적인(collegial) 의사 결정, 다양한 문화에 열려있는 시대로 묘사한다. 어떤 면에서 당시는 로마 가톨릭교회와 전례가 근대성의 영향력을 인정했던 시기로 여겨질 수도 있다. 그러나 미첼은 1984년 이후는 경계(caution), 제약(restriction), 축소(retrenchment)가 증가한 시기였다고 간주한다(Mitchell, "Amen Corner," pp. 56-57). 세계 여러 곳에서 라틴어 전례 통상문들을 사용하던 사람들은 트렌트 미사가 존재한다는 것 자체를 전혀 고려하지 않고 있었다. 그럼에도 불구하고 1984년에 바티칸은 트렌트 미사의 재사용을 제한적으로 허용했다.

제2차 바티칸 공의회 이후의 처음 10년이 **아지오르나멘토**(aggiornamento, 문자적으로 "최신"[update]이라는 뜻의 이탈리아어 단어로, 변화와 갱신에 열려있음을 가리킨다), 즉 근대적인 흐름과 화해했던 시기로 여겨질 수 있다면, 토마스 오메라(Thomas O'Meara)는 1980년대 이후의 로마 가톨릭교회는 19세기 바로크의 비전으로 회귀하고 있는 것처럼 보인다고 말했다.

바티칸의 여러 정책 전환, 특히 번역 문제에 대한 정책 전환은 이러한 변화의 징후를 보여줬다. 2001년에 만들어진 일련의 번역 지침(라틴어, **리투르기암 오우텐티캄** [Liturgiam Authenticam], "진정한 전례")은 이러한 변화를 상징적으로 잘 보여줬다. **리투**

---

5 지난 세기 말 무렵에 거룩한 전례(sacred liturgy)에 관한 학문적 관심의 부흥이 매우 광범위하게 일어났고, 금세기 초반까지 지속되었다.... 장엄한 제대의 희생 제사 예식들이 더욱 잘 알려지고, 이해되고, 인정받게 되었다. 성례전이 보다 확산되고, 보다 자주 받게 되면서, 성찬의 예배는 진정한 기독교 신앙의 근간으로 여겨지게 되었다.... 우리가 방금 묘사했던 운동의 유익한 결과들로부터 적지 않은 만족감을 얻고는 있지만, 일부 사람들이 주장하듯이, 우리는 시작부터 이러한 "부흥"에 세심한 관심을 기울이면서, 과잉과 노골적인 왜곡으로부터 그 부흥을 보호하기 위해 적절한 조치를 취해야 하는 의무를 지닌다(Pius XII, The Sacred Liturgy [1947년], 4-7, in Seasoltz, The New Liturgy, pp. 108-9).

6 전례는 교회의 활동이 지향하는 정점이며, 동시에 거기에서 교회의 모든 힘이 흘러나오는 원천이다(The onstitution on the Sacred Liturgy, no. 10).

르기암 오우텐티캄은 1969년에 출간된 이전 지침을 대체하고 번역의 원칙들을 근본적으로 뒤바꿨다. 뿐만 아니라 트렌트 공의회가 번역 승인에 대한 권한을 지역 주교들에게 양도했었음에도 불구하고, "다른 언어로의 번역을 준비하고 그 번역을 사용할 수 있게 승인하는" 권한을 로마가 갖도록 했다(no. 104).

기독교 예배, 그 중에서도 특히 로마 가톨릭 전례의 많은 부분이 크게 변했다는 사실에 대해서는 의심할 여지가 없다. 그렇다고 그 변화가 정착되거나 완성되었다는 뜻은 아니다. 세상과 교회 안에 존재하는 상호보완적이고, 병행적이며, 경쟁적인 영향력들은 우리가 계속해서 예전적인 소요의 시기를 보내게 될 것이라고 시사한다.

제2차 바티칸 공의회에 담겨 있는 능동적인 참여에 대한 비전, 전 세계에서 울려 퍼지는 포용을 위한 소리, 그리고 기독교 성찬의 중심인 사랑의 약속이, 다채롭고 강력한 방식들로 결합하여 새 천년(new millennium)을 시작한 교회의 예배에 도움이 되길 소망한다.

1. 건축

로마 가톨릭의 산물인 바로크 건축 양식은 교회에 뿌리를 둔 마지막 서양 건축 양식이었다. 18세기에 건축은 다른 여러 예술과 학문처럼 교회로부터 독립했다. 계몽주의와 산업혁명 후에 교회와 귀족은 사회가 필요로 하는 건물에 관한 사안에 더 이상 영향력을 끼치지 못했다. 그 대신 산업 및 상업 분야가 새로운 건축을 이끌어내는 원동력이 되었다. 20세기의 교회 건축을 논하기 위해서는 이러한 발전들에 대해 먼저 생각해 봐야 한다.

1) 세속적 발전(Secular Development)

건축은 환경과 문화를 표현한다. 근대 시대의 일반 건축 양식(secular architecture)의 발전은 서구 문명의 모습을 변화시킨 철학과 정치 운동의 영향을 받았다. 특히 앞에서 언급했던 해방의 흐름들과 기본 자유권에 대한 개인의 양도할 수 없는 권리를 옹호했던 제도의 동시적인 발흥이 커다란 영향력을 끼쳤다. 건축에서 이러한 이상(ideals)은 주위의 환경과 관련된 열린 공간으로 표현되었다. 이러한 공간 개념은 바로크 시대의 공간 개념과는 매우 상이했다.[7]

1851년 런던 만국박람회를 위해 지어진 조셉 팩스턴(Joseph Paxton, 1865 사망)의 크리스털 팔라스(Crystal Palace, 수정궁)는 이러한 새로운 공간적 개방성을 잘 보여주는 예였다[그림 212]. 길이가 1900피트(580m) 정도 되는 이 건축물은 목조 뼈대에 철과 유리만을 사용하여 지어졌다. 수천 개의 조립 부품을 사용하여 6개월에 걸쳐 건축된 크리스털 팔라스는 재료, 크기, 양식, 심지어는 건축술을 통해 새로운 건축 시대의 도래를 알렸다. 산업혁명으로 인해 발전된 기술 덕분에 가능했던 위업이었다.

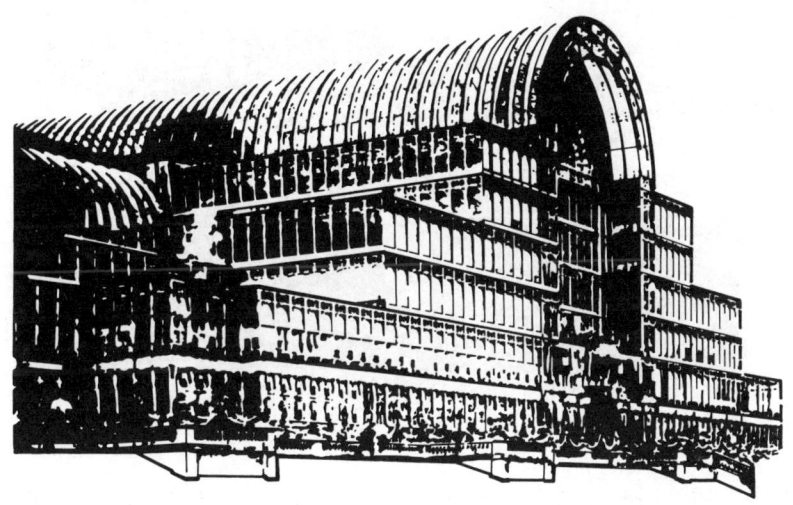

그림 212. 조셉 팩스턴(Joseph Paxton)의 크리스털 팰리스(Crystal Palace)(런던: 1851년)

그러한 발전된 기술들 중 하나는 석조와 목조보다는 철, 특히 20세기 중반부터는 강철을 사용한 건축술이었다. 경제적일 뿐 아니라 불에 잘 타지 않고 강력한 재료들 덕분에 새로운 자유와 개방성을 상징하는 거대한 열린 공간을 건축할 수 있게 되었다. 결국에 건물들은 수평적으로 확장되기보다는 수직적으로 확장되기 시작했다. 특히 시카고와 뉴욕에 고층 건물들이 등장했다.

---

7 19세기의 건축에 대하여 논할 때, 우리는 사람들이 활동하고 자유롭게 움직일 수 있는 제한 없이 계속해서 이어지는 환경의 이미지를 표현하기 위해 "열린 공간"(open space)이라는 용어를 반복적으로 사용했다. 그러한 움직임 때문이 아니라, 새로운 선택의 자유에 대한 표현, 즉 자기만의 공간을 찾고 창조하는 자유를 표현하기 위해 사용했다. 그래서 이 새로운 이미지는 바로크 양식과는 상반된다. 바로크 공간은 통합된 시스템을 나타내는 반면에, 19세기의 열린 공간은 인간 자유의 새로운 이상을 표현한다(Norberg-Schulz, *Meaning in Western Architecture*, p. 351).

일부 건축가들은 이처럼 엄청난 규모의 건축 실험을 했지만, 프랭크 로이드 라이트(Frank Lloyd Wright, 1959년 사망)는 단독 주택에 집중했다[그림 213]. 주택 건축에 관심을 갖는 것이 크리스털 팔라스의 정신에 반하는 것처럼 보일 수도 있지만, 두 가지 모두 새로운 개방성과 자유를 표현했다. 하나는 산업적으로, 다른 하나는 가정적으로 표현했을 뿐이다. 라이트는 그의 작품을 민주주의적인 건축물로 여겼다. 그는 단일 사용(single use)을 위한 단일 공간(single room)이라는 원칙을 버렸다. 대신에 바깥으로부터 자연스럽게 흘러들어오는 가변적인 공간(flexible space)을 배치하여 사람들이 그 안에서 자유롭게 움직일 수 있도록 했다.[8]

그림 213. 프랭크 로이드 라이트(Frank Lloyd Wright)의 로비하우스(Robie House)(시카고: 1909년)

2) 기능주의(Functionalism)

20세기 초에 건물 장식을 반대하는 추세가 나타났다. 아돌프 로스(Adolf Loos, 1933 사망)는 장식을 실제적인 범죄로 표현하면서 이러한 흐름을 극적으로 요약했다.[9] 장식

---

[8] 그러면 우리가 유기적 건축(organic architecture)이라고 부르는 이 개념의 본질은 무엇인가? 우리는 여기서 이 건축을 "민주주의 건축"이라고 부른다. 왜? 유기적 건축은 [사람들을] 지배하는 법이 아니라, [사람들을] 위한 법, 자연법에 기초하고 있기 때문이다.... 유기적 건축은 적절한 건축 형태에 주어진 인간 정신일 뿐이다. 또한 이제는 다양한 구조의 형태로 보이는 이 땅의 모든 [사람의] 삶의 물질적 구조이다. 간략하게 말하면, 유기적이다. 민주주의는 오늘날 물질적인 수단들을 통해, 지적으로 확대되고, [인간의] 우월성을 드러내는 초 물질들(super materials)에 기계의 힘을 사용하는 방향으로 나아가고자 한다. 따라서 유기적 건축은 단지 돈을 벌려고 사용되는 것에 만족하지 않는다. 돈이 [인류 자체에게] 불리하게 작용될 수도 있기 때문이다. 모든 유형의 독재 권력이나 관료주의에 대한 우리의 점점 커지는 불만은 지혜를 요구한다. 옛 지혜와 양식(good sense)은 오늘날 보다 현대적이다. 옛 지혜와 양식의 적용이 변할 뿐이다. 여전히 옛 것이기는 하지만 또한 현대적이기도 한 지혜는, 돈과 토지법이 인간의 권리에 부수적인 것으로서 확립되는 삶 속에서, [인간을] 자유롭게 한다는 것에 대한 이 새로운 민주주의적인 개념을 인정한다. 다시 말해, 이는 무엇보다도 모든 좋은 건축이 좋은 민주주의라는 뜻이다(Wright, *The Living City*, p. 28).

[9] 문화 진화는 우리의 인공물들에서 장식을 제거해야 한다는 것을 의미한다. 문화 진화는 새로운 장식을 생산할 수 없는 것이 우리 시대의 위대함이라는 것을 보여준다(Adolf Loos, "Ornamentation and Crime," in

에 대한 거부는 정교한 석공 기술로 가려진 건축물보다, 재료와 기본 요소들이 드러나는 건축물들이 선호되는데 기여했다. 이처럼 건물의 내부 구조물을 외부로 드러내는 것을 중시하면서, 전통적인 장식의 인위성을 거부하는 움직임을 "기능주의"라고 부른다.

시카고 건축가인 루이스 설리번(Louis Sullivan, 1924년 사망)은 기능주의에 대해 다음과 같이 잘 표현한다. "형식은 기능을 따른다." 설리반이 볼 때, 내부 디자인과 외부 디자인 사이에 연속성이 필요하다고 해서 장식을 꼭 없앨 필요는 없었다. 그러나 설리반은 건물의 기능을 방해하거나 감출 수 있는 장식은 피했다. 기능주의는 20세기 동안에 건축학을 지배하는 원리가 되었다.

그림 214. 미스 판 데르 로에(Mies van der Rohe)의 시그램 빌딩(Seagram Building) (뉴욕: 1956-58년)

기능주의는 독일의 바이마르(Weimar)에서 1919년에 설립된 바우하우스디자인학교(Bauhaus school of design)의 기반이 되는 원리가 되었다. 바우하우스의 전 교장이었던 미스 반 데어 로에(Mies van der Rohe, 1969년 사망)는 1937년에 시카고의 일리노이공과대학교(Illinois Institute of Technology)로 옮겨가서, 기능주의의 새로운 표현을 제시했다[그림 214]. 르 코르뷔지에(Le Corbuisier)라는 이름으로 더욱 잘 알려진 스위스 태생의 샤를르-에두아르 잔르레-그리(Charles-Edouard Jeannerert-Gris, 1966년 사망)는 탁월한 기능주의 주창자였다.

광범위하게 받아들여진 기능주의는 서유럽과 미국 전역으로 퍼진 국제 양식(international style)이 발전하는데 기여했다. 국제 양식은 장식을 피했다. 이 양식이 선호했던 건축 재료는 철근 콘크리트였다. 국제 양식으로 지어진 건물들은 대개 흰색의 스투코 벽(stuccoed walls)과 수평으로 길게 설치된 창문들과 평평한 지붕을 사용하여, 단순한 질감(sense of mass)보다는 강한 양감(sense of volume)을 표현했다.

지난 몇십 년 동안에 기능주의와 국제 양식은 건물에 대한 다원적인 접근법을 가능

Norberg-Schulz, *Meaning in Western Architecture*, p. 366).

하게 했다. 크리스티안 노르베르그-슐츠(Christian Norberg-Schulz)가 설명하듯이, 이러한 포스트모던 다원주의는 기존의 양식이나 기본 원리에서 시작하지 않는다. 다원주의적 접근법은 각 작업의 본질을 먼저 이해하고, 그 다음에 적절한 해결책을 창출하고자 시도한다. 따라서 다원주의는 하나의 특정한 양식이라기보다는 하나의 방법이고, 지역 및 양식적인 변화를 가능케 한다.

그러한 다원주의는 유럽과 미국 외의 지역에서 건축술이 발전하면서 더욱 중요해졌다. 유럽과 미국에서는 창의적인 건축물들이 계속해서 세워졌다. 예를 들어, 프랭크 게리(Frank Gehry)는 스페인의 빌바오(Bilbao)에 티타늄을 입힌 구겐하임(Guggenheim) 박물관을 건축했다[그림 215]. 그러나 세계 인구가 남반구로 계속해서 몰리면서, 가장 창의적인 건축적 사고(architectural thinking) 중 일부는 도시화라는 새로운 힘이 강하게 발휘되고 있는 아시아에서 등장하고 있다.

예를 들어, 당시 세계에서 가장 높은 건물이 건축된 곳은 말레이시아의 쿠알라룸푸르(Kuala Lumpur)였다[그림 216]. 그리고 만리장성과 인접한 베이징 외곽에서는 아시아의 선두적인 건축가들이 집과 자연의 조화에 대해 다시 생각하고 있다[그림 217].

그림 215. 프랭크 게리(Frank Gehry)의 빌바오 구겐하임 미술관(Guggenheim Museum Bilbao)(스페인, 빌바오: 1997년)

그림 216. 시저 펠리(Cesar Pelli)의 페트로나스 (Petronas) 트윈 타워(말레이시아, 쿠알라룸푸르: 1998년)

그림 217. 켄고 쿠마(Kengo Kuma)의 큰 대나무 집(Great Bamboo Wall House)(베이징 인근: 2002년)

3) 교회적 건축(Ecclesiastical Architecture)

19세기는 서양 건축에 있어서 혁신의 시대였지만, 교회 건축이 이에 해당되지는 않았다. 당시의 교회 건축에 있어서 가장 주목할 만한 발전은 여러 형태의 부흥(revivals)이었는데, 그 중에서도 고딕 양식의 부흥이 가장 중요했다. 어거스터스 퓨진(Augustus Pugin, 1852년 사망)은 고딕 양식의 부흥을 가장 적극적으로 지지하던 인물이었다.[10]

그는 고딕 양식이 로마 가톨릭뿐만 아니라 그가 태어난 영국의 여러 전통에서도 받아들여졌던, 교회에 적절한 유일한 건축 양식이었다고 주장했다. 그러나 고딕 양식의 부흥은 영국과 미국, 그리고 그보다는 적은 정도로 프랑스에서만 영향력을 발휘했을 뿐 그 외의 지역에서는 큰 영향력을 끼치지 못했다.

19세기 미국에서의 또 다른 발전은, 일부 개신교 공동체들을 위한 "강당 교회"(auditorium churches)의 부상이었다. 대개 반원형(radial-plan) 계단식 극장(amphitheaters) 형태로 설계된 강당 교회 건물들은 많은 경우 커다란 무대와 화려한 오르간과 커다란 설교단이 있는 성단소로부터 부채꼴로 펼쳐진 편안한 좌석들을 갖추었다. 잔 홀그린 킬데(Jeanne Halgren Kilde)가 언급하듯이, 이러한 교회 건물은 도시에 사는 가족을 위한 종합적인 봉사활동(outreach)의 일환으로 예배를 통합시키는 휴게실과 강당, 그리고 스포츠 시설까지도 갖춘 세련된 복합 건물의 일부일 수 있었다.

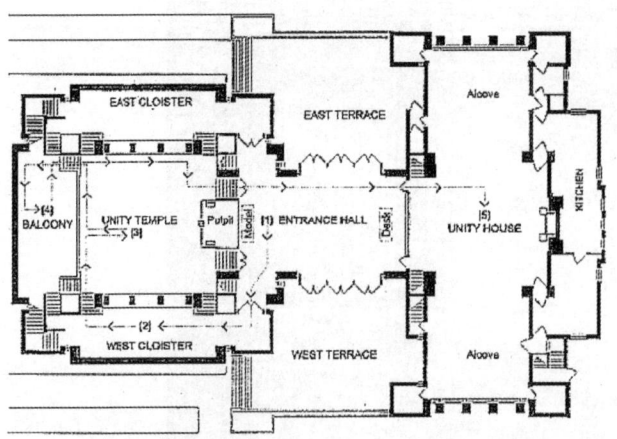

그림 218. 프랭크 로이드 라이트(Frank Lloyd Wright)의 유니티 템플(Unity Temple) 평면도(일리노이, 오크파크: 1906년)

어떤 면에서 강당 교회는 20세기 후반에 초대형 교회 건물이 등장할 것을 예견했고, 엔터테인먼트 예배 모델의 영향력이 더욱더 커져 갈 것을 암시했다. 미국의 강당 교회는 또한 예배자를 소비자로, 예배를 교

---

10 이번 강의의 목적은, 고딕(Pointed) 또는 기독교 건축 양식의 진정한 원리들을 제시하고 설명하고, 그 지식을 바탕으로 건축학적인 우수성을 시험해 볼 수 있도록 하는 것이다.... 처음에는 생소하게 보일 수도 있지만, 이러한 위대한 원리들은 고딕 건축 양식에서만 실행되어 왔다. 그리고 어마어마한 주교좌 성당에서부터 가장 단순한 건축물에 이르기까지, 나는 이러한 원리들을 설명할 수 있을 것이다. 게다가 중세 시대의 건축가들은 다양한 재료들의 자연적 속성을 철저히 사용하고, 그들의 기술을 예술을 위한 도구로 사용한 최초의 사람들이었다(Augustus Pugin, *The True Principles of Pointed or Christian Architecture* [1841년]).

회가 신자들에게 제공하는 하나의 서비스로 생각하는, 예배에 대한 기본적인 이해가 바뀌고 있다는 것을 상징적으로 보여줬다.

프랭크 로이드 라이트가 일찍이 설계했던 한 교회는 이러한 강당 교회를 암시적으로 비판하는 것 같았다. 그가 1905년에 일리노이 주의 오크파크에 건축한 유니티템플(Unity Temple)은 단순미의 정수로 묘사되곤 하는 친근하고 아늑한 느낌을 주는 중앙집중형 공간이다. 본당(Temple)과 별관(Unity House)은 큰 입구 홀(entrance hall)을 통해 서로 연결된다[그림 218].

유니티템플 프로젝트에 대해 설명하는 원래의 소책자에서, 로드니 F. 조호노트(Rodney F. Johonnot) 목사는 이러한 상호보완적인 공간들이 교회 건물에 대한 두 가지 기본적인 요구 사항, 즉 하나님을 예배하고 이웃을 섬기는 일을 (혼동하지 않고) 어떻게 충족시키는지에 대해 언급한다.

20세기 초에 유럽 교회 건축에서 구조적 혁신을 포함한 많은 혁신이 일어났다. 예를 들어, 루이-오귀스트 부알로(Louis-Auguste Boileau, 1896년 사망)가 설계한 파리의 성 유진(Saint Eugene)(1854-55년)은 최초의 철-골(iron-framed) 교회였다. 그리고 1928년에 오토 바르트닝(Otto Bartning, 1959년 사망)은 강철과 구리로 된 **스탈키르헤**(Stahlkirche, 독일어, "강철 교회")를 건축했다. **스탈키르헤**는 전통적인 형태를 갖추고 있었지만 혁신적인 기술이 사용된 교회였다. 조세프 모이어(Joseph Moier, 1906년 사망)가 개발하여 1867년에 특허를 낸 철근 콘크리트는 예배에 대한 민주적인 접근법을 좀 더 반영한 넓은 열린 공간을 창조해 낼 수 있도록 했다.

오귀스트 페레(Auguste Perret, 1954년 사망)는 파리의 북서쪽에 위치한 르 랑시(Le Raincy)에 철근 콘크리트만을 사용하여 노트르담교회를 건축했다(1922-1923년).

노트르담교회는 13세기의 홀 교회(hall churches)와 상당히 유사하게 설계되었다[그림 219]. 노트르담교회는 비교적 전통적인 형태의 회중석과 성단소를 갖추기는 했지만, 전통적인 신심 활동들(devotional activities)까지도 감안한 하나의 커다란 공간이라는 인상을 준다. 그 결과, 회중은 하나의 예배 공동체라는 이미지가 명확해진다. 그리고 성단소를 향한 탁 트인 시선은 회중의 분명하고 능동적인 참여를 요구하는 것의 중요성을 강조한다. 1928년에 리모델링된 **슐로스 로텐펠스**(Schloss Rothenfels, 독일어, "로텐펠스성")는 노트르담교회보다 더 큰 영향력을 끼쳤다. **슐로스 로텐펠스**는 제2차 세계대전이 발발하기 전에 독일의 가톨릭 청소년 운동의 본부로 사용되었다. 그 성에는 작

그림 219. 오귀스트 페레(Auguste Perret)의 노트르담(Notre Dame) 교회(프랑스, 르 랭시: 1922-23년)

은 예배당이 있었다. 그러나 영향력이 있는 공간은 다목적용 중앙 홀이었다.

프레데릭 드뷔스트(Frédéric Debuyst)가 묘사하듯이, 이 중앙 홀은 새하얀 벽과 깊숙이 들어간 창문들(deep windows), 그리고 돌로 포장한 바닥을 가진 직사각형의 공간이었다. 장식은 전혀 없었다. 그 안에 있는 유일한 가구는 필요에 따라 쉽게 재배치할 수 있는 100개의 작고 검은 직육면체의 스툴(stool, 등받이와 팔걸이가 없는 의자)이었다. 성찬식이 거행될 때는 임시 제단이 세워졌고, 신자들은 제단의 삼면을 둘러쌌다[그림 220].

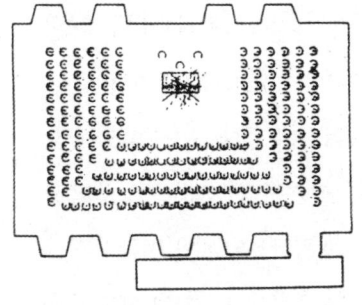

그림 220. 독일의 슐로스 로텐펠스(Schloss Rothenfels)에 있는 대강당을 예배당으로 배열한 평면도(Debuyst, p. 36)

말씀과 성례전의 행위에 근접하고 서로의 시야를 방해하지 않도록 하는 이러한 급진적인 회중 배치는, 그리스도의 "신비적인 몸"이 된다는 것이 무엇을 의미하는지에 대한 새로운 건축학적인 통합을 알렸다. 이러한 선견지명이 있는 혁신(visionary renovation)은, 베를린대학교의 가톨릭신학과 교수이자 가톨릭 청소년 운동의 담당 사제였던 예전 지도자 로마노 구아르디니(Romano Guardini, 1968년 사망)와 명확한 신학적 비전으로 많은 건축가에게 영향을 끼쳤던 건축가인 루돌프 슈바르츠(Rudolf Schwarz, 1961년 사망)가 협력한 결과였다.

제2차 세계대전의 발발과 함께, 예전 건축에서 유럽의 리더십은 약화되었다. 스위스만 예외였다.[11] 제2차 세계대전이 끝난 후에 예전 갱신의 의지가 커지면서 혁신의 작업

---

11 스위스는 서구 기독교에서, 30년대 후반까지, 교회 건축술의 살아있는 전통을 만들어낸 유일한 국가이다 (Hammond, *Liturgy and Architecture*, p. 62).

이 재개되었다. 드뷔스트는 장방형을 점점 덜 사용하게 된 것이 당시의 특징 중 하나였다고 생각한다. 미네소타 주의 칼리지빌(Collegeville)에 있는 성 요한 수도원(Saint John's Abbey)은 당시의 이러한 경향을 잘 보여주는 예이다.

미국의 전례 운동에 오랫동안 참여했던 성 요한 수도원의 수도사들은, 헝가리에서 출생하고 독일에서 교육받은 후 하버드대학교의 교수가 된 마르셀 로이어(Marcel Breuer, 1981년 사망)를 선정했다. 그는 300명의 수도사로 구성된 성가대 공간과 성단소를 중심으로 부채꼴로 펼쳐진 1700명의 신자들을 위한 예배 공간을 통합시키는 철근 콘크리트 교회를 건축했고, 이를 통해 수도원 예배의 새로운 이미지를 창출해 냈다[그림 221].

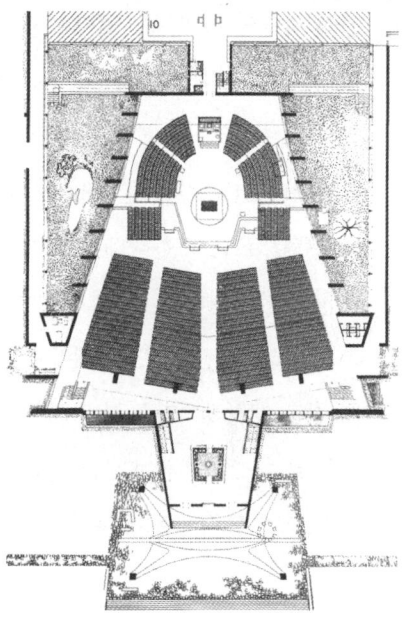

그림 221. 마르셀 브로이어(Marcel Breuer)의 성 요한수도원교회(Saint John Abbey Church)의 평면도(1958-1961년, 미네소타 주의 칼리지빌)

당시에 건축된 교회들 중에서는 롱샹(Ronchamps)에 있는 르 코르뷔지에의 노트르담 뒤 오(Notre-Dame-du-Haut, 1950-55년)가 가장 유명했다[그림 222]. 노트르담 뒤 오 교구교회(parish church)가 아니라 언덕 위의 순례교회로서 설계되었기 때문에, 신심의 측면(devotional focus)은 크게 강조되었지만, 슐로스 로텐펠스(Schloss Rothenfels)처럼 에전적인 측면에서 만족스러운 공간은 아니었다.

예를 들어, 전통적으로 회중과 성단소 사이를 가로막고 있던 많은 장애물은 제거되었지만, 슐로스 로텐펠스나 심지어는 랑시와는 달리, 그 공간에서 회중을 우

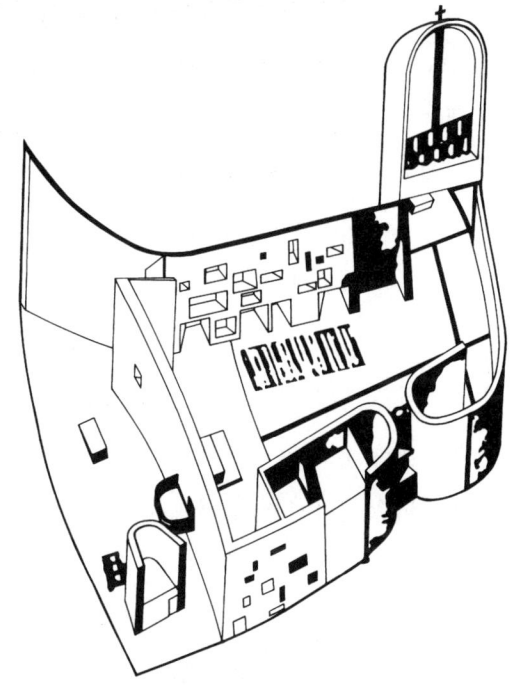

그림 222. 르 코르뷔지에(Le Corbusier)의 노트르담 뒤 오 (Notre Dame du Haut)의 평면도(프랑스, 롱샹: 1950-55년). (Norberg-Schulz)

선시 하지는 않았다.[12] 좀 더 정확히 말하면, 노트르담 뒤 오의 내부는 한 지붕 아래에 여러 개의 신심 공간들(devotional spaces)가 모여 있는 것처럼 보인다. 르 코르뷔지에가 그렇게 보이도록 의도했던 것 같다.[13]

다른 한편으로, 행렬로(processional path)는 교회와 외부 성가대석(exterior choir)이 있는 언덕으로 인도한다. 동쪽을 향해 있는, 그래서 성찬 공동체를 빛 가운데 서 있도록 초청하는 교회와 외부 성가대는 매우 중요한 의례적 요소들이다. 그러나 전체적으로 볼 때, 노트르담 뒤 오는 내부 예전 공간(interior liturgical space)의 모델이라기보다는 교회 건축의 걸작이자 당대의 가장 서정적인 건물로서 존재한다.

궁극적으로 서구에서 20세기 기독교의 건축 양식을 바꾼 것은 축적된 기술의 진보나 르 코르뷔지에가 제시했던 성스러움(the sacred)에 대한 새로운 비전도 아니었다. 그보다는 예배의 공동체적인 본질과 공동체의 능동적인 참여의 중요성을 다시금 강조했던 전례 운동의 성공이 기독교의 건축 양식을 바꿨다. 중앙 집중형 교회를 선택했던 많은 16세기 종교개혁가들도 전례 운동과 같은 관점을 가졌지만, 안타깝게도 많은 개신교 교회는 이 비전을 잊고 있었다. 19세기 케임브리지 운동(Cambridge Movement)의 영향을 받은 영어권의 많은 교회는 19세기를 특징지었던 다양한 건축 양식의 부흥(architectural revivals)을 통해 좀 더 전통적인 건축 양식들(고딕, 고전, 로마네스크)로 회귀했다.

제임스 화이트는 19세기의 부흥 운동(revivalism)의 영향으로 일어났던 이와 비슷한 전통적인 양식으로의 회귀에 대해 언급한다. 유명한 설교자들과 대규모의 성가대를 중요하게 여겼던 부흥 운동으로 인해 콘서트무대 배치가 발전하게 되었고, 이는 강당 교회의 출현과도 부합하는 움직임이었다.

루돌프 슈바르츠(Rudolf Schwarz)와 오토 바르트닝(Otto Bartning)을 포함한 소수의 이상가들(visionaries)은 회중의 하나됨(unity)과 중심됨(centrality)을 단언하는 한 가지 방법으로 중앙 집중형 공간들을 실험했다. 그러나 처음에는 단발적인 실험들(isolated

---

12 예전이 다루는 상징들 중에서, 신자들의 회중석보다 더 중요한 것은 없다(*Environment and Art in Catholic Worship* [1978년], 28).

13 이 예배당을 건축하는데 있어서, 나는 침묵, 기도, 평화와 영적 기쁨의 장소를 창조하길 원했다. 그들의 거룩한 목표는 우리의 작품에 영감을 주었다…. 성모는 다양한 상징들과 어떤 쓰여진 말로 찬양받는다. 십자가(진정한 고통의 십자가)는 이 방주(ark) 안에 세워져 있다. 이제부터는 기독교 드라마가 그 장소를 소유한다…. 우리 모두가 여기서 기록한 것들이, 당신과 이 언덕을 오르는 모든 사람들의 공감을 얻기를 바란다(Le Corbusier's address to the bishop [1955년 6월 25일]).

experiments)이었다. 궁극적으로 자유와 평등에 대한 폭넓은 문화적 추세를 반영한 전례 운동은, 예배의 공동체적인 측면이 더욱 강조되도록 했다. 예배의 공동체적인 측면에 대한 중요성은 먼저 학문을 통해서 주로 강조되었지만, 종국에는 개신교회와 로마 가톨릭교회의 예배 형식과 공간에 광범위한 영향을 끼쳤다.

어떤 면에서, 이것은 공간의 "의례적 필요조건"에 대해 말하는 "기능주의"의 원리가 예전에서 더욱더 받아들여지고 있었다는 것을 뜻했다.[14] 따라서 공간은 거룩한 존재를 개인적으로 만나는 장소로서 뿐만 아니라, 무엇보다도 공적 의례를 행하는 장소로서의 역할도 수행해야만 한다. 이러한 관점으로 볼 때, 기독교의 예전 공간은 무엇보다도 공동체의 행위로 거룩해진다.

의례 공간을 형성하는데 있어서, 기능주의 원리들로 방향을 전환한 것은 20세기 초의 유럽과 미국을 지배했던 건축 원리들을 반영한 것이었다. 그 원리들에는 개인들과 그들의 자유에 대한 존중, 주위 환경에 적절하게 개방적이고, 자유롭게 흐르고, 융통성이 있는 공간들에 대한 선호, 질감보다는 양감의 성취, 장식의 거부가 포함되었다.

프랭크 로이드 라이트는 커다란 벽난로를 중심으로 자신의 주거 공간을 만들었지만, 많은 예전적인 교회들은 설교단과 제대를 중심으로 예배 공간을 형성했다[그림 223].

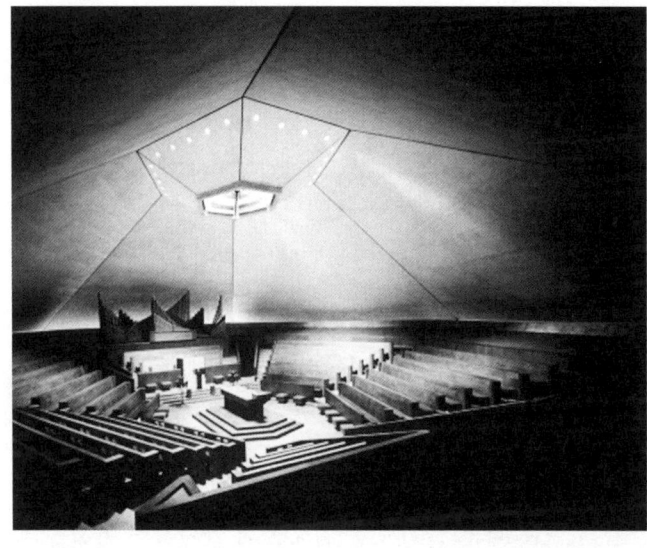

그림 223. 에로 사리넨(Eero Saarinen)의 노스크리스천교회(North Christian Church)의 성단소 (인디애나, 콜럼버스: 1964년)

---

14 공간은 그 공간을 사용하는 신앙 공동체의 신성한 행동으로부터 신성함을 얻는다(U.S. Bishops' Committee on the Liturgy, *Environment and Art in Catholic Worship* [1978년], 41).

서구에서 기능주의라는 강한 추세는 새로운 예배 공간을 만들 때 뿐 만 아니라 오래된 교회를 개조할 때에도 여전히 그 영향력을 행사하고 있다. 그러나 20세기 말에, 로마 가톨릭교회 내에서 이러한 접근법에 대한 반발이 점점 커졌다. 특히 기능주의적인 접근법을 옹호했던 미국 주교단의 1978년 문헌인 『가톨릭 예배의 환경과 예술』(Environment and Art in Catholic Worship)에 대한 반발이 심했다.

미첼이 1984년 이후의 로마 가톨릭교회 내부에서 일어난 변화에 대해 언급했듯이, 1980년대 중반에는 회중의 역할에 대한 지나친 강조라고 일부 사람들이 인식했던 것, 일부 의례 공간의 형편 없는 미적 수준, 스테인드글라스와 조각상들의 "가톨릭 어휘"로부터의 단절, 그리고 대예배(main worship) 공간에서 떨어져 있는 곳에 성체를 보관하는 것을 무례하다고 여겼던 일부 생각에 대한 우려가 점점 커져가고 있었다.

이에 대응하여, 일부 주교들과 목회 지도자들은 일부 교회 배치(church arrangements)를 특징지었던 가변성(flexibility)이 제한되어야 하고, 제대와 설교단, 다른 예전 가구들은 바닥에 고정되어야 한다고 요구했다. 감실은 때때로 대예배 공간으로 다시 옮겨지거나, 심지어는 중앙 제대에 붙박이로 고정되기도 하면서 16세기를 연상케 했다. 가장 중요했던 사안은 『가톨릭 예배의 환경과 예술』의 비전에 따라 이미 만들어졌거나 개조되었던 공간들을 "바로잡는 개조작업"(corrective-renovation)이었다. 이러한 개조작업이 지난 수십 년 동안 행해졌던 교회 보수작업의 총수에서 차지하는 비율은 매우 낮다. 원래는 전통적으로 배치되었었지만 성단소 주위로 회중이 모일 수 있도록 중앙집중형으로 구조를 변경시켰던 교회를 원래의 구조로 다시 바꾸며 "복원시키는" 프로젝트는 아직도 많이 있다.

예를 들어, 시카고에 소재한 로욜라대학교(Loyola University)의 마돈나 델라 스트라다(Madonna Della Strada-길의 성모 마리아) 예배당은 1939년에 세워지고, 1983년에 개조되었다가, 2006년에 다시 개조되었다[그림 224]. 이러한 일부 공간들의 건축학적 재고(rethinking)나 역전(reversal)은 미국 주교단이 2000년에 발간한 전례 예술과 건축에 대한 새로운 지침과 상당 부분 유사하다.

어떤 사람들은 『산 돌들로 지은 것』(Built of Living Stones)이 『가톨릭 예배의 환경과 예술』을 만족스럽게 수정했기 때문에 건축과 예전 개혁을 위해 보다 균형잡힌 비전을 제시하고 있다고 생각한다.

반면에 다른 사람들은 『산돌로 지어진』의 일부 신학적 전제에 의문을 제기하면서,

과연 이 책이 『가톨릭 예배의 환경과 예술』이 했었던 것처럼 로마 가톨릭교도들과 개신교도들 사이에서 광범위하고 긍정적인 영향력을 끼칠 수 있을 것인가에 대해 궁금해 한다.[15]

그림 224a. 보수된 시카고 로욜라대학교의 마돈나 델라 스트라다 예배당(Madonna Della Strada Chapel)(1983년)

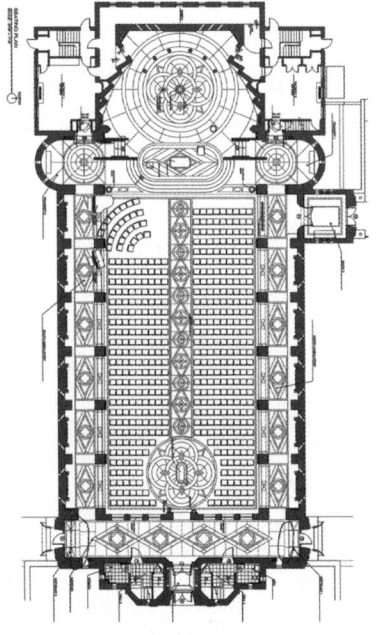

그림 224b. 마돈나 델라 스트라다 예배당의 보수를 위한 마빈 허만 앤 어소시에이츠(Marvin Herman & Associates)의 평면도(2006년)

---

15 인용 331: [산 돌들로 지은 것(Built of Living Stones)]은 집전자석의 위치와 상징성, 회중석과 성단소의 분리, 감실의 위치에 관한 지나친 관심에 사로잡혀있다(Mauck, "Architectural Setting [Modern]," p. 25).

1980년대 초에 드뷔스트가 내렸던 "건축술의 전쟁은 끝났다"라는 평가는 약간 조급했다(p. 46). 미학에 대한 다양한 접근법 외에도, 최근의 예전 건축을 동요케 한 많은 요인이 있다. 바우하우스의 원칙들에 기초한, 꾸밈이 없고 지나칠 정도로 간소하기까지 한 건축학적 접근법이 모든 예배자에게 영감을 주는 것은 아니다. 그러한 접근법을 좋아하는 사람들이 간결하고 깔끔하다고 여기는 것들에 대해서, 다른 사람들은 너무 단조롭고 보잘 것 없다고 생각할 수 있다.

뿐만 아니라, 예전 갱신에 관여하는 많은 리더십이 위대한 수도원들과 연관되어 있지만, 철근 콘크리트의 순수성을 높이 평가하는 수도사들의 심미적 정서와 집을 장식하고, 때로는 천박스러울 정도로 꾸미는 것을 좋아하는 많은 일반 신자들의 정서는 같지 않을 수 있다. 이 논의에서 중요한 점은 이 논의에서 중요한 것은 예배와 예배 공간에서 대중 신심(popular devotions)이 갖는 역할이다.

제2차 바티칸 공의회 이후 처음 10년 동안에 로마 가톨릭교회의 전례를 위한 많은 노력은 성찬식과 성례전에 지나치게 집중되어 있었다. 전통적인 신심 예식들(devotional practices)은 종종 간과되거나 심지어는 무시되기까지 했다. 그 결과, 새롭게 건축되었거나 개조되었던 많은 교회는 평범한 신자들의 미사 영성에 매우 중요했던 봉헌 양초들(votive candles)과 이와 관련된 상(statues)과 성유물(relics) 같은 것들을 완전히 없애버렸다.

이러한 갈등은 대중 신심의 오랜 전통을 문화로 갖고 있는 신자들이 점점 더 늘어나고 있는 미국과 같은 지역에서 더욱 심각해진다. 이러한 심미적인 차이 외에도, 신학적인 균열들 역시 뚜렷하게 드러나는데, 특별히 성직자의 사제직(ministerial priesthood)과 신자들의 사제직(the priesthood of the baptized)을 모두 존중하면서 둘 사이의 균형을 적절하게 이루는데 있어서(특히 로마 가톨릭교도들 사이에서) 그러하다.

4) 요약

세계 건축의 다형태성(pluriformity)과 지역적 다양성, 글로컬리제이션(세방성)이라는 광범위한 경향을 고려하면, 가까운 미래에 종합을 기대할 수는 없을 것 같다. 유명한 건축가들이 설계하여 2000년대 초기에 봉헌된 두 교회가 보여줬듯이, 다양한 흐름들은 계속해서 왕성해지고 서로를 비평할 것이다.

디오 파드레 미제리코디오조(*Dio Padre Misericordi -oso*, 이탈리아어, "자비로우신 아버지이신 하나님")[그림 225]는 뉴욕의 리처드 마이어(Richard Meier)가 설계했다. 마이어는 1984년에 최연소의 나이로 프리츠커 건축상(Pritzker Prize for Architecture)을 수상했다. 로마 외곽에 있는 노동자 계층 주거 지역에서 2003년에 완공된, 적당한 규모의 예배 공간을 갖추고 있는 매우 현대적인 이 교회 건물은, 강철과 콘크리트, 그리고 가장 중요한 재료인 유리로 만들어졌다.

그림 225. 로마 인근에 있는 리처드 마이어(Richard Meier)의 '디오 파드레 미제리코르디오소'(*Dio Padre Missericordioso*)(쥬빌리교회)(2003년)

마이어는 이 교회 건물의 "주인공"이 빛이라고 말했다.[16] 역설적이게도 현대적인 곡선 구조물의 내부는 제2차 바티칸 공의회 이전의 예전 배치형태(liturgical configuration)에 가깝게 되어있다. 또한 장식이 없기 때문에 신자들의 전통적인 신심 행위들을 거의 다루지 못하고 있다.

이와는 대조적으로, 1995년에 프리츠커 건축상을 수상한 스페인의 라파엘 모네오(Rafael Moneo)는 로스앤젤레스 천사들의 모후주교좌 성당(Our Lady of the Angels Cathedral)의 건축가로 선정되었다[그림 226]. 로스앤젤레스의 다운타운에 위치한 이 거대한 교회는 중앙 제대 주위로 회중과 성직자를 모은다. 그리고 다양한 신심을 위한 공간을 제공한다. 또한 세례 수통을 입구에 위치시켜서 예배자들이 출입할 때마다 마주칠 수 있도록 했다.

존 나바(John Nava)가 이 교회를 위해 제작한 36개의 태피스트리들(tapestries) 중에서 네이브의 북쪽 벽과 남쪽 벽에 걸려 있는 25개의 태피스트리들은 전 세계의 성인들과 복자들 중 135명을 묘사하고 있다.

이러한 세간의 이목을 집중시키는 비범한 건축물들을 전형적인 교회의 건물이라고

---

16 빛은 우리가 공간을 이해하고 읽는데 있어 매우 중요하다. 빛은 우리가 신성하다고 일컫는 것을 경험할 수 있도록 하는 수단이다. 빛은 이 건물의 기원이다.... 쥬빌리교회(Jubilee Church)에서, 세 개의 콘크리트 곡면 벽체(shell)는 감싸고 있는 분위기를 형성한다. 그러한 분위기 속에서, 천장에 있는 채광창으로부터 들어오는 빛은, 빛이 발산되는 공간을 경험할 수 있도록 한다. 그리고 태양빛은 하나님의 신비로운 임재를 상징하는 역할을 한다(Meier, in *ArchNewsNow*).

할 수는 없다. 그러나 로마 가톨릭교회의 예배를 위해 세계적으로 유명한 건축가들에 의해 설계된 그 건축물들은, 현대 예전 건축 전반에 흐르고 있는 중요한 쟁점과 긴장을 상징적으로 잘 나타내고 있다. 단일문화주의와 다문화주의, 신성과 예전, 도시와 교외, 성직자와 평신도, 현대와 전통, 초월과 내재, 지역과 세계의 양극은, 그 건물들 안에서 분명하게 표현되었지만 해결되지는 않았다. 곧 해결되거나 쉽게 해결될 것 같지도 않다.

그림 226. 라파엘 모네오(Rafael Moneo)이 설계한 천사들의 모후주교좌 성당 (Cathedral of Our Lady of the Angels)의 내부(로스앤젤레스, 2002년)

2. 음악

18세기와 19세기 동안에 서양 건축에 끼치는 교회의 영향력이 약해졌듯이, 서양 음악 예술에서도 기독교는 리더십을 잃었다. 예배 음악과 비예전적인 성(sacred) 또는 종교 음악이 분리되면서, 후자는 콘서트홀, 즉 예전적인 환경 밖에서 꽃을 피우게 되었다. 콘서트홀과 교회의 차이는 본질적으로 상이한 음악 스타일로 인해 더욱 뚜렷해졌다.

세속 음악의 작곡자들이 새로운 차원의 리듬, 화성, 양식, 그리고 기악법을 탐구했던데 반해, 교회의 작곡가들은 대개 과거로부터 영감을 얻었다. 예술의 진보는 궁극적으로 교회 음악에 영향을 끼쳤다. 그러나 예배 음악의 형태는 교회 음악가들의 음악적 비전보다는, 예배 밖에 있는 광범위한 문화의 영향력과 교회 내부의 전례 운동의 참여

비전(participatory vision)에 의해 만들어졌다.

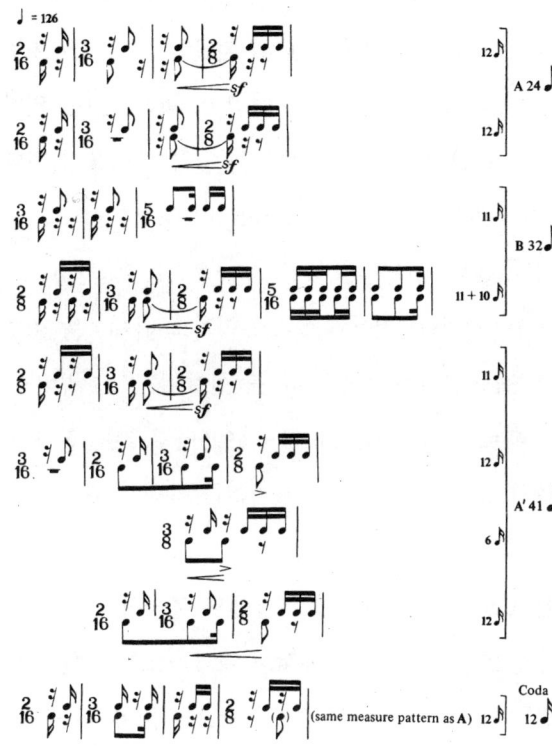

그림 227. "봄의 제전"(The Rite of Spring)에서 이고르 스트라빈스키(Igor Stravinsky)가 사용한 리듬의 예시들 (Grout, pp. 844-45)

1) 세속적 발전들

교회 밖에 있던 네 가지 중요한 음악 발전이 현대 예전 음악에 영향을 끼쳤다. 그 네 가지는

① 서방 작곡기법의 변화,
② 민족음악학의 등장,
③ 기술 및 상업의 변화, 그리고
④ "세계 음악"의 전반적인 추세이다.

(1) 사운드(sounds)의 변화

20세기 초기에, 서구의 고전 음악계 전반에 걸쳐 극적인 음악적 변화가 일어났다. 화성, 리듬, 선율적 실험들이 넘쳐났다. 예를 들어, 아르놀트 쇤베르크(Arnold

Schoenberg, 1951년 사망)는 그의 "3개의 소품"(Three Piano Pieces, 1909년)과 같은 작품에서 무조성 음악(atonal music)을 개척했다. 이고르 스트라빈스키(Igor Stravinsky, 1971년 사망)는 "봄의 제전"(The Rite of Spring, 1913년)에서 리듬에 대한 기존의 개념을 깨뜨렸다[그림 227]. 벨라 바르톡(Béla Bartók, 1945년 사망)은 "현과 타악기, 첼레스타를 위한 음악"(Music for Strings, Percussion and Celesta, 1936년)에서 새로운 음악 양식을 실험했다. 20세기 후반에 칼하인츠 스토크하우젠(Karlheinz Stockhausen, 1928년 출생)과 같은 선구자들이 전자 음악을 작곡하기 시작했다.

1952년에 존 케이지(John Cage, 1992년 사망)는 피아니스트가 피아노 앞에 4분 30초 동안 앉아서 아무것도 연주하지 않는 작품인 **4분 30초**(*4'30"*)를 선보이면서 아방가르드(avant-garde) 음악을 재정의했다. 피에르 불레즈(Pierre Boulez, 1925년 출생)는 전자 및 컴퓨터 음악의 한계에 계속해서 도전했고 수준 높은 수업과 지휘를 통해서 새로운 음악을 대변하는 중요한 인물 중 하나가 되었다.

이러한 작곡자들과 다른 작곡가들에 대한 비평가들의 격찬에도 불구하고, 그들의 작품들은 서구 연주회 정기회원들이 선호하는 레퍼토리에서 아직까지도 중요한 위치를 차지하지 못하고 있다. 아직도 연주회 정기회원들은 바르톡보다는 모차르트를 듣는 것을 더 선호한다. 반면에, 존 애덤스의 《중국에 간 닉스》(*Nixon in China*, 1987년)와 존 코릴리아노(John Corigliano)의 《베르사유의 유령》(*The Ghosts of Versailles*, 1991년)과 같은 20세기 말의 오페라 작품들은 서방의 중요한 오페라하우스에서 정기적으로 공연되고 있다.

(2) 민족음악학

민족음악학이라고 알려진 학문의 등장은 20세기 음악에 또 다른 영향을 끼쳤다. 19세기 동안에, 서양인들이 "이국적"이라고 여겼던 문화의 음악에 학문적인 관심을 갖게 되면서, 음악학에서 비교음악학(comparative musicology)이라는 새로운 분야가 만들어졌다. 사회과학과 전통적인 음악학의 조합은 1950년대에 민족음악학이라는 명칭을 얻었다.

민족음악학은 본래 비서구적인 음악에만 집중했지만, 곧 하나의 학문으로서 두각을 나타내게 되었다. 민족음악학이 음악을 문화의 역동적인 한 측면으로 여겼기 때문이다. 민족음악학의 학자들은 인류학, 민족지학(ethnography), 음악학, 그리고 문화와 커뮤니케이션에 관한 여러 분야의 도구들을 함께 사용하여, 음악이 다양한 사회에서 어떻게 기능하고, 사회적 담론의 수단으로 어떤 역할을 수행하는지, 그리고 특히 음악 연주나 공연이 한 문화의 역학이나 그 문화 내의 특정 집단을 이해하는데 필요한 해석학적 렌즈를 어떻게 제공하는지를 살핀다.[17]

음악은 많은 민족의 의례에서 필수적인 요소이다. 그래서 민족음악학 학자들은 전통적인 사회들의 의례 음악을 연구한다[그림 228]. 최근에는 연구자들이 쇼핑몰과 공항의 음악적인 분위기에서 랩의 사회적 의미에 이르기까지, 서구 문화의 음악 현상을 연구하기 위해 위에서 언급된 연구기법들을 사용한다.

그림 228. 남아프리카의 벤다 공동체(Venda Society)에서 소녀의 성년 의식 때 사용되는 노래

---

17 콰야(Kwaya, 스와힐리어, "합창단")의 음악 공연에 집중하면, 콰야의 현상이 단지 하나의 음악 장르로 이해되고 설명되기에는 충분치 않음을 알게 된다. 콰야는 독특한 사회-문화 구조, 또는 "참여와 일치"(engagement and union)를 강조하는 시스템이다.... 나는 다른 곳에서, 전통적이고 토속적인 콰야 음악의 스타일, 구조와 레퍼토리를 이해하고 설명하는 것이 중요하다는 것을 알았다. 그러나 이제 나는 다른 질문을 다루는 것도 중요하다는 것을 안다. 왜 탄자니아 콰야의 구성원들은 노래하고, 기도하고, 애도하고, 운동하고, 자문과 조언을 구하고, 그들의 영성에 대해 배우고, 결혼 상대를 찾기 위해 정기적으로 모이는가? 이러한 질문들에 대한 답은, 콰야가 이상적인 사회시스템의 축소판으로서 기능한다는 사실을 일부 설명한다. 아마도 콰야의 가장 중요한 기능은, 큰 공동체의 필요에 응하기 위한 비평적인 도구로서, 그리고 공동체 그 자체로서의 기능일 것이다(Barz, *Performing Religion*, p. 81).

어떤 면에서, 민족음악학은 글로컬리제이션(세방화)의 현대적인 역학 관계를 상징한다. 한편으로, 민족음악학 연구는 매우 특정한 장소나 환경에 초점을 맞추는 경향이 있다. 다른 한편으로, 민족음악학 학자들은 음악을 만드는 것(music making)을, 폴 길로이(Paul Gilroy)가 "검은 대서양"(black Atlantic)이라고 불렀던 지역 주위를 지속적으로 순환했던 "흑인 음악"(black music)처럼, 지역 및 세계적 흐름에 대한 근본적인 인간 현상(fundamental human phenomenon)이라고 인식한다.[18]

(3) 기술 및 상업적

음악만큼 20세기 기술 변화의 영향을 크게 받은 예술 분야도 드물다. 먼저, 토마스 에디슨(Thomas Edison, 1931년 사망)이 발명한 포노그라프(phonograph)였다. 10년 후에 에밀 베를리너(Emil Berliner, 1929년 사망)가 그라모폰(gramophone)과 레코드 디스크(record disk)를 발명했다. 그라모폰(gramophone)과 레코드 디스크는 녹음과 재생을 하는데 있어서 에디슨의 실린더보다 더 큰 인기를 누렸다. 이미 1890년대 후반에 음반(recorded music)은 미국에서 오락 매체로서 확고히 자리를 잡고 있었다. 음반은, 처음에는 고전 음악에 의존하다가 그 후 재즈 음악과 대중 음악으로 관심을 돌린 음반 산업(recording industry)의 산파 역할을 했다. 한 음반(폴 화이트먼과 오케스트라[Paul Whiteman and his Orchestra]의 "일본 잠 귀신"[Japanese Sandman])은 1919년까지 100만 장이 팔렸다.

20세기 초에 크게 성장한 전기 산업(electrical industry)은 녹음 기술의 향상과 음악의 상업화에 크게 기여했다. 1930년대 중반에는 자기 테이프(magnetic tape)와 아날로그 녹음 기술, 테이프 레코더(tape recorders)가 등장했다. 1958년에는 스테레오 녹음과 재생 장치를 이용할 수 있게 되었다. 1960년대에 카세트 녹음이 소개되었고, 1980년대에는 카세트의 매출이 LP 레코드판의 매출을 앞질렀다. 1970년대에는 돌비와 디지털 녹음이 음반 산업에 변화를 가져왔다.

그리고 1983년에는 콤팩트디스크를 상업적으로 이용할 수 있게 되었다. 최근 들어서 등장한 MP3 플레이어와 인터넷은, 소비자들로 하여금 그들의 개인용 저장 장치나

---

[18] 검은 대서양 세계에서 음악의 위치를 평가한다는 것은, 음악을 만든 음악가들에 의해 분명하게 표현된 자기이해, 다른 예술가들과 작가들이 그들의 음악을 상징적으로 사용하는 방법, 그리고 음악이 매우 중요하고 심지어는 기초적인 요소로 자리 잡고 있는 독특한 표현 문화를 생산하고 재생산하는 사회적 관계를 조사한다는 의미이다(Gilroy, *The Black Atlantic*, pp. 74-75).

재생 장치로 음악을 직접 다운받게 함으로써 레코드판과 카세트, 디스크를 필요로 하지 않게 만들었다.

대중 매체의 발전은 음악 소비를 성장시켰다. 상업 라디오(commercial radio)는 1922년에 미국에서 방송을 시작했다. 대개 처음엔 음악 벤처 사업이었다. 얼마 지나지 않아, 상업적으로 성공한 최초의 유성영화(1927년의 〈재즈 싱어〉[The Jazz Singer])가 개봉되었다. 영화는 음악 창작과 공연, 마케팅을 위한 중요한 매체이다. 상업 TV(commercial TV)는 1950년대의 미국에서는 흔한 것이 되었다. 초기의 버라이어티 쇼에서 MTV 같은 오늘날의 음악 케이블 채널에 이르기까지, TV는 음악 공연에 있어 영향력이 매우 큰 장소였다. 최근에는 인터넷이 모든 종류의 음악을 교환하고 홍보하는 세계적인 네트워크가 되었다.

(4) 세계 음악

20세기 후반에 나타난 최근의 현상은 "세계 음악"의 발흥과 인식이었다. 세계 음악은 새로운 음악 장르가 아니다. 오히려 전 세계에 있는, 특히 지배적인 서구 문화권 밖에 있는 지역 음악의 가치를 제대로 인정하고 마케팅하는 것이다. 과거에 "세계 음악"은 토착, 전통, 민족, 또는 민속 음악으로 분류되었다. 그러나 1980년대 초에 그러한 음악을 주류로 편입시켜 그 가치를 제대로 인정받을 수 있도록 하자는 노력의 일환으로 "세계 음악"이라는 용어가 등장했다. 서방의 작곡가들은 수 세기 동안 그러한 음악을 활용해 왔다. 예를 들어, 안토닌 드보르작(Antonin Dvorák, 1904년 사망)의 음악 일부는 체코 민속 무용의 영향을 받았음을 보여준다.

민족음악학이라는 분야의 성장과 녹음 장치의 발명은 토속 음악의 보급과 영향력이 늘어나는데 기여했다. 1986년에 남아프리카의 중창단인 레이디스미스 블랙 맘바조(Ladysmith Black Mambazo)를 참여시킨 폴 사이먼(Paul Simon)의 앨범, 그레이스랜드(Graceland)가 발표되었다. 이 앨범의 발표는 서구의 대중 음악에서 분수령이 된 사건이었다. 유명세를 얻게 된 레이디스미스 블랙 맘바조는 세계 음악(global music)이 성장했다는 사실을 상징적으로 보여준다.

1987년에 레이디스미스 블랙 맘바조는 "최우수 전통 민속 레코딩"(Best Traditional Folk Recording) 부분에서 그래미상을 수상했다. 그들이 2005년에 두 번째 그래미상을 수상할 때, 그 부분의 명칭은 "최우수 전통 세계 음악 레코딩"(Best Traditional World

Music Recording)으로 변경되었다.

이러한 세계 음악의 흐름은, 국경을 넘어 이동하는 수많은 이민자와 남반구와 아시아로 옮겨지는 정치 및 경제적 영향력, 그리고 어디에나 존재하면서 지역 음악을 세계 시장에 소개하는 능력을 지닌 글로컬리제이션의 진정한 상징인 인터넷으로 인해 더욱더 강해졌다.

2) 제2차 바티칸 공의회 이전의 교회 음악

20세기 상반기에 나타난 교회 음악의 두 흐름은 전통 음악의 부활과 20세기 사운드들(sounds)의 실험이었다.

(1) 복고주의(revivalism)

19세기와 20세기 동안에 많은 교회는 새로운 사운드나 음악 양식을 주장하기보다는, 전통 음악으로 되돌아갈 것을 주장했다. 이러한 음악적 복고주의는 19세기의 다양한 건축적 복고주의와 유사했다. 예를 들어, 로마 가톨릭교회는 예배에서 그레고리 성가를 부활시키고자 했다.[19] 솔렘(Solesmes)과 성가를 연구하는 다른 중심지들의 노력에 영향을 받았던 교황 피우스 10세(Pius X, 1914년 사망)는, 가톨릭교회를 위한 성가를 요구하면서 동시에 회중의 능동적인 참여를 촉구했다.[20] 이 말은 전 세계의 신자들이 전문가용으로 작곡된 음악을 노래할 것으로 기대되었다는 뜻이었다. 대부분의 장소에서 이것은 오르간으로 반주되는 성가에서만 가능했다. 오르간은 음악의 본질을 크게 바꾸었다[그림 229].

---

[19] 성음악은 필연적으로, 전례에 어울리는 최고의 특성들과, 성음악의 다른 특징인 보편성을… 자연스럽게 흘러나오게 하는 성스럽고 선한 형식을 갖고 있어야 한다. 그레고리우스 성가는 이러한 특성들을 가장 잘 소유하고 있다. 따라서 그레고리우스 성가는 로마교회에 적절하고, 고대 교부들로부터 물려받은 유일한 성가이다. 그레고리우스 성가는 수 세기에 걸쳐 전례를 이끌어왔고, 신자들에게 직접적으로 제시하고, 전례의 일부를 전적으로 규정한다. 그리고 가장 최근의 연구들이 그레고리우스 성가의 통일성과 순수성을 만족스럽게 회복시켰다. 그렇기 때문에, 그레고리우스 성가는 늘 성음악을 위한 최고의 모델로 여겨져 왔다. 따라서 다음의 원리들이 규정되어도 무방할 것 같다. 교회를 위한 음악 작품이 그 진행과 영감, 특성에 있어서 그레고리 양식에 가깝게 다가가면 다가갈수록, 그 음악은 더욱 신성하고 예전적이 된다…. 따라서 고대의 전통적인 그레고리 성가는 공적 예배의 기능에서 크게 회복되어야 한다(Pius X, *The Restoration of Church Music* [1903년], Introduction: 2-3, in Seasoltz, *The New Liturgy*, pp. 4-5).

[20] 제7장 각주 4번을 보라.

XI. In Dominicis infra annum.
(For Sundays throughout the Year.)
(Orbis factor)

그림 229. 미사 XI(1937년)에 있는 삼성송('키리에')의 반주곡(*Kyriale* [Accompaniment by Achille P. Bragers], p. 58)

성공회에서, 옥스퍼드 운동의 추종자들은 전통 캐럴(carols)과 단성 찬송가(plainsong hymns), 독일 코랄(German chorales)을 예배에서 부활시키고자 했다. 존 메이슨 닐(John Mason Neal, 1866년 사망)[그림 230]과 캐서린 윙크워스(Catherine Winkworth, 1878년 사망) 같은 찬송가학의 학자들이 번역한 고대 텍스트들은 매우 중요했다. 루터교도 이 기간에 음악적인 부흥을 경험했다.

루터교회에서 교회 음악의 수준은 바흐(1750년 사망)의 사망 이후에 크게 떨어졌다. 전통 음악에 대한 프리드리히 빌헬름 4세(Friedrich Wilhelm IV, 1861년 사망) 선제후의 관심과 옛 것을 가치 있게 여겼던 당대의 사조는, 루터교 국가였던 19세기 루터교 프러시아에서 옛 음악 양식들이 부활하는데 기여했다. 그들의 음악적 유산에 대한 관심이 유럽 전역으로 퍼졌다.

Veni veni Emmanuel;	O come, O come, Immanuel (Isaiah. 7:14)
captivum solve Israel,	and ransom captive Israel
qui gemit in exilio,	that mourns in lonely exile here
privatus Dei Filio.	until the Son of God appear.
Gaude, gaude, Emmanuel	Rejoice! Rejoice! Immanuel
nascetur pro te, Israel.	shall come to thee, O Israel.
Veni, o Jesse virgula;	O come, thou Rod of Jesse, free (Isaiah 11:1)
ex hostis tuos ungula	thine own from Satan's tyranny;
de specu tuos tartari	from depths of hell thy people save
educ et antro barathri.	and give them victory o'er the grave.
Gaude, gaude, Emmanuel	Rejoice! Rejoice! Immanuel
nascetur pro te, Israel.	shall come to thee, O Israel.
Veni, veni, o Oriens;	O come, thou Dayspring come and cheer (Luke 1:78)
solare nos adveniens;	our spirits by thine advent here;
noctis depelle nebulas	disperse the gloomy clouds of night
dirasque noctis tenebras.	and death's dark shadows put to flight.
Gaude, gaude, Emmanuel	Rejoice! Rejoice! Immanuel
nascetur pro te, Israel.	shall come to thee, O Israel.
Veni, Clavis Davidica;	O come, thou Key of David, come, (Isaiah 22:22)
regna reclude caelica;	and open wide our heavenly home; (Revelation 3:7)
fac iter tutum superum,	make safe the way that leads on high,
at claude vias inferum.	and close the path to misery.
Gaude, gaude, Emmanuel	Rejoice! Rejoice! Immanuel
nascetur pro te, Israel.	shall come to thee, O Israel.
Veni, veni Adonaï	O come, O come, thou Lord of might (Exodus 20)
quo populo in Sinaï	who to thy tribes on Sinai's height
legem dedisti vertice	in ancient times didst give the law
in maiestate gloriae.	in cloud and majesty and awe.
Gaude, gaude, Emmanuel	Rejoice! Rejoice! Immanuel
nascetur pro te, Israel.	shall come to thee, O Israel.

그림 230. 존 메이슨 닐(John Mason Neal)이 번역한 "베니 베니 엠마누엘"(*Veni veni Emmanuel*)(Routley, *A Panorama of Christian Hymnody*, p 76)

오소서, 오소서, 임마누엘 (사 7:14)
그리고 포로 된 이스라엘을 자유하게 하소서
외로운 포로 생활에서 탄식하며
주님의 아들의 오심을 기다리나이다.
기뻐하라, 기뻐하라, 임마누엘
그대를 위해 곧 오시리라, 오 이스라엘.

오소서, 이새의 뿌리여 (사 11:1)
당신의 백성을 사탄의 압제에서 풀어주소서
지옥의 심연에서 당신의 백성을 구하시고
무덤을 이기는 승리를 주시옵소서.
기뻐하라, 기뻐하라, 임마누엘
그대를 위해 곧 오시리라, 오 이스라엘.

오소서, 오소서, 새벽빛이여 (눅 1:18)
그리고 당신의 강림으로 우리의 영에 힘을 주소서.
밤의 어두운 구름을 흩으시고
죽음의 어두운 그림자도 물러가게 하소서.
기뻐하라, 기뻐하라! 임마누엘
그대를 위해 곧 오시리라, 오 이스라엘

오소서, 다윗의 열쇠여, 오소서 (사 22:22)
우리의 하늘의 집을 활짝 여소서 (계 3:7)
저 위로 가는 길을 안전하게 하시고,
고통의 길은 막아 주소서.
기뻐하라, 기뻐하라, 임마누엘
그대를 위해 곧 오시리라, 오 이시라엘

오소서, 오소서, 전능한 주님 (출 20장)
시내산에 있는 당신의 백성들에게
옛적에 율법을 주셨나이다
구름과 능력과 경외 가운데.
기뻐하라, 기뻐하라, 임마누엘
그대를 위해 곧 오시리라, 오 이스라엘

그림 230. 해석

이러한 음악적 부흥은 19세기 동안에 발전한 역사학과 음악학에 의해 촉진되었다. 역사학과 음악학의 발전은 전통적인 음악에 새로운 경의를 표하면서, 일련의 주요 교단 찬송가집들이 제작되는데 기여했다. 대개 전문가들로 구성된 위원회들에 의해 제작된 이러한 찬송가집들은, 과거의 탁월했던 작곡법을 다시 사용하고, 동일한 수준의 예술성을 지닌 당시의 작곡법을 장려함으로써, 교회 음악의 수준을 높였다.

(2) 새로운 사운드들(New Sounds)

제2차 바티칸 공의회 이전의 교회 음악에 있어서의 또 다른 발전은 탁월한 서양 작곡가들의 전례 음악 작품이었다. 랄프 본 윌리엄스(Ralph Vaughan Williams, 1958년 사망)는 "G단조의 미사곡"(Mass in G Minor)을 작곡했다. 이고르 스트라빈스키(Igor Stravinsky)는 "혼성과 관악기를 위한 미사곡"(Mass for Mixed Voices and Wind Instruments)을 만들었다. 졸탄 코다이(Zoltán Kodály, 1967년 사망)와 벤저민 브리튼(Benjamin Britten, 1976년 사망)은 각각 〈미사 브레비스〉(*Missa Brevis* [짧은 미사])를 작곡했다. 한편으로, 그러한 권위자들은 당대의 진보된 작곡법을 교회 음악에 많이 도입했다. 그러나 롱샹(Ronchamps)에 소재한 교회의 경우와 다소 비슷한데, 이러한 작품들이 새로워진 예술적 관점은 제공했지만, 회중을 기도의 중심에 두었던 갱신된 예전적인 관점은 보여주지 않았다.

다른 한편으로, 구스타브 홀스트(Gustav Holst, 1934년 사망)와 랄프 본 윌리엄스 같은 유명한 작곡가들은 회중을 위한 찬송가를 작곡했다. 예를 들어, 본 윌리엄스는 〈시네 도미네〉(*Sine Nomine* [이름 없는])를 작곡했다. 본 윌리엄스는 특히 『영국 찬송가』(*English Hymnal*, 1906년 출판되고 1933년에 개정됨)의 음악 편집인으로서 일하면서 성공회의 교회 음악이 형성되는데 영향력을 끼쳤다.

콘서트홀의 새로운 사운드 외에도, 20세기 교회 음악의 역학을 바꾸기 시작했던 새로운 거리의 사운드들도 있었다. 특히 중요했던 것은, 아주사 대부흥운동(Azasa Street Revival)으로 잘 알려진, 1906년 로스앤젤레스에서 시작된 종교 각성운동(religious awakening)이었다. 아주사 대부흥운동은 아프리카계미국인 성결교 설교자인 윌리엄 J. 시모어(William J. Seymour, 1922년 사망)의 리더십으로 시작했다. 때때로 현대 오순절 운동의 근원으로 간주되는 이 종교 및 사회, 문화적 사건은 흑인의 풍성한 종교적 유

산, 즉 몸놀림, 손뼉, 노래, 춤, 스토리텔링 등을 예배에서 중요하게 여겼다.[21]

이 운동은 또한 서방 기독교 예배에 많은 악기가 도입되도록 했다. 기타와 밴조(banjo)가 처음으로 사용되었고, 1930년대에 피아노가 사용되었다. 그리고 1950년대에 해먼드 오르간(Hammond organ)은 많은 교회가 선택하는 악기가 되어, 전자기기 증폭 시스템(electronic amplification systems)으로 소리가 향상된 다수의 타악기들과 함께 연주되었다. 해먼드 오르간은 서방에서 예배 음악뿐 아니라 이러한 "가스펠"(gospel) 사운드의 덕을 본 대중 음악의 흐름에도 큰 영향을 끼친 사운드였다.

3) 전례 운동과 제2차 바티칸 공의회

전례 운동의 영향력은 이러한 다양한 음악적 동향과 함께 커지고 있었다. 로마 가톨릭교회에서 시작되었기 때문에 이 운동의 영향력은 로마 가톨릭 전통 내에서 먼저 발휘되었다. 우리는 이미 "대화 미사"(dialogue Mass)라는 관습이 성행되고 있었음을 언급했다. 대화 미사에서, 사람들은 성가대에 의해서만 영창되었던 것들(자비송[키리에]이나 대영광송[글로리아]) 중 일부를 낭송했다.

처음에는 라틴어로 했지만, 종국엔 자국어로 낭송했다. 6장에서 언급되었듯이, 독일 사람들, 폴란드 사람들, 그리고 일부 슬라브 공동체들과 같은 일부 집단들은 자국어 찬송가를 사용하던 오랜 전통을 갖고 있었다. 그러한 사람들이 미국으로 이민을 많이 왔다는 것은, 그들의 전통도 함께 미국으로 들어왔다는 뜻이다.

미국으로 유입된 그러한 전통들은 자국어 찬송가를 사용하고자 하는 추세와 『거룩한 전례에 관한 헌장』(Constitution on the Sacred Liturgy, 1963년)이 기대했던 측면인 다양한 형태의 회중 참여에 크게 기여했다.

『거룩한 전례에 관한 헌장』은 음악이 예전에 도움이 되고 예배의 일부를 형성한다는 교황 피우스 10세 등의 많은 통찰력을 반복했다. 음악이 예전에서 중요한 역할을 하는 한 가지 이유는, 예전 텍스트에 도움을 줄 수 있는 능력을 갖고 있기 때문이다. 그러나 그 헌장은, 음악의 "신성함"(holiness)이 음악이 갖는 일부 본질적인 특성이나 그레

---

21 [윌리엄 시모어(William Seymour)는] 흑인 음악이 기독교 예배를 위해선 열등하고 적절치 않다고 여겨졌던 당시에, 흑인 영가와 흑인 음악을 그의 예전에 도입함으로써, 흑인으로서의 그의 유산을 확인시켰다 (Hollenweger, *Pentecostalism*, p. 20).

고리 성가와 같이 특별한 위상을 가진 음악과의 유사성 정도에 의해서 결정되는 것이 아니라, 얼마나 의례와 밀접하게 관련되어 있는지에 의해 결정된다고 주장하면서 새로운 장이 열렸다.[22]

『거룩한 전례에 관한 헌장』은, 마치 음악이 예술을 위한 예술인 것처럼, 예배 음악이 단순히 예술적인 아름다움을 통해서 예배를 향상시키기 때문에 거룩하게 여겨질 수 있다는 오랜 믿음에 도전했다.

음악은 이제 제2차 바티칸 공의회의 첫 번째 개혁 목표, 즉 신자들의 완전하고, 의식적이고, 능동적인 참여에 의해 판단되는 예전에 도움을 줄 수 있어야 한다(no. 14). 이처럼 음악의 사역적인 기능을 강조했기 때문에, 예배 음악의 효과성(effectiveness)을 판단하는 새로운 일련의 기준들이 등장했다.[23]

그렇다고 이러한 새로운 방향성에 대한 논란이 없었던 것은 아니다. 그리고 이러한 방향성은 때때로 신자들이 쉽게 이해할 수 있는 음악을 강조하는 이들과 수준 높게 작곡된 음악의 필요성을 강조하는 이들이 분열하는 원인이 되기도 했다. 특히 『젊은 그리스도인들을 위한 찬송가』(Hymnal for Young Christians, 1966년)[그림 231]와 같은 획기적인 음악 자료가 출판되었던 제2차 바티칸 공의회 직후에 그러했다.

그림 231. "그리고 그들은 우리의 사랑으로 우리가 그리스도인인 것을 알게 될 것입니다"(And They'll Know We Are Christians By Our Love)(1966년)

---

22 보편 교회의 음악 전통은 헤아릴 수 없는 가치를 지닌, 심지어는 다른 예술들의 가치보다 더 큰 가치를 지닌 보고이다. 음악이 이러한 탁월성을 지닌 중요한 이유는, 성음악과 말씀의 조합으로서, 장중한 전례의 필수적인 또는 필수불가결한 부분을 이루고 있다는데 있다. 거룩한 성경 자체도 성가를 찬송했고, 교부들도 찬송했다. 그리고 최근의 피우스 10세를 비롯한 로마 교황들도 주님을 섬기는 일에서 성음악의 사역적인 기능을 더욱 분명하게 설명했다. 그러므로 성음악은 전례 행위와 더욱 밀접히 결합되면 될수록 더욱 더 거룩해질 것이다. 성음악은 기도를 감미롭게 표현하거나, 하나됨의 마음을 갖도록 하거나, 또는 거룩한 예식들을 더욱 장중하게 한다(The Constitution on the Sacred Liturgy, no. 112).

23 전례를 거행하는데 사용되는 음악 요소의 가치를 결정하기 위해서는, 세 가지 판단, 즉 음악적, 전례적, 그리고 목회적 판단을 내려야 한다(U. S. Bishops' Committee on the Liturgy, Music in Catholic Worship [1972년], no. 25).

로마 가톨릭 성인 신자들을 위한 자국어 음악과 많은 예배 음악이, 찬송가집과 주간 또는 월간 미사경본(missalettes), 옥타보(octavo)에 등장하게 되면서, 그 주제에 대한 논란의 여지가 예전 건축가 같은 다른 분야에서보다는 줄어들었다.

1983년에 미국 주교단이 1972년에 제작된 자료인 『가톨릭 예배의 음악』(Music in Catholic Worship)을 사실상 아무것도 바꾸지 않고 그대로 재출간했던 것이 이를 상징적으로 보여준다. 앞에서 언급된, 2000년에 미국 주교단이 1978년의 건축 지침을 『산돌로 지어진』(Built of Living Stones)으로 대체했던 것과는 극명하게 대조되는 일이었다.

많은 개신교 교회가 기도문에서 회중의 노래를 (다른 무언가로) 바꾸지 않았던 것은 분명하다. 그럼에도 불구하고 그들의 예배도 중요한 변화를 겪었다. 많은 개신교 교회가 그들의 전통에서 성례전적인 측면, 특히 매주 하는 성찬식을 의도적으로 회복시켰듯이,[24] 음악을 성찬식의 중심에 두곤 했다. 따라서 주요 개신교 교단들이 개정한 많은 찬송가집들은 전통적인 시편과 찬송가와 함께, 성찬 예전을 위한 환호성과 응답송, 기타 여러 곡들을 많이 포함시켰다[그림 232].

스칸디나비아 루터교회와 같이 이러한 관습을 계속해서 지켜왔던 전통들도 있었지만, 이제는 그러한 전통들이 더 이상 이례적이지는 않게 되었다. 로마 가톨릭의 찬송가집들 뿐만 아니라 개신교회의 찬송가집들에서도 흔히 볼 수 있게 된 것은, 비주류 전통과 비서구 예배 전통의 음악들이다. 따라서 스와힐리 노래에 맞춘 찬송가[그림 233]나 다른 토착 성가가, 찰스 웨슬리(Charles Wesley)와 루스 덕(Ruth Duck, 1947년 사망)과 F. 프랫 그린(F. Pratt Green, 2000년 사망) 같은 현대 작곡가들의 찬송가와 함께 있는 것을 발견하는 것은 드문 일이 아니다.

---

24 그리스도인의 신앙은 주님의 만찬을 거행하면서 깊어진다. 따라서 성찬식은 자주 거행되어야 한다.... 성찬식이 그리스도의 부활을 기념한다면, 성찬식은 적어도 매주 일요일에는 있어야 한다. 성찬식이 하나님의 백성의 새로운 성례전적인 식사라면, 모든 그리스도인은 성찬식에 자주 참여하도록 권면되어야 한다 (World Council of Churches, Baptism, Eucharist, and Ministry [1982년], nos. 31-32).

29. The preface appropriate to the day or season is sung or said.

Ⓟ It is indeed right and salutary . . . we praise your name and join their unending hymn:

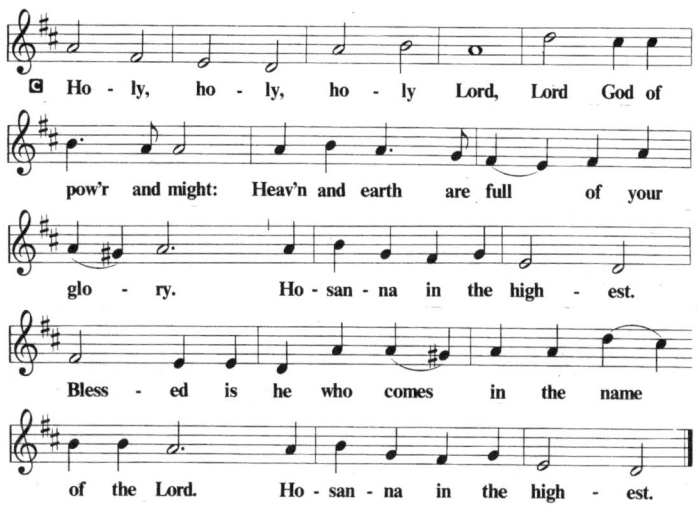

그림 232. 성찬 찬송(Holy Communion) 2번(*Lutheran Book of Worship*[1978년], pp. 88-89)

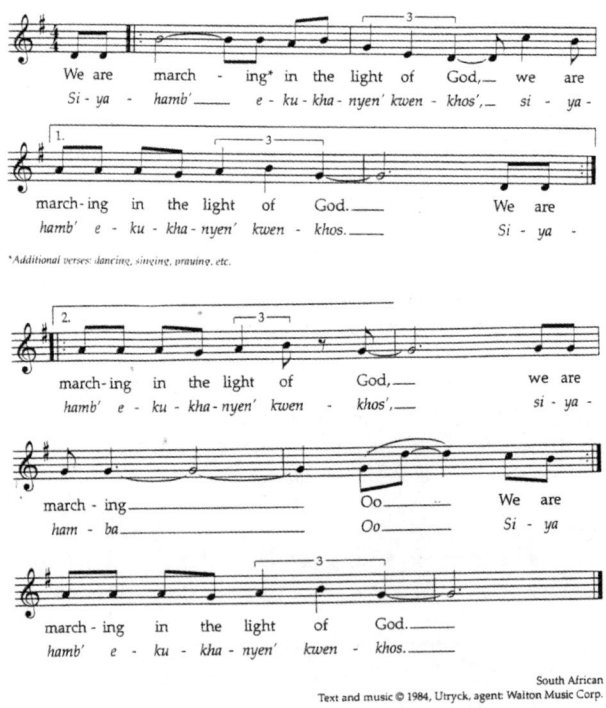

그림 233. 시야함바(Syyahamba), "우리 하나님의 빛 가운데 나아가 (We Are Marching in the Light of God)," 남아프리카 찬송가, 1984년

4) 요약

예전 음악은 회중의 접근용이성, 문화적 다양성, 사회적 재정의(social redefinition), 음악의 사역적인 정의에 대한 이해의 변화에 반응하면서, 예전의 다른 요소들 이상으로 변화해왔다. 다른 예배 예술과 마찬가지로, 예전 음악의 변화는 새로운 것과 교회의 풍성하고 다양한 음악적인 전통들 사이에서 균형을 맞춰야 하는 과제를 반영한다. 일부 예배 음악의 사운드와 세속 음악 산업의 사운드의 차이가 모호해지면서 성단소와 빌보드차트의 탑100(Billboard.com's top 100) 사이를 쉽게 넘나드는 크로스오버 예술가들(crossover artists)에 의해 상징적으로 표현되듯이 오락물로 여겨지는 예배 음악에 대한 새로운 우려가 생겨났다.

일부 교회가 갖춘 전문적인 음악가용의 정교한 사운드와 조명 시스템, 세상의 기악 연주법과 음악 스타일을 모방한 찬양 밴드의 도입, 그리고 기독교 라디오와 "듣기 편한 음악" CD의 인기에 힘입은 종교 음악과 예배 음악의 상업화는, 특히 목회 지도자들과 목회 음악가들의 깊은 신학적 숙고를 요구한다.

3. 책

20세기 동안에 서방 기독교에서 새로운 전례서들은 꾸준히 출간되었다. 제2차 바티칸 공의회 이후에 많은 교단에서 출간한 책의 수가 증가했다는 사실은 특히 주목할 만하다. 이러한 상황을 강조하기 위해 여기서는 제2차 바티칸 공의회 이전과 이후에 등장했던 책들을 살펴보도록 하겠다. 이 기간에 세계 곳곳에서 방대한 양의 예식서와 찬송가집이 출판되었다. 그러나 우리는 여기서 미국에서 출판된 책에만 초점을 맞추도록 하겠다.

1) 제2차 바티칸 공의회 이전의 전례서들

트렌트 공의회와 제2차 바티칸 공의회 사이에 로마 가톨릭의 공식적인 전례서들은 거의 바뀌지 않았다. 한 가지 예외가 있다면, 1911년에 교황 피우스 10세가 개정한 성무일도서(breviary)이다. 이 개정본의 핵심은 조과기도 때 사용되는 시편의 수를 24편에서 9편으로 축소하고, 성무일도 전체에 걸쳐 시편들을 재배열한 것이었다. 이론상으로는 매우 놀라운 혁신이었다.[25]

그러나 실제적인 면에 있어서, 수 세기 동안 조과기도에서 배제되었던 신자들의 주목을 끌지는 못했다. 평범한 신자들에게는, 토요일 아침에 부활절 전야제(Easter Vigil)를 거행했던 관행을 종식시킨 부활절 전야제(Easter Vigil)의 부활(1951년)과 『새 성주간 예식서』(Renewed Order of Holy Week, 1955년)가 훨씬 더 중요했다.

평신도가 성찬식 때 사용할 수 있는 로마 가톨릭 공식 전례서는 없다. 그 대신 신자들이 미사 때 사용했던 신심 예식들(devotional practices)을 가득 담은 다수의 기도서들

---

25 동방과 서방의 기독교 아침 찬양의 역사에서 최초로, 찬과 시편들(psalms of lauds)인 시편 148-150편이 매일 낭송되지 않았다. 대신 토요일부터 시작하는 한 주의 각 요일에 찬양의 시편 한 편씩이 지정되었다: 시편 148편, 116편, 134편, 145편, 146편, 147편, 150편. 뿐만 아니라, 시편 50편과 62편은, 전통적인 찬가들과 마찬가지로, 사순절과 [부활절] 전야제(vigils)를 제외하고, 찬과에 정해진 시편으로서 더 이상 낭송되지 않았다. 성무일도의 역사의식을 갖고 있는 사람에게, 이것은 거의 보편적인 교회 전통에서 매우 심하게 벗어나는 것이었다(Taft, *The Liturgy of the Hours in East and West*, p. 312).

이 있었고, 많은 신자가 묵주 기도(rosary)를 드렸다. 비공식적인 매일 미사경본들(daily missals)이 널리 사용된 것은 20세기에 일어난 특별한 현상 중 하나였다. 영어로 된 매일 미사경본들이 19세기에 등장하기는 했지만, 미사를 자국어로 번역하도록 허가를 받았던 때는 20세기 초였다. 이 일은 비공식적인 매일 미사경본들이 널리 사용되는데 크게 기여했다.

그림 234. 스테드맨 군대 미사 경본 (Stedman Military Missal)

비공식적인 매일 미사경본들 중에서 죠셉 스테드먼(Joseph Stedman, 1946년 사망)의 『주일 미사경본』(Sunday Missal)이 가장 유명했는데, 1932년에서 1944년 사이에 32쇄가 출판되었다[그림 234]. 키이스 펙클러스(Keith Pecklers)가 『읽지 않은 비전』(The Unread Vision)에서 기록했듯이, 『주일 미사경본』은 제2차 세계대전 때 군인들이 사용했기 때문에 세계적인 명성을 얻게 되었다. 이 책은 폴란드어, 이탈리아어, 프랑스어, 스페인어, 중국어, 네덜란드어, 독일어, 일본어, 포르투갈어, 그리고 심지어는 아메리카 원주민 언어로도 번역되었다(p. 50).

제임스 화이트가 『개신교 예배』(Protestant Worship: Traditions in Transition) 전체에 걸쳐 기록하듯이, 미국의 개신교 교회들은 굉장히 많은 수의 전례서를 생산했다. 1789년에 처음으로 미국에서 사용해도 된다고 승인받았던 성공회의 『공동 기도서』(Book of Common Prayer)는 1892년에 개정되었고, 1928년에 다시 개정되었다. 성공회는 또한 20세기 상반기에 찬송가집을 두 차례에 걸쳐 『새 찬송가집』(The New Hymnal, 1916-18년)과 『찬송가집』(Hymnal, 1940년)을 개정했다. 『새 찬송가집』은 성공회 총회(general convention)에 의해 승인 된 최초의 음악가판(musical edition) 성공회 찬송가집이었고, 『찬송가집』은 20세기의 가장 유명한 영어 찬송가집 중 하나가 되었다.

미국의 다양한 루터교회들은 찬송가집과 기도서를 합친 책들을 제작하곤 했다. 그 중 영어로 출판된 최초의 책은 존 크리스토퍼 쿤즈(John Christopher Kunze, 1807년 사망)의 『찬송가집과 기도서』(A Hymnal and Prayer-Book)였다. 18세기와 19세기에는 『교회서』(Church Book)와 같은 다른 책들이 많이 출판되었다. 1868년의 교무총회대회(convention of the General Council)를 준비하면서 처음으로 출간되었던 『교회서』는 그 후 많은 후판(subsequent editions)이 발행되었다. 1917년에 세 단체, 즉 교무총회

(General Council), 교무대회(General Synod), 남부연합교회회의(United Synod South)-가 하나의 예배서와 찬송가집을 출판했다. 이『공동 예식서』(*Common Service Book*)의 출간은 이 세 단체가 1918년에 미국연합루터교회로 통합되는데 중요한 역할을 했다.[26]

또 하나의 주목할 만한 합작 사업은 여덟 개의 교회 단체가 출판한『예식서와 찬송가집』(*Service Book and Hymnal*, 1958년)이었다[그림 235]. 이 찬송가집도 그 조직들 중 네 단체, 즉 미국루터교회(American Lutheran Church), 미주복음주의루터교회(Evangelical Lutheran Church in America), 연합복음주의루터교회(United Evangelical Lutheran Church), 그리고 루터자유교회(Lutheran Free Church)가 1961년에 미국루터교회(American Lutheran Church)로 통합되는데 기여했다.

---

26 1917년에 출간된 공동 예식서(Common Service Book) 음악판은, 종교개혁 400주년을 기념하는 가장 중요한 사건 중 하나라고 묘사되었다. 그러나 이 책은 또한 지대한 영향을 미칠 실질적인 결과도 가져왔다. 세 총회(general bodies)가 33년간 공동으로 진행한 전례와 찬송가에 대한 연구가 낳은 공동의 정신은, 1918년에 미국연합루터교회(United Lutheran Church in America)라는 유기적인 통합을 이끈 가장 중요한 요소 중 하나였음이 틀림없다(Ernest Ryden, in Stulken, *Hymnal Companion to the Lutheran Book of Worship*, p. 100)

그림 235. 1958년판 『예식서와 찬송가』(Service Book and Hymnal)에 나타난 중요한 변화 중 하나는 제정사를 대신할 수 있는 성찬 기도 전문(complete eucharistic prayer)의 도입이었다(Service Book and hymnal [1958년], pp. 11-12)

성찬

서문 후에 바로 이어져야 한다.

그러므로 천사들과 천사장들과 함께, 그리고 하늘의 모든 무리와 함께, 우리는 당신의 영광스러운 이름을 찬양하고 찬미합니다. 당신을 항상 찬송하고 노래합니다.

그 다음에 삼성송을 노래하거나 읊조려야 한다.

거룩, 거룩, 거룩, 전능의 주 하나님. 당신의 영광이 온 하늘과 땅에 가득합니다. 가장 높은 곳에서 호산나.
주님의 이름으로 오시는 당신을 송축합니다. 가장 높은 곳에서 호산나.

그 다음에 회중은 무릎을 꿇을 수 있다.

사제는 제대 앞에 서고 제대를 바라보며 감사의 기도를 해야 한다.

감사의 기도

전능하시고 자비로우신 하나님, 당신은 거룩하십니다. 당신은 거룩하시고, 당신의 영광의 위엄은 위대합니다.
당신은 이 세상을 사랑하셔서 독생자를 보내셨고, 그분을 믿는 자는 누구든지 멸망하지 않고 영생을 얻게 하셨습니다. 세상에 오신 그분을 통해서 우리를 위해 당신의 거룩한 뜻을 성취하셨습니다. 그리고 우리의 구원을 위해 모든 것을 이루셨습니다. 그분은 잡히시던 날, 빵을 들고 감사 기도를 드리셨습니다. 그리고 떼어서 제자들에게 주시며 말씀하셨습니다. 이것은 너희에게 주는 내 몸이다. 이것을 행하여 나를 기념하라.

(a) 이때 사제는 빵을 든다.

이와 같이 그분은 또 빵을 드신 후에 잔을 가지시고 감사 기도를 드리셨습니다. 그리고 잔을 그들에게 주시며 말씀하셨습니다. 너희 모두 이것을 마셔라. 이 잔은 죄를 용서하기 위하여 너희와 많은 이를 위해 흘리는 나의 피로 세운 새 언약이다. 이것을 행하여 마실 때마다 나를 기념하라.

(b) 이때 사제는 잔을 든다.

그러므로 오, 전능하신 주 하나님. 우리는 해야 하기 때문이 아니라 할 수 있기 때문에, 그리스도의 유익한 명령, 그분의 생명을-주는 수난과 죽음, 그분의 영광의 부활과 승천, 그리고 재림의 약속을 기억하며 감사드립니다. 그리고 자비로우신 당신께 간구합니다. 우리의 찬양과 감사를 받아주시고, 당신의 말씀과 성령으로 당신의 종들이 우리와 빵과 포도주의 예물 위에 복 내려 주십시오. 그래서 먹고 마신 우리 모두가 하늘의 복과 은혜로 충만하고, 죄의 용서를 받고, 영과 몸이 성화되고, 모든 성도와 함께 참여할 수 있도록 해 주십시오.
그리고 성부와 성자와 성령이신 하나님 당신은 당신의 거룩한 교회에서 온갖 영예와 영광을 영원토록 받으실 것입니다. 아멘.

예식

그 다음에 사제는 노래하거나 읊조려야 한다.

하늘에 계신 우리 아버지여, 이름이 거룩히 여김을 받으시오며, 나라에 임하시오며, 뜻이 하늘에서 이루어진 것같이 땅에서도 이루어지다. 오늘 우리에게 일용할 양식을 주시옵고, 우리가 우리에게 죄 지은 자를 사하여 준 것같이 우리의 죄를 사하여 주옵시고, 우리를 시험에 들게 하지 마옵시고, 다만 악에서 구하시옵소서.

회중은 노래하거나 읊조려야 한다.

대개 나라와 권세와 영광이 아버지께 영원히 있사옵나이다. 아멘.

아니면 위의 감사의 기도 "전능하시고 자비로우신 하나님, 당신은 거룩하십니다" 대신에, 사제는 제정의 말씀 다음에 주기도문을 할 수 있다.

제정의 말씀

우리 주 예수 그리스도는, 그분이 잡히시던 날, 빵을 들고 감사 기도를 드리셨습니다. 그리고 떼어서 제자들에게 주시며 말씀하셨습니다. 이것은 너희에게 주는 내 몸이다. 이것을 행하여 나를 기념하라.

(a) 이때 사제는 빵을 든다.

이와 같이 그분은 또 빵을 드신 후에 잔을 가지시고 감사 기도를 드리셨습니다. 그리고 잔을 그들에게 주시며 말씀하셨습니다. 너희 모두 이것을 마셔라. 이 잔은 죄를 용서하기 위하여 너희와 많은 이를 위해 흘리는 나의 피로 세운 새 언약이다. 이것을 행하여 마실 때마다 나를 기념하라.

(a) 이때 사제는 빵을 든다.

주기도문

하늘에 계신 우리 아버지....

그 다음에 사제는 회중을 향해 돌아서서 노래하거나 읊조려야 한다.

주님의 평화가 항상 함께 하기를 바랍니다.

회중은 노래하거나 읊조려야 한다. 또한 당신의 영과 함께

그 다음에 회중은 일어서서 하나님의 어린 양(아뉴스 데이)을 노래하거나 읊조린다.

하나님의 어린 양(아뉴스 데이)

오, 그리스도. 세상 죄를 지고 가는 하나님의 어린 양. 우리를 불쌍히 여기소서.
오, 그리스도. 세상 죄를 지고 가는 하나님의 어린 양. 우리를 불쌍히 여기소서.
오, 그리스도. 세상 죄를 지고 가는 하나님의 어린 양. 우리에게 당신의 평화를 주소서.

나머지 네 단체, 즉 아우구스부르크루터교회(Augustana Lutheran Church), 미국복음주의루터교회(American Evangelical Lutheran Church), 핀란드복음주의루터교회(Finnish Evangelical Lutheran Church), 그리고 미국연합루터교회(United Lutheran Church in America)는 1962년에 미주루터교회(Lutheran Church in America)를 만들었다.

20세기의 다른 중요한 공동 협력에는 세 감리교회의 사업이 포함된다. 1939년에 있을 연합을 예상하고, 감독감리교회(Methodist Episcopal Church), 남감독감리교회(Methodist Episcopal Church-South), 그리고 감리개신교회(Methodist Protestant Church)는 『감리교 찬송가집』(The Methodist Hymnal)을 공동으로 출판했다. 세 단체가 연합하여 탄생한 새로운 감리교회(Methodist Church)는 『예배서』(Book of Worship, 1944년)를 출판했다. 두 번째 『찬송가집』(Hymnal)과 『예배서』(Book of Worship)는 1964년에 승인되었다.

비록 합작 사업은 아니었지만, (북)미국장로교회(Presbyterian Church in the U.S.A.[North])가 출판한 1906년과 1932년, 1946년판 『공동 예배서』(Book of Common Worship)는 (남)미국장로교회(Presbyterian Church in the U.S.A.[South])에 의해서도 결국엔 승인되었다. 이러한 사업은 『찬송가』(The Hymnbook, 1955년)와 『예배서』(The Worshipbook, 1970년)가 공동 출판되는데 기여하면서 1983년에 있을 이 두 교단의 통합을 예시했다.

20세기 미국의 개신교는 예전서가 단순히 애매한 의례 물품이 아니라는 것을 보여줬다. 예전서는 신앙을 구현하고, 따라서 어떤 면에서는 하나됨(unity)을 위한 도구로 쓰인다. 평범한 예배자들은 이러한 경험의 일부였다. 왜냐하면 그들이 매주 사용했던 책에서 변화가 일어났기 때문이다. 공인된 교회 단체에 의해 승인되기는 했지만, 예전서는 단순히 예전 전문가들만의 책이 아니었다. 예전서, 특히 찬송가집은 사람들의 책들이었다.

2) 제2차 바티칸 공의회 이후의 전례서들

제2차 바티칸 공의회는 언뜻 보기엔 단순한 일련의 성명서(statements)를 통해서 사실상 로마 가톨릭교회의 모든 전례서를 개혁하겠다고 포고했다.[27] 트렌트 공의회 당시

---

27 ·미사 예식은 개정되어야 한다[no. 50].
·두 가지 성인 세례 예식은 개정되어야 한다[no. 66].
·유아세례 예식도 개정되어야 한다[no. 71].
·고해 예식과 기도문은 개정되어야 한다[no. 72].

의 주교들처럼, 제2차 바티칸 공의회의 주교들은 그들 자신이 개혁 작업을 시도하지 않았다. 이 작업은 오늘날까지 그 작업을 계속하고 있는 일련의 위원회(commissions)와 특별위원회(special committees)에게 위임되었다.

현대 신학들의 도움으로 로마 가톨릭교회를 위한 새로운 전례서들은 빠른 속도로 등장했다. 제2차 바티칸 공의회가 끝나고 몇 년 사이에 출판된 책들은 대개 라틴어와 자국어로 된 혼합 형태의 출판물로, 개혁의 예비 단계를 반영했다[그림 236].

· 병자 도유와 노자 성체로 분리된 예식 외에, 연속 예식이 만들어져야 한다[no. 74].
· 서품 예식의 의전과 텍스트는 모두 개정되어야 한다[no. 76].
· 결혼 예식은... 개정되어야 한다[no. 77].
· 준성사들은 개정되어야 한다[no. 79].
· 동정녀 봉헌 예식도... 개정되어야 한다[no. 80].
· 장례 예식은 그리스도인의 죽음의 파스카 특성을 보다 분명히 표현해야 한다[no. 81].
· 성무일도를 개정하는데 있어서 이러한 규범들은 준수되어야 한다[no. 89].
  (*The Constitution on the Sacred Liturgy*).

> ## 오르도 미쌔
>
> ### 미사 통상문
>
> 1. 집전자가 제대에 경의를 표한 후에 십자 성호를 그으면서 적절한 어조로 말한다.
>
> 성부와 성자와 성령의 이름으로. 아멘.
>
> 그 다음에, 집전자는 손을 모으고 덧붙인다.
>
> V. 나는 하나님의 제단으로 나아가리이다.
> R. 나에게 기쁨을 주시는 하나님께.
>
> 2. 그리고 집전자는 즉시 계속한다.
>
> V. 우리의 도움은 주님의 이름에 있사오니.
> R. 주님은 하늘과 땅을 지으셨나이다.
>
> 다음에 집전자는 절하면서 다음과 같이 고백한다.
>
> 전능하신 하나님, 평생 동정이신 복되신 마리아, 복되신 미가엘 천사장, 복되신 세례자 요한, 거룩한 사도 베드로와 바울, 모든 성인, 그리고 형제 여러분에게 고백하오니, 내가 생각과 말과 행위로 죄를 지었나이다. (집전자는 가슴을 세 번 치면서 말한다.) 내 탓이오, 내 탓이오, 나의 큰 탓이옵니다. 그러므로 평생 동정이신 복되신 마리아, 복되신 미가엘 천사장, 복되신 세례자 요한, 거룩한 사도 베드로와 바울, 모든 성인, 그리고 형제 여러분에게 간청하오니, 나를 위해 주 하나님께 기도해 주소서.
>
> 봉사자들과 신자들이 응답한다.
> 전능하신 하나님께서 당신에게 자비를 베푸시고, 당신의 죄를 용서하시고, 당신을 영생으로 이끄시기를.
>
> 집전자는 아멘이라고 말한다. 그리고 똑바로 선다. 그 다음에 봉사자들과 신자들이 고백한다. 집전자가 형제 여러분에게 라고 말했던 부분에서, 봉사자들과 신자들은 사제에게 라고 말한다.

그림 236. 미국을 위한 영어-라틴어 성사집(1966년). 영어와 라틴어로 표기된 일부 개정된 의례와 함께, 제2차 바티칸 공의회 직후 성찬 예전의 혼합적인 상태를 보여준다(Benzinger Edition, 1996)

결국에는 보편 교회를 위한 일련의 표준판들(각 표준판은 라틴어로 **에디티오 티피카** [*editio typica*]로 불렸다)이 로마에 의해 널리 보급되었다. 그 후 이 표준판들은, 주교 협의회로부터 승인받고, 로마로부터 확인받아 자국어로 번역되어 출판되었다. 예를 들어, 로마 미사경본의 한 **에디티오 티피카**는 1970년에 발간되었고, 승인된 영어 번역판은 1973년에 등장했다.

로마 가톨릭 서적의 적응화(adaptation)의 세 번째 단계는 제2차 바티칸 공의회에 의해 상정되었듯이 다양한 문화로의 적응이다.[28] 예를 들어, 『장례 예식서』(Order of Funerals)의 **에디티오 티피카**가 라틴어로 발행된(1969년) 다음에 승인된 영어 번역판이 나왔다(1970년). 전례영어국제위원회(International Commission on English in the Liturgy[ICEL])가 준비한 개정판은, 미국로마가톨릭주교단(Roman Catholic Bishops of the United States)의 승인을 받고, 로마의 확인을 받은 다음에 출판되었다(1989년).

예식서들의 다양한 표준판들이 보급되면서, 제2차 바티칸 공의회 이후의 로마 가톨릭교회는 이전에는 결코 알지 못했던 전례의 획일성(liturgical uniformity)을 경험했다. 트렌트 공의회조차도 200년 이상 된 모든 전례 전통은 계속해서 이어지도록 허락했다. 제2차 바티칸 공의회는 그러한 예식들을 모두 삭제했다[그림 237]. 그러나 제2차 바티칸 공의회는 그 예식들이 적응화 될 수는 있다고 여겼다. 지금까지 공식적인 적응화(adaptation)의 양은 그다지 많지 않다.

제2차 바티칸 공의회 이후에 많은 이들이 새로운 예식들의 탄생을 상상했지만(예를 들면, 아프리카계 미국인의 예식(African American rite)이나, 심지어는 루터주의를 중심으로 전기독교적인 연합(ecumenical union)을 보여주는 독특한 예식 같은 것들) 로마 예식을 자이르-콩고(Zairean-Congolese)식으로 적응(adaptation)시킨 것만이 승인되었다. 그러나 로마는 그 예식을 독립된 전례 예식으로 인정하지는 않는다.

1984년이 바티칸 공의회 이후의 개혁에서 변화의 기준점이었다는 네이션 미첼(Nathan Mitchell)의 견해를 추가적으로 확증하듯이, 1980년대 이후로 전례서의 번역에 대한 논의가 로마 가톨릭 공동체 내에서 더욱더 활발해졌다. 미국에서 이러한 논의는 이전에 승인되었던 텍스트들에 대한 허가를 취소했던 1990년대에 정점에 이르렀다.

---

28 로마 전례 예식의 실질적인 통일성이 보존된다면, 예식서들을 개정할 때, 서로 다른 집단들, 지역들과 민족들을 위하여 정당한 변동성과 응용성의 여지가, 특히 선교 지역에서, 남겨져야 한다. 이는 예식들과 예식 지시문들을 만들 때도 유의되어야 한다(*The Constitution on the Sacred Liturgy*, no. 38).

예를 들어, 1994년에 바티칸은 전례에서 NRSV의 사용을 허락했던 1992년의 결정을 철회했다.

그림 237. 제2차 바티칸 공의회에서 삭제시킨 20세기의 도미니크회 예식서 (Dominican Rite)에 나오는 미사 통상문의 시작부분(*Missale Ordinis Praedicatorum*, Rome, 1939년)

동시에 로마는 1991년에 미국 로마 가톨릭 주교단이 승인했던 전례에서 RNAB의 시편을 사용해도 된다는 결정을 인정하지 않았다. 그 결과, 미국 주교들이 1992년에 제출했고 위의 번역판 성경들을 사용했던 성서일과(lectionary)도 인정되지 않았다. 미국 주교들이 승인하여 1996년에 제출했던 서품 예식(ordination rites)도 1997년에 거부되었다. 로마가 영어 번역에 문제가 있다고 여겼기 때문이다. 2001년에 로마는 1969년에 출판되었던 지침서를 대체할 뿐 아니라 번역의 원칙들을 근본적으로 뒤바꾼 새로운 번역 지침서를 출간했다.[29]

---

29 교회의 기도는 항상 지금 여기에 모인 어떤 실제적인 공동체의 기도이다. 다른 시대나 지역에서 전해 받았던 문구(formula)를 글자 그대로 번역한 것은, 정확하게 번역되었다고 하더라도, 예배를 위해 사용되기에는 충분치 않다. 번역된 문구는 회중의 진정한 기도가 되어야만 한다. 그리고 회중의 각 구성원은 그 기도 안에서 자신을 찾고 표현할 수 있어야 한다(*On The Translation of Liturgical Texts For Celebrations With A Congregation* [French, *Comme le prevoit*], 1969, no. 20).

2002년에 출판된 로마 미사경본의 새로운 **에디티오 티피카**는 로마 가톨릭 미사에서 가장 중요한 텍스트들의 번역에 대해 추가적으로 논의하도록 만들었다. 2006년에 미국 로마 가톨릭 주교단은 영어권 로마 가톨릭신자들에게 가장 익숙한 전례 텍스트들의 일부를 수정한 새로운 번역(문)을 승인했다. 예를 들어, "주님께서 여러분과 함께"에 대한 응답은 더 이상 "또한 당신과 함께"가 아니다. 지금은 좀 더 문자적으로 "또한 당신의 영과 함께"이다. 특히 성 의식(gender awareness)과 성 인지(gender sensitivity)가 강한 문화에서 번역은 공식 언어는 라틴어이지만 구성원들은 자국어를 사용하는 보편 교회가 앞으로 풀어야 할 과제일 것이다.

제2차 바티칸 공의회 이후에 로마 가톨릭교회에서 전례서들이 폭발적으로 증가했던 것처럼, 개신교 교회들에서도 그에 필적할만한 일들이 일어났다. 예를 들어, 성공회는 사실상 모든 예식서와 시편집을 『공동 기도서와 시편집 또는 다윗의 시편과 함께하는 성례전과 기타 예식 및 의식 집례서』(*The Book of Common Prayer and Administration of the Sacraments and Other Rites and Ceremonies of the Church together with the Psalter or Psalms of David*)(1979년)로 개정했다.

이 책은 새롭게 개정된 의식들, 로마의 성서일과를 토대로 한 성서일과, 확대된 교회력, 그리고 네 개의 새로운 성찬 기도문을 포함한다. 뿐만 아니라, 예식들의 새로운 구성-세례 예식, 견진 예식, 결혼 예식, 그리고 장례 예식을 성찬식의 맥락 안에 놓는-은 전통적으로 더 중요했던 아침과 저녁 기도회를 경시한다. 이 개정에서의 핵심은 성

별도의 요소들 중에는 필수적인 요소들이 있고 부차적이고 부수적인 다른 요소들이 있다. 필수적인 요소들은 번역을 할 때 때로는 건드리지 않으면서, 때로는 동의어를 사용하면서, 최대한 보존되어야 한다. 로마 기도문들의 기본적인 구조는 불변인 채로 있을 수 있다: 다른 요소들은 존속될 수 없다; 신의 호칭(divine title), 청원 동기, 청원 자체. 마무리. 수사적 종결운율(oratorical cursus), 수사적-산문 마침꼴(rhetorical-prose cadence)(Ibid., no. 28).

(아래의 내용과 비교)

교부들로부터 받은 교회의 신앙을 전하는 교회의 수 세기에 걸친 경험을 의존하는 로마 전례 예식(Roman Rite)의 라틴어 전례 텍스트들은, 그 자체가 얼마 전에 맺게 된 전례 갱신의 열매이다. 그러한 풍성한 유산을 보존하고 오래도록 전하기 위해서는, 로마 전례의 전례 텍스트들을 번역하는 것이 창의적이고 혁신적인 작업이라기보다는, 본래의 텍스트들을 자국어로 신실하고 정확하게 표현하는 일이라는 사실을 처음부터 명심해야 한다. 자구(wordings)를 배열하는 것은 허용되지만, 문장 구조법(syntax)과 표현 양식(style)은 가능한 한 일반적인 기도문 원문의 리듬에 자연스러운 자국어 텍스트를 준비하면서, 내용면에서는 생략이나 추가, 의역이나 곡해 없이, 완전하고 가장 정확하게 번역되어야 한다
(*On the Use of Vernacular Languages in the Publication of the Books of the Roman Liturgy* [Latin, Liturgiam Authenticam], 2001, no. 20).

찬식이다.[30] 성공회는 또한 새로운 찬송가집을 1982년에 출간했다.

성공회는 2000년에 『공동 기도서』의 전통적인 요소들을 예배의 새로운 형식들과 결합한 새로운 실험적인 예식서인 『공동 예배서』(Common Worship)를 출판했다.

제2차 바티칸 공의회가 끝난 후 1년 동안에, 루터교회-간예배위원회(Inter-Lutheran Commission on Worship)는 『루터교 예배서』(The Lutheran Book of Worship[LBW])의 출판으로 마무리 된 12년짜리 프로젝트를 시작했다. 미주루터교회(Lutheran Church in America), 미국루터교회(American Lutheran Church), 캐나다복음주의루터교회(Evangelical Lutheran Church of Canada), 그리고 루터교회 미주리총회(Lutheran Church-Missouri Synod)의 협동간행물로서 제안되었던 『루터교 예배서』(LBW)는 그 이상의 연합을 이끌어냈다. 비록 루터교회-미주리총회(Lutheran Church-Missouri Synod)가 이 프로젝트에서 빠져 독자적으로 『루터교 예배』(Lutheran Worship)를 출판하기는 했지만, 그럼에도 불구하고 『루터교 예배서』(LBW)는 미국 내 루터교회 공동체의 하나됨을 위한 또 다른 매개체가 되었다.

1988년에 미주루터교회(Lutheran Church in America), 미국루터교회(American Lutheran Church), 그리고 복음주의루터교회협의회(Association of Evangelical Lutheran Churches)가 모여 미주복음주의루터교회(Evangelical Lutheran Church in America)를 결성했다. 『루터교 예배서』(LBW)는 미주복음주의루터교회(Evangelical Lutheran Church in America)의 공식 예배서이다. 『루터교 예배서』(LBW)는 종교개혁 이후, 루터교회 출판 역사상 가장 풍성한 전례력(liturgical calendar)을 담고 있다.

『루터교 예배서』(LBW)는 또한 3년 주기의 성경 낭독 순서를 포함한 로마 가톨릭의 성서일과를 사용하고, 세 가지 양식의 성찬 기도문과 함께 성찬식 곡을 네 개를 수록하고 있다. 『루터교 예배서: 목회자 탁상판』(The Lutheran Book of Worship: Minister's Desk Edition)(1978년)은 성찬 기도문 양식을 세 개 더 담고 있다[그림 238].

이 책은 많은 루터교회에서 전통적으로 사용되었던 서문(preface), 삼성송(**상투스**), 제정사의 대안으로 완전한 성찬 기도문(full eucharistic prayer)을 도입했던 1958년의 『예

---

30 세례 예식, 견진 예식, 결혼 예식과 장례 예식 모두 나타났다. 그러나 이전처럼 시과전례(choir offices)의 맥락에서가 아니라, **프로아나포라**(proanaphora)의 특별한 형식들로 나타났다. 성찬식의 나머지 부분들이 뒤를 이을 수 있었고, 대개 뒤를 이었다. 재의 수요일과 종려주일에 관한 특별 예식이 있는 경우도 마찬가지다. 비록 많은 지면이 성무일도(daily offices)를 위해 사용되고 있지만, 새로운 『미국 기도서』(American Prayer Book)는 성찬 중심적이다(Boone Porter, in Senn, New Eucharistic Prayers, p. 64).

식서』(*Service Book*)의 전통을 기반으로 만들어졌다[그림 235]. 근래에 복음주의 루터교회(Evangelical Lutheran Church)가 찬송가와 전례 자료들을 개정하는 과정에 들어갔다.

> **III**
>
> ℙ You are indeed holy,
>   almighty and merciful God;
>   you are most holy,
>   and great is the majesty
>   of your glory.
>
> You so loved the world
>   that you gave your only Son,
>   that whoever believes in him
>   may not perish
>   but have eternal life.
>
> Having come into the world,
>   he fulfilled for us your holy will
>   and accomplished our salvation.
>
> In the night
>   in which he was betrayed,
>   our Lord Jesus took bread,
>   and gave thanks; broke it,
>   and gave it to his disciples,
>   saying: Take and eat;
>   this is my body, given for you.
>
> Do this for the remembrance of me.
>
> Again, after supper,
>   he took the cup, gave thanks,
>   and gave it for all to drink,
>   saying: This cup is
>   the new covenant in my blood,
>   shed for you and for all people
>   for the forgiveness of sin.
>
> Do this for the remembrance of me.
>
> Remembering, therefore,
>   his salutary command,
>   his life-giving Passion and death,
>   his glorious resurrection
>   and ascension,
>   and his promise to come again,
>   we give thanks to you,
>   Lord God Almighty,
>   not as we ought,
>   but as we are able;
>   and we implore you
>   mercifully to accept
>   our praise and thanksgiving,
>   and, with your Word
>   and Holy Spirit,
>   to bless us, your servants,
>   and these your own gifts
>   of bread and wine;
>   that we and all who share
>   in the body and blood
>   of your Son
>   may be filled
>   with heavenly peace and joy,
>   and, receiving the forgiveness
>   of sin,
>   may be sanctified
>   in soul and body,
>   and have our portion
>   with all your saints.
> All honor and glory are yours,
>   O God, Father, Son,
>   and Holy Spirit,
>   in your holy Church,
>   now and forever.
>
> ℂ Amen

그림 238. 『루터교 예배서: 사역자 탁상판』(*Lutheran Book of Worship: Minister's Desk Edition*)에 있는 성찬기도 3양식(p. 297)

당신은 진실로 거룩하시며,
전능하시고 자비로운 하나님이시라;
당신은 지극히 거룩하시며,
당신의 영광의 위엄이 크도다.

당신이 세상을 이처럼 사랑하사
독생자를 주셨으니,
이는 누구든지 그를 믿는 자마다
멸망하지 않고
영생을 얻게 하려 하심이라.

세상에 오시어
우리를 위한 자신의 거룩한 뜻을 이루시고
구원을 이루셨도다.

배신당하시던 그날 밤에
우리 주 예수는 떡을 가지사
축사하시고,
떼어 제자들에게 주시며,
이르시되: 받아서 먹으라;
이것은 너희를 위하여 주는 내 몸이라.

너희가 이를 행하여 나를 기념하라

저녁 먹은 후에도,
잔을 가지사, 축사하시고,
모두에게 주시며,
이르시되: 이 잔은 죄 사함을 얻게 하려고
많은 사람을 위하여 흘리는 바,
나의 피로 맺은 새 언약이니라.

너희가 이를 행하여 나를 기념하라

그러므로 우리는
그의 유익한 명령,
생명을 주는 수난과 죽음,
영광스런 부활과 승천,
다시 오시겠다는 그분의 약속을 기억하면서,
우리가 해야 하기 때문이 아니라,
우리가 할 수 있기 때문에,
전능하신 주 하나님께
감사를 드리나이다.

당신의 자비로
우리의 찬양과 감사를 받아주시기를
간구하나이다.
당신의 말씀과 거룩한 성령으로
우리와 당신의 종들과
당신이 내려주신 떡과 포도주에 복을 내려주시기를
간구하나이다.
우리와 함께 당신의 아들의 살과 피를 나누는 모든 이들이
하늘의 평화와 기쁨으로 충만하게 하시며
죄 사함을 받음으로
영혼과 육체가 성결케 되어
당신의 성인들과 함께
기업을 받게 하소서.

모든 존귀와 영광이
오 하나님, 아버지, 아들, 그리고 성령께,
그리고 당신의 거룩한 교회 안에
지금부터 영원토록 있을지어다.

그림 238. 해석

새로운 세대 및 문화적 동향에 응하여, 복음주의루터교회는 『루터교 예배서』(*LBW*)의 보충판(『한 목소리로』[*With One Voice*], 1995)과 스페인어 자료(『예배서와 성가집』[*Libro De Liturgia y Cántico*], 1998), 아프리카계 미국인을 위한 자료(『믿음으로 여기까지』 [*This Far by Faith*], 1999)를 출판했다. 2006년에 복음주의루터교회는 포괄적인 예배서인 『복음주의 루터교 예배』(*Evangelical Lutheran Worship*)를 출판했다. 『복음주의 루터교 예배』는 최초로 인쇄물 형식과 디지털 형식으로 동시에 출판된 최초의 책이라는 중요성을 가진다.

새롭게 형성된 연합감리교회(United Methodist Church)(1968년에 감리교회(Methodist Church)와 복음주의연합형제교회(Evangelical United Brethren Church)의 통합을 통해서 만들어짐)는 1970년에 예배와 예배서를 개정하기 위한 위원회를 창립했다.

성공회와 루터교회의 경우도 그랬던 것처럼, 연합감리교회의 노력은 먼저 일련의

개별적인 예식서들이 『보조 예배 자료』(Supplemental Worship Resources) 시리즈로서 출판되는 결과를 낳았다. 이러한 개정판들은 결국 한 권으로 된 예배서와 노래책인 『연합감리교 찬송가집』(The United Methodist Hymnal, 1989년)이 되었다.

이러한 개정판들에서 가장 중요했던 것은 3년 주기의 『공동 성서일과』(Common Lectionary, 1994년에 개정)를 사용한 것이었다. 『공동 성서일과』는 오늘날 많은 개신교 사이에서 공유되고 있고, 크게 확대된 교회력을 가지고 있다. 다수의 성찬 기도문-한 예로, 1987년에 『거룩한 교제』(Holy Communion)라는 제목으로 출간된 책에는 사역자들이 사용할 수 있도록 24개의 기도문이 실려 있다. 역시 주목할 만하다.

그 후 연합 감리교회는 새로운 예전, 기도, 예식, 그리고 예식 음악을 담고 있는 『연합감리교 예배서』(The United Methodist Book of Worship)라는 제목의 책을 출판했고(1992년), 최근에는 찬송가 보충판인 『우리가 노래하는 믿음』(The Faith We Sing)을 출간했다. 이와 비슷하게, 장로교회들은 1990년에 새로운 찬송가집(『장로교 찬송가집』[The Presbyterian Hymnal])을 출간했고, 1993년에는 "개혁주의적인 예배 접근법, 즉 질서 안에서의 자유"(Book of Common Worship, p. 6)의 원리를 따르는 포괄적인 예배서를 출판했다.

3) 요약

이러한 많은 전례서의 개정판을 만드는 작업에는, 대개 오랜 기간의 협의와 연구가 수반되었고, 많은 상호 교류도 있었다. 개신교 교회들은 때때로 로마 가톨릭의 성서일과를 채택했고, 로마 가톨릭교회들은 다른 전통들로부터 자국어 텍스트를 빌려와 자국어 예전에 대해 배웠다.[31] 그러나 결코 변하지 않는 한 가지 차이점이 있다. 대부분의 개신교 교회들에서 개정된 예전서들은 사람들의 책이라는 사실이다. 특히 교회들이 예식서와 찬송가집을 결합한 책을 출판할 때 더욱 그러했다. 그 책들은 회중의 것이다. 그래서 회중의 구성원들이 예전서를 개인적으로 소유하는 것은 전혀 이상한 일이 아니다.

---

31 우리 주 예수 그리스도를 통한 분명하고 확실한 부활과 영생의 소망 안에서, 우리는 우리의 형제/자매인 N을 전능하신 하나님께 맡깁니다. 그리고 그/그녀의 몸을 땅에 묻습니다. 흙은 흙으로, 재는 재로, 먼지는 먼지로. 주님이 그/그녀에게 복 주시고 그/그녀를 지키시기를 원합니다. 주님이 그 얼굴을 그/그녀에게 비추시어 그/그녀에게 은혜를 베푸시길 원합니다. 주님이 그 얼굴을 그/그녀에게 향하여 드시어 그/그녀에게 평강을 주시길 원합니다(The Book of Common Prayer [1979년]에 있는 매장기도[Prayer of Committal]. 로마 가톨릭교회의 Order of Christian Funerals [1989년]에서 사용되었다).

그러나 로마 가톨릭교회는 주로 전례 전문가들을 위해 전례서들을 개정했다. 회중을 위한 공식적인 전례서는 없다. 자국어 전례의 발흥과 함께, 1940년대와 1950년대에 등장했던 비공식적인 "미사경본"은 거의 쓸모없게 되었다. (평신도를 위해) 개정된 전례서들을 대체 또는 대신하는 책들의 범위는 신문용지로 만든 주간 또는 월간 미사경본(missalettes)과 보급판(paperback) 노래집에서부터 아름답게 제작된 찬송가집과 현대적인 매일 미사경본에까지 이른다. 사제나 다른 사역자들이 사용하는 고가의 전례서들을 고려해 볼 때, 이러한 대체 서적들의 범위는 예배에서의 회중의 역할에 대해 다소 엇갈리는(mixed) 메시지를 전달한다.

4. 그릇(용기)

20세기 예배 용기들(worship vessels)의 변화는 예배 공간이나 음악 등에서 일어난 변화보다는 덜 극적이었다. 당시의 예전 음악에서의 변화와는 달리, 그레고리 성가의 복원을 위해 애썼던 성 세실리아수녀회(Society of St. Cecilia)처럼, 잔들이나 쟁반들의 복원을 위해 노력했던 단체는 없었다. 뿐만 아니라, 당시의 전례서 개정판들과는 달리, 어떤 교회회의(church board)나 성성(Roman congregation, 교황청 행정조직)의 요구에 의한 예전 그릇의 재료와 양식, 모양의 변화도 거의 없었다.

그럼에도 불구하고 예배 용기들의 변형은, 공간이나 음악, 책의 변형만큼 초기 기독교 예배의 정신으로 되돌아가 빵과 포도주라는 단순한 예물의 나눔을 통해서 하나님을 송축하는 능력을 재발견하기 원하는 열망을 상징한다. 트렌트 공의회 이후에 (초기 시대의) 가정 교회가 했던 성찬식과는 공통점이 거의 없는 성찬식을 거행하고 있었던 로마 가톨릭 공동체의 경우에 특히 그러했다.

1) 양식 변화(Stylistic Changes)

이미 언급되었듯이, 종교개혁 시대의 초기에 일부 개신교 교회들은 가정용 그릇들을 그들의 예배에 도입했다. 츠빙글리의 추종자들처럼 예전에서 예술의 가치를 인정하지 않았던 이들에게는,[32] 소박한 가정용 식기가 주님의 만찬을 거행하는데 있어 가장 적합했다. 이러한 전통에서는 비슷한 양식의 그릇들이 계속해서 사용되었다.

그러나 다른 사람들에게, 가정용 포도주 잔과 접대용 쟁반의 사용은 "로마 교황의"(popish) 그릇을 없앤 후의 임시방편이었을 뿐이다. 19세기의 성례전 부흥운동(sacramental revivals)은, 일부 개신교 교회들로 하여금 가정용 식기를 보다 특별한 용기들로 대체하도록 했다. 19세기와 20세기 동안에 전문적인 장인들이 귀금속으로 벼려서 만든 많은 개신교 교회의 그릇들은, 가정에서 사용되던 것들과는 많이 달랐다.

개신교 교회들뿐만 아니라 로마 가톨릭교회에게도 20세기 초기는 예배 용기에서 근본적인 양식 변화(stylistic changes)가 일어났던 시기였다. 이러한 변화는 두 가지 영향으로 인해 나타났는데, 그 두 가지는 기능주의적 원리들의 수용과 예배 용기를 대량 생산하는 경향이었다.

2) 기능주의(Functionalism)

우리는 예배 공간의 건축 양식과 그 공간에서 사용되는 그릇 모양의 양식 사이에 존재하는 강한 상관관계에 대해서 언급하곤 했다. 따라서 건축에서 장식(ornamentation)과 인위성(artificiality)을 거부했던 20세기 초기의 성향이 성찬 용기의 디자인에도 영향을 끼쳤다는 것은 놀랄만한 일이 아니다. 이러한 접근법이 교회 건축물보다는 용기들에 늦게 영향을 끼치기는 했다.

그러나 20세기 중반에 장식이 거의 없거나 전혀 없는 성찬 용기들이 결국 등장하게 되었다. 그렇게 등장한 용기들 중에는 현대적이고 훌륭한 예술 작품들도 있었다. 때때로 그러한 용기는 전통적인 재료인 금과 은으로 제작되었다. 그러나 대개의 경우엔 스테인리스 스틸과 같은 새로운 합금들이 선호되는 재료였다[그림 239].

그림 239. 알렉산더 샤프너(Alexander Schaffner)가 제작한 스테인리스강 성광과 24금 성합(Liturgical Arts, 39 [1971년]: p. 77)

---

32 츠빙글리는 "어떤 외적 요소나 행위도 영혼을 정화할 수 없다는 것은 명백하여 반론의 여지가 없고" 예배에서 물질들이나 행위들을 사용하지 않는 것이 전적으로 옳다고 믿었다. 하나님의 은혜를 전달하는 사물의 표징적인 가치에 대한 의식은 전혀 없다. 물질적인 것과 영적인 것 사이의 이러한 분리로 인해 츠빙글리는 루터와 칼빈과 차별된다. 근본적으로 이것은 신앙의 문제이다. 만일 물질적인 것들이 우리를 하나님에게로 인도할 수 없다면, 우리는 파멸의 원인이라는 표시로 많은 전통적인 기독교 의식들 주위에 동그라미를 그려야 한다(White, *Protestant Worship*, p. 61).

3) 대량 생산

기능주의 원리들은 일부 진정으로 가치있는 그릇들이 창조되는데 기여했다. 그러나 20세기의 대량 생산하는 경향은 일반적으로 역효과를 가져왔다. 15세기에 인쇄술이 발명된 이래로 전례서들은 대량으로 제작되었다. 그러나 그릇들은 20세기 초에 조립 라인(assembly-line)이 발명되기 전까지는 대량으로 생산되지 않았다. 원래는 자동차와 같은 중장비를 생산하려고 착안되었던 조립 라인 기술이었지만, 종국에는 다양한 생산품들에도 응용되었다. 특히 미국에서 분명했던 조립 라인 기술의 진보는 다른 대량 생산 제품들에 사용되었던 생산 방식과 마케팅, 구입 방법이 성찬 용기에도 유사하게 사용되는 결과를 낳았다.

성찬 용기와 교회 용품에 대한 카탈로그가 등장했다[그림 240]. 다양한 모양과 재료의 용기들이 사용될 수 있었지만, 그 용기들은 먼저 대량으로 거래되는 시장에서 매력적인 제품이어야 했다. 결국 시시한 디자인과 예술적 가치가 없는 용기들이 제작되곤 했다.

그림 240. 시카고에 위치한 존 P. 댈라이든 사(John P, Daleiden Company)의 1930년 카탈로그 페이지

이러한 카탈로그를 통해서, 19세기와 20세기 초의 건축과 음악에서 분명했던 복고주의적인 경향이 예전 용기들에서도 지속되었다. 유사 고딕과 유사 바로크 양식의 성작들이 수천 개씩 제작되었다. 고전적인 양식의 그릇들이 재생산되어서 소비자들이 구입할 수 있게 되었다. 그러한 용기들이 오늘날에도 계속해서 대량으로 생산되고 있다.

4) 상징적 혁명(Symbolic Revolution)

20세기 초의 음악과 건축에서의 변화와 유사하게, 기능주의의 원리들과 대량 생산의 출현으로 인한 성찬 용기의 변화는 근본적으로 양식의 변화였다. 전례 및 성례전적 사고의 변화로 예전의 상징적인 본질이 강조되었던 20세기 중반에는 보다 심오한 변화가 일어나게 된다.[33]

19세기 동안에, 시각 예술과 문학에서 상징주의자들의 운동(폴 베를렌[Paul Verlaine, 1896년 사망]의 저서에서 전형적으로 나타난)은 유럽 전역을 휩쓸었다. 20세기 동안에 에른스트 카시러(Ernst Cassirer, 1945년 사망)와 수잔 랑거(Susanne Langer, 1985년 사망), 폴 리쾨르(Paul Ricoeur, 2005년 사망) 같은 철학자들은 상징 이론을 제기했고, 빅터 터너(Victor Turner, 1983년 사망)와 클립포드 기어츠(Clifford Geertz, 2006년 사망) 같은 인류학자들은 전통 사회의 의례 상징주의(ritual symbolism)를 연구하여 "상징인류학"(symbolic anthropology)이라고 알려진 인류학학파를 일으켰다.

이들 외에도, 여러 철학자들과 사회과학자들의 연구는 성례전에 대해 중세 신학들이 제시했던 것보다 더욱 만족스러운 설명을 찾던 신학자들에게 틀을 제공했다. 중세 신학들은 자각과 경험보다는 의도와 관념을 강조하면서 성례전을 설명했었다. 따라서 에드워드 쉴레벡스(Edward Schillebeeckx, 1914년 출생) 같은 신학자들은 기독교 예전을 이해하고 거행하는데 있어 상징의 중요성을 재차 강조했다.

그러한 생각은 제2차 바티칸 공의회의 『거룩한 전례를 위한 헌장』(Constitution on

---

33 제2차 세계대전 후에 신학자들은 꽤 다른 방향으로 생각하기 시작했다. 이미 [1949년과 1960년 사이에] 상이한 질문이 대부분 신학자들의 뇌리를 사로잡고 있었다. 바로 형이상학적인 접근법과 성찬의 성례전성(sacramentality) 간의 관계에 관한 질문이었다. 성찬에 존재론과 자연철학을 통해 접근하지 않고, 인류학적으로 접근하는 경향은, 당시에 더욱 더 널리 퍼지고 있었다....전후신학(post-war theology)에서는 성례전이 다른 무엇보다도 상징적인 행위 또는 표징으로서의 활동-"*sacramentum est in genere signi*"-이라는 사실이 다시금 강조될 수 있었다(Schillebeeckx, *The Eucharist*, pp. 96-97).

the Sacred Liturgy)에서 확언되었다.³⁴ 제2차 바티칸 공의회 이후에는 예배에 대한 전기 독교적인 합의(ecumenical consensus)의 일부도 되었다.³⁵ 그러나 이러한 상징주의 운동 (symbolic movement)에 대한 비판이 전혀 없는 것은 아니다. 어떤 면에서, 보다 상징적 이거나 "역동적인"(dynamic) 해석으로부터 로마의 보다 문자적인(literal) 접근법으로의 이동은,³⁶ 그러한 비판이 있다는 것을 보여주는 징후이다.

5) 빵과 빵 그릇

상징의 탁월성에 대한 재주장은 예배에서, 빵으로 인식될 수 있는 빵과 같은, 보다 가득하고 풍성한 상징을 재사용하도록 했다. 그로 인해 좀 더 자연스런 모양의 빵을 담을 수 있도록 제작된 그릇들이 등장했다. 누룩을 넣지 않은 제병을 사용하는 서방 교회의 관습을 따랐던 많은 개신교 교회가 발효시킨 빵 한 덩어리를 사용하던 고대의 관습으로 되돌아갔다. 로마 가톨릭 공동체의 경우, 1970년판 『미사 일반 지침』(*General Instruction of the Roman Missal*)과 모든 후판들은 빵이 진짜 음식처럼 보여야 한다고 명령했다. 이 명령은 일부 공동체들로 하여금 성찬식 때 집에서 만든 빵을 사용하도록 자극했다.

그림 241. 개혁주의 예전을 위한 성찬 빵과 적절한 크기의 성반. (*Liturgical Arts*, 1971년)

그리고 빵 그릇의 크기와 모양의 변화에도 기여했다[그림 241]. 역설적이게도, 1980년에 교황 요한 바오로 2세 (John Paul II, 2005년 사망)는 빵이 진짜 음식처럼 보여야 하지만, 빵에 밀가루와 물 이외의 다른 것이 포함되어서는 안 된다고 포고했다.³⁷ 한편으로, 이 명령은 밀가루와 물 이외

---

34 · 이러한 갱신에서, 텍스트들과 예식들은 모두 그것들이 의미하는 거룩한 것들을 더욱 분명하게 표현하도록 정리되어야 한다[no. 21].
· 행위들과 표징들의 의미들은... 성경에서 나온다[no. 24].
· 보이지 않는 신적인 것들을 나타내기 위해 거룩한 전례가 사용하는 가시적인 표징들은 그리스도 또는 교회가 선택한 것들이다(*The Constitution on the Sacred Liturgy*).

35 한때 의심스러웠던 "표징(sign)"이라는 용어는, 성례전에서의 그리스도의 임재에 관해 말하는 긍정적은 용어로 다시 인식된다. 상징들과 상징적인 행위들이 사용되고는 있지만, 주님의 만찬은 효력이 있는 표징이다. 주님의 만찬은 약속하는 것을 전달한다.... 교회의 행위는 하나님이 그리스도 안에서 일하시게 하고, 그리스도가 그의 백성과 함께 계시도록 하는 효력이 있는 수단이 된다(*The Eucharist: A Lutheran-Roman Catholic Statement*, 2.1).

36 제7장 각주 29번을 보라.

37 성찬식을 거행할 때 사용하는 빵은... 오로지 밀로만 만들어야 한다. 그리고 로마 가톨릭교회 특유의 전통에 따라, 누룩이 들어가면 안 된다. 표징이기 때문에, 성찬식을 거행할 때 사용하는 그 빵은 "실제 음식처

의 다른 첨가물을 금했던 카롤링거 시대 이래로 분명했던 성찬식에 사용되는 물질의 순수성에 대한 관심을 재확인하는 것으로 여겨질 수 있다.[38]

그러나 그 명령을, 세계 곳곳에서 로마 가톨릭의 성찬식을 거행할 때 일어나는 문화화의 유형들에 대한 비판으로 해석할 수도 있다. 밀가루 빵은 포도주와 마찬가지로, 세계 많은 지역에서 토착 음식이 아니기 때문에 비싼 비용을 들여서 수입해야 한다. 일부 공동체들은 지역 농산물로 실험을 했다. 예를 들어, 쌀과 다른 지역 곡물로 성찬식을 위한 빵과 음료를 만들었다. 로마 가톨릭교회는 이러한 실험을 계속해서 금하고 있다.

최근에 발견된 셀리악병(celiac disease)은 성찬 빵을 만들기 위해 해결해야 하는 또 하나의 과제이다. 셀리악병을 앓고 있는 사람이 밀에 함유되어 있는 글루텐(gluten)에 노출되면 면역 체계의 위험 반응을 일으킨다. 2003년에 시카고대학병원은 셀리악병이 일반적으로 알려진 것보다 훨씬 더 흔한 질병이고, 미국에서는 4,700명 중 1명만이 셀리악병으로 진단받지만, 실제로는 133명 중 1명이 이 질병으로 고통 받고 있다는 연구 결과를 발표했다.

이에 대응하고자 바티칸은 "로우-글루텐(low-gluten) 제병"의 사용을 허락했다. 그러나 글루텐이 전혀 함유되지 않은 제병은 성찬식을 거행하는데 "무효한 물질"(invalid matter)이라고 포고했다(Joseph Ratzinger, *Congregation for Doctrine of the Faith*, 2003).

6) 포도주와 포도주 용기

20세기 후반의 보다 풍성한 상징적 틀 안에서의 잔 공유는, 모든 이가 공동의 용기에서 포도주를 마셔야 한다는 것을 시사했다. 개신교 교회들은 종교개혁운동 때 성작을 평신도에게 돌려주었다. 그러나 일부는 공동체의 하나됨을 아주 분명하게 상징하는 공동의 잔을 더 이상 사용하지 않았다[그림 203]. 『거룩한 전례를 위한 헌장』(*Constitution on the Sacred Liturgy*)은 로마 전통 내에서 잔을 평신도에게 돌려주는 것을

럼 보여야 한다." 우리는 이것을 빵의 일관성과 연관시켜 이해해야지, 여전히 전통적인 빵의 모양과 연관시키면 안 된다(John Paul II, *On Certain Norms Concerning Worship of the Eucharistic Mystery*, 1980).

38 제5장 각주 24번을 보라.

입증했다.[39]

그림 242. 윌리엄 프레더릭(William Frederick)이 청동과 금으로 제작한 성작

1970년 이래로 미국의 로마 가톨릭 신자들은 평일에 잔으로 포도주를 받도록 허락되었고, 1978년에는 모든 성찬식으로 확대되었다. 공동체에게 잔을 되돌려준다는 것은 성작 디자인의 변화를 뜻했다. 성작은 더 이상 사제를 위한 한 모금의 포도주만을 담을 수는 없었다. 대신 회중의 성찬식에 사용될 수 있도록 충분히 커야 했다[그림 242].

평신도에게 잔을 되돌려줌으로써 초래된 또 다른 결과는 로마 가톨릭 성찬식에 큰 병(flagon)을 도입한 것이었다. 하나의 잔이 갖는 상징성은 제대에 하나 이상의 잔을 놓는 것을 허락하지 않았기 때문에, 나머지 포도주는 성찬식 전의 분할 예식(fraction rite)에서 다른 여러 잔에 옮겨 부어지기 전까지 큰 병과 같은 다른 용기에 담겨 있어야 했다[그림 243].

그림 243. 여러 개의 성찬용 잔과 포도주가 담긴 큰 병(flagon)

그러나 2004년에 바티칸은 **레뎀프티오네스 사크라멘툼**(*Redemptionis Sacramentum*, 라틴어, "구원의 성례전")이라는 훈령을 발표했다. 그 훈령은 로마 가톨릭 성찬 예식에서 "악습"(abuses)이라고 간주될 수 있는 것들을 다뤘다. 이 훈령이 허락하지 않는 관습에는 축성된 포도주를 붓는 것이 포함되어 있었다.[40]

이 훈령은 사실상 로마 가톨릭 미사에서 분할 예식을 약화시켜, 지금은 빵을 나누기만 한다. 그리고 예물을 준비할 때 하는 두 번째 분할 예식을 만들었는데, 포도주는 이 예식에서 성찬 잔들로 옮겨 부어졌다. 그 훈령은 또한 허용되는 유일한 과실주는 "순수하고 순전하고, 다른 물질과 섞이지 않은, 포도나무의 열매로 만든" 음료라는 로마의 입장을 반복했다(*Redemptionis Sacramentum*, no. 50).

성찬을 받는데 있어 셀리악병을 앓는 이들이 직면한 문제와 유사한 것이 있는데,

---

39 트렌트 공의회에서 규정되었던 신자들의 영성체(communion of the faithful)에 대한 교리적 원칙들이 승인되었다. 그러나 양형 영성체(communion under both kinds)는 사도좌에서 결정한 경우에, 주교들의 판단에 따라, 성직자들과 수도자들은 물론 평신도들에게도 허락될 수 있다(*The Constitution on the Sacred Liturgy*, no. 55).

40 그러나 매우 위대한 신비를 해칠 수 있는 일이 일어나지 않도록, 축성 후에는 그리스도의 피를 한 용기에서 다른 용기로 옮겨 부어서는 절대로 안 된다. 정해진 규범에 완전히 부합하지 않는 큰 병들(flagons)이나 사발들(bowls), 다른 용기들은 주님의 피를 담는데 절대로 사용되어서는 안 된다(Redemptionis Sacramentum [2004년], no. 106).

바로 알코올중독자들에 관한 문제이다. 1956년에 미국의학협회(American Medical Association)는 알코올중독을 질병으로 인정했다. 미국의 보건사회복지부는 미국의 모든 성인 중 7-8퍼센트가 알코올중독으로 진단받는다고 말한다. 알코올중독으로 진단받는 성직자들의 비율은 그보다 꽤 높다고 추정되곤 한다.

이에 대응하고자 많은 공동체는 포도주 대신에 포도주스를 사용했다. 그래서 아이들로부터 알코올중독으로 고통받는 이들에 이르기까지, 모든 이들이 성찬식에 참여할 수 있도록 한다. 무스툼(mustum, 포도주스)을 사용하는 오랜 전통을 고려해서, 로마 가톨릭교회는 무스툼 사용을 계속해서 허용한다. 그러나 특별 허가를 받았을 때와 집전하는 사제가 사용할 때에 한해서다.

7) 그릇의 재료

보다 진정한 상징으로 향하는 20세기 후반의 움직임은 성찬 용기를 제작할 때 사용하는 재료에도 변화를 가져왔다. 비록 금과 은이 계속해서 사용되기는 했지만, 귀금속이 유리와 도기, 나무로 대체되곤 했다. 심지어 일부 지역에서는 초기 기독교 예배를 상기시키는 잔가지로 엮은 바구니도 성찬 빵을 담는데 다시 사용되었다. 이러한 현상은 로마 가톨릭교회에게 성반과 성작은 금이나 은으로 제작되어야 한다고 규정한 법을 바꾸라고 요구했다.

예를 들어, 1962년에 성작의 디자인을 조금은 수정할 수 있도록 허용되었다.[41] 불과 7년 후에 출간된 새로운 『미사 일반 지침』은 사실상 성찬 용기를 제작하기 위한 모든 특별한 요구 사항들을 삭제했다. 그러나 앞에서 언급했던, 1984년 이후에 로마 가톨릭 공동체 내에서 관점이 바뀌었기 때문에 곧 새로운 명령을 따라야 했다. 2004년에 로마는 도기와 유리, 점토뿐 아니라 쉽게 부서지는 다른 용기들은 이제 "거부된다"라고 포고했다.[42]

---

41 캐나다교황청립대학(Pontifical Canadian College) 총장이자 몬트리올의 정임 주교인 로무알드 비소네트(Romuald Bissonnette) 예하는 예부성성(Sacred Congregation of Rites)에게 잔 아래에 마디(node)가 없는 성작이 축성될 수 있는지를 질문했다. 대답: 예부성성은 모든 것을 숙려한 후에 대답했다. 엄지와 검지로 성작을 만족스럽게 쥘 수 있으면 충분하다(Private Response of the Sacred Congregation of Rites [1962년]. Seasoltz, The New Liturgy, p. 462에서 재인용).

42 · 그릇들은 견고하고 특정 지역에서 고상하다고 여겨지는 재료로 만들어져야 한다[no. 290].
· 성작과 주님의 피를 담을 목적을 지닌 다른 용기들의 잔 부분은 비 흡수성 재료로 만들어져야 한다. 받침대 부분은 단단하고 가치 있는 다른 재료로 만들 수 있다[no. 291].

8) 요약

20세기 전례 운동의 한 가지 특징은 공적 예배에서 회중이 차지하는 중요성에 대한 믿음을 새롭게 했던 것이다. 이 믿음은 다양한 방식으로 표현되었다. 그 중 한 가지는, 성례전적 행위의 풍성함을 나타내기 위해서는 성찬식에서 집전자나 심지어 회중의 생각만으로는 충분하지 않다는 사실을 의례와 음악, 건축과 그릇으로 인정했다는 것이다. 예전은 기대하고 있던 의미를 드러내기 위해 지각할 수 있는 여러 상징의 사용을 요구하는 행위이다.

성찬 그릇과 그것이 담는 빵과 포도주라는 물질적인 예물의 점진적인 변화는, 교회가 상징을 갈수록 더 중요하게 여기고 있다는 사실을 증명한다. 그릇은 디자인이 아름답거나 사용된 재료가 귀하기 때문에 거룩한 것이 아니다. 회중에서 그리스도의 현존을 중재하기 때문에 거룩하다. 그리고 그릇의 거룩함은 그것을 소유하고 있는 회중의 손에 달려 있다.

따라서 은혜의 그릇을 공들여 제작해야 하는 손은 예술가나 사제나 신학자의 손이 아니다. 바로 회중의 손이다. 로마 가톨릭교회의 성찬 그릇에 대한 최근의 제한 규정도 성찬 그릇의 상징적인 힘을 강조한다. 평범한 그릇이나 가정용 식기를 사용하지 않고자 하는 의도적인 움직임은 예배에서 초월적인 것을 강조하고, 기능주의의 역학보다는 특정한 미학에 따라 신성함(sacrality)을 해석하고자 하는 시도로 여겨질 수 있다.

그것은 또한 지역적인 것을 규제하고 문화화의 흐름을 늦추기 위한 의도적인 시도를 암시하는 것일 수도 있다. 지역적인 것과 세계적인 것 사이의 상호보완적인 긴장을 고려해 볼 때 산업에서든 종교에서든 관계없이 교회의 성찬 그릇과 예배가 계속해

· 예술가는, 각 유형의 그릇이 지향하는 전례 사용에 적합하다면, 거룩한 그릇들을 각 지역의 문화에 맞는 모양으로 제작할 수 있다[no. 295](*General Instruction of the Roman Missal*[1971년]).

(아래의 내용과 비교)
주님의 몸과 피를 담는 거룩한 용기들은 전통과 전례서의 규범을 철저히 따르면서 만들어져야 한다. 주교 회의는, 일단 그들의 결정이 사도좌의 승인을 받았으면, 다른 견고한 재료들로 거룩한 용기들을 제작하는 것이 적합한지 결정할 권한을 갖고 있다. 그러나 그러한 재료들은 해당 지역에서 일반적으로 고귀한 것으로 여겨지는 것이어야 한다. 그래서 그것들을 사용함으로써 주님께 영광이 되고, 신자들이 보기에 성찬식의 빵과 포도주 안에 그리스도께서 실제로 현존하신다는 교리를 해칠 위험이 전혀 없어야 한다. 그러므로 평범한 그릇들이거나 질이 떨어지고 예술적 가치도 전혀 없는 그릇들 또는 단순히 물건을 담는 용기들, 유리나 토기, 점토, 또는 깨지기 쉬운 다른 재료들로 만든 용기들을 미사 거행에 사용하는 모든 관행은 배척되어야 한다. 이 규범은 쉽게 부식되거나 못쓰게 되는 금속이나 다른 재료들에도 해당된다(*Redemptionis Sacramentum*, no. 117).

서 진화할 것이라는 것은 분명하다.

5. 성찬신학

현 시대에서, 예전의 적절한 형태나 실행, 신학에 대한 의견은 일치하지 않는다고 할 수 있다. 그러나 예전이 또 다시 중요한 신학적 관심사가 되었다는 데에는 폭 넓은 공감대는 있는 것 같다. 공적 예배는 항상 아주 중요한 목회 사안이었다. 그리고 공적 예배를 책임지는 다양한 교회 단체들은 공적 기도를 규정하고 오용에 맞서는 일을 거의 회피하지 않았다.

그러나 대부분은 "이론 → 실천"의 접근법으로 여겨질 수 있는 것으로 실행되었다. 이 접근법에서는 이론 또는 예배에 대한 신학에 결정권이 있었다. 기도의 실천은 그러한 신학을 따라야 했다. 아키텐의 프로스퍼(Prosper of Aquitaine, 455년 이후 사망)의 옛 기독교 격언-때때로 **렉스 오란디, 렉스 크레덴디**(*lex orandi, lex credendi*, 문자적으로, "기도의 법, 믿음의 법")로 짧게 표현되는, **레겜 크레덴디 렉스 스타투아트 서플리칸디** (*legem credendi lex statuat suplicandi*, 라틴어, "기도의 법이 믿음의 법을 확립한다")-의 측면에서, 이 접근법은 믿음의 법을 실제적으로 실천하는 것보다 기도의 법을 더욱더 강조하는 접근법으로 여겨질 수 있다.

이와는 반대로, 20세기에 들어서는 예전의 실제적인 실행이 **프리마 떼올로지아** (*prima theologia*, 라틴어, "제일 신학")라는 인식이 점점 커지면서, 교회의 가르침에 가장 큰 특권을 부여했던 신스콜라주의적인 본능을 분명하게 거부했다. 이러한 관점은, 신학으로서의 예배의 중요성을 인식했을 뿐 아니라,[43] 예전을 텍스트나 붉은 글자 지시문, 교리적 가르침보다는 행위로서 분명하게 강조했던 『거룩한 전례에 관한 헌장』 (*Constitution on the Sacred Liturgy*)에 반영되어 있었다.[44]

어떤 의미에서 예전은 다시금 "동사"가 되었다. 일부 신학자들은 이러한 변화를 **렉스 오란디**(예배의 법) → **렉스 크레덴디**(믿음의 법)라고 상징적으로 표현하면서, 예배의

---

43 제7장의 각주 6번을 보라.

44 모든 전례 거행은, 사제이신 그리스도와 그분의 몸인 교회의 **행위**이기 때문에, 특별히 거룩한 **행위**이다. 전례 거행은 그 효과성에 있어서 교회의 다른 어떤 **행위**와 동일한 위치나 정도로 비견될 수 없다(*The Constitution on the Sacred Liturgy*, no. 7, **강조** 추가됨).

권위 쪽에 무게가 더 실리게 되었다는 식으로 해석했다. 이러한 관점에서 보면 예전 예식들이 교리를 좌우한다. 그러나 교회의 기도와 교회의 믿음은 상호적으로 비평적인 관계에 있다는 광범위한 공감대가 형성되어 있다. 이러한 이해는 상징적으로 **렉스 오란디**(예배의 법) ↔ **렉스 크레덴디**(믿음의 법)로 표현된다.

기도와 믿음, 예배와 교리 사이의 상호비평적인 관계는 신학이 역동적으로 발전되도록 자극하면서 동시에 엄청난 긴장을 초래했다. 우리는 이러한 역동적인 긴장을 세 가지 양극, 즉 지역적(local) ↔ 보편적(universal), 내재적(immanent) ↔ 초월적(transcendent), 그리고 윤리(ethics) ↔ 성결(holiness)의 양극이라는 측면에서 살펴볼 것이다.

1) 지역적 ↔ 보편적

일반적으로 기독교 신학, 구체적으로 예배의 신학들은 문화와 상업, 정치의 글로컬리제이션(세방화) 현상과 유사하게 지역과 세계 사이의 역학 속에 있다. 만일 "기도의 법"과 "믿음의 법"이 상호 비평적인 관계 속에 있다면, 우리가 생각하는 것은 "누구의 기도와 누구의 믿음"인가에 대해 질문할 필요가 있다. 믿음은 일반적으로 특정한 교회에 의해 정의된다. 보다 역사적이고, 조직적이고, 위계적인 교회의 믿음은 매우 자세하고 제한적일 때가 많다.

따라서 한 예로, 로마 가톨릭교회는 명확하게 정의된 예전 교리들을 가지고 있을뿐 아니라, 예배를 규제하는 보편적인 법전(code of law), 예배에 대한 공식적인 설명이 담긴 보편적인 교리문답서, 그리고 그 예배를 규정하는 보편적인 로마 예식(Roman Rite)도 가지고 있다. 이러한 보편적인 예식이 여러 언어로 번역되고 적응될 수 있지만, 모든 번역과 적응은 반드시 로마의 승인을 받아야 한다. 그리고 어떤 식으로라도 "로마 예식의 본질적인 통일성"(substantial unity)과 이에 대한 최종 결정권자인 로마교회에 도전하면 안 된다.[45]

다른 한편으로, 예배는 항상 지역적인 사건(local event)이다. 우리는 20세기의 비평

---

[45] 문화화의 과정은 로마 예식의 본질적인 통일성을 유지해야 한다. 이 통일성은 현재 교황의 권위로 출간된 전례서들의 표준판들(typical editions)에서, 그리고 지방 주교회의들이 승인하고 사도좌가 확인한 전례서들에서 표현된다. 문화화의 작업은 새로운 유형들의 예식들을 새로 만드는 것이 아니다. 문화화는 특정 문화의 필요에 반응하고, 로마 예식의 일부를 여전히 남겨두는 적응(adaptation)을 이끈다(*Inculturation and the Roman Liturgy*, no. 36).

적인 철학자들의 통찰력을 통해서, 행위이든 사건이든 간에 일반화된 성찬식 같은 것은 존재하지 않고, 특정한 공동체가 그들의 사역자들과 함께 특정한 시간과 장소에서 거행하는 특정한 성찬식만 존재한다는 것을 알게 되었다.[46] 모든 예배 사건은 상황화되고 반복될 수 없는 행위이다. 공식화된 예식들을 갖고 있는 교회의 구성원들이 풀어야 할 과제는 지역적인 영역과 보편적인 영역 사이에서의 절충이다. 로마 가톨릭 공동체 내에서의 이러한 분투를 상징적으로 보여주는 것 중 하나가 바로 앞에서 언급되었던 긴장이다. 즉, 법적인 요구 사항은 밀가루로 만든 빵과 포도로 만든 과실주로만 성찬식을 거행해야 한다고 말하는데, 세계의 많은 지역에서 밀가루 빵과 포도주는 토속적인 음식이 아닐 때 나타나는 긴장이다.

20세기 초의 전례 운동은 예배를 형성하는 지역의 중요성, 자국어의 필요성, 그리고 문화 환경의 중요성을 더욱더 강조하도록 했다. 『거룩한 전례에 관한 헌장』(Constitution on the Sacred Liturgy)은 이러한 필요를 인식했고, "전례를 민족의 특성과 전통에 적응시키는 것에 관한 규정"(Norms for Adapting the Liturgy to the Temperament and Traditions of Peoples)이라는 유명한 부분을 포함시켰다.[47] 동시에 그 헌장은 일반화되고(generalized), 공유되고(shared), 보편적으로 이용될 수 있는(universally accessible) 예배의 신학을 전제한다는 점에서 계몽주의의 산물이라고 여겨질 수 있다. 그 비전은 강력한 중앙집권적인 리더십과 통제에 근거한 추정과 연결된다. "지방 교권의 권한"을 인정하고, 분권화(decentralization)와 주교 간의 권한 평등화(collegiality)를 향한 의미있는 움직임이 있음에도 불구하고, 궁극적으로 로마 가톨릭 전례에 관한 모든 결정을 승인하는 유일한 곳은 바로 로마이다.

제2차 바티칸 공의회 이후의 수십 년이라는 세월은 많은 실험이 이루어졌던 기간이

---

46 실존적인 요인을 생각해보자. 신학자들과 교회 당국자들은 세례와 성찬에 대해 자유롭게 말한다. 그들은 세례에 대해 이렇게 저렇게 말하고, 성찬에 대해 이렇게 저렇게 말한다. 그러나 세례는 행위를 강조하는 복제(replication), 동사구가 아니다. 세례는 또한 사물을 강조하는 복제물(replicated clone), 명사 상당어구가 아니다. 각각의 세례는 행위를 외워서 반복하는 것이 아니다. 복제된 실재를 구체화하는 것도 아니다. 오히려 각각의 세례는 실존적인 사건이고, 실존적인 행위이다.... 각각의 세례는 한 개인, 특정한 기독교 공동체의 삶에서 반복될 수 없는, 개별적이고 역사적으로 별개인 순간이다. 그리고 세례는 활동하시는 하나님의 현세적-역사적 현존이다. 포괄적인 성찬과 같은 것이 없듯이, 포괄적은 세례와 같은 것은 없다(Osborne, *Christian Sacraments in a Postmodern World*, p. 58).

47 교회는 공동체 전체의 신앙이나 안녕에 영향을 끼치지 않는 것들에 대해서는, 전례에서조차도 엄격한 획일성을 강요하고자 하지 않는다. 오히려 교회는 여러 민족과 국가의 특성들과 재능들을 함양하고 발전시킨다. 사람들의 생활방식에서 미신이나 죄와 끊을 수 없게 묶여있지 않은 것들은, 교회가 연민을 갖고 연구하고, 가능하다면 있는 그대로 보존한다. 때로 교회는 그러한 것들을, 전례의 참되고 올바른 정신에 부합되게 하면서, 전례 자체에까지도 받아들인다(*The Constitution on the Sacred Liturgy*, no. 37).

었다. 그 중에는 공식적으로 승인받았던 실험도 있었지만, 대부분은 그렇지 않았다. 그 기간은 또한 지역적인 것이 로마 가톨릭주의처럼, 전 세계 교회들에게 영향력을 행사할 수 있는 위치를 얻게 되고, 언어와 민족, 심지어는 지역 공동체의 특수성이 인정되었던 시기로 간주될 수 있다. 그러나 여러 가지 이유로, 그 궤도가 적어도 로마 가톨릭교회에서는 바뀌기 시작했다. 앞에서 언급했듯이, 1980년대 중반 이후로 분권화와 주교 간의 권한 평등화는, 의례의 획일화에 역점을 두고, 보편적인 것을 강조하는 것처럼 보이는 중앙 정부의 정책 전환으로 인해 퇴색되고 늦춰졌다.

렉스 크레덴디(lex credendi)는, 적어도 로마 가톨릭교회에서는 공식적으로 규정되었듯이, 현재 모든 특수성(particularity)에서 **렉스 오란디**(lex orandi)를 대신하는 것처럼 보인다. 제2차 바티칸 공의회의 원리들과 비전은 계속해서 논의되고 해석되고 있기 때문에, 바티칸 공의회 이후의 시대에서 이것은 적절한 교정(corrective)이나 반작용(reaction)으로 이해될 수 있다.

이 궤도가 언제까지 상승곡선을 유지할지는 예측하기 어렵다. 그러나 새로운 근대의 역학을 고려해 볼 때, 그 궤도가 앞으로도 계속해서 수그러들 것 같지는 않다. 경제, 정치, 문화, 그리고 예배에서의 글로컬리제이션(세방화)은 줄다리기와 같다. 그 속에서 조류는 바뀔 것이고, 전례의 바다는 잔잔한 채로 있지 않을 것이다. 새로운 종합이 우리를 기다린다.

2) 내재적 ↔ 초월적

지역적 ↔ 보편적 양극과 병행하는 양극은 내재적 ↔ 초월적 양극이다. 기독교에서 내재(immanence)는 우리의 세계와 역사 속에서 지각될 수 있는 하나님의 행위와 현존을 의미한다. 그리스도인들에게 최고의 신적 내재는 그리스도의 성육신이다. 그리스도는 새로운 창조의 행위로서 인성을 받아들이셨고, 그것이 좋다고 최초의 창조의 행위처럼 선포하셨다. 초월은 내재의 상호보완적인 교리로, 창조와 인간의 이해 너머에 있는 신비이신 하나님의 완전한 다름(total otherness)을 인정한다. 전적으로 인간이자 신이신 그리스도 안에서, 내재와 초월의 교리는 완벽하게 교차하고, 비판 없는 완전한 상호성 안에서 조화롭게 존재한다.

이러한 신비들이 그리스도 안에서는 절대적으로 조화되지만, 기독교 예전은 그러한 완전함을 제공할 수 없다. 예전은 하나님의 행위이지만, 예전이라는 단어의 어원이 상징적으로 나타내듯이(헬라어 *leiturgia*[리투르지아]는 *laos*[라오스] + *ergon*[에르곤] = "사람들 + 일" 또는 "사람들의 일"에서 유래되었다), 인간의 노력이기도 하기 때문이다. 기독교 예전의 과제는 내재와 초월의 신비를 교리적으로 올바르고 목회적으로 적절한 방식으로 다루는 것이다. 『거룩한 전례에 관한 헌장』(Constitution on the Sacred Liturgy)은 내재적인 것과 초월적인 것의 양극을 다루는 하나의 방식으로, 사람들의 성화와 하나님에 대한 찬미가 모두 예전의 목적이라는 사실을 반복적으로 주장했다.[48]

놀랄만한 사실은 대부분의 이러한 표현들에서 하나님에 대한 찬미보다 사람들에 대한 성화가 먼저 언급되고 있다는 것이다. 『거룩한 전례에 관한 헌장』의 길을 예비했던 전례 운동의 배경과 이 문헌이 강조한 신자들의 능동적인 참여를 고려해 볼 때, 제2차 바티칸 공의회는 초월적인 것을 분명하게 강조했던 트렌트 예식을 갖고 있던 교회의 전례에 내재의 균형을 재도입하고 있었다고 말할 수도 있다.

하나님의 신비와 완전한 다름, 그리고 이 세상에서의 하나님의 자기 계시(특히 성육신)를 적절하게 존중하는 예전에서 그 균형을 어떻게 이룰 수 있는가는 매우 중요한 논쟁의 쟁점이었다. 이러한 논쟁을 표현하는 오랜 상징 중 하나는 예배에서 예술이 갖는 역할에 관한 것이다. 초월적인 것을 경험하는 예배를 강조하고자 하는 이들은, 때때로 평범하지 않고 이해하기 어려운 예술적인 표현을 선택한다.

이러한 경향은, 자국어보다는 고대 언어들을, 현대 미디어의 대중적인 사운드보다는 성가나 "순수 음악"(serious composition)을, 일반 가정에서 좀처럼 사용하지 않는 그릇을, 그리고 그러한 예술을 묘사하는데 있어서 "전례적"(liturgical)보다는 "거룩한"(sacred)이라는 용어 사용을 선호하는 데서 나타난다.

로마 가톨릭이 예배에 대해 공식적으로 갖고 있는 견해에서 나타나는 1984년 이후의 추세들은, 하나님에 대한 경외감이 일부 없어지고, 대중오락의 특징을 너무 많이

---

48 **인간을 구원하고 하나님께 완전한 영광을 드리는** 이 일은 구약의 백성 안에서 하나님의 위업으로 준비되었으며...[no. 5].
· **참으로 하나님께서 완전한 영광을 받으시고 남자와 여자가 성화되는** 이 위대한 행위에서, 그리스도는 교회를 당신과 항상 결합시키신다[no. 7].
· 그러므로 전례에서, 특히 성찬식에서, 마치 샘에서처럼, 은총이 우리에게 흘러들고, 교회의 모든 활동이 목적으로 추구하는 **인간 성화와 하나님 찬양이 그리스도 안에서** 이루어지는 것이다....[no. 10].
· 거의 모든 사물을 목적에 맞게 올바로 사용하면 **사람들의 성화를 이루고 하나님을 찬양하게** 되어 있다 [no. 61].
· ...성음악의 목적은 하나님의 영광과 신자들의 성화이다....[no. 112](*The Constitution on the Sacred Liturgy*, **강조 추가됨**).

보이고 있으며, 교회의 거룩하고 귀중한 예술과의 연결성이 약해지고 있는 예전을 다시 신성하게(re-sacralizing) 만드는 궤도를 따르고 있다.

이처럼 새롭게 회복된 내재적인 것과 초월적인 것 사이의 역학이 보여주는 또 하나의 상징은, 예전에 대해 숙고할 때 사용되는 신학의 방식에서 나타난다. 앞에서 우리는, 두 번째 천년기가 시작될 즈음에 예배의 사건과 그 사건에 대한 사람들의 경험**에**(*in*) 근거한 신학화의 유형보다는 예전에 **대한**(*about*) 신학의 모습으로 등장했던 신학의 방식이 발전했었다고 언급했다. 우리는 이것을 "성례전신학"(sacramental theology)으로의 전환이라고 불렀다. 20세기 동안에, 매우 중요한 두 가지 발전이 성례전 신학을 다른 궤도에서 재형성했다.

첫째, 신스콜라주의의 철학적인 비전과 신학 사이의 겉보기에는 본질적인 관련성에 도전한 로마 가톨릭 신학자들의 움직임이었다. 새로운 사회 과학 뿐 아니라 현대 철학의 특징이라고 할 수 있는 "주체로의 전환"(turn to the subject)을 중요시했던 새로운 신학을 구축하는 시도 속에서, 에드워드 쉴레벡스(Edward Schillebeeckx, 1984년 사망) 같은 이상자들은, 현상학과 인류학, 새로운 비판철학을 사용하여 성례전에 대해 숙고했다. 그렇게 해서 쉴레벡스와 칼 라너(Karl Rahner, 1984년 사망)는 모두 제2차 바티칸 공의회에서 **페리티**(*periti*, 라틴어, "전문가" 또는 "고문")로 도움을 줬다-는 우리가 성례전을 "명사"에서 "동사"로, "사물"에서 "만남"으로 이해하도록 도왔다. 이러한 관점은 쉴레벡스의 혁명적인 연구의 제목, 『그리스도, 하나님과 만나는 성례전』(*Christ, the Sacrament of the Encounter with God*, 1963년)에서 요약된다.

둘째, 성례전에서 인간의 경험을 필수적인 요소로 간주하는 이 접근법은 두 번째 주요한 발전에 기여했다. 바로 단순히 예전적인 사건 자체에 **대한**(*about*) 신학화보다는 그 사건**으로부터의**(*from*) 신학화로 되돌아가는 움직임이었다.

이렇게 갱신된 신학화의 방식은 **렉스 오란디**(*lex orandi*)의 중요성을 강조하면서, 의례의 텍스트, 구조, 환경, 그리고 행위를 신학의 원천으로 중요하게 다뤘다. 이러한 유형의 신학화는 흔히 예전신학(liturgical theology)으로 묘사된다. 예전신학을 수행하는 방법은 많다. 그러나 진정한 예전신학들은 예전을 신학의 원천, 심지어는 **떼올로기아 프리마**(*theologia prima*)로서 진지하게 받아들인다. 그렇기 때문에, 예전 신학들은 종종 인류학과 같은 사회과학과 대화하면서 방법론적으로, 특히 대화의 주된 상대가 철학인, 성례전신학들보다는 예배의 내재적인 측면들에 집중해야 한다고 생각한다.

제2차 바티칸 공의회 이후에, 예전신학은 영향력을 크게 발휘했다. 그러나 오늘날에 어떤 면에서는 인류학보다는 철학과 대화하는 신학의 보다 추상적이고 성례적인 방식 쪽으로 기울어져 있고, 방법론적으로는 예배에서 내재적인 것보다는 초월적인 것을 강조하는 경향을 보여준다. 내재적인 것과 초월적인 것, 예전신학과 성례전 신학 사이에서 적절하게 균형을 맞추는 것은 계속해서 풀어야 할 과제이다.

3) 윤리 ↔ 성결

오늘날 예배를 둘러싼 신학적 소요를 특징짓는 마지막 양극은, 개인의 성결에 대한 요구와 사회의 변화에 대한 헌신 사이에서의 역학과 관련된다. 많은 그리스도인에게 영적인 삶은 그리고 그 삶을 조장하고 유지시키는 예배는 개인의 성결에 대한 요구에 집중한다.

그렇다고 기독교가 사회 체제에 무관심하거나 무관심했었다는 뜻은 아니다. 예를 들어, 19세기와 20세기에 개신교가 끼쳤던 큰 영향력 중 하나는 사회의 정의를 위해 애쓴 사회복음 운동(social gospel movement)이었다.[49] 그러한 영향력들이 흔히 교회 안에서 발휘되기는 하지만, 예배와 항상 밀접하게 결합되어 있지는 않다.

그러나 20세기에 일어났던 일련의 운동들은 이러한 결합을 보다 분명하게 보여주면서 중요시 했다. 예를 들어, 미국에서 오순절주의(Pentecostalism)의 발흥은 인종 차별과 평등의 사안들과 긴밀하게 연결되어 있다. 이미 윌리엄 시모어(William Seymour)의 사역과 아주사 부흥 운동(Azusa Street revival)의 예배 표현이 중요하게 여겨졌던 사안들이었다.[50]

사회복음운동의 사도들은 기도와 그리스도인의 행동(Christian action)의 결합이 중요하다는 것을 이해했다. 그러한 정신을 가지고, 월터 라우센부시(Walter Rauschenbusch,

---

49 교회의 중요한 존재 이유는, 인류의 구원에 대한 복음을 선포하고, 하나님의 자녀들을 위한 피난처와 양육, 영적인 교제를 제공하고, 거룩한 예배를 지속하고, 진리를 수호하고, 사회의 정의를 촉진하고, 세상에 하나님의 왕국을 드러내는 것이다(Mission statement [1910년] of the United Presbyterian Church in North America).

50 우리는 로스앤젤레스에 오순절이 올 수 있기를 기도했다. 우리는 그 일이 제일감리교회(The First Methodist Church)에서 시작되기를 원했다. 그러나 하나님은 그곳에서 시작하지 않으셨다. 나는 그 일을 로스앤젤레스에 있는 어떤 교회에서 시작하지 않으시고 창고에서 시작하셔서, 우리 모두로 하여금 그 일에 참여할 수 있도록 하셨던 하나님을 송축했다. 만일 그 일이 어떤 아름다운 교회에서 시작되었다면, 가난한 유색인들과 히스패닉계 사람들은 함께 하지 못한 채, 그곳에서 시작하신 하나님을 찬양했을 것이다(Los Angeles, *Apostolic Faith Newspaper* [1906년]).

1918년 사망)는 『하나님과 백성들을 위하여: 사회 각성 운동을 위한 기도』(*For God and the People: Prayers for the Social Awakening*)를 출간했다. 제임스 화이트에 따르면, 라우센부시는 예배와 정의를 재결합했던 주류 개신교의 유명한 지도자 중 하나였다. 1950년대에 사회복음운동은 인권 운동(civil rights movement)을 통해 재기할 수 있는 새로운 활력을 얻었다. 미국 전역에 있는 흑인 교회에서 탄생하고 성장한 인권 운동(civil rights movement)은 제단 초청(altar calls)과 인권 행진(civil rights marches), 설교와 정치, 성찬과 평등 사이의 결합을 새로이 구축했다.

로마 가톨릭의 전례 운동 역시 사회 정의에 뿌리를 내리고 있다. 때때로 현대 전례 운동의 아버지로 여겨지는 람베르트 보댕(Lambert Beauduin)은 레오 13세(Leo XIII, 1903년 사망)의 사회 교리(social teachings)에 큰 영향을 받았다. 그는 벨기에에서 수 년간 노동자들을 위해 사역하는 사제로 일하면서, 공정한 임금을 위해 투쟁하는 노동자들을 도왔다. 키스 페클러(Keith Pecklers)가 『읽지 않은 비전』(*Unread Vision*, p. 22)에서 상기시키듯이, 보댕은 비질 미첼(Vigil Michel, 1938년 사망)에게 큰 영향력을 끼쳤다.

미첼은 칼리지빌(Collegeville)에 있는 세인트존스(Saint John's) 출신의 베네딕트회 수도사로, 미국에서 전례 운동을 시작했던 인물 중 하나였다. 미첼도 예배와 사회 정의는 밀접하게 결합된다고 생각했다.[51] 미첼과 마찬가지로, H. A. 라인홀드(H. A. Reinhold, 1968년 사망)와 레이놀드 힐렌브렌(Reynold Hillenbrand) 같은 미국 전례 운동의 다른 선구자들 역시 교황 레오 13세의 사회 교리에 큰 영향을 받았다. 그들은 진정한 전례의 영성을 소유한 그리스도인들이라면, 공정한 노동 행위와 인종 평등을 위해서도 헌신해야 한다고 믿었다.

20세기 후반기의 또 다른 두 가지 주요한 신학적 흐름은 예전과 정의가 새롭게 결합되는데 기여했다. 그 중 첫 번째 흐름은 라틴아메리카에서 시작된 해방신학들이다. 초창기 해방 신학자 중 하나인 페루의 신학자 구스타보 구티에레스(Gustavo Gutiérrez)는, 전 세계에서 가난한 사람들이 겪고 있는 경제적 역경이 중요한 신학적 의제가 되어야 한다고 계속해서 주장했다. 1971년에 출간된 유명한 저서인 **떼올로기아 데 라 리버라**

---

51 그러면 우리 시대의 문화가 진정한 가톨릭 문화와 완전히 대조되는 특성을 지닌다는 것은 그리 놀랄만한 일이 아니다. 오늘날 문화의 일반적인 목표는 국부(national wealth)의 축적을 통한 물질적인 번영이다. 이 목표를 이루는 것만이 선한 것이고, 윤리는 이에 대해 참견할 권리가 없다.... 예전은 진정한 그리스도인을 발달시키는 일상의 학교(ordinary school)이다. 예전이 발달시키는 그리스도인의 자질과 세계관은 또한 진정한 기독교 문화에 대해 가장 잘 자각하도록 만드는 것들이다(Virgil Michel, *Oarate Fratres*, p. 299).

치온(*Theologia de la liberacion*, 스페인어, "해방의 신학")에서, 구티에레스 예수의 식탁 사역에서 나타나는 것처럼, "하나님과 다른 이들과 함께 하는 성찬식은 불평등과 착취의 폐지를 전제한다"(p. 263)라고 주장했다.

해방신학들과 관련된 페미니스트신학들은 여성 운동(women's movement)의 신학적 산물로서 1960년대에 등장했다. 여성은 기독교 교회의 구성원들 중에서 다수를 차지한다. 그러나 여성의 견해가 신학의 중심에 차지하고 있는 경우는 드물다. 따라서 매리 콜린스(Mary Collins, 1935년 사망)와 게일 램쇼(Gail Ramshaw, 1947년 출생) 같은 신학자들은, 남성-주도적인 언어와 리더십을 갖고 있는 기독교 예배가 많은 그리스도인을 억압할 수 있는 잠재적인 요인이라는데 상당한 우려를 표명했다.

만약 예전과 예전 신학이 사람들의 경험을 진지하게 받아들인다고 한다면, 우리의 의례와 신학의 근원이 되는 여성들의 경험은 어디에 있는가?

이러한 다양한 종교 운동과 신학적 흐름은 예전과 삶이 새롭게 결합되는데 기여했다. 그리고 케빈 어윈(Kevin Irwin, 1946년 출생) 같은 신학자가 **렉스 오란디**(*lex orandi*), **렉스 크레덴디**(*lex credenti*) 패러다임을 확장하여 **렉스 비벤디**(*lex vivendi*, 라틴어, "삶의 법")를 포함시키도록 이끌었다. 영어권 세계에서는 돈 샐리어즈(Don Saliers, 1937년 출생)가 예전과 윤리 사이의 결합에 대해 매우 명확하게 설명한다. 그는 예전과 윤리 사이의 비평적인 관계를 강조하기 위해서 아키텐의 프로스퍼의 격언에 **렉스 아젠디**(*lex agendi*, 라틴어, "행위의 법")를 추가한다.[52]

그리스도인의 삶과 예배 사이의 불가분한 연관성에 대한 인식은, 특히 성찬식이라고 하는 인간과 하나님 사이의 중요한 교제의 행위 안에서 더욱더 커져가고 있다. 그러나 이 이론이 항상 믿을 수 있는 프락시스(praxis)로 바뀌는 것은 아니다. 성찬식의 중심에서 명령되었던 도덕적 요구, 즉 모든 인간의 생명에 대한 존엄성, 가난하고 미

---

52 예배와 윤리의 상호 비판적인 상관관계는 **렉스 오란디**(기도의 법)와 **렉스 크레덴디**(믿음의 법) 사이에 있는 비판적인 상호관계의 일부이다. 그러나 이러한 것들은 교회의 **렉스 아젠디**(의도-행위의 법)가 되도록 한다. 따라서 진정한 송영(doxology)은 숙고하는 신앙으로서 적절한 정통 신앙(orthodoxy)을 만들고, 둘은 교회로 하여금 위치해 있는 사회적 제도 안에서 섬김의 삶을 살도록 하는 정통 실천(orthopraxy)을 행하도록 만든다. 나는 다양한 방식의 예전적 기도(liturgical prayer)에서 형성되고 의례적으로 제정된[예행 연습된] 영향(affections)과 장점(virtues)을 통해 예전과 도덕적 삶의 상호관계를 살펴봤다. 우리는 의무 이론들(theories of obligation)보다는 인격 윤리(ethics of character)에 관해 숙고함으로써, 진정한 기독교 예전이 가진 윤리적인 힘과 성화의 개념을 더욱 잘 연결할 수 있다.... 다양한 기독교 전통은 이 문제에 있어서 서로 다른 부분을 강조할 것이다. 그러나 한 가지 분명한 사실이 있다. 하나님에 대한 찬미와 인간 – 그리고 모든 만물 – 의 성화로 이해되는 예전에 대한 고전적인 정의는, 많은 신학자가 이해해왔던 것보다 훨씬 더 윤리와 연관되어 있다(Don Saliers, *Worship as Theology*, p. 187).

천한 자를 높이는 것, 그리스도의 평화에 대한 비전은 많은 경우 간과되거나 무시된다. 공익보다는 개인의 선택이 우선시되는 미국과 같은 소비주의 사회에서는 더욱 그렇다.

예를 들어, 로마 가톨릭교회의 리더십 뿐 아니라 세계교회협의회(World Council of Churches)의 리더십이 사형제도, 빈부의 격차를 더욱 크게 만드는 경제 정책, 엄청난 인명 피해를 초래하는 전쟁에 쓰이는 막대한 비용을 비난하고 있지만, 미국의 많은 그리스도인들은 그러한 것들을 지지한다.

이 시대와 모든 시대의 그리스도인들은 분명히 개인의 성결과 구원을 위해 노력한다. 그러나 성찬의 정의(eucharistic justice)와 예전의 윤리(liturgical ethics)의 사안에 대한 커져가는 관심은 또한, 기독교의 세 번째 천년기가 시작되는 시점에서 공익보다는 개인의 이익을 우선시하는 신앙과 예배 환경을 가진 그리스도인들의 때로는 이중적인 비전(bifurcated vision)에 주의를 기울이도록 강조했다. 분명히 독특하기는 하지만, 개인의 성결과 윤리적인 사회 활동에 대한 요구는 구분될 수도 있다. 그 둘을 어떻게 진실하고 올바르게 엮어내야 하는가의 문제는 우리가 계속해서 풀어야 할 과제이면서 우리가 남길 유산이기도 하다.

4) 요약

현 시대의 성찬신학에 대한 이러한 신학적 고찰들을 살펴보면, 성찬신학에 적절한 문제들(예를 들어, 실재적 현존)이나 의례의 기획에는 초점을 덜 맞추고, "영성"으로 간주될 수 있는 것에 초점을 더 맞추고 있다는 사실에 놀랄 수 있다. 산드라 슈나이더스(Sandra Schneiders)는 기독교 영성을 "살았던 기독교 신앙"(lived Christian faith)에 대한 고찰이라고 말한다(p. 1).

좁게 논의되었던 사안들, 즉 정확히 언제 축성이 일어나는가, 그리스도는 어떻게 성찬식에서 현존하시는가, 축성된 포도주를 한 용기에서 다른 용기로 옮겨 부어야 하는가 등으로부터 벗어난 움직임은 진정으로 개혁된 예배의 비전(truly reformed vision of worship)을 상징한다.

진정으로 개혁된 예배의 비전이란, 난해한 교리나 매우 규제된 전례에 대해서는 관심을 덜 기울이고, 교회란 무엇을 의미하는지, 우리가 어떻게 선교해야 하는지, 또는 늘-압박하는 세계와 늘 팽창하는 우주 안에서 살고 있다는 것은 무엇을 의미하는지에 대해서는 관심을 더 기울이는 것이다.

물론 이러한 것들이 새로운 사상은 아니다. 그러나 때때로 잊어버리는 것들이다. 그래서 우리는 기독교 성찬 예식이 시작되었던 곳에서 다소 이상적이기는 하지만 주목하지 않을 수 없는 누가의 이미지로 끝을 맺는다. 누가의 이미지는 우리에게 초대교회 공동체는 사도들의 가르침을 배우고, 교제하고, 빵을 나누고, 기도하는 일에 계속해서 전념했었다는 사실을 상기시킨다. 우리도 그렇게 해야 한다.

해티 존슨(Hattie Johnson)

"예수를 나의 구주 삼고, 성령과 피로써 거듭나니!"

입당 행렬이 중앙 통로로 들어서자, 성가대와 회중은 뛰어난 피아노 연주자의 강렬한 반주에 고무되어 열정적으로 노래했다. 제시카 브라운(Jessica Brown)이 십자가를 높이 들고 입장했고, 그녀의 남동생인 프레디(Freddie)와 아드리안 워싱턴(Adrian Washington)이 기다란 흰 초를 들고 제시카의 뒤를 따랐다. 짙은 갈색 피부를 더욱 두드러지게 하는 붉은색 가운을 입은 성가대는 "이것이 나의 간증이요, 이것이 나의 찬송일세"를 크게 부르고 그 음악에 걸음을 맞추면서 그들을 뒤따라 행진했다.

그 다음으로 윌리엄스(Williams) 노부인이 들어왔다. 그녀는 지팡이를 의지하기는 했지만, 성서일과를 옆구리에 끼고 당당하게 걸었다. 붉은색과 검은색, 초록색으로 맞춘 제의를 입은 팀(Tim) 부제와 찰스(Charles) 신부가 행렬의 맨 뒤에 있었다.

해티 존슨의 목소리가 집회에서 가장 큰 것은 아니었지만, 가장 열정적이었던 것은 분명했다.

"온전히 주께 맡긴 내 영, 사람의 음성을 듣는 중에."

그녀의 할머니가 부르던 노래를 그녀가 가톨릭 성당에서 부르게 될 줄 누가 상상이나 했겠는가?

할머니는 옛 동네에 있던 그리스도 제일오순절교회(Christ First Pentecostal Church)의 교인이었다. 해티의 어머니는 해티가 할머니와 함께 그 작은 교회에 가는 것을 허락하지 않았다. 대신, 해티를 데리고 미사를 드리러 가톨릭 성당에 갔다. 할머니는 그 성당을 "백인 남성의 교회"라고 부르곤 했다. 그러나 예배를 마친 일요일 오후가 되면, 할머니는 해티를 무릎에 앉히고 제일오순절교회에서 있었던 예배에 대한 모든 이야기(설교, 그날 아침에 나타났던 성령의 역사, 특히 음악)를 들려줬다.

해티는 할머니가 불러주던 노래를 얼마나 좋아했었던지!

그리고 해티는 오십 년이 지난 지금, 할머니가 불러주었던 노래들 중 일부를 가톨릭 성당에서 부르게 되었다는 사실이 너무 놀라웠다.

여기 성 미가엘 성당에서는 음악 외에도 많은 것들이 바뀌어왔다. 해티의 생각에 가장 좋게 변한 것 중 하나는, 회중석에 백인과 황인, 흑인의 얼굴들이 있고, 성단소에 있는 얼굴들도 마찬가지로 다양한 색깔을 보여주고 있다는 것이다. 해티는 이제 성 미가엘 성당이 더 이상 백인 남성의 교회가 아니라고 생각했다. 그러나 그녀는 시카고에 있는 모든 교회가 성 미가엘 성당과 같지 않다는 것을 안다. 여전히 주위에는 성단소와 회중석에 백인들만 있는 교회들이 많다. 그러한 교회들도 때가 되면 바뀔 것이라고, 그녀는 생각했다.

"게다가 나는 그러한 곳들이 필요 없어."

"성 미가엘은 나의 교회이고, 나에게 아주 잘 맞는 곳이야."

그녀는 이런 생각을 하면서 입가에 미소를 머금은 채, 성경 낭독을 위해 나머지 회중과 함께 자리에 앉았다.

페레즈(Perez) 노부인은 선지서 읽는 법을 잘 알고 있다. 수년 동안 빈민가에서 가족을 부양하고 온당한 임금을 받기 위해 싸워왔던 경험이 그녀의 목소리에 실린 확신에 어느 정도 영향을 끼쳤음이 틀림없다. 선지자들의 정의에 대한 요구가 마리아 페레즈와 같은 사람의 입에서 나올 때, 조금 더 믿을 만하게 들렸다.

찰스 신부의 설교도 해티가 수년 간 들어왔던 대부분의 설교보다 설득력이 있었다. 그녀는 그 이유가 단지 찰스 신부가 아프리카계 미국인인데 있다고 생각하지는 않다. 그녀는 다른 아프리카계 미국인 설교자들의 설교도 들었지만, 그들에게는 찰리 신부가 갖고 있는 힘이 없었다. 아마도 여기 성 미가엘 성당에서 아프리카계 미국인들과 히스패닉계 사람들, 필리핀계 사람들 모두가 편안해한다는 말은 사실일 것이다.

찰스 신부는 성 미가엘 성당을 그들 모두의 집으로 만들기 위해 누구보다 애써왔다. 그가 회중에게 설교하거나 말을 할 때, 일부 사람들은 "아멘"이나 "계속하세요, 신부님" 정도가 아니라, 그 즉시 말대답을 하면서 반응했다. 때때로 사람들은 찰스 신부에게 동의하지 않거나, 다른 예를 들거나, 그들 자신의 간증을 나누기도 했다. 그리고 찰스 신부는 그들이 그렇게 하도록 했다. 해티는 할머니가 찰스 신부를 분명히 좋아했을 것이라고 확신했다.

다른 많은 사람도 해티가 성 미가엘을 편안하게 느끼도록 해 주었다. 미사에 사용되는 빵을 굽는 클라라(Clara)와 보비 문도(Bobby Mundo) 부부, 헌금을 담당하는 로드니 해리스(Rodney Harris)와 그의 아들 지미(Jimmy), 부드러운 목소리로 응창 시편을 진정한 기도로 만드는 아델 마르코스(Adele Marcos), 그리고 함께 주기도문을 부를 때, 손이

닿을 정도로 옆에 가까이 서 있는 이들은 해티를 늘 편안하게 대해줬다. 해티는 특히 그 부분을 좋아했다.

해티는, 그녀가 어렸을 때 미사를 드릴 동안에는 아주 조용히 무릎을 꿇거나, 일어서거나, 앉아야 했고, 다른 사람들과 말을 하거나 심지어는 쳐다봐서도 안 됐었다는 것을 기억했다. 생각해보니, 참으로 삭막했던 경험이었다.

만약 옛 회중이 오늘 여기에 모인 성 미가엘 사람들이 평화의 인사를 하는 모습을 보게 된다면 얼마나 큰 충격을 받게 될까?

일전에 어린 미셸 유진(Michelle Eugene)이 평화의 인사 시간에 말했다.

"여기에 있는 사람들은 진정을 담아 포옹을 해요."

오늘 성찬식 찬송가는 해티가 좋아하는 "판 데 비다"(Pan de vida)였다. 피아노 연주가인 대릴(Darrel)이, 조용히 춤을 추듯이, 느리지만 리드미컬하게 그 곡을 연주하는 동안에, 교인들은, 성찬식 집전자들이 주는 아름다운 구리 그릇에 담긴 빵을 받고 그들이 권하는 굵은 크리스털 고블렛에 담긴 음료를 마시기 위해 앞으로 나갔다.

해티는 음악에 맞춰 걸으며 자기 자리로 돌아가고 있는 자신을 발견했다. 자리에 앉으면서 그녀는 작은 그랜드피아노와 성가대의 소리에 자신을 적셨다. 성찬식 후에는 항상 많은 광고가 있다. 다행스럽게도 중요한 내용 대부분은 주보에도 적혀 있었다. 그렇지 않았다면, 해티는 그 내용을 모조리 다 잊어버렸을 것이다.

마지막 광고 후에, 온 회중은 마침기도와 찰스 신부의 축도를 위해 일어섰다.

성가대가 "너희는 가서 모든 민족을 가르치라, 가라, 가라, 가라"(Go ye therefore and teach all nations, go, go, go)를 부르기 시작하자, 대릴은 그의 왼손으로 건반을 쳤다.

제시카가 십자가를 높이 들고, 성직자들을 중앙 통로로 인도할 때 회중은 두 번째 소절을 함께 불렀다.

"아버지와 아들과 성령의 이름으로 세례를 베풀라. 가라, 가라, 가라"(Baptizing them in the name of the Father and Son and Holy Ghost, Go, go, go).

해티는 교회 뒤쪽에 마련된 커피와 빵이 있는 곳으로 향하는 비공식적인 행렬을 따르면서, 다시금 할머니와 옛 동네에 있던 그리스도 제일오순절교회를 생각했다. 할머니가 지금도 살아있다면, 할머니 역시 성 미가엘 성당에서 편안함을 느꼈을 것이다.

참고문헌

General Bibliography

(Works in the general bibliography appear throughout the volume, while those specific to individual chapters are cited following the general bibliography.)

Anson, Peter F. *Churches: Their Plan and Furnishing*. Edited and revised by Thomas F. Croft-Fraser and H. A. Reinhold. Milwaukee: Bruce Publishing Company, 1948.
Arnold, Denis, ed. *New Oxford Companion to Music*. 2 vols. New York: Oxford University Press, 1983.
Atz, Karl. *Die Christliche Kunst in Wort und Bild*. Regensburg: Nationale Verlagsanstalt, 1899.
Biéler, André. *Architecture in Worship: The Christian Place of Worship*. Edinburgh-London: Oliver & Boyd, 1965.
Braun, Joseph. *Der Christliche Altar in seiner geschichtlichen Entwicklung*. Munich: Guenther Koch & Co., 1924.
———. *Das Christliche Altargerät in seinem Sein und in seiner Entwichlung*. Munich: Max Hueber, 1932.
Brinkhoff, Lukas, et al. *Liturgisch Woordenboek*. 9 vols. Roermond: J. J. Romen and Sons, 1958–1962.
Cabié, Robert. *L'Eucharistie*. Vol. 2 of *L'Église in Prière*. Edited by A. G. Martimort. Paris: Desclée, 1983.
Callewaert, C. *Liturgicae Institutiones*. Vol. 3, *De Missalis Romani Liturgia*. Brugge: Car. Beyaert, 1937.
Cange, Charles Dufresne du. *Glossarium ad Scriptores Mediae et Infirmae Latinitatis*. Edited by L. Favre. 10 vols. Niort, 1883–1887.
Cavanaugh, William Thomas. *The Reservation of the Blessed Sacrament*. The Catholic University of America Canon Law Studies 40. Washington, DC: The Catholic University of America, 1927.
Chupungco, Anscar, ed. *Handbook for Liturgical Studies*. 5 vols. Collegeville, MN: Liturgical Press, 1997–2000.
Conant, Kenneth John. *Carolingian and Romanesque Architecture, 800–1200*. 2nd ed. The Pelican History of Art. Harmondsworth, PA and New York: Penguin Books, 1966.
Corbin, Solange. *L'Église à la Conquête de sa Musique*. Pour la Musique. Edited by Roland-Manuel. Paris: Gallimard, 1960.
Davidson, Archibald, and Willi Apel. *Historical Anthology of Music*. 2 vols. Rev. ed. Cambridge: Harvard University Press, 1949.
Denzinger, Henry. *The Sources of Catholic Dogma*. Translated by Roy Deferrari. St. Louis:

B. Herder, 1957.

Foley, Edward, ed. *Worship Music: A Concise Dictionary*. Collegeville, MN: Liturgical Press, 2000.

Frazer, Margaret English. *Medieval Church Treasures*. New York: Metropolitan Museum of Art, 1986.

Gardner, Helen. *Art Through the Ages*. 8th ed. Revised by Horst de la Croix and Richard Tansey. San Diego: Harcourt, Brace, Jovanovich, 1986.

Heales, Alfred. *History and Law of Church Seats or Pews*. 2 vols. London: Butterworths, 1872.

The Holy Bible, New Revised Standard Version. New York: Oxford University Press, 1989.

Jacob, H. E. *Six Thousand Years of Bread*. Translated by Richard and Clara Winston. Westport, CT: Greenwood Press, 1944.

Jasper, R. C. D., and G. J. Cuming. *Prayers of the Eucharist, Early and Reformed*. 2nd ed. New York: Oxford University Press, 1980.

Jedin, Hubert, and John Dolan, eds. *History of the Church*. 10 vols. New York: Crossroad, 1980–1981.

Jones, Cheslyn, et al. *The Study of Liturgy*. Rev. ed. New York: Oxford University Press, 1992.

Jounel, Pierre. "Places of Christian Assembly: the First Millennium." In *The Environment for Worship*, 15–27. Washington, DC: United States Catholic Conference, 1980.

Jungmann, Josef. *The Early Liturgy to the Time of Gregory the Great*. Translated by Francis Brunner. Notre Dame: University of Notre Dame Press, 1959.

———. *The Mass of the Roman Rite: Its Origins and Development*. Translated by Francis Brunner. 2 vols. New York: Benziger Brothers, Inc., 1950.

———. *Pastoral Liturgy*. New York: Herder and Herder, 1962.

Klauser, Theodor. *A Short History of the Western Liturgy*. Translated by John Halliburton. London: Oxford University Press, 1979.

Kostof, Spiro. *A History of Architecture: Settings and Rituals*. New York: Oxford University Press, 1985.

Kraus, Franz Xavier. *Geschichte der Christlichen Kunst*. 2 vols. Freiburg: Herder, 1896.

Krautheimer, Richard. *Early Christian and Byzantine Architecture*. 4th ed. Pelikan History of Art 24. Harmondsworth, PA: Penguin Books, 1986.

Lampe, G. W. H. *A Patristic Greek Lexicon*. New York: Clarendon, 1961.

Leonard, John, and Nathan Mitchell. *The Postures of the Assembly during the Eucharistic Prayer*. Chicago: Liturgy Training Publications, 1994.

Macy, Gary. *Banquet's Wisdom*. 2nd ed. Akron, OH: OSL Publications, 2005.

Mansi, J. D., ed. *Sacrorum Conciliorum Nova et Amplissima Collectio*. 31 vols. Florence-Venice: 1757–1798. Reprinted and expanded to 53 vols. by L. Petit and J. B. Martin. Paris: 1889–1927.

Mathews, Thomas. *The Early Churches of Constantinople: Architecture and Liturgy*. University Park, PA: Pennsylvania State University Press, 1971.

Mazza, Enrico. *The Celebration of the Eucharist: The Origin of the Rite and the Development of Its Interpretation*. Translated by Matthew O'Connell. Collegeville, MN: Liturgical Press, 1999.

McKay, A. G. *Houses, Villas, and Palaces in the Roman World*. Ithaca, NY: Cornell University Press, 1975.

McKinnon, James, ed. *Music in Early Christian Literature*. Cambridge Studies in Music. Cambridge: University Press, 1987.

Meer, F. van der, and Christine Mohrmann. *Atlas of the Early Christian World*. Translated and edited by Mary F. Hedlund and H. H. Rowley. London: Thomas Nelson and

Sons Ltd., 1958.
Migne, Jacques Paul, ed. *Patrologia Graeca*. 162 vols. Paris, 1857–1866.
———. *Patrologia Latina*. 221 vols. Paris, 1844–1864.
Mitchell, Nathan. *Cult and Controversy: The Worship of the Eucharist Outside Mass*. New York: Pueblo Publishing, 1982.
Neale, John Mason. *History of Pues*. Cambridge: The Camden Society, 1841.
Norberg-Schulz, Christian. *Meaning in Western Architecture*. New York: Praeger Publishers, 1975.
O'Connell, J. B. *Church Building and Furnishing: A Study in Liturgical Law*. Liturgical Studies. NotreDame, IN: University of Notre Dame Press, 1955.
Palazzo, Eric. *A History of Liturgical Books from the Beginning to the Thirteenth Century*. Translated by Madeleine Beaumont. Collegeville, MN: Liturgical Press, 1998.
Placzek, Adolf K., ed. *McMillan Encyclopedia of Architects*. 4 vols. New York: The Free Press, 1982.
Power, David. *The Eucharistic Mystery: Revitalizing the Tradition*. New York: Crossroad, 1992.
Randel, Don Michael, ed. *The New Harvard Dictionary of Music*. Cambridge: Belknap Press, 1986.
Righetti, Mario. *Manuale di Storia Liturgica*. 4 vols. Milan: Ancora, 1945–1953.
Sadie, Stanley, ed. *New Grove Dictionary of Music and Musicians*. New York: W. W. Norton, 1988.
Schulte, A. J. "Host." *Catholic Encyclopedia* (1910) 7: 489–97.
Stulken, Mary Kay. *Hymnal Companion to the Lutheran Book of Worship*. Philadelphia: Fortress Press, 1981.
Taft, Robert. *The Liturgy of the Hours in East and West*. Collegeville, MN: Liturgical Press, 1986.
Vogel, Cyrille. *Medieval Liturgy: An Introduction to the Sources*. Translated and revised by William Storey and Niels Rasmussen. Washington, DC: Pastoral Press, 1986.
White, James. *A Brief History of Christian Worship*. Nashville: Abingdon Press, 1993.
White, L. Michael. *The Social Origins of Christian Architecture*. Vol. 1: *Building God's House in the Roman World: Architectural adaptation among Pagans, Jews and Christians. Baltimore*: The Johns Hopkins University Press, 1990. Vol. 2: *Texts and Monuments for the Christian Domus Ecclesiae in its Environment*. Harvard Theological Studies 42. Valley Forge, PA: Trinity Press International, 1997.
Wienandt, Elwyn A., ed. *Opinions on Church Music*. Waco, TX: Baylor University Press, 1974.
Wilken, Robert. *The Myth of Christian Beginnings*. Notre Dame, IN: University of Notre Dame Press, 1981.

Bibliography for Chapter One

The Babylonian Talmud. Edited by Isidore Epstein. 34 vols. London: Soncino Press, 1935–1959.
Berger, Teresa. *Women's Ways of Worship: Gender Analysis and Liturgical History*. Collegeville, MN: Liturgical Press, 1999.
Birnbaum, Philip. *The Passover Haggadah*. New York: Hebrew Publishing Company, 1953.
Brooten, Bernadette. *Women Leaders in the Ancient Synagogue: Inscriptional Evidence and Background Issues*. Brown Judaic Studies 36. Chico, CA: Scholars Press, 1982.
Brown, Raymond E. *The Churches the Apostles Left Behind*. New York: Paulist Press, 1984.
Brown, Raymond E., Joseph Fitzmyer, Roland Murphy, eds. *The New Jerome Biblical*

Commentary. Englewood Cliffs, NJ: Prentice-Hall Inc., 1990.
Charles, R. H., ed. *The Book of Jubilees or The Little Genesis*. London: A. and C. Black, 1902.
Chiat, Marilyn. "Form and Function in the Early Synagogue and Church." *Worship* 69, no. 5 (1995): 406–26.
———. *Handbook of Synagogue Architecture*. Chico, CA: Scholars Press, 1982.
Chrysostom, John. *Eight Homilies against the Jews*. http://www.fordham.edu/halsall/source/chrysostom-jews6.html.
Crossan, John Dominic. *The Historical Jesus: The Life of a Mediterranean Jewish Peasant*. San Francisco: HarperSanFrancisco, 1991.
Crowe, Frederick E. *Theology of the Christian Word: A Study in History*. New York: Paulist Press, 1978.
Daly, Robert. *The Origins of the Christian Doctrine of Sacrifice*. Philadelphia: Fortress Press, 1978.
Deichgräber, Reinhard. *Gotteshymnus und Christushymnus in der frühen Christenheit*. Göttingen: Vandenhoeck and Ruprecht, 1967.
Foley, Edward. "The Cantor in Historical Perspective." *Worship* 56 (1982): 194–213.
———. *Foundations of Christian Music: The Music of Pre-Constantinian Christianity*. American Essays in Liturgy. Collegeville, MN: Liturgical Press, 1996.
———. "The Question of Cultic Singing in the Christian Community of the First Century." Unpublished thesis, University of Notre Dame, 1980.
Gelineau, Joseph. "Music and Singing in the Liturgy." *The Study of Liturgy*. 440–49. See general bibliography above, Cheslyn Jones, et al. *The Study of Liturgy*. Rev. ed. New York: Oxford University Press, 1992.
Gutmann, Joseph. "Synagogue Origins: Theories and Facts." In *Ancient Synagogues: The State of Research*, edited by Jacob Neusner, et al, 1–6. Brown Judaic Studies 22. Chico, CA: Scholars Press, 1981.
Hahn, Ferdinand. *The Worship of the Early Church*. Philadelphia: Fortress Press, 1973.
Heinemann, Joseph. *Prayer in the Talmud: Forms and Patterns*. Studia Judaica 9. Berlin-New York: Walter de Gruyter, 1977.
Hoffman, Lawrence. *The Canonization of the Synagogue Service*. Notre Dame–London: University of Notre Dame Press, 1979.
———. *The Sh'ma and Its Blessings*. Vol. 1, *My People's Prayer Book: Traditional Prayers, Modern Commentaries*. Woodstock, VT: Jewish Lights Publishing, 1997.
Hoppe, Leslie. *The Synagogues and Churches of Ancient Palestine*. Collegeville, MN: Liturgical Press, 1993.
Idelsohn, A. Z. *Jewish Music in its Historical Development*. New York: Schocken Books, 1967 [1929].
Jeremias, Joachim. *The Eucharistic Words of Jesus*. Translated by Norman Perrin. Philadelphia: Fortress Press, 1977.
Josephus, Flavius. *The Works of Flavius Josephus*. Translated by William Whiston. Auburn and Buffalo: John E. Beardsley, 1895.
LaVerdiere, Eugene. *Dining in the Kingdom of God*. Chicago: Liturgy Training Publications, 1994.
Malit, Jesus M. "From *Berakah* to *Misa Ng Bayang Pilipino*: Exploring the Depths of a Filipino Eucharistic Spirituality through the *Philipino* Rite." D. Min. thesis-project, Catholic Theological Union, Chicago, 2001.
Martin, Ralph. *Worship in the Early Church*. Rev. ed. Grand Rapids: Wm. B. Eerdmans, 1975.

Maxwell, C. Mervyn. "Chrysostom's Homilies Against the Jews: An English Translation." Ph.D. diss., University of Chicago, 1967.
Meeks, Wayne A. *The First Urban Christians: The Social World of the Apostle Paul*. New Haven: Yale University Press, 1983.
The Mishnah: A New Translation. Edited and translated by Jacob Neusner. New Haven: Yale University Press, 1988.
Murphy-O'Connor, Jerome. "The Corinth that Saint Paul Saw." *Biblical Archaeologist* 47, no. 3 (1984): 147–59.
Nattiez, Jean-Jacques. *Music and Discourse: Toward a Semiology of Music*. Translated by Carolyn Abbate. Princeton: Princeton University Press, 1990.
Neusner, Jacob. *The Way of Torah*. 3rd ed. North Scituate, MA: Duxbury Press, 1979.
Overman, J. Andrew. "Who were the First Urban Christians? Urbanization in Galilee in the First Century." In *SBL Seminar Papers 1988*, edited by David J. Lull, 160–68. Atlanta: Scholars Press, 1988.
Past Worlds. The Times Atlas of Archaeology. London: Times Books Ltd., 1988.
Perelmuter, Hayim Goren. *Siblings: Rabbinic Judaism and Early Christianity at their Beginnings*. New York: Paulist Press, 1989.
Perrin, Norman, and Dennis C. Duling. *The New Testament: An Introduction*. 2nd ed. New York: Harcourt, Brace, Jovanovich, 1982.
Petuchowski, Jakob J., and Michael Brocke, eds. *The Lord's Prayer and Jewish Liturgy*. New York: Seabury Press, 1978.
Reif, Stefan. *Judaism and Hebrew Prayer: New Perspectives on Jewish Liturgical History*. Cambridge: Cambridge University Press, 1993.
Rowley, H. H. *Worship in Ancient Israel: Its Forms and Meaning*. London: SPCK, 1967.
Seager, Andrew. "Ancient Synagogue Architecture: An Overview." In *Ancient Synagogues: The State of Research*, edited by Jacob Neusner, et al., 39–47. Brown Judaic Studies 22. Chico, CA: Scholars Press, 1981.
The Song of the Sabbath Sacrifice. Transcription and translation by Carol Newsom. http://www.ibiblio.org/expo/deadsea.scrolls.exhibit/Library/songs.html.
Stuhlmueller, Carroll. *Psalms 1 & 2*. 2 vols. Old Testament Message 21 & 22. Wilmington, DE: Michael Glazier, 1983.
Vaux, Roland de. *Ancient Israel*. 2 vols. New York: McGraw-Hill, 1965.
Walbank, Frank W. "Alexander." *The New Encyclopaedia Britannica*. 15th ed. Chicago: Encyclopaedia Britannica Inc., 1974. Macropaedia I:468–473.
Werblowsky, R. J. Zwi, and Geoffrey Wigoder, eds. *The Oxford Dictionary of the Jewish Religion*. New York: Oxford University Press, 1997.
Werner, Eric. *The Sacred Bridge*. Vol. 1. New York: Columbia University Press, 1959.
———. *The Sacred Bridge*. Vol. 2. New York: Ktav Publishing House, 1984.
Wigoder, Geoffrey. *The Story of the Synagogue*. San Francisco: Harper & Row, 1986.

Bibliography for Chapter Two

Acta Pauli. Edited and translated by Wilhelm Schubert and Carl Schmidt. Hamburg: J. J. Austin, 1936.
Audet, Jean-Paul. *La Didachè, Instructions des Apôtres*. Etude Bibliques. Paris: J. Gabalda, 1958.
Baldovin, John. "Hippolytus and the Apostolic Tradition: Recent Research and Commentary." *Theological Studies* 64 (2003): 520–42.
Bergant, Dianne. "Come Let Us Go up to the Mountain of the Lord." In *Developmental Disabilities and Sacramental Access: New Paradigms for Sacramental*

   Encounters, edited by Edward Foley. Collegeville, MN: Liturgical Press, 1994, 13–32.
Berger, Teresa. *Women's Ways of Worship: Gender Analysis and Liturgical History*. Collegeville, MN: Liturgical Press, 1999.
The Book of Pontiffs (*Liber Pontificalis*). Edited and translated by Raymond Davis. Rev. ed. Translated Texts for Historians 6. Liverpool: Liverpool University Press, 2000.
Bradshaw, Paul. "Ancient Church Orders." In *Fountain of Life*, edited by Gerard Austin, 3–22. Washington, DC: The Pastoral Press, 1991.
Chadwick, Henry. *The Early Church*. Pelican History of the Church 1. Harmondsworth, PA: Penguin Books, 1967.
Charlesworth, James, ed. and trans. *The Odes of Solomon: The Syriac Texts*. Texts and Translations 13, Pseudepigrapha Series 7. Missoula, MT: Scholars Press, 1977.
Clement of Alexandria. Edited by Alexander Roberts and James Donaldson. Hymns translated by W. L. Alexander in *Ante-Nicene Fathers*. Vol. 2. New York: Charles Scribner's Sons, 1926 (296).
Connolly, R. H., ed. and trans. *Didascalia Apostolorum*. Oxford: Oxford University Press, 1929.
Sancti Cypriani Episcopi Opera. *Corpus Christianorum, Series Latina*. 5 vols. Edited by R. Weber, et al. Turnhout: Brepols, 1972.
Daly, Robert. *The Origins of the Christian Doctrine of Sacrifice*. Philadelphia: Fortress Press, 1978.
Danielou, Jean. *The Bible and the Liturgy*. Ann Arbor: Servant Books, 1979 [1956].
Duchesne, Louis. *Le Liber Pontificalis*. 3 vols. Bibliothèque des Ecoles Francaises d'Athenes et de Rome. Paris: E. de Boccard, 1981.
Epiphanius. *The Panarion of St. Epiphanius, Bishop of Salamis*. Translated by Philip Amidon. New York: Oxford University Press, 1990.
Eusebio di Cesarea. *Sulla vita di Costantino*. Edited and translated by Luigi Tartaglia. Napoli: M. D'Auria, 1984.
Eusebius. *The History of the Church*. Translated by G. A. Williamson. Harmondsworth, PA: Penguin Books, 1965.
Fitzmyer, Joseph. "The Languages of Palestine in the First Century A.D." In *A Wandering Aramean: Collected Aramaic Essays*, 29–56. Chico, CA: Scholars Press, 1979.
Funk, F. X., ed. *Didascalia et Constitutiones Apostolorum*. 2 vols. Paderborn: F. Schoeningh, 1905.
Gesta apud Zenophilum. Edited by Carolus Ziwsa. Corpus Scriptorum Ecclesiasticorum Latinorum 26. Vienna: F. Tempsky, 1893 (185–197).
Hennecke, Edgar. *New Testament Apocrypha*. 2 vols. Edited by Wilhelm Schneemelcher. Translated by Robert McLachlan Wilson. Philadelphia: Westminster Press, 1963–1965.
Idelsohn, A. Z. *Jewish Music in Its Historical Development*. New York: Schocken Books, 1967 [1929].
Ignatius of Antioch. *The Apostolic Fathers*. Edited and translated by Kirsop Lake. The Loeb Classical Library 24. London: W. Heinemann, 1930.
Irénée de Lyon. *Contre les hérésies, Livre IV-1*. Edited by Adelin Rousseau. Sources chrétiennes no. 100. Paris: Éditions du Cerf, 1965.
Kraeling, C. H. *Excavation at Dura Europos. Final Report 8, Part 2: The Christian Building*. New Haven: Yale University Press, 1967.
Macaulay, David. *City: The Story of Roman Planning and Construction*. Boston: Houghton Mifflin Company, 1974.
Magie, David, ed. and trans. *Scriptores Historiae Augustae*. 3 vols. Loeb Classical Library

139, 140, and 263. Cambridge: Harvard University Press, 1967.
Malone, Edward. *The Monk and the Martyr: The Monk as the Successor of the Martyr*. Washington, DC: Catholic University of America Press, 1950.
McGowan, Andrew Brian. *Ascetic Eucharists: Food and Drink in Early Christian Ritual Meals*. Oxford: Clarendon Press, 1999.
McKinnon, James. *The Advent Project: The Later-Seventh-Century Creation of the Roman Mass Proper*. Berkeley: University of California Press, 2000.
———. "The Meaning of the Patristic Polemic against Musical Instruments." *Current Musicology* 1 (1985): 69–82.
Mohrmann, Christine. "*Le latin commun et le latin des chrétiens.*" *Vigiliae Christianae* 1, no. 1 (1947): 1–12.
Neusner, Jacob. *There We Sat Down: Talmudic Judaism in the Making*. New York: Ktav Publishing House, 1978.
Perelmuter, Hayim Goren. *Siblings: Rabbinic Judaism and Early Christianity at their Beginnings*. New York: Paulist Press, 1989.
Pliny. "Letter to the Emperor Trajan." *Pliny: Letters and Panegyricus*. Translated by Betty Radice. Loeb Classical Library 59. Cambridge: Harvard University Press, 1969.
Roberts, Colin, and T. C. Skeat. *The Birth of the Codex*. London: Oxford University Press, 1983.
Routley, Erik. *The Music of Christian Hymns*. Chicago: GIA Publications Inc., 1981.
Russell, James. *The Germanization of Early Medieval Christianity: A Sociohistorical Approach to Religious Transformation*. New York–Oxford: Oxford University Press, 1994.
Tacitus. *Annals: Books 13–15*. Translated by John Jackson. Loeb Classical Library 322. London: William Heinemann Ltd., 1937.
Taft, Robert. "Mass without the Consecration?" *Worship* 77 (2003): 482–509.
Tertullian. *Corpus Christianorum, Series Latina*. 2 vols. Edited by Eligius Dekkers. Turnhout: Brepols, 1953.

Bibliography for Chapter Three

Acta Sanctorum. Société des Bollandistes. 3rd ed. 68 vols. Paris: Victor Palmé, 1863–1940.
Amalarii episcopi Opera liturgica omnia. Edited by Ioanne Michaele Hanssens. Studi e testi, 138–140. Città del Vaticano: Biblioteca Apostolica Vaticana, 1948–1950.
Ambrose. *Des Sacrements*. Des Mystères. Edited and translated by Bernard Botte. Source chrétiennes 25 bis. Paris: Cerf, 1961.
Andrieu, Michel. *Les Ordines Romani du Haut Moyen Âge*. 5 vols. Spicilegium sacrum Lovaniense 11, 23–24, 28–29. Louvain, 1960.
Apel, Willi. *Gregorian Chant*. Bloomington: Indiana University Press, 1958.
The Confessions and Letters of St. Augustine. Edited by Philip Schaff. Nicene and Post-Nicene Fathers, 1. New York: Christian Literature Company, 1892.
Baldovin, John. "Kyrie Eleison and the Entrance Rite of the Roman Eucharist." *Worship* 60 (1986): 334–47.
Bergere, Thea and Richard. *The Story of St. Peter's*. New York: Dodd, Mead & Company, 1966.
Book of Pontiffs, The (*Liber Pontificalis*). Edited and translated by Raymond Davis. Rev. ed. Translated texts for Historians 6. Liverpool: Liverpool University Press, 2000.
Bouley, Allan. *From Freedom to Formula: The Evolution of the Eucharistic Prayer from Oral Improvisation to Written Texts*. The Catholic University of America Studies in Christian Antiquity, 21. Washington, DC: The Catholic University of America

Press, 1981.

Bradshaw, Paul. *The Search for the Origins of Christian Worship*. 2nd ed. New York: Oxford University Press, 2002.

Callam, Daniel. "The Frequency of the Mass in the Latin Church, ca. 400." *Theological Studies* 45 (1985): 615–26.

Chrysostom, John. "Second Baptismal Instruction." Translated by Paul Harkins. *Ancient Christian Writers* 31. Westminster, MD: Newman Press, 1963.

Daly, Robert. *The Origins of the Christian Doctrine of Sacrifice*. Philadelphia: Fortress Press, 1978.

Denis-Boulet, Noele M. *The Christian Calendar*. Translated by P. Hepburne-Scott. The Twentieth Century Encyclopedia of Catholicism 113. New York: Hawthorn Books, 1960.

Dubois, Jacques. *Les martyrologes du moyen âge latin*. Typologie des sources du moyen âge occidental 26. Turnhout: Brepols, 1978.

Duchesne, Louis. *Liber Pontificalis*. 3 vols. Bibliothèque des Ecoles Francaises d'Athènes et de Rome. Paris: E. de Boccard, 1981.

Epistles of St. Clement of Rome and St. Ignatius of Antioch, The. Edited and translated by James Kleist. Ancient Christian Writers 1. Ramsey, NJ: Newman Press, 1946.

Eusebius. *The History of the Church*. Translated by G. A. Williamson. Harmondsworth, PA: Penguin Books, 1965.

Farley, Edward. *Theologia: The Fragmentation and Unity of Theological Education*. Philadelphia: Fortress Press, 1983.

Foley, Edward. "The Song of the Assembly in Medieval Eucharist." In *Medieval Liturgy*, edited by Lizette Larson-Miller, 203–34. Garland Medieval Casebooks, 18. New York-London: Garland Publishing, 1997.

Funk, F. X., ed. *Didascalia et Constitutiones Apostolorum*. 2 vols. Paderborn: F. Schoeningh, 1905.

Galavaris, George. *Bread and the Liturgy: The Symbolism of Early Christian and Byzantine Bread Stamps*. Madison: University of Wisconsin Press, 1970.

Gennadius. *De viris illustribus*. Edited by Ernest Cushing Richardson. Leipzig: J.C. Hinrichs, 1896.

Graduale Sacrosanctae Romanae Ecclesiae de Tempre et de Sanctis. Solemne: 1979.

Grégoire le Grand. *Dialogues*. 3 vols. Edited by Adalbert de Vogüé, translated by Paul Antin, Sources chrétiennes nos. 251, 260, 265. Paris: Éditions du Cerf, 1978–1980.

Gregory, Wilton. "The Lector–Minister of the Word: An Historical and Liturgical Study of the Office of the Lector in the Western Church." 2 vols. Ph.D. diss., The Pontifical Liturgical Institute, 1980.

Hoppin, Richard H. *Medieval Music*. New York: W. W. Norton, 1978.

Irenaeus of Lyon. *Contre les Hérésies, livre iv*. Edited by Adelin Rousseau, et al. Source chrétiennes 100. Paris: Cert, 1965.

Irwin, Kevin. *Context and Text: Method in Liturgical Theology*. Collegeville, MN: Liturgical Press, 1994.

Isidori Hispalensis Episcopi. *Etymologiarvm sive originvm libri* XX. 2 vols. Edited by W.M. Lindsay. Oxford: Clarendon Press, 1962.

Jeffery, Peter. "The Introduction of Psalmody into the Roman Mass by Pope Celestine I (422–32)." *Archiv für Liturgiewissenschaft* 26 (1984): 147–65.

Jungmann, Josef. *Pastoral Liturgy*. New York: Herder and Herder, 1962.

Leo the Great. *Sermons of Leo The Great*. Translated by C. L. Feltoe. Library of Nicene and Post Nicene Fathers. 2nd Series, vol. 12. New York: Christian Literature

Company, 1895.
Life of Basil, c.vi. in *Acta Sanctoum*, June, vol. III = *Acta Sanctorum, editio novissima*. Paris: V. Palme, 1863.
Martimort, Aimé-Georges. *Les Lectures liturgiques et leurs Livres*. Typologie des sources du moyen âge occidental 64. Turnhout: Brepols, 1992.
———. *Les "Ordines", les Ordinaires et les Cérémoniaux*. Typologie des sources du moyen âge occidental 56. Turnhout: Brepols, 1991.
Mathews, Thomas F. *The Clash of Gods: A Reinterpretation of Early Christian Art*. Princeton: Princeton University Press, 1993.
———. "An Early Roman Chancel Arrangement and Its Liturgical Function." *Revista di Archeologia Cristiana* 38 (1962): 73–95.
McKinnon, James. *The Advent Project: The Later-Seventh-Century Creation of the Roman Mass Proper*. Berkeley, CA: University of California Press, 2000.
Mohlberg, Leo Cunibert, ed. *Sacramentarium Veronense*. Rerum Ecclesiasticarum Documenta: Series maior, fontes 1. Rome: Herder, 1966.
Osborne, Kenan. *Priesthood: A History of the Ordained Ministry in the Roman Catholic Church*. New York: Paulist Press, 1988.
Poems of Prudentius, The. Translated by M. Clement Eagan. Washington, DC: The Catholic University of America Press, 1962.
Quasten, Johannes. *Music and Worship in Pagan and Christian Antiquity*. Translated by Boniface Ramsey. Washington, DC: National Association of Pastoral Musicians, 1983.
Roberti, Mario Mirabella. *Grado*. 3rd ed. Trieste. n.d.
Schaefer, Francis J. "The Tabernacle: Its History, Structure and Custody." *The Ecclesiastical Review* 87 (1935): 449–68.
Sheerin, Daniel. *The Eucharist*. Messages of the Fathers of the Church 7. Wilmington, DE: Michael Glazier, 1986.
Spinks, Brian. "The Jewish Sources for the Sanctus." *The Heythrop Journal* 21 (1980): 168–79.
Taft, Robert. *Beyond East and West: Problems in Liturgical Understanding*. 2nd revised and enlarged ed. Rome: Pontifical Oriental Institute, 1997.
Toynbee, Jocelyn, and John Ward Perkins. *The Shrine of St. Peter and the Vatican Excavations*. London: Longmans, Green and Co., 1956.
Wilkinson, John. *Egeria's Travels to the Holy Land*. Rev. ed. Jerusalem and Warminster, England: Ariel, 1981.
Willis, G. G. "The Consecration of Churches Down to the Ninth Century." *In Further Essays in Early Roman Liturgy*, 133–73. Alcuin Club 50. London: SPCK, 1968.
Yarnold, Edward. *The Awe-Inspiring Rites of Initiation*. Slough, England: St. Paul Publications, 1977.

Bibliography for Chapter Four

Andrieu, Michel. *Les Ordines Romani du Haut Moyen Âge*. 5 vols. Spicilegium Sacrum Lovaniense. Louvain, 1960.
Baldovin, John. *The Urban Character of Christian Worship: The Origins, Development and Meaning of Stational Liturgy*. Orientalia Christiana analecta 228. Rome: Pont. Institutum Studiorum Orientalium, 1987.
Bede. *A History of the English Church and People*. Translated by Leo Sherley-Price. Rev. ed. Middlesex: Penguin Books, 1968.
Chavasse, Antoine. "L'Organisation stationnale du carême romain, avant le VIIIe siècle:

une organisational 'pastorale.'" *Revue des Sciences Religieuses* 56, no. 1 (1982): 17–32.

Chupungco, Anscar. *Cultural Adaptation of the Liturgy*. New York: Paulist Press, 1982.

Clement, Richard W. "A Survey of Antique, Medieval, and Renaissance Book Production." In *Art into Life: Collected Papers from the Kresge Art Museum Medieval Symposia*, edited by Carol Garrett Fisher and Kathleen Scott, 9–47. East Lansing: Michigan State University Press, 1995.

Crook, John. *The Architectural Setting of the Cult of Saints in the Early Christian West, c. 300–c. 1200*. Oxford historical monographs. Oxford: Clarendon Press, 2000.

Eucharistic Vessels of the Middle Ages. n. p.: Garland Publishing, 1975.

Farley, Edward. *Theologia: The Fragmentation and Unity of Theological Education*. Philadelphia: Fortress Press, 1983.

Gregory the Great. "Letter to Bishop Palladius of Santes." In *S. Gregorii Magni Opera: Registrum Epistularum Libri I–VII*, edited by Dag Norberg. Corpus Christianorum, Series Latina. Turnholt: Brepols, 1982.

Gy, Pierre-Marie. "Typologie et ecclésiologie des livres liturgiques médiévaux." In *Liturgie dans l'histoire*, 75–89. Paris: Le Cerf, 1990.

Haüssling, Angelus Albert. *Mönchskonvent und Eucharistiefeier*. Liturgiewissenschaaftliche Quellen und Forschungen 58. Münster: Aschendorff, 1973.

Hucke, Helmut. "Toward a New Historical View of Gregorian Chant." *Journal of the American Musicological Society* 33 (1980): 437–67.

Kandler, K.–H. "Wann werden die Azyma das Brotelement in der Eucharistie im Abendland?" *Zeitschrift für Kirchengeschichte* 75 (1964): 153–55.

Lehmann, Edgar. "Die Anordnung der Altäre in der Karolingischen Kosterkirche zu Centula." In *Karl Der Grosse: Lebenswerk und Nachleben*, edited by Wolfgang Braunsfels and Hermann Schnitzler, 374–83. Dusseldorf, 1966.

Macy, Gary. *Theologies of the Eucharist in the Early Scholastic Period*. Cambridge: Cambridge University Press, 1984.

Madigan, Kevin. "The Parish in the Year 1000." *Chicago Studies* 37, no. 3 (1998): 233–44.

Manion, M. Francis. "Stipends and Eucharistic Praxis." *Worship* 57 (1983): 194–214.

McCracken, George, ed. *Early Medieval Theology*. Library of Christian Classics 9. London: SCM Press, 1957.

McKinnon, James. *The Advent Project: The Later-Seventh-Century Creation of the Roman Mass Proper*. Berkeley: University of California Press, 2000.

McMillan, Sharon. "How the Presbyter Becomes a Priest." In *Studia Liturgica Diversa*, edited by Maxwell Johnson and L. Edward Phillips, 163–75. Portland: Pastoral Press, 2004.

McNeill, John, and Helena Gamer. *Medieval Handbooks of Penance*. New York: Octagon Books, 1965.

McSherry, Patrick. *Wine as Sacramental Matter and the Use of Mustum*. Washington, DC: National Clergy Council on Alcoholism, 1986.

Mirgeler, Arthur. *Mutations of Western Christianity*. Notre Dame: University of Notre Dame Press, 1968 [1961].

Mohlberg, Leo C., ed. *Liber Sacramentorum Romanae Aeclesiae Ordinis Anni Circuli*. Rerum Ecclesiasticarum Documenta: Series maior, fontes 4. Rome: Herder, 1960.

———. *Missale Francorum*. Rerum Ecclesiasticarum Documenta: Series maior, fontes 2. Rome: Herder, 1957.

———. *Missale Gallicanum Vetus*. Rerum Ecclesiasticarum Documenta: Series maior, fontes 3. Rome: Herder, 1958.

———. *Missale Gothicum*. Rerum Ecclesiasticarum Documenta: Series maior, fontes 2.

Rome: Herder, 1961.
Monastic Constitutions of Lanfranc, The. Edited and translated by David Knowles. Rev. ed. Christopher Brooke. Oxford: Clarendon Press, 2002.
Nelson, Lynn Harry. *Lectures in Medieval History.* An E-Book. Historical Text Archive Edition, 2004.
Pelikan, Jaroslav. *The Christian Tradition: A History of the Development of Doctrine.* Vol. 3: *The Growth of Medieval Theology (600–1300).* Chicago–London: The University of Chicago Press, 1978.
Poinard, M. Robert. *Tournus: Abbaye Saint-Philibert.* Tournus: Presbytère de Tournus, n.d.
Pounds, Norman J. G. *A History of the English Parish: The Culture of Religion from Augustine to Victoria.* Cambridge–New York: Cambridge University Press, 2000.
Rasmussen, Niels Krogh. *Les Pontificaux du haut Moyen Âge.* Spicilegium Sacrum Lovaniense 49. Leuven: Spicilegium Sacrum Lovaniense, 1998.
Ruff, Anthony. "A Millennium of Congregational Song." *Pastoral Music* (February–March, 1997): 11–15.
Russell, James. *The Germanization of Early Medieval Christianity: A Sociohistorical Approach to Religious Transformation.* New York–Oxford: Oxford University Press, 1994.
Rutherford, Richard. *The Death of a Christian: The Rite of Funerals.* Collegeville, MN: Liturgical Press, 1980.
Ryan, Michael. *Early Irish Communion Vessels: Church Treasures of the Golden Age.* Dublin: National Museum of Ireland, 1985.
Sheerin, Daniel. *The Eucharist.* Messages of the Fathers of the Church 7. Wilmington, DE: Michael Glazier, 1986.
Tertullian. *Corpus Christianorum, Series Latina.* 2 vols. Edited by Eligius Dekkers. Turnhout: Brepols, 1953.
Vogel, Cyrille. "Orientation dans les Ordines Romani." *La Maison Dieu* 70 (1962): 67–99.
———. "La Multiplication des Messes Solitaires au Moyen Âge: Essai de Statistique." *Revue des Sciences Religieuse* 55 (1981): 206–13.
Willis, G. G. *Further Essays in Early Roman Liturgy.* Alcuin Club Collections 50. London: SPCK, 1968.

Bibliography for Chapter Five

Andrieu, Michel. "Aux origines du culte du Saint-Sacrement. Reliquaires et monstrances eucharistiques." *Analecta Bollandiana* 68 (1950): 397–418.
Aquinas, Thomas. *Summa Theologica.* Translated by Fathers of the English Dominican Province. 3 vols. New York: Benzinger Brothers, 1948.
Architecture of Marcus Vitruvius Pollio, The. Translated by Joseph Gwilt. London: Priestley and Weale, 1826.
Armstrong, Regis, J. A. Wayne Hellmann, William Short, eds. *Francis of Assisi: Early Documents.* Vol. 1, The Saint. New York: New City Press, 1999.
Browe, Peter. *Die Verehrung der Eucharistie im Mittelalter.* Rome: Herder, 1967 [1932].
Bynum, Caroline Walker. *Holy Feast and Fast: The Religious Significance of Food to Medieval Women.* Berkeley, CA: University of California Press, 1987.
Cassirer, Ernst. *The Philosophy of the Enlightenment.* Boston: Beacon Press, 1955.
Crecelius, W. "Crailsheimer Schulordnung von 1480 mit deutschen geistlichen Liedern." *Alemannia* 3 (1875): 251–52.
Dijk, S. J. P. van, and J. Hazelden Walker. *The Origins of the Modern Roman Liturgy.* London: Darton, Longman and Todd, 1960.

Duffy, Eamonn. *The Stripping of the Altars: Traditional Religion in England 1400–1580.* New Haven: Yale University Press, 1992.
Eisenstein, Elizabeth. *The Printing Revolution in Early Modern Europe.* Cambridge: Cambridge University Press, 1993.
Engen, John van. *Devotio Moderna: Basic Writings.* New York: Paulist Press, 1988.
Fagan, Brian. *The Little Ice Age: How Climate Made History, 1300–1850.* New York: Basic Books, 2000.
Foley, Edward. *The First Ordinary of the Royal Abbey of St.-Denis in France.* Spicilegium Friburgense 32. Fribourg: The University Press, 1990.
Fortescue, Adrian. *The Mass: A Study of the Roman Liturgy.* London: Longmans, Green & Co., 1912.
Froude, J. A. *Life and Letters of Erasmus.* New York: Charles Scribner's Sons, 1895.
Gleason, Harold, ed. *Examples of Music before 1400.* New York: Appleton-Century-Crofts Inc., 1942.
Guillelmi Duranti Rationale Divinorum Officiorum I-IV. Edited by Anselme Davril and Timothy Thibodeau. Corpus Christianorum, Continuatio Mediaevalis 140. Turnhout: Brepols, 1995.
Harthan, John. *The Book of Hours.* New York: Park Lane, 1977.
Henderson, Ernest F. *Select Historical Documents of the Middle Ages.* London: George Bell and Sons, 1910.
Herbert, Christopher. "Permanent Easter Sepulchres: a Victorian Re-creation?" *Church Archaeology* 7/8/9 (2006): 7–19.
Hoppin, Richard H. *Medieval Music.* New York: W. W. Norton, 1978.
Jungmann, Josef. *Pastoral Liturgy.* New York: Herder and Herder, 1962.
Kennedy, V. L. "The Moment of Consecration and the Elevation of the Host." *Medieval Studies* 6 (1944): 121–50.
King, Ross. *Brunelleschi's Dome.* New York: Penguin Books, 2001.
Kreis, Steve. "Renaissance Humanism." http://www.historyguide.org/intellect/humanism.html (15.xii.05).
Lay Folks Mass Book, The. Edited by Thomas Frederick Simmons. Early English Text Society, Original Series 71. London: Oxford University Press, 1968 [1879].
Lubac, Henri de. *Corpus Mysticum: L'Eucharistie et l'église au Moyen-Âge.* Paris: Aubier, 1944.
Macy, Gary. *Treasures from the Storeroom: Medieval Religion and the Eucharist.* Collegeville, MN: Liturgical Press, 1999.
Marienwerder, Johannes von. *The Life of Dorothea von Montau: A Fourteenth-Century Recluse.* Translated by Ute Stargardt. Studies in Women and Religion, 39. Lewiston, NY: Edwin Mellen Press, 1997.
Ordinarium juxta ritum sacri Ordinis Fratru Fraedicatorum. Edited by Francis Guerrini. Rome: Collegium Angelicum, 1921.
Ostdiek, Gilbert. "The Threefold Fruits of the Mass: Notes and Reflections on Scotus' Quodlibetal Questions, q. 20." In *Essays Honoring Allan B. Wolter*, edited by William A. Frank and Girard Etzkorn, 203–19. St. Bonaventure, NY: Franciscan Institute, 1985.
Panofsky, Erwin. *Gothic Architecture and Scholasticism.* Cleveland, OH: The World Publishing Company, 1957.
Quinn, Patrick. "The Architectural Implications of the Choir in the Worshipping Community." *Liturgical Arts* 34 (1966): 38–46.
Regularis Concordia. Translated and edited by Thomas Symons. London: Thomas Nelson and Sons, 1953.

Reese, Gustave. *Music in the Middle Ages*. New York: W. W. Norton & Company, 1940.
———. *Music in the Renaissance*. Rev. ed. New York: W. W. Norton & Company, 1959.
Rubin, Miri. *Corpus Christi: The Eucharist in Late Medieval Culture*. Cambridge: Cambridge University Press, 1991.
———. *Gentile Tales: The Narrative Assault on Late Medieval Jews*. New Haven, CT: Yale University Press, 1999.
Ruff, Anthony. "Integration and Inconsistencies: The Thesaurus Musicae Sacrae in the Reformed Roman Eucharistic Liturgy." Th.D. diss., Karl-Franzens-Universität, Graz, 1998.
———. "A Millennium of Congregation Song." *Pastoral Music* (February–March, 1997): 11–15.
Simson, Otto von. *The Gothic Cathedra: Origins of Gothic Architecture and the Medieval Concept of Order*. 3rd ed. Bollingen Series 48. Princeton, NJ: Princeton University Press, 1988.
Southern, R. W. *Western Society and the Church in the Middles Ages*. Harmondsworth, PA: Penguin Books, 1970.
Unger, Richard W. *Beer in the Middle Ages and the Renaissance*. Philadelphia: University of Pennsylvania Press, 2004.
Vauchez, André. *The Laity in the Middle Ages: Religious Beliefs and Devotional Practices*. Edited by Daniel Bornstein. Translated by Margaret Schneider. Notre Dame, IN: University of Notre Dame Press, 1993.
Wiora, Walter. "The Origins of German Spiritual Folk Song: Comparative Methods in a Historical Study." *Ethnomusicology* 8 (1964): 1–13.

Bibliography for Chapter Six

Addleshaw, G. W. O., and F. Etchells. *The Architectural Setting of Anglican Worship*. London: Faber and Faber, 1948.
Berthier, J. *A Compendium of Theology*. 4 vols. Translated by Sidney A. Raemers. St. Louis–London: B. Herder, 1932.
Bett, Henry. *Nicholas of Cusa*. Merrick, NY: Richwood Publishing Co., 1976 [1932].
Boston Museum of Fine Arts. *American Church Silver of the Seventeenth and Eighteenth Centuries*. Boston: 1911.
Brilioth, Yngve. *Eucharistic Faith and Practice: Evangelical and Catholic*. Translated by A. G. Herbert. London: SPCK, 1930.
Calvin, John. *Institutes of the Christian Religion*. Edited by John McNeill. Translated by Ford Battles. 2 vols. The Library of Christian Classics, 20–21. Philadelphia: Westminster Press, 1960.
Canons and Decrees of the Council of Trent. Translated by H. J. Schroeder. St. Louis–London: B. Herder, 1941.
Catalogue of Silver Treasures from English Churches. London: Christies, 1955.
China in Transition, 1517–1911. Edited by Dun J. Li. New York: Van Nostrand Reinhold Company, 1969.
Concilium Tridentinum. Edited by Societas Goerresiana. Vol. 8. Freiburg-Bresgau: Herder, 1964 [1919].
Creytens, Raymond. "L'Ordinaire des Frères Prêcheurs au Moyen Âge." *Archivum Fratrum Praedicatorum* 24 (1954): 108–88.
del Río de la Hoz, Isabel. *The Cathedral and City of Toledo*. London: Scala, 2001.
Duffy, Eamon. *The Voices of Morebath: Reformation and Rebellion in an English Village*. New Haven, CT: Yale University Press, 2001.

Ellis, John Tracy. *Perspectives in American Catholicism*. Benedictine Studies 5. Baltimore, MD: Helicon, 1963.

Fiorenza, Francis Schüssler, and John Galvin, eds. *Systematic Theology: A Roman Catholic Perspective*. 2 vols. Minneapolis, MN: Fortress Press, 1991.

The First and Second Prayer Books of Edward VI. Introduction by Douglas Harrison. London: J. M. Dent & Sons, 1975 [1910].

Gardner, Samuel. *A Guide to English Gothic Architecture*. Cambridge: Cambridge University Press, 1922.

Grout, Donald J., and Claude V. Palisca. *A History of Western Music*. 4th ed. New York: W. W. Norton & Company, 1988.

Koerner, Joseph Leo. *The Reformation of the Image*. Chicago: University of Chicago Press, 2004.

Kreis, Steve. "Renaissance Humanism." http://www.historyguide.org/intellect/humanism.html (15.xii.05).

Lippe, Robert, ed. *Missale Romanum, Mediolani 1474*. 2 vols. Henry Bradshaw Society, 17 and 33. London: Harrison and Sons, 1899 and 1907.

Luther, Martin. *Luther's Works*. Edited by Jaroslav Pelikan and Helmut T. Lehman. St. Louis, MO: Concordia; Philadelphia: Fortress Press, 1955–1976.

Martimort, A. G. *Les sacrements*. Vol. 3 of *L'Église in Prière*. Edited by A. G. Martimort. Paris: Desclée, 1984.

McCool, Gerald A. *Catholic Theology in the Nineteenth Century*. New York: Seabury Press, 1977.

McLuhan, Marshall. *The Gutenberg Galaxy: The Making of Typographic Man*. Toronto: University of Toronto Press, 1962.

O'Connell, J. B. *Church Building and Furnishing: The Church's Way: A Study in Liturgical Law*. Notre Dame, IN: University of Notre Dame Press, 1955.

Pahl, Imgaard. *Coena Domini*. Vol. 1. Spicilegium Friburgense 29. Freiburg: 1983.

Peacock, E. *English Church Furniture, Ornaments and Decorations at the Period of the Reformation as Exhibited in a List of the Goods Destroyed in Certain Lincolnshire Churches*, 1566. London: 1866.

Pelikan, Jaroslav. *Bach among the Theologians*. Philadelphia: Fortress Press, 1985.

———. *The Christian Tradition: A History of the Development of Doctrine*. Vol. 4, *Reformation of Church and Dogma (1300–1700)*. Chicago–London: The University of Chicago Press, 1984.

Psautier de Geneve 1562–1865, Le. Genève: Bibliothèque Publique et Universitaire, 1986.

Power, David. *The Sacrifice We Offer: The Tridentine Dogma and Its Reinterpretation*. New York: Crossroad, 1987.

Reese, Gustave. *Music in the Renaissance*. Rev. ed. New York: W. W. Norton & Company, 1959.

Reformatio: 400 Jahre Evangelishces Leben im Rheinland. Cologne: Walter Müller, 1965.

Sack, Daniel. *Whitebread Protestants: Food and Religion in American Culture*. New York: Palgrave, 2001

Sehling, Emil. *Die evangelischen Kirchenordnungen des 16 Jahrhunderts*. Leipzig: O. R. Reisland, 1902–1913.

Shepherd, Massey. *At All Times and in All Places*. 3rd rev. ed. New York: Seabury Press, 1965.

"Statuta Synodi Baltimorensis Anno 1791 Celebratae." *Concilia Provincialia Baltimori habita ab anno 1829 usque ad annum 1849, Editio altera*. Baltimore, MD: John Murphy and Co., 1851.

Stevens, Denis. *Tudor Church Music*. Rev. ed. New York: W. W. Norton and Company,

1966.
Stevenson, Robert. *Music in Aztec and Inca Territory*. Berkeley: University of California, 1968.
Stiller, Günther. *Johann Sebastian Bach and Liturgical Life in Leipzig*. Translated by Herbert Bouman, et al. Edited by Robin Leaver. St. Louis, MO: Concordia, 1984.
Swidler, Leonard. *Aufklärung Catholicism, 1780–1850: Liturgical and Other Reforms in the Catholic Aufklärung*. Missoula: Scholars Press, 1978.
Thompson, Bard. *Liturgies of the Western Church*. Cleveland: Collins and World Publishing Co., 1962.
United States Bishops' Committee on the Liturgy, *Environment and Art in Catholic Worship*. Washington, DC: USCC, 1978.
Visser, John de, and Harold Kalman. *Pioneer Churches*. New York: W. W. Norton, 1976.
Voelker, Carole. "Charles Borromeo's Instructiones Fabricae Et Supellectilis Ecclesiasticae, 1577: A Translation With Commentary and Analysis." Ph.D. diss., Syracuse University, 1977.
Watts, W. W. *Catalogue of Chalices and Other Communion Vessels*. London: Victoria and Albert Museum Department of Metalwork, 1922.
Weber, Francis J. "America's First Vernacular Missal." *America's Catholic Heritage, Some Bicentennial Reflections (1776–1976)*. St. Paul Editions, 1976.
White, James. *Protestant Worship and Church Architecture*. New York: Oxford University Press, 1964.
———. *Protestant Worship: Traditions in Transition*. Louisville: Westminster John Knox Press, 1989.
———. *Roman Catholic Worship: Trent to Today*. Collegeville, MN: Liturgical Press, 2003.

Bibliography for Chapter Seven

ArchNewsNow. "Rome: White concrete 'sails' soar into a Roman neighborhood." October 23, 2003. http://www.archnewsnow.com/features/Feature 123.htm.
Baptism, *Eucharist, and Mininstry*. Faith and Order Paper no. 111. Geneva: World Council of Churches, 1982.
Barz, Gregory. *Performing Religion: Negotiating Past and Present in Kwaya Music of Tanzania*. Church and Theology in Context 42. Amsterdam–New York: Rodopi, 2003.
Blacking, John. *How Musical is Man?* Seattle, WA: University of Washington Press, 1973.
Botte, Bernard. *From Silence to Participation*. Translated by John Sullivan. Washington, DC: The Pastoral Press, 1988.
Collins, Peter. *Concrete: The Vision of a New Architecture, A Study of Auguste Perret and His Precursors*. London: Faber and Faber, 1959.
Common Lectionary. New York: The Church Hymnal Corporation, 1983.
Congregation for Divine Worship and the Discipline of the Sacraments. *Inculturation and the Roman Liturgy: Fourth Instruction for the Right Application of the Conciliar Constitution on*, 1994.
———. *Redemptionis Sacramentum*, 2004.
Cope, Gilbert, ed. *Making the Building Serve the Liturgy: Studies in the Re-Ordering of Churches*. London: A. R. Mowbray & Co., 1962.
Debuyst, Frédéric. "Architectural Setting (Modern) and the Liturgical Movement." In *The New Westminster Dictionary of Liturgy and Worship*, edited by J. G. Davies, 36–48. Philadelphia: Westminster Press, 1986.

Deri, Otto. *Exploring Twentieth-Century Music*. New York: Holt, Rinehart and Winston, Inc., 1968.
Empie, Paul, and T. Austin Murphy, eds. *Lutherans and Catholics in Dialogue I–III*. Minneapolis: Augsburg Publishing, 1965.
Fasano, Alessio. "Prevalence of Celiac Disease in At-Risk and Not-At-Risk Groups in the United States." *Archives of Internal Medicine* 163, no. 3 (2003): 286–92.
Ferguson, Harvie. *Modernity and Subjectivity: Body, Soul, Spirit*. Charlottesville, VA: University Press of Virginia, 2000.
Flannery, Austin, ed. *Vatican Council II: The Basic Sixteen Documents: A Completely Revised Translation in Inclusive Language*. Northport, NY: Costello Publishing Co., 1996.
Foley, Edward. "When American Roman Catholics Sing." *Worship* 63 (1989): 98–112.
Gilroy, Paul. *The Black Atlantic: Modernity and Double Consciousness*. Cambridge, MA: Harvard University Press, 1993.
Glover, Raymond. *Perspectives on the New Edition*. Hymnal Studies 1. New York: The Church Hymnal Corporation, 1981.
Grout, Donald J., and Claude V. Palisca. *A History of Western Music*. 4th ed. New York: W. W. Norton & Company, 1988.
Gutiérrez, Gustavo. *A Theology of Liberation*. Translated and edited by Caridad Inda and John Eagleson. Maryknoll, NY: Orbis, 1973.
Halgren Kilde, Jeanne. *When Church Became Theatre: The Transformation of Evangelical Church Architecture and Worship in Nineteenth-Century America*. Oxford: Oxford University Press, 2005.
Hammond, Peter. *Liturgy and Architecture*. London: Barrie and Rockliff, 1960.
Hollenweger, Walter. *Pentecostalism: Origins and Developments Worldwide*. Peabody, MA: Hendrickson, 1997.
Krader, Barbara. "Ethnomusicology." In *New Grove Dictionary of Music and Musicians*, vol. 6, edited by Stanley Sadie, 275–82. London: Oxford University Press, 1980.
Krumpelman, Frances. "The Laity's Books for Prayer and Worship: A Graced Tradition." *Liturgy* 90 23, no. 4 (1992): 8–11; and, 23, no. 5 (1992): 4–7.
Kyriale. Boston: McLaughlin and Reilly Co., 1937.
Liess, Andreas. *Carl Orff: Idee und Werk*. Rev. ed. Zürich-Freiburg im Bresgau: Atlantis, 1977.
Mauck, Marchita. "Architectural Setting (Modern)." In *The New Westminster Dictionary of Liturgy and Worship*, edited by Paul Bradshaw, 21–25. Louisville, KY: Westminster John Knox Press, 2002.
Michel, Virgil. "Christian Culture." *Orate Fratres* 13 (1939): 296–304.
Mitchell, Nathan. "Amen Corner." *Worship* 77, no. 1 (2003): 56–69.
O'Meara, Thomas. "Leaving the Baroque: The Fallacy of Restoration in the Post-Conciliar Era." *America* (3 February 1996): 10–14, 25–28.
Osborne, Kenan. *Christian Sacraments in a Postmodern World: A Theology for the Third Millennium*. New York: Paulist Press, 1999.
Our Lady of the Height Ronchamp. Schnell Art Guide 818. 17th English edition. Munich-Zurich: Verlag Schnell & Steiner, 1986.
Pecklers, Keith. *Dynamic Equivalence: The Living Language of Christian Worship*. Collegeville, MN: Liturgical Press, 2003.
———. *The Unread Vision: The Liturgical Movement in the United States of America, 1926–1955*. Collegeville, MN: Liturgical Press, 1998.
Pugin, Augustus. *The True Principles of Pointed or Christian Architecture*. New York: St. Martin's Press, 1973 [1841].

Robertson, Roland. "Glocalization: Time-Space and Homogeneity-Heterogeneity." In *Global Modernities*, edited by Mike Featherstone, Scott Lash, and Roland Robertson, 25–44. London: Sage, 1995.

Routley, Erik. *A Panorama of Christian Hymnody*. Collegeville, MN: Liturgical Press, 1979.

Saliers, Don. *Worship as Theology: Foretaste of Glory Divine*. Nashville: Abingdon Press, 1994.

Schattauer, Thomas. "Sunday Worship at Neuendettelsau under Wilhelm Löhe." *Worship* 59 (1985): 370–84.

Schillebeeckx, Edward. *The Eucharist*. Translated by N. D. Smith. New York: Sheed and Ward, 1968.

Schneiders, Sandra. "The Study of Christian Spirituality: Contours and Dynamics of a Discipline." *Christian Spirituality Bulletin* 6, no. 1 (1998): 1, 3–12.

Schreiter, Robert. *The New Catholicity: Theology between the Global and the Local*. Maryknoll, NY: Orbis, 1997.

Seasoltz, R. Kevin. *The New Liturgy: A Documentation, 1903–1965*. New York: Herder and Herder, 1966.

Senn, Frank, ed. *New Eucharistic Prayers*. New York: Paulist Press, 1987.

Sheppard, Lancelot, ed. *The People Worship: A History of the Liturgical Movement*. New York: Hawthorn Books, Inc., 1967.

Skelton, Geoffrey. *Paul Hindemith: The Man Behind the Music*. London: Victor Gollancz Ltd., 1975.

Smith, Norris Kelly. *Frank Lloyd Wright: A Study in Architectural Content*. Englewood Cliffs, NJ: Prentice-Hall Inc., 1966.

Southern, R. W. *Western Society and the Church in the Middles Ages*. Harmondsworth, PA: Penguin Books, 1970.

Sövik, E. A. *Architecture for Worship*. Minneapolis, MN: Augsburg Publishing House, 1973.

United States Bishops' Committee on the Liturgy, *Environment and Art in Catholic Worship*. Washington, DC: USCC, 1978.

United States Council of Catholic Bishops, *Economic Justice for All: Pastoral Letter on Catholic Social Teaching and the U.S. Economy*. Washington, DC: USCCB Publishing, 1986.

United States Council of Catholic Bishops, *The Eucharist: A Lutheran-Roman Catholic Statement*, 2.1. http:www.usccb.org/seia/luthrc_eucharist_1968.shtml (section 1.c.).

Weaver, F. Ellen. "Liturgy for the Laity: The Jansenist Case for Popular Participation in Worship in the Seventeenth and Eighteenth Centuries." *Studia Liturgica* 19, no. 1 (1989): 47–59.

White, James. *Protestant Worship: Traditions in Transition*. Louisville, KY: Westminster John Knox Press, 1989.

———. "Sources for the Study of Protestant Worship in America." *Worship* 61 (1987): 516–33.

Willett, John. *The Theatre of Bertolt Brecht*. New York: New Directions, 1968.

Wright, Frank Lloyd. *The Living City*. New York: Horizon Press, 1958.

색인

ㄱ

가이슬러리더 286
가정 교회 32, 70, 76, 78, 79, 85, 98, 100
가정 교회의 시대 75
가지성 334
갈리아 양식 196
갈리아주의 334
감실 171, 307, 369
강복 60
개방됨 64
개신교의 그릇 372
개신교의 책 361
개혁 교회 343
개혁주의 예식 363
거양 275, 276, 278, 304
거양 예식 297
건축 23, 75, 126, 196, 265, 404
게르만화 191, 194, 196, 204, 212, 221, 233, 239, 248, 249, 251
경건주의 355
고딕 양식 265
고블릿 56, 108
고해소 342
공적 낭독 88
교송성가집 154

교전집 99, 100
교차-문화 116
교회력 157
교회적 건축 410
구성신학 348
구송기도 40
그라두스 154
그라두알레 154
그릇 52, 103, 166, 232, 299, 368, 450
그릇의 재료 457
그리스도의 현존 391
글로리아 145
글로컬리제이션 397, 418, 424, 426, 460, 462
기능주의 406, 451
기독교 바실리카 129
기독교화 124
기독교 회당들 75

ㄴ

낭독 140
낭독자 141
내재적 462
네우마 216
네이브 130
네이브 구역 208

ㄷ

다무스 에클레시에 79
다성 음악 215, 283
다텍스트성 283
단선 형식 214
대중 신심 401
대형 공회당 129
데보티오 모데르나 298
데 아키텍투라 271

데이 필리우스 390
데포시티오 마르티룸 157
도무스 데이 191
도무스 에클레시에 78, 80
도미니쿰 139
도해 103
동방 제국 125
두우모 272, 273
디서플리나 아르카니 77

ㄹ

라우데 286, 287
라이즈 287
레겜 크레덴디 459
레뎀프티오네스 사크라멘 456
레레도스 211
레스 245
레이투르기아 58
렉스 비벤디 467
렉스 아젠디 467
렉스 오란디 251, 459, 462, 467
렉스 크레덴디 251, 459, 462
렉시오 콘티누아 155
로마 가톨릭교회의 책 365
로마니타스 197
로마식 철필 100
로마 전문 179, 361
로마 제국의 도로들 73
로마 주택 76
로코코 양식 349
루터교도 356
루프 219
르네상스 양식 270
리벨리 159, 227, 228
리벨리 미사룸 158, 159, 160, 161, 224

ㅁ

맛짜 54
매뉴얼(편람) 신학 389
메디아토르 데이 402
모형론 111, 112
무덤 제대 303
무스 236
문시 92
문화화 387
뮈스테리온 116
미사경본 226, 292
미사 교송집 224
미사 레키타타 402
미사 예물 206, 269, 383
미쉬나 42, 43
민족음악학 422, 424
밀라노 칙령 124

ㅂ

바구니 168
바로크 양식 339
바실레우스 127
바실리카 127, 139
바울의 여행 73
반유대주의 72, 360
베네딕투스 285
베라카 60, 61, 65
병존 317
병존설 300
보리빵 55
보조 전례서 97, 100
보편 교회 75
보편적 460, 462
복고주의 426
부속 제실들 211
부제대 204, 276

불변성 396
비밀 의식 181
비성경적 시편 90, 91
빵 53, 166, 232, 301, 454
빵 그릇 53, 103, 166, 232, 301, 454

ㅅ

사물화 249
사변신학 348
사적 미사 198, 212
사제 220
사제직 382
사크라멘타리 158
사크라멘타 밀리티에 117
사크라멘툼 115, 117, 245
사크리키오룸 오라티오니부스 176
산티아고 201
삼성 218
삼성송 145, 146, 196, 282, 285
상용전례서 291, 293
상징적 혁명 453
상투스 145, 146, 221, 285
서임권 논쟁 259
성가대 공간 275
성가대 구역 208
성경적 시편 90
성광 304, 370
성단소 130, 131, 204
성례신학 250
성무일도서 261, 342
성반 104, 169, 234
성부의 첨가 279
성사집 229
성서정과 155, 225
성작 107, 173, 308, 370
성작 거양 308, 317
성전 24, 33, 45
성전 예배 39

성찬기도 88, 110
성찬 빵 104, 105
성찬신학 58, 109, 115, 175, 239, 253, 263, 311, 377, 459
성체 305
성체 거양 274, 275, 311, 320, 321
성체 보관실 307
성체 현존 312
성합 235
세계 음악 425
세례당 134
세례 예식 99
세속적 발전 404
소파르 87
송축 60
순교록 157
순교자 기념교회 134
순회지 207
숨마 268, 314
쉐마 29
슈네멜허 96
슐로스 로텐펠 411
스치푸스 174
스콜라 141, 144, 151, 152, 213, 214, 227, 278, 350
스콜라 성가 143
스콜라 칸토룸 144, 148, 151, 213
스탈키르헤 411
시각적 성찬식 301
시과전례 148
시과전례서 291
시두르 50
시편 영창자 95
시피타스 데이 269
식탁 사역 64
신국론 186
신도 좌석 277
신비교리교육 180
신성한 것들 246
신성함 182

신스콜라주의 389
신학적 인류학 182
실재 243

ㅇ

아뉴스 데이 146
아디아포라 384
아르마리아 98, 163
아르마리움 173
아르카 105, 170
아르케 105
아벤드말스켈헤 373
아울라 에클레시에 75, 80, 127
아지오르나멘토 403
아 카펠라 358
아폴로지에 220
앱스 130
양식 변화 450
양체공존 244
어거스틴의 사상 400
언약 62
언약 기념 61, 65
에디티오 티파카 445
에디티오 티피카 443
에클레시아 32, 81, 82, 86, 139
에피클레시스 178
엑술테트 227
영광송 145
영성체 237
영성화 118
예시 179
예전 텍스트 215
오르가눔 215
오르도 161
오푸스 모데룸 265
옥시링쿠스 찬미송 93
요셉주의 334
용기 52, 103, 166, 232, 299, 368, 450

운문시 92
유대교 성경 51
유대인의 금식일 71
유리 비커 56
유리 잔 57
유비 111
유수파 106
유아세례 180
은 항아리 174
음악 33, 87, 211, 278, 349, 420
응창 성가 219
의례 공간 415
의례 식사 63
익스플리시트 156
인시피트 156
인 엑셀시스 285
인치핏 293
인트로이투스 218
일자 184
일 제수 339
잉글랜드 성공회 364

ㅈ

자격 없음 182
장방형 136
적응 373
전례서 154
전례 운동 403, 430
전례 축일 225
정교화 355
제2차 바티칸 공의회 426, 430
제구 전수식 249
제례 언어 58
제사 58
제사의 영성 59
제사적 사고 109
제실 210
제정사 110

종교개혁 미사 362
종속설 183
주교 예식서 227
주교 축성 99
주수병 174, 309
중복도 210
중앙 성단소 210
중앙 제대 203, 273
중앙 집중형 136
지역적 460, 462
지카론 61
진짜 현존 246
집 39
징메세 354

코덱스 시나이티쿠스 96
코덱스 시니티구스 97
코푸스 미스티쿰 323
코푸스 베룸 323
콘디토리움 173
콘스탄틴 123, 155
콘페시오 132, 133
큐리아콘 82, 139
클라우줄라 283
키그쿰스탄테스 183
키리에 144, 218, 289
키리에라이스 287
키리에 엘레이손 219
키보리아 302
키보리움 303

ㅊ

찬미가 92
찬미송 146
찬미 시편 93
참회자들 173
창 미사 221
책 42, 153, 222, 289, 360, 435
청동 잔 57
초월적 462
초현실성 233
축복 60
축복 단계 248
축성 178, 229, 275
층계송집 224, 225
침묵 미사 221

ㅋ

카타콤 75, 83, 84, 85, 105
카테드라 132
칼빈주의자 356
코덱스 101

ㅌ

타콤 105
태리프 206
토라 보관함 27
투포스 111
튜브 238
트랜셉트 130
트렌트 공의회 97, 329, 435
트리클리니움 77
티툴리 149, 150, 160, 161, 230

ㅍ

파스토포리온 171
페르소니스 이눙티스 295
평신도 218
평신도용 기도서 295
포도주 55, 173, 236, 307, 455
포도주 용기 55, 106, 173, 307, 455
프라우엔키르헤 346
프론 287

프리마 떼올로지아 459
프살미 이디오티키 91
플라톤 113
플라톤 철학 114
피크시스 105
필사실 223

ㅎ

하나됨 64
하드리아눔 230
헤네케 96
현존 378
협화 화음 352
형상 179, 240
호스티엔도젠 373
홀 교회 75, 79, 80
화해의 사랑 63, 65
회당 26, 37, 47
훅우스퀘 230
흑사병 264
신흥 기독교 50
희생 제사 382

FROM AGE TO AGE
How Christians Have Celebrated The Eucharist

예배와 성찬식의 역사: 그리스도인들은 어떻게 성찬식을 행하여왔는가
From Age To Age

2017년 9월 25일 초판 발행
2023년 8월 31일 초판 2쇄 발행

지 은 이 | 에드워드 폴리(Edward Foley)
옮 긴 이 | 최승근

펴 낸 곳 | 사) 기독교문서선교회
등   록 | 제16-25호(1980. 1. 18)
주   소 | 서울시 서초구 방배로 68
전   화 | 02) 586-8761-3(본사) 031) 942-8761(영업부)
팩   스 | 02) 523-0131(본사) 031) 942-8763(영업부)
홈페이지 | www.clcbook.com
이 메 일 | clckor@gmail.com
온 라 인 | 기업은행 073-000308-04-020, 국민은행 043-01-0379-646
          예금주: 사) 기독교문서선교회

ISBN   978-89-341-1715-5 (93230)

* 낙장 · 파본은 교환해 드립니다.

이 책의 출판권은 (사)기독교문서선교회가 소유합니다.
신저작권법에 의하여 한국 내에서 보호를 받는 저작물이므로 무단 전재와 무단 복제를 금합니다.